우리 작가들의 煩惱과 解脫

이인복

국학자료원

문학평론가로서, 그리고 대학강단의 현대문학 담당교수로서의, 40여년 여정을 마무리합니다. 제자와 후배 신진들을 위하여 그리고 나 스스로의 한계를 수렴하면서 겸허하게 붓을 사린 지 여러 해, 이제 정년이라는 생의 한 획을 그으며 이 책을 엮습니다.

돌이켜보니 나의 문학수업은 내 성품만큼이나 고집스럽고 편협했습니다. 그러나 결코 회한은 없습니다. 내가 좋아하여 매달리고싶었던 세 분야를 내 나름으로는 흥미와 열정을 가지고 천착하였기 때문입니다. 그것은 문학 속에 나타난 죽음과 여성과 종교 문제였습니다.

공부랍시고 적어 온 글들을 추려보니 나도 어지간히 외곬의 문학수업을 해 왔다는 생각이 듭니다. 이 책은 나의 이같은 문학 편력의 발자취를 알아보기 쉽게 정리하여 내 정년의 표석으로 삼고자 마련하는 것입니다.

혹시 나처럼 고집스럽게 문학공부를 하는 사람이 어디엔가 또 있다면 그런 사람의 책장 한 모서리에 이 책은 꽂힐 것입니다.

이 책에 앞서 시 연구편으로 『우리 시인들의 방황과 탐색』을 낸 바있고 이제 소설 연구편으로 이 책 『우리 작가들의 번뇌와 해탈』을 상

재하니, 나의 문학연구는 곧 방황과 탐색과 번뇌를 거쳐 해탈을 찾아가는
구도의 방편이었다고 거듭 말하고싶습니다.

대학을 나온 후 교단에 선지 마흔다섯 해.
사람들과 하느님의 질정하는 눈빛이 따갑습니다.
그러나 그 따가운 눈빛이 오히려 다사롭게 느껴지는 까닭은
문학이 나에게 있어 기도의 방편이 되어 온 때문입니다.

먼저 가신 스승님들과
뒤에 올 제자들
그리고 자식들과 남편에게
이 책을 바칩니다.

2002년 5월 15일, 스승의 날에.
이인복 적음

Ⅰ. 小說과 文學精神

Ⅱ. 小說과 죽음意識

Ⅲ. 作家의 苦惱와 悟道의 旅程

I

小說과 文學精神

1. 小說家의 作家意識

1) 원초적인 인간 향수와 그 치유의 이야기

텔레비젼을 통하여 미국 영화를 보았다. 판사 아내의 남편인 한 남자가 첼리스트인 여인을 알게 된다. 어느날 첼리스트가 임신을 했다는 말을 듣고, 아기를 위해 아내와 이혼을 하고 결혼해 주마고 첼리스트에게 약속한다. 그러나 아내도 태기가 있어 두 여인 사이를 왕래하며 이중 생활을 한다. 드디어 같은 날 같은 병원에서 아기 세 명을 낳게 되고 비밀이 두 여인에게 알려진다. 세월이 흐른 어느날 아기 일곱 명을 돌보는 아버지와 판사로 일하는 여인과 첼리스트 여인이 오버랩 되면서 영화는 끝난다.

필자가 소설 비평의 서두에서 이 이야기를 하는 이유는 다섯 편 소설의 공동주제가 다 생명의 존엄성 내지는 원초적인 인간향수와 그 치유를 중심 주제로 공유하고 있기 때문이다. 생명존중의 윤리가 필자를 감동시켰다.

오유권의 「모과 나무 이야기」

이 소설에는 사당골 里長 하일 씨와 그의 아버지와 아들 3대가 등장한다. 효를 평생 강조하며 살아오신 아버지에게 하일 씨는 자기 당대에는 지극 정성으로 효도하기를 결심하고 실천하지만 자기 아들인 남준이에게는 아버지가 요구하는 식의 효를 강요하지 않겠다고 말하고, 마주 술도 마시며 주도를 가르치고 노래도 같이 부르는데, 그때마다 아버지는 쌍놈의 짓이라고 하일 씨에게 역정을 낸다. 어느날 아버지는 아들 하일 씨에게 손자 남준이랑 3대가 시제를 모시러 고향에 가자면서 한 보름은 착실히 걸릴 것이라고 말한다. 하일 씨는 고등학교에 갈 자식을 결석시키며 시제에 데리고 갈 수는 없다고 평생 처음으로 항명한다.

"조상보다 니 새끼가 더 소중하냐? 자식 놈하고 술 마실 시간은 있어도 선영 공대할 시간은 없냐?"고 꾸짖는다. 그래도 하일 씨는 혼자 아버님을 모시고 시제에 간다. 나울나울 향이 피어오르고 향내가 간간이 풍기는 가운데 많은 제관들이 섰다 구부렸다 할 때마다 두루마기 속삭이는 소리가 부드러운 여운을 남기고 조령의 운감하는 숨결이 귀를 간질이는 것을 느낀다. 그때 하일 씨는 조상의 존엄성과 혈육의 윤기가 온몸을 감싸면서 가슴이 뿌듯해 친다. 조상의 얼이자 전통의 뿌리를 깨달은 순간 그는 시제에 오길 참으로 잘했으며 아버지 말씀을 듣고 남준이를 데리고 올 것을 잘못 했다고 뉘우친다. 뿌리를 찾는 조상의 얼과 혈육의 공동의식은 심어주는 것이 좋겠다고 하일 씨는 드디어 아버님 뜻에 공감하게 된다.

이 소설에서 우리는 전통을 고수하려는 아버지의 고집과, 아들에게는 옛날식의 효도를 강요하지 않겠다고 다짐하는 중간 세대의 고뇌를 그리는 듯 하더니, 종국에 가서는 슬쩍 아버지의 전통 윤리관을 편드는 중간세대의 애환을 이해하게 된다.

이국자의 「꿈꾸는 불기둥」

이 작품에서 작중의 여인 '나'의 남편은 시계 바늘처럼 움직인다. 밤 열시면 쥐어 짠 행주처럼 진이 빠진 모습으로 귀가한다. 샤워 후에는 일주일에 한 번 아무런 감동도 없이 당연히 치루어야 할 의식처럼 "나에게 손을 내민다."

아내가 "뭐가 이래요? 감동이나 기쁨 같은 게 있어야 할 것 아녜요?"

하면 "당신 곁에 건재해 준다는 것만도 감지덕지 해. 이 철없는 여자야! 꿈꾸고 계시네." 하고 남편은 소리친다. '나'는 점점 남편의 침대나 면도기 같은 일용품이 된다는 것이 슬프다. 남편은 나의 마음을 전혀 헤아리지 않고 직장상사들과의 관계만을 생각한다. 술에 만취해서 돌아온 남편이 비틀거리며 허리를 끌어안자 '내'가 팔을 풀었더니 "애교 좀 부려봐라. 절구통이냐? 물 간 동태처럼 늘어져 가지군?" 하며 쓰러져 잠이 든다.

깊은 밤, 혼자 깨어있다는 외로움이 살갗 깊이 파고들어 '나'는 새벽 세 시에 차를 몰고 팔팔도로를 달려본다. 고수부지에 가서 벤치에 앉아 강물 속에서 춤추는 불기둥을 바라보며 남편을 생각한다. 6 · 3 데모의 주역으로 꿈 많고 순수한 열정에 가득찼던 그를 생각한다. 대학 3학년 겨울방학 때 강원도 농활을 함께 갔었다. 가면서 '나'는 일부러 남자와 멀리 떨어진 곳을 택해 삼화마을로 가게 해 달라고 지도교수에게 부탁했다. 남자는 두타마을로 여자는 삼화마을로 갔다. 그런데 야간학교 수업을 마치고 자정이 넘어 개짖는 소리가 들리기에 내다보니 남자가 와 있었다. 두타산은 해발 1353미터임을 나중에야 알았다.

" '한 데' 라는 말 아시오? 이렇게 춥고 쓸쓸한 벌판에 혼자 서 있다는 말이오. 부모가 없는 것은 마치 비바람 치는 한 데에 나와 서 있는 것과 같다는 것을 당신 같은 어린 여자는 잘 모를거요. 나는 내 인생 전부를 걸고 당신을 얻으려 하오. 내 뜻을 받아 주겠소?" 그의 온 몸이 빨간 불덩이가 되어 활활 타는 것 같았고 그 불덩어리 같은 그의 열정에 끌려 그와 결혼했다. 그런데 그가 지금은 달라진 것이다. 비극은 남편이 강원도 산골의 두타산을 잊어버렸다는 것이고 '나'의 가슴엔 언제나 두타산이 살아 있다는 데 있다. 그렇게 남편의 과거를 회상하던 때였다. 한 남자가 '나'에게 말을 건넸다. 몸을 녹이자며 라면을 사 주고 커피를 사 주었다. 온 몸이 따뜻해졌다. 그는 고수부지의 벤치가 오페라 좌의 로얄석이라고 말하며 강물과 춤추는 불기둥을 보라고 했다. 시계를 본다. 4시 30분. '나'는 일어났다.

"가 봐야 해요"

그렇게 말하고 차 문을 열었다. 남자가 말했다.

"또 만나자는 말은 하지 않겠습니다. 어차피 다음에 또 만나봐야 오늘 밤의 부인은 아닐테니까요. 우리가 같이 보고 공감했던 세계는 비록 짧은 한 시간 동안이었지만 이미 지나간 과겁니다. 어쩌면 일생을 살면서 누구하고도 공감할 수 없었던 영원한 추억이 될 겁니다. 짧은 순간 행복했습니다."

'나'는 말할 수 없는 슬픔이 목구멍을 치밀어 오르는 것을 간신히 참으며 차의 시동을 걸었다. 한참 달리다 백 미러를 보니 그가 아득히 그 자리에 검은 점처럼 서 있었다.

이 작품을 통하여 우리는 순수한 정열이 무너져가는 것과 인간이 일상의 셀러리맨으로 저락해 가는 슬픔을 여성의 처지에서 예리하게 관찰하고 슬퍼하는 것에 공감을 느낀다. 그러다가 팔팔도로변의 고수부지에서 어느 날 밤 강물 속의 불기둥을 바라보며 고수부지 벤치가 오페라 극장의 로얄석이라고 기뻐하는 한 남성을 만나 위로를 받고 삶의 현장으로 다시 돌아간다. '나'는 생각한다. 남편의 가슴 속에 죽어 있는 두타산의 높이를 조금씩 높여주고 내 가슴 속에 예리하게 솟아 있는 두타산의 높이를 조금씩 낮추면서, '한 데'에 서 있는 남편을 지키기로 결심하며 귀가하는 것이다.

김익진의 「절대음을 찾아서」

이 소설은 아기 울음 소리에 서린 아픔을 가슴속에 달고 사는 한 남자의 이야기이다. 좋아하던 여자와 헤어지게 되고 그 여자가 아기를 낙태시켰는데 아기울음 소리가 평생을 두고 가슴과 귓가에 살아 있는 것이다.

그는 소리에 너무도 민감해 져서 도시의 소음 하나하나에 견디지 못한다. 드디어 그는 구원의 탈출구로 음악을 생각해 내고 늦바람 난 사람처럼 오디오와 가까와진다.

그러던 어느날 옛날의 하숙 방 친구였던 장민이라는 친구의 연락을 받고 만난다. 장민으로부터 절대음을 내는 명기를 만들고 싶다는 이야기를 듣고 50만 원을 온라인으로 보내주고 오래오래 기다리다가 속은 것이 아닌가 의구심을 느낀다. 그러던 어느날 장민이 다시 불러 나갔더니 사귀던 여자가 있는데 아기를 중절해야 하겠다면서 병원비 좀 꾸어 달라는 것이다. 그 때 그의 귀에는 옛날의 그 낙태한 아기울음 소리가 들린다. 그는 할 수 없이 다음날 민에게 돈 20만 원을 부쳐 준다. 그리고 나서도 또 몇 주일이 지난 후 장민의 연락을 받고 그의 집에 간다. 드디어 완성품을 놓고 소리를 들으며 오랜만에 소리다운 소리에 빠져 들어갔다. 그런데 소리를 듣고 있던 장민이 고개를 설레설레 젓는 것이다. 여름 휴가를 즐기려던 마지막 자금조차 장민에게 보내고 이젠 정말 속았다는 마음이 되어가고도 또 오랜 시일이 흐른 어느날 그는 장민의 연락을 받고 다시 만났는데 거기에는 여인이 함께 와 있었다. 배가 꺼져있는 것이 눈에 띄었다. 한 번만 더 기계 값을 투자하라는 것이다. 여인까지 거들며 민을 믿어 달라고 했다. 그는 다시 또 세 번에 걸쳐 구십만 원을 보내 주었다. 민이 애초부터 속일 심산이었다면 가장 치밀하고 완벽한 사기꾼이라 여겨져서 일종의 오기로 그리하였다.

그러던 어느날 민의 연락을 받고 그의 집에 갔다. 완성되어 있었다. 함께 듣기 위하여 장민도 들어보지 않고 '나'를 불렀다고 했다. '나'는 전신경 한올한올을 가다듬어 리모콘의 스위치를 눌렀다. 그것은 절대음이었다. 민의 뺨에 한줄기 눈물이 흘렀다. 집으로 들어 온 후 그는 그 명기가 내는 소리를 다시 들어 볼 엄두도 내지 못하고 왠지 두려워 술병을 혼자 비우고 잠이 들었다. 꿈을 꾸었다. 꿈에서 깨어나 그는 그 명기에 손을 댔다. 그리고 꿈으로 인해 생긴 소름 하나하나를 걷워 들였다. 평온했다. 순간 어디선가 애기 울음 소리가 들렸다. 그러다가 어제 밤의 꿈을 생각했다. 펄펄 끓는 용광로. 비명소리. 이윽고 은은한 울림.

그때였다. 그는 생각해 낸 것이다. 갓난아기를 펄펄 끓는 구리 물에 부어 종을 만든 신라 시대의 어느 장인을.

'나'는 장민과 그의 여인을 생각했다. 그리고 사라져간 그들의 아기를 생각했다.

'나'는 색종이를 오려 명기 위에 부쳤다. '에밀레'라고.

아기를 낙태하게 한 일에 죄의식을 앓고 사는 한 남자가 장민과 그 연인이 아기를 잃으면서까지 만들어 낸 명기에 '에밀레'라는 이름을 지어 줌으로써 서서이 그의 정신적 아픔이 치유되는 투병의 과정을 보여 준다.

심상화의 「풍속계」

부평 기지촌에 15세 소년이 흘러 들어와, 살짝 돌았대서 살돌공주라 별명이 붙은 위안부의 전속 펨프가 된다. 살돌공주님은 어렸을 때 '진'이라는 소년을 사랑했고 강원도 고향의 아름다운 호수 가에서 연애하던 추억에 묻혀 사는 터라 일기장에 늘 그때의 추억을 기록한다. 15세 바우에게서 '진'의 모습을 느끼는 살돌공주는 어느날 바우와 사랑을 나누면서 '진'의 아기를 갖겠다고 다짐한다. 그러나 병원에 드나들며 배란기와 가임기를 알아내어 바우와 동침했건만 끝내 분만했을 때 태어난 아기는 살이 까만 흑인 아기였다. 그것을 본 바우는 슬퍼서 어느날 살돌공주를 떠나고 살돌공주는 청춘을 다 바쳐 숱하게 번 돈을 통장채 포주에게 남기며 아기를 돌봐 달라 부탁하고는 사라진다. 포주는 아기를 20년 키워 어엿한 청년이 된다. 20년 후 어느날 바우가 살돌공주를 찾아오니 그는 없고 포주가 흑인 청년을 가리키며 살돌공주의 아들이라고 말한다.

흑인 청년의 소원이 생모를 만나는 것이라 항상 조른다면서 부디 생모를 만나게 해주라는 말을 듣고 바우는 옛날에 살돌공주에게서 들은 강원도 산골 마을의 연못을 찾아가는데 거기 연못가에 소복한 여인이 그림자처럼 서있는 것을 발견한다.

"성일아! 틀림없이 네 어머니일 게다." 하는 말을 들으며 "어머니!"하면서 여인에게 달려간다.

부모 없는 바우, 옛 애인을 그리워하는 살돌공주, 진의 아기를 낳으려다 잘 못 태어난 20세의 흑인 청년, 이 세 사람이 20년 후에 다시 만남으로써 전개될 치유와 사랑의 삶을 이 소설은 배후에 침묵으로 감추고 있다.

양승근의 「해후」

다리 하나가 없는, 외상성 절단 후유증으로 고통 당하는 젊은 청년 '나'의 이야기이다.

아버지를 한 번도 본 적이 없이 자라난 '나'는 아버지가 괴뢰군을 토벌하다가 장렬하게 죽은 어른의 영광스런 아들임을 알고 아버지의 후예답게 권투계의 신인왕이 되었다. 그런데 그만 어느날 '나'를 찾아온 한 사나이의 이야기를 듣고 아버지의 비밀을 알게 된다.

아버지 황보 장쇠는 숨어 있는 마을 남자들을 밀고하여 학교의 화장실에 켜켜로 쳐박아 죽게 하고 인민군이 되었다. 찾아 온 사나이의 아버지도 그런 식으로 죽었다는 것이다. 그런데 지금 그 마을의 면장이 된 사람은 그 때 혈전 끝에 인민군에게 체포되었는데 거기 함께 있던 아버지가 마을사람임을 알아보고 생명을 구해 주었다. 그리고 그 구조 과정에서 인민군의 총알이 아버지의 두 다리를 관통했다. 놈들에게 이용되었던 것이니 용서해 달라며 마을 사람들을 살려 보냈지만 죽어버린 마을 사람들이 살아날 수는 없었다. 그런데 아버지를 죽인 장쇠라는 놈이 사회 사업을 한답시고 더러운 돈을 보내 마을회관을 짓고 마을 문고를 설립한다 하니 그 장쇠를 잡아 죽일 수 없으면 그 아들놈이라도 복수해야 하겠다는 것이었다.

그런 후 그는 어느 으슥한 골목에서 일을 당하고 외과 병동 409호실에서 다리 없는 사람으로 의식을 회복했지만, 그것은 불행이자 희망이었다. 그것은 잃어버린 다리를 찾는 일과 아버지를 찾는 일이 같은 것임을 깨달았기 때문이다. '나'는 목발을 짚고 병원에서 빠져 나와 어머니를 찾아가서 아버지가 살아 있느냐고 어디에 있느냐고 묻는다. 어머니는 모른다고 했다. '나'는 거리에 나와 시장통 안을 기웃거려 본다. 그 안에 아버지가 있다면 들어가리라 하고 목발을 짚고 들어간다. 빽빽하게 밀집된 사람들의 틈새로 처량한 가락이 들려 왔다. 성가였다.

"십자가 지고 계시는 주님의 고통 보아라. 십자가 아래 계시는 마리아 눈물을 보아라. 가슴에 흐르는 피 얼마나 처참한가. 구원의 소명 위한 십자가 죽음이었네."

카세트의 주인을 보았다. 두 다리가 다 없었다. 그는 휠체어에 앉아 있었다. 그러나 더 강하게 나를 자극한 것은 다리를 찾은 것이었다. 양말 좌판대 위에 다리가 긴 여자용 스타킹을 신고 거꾸로 박혀 있었다. 한 여인이 가까이에 가서 그에게 말을 건넨다.

"아버님이 올라 오시겠다고 전화 하셨어요. 아저씨가 기금을 내신 마을 회관 준공식 때문이라고요. 책도 구입하고요. 아저씨도 준공식에 참석하시라고요. 사양하시지 마세요."

그가 대답했다.

"안 됩니다. 나는 용서받지 못할 사람이요. 용서 받길 원했다면 이렇게 살아 있지도 않았을게요."

흔드는 그의 손이 유난히 커 보였다. 새끼손가락 끝에 그 반만한 혹이 하나 달려 있어서였다.

"참 아저씨도. 저의 아버지는 아저씨 때문에 두 번 사시는 폭이라던데요. 아저씨 다리 대신요."

여인의 말을 이어 다리 없는 남자가 말했다.

"천벌을 받았을 뿐인데요."

휠체어 위의 남자가 좌판대에 박힌 다리를 바라보고 그 시선이 다리 끝에서 내 눈길과 만났다. 다리의 체온이 따뜻하게 전해져 왔다. 나는 이제 필요 없게 된 목발을 내동댕이쳐야 할지도 모른다고 생각했다.

아버지의 죄 값으로 다리를 잃은 아들이 아버지와 다리를 찾으려 헤메다가 결국 양말을 팔아 마을회관과 마을문고를 위해 기부금을 낸 장본인이 두 다리가 다 없는 아버지임을 알게 되고 아버지와 다리를 동시에 다 찾아 목발을 던져 버리며 정신이상에서 치유 받게 되는 이야기이다.

위의 다섯 편 단편에는 공통 분모가 들어 있다. 무너져가는 전통을 고수하고자 하는 고향 그리움, 두타산을 넘어와 야밤에 구혼하던 젊은 날의 남편이 지녔던 열정에 대한 그리움, 낙태한 아기의 울음소리를 평생 들으며 살던 사람이 절대음을 내는 명기를 만들어 받았을 때 거기에 '에밀레'라는 이름을 붙여 주고서야 드디어 치유를 받는 아기 생명에 대한 존엄성, 어린 시절의 애인을 생각하며 기지촌의 위안부로 사는 여인이 옛 애인을 닮은 소년에게서 애인을 닮은 아기를 얻으려다가 흑인의 자식을 낳지만 평생 번 돈을 다 바쳐 아기를 키우게 하고 끝내 다시 아들을 만나게 되는 원초적 그리움과 그 치유, 그리고 아버지와 다리를 잃은 정신 질환자가 드디어 아버지와 다리를 다시 찾는다는 귀소 본능과 그 치유의 이야기 다섯 편은 이 시대에 우리 모두가 지니고 있는 아픔과 치유의 투병과정을 주제로 담고 있다.

그러나 주제가 승하다고 작품을 감동의 세계로 이끌어 가는 것은 아니다. 동일한 주제라 하더라도 오유권의 「모과나무 집 이야기」가 깊은 감동을 주는 것은 그 독특한 방언과 토속적인 묘사와 고풍한 언어의 표현미에 있고, '에밀레'명기의 이야기는 낙태 당한 아기 이야기를 끌고 가는 구성과, 의심을 받고 절망하는 것으로 되어 있으면서도 끝내 명기를 만들어 내는 구성의 긴박감에 있다 하겠다. 같은 주제라 하더라도 큰 감동을 주고 못 주는 일은 주제를 어떻게 소화시키느냐 하는 표현과 구성미에 연유하는 것임을 작가는 명심해야 할 것이다.

2) 응징과 보상의 사회윤리 확립과 그 시대적 사명

최근에 「둥지로 부는 바람」과 「기억상실은 따듯하다」라는 단편 둘을 읽었다. 선량한 국민으로부터 인생의 생존권을 빼앗아 가진 인간들에 대한 분노와, 생존권을 빼앗긴 작중인물의 고통이 독자의 영혼에 전이되는 작품이었다. 작중 인물들의 옥살이가 이즈음 감옥에서 날라온 몇 사람 장기 복역수들의 그것과 동일시되어 감동과 비애감이 한층 더하였다. 바른 역사의식을 지니고 역사 속의 왜곡된 부분들을 가려내어, 빼앗은 자의 부당한 소유는 응징하여 반환케 하고, 빼앗긴 자의 억울한 빈곤은 보상하여 국민의 자격으로 살게 해 주어야 한다는 것을 위의 두 작품은 말해준다.

인간은 죽는다. 누구나 다 죽는다. 빈부귀천을 막론하고 우리는 다 죽는다. 우리가 죽으면서 이 세상에 남겨야 할 시대적 사명이 무엇인가? 나도 해야 하고 우리도 해야 하고 대통령도 해야 할 이 시대의 역사적 사명이 무엇인가? 그것은 응징과 보상의 사회윤리 확립이라고 위의 두 작품은 고함치는 것이다.

문민 정치의 문을 열고 세종대왕 이래 전무후무할 선정과 정의사회 구현을 이룩하겠다는 의지로 신임 대통령이 신한국 창조의 깃발을 세우고 정무를 시작하였다. 분명 박수를 보낸 일이 허다하였지만 그러나 그 박수의 손짓을 움추리게 했던 큰 슬픔도 또한 겪었다. 역사적인 대 사면에서 유독 억울한 간첩 혐의자만이 제외된 일이 그것이다.

안동 교도소에는 서울대학교 교수님이던 분이 계신다. 미국에서 정치학을 공부하다가 이북사람을 만난 일이 빌미가 되어 간첩으로 투옥된 형제도 있다. 교수님은 일본에 1년간 연수를 갔을 때 조총련계 한국인을 만나게 된 자리에서 이북에 납치된 형님의 안부를 물었다고 한다. 노모께서 형님을 생각하며 눈물로 지새운 한평생이 서러워 형의 생사를 물었다는 것이다.

6·25때 빨치산으로 체포되어 무기수의 옥살이를 하면서도 전향하지 않은 76세의 이인모 노인은 대한민국 백성으로서 북한행 여권을 받아 이북에 가는 축복을 받았는데, 그렇다면 이제 이북 사람이나 조총련계 사람

을 만나 간첩 혐의로 구속된 서울대 교수님 같은 이들도 석방될 수 있는 역사적인 시기에 와 있는 것이 아닐까? 두 편의 단편 「둥지로 부는 바람」과 「기억상실은 따뜻하다」가 감동을 주는 이유는 작품 속의 주인공과 실제상의 장기 복역수들의 고통이 동일시되는 때문이다. 빼앗은 자와 빼앗긴 자, 지배자와 피지배자, 가진 자와 없는 자, 성한 자와 장애인 중에서 우리가 눈을 돌려야 하는 사람들은 항상 전자보다는 후자이어야 하는 것인데, 인심은 빼앗은 자 편에 서고 빼앗긴 자 앞에 냉혹하다.

일제 시대에 친일을 하며 민족의 생존권을 빼앗은 자 때문에 평생을 극빈의 고난 속에 산 사람들이 있다. 1공에서 6공에 이르기까지 분단 조국의 희생이 되어 빨갱이나 간첩이라는 이름으로 감옥에서 평생을 살아 온 사람들도 있다. 이러한 사회 부조리에 저항하여 체제를 비판한 학생들이 데모 주동의 운동권 학생이라는 명찰을 달고 감옥에서 살아야 했다. 이 시대를 사는 우리들과 위정자들은 바로 이러한 희생자들의 인권 회복과 치유를 감당해야 한다는 것을 위의 두 작품은 역설해 준다. 나는 오늘 두 편의 소설과 옥중에서 날라 온 두 편의 편지를 생각하면서 문학이 사회 정의와 민족혼의 승화와 인간의 원초적 생명 구원에 기여함을 다시 한 번 확인하며 기쁘다.

"또 한 번의 봄을 맞습니다. 지난 1월에 '문민정치가 시작되는 새 봄에는 대명 천지 밝은 서울거리에서 다시 만나게 되기를' 기도한다고 편지 주셨는데, 그 소망은 물거품이 되고 말았습니다. 사상 최대의 사면이라고 하기에 거의 백프로 석방을 믿었었지만 우리같이 간첩의 굴레가 씌워진 사람들은 한 사람도 못 나갔습니다. 들리는 바에 의하면 우리를 잡아넣은 세력의 저항이 완강했다는 것입니다." 안동 교도소에 복역 중인 이병설 교수님에게서 온 편지의 한 구절이다. "그 슬픔은 요즈음 정치인들의 재산 공개 파동을 보면서 더 없는 분노와 허탈감으로 증폭됩니다. 이런 사태의 보고를 받고 대통령께서는 모두가 회개하지 않으면 안 된다고 말씀하셨다는데 정말로 이번 개혁의 장정은 하늘이 내리시는 마지막 기회라고 생각됩니다. 이번에 변화되지 못하고 개혁이 성공하지 못한다면 이 나라의 미래는 끝장일 것입니다. 대통령께 성령의 지혜가 주어지도록 기도합니다" 라고 교수님은 끝을 맺었다.

다른 한 형제는 이런 편지를 보냈다.

"어제 마침 제 약혼녀가 면회 왔길래, 교수님 얘기를 하면서 찾아 뵈라 했습니다.

웬 약혼녀인가 하시겠지요? 한 장기수의 억울한 운명을 짧은 편지로는 간단히 설명할 수가 없네요. 그러니까 8년 전 저는 이 나라 공안기관에 붙잡혀 들어가 갖은 고문과 협박으로 꿈에도 생각 못한 간첩이 되고 맙니다. 간첩으로 만들어진 것입니다. 그 때 저는 이미 아들 하나가 있는 가장이었습니다. 형기는 무기, 저는 곧 이어 가톨릭으로 개종하였고 얼마 안 있어 아기엄마는 소위 '간첩'의 아내로서는 이 사회에서 아무것도 할 수 없다면서 아기를 데리고 제 곁을 떠나가 버렸습니다. 그 후 저는 오직 신앙에만 몰두하며 열심히 수감생활을 하였습니다. 그런데 어느날부터인가 알지 못할 여인에게서 거의 매일같이 위문 편지가 오는 것이었습니다. 우리의 만남은 그렇게 시작되었습니다. 수많은 편지의 왕래가 있었고 결국 약혼을 했습니다. 그녀는 3대 째 카톨릭 집안에서 자라난 독실한 신자이며 삼촌이 현재 신부님이십니다. 그동안 그녀에게 보낸 편지들을 묶어 서간집을 하나 내었습니다. 조만간에 교수님께 보내 드릴 것입니다. 저희 모든 '억울한 간첩'들을 위하여 계속 기도해 주실 줄 믿습니다. 하루 빨리 남북회담이 이루어지고 남북교류가 재개되어 더 이상 정치적 목적 때문에 희생되거나 옥살이하는 사람이 없게 되기를 기도합니다. 새 대통령의 행보를 눈여겨 지켜볼 뿐입니다."

억울한 사람들의 편지 사연들을 대하면서 그 슬픔의 실제가 문학작품이란 모습으로 재현된 두 편의 소설 윤진상의 「둥지로 부는 바람」과 오은주의 「기억상실은 따듯하다」를 발견한다는 것은 큰 기쁨이 아닐 수 없다. 빼앗은 사람에 대한 응징과 빼앗긴 사람에 대한 보상을 소망하는 환상이 눈물 속에 감추어져 있다. 환상이 아니라 그 간절한 염원이 리얼리티가 되는 날을 회구하는 기도가 눈물 속에 담겨 있다고 표현하는 것이 옳겠다.

윤진상의 「둥지로 부는 바람」을 보자.

우춘과 필네 부부는 찬 바람과 어둠을 견디며 지사리 둔치마을로 향한 밤길을 간다. 감옥에 갇힌 아들과 부잣집 가정부로 있는 딸을 보고 가는 길인데 깜깜한 시골 아득히 멀고 먼 밤길을 걸으면서 그들의 한 많은 생애가 그들의 것을 빼앗은 자들 때문임을 비로소 느끼게 된다. 우춘의 할아버지는 읍내의 천석꾼이었다. 나라를 빼앗기자 만주로 건너가 독립운동을 하였고 그로 인해 일경이 집을 포위하여 감시하고 아버지를 연행한다. 어느날 어머니가 아버지를 기다리던 중에 고등계 형사 앞잡이인 야마구찌가 어머니를 성폭행한다. 귀가한 아버지는 억장이 무너져 집에 불을 지르고 인적도 없는 화전 마을 둔치고개 너머 지사리로 어머니와 함께 숨어들어가 한 많은 세상을 죽지 못해 산다. 그 때도 아버지는 황소처럼 부릅뜬 눈에 뜨거운 불줄기를 내뿜으며 "그 놈 야마구찌의 원수는 내가 꼭 갚고 죽어야 할 텐데" 라고 했다. 화전을 일구고 억센 돌뿌리를 캐내고 씨앗을 뿌리던 어느 해 가을 만주 벌에서 조부의 별세 소식이 오고 아버지는 그 소식을 접하자 몸 져 누우시더니 세상을 뜨고 천지를 뒤흔든 해방이 이듬해에 왔다 하건만 지사리 마을에는 아무 변화가 없었다. 우춘과 필네는 아들 순평과 딸 순늠을 키웠다. 아들은 공부를 썩 잘한다는 것이어서 서울의 명문 대학에 합격하여 상경했고 딸은 오빠의 학비 뒷바라지를 하겠다면서 남의 집 가정부로 들어갔는데 아들이 학년이 오를수록 묵묵해 지더니 어느날 형사들이 지사리 집을 에워싸고 아들이 화염병을 터뜨리며 반체제 운동을 하는 학생 데모 주동자라며 행방을 말하라는 연락이 온다. 그리고는 어느날 딸에게서 오빠가 감옥에 들어갔으니 면회하라는 연락이 온다. 아들을 면회했을 때 우춘은 "무슨 짓을 우쨋길래 이렇노? 하라는 공부는 안 하고. 이게 무슨 꼴이고?"하고, 아들은 "제가 하지 않으면 아무도 하지 않기 때문"이라고 대답한다. 옛날의 조부도 "우리가 하지 않으면 아무도 하지 않는다"고 하며 만주벌에서 일하다 별세했고, 아버지도 "야마구찌의 원수는 내가" 하다가 숨을 거두었고, 아들 순평도 "아무도 안 하니 제가"하며 옥에 갇혀 있다.

우춘은 딸이 가정부로 일하는 부잣집 주인을 만나 인사드리고 가겠다고 방문하는데 거기서 그 주인이 바로 우춘의 어머니를 성폭행한 야마구찌 그 놈임을 알게 되는 것이다. 야마구찌는 말한다. "국사범으로 말여, 그 당시 독립운동한다고 날뛰는 자들이나 요새 이념이니 반체제니 하고 날뛰는 애들이나 다른 것이 없다니까. 순리가 다 뭔데? 세상에는 순리라는 게 있고 사람은 순리대로 살아야 하는 법이여. 축귀 병신들이야. 지금까지 독립운동 한 자들 보라구. 재산 다 날리고 먹을 것도 없이 풍지박산으로 헤매고 떠도는 사이 순리대로 산 사람들은 재산 늘리며 자식들 공부시켰지. 요새도 출세하고 떵떵거리는 자리에 앉은 사람은 다 그들 자손들이여."

우춘은 깜깜한 산협길을 걸으면서 드디어 깨닫는다. "내가 하지 않으면 아무도 하지 않는"다는, 할아버지와 아버지와 아들이 했던 말을. 그리고 그때 우춘의 눈에도 필네의 눈에도 눈물이 흘러 "대통령도 장관도 법도 정치도 있지만 믿을 곳이 없으니 누구를 믿느냐?"면서, 깜깜하여 아무것도 안 보이는 산협길을 밤새워 걸어가는 것이다.

또 한편의 소설 오은주의 「기억 상실은 따뜻하다」는 집시법 위반으로 감옥에 갔던 운동권 여대생이 상처투성이인 과거를 극복하고 남동생 동현이와 새로운 삶을 시작하려는 것을 보면서, 애인이 운동권 학생이라 사랑하면서도 헤어져야 했던 동현이 누이가 오히려 자기 부정에 빠져 살던 과거를 극복하고 다시 자아를 찾는 이야기이다.

그러나 이 두 작품이 감동을 주는 이유는 가진 자와 없는 자, 지배자와 피지배자의 상투적인 투쟁 논리를 적용했음에 있는 것은 절대 아니다. 두 작품 다 작품의 구성과 배경 설정과 인물묘사와 회상 수법이나 대조 수법

등 각양의 소설기법이 조화를 이루고 원용됨으로써 주제가 독자들에게 선명하게 전달되는 일에 성공을 거두었음에 연유한다.

주제가 독자를 감동시키는 것이 아니라 주제를 처리하여 독자에게 인식시키는 데에 성공하는 창작 기법의 총체적 조화가 독자를 감동시키는 힘을 창조한 것임을 이 달의 두 단편은 힘있게 말해준다.

기법이 소설 주제 내용의 일부가 되거나 아니면 그 전체가 될 수 있음을 알 만하다.

좋은 작품이 있어서 세상이 슬프지 않다.

3) 페미니즘 미학의 승리

1992년 5월에서 7월까지의 『월간문학』에서 여섯 편의 단편을 읽었다. 이계홍의 「자리를 지키세요」가 사이비 기자의 횡포를 리얼하게 묘사했고, 이철호의 「말하는 꿀단지」가 무한반복으로 변화 상승하는 인간의 휴머니즘을 부각시키기에 충분하였다. 그 다음으로 김유미의 단편 「새벽」이 자포자기로 아내를 구타하기에까지 이른 남편을 끝까지 지키는 아내의 이야기를 다루었고, 다음으로 표중식의 「적벽돌 병원」은 남자에게 강간 당하여 정신분열증세를 일으킨 어린 소녀를 치료하는 과정에서 담당 의사가 마음으로 무수히 소녀를 강간하면서 의식의 밑바닥에 깔려 있던 자기자신의 정신질환을 오히려 치유 받게 되는 이야기이다.

다음으로 충북 문단편(1992. 6. 월간문학)에 게재된 두 단편이 있다. 하나는 안수길의 「가재와 바위」로서 마치 가재가 바위 밑에 깔리듯 그렇게 비대한 바위 같은 남편을 신랑감으로 선택한 딸과 그 바위 같은 사위감에 만족해하는 아버지의 이야기이고 또 하나 지용욱의 「마누라와 작업복」은 마치 작업복처럼 편안하게 여기고 마구 대해도 된다고 여기던 아내가 어느 날 다른 여인을 몰래 만나는 남편에게 항거하여 집을 뛰쳐 나간다는 내용이다.

이렇게 여섯 편의 소설을 읽었다. 그런데 주제별로 구분해 보면 「자리를 지키세요」와 「말하는 꿀단지」가 사회고발의 문제를 다룬 것이고 「새벽」, 「적벽돌 병원」, 「가재와 바위」, 「마누라와 작업복」이 모두 여성 문제를 다루고 있어서 훼미니즘 미학의 논리를 원용하여 이 네 편의 작품을 생각해 보고자 한다.

사이비 기자를 다룬 「자리를 지키세요」가 참으로 리얼하게 사회를 고발하고 있고 또 「말하는 꿀단지」는 진한 감동으로 인간의 선의와 내적 변화를 다루어 인간의 가슴 속에 흐르는 휴머니티를 부각시킴으로써 소설을 사랑하는 사람이면 필독하여 문학이 어떻게 사회와 민족의 혼을 선도할 수 있는가를 확인할 수 있겠으나, 부족한 지면으로 여성문제를 다루는 처지이므로 「자리를 지키세요」와 「말하는 꿀단지」는 여기서 제외하기로 한다.

페미니스트 문학비평이란 1960년대에 세계적으로 꿈틀거리기 시작한 여성해방 운동이 기폭제가 되어 주로 여성의 사회의식 내지 참정권 획득을 위한 투쟁을 중심으로 여권 수호의 차원에서 촉발 성숙되었으나 이제는 문예미학적인 경향으로 흘러 여성의 눈으로 문학을 수용하는 경향으로 한 부류를 정착시키고 있다. 가령 남성을 적대시하고 남성을 이기려는 것이 아니라 남성과 함께 조화와 일치와 화해 공존을 추구하는 인간 회복을 여성해방의 바람직한 추진 이데아로 삼는 양성성의 논리를 전개하고 있다. 여성폄시가 잘못된 것이듯 남성배타 역시 잘못된 것임을 페미니즘 문학논리가 수렴하면서 양성성의 논리를 수용하는 추세이다.

따라서 페미니즘 문학은 남성작가에 의해 함부로 다루어진 여성왜곡이나 여성억압 그리고 남성작가가 생각해 낼 수 없는 여성체험과 여성심리 표출에 초점을 맞춘다. 또 기존의 남성주의적 사고에 익숙해진 여성폄시의 의식으로 대해오던 작품 이해의 태도에서 탈피하여 남녀 평등의 시각으로 다시 작품을 대함으로서 여성의 문제와 여성의 삶에 대한 인식과 이해를 증진한다. 가령 성서의 창조신화가 인류에게 죽음을 가져온 죄인이 여성이라고 간주한다든가 인류의 역사가 지속적으로 여성을 이차적이요 부수적인 열등의 생명존재로 폄시하고 토마스 아퀴나스가 여성을 '잘못 창조된 남성'이라 말하며, 한국의 윤리가 여성을 아기 낳는 '씨받이'로 취급해 온 억압의 세월을 우리는 살아 있다. 여자는 아기 낳아주는 도구, 식솔의 음식을 장만하고 남자의 성욕을 채워주고 남자들이 먹다 남긴 음식 찌꺼기를 얻어먹는 노예의 신분에 불과했다. 그러나 페미니즘 미학은 이러한 창조설 조차도 새로운 시각으로 성찰한다. 아담의 과오 행위는 아담 스스로의 자유 의지로 이루어진 자기 선택의 결과이므로 그 책임을 하와에게 전가시킬 수 없다. 유혹하는 자에게 부분적인 책임이 있다면 유혹 당하는 자에게는 절대적이고 전적인 책임이 있다. 유혹을 받아들일 수 있는 선택의 의지가 있듯이 유혹을 거절할 수 있는 선택의 의지 또한 인간은 공유하고 있기 때문이다. 또 아담의 일을 거들 짝이라든가 아담의 갈비뼈로 하와가 창조되었다는 창조신화도 하와를 비독립적 종속의 의미로 받아 들일 것이 아니라 여성의 시각으로 달리 볼 수 있다. 마튜 헨리는 창세기를 주석하면서 다음과 같은 재미있는 비유로 페미니즘 논리를 묘사하였다. "여자는 아담의 옆구리에서 만들어졌다. 남자를 지배하도록 그의 머리에서 만들어지지도 않았으며 남자에 의해 짓밟히도록 그의 발에서 만들어지지도 않았으며 그와 동등하도록 그의 옆구리에서, 그에게 보호 받도록 그의 팔 밑에서, 그리고 사랑을 받도록 그의 심장 근처에서 만들어졌다. "

옳은 말이다. 남녀는 어떤 경우에도 주종관계, 상하관계, 지배와 피지배의 관계로 살아서는 안 된다. 자유와 평화의 공존질서와 공동보조를 유지해야 한다. 아내 없이 남편이 아버지가 될 수 없고 남편 없이 아내가 어머니로 완성될 수 없다. 남자건 여자건 상호의존을 통해 발전적 창조를 거쳐 미래를 완성시켜 나가야 한다. 이것이 인간 완성을 위한 페미니즘 미학의 양성성 논리이다.

이러한 논리에 초점을 두어 「새벽」, 「적벽돌 병원」, 「가재와 바위」, 「마누라와 작업복」을 보고자 한다.

김유미의 「새벽」에서는 시인이 되고싶은 남자 준섭과 남편을 고르다 고르다 준섭을 선택한 은주가 서로 사랑하기 때문에 결혼했음을 자부하면서 공동의 삶을 시작한다. 그러나 남편에게 경제 능력이 없어 은주는 동창생을 찾아 다니며 미제 물건 보따리 장사를 해서 가계를 꾸려 가는데 남편의 열등감이 커지고 은주는 점점 무표정 무언으로 인내하는 자포자기의 상태가 된다. 은주는 심하게 화가 나면 입술을 잴근잴근 씹어가며 눈물을 흘린다. 볼을 타고 눈물만 흐를 뿐 소리도 내지 않는다. 그걸 보며 남편은 "지겨워, 지겨운 여자야!"하며 트집을 잡는다. 은주가 미제 물건 장사를 하며 밥술이나 먹자 준섭은 "어디 가서 몸이라도 팔아오는 거야? 그래도 괜찮은데! 쓸만한 모양이지?"라고 험담을 퍼붓는다.

남성의 크고 큰 언어 폭행 그리고 성폭행이다.

그러던 때에 이민의 기회가 오고 "내가 미제물건 장사나 시키려고 은주와 혼인한 것은 아니"라면서 준섭은 이민을 결심한다.

그러다가 그들은 이민을 갔고 준섭은 주당 140불짜리 막벌이를 시작했고 집에서는 화장실 청소도 하고 설거지를 하기도 했다.

희망이 생겼다. 몇 년만 맞벌이를 그렇게 하면 내집도 내 가게도 갖는다는 희망이 생겼다.

그러던 어느날이었다.

미국에서도 당연히 맞벌이를 해야 하는 은주의 직장에서 피치 못할 상사의 생일 파티를 마치고 집에 조금 늦게 귀가했는데 준섭은 사정없이 은주를 때렸다.

"어디를 쏘다니는 거야? 죽어! 죽어 버리자구! 너도 죽고 나도 죽고 우리 다 죽어 버리면 그만 아냐? 도둑놈들을 키워 뭘 해?" 두 아이가 하나는 망을 보고 하나는 도둑질을 했다는 것이다. 갖고 싶은 장난감을 둘이서 합동으로 훔친 것이다. 은주는 심한 매를 맞으면서 의식을 잃고 경찰이 그를 싣고 병원으로 갔다. 병원에는 가정폭행 피해자들을 돕는 기관에서 백인 봉사자와 한국인 봉사자가 번갈아 찾아와서는, 남편을 고발하여 감옥에 넣어야 하며, 매맞지 않고 여성의 인권을 찾아 살아야 한다고 열심히 설득시킨다.

"얻어맞고 질질 울면서도 그저 죽여줍쇼 하고 사는 일을 여성의 미덕으로 알지 마세요."라고 힘주어 말한다. 그러나 새벽에 병원에서 나온 은주는 한국에 있었더라도 친정에는 안 갔을 것이라면서 "이 세상에 아무도 은주씨를 나만큼 사랑하는 사람은 없어. 미안해. 난 늘 당신에게 미안했어."하고 말하던 어느날의 그 말만이 준섭의 진심일 것이라고 생각하면서, 한두 해쯤 지나 경제적으로 조금 안정이 오면 그는 어린애처럼 같은 말을 할 것이라며, 비뚤게 나간 아이들 때문에 격분하여 매질을 한 것은 자식에 대한 사랑이었음을 헤아려 용서해야 한다고 마음을 정리하면서, 준섭과 자식들이 있는 집을 향해 달려간다.

어둠이 걷히고 있었다.

표준식의 「적벽돌 병원」에서는 정신과 전문의가, 강간을 당하고 정신분열증상을 일으킨 한 소녀로 인해 의사 자신에게 잠복해 있던 정신 질환을 스스로 발견하고 강간심리 동성연애의 도착 증세가 표출된다. 정신병 환자를 사랑하게 됨으로써 환자로부터 정신병이 의사에게 전염되는 유형인데 이런 경우 환자의 치유 효과가 사랑의 힘에 의해 빨리 나타난다. 그런데 어느날 환자인 소녀 혜리와 거의 사랑의 성행위를 나누려는 찰나에서 의사는 용기를 내어 방바닥을 박차고 일어난다. 남자 모두가 가해자는 아니라고 혜리에게 부르짖고 또 자기 자신에게 말하며 뛰쳐나온다. "김선생님! 날 두고 가지 마세요"라고 혜리가 부르짖었지만 뛰어나오면서 그는 깜짝 놀랜다. 그렇듯 모르는 사람인 척하면서 매일 공원에서 만났던 혜리가 실은 자기를 혜리의 담당 의사로 알고 있으면서도 모른 체하며 매일 만나 왔던 것임을 알게 된다. 그리고 그 힘든 결단이 그를 정신질환에서 해방시킨다. 질환의 사슬이 끊어진 것이다. 마비되지 않은 이성이 정신적 혼미와 방황을 극복하게 만든 것이다. 혜리 또한 성폭행의 악몽에서 풀려난다. 적벽돌 건물인 공원의 공중변소 곁을 왜 그렇게 맴돌았는지의 이유를 비로소 깨닫게 된다.

안수길의 「가재의 바위」에서는 남편과 아내가 나누는 대화가 눈에 띄인다.

> "넥타이 이것으로 바꾸세요. 당신 나하고 첨 만날 때도 넥타이 색깔이 우중충 하더라구요."
> "그래서 나한테 시집 올 맘이 없었나?"
> "그랬었다면 지금까지 이렇게 붙어 살았겠수?"
> "거 보라구. 바탕이 훤하면 넥타이 쯤은 문제 될 게 없는 법예요."
> "착각도 자유네. 자기가 뭐 아랑 드롱 쯤 되는 줄 아세요?"
> "내가 상당한 미남이란 사실을 확인한 거요."
> "뭘루 그런 사실을 확인하셨수?"
> "당신이 내곁에 붙어 살아준 사실로 봐서지."
> "착각 마세요. 내가 이때껏 당신하고 산 건 당신이 미남이라서가 아니라 길들이기 쉬운 남자여서예요"

이렇게 두 부부는 상호 보완의 서로를 길들이기 자세로 삶을 살아 온 것이다. "길들이기 쉬운"이란 서로의 좋은 점을 취하고 서로의 악습을 고쳐주며 사는 이상형의 부부에게 해당되며, '자기 투사적 상대 동일화'라는 심리학의 용어로 대치된다.

지용옥의 「마누라와 작업복」

「마누라와 작업복」은 마누라 알기를 작업복 쯤으로 알고 아내를 함부로 대하고 다른 여인을 만날 때에는 양복을 차려 입고 돈을 들고 나가 데

이트 자금을 아끼지 않는 어느 남성이 어느 날 퇴근 후에 작업복을 아무렇게나 던져 버리고 급히 샤워를 하고 여자를 만나러 나가는 것을 보고, 화가 난 아내가 가출하는 이야기이다.

> 미스 민과 어울려 억수로 술이 취한 채 자꾸 잔을 부딪친 것까지는 좋은데 그 다음이 생각나지 않았다. 아침에 남자는 벌떡 일어나 출근 준비를 한다. 서둘러 일어나 작업복을 찾았다. 그러나 작업복은 어제 그가 걸어 찬대로 베란다에 나가 떨어진 채 밤새 내린 비로 흠뻑 젖어 있었다. "아니 작업복이? 이게 없으면 안되는데. 이봐! 어디 갔어? 나 나가야 돼!" 그러나 아내는 없었다.

엉망으로 어질러진 방이며 부엌, 거기엔 전에 없이 파리들만 날았다. 이렇게 아내를 일하기에 편리한 작업복으로, 방을 치우고 부엌을 정리하고 남편이 내동댕이치는 작업복을 정리하여 아침에 입을 수 있도록 대령해 주는 가정부로 생각해서는 안 되는 것이다. 남녀가 함께 이루어가는 공동의 평등과 자유와 상호 격려만이 참다운 부부생활의 지향점임을 각성하는 반성을 이 작품 역시 우리에게 말해 준다. 그러한 부부의 이상형을 향해 불완전을 시정해 나가는 저항과 부딪침과 개선의 일을 메시지로 삼은 작가의식이 독자에게 전이되는 데에 성공하고 있다.

자기 주장만을 배우자에게 투사하는 폭군적 자세도 부당하고, 자신을 낮추어 배우자에게 절대적으로 순종만 하는 노예적 자세도 부당하다는 논리로서 상호 시정과 개선 그리고 상호 성장과 발전을 추구하는 대등 공존의 추구가 페미니즘의 양성성 논리라고 볼 때에 위의 작품들은 페미니즘 미학의 승리를 거둔 작품으로 보기에 손색이 없다.

위의 소설들을 읽으면서 나는 작가들에게 언어 표현에 조심해야 할 일 한 가지를 부탁드리고 싶다. "사위가 애꾸 곰보 절름발이만 아니면 된다."는 표현이 「가재와 바위」에 등장하는데 그것은 독자들의 감동을 저해한다. 애꾸나 곰보나 절름발이가 자격미달의 인간 조건이 될 수 없기 때문

이다. "강도나 사기꾼이나 성폭행자나 폭력자나 노름꾼 알콜중독자만 아
니면 좋다."는 표현이면 얼마든지 좋다. 애꾸나 곰보나 절름발이는 인간
의 자유의지로서 된 것이 아니라 재앙에 의한 것이기 때문에 인간의 가치
를 판단하는 기준이 될 수 없다.

우리의 글이 누군가에게 상처를 주어서는 안되겠기 때문이다.

4) 진실보다 더 진실스러운 허구로 미래의 희망을 제시하여야

역사가 있었던 일을 기록한 것이라면 문학은 있음직한 일을 기록한 것
이다. 그리하여 문학작품을 통해 다양한 인생을 대리체험함으로써 독자는
문학을 통해 인생을 높고 넓게 그리고 깊이 배운다. 또 마음의 고통이나
삶의 어려움도 스스로 견디고 이겨내는 정신적인 힘도 얻는다. 좋은 작품
이란 교훈적 내용과 예술적 표현미를 공유한 작품이다. 무엇을 쓰는가만
중시한 글은 훈화나 설교일 뿐이요 문학예술이 아니며, 내용의 교훈성이
없이 멋진 수식어만을 찾아 나열한 글은 유치한 감상문에 불과하다.

문학은 인간의 사상과 감정을 예술적 표현으로 묘사한 언어의 기록이라
고 정의할 수 있다. 일상적인 사상과 감정을 평범한 표현에 담은 것이 아
니라, 가장 고귀한 사상과 감정을 남이 흉내 낼 수 없는 언어 미학의 표
현 묘사에 담은 예술이다. 그러므로 독자는 문학을 통해 인생의 가치 있
는 사상과 감정을 대리체험하고, 그리하여 감동과 반성과 위로와 성장을
직접 체험한다.

불치의 중병을 앓고 난 사람이 심혼을 기울여 투병기를 썼을 경우, 독
자는 그것을 읽고 크게 감동을 받는다. 투병기를 쓰는 사람에게 있어서도
그 목적은 집필의 과정에서 확인된 감동을 죽는 날까지 지속하며 자아 치
유의 영약을 삼자는 데 있고, 투병기를 읽는 사람에게 있어서도 그 목적
은 글 쓴 이의 경험세계에서 얻은 간접 체험을 자신의 세계에 투사하여

그 또한 자기 구원의 힘을 얻자는 데 있다. 좋은 문학작품이 인간의 영혼과 마음과 육체의 상처를 치유하는 능력을 준다 함은 이런 데 연유한다.

위험으로부터 벗어나게 해 달라고 기도하지 말게 하시고 위험에 처하여서도 의연하도록 해 주소서.

고통을 없이 하여 달라고 기도하지 말게 하시고 고통과 싸워 이길 결심과 힘을 달라고 기도하게 해 주소서.

생존의 싸움터에서 동조자를 만나게 해 달라고 기도하지 말게 하시고 생존의 의지력을 키우게 해 달라고 기도하게 해 주소서.

겁쟁이가 되고 싶지 않습니다. 하늘이여 굽어 보소서.

매일 매일 행복과 기쁨이 연속될 때에만 하느님이 자비하시다고 생각하는 비겁한 신앙인이 되지 말게 하시고

고통과 슬픔이 연속될 때에도 그 고통 속에서 좌절하지 말라 하시며 하느님이 지금 내 손목을 꼭 잡고 계신다고 찬미 감사 드리며 사는 사람이 되게 하소서.

위의 글은 라빈 드라나드 타고르의 기도문이다.

인도의 시성 타고르는 어머니를 잃고 아내를 잃고 또 아버지를 잃고 사랑하는 자식들을 차례로 잃어 가면서도, 위의 글처럼 기도하면서 그 애통을 극복하였다. 그래서 위의 글을 읽는 사람이면 인생의 어떤 어려움도 극복하여 성장과 변화, 은총과 축복의 계기로 삼는 지혜를 얻는다.

필자의 세대들은 누구나 다 6·25를 거친 사람들이다. 추위와 기근, 헐벗음과 배고픔. 이산과 실향의 아픈 역경을 견디며 살아 남은 사람들이다. 전사한 남편이 유일하게 남기고 간 유산인 자식들을 혼자 길러 낸 전쟁 미망인들이고, 풀잎의 이슬처럼 산화한 아버지를 생각하면서 잠오는 눈시울을 부비며 장학생이 되어 공부해 낸 아들딸들이다. 오늘의 기성세대들이 그 처절한 생존의 의지력을 무한으로 퍼마신 저력의 원천은 바로 저 타고르의 기도문과 같은 문학이 먹여 준 힘이었다. 원시적인 가난과 무너

진 폐허 속에서 이 땅의 기성세대들이 먹고 자란 양식이 바로 좋은 문학 작품이었다는 말이다.

문학의 가치는 바로 이런 것이다. 슬픔을 위로하고 외로움을 달래주고 고통을 극복할 인내력을 준다. 사람의 마음을 감동시켜 생명력을 자생케 하는 자아 성숙의 힘을 준다. 좋은 문학작품은 인생을 긍정하는 자세에서 어떤 방법으로건 보다 높은 차원의 정신세계로 독자를 비상하게 한다. 과학은 물질적 부강을 약속해 주지만 위대한 문학작품은 개인과 국민의 정신적 평화와 행복을 높고 넓게 그리고 깊이 증진시켜, 드디어는 민족의 얼을 하나의 지고한 이상으로 통일하는 정신적 부강을 약속한다.

독자의 삶을 성장 변화시키는 힘을 제공함이 문학의 본질적 사명임을 보다 분명히 깨닫게 하는 데에 우리들의 문학은 기여해야 한다. 그렇지 못할 때 우리는 독자의 시간을 낭비하는 것이다. 또, 독자를 죽이는 것이다.

최근에 나는 소설 3편을 읽고 절망하였다. 무엇을 쓸 것인가? 할 말이 없었다.

그러나 그 절망을 고백하는 것이 문학을 사랑하는 사람들에게 일말의 도움이 되리라는 마음으로 슬픈 비애감을 달래며 이 글을 쓴다. 아픈 충고의 말이 될 것이다.

성채린의 「생머리」와 백용운의 「방문객」, 김명주의 「흰눈과 달빛」 세 편을 읽었다.

작가는 산모가 아기를 잉태하고 낳는 산욕의 고통을 치러야 한다. 그 고뇌가 있어야 독자가 감동을 받는다. 그런데 위의 작품들 속에는 그런 고뇌가 용해되어 있지 못하다. 그러므로 독자가 감동을 받지 못하고 독자의 삶이 미래의 희망으로 연결되지 못한다.

우선 「생머리」를 보자.

피아노를 전공하는 부자집 딸이 연주회에 갔는데 다른 사람이 와서 그의 자리라고 말한다. 보니 여인은 다른 날의 좌석표를 가지고 온 것이다.

일어나려는데 남자가 표를 바꾸어 달라면서 자기가 다른 날에 오겠다고 여인의 편의를 봐 준다. 휴식 시간에 여인은 그 사람이 그 날의 왕자인 피아노 독주자와 이야기하는 것을 확인하게 되고 깊은 인상을 갖는다. 그 후 여인은 그 남자가 바이올리니스트이고 어느날 연주회가 있음을 알게 되고 거기 참석할 결심을 한다. 그러나 그즈음 아버지가 부도를 내고 어머니가 그 충격으로 돌아가시어 여인은 학교를 휴학하고 결혼을 하지만, 곧 이혼하게 되고 아기를 혼자 기르는 불행한 환경에 처한다. 여인은 파출부가 되어 머리를 곱슬곱슬하게 지지고 남대문 시장에서 산 값싼 옷을 입고 얼굴에 주름이 진 초췌한 모습으로 파출부 일을 하며 연명한다. 그러던 어느날 파출부 일을 하러 가기 위해 버스를 타는데 버스 앞의 그렌저 호화 차 안에 앉아 있는 남자를 보고 그가 표를 바꾸어 준 유명한 바이올리니스트 유석환씨임을 환기해 내고, 바로 그날 파출부 일을 하면서 유석환씨와 방속국 기자의 인터뷰 내용을 듣는다. 왜 아직 혼인을 하지 않았느냐는 기자의 질문에 그는 몇년 전 피아노 독주회에서 표를 바꾸었던 빨간색 원피스의 생머리 여인을 찾고 있다고 대답한다. 여인은 미장원에 가서 곱슬머리를 풀고 얼굴에 화장을 하고 연주회로 그를 찾아간다. 대기실에서 그를 만나 "생머리의 여인을 찾았지요?"라고 묻는데 그가 "네! 그 여인의 이모님 되십니까?"라고 질문한다. 황망히 "네! 사촌 언닌데요. 그앤 독일에 유학을 갔어요."라고 말하고 거리로 뛰어 나온다. 비가 내리고 비맞은 머리가 다시 곱슬곱슬한 파마머리로 돌아간다.

이 작품이 제시하는 것이 무엇인가? "독일 유학중이며, 동생도 당신을 찾고 있으니, 언제 어디서 만나게"하겠다든가, "내가 바로 그 빨간 원피스의 생머리 여인"이라고 말하고 재기의 기회를 찾아 보든가 해야 하는 것이 아닌가? 어머니가 돌아가시고 아버지가 부도를 내면 부자집 딸이던 피아노 전공의 여학생이 갑자기 남대문 시장에서 산 몇 천 원짜리 옷 밖에 입을 것이 없어지는가? 파출부 외에는 할 일이 없는가? 어린이들 피아노 렛슨도 해 줄 수 있지 않은가? 또 파출부를 하면 싸구려로 지지는 꼬

불꼬불한 파마만을 하게 되는가? 그 파마머리를 생머리로 다시 펴려고 미장원에 갔는데 비를 맞자 그것이 곧 파마머리로 돌아왔다는 이야기가 소설의 결말이 되어야 하는가? 어째서 남자는 "어머니세요?"하고 묻지 않고 "이모님이세요?"라고 물었는가? 불과 몇 년 사이에 빨간 원피스의 생머리 여학생이 당장 이모 세대의 나이로 보일만큼 늙는가? 작품에서 발생하는 모든 일이 공식에 의하여 진행되는 가난한 사람들의 몰락과정 공식에 따라 진행되고 있다. 여기의 여인은 그만큼 키워 놓으신 부모님의 자식으로써 품위를 지키며 살 수 있어야 하는데 몰락이 무엇인가라는 고정관념을 정해 놓고 거기에 이 여인의 모습을 일치시킨 것 같은 인상을 준다. 윤석환 앞에서 여인은 그처럼 비굴할 필요가 없고 그렇게 영락한 모습으로 전락해서도 안된다. 그런 일이 이 사회에는 있을 수 없다. 절망을 뚫고 나가는 희망의 전망이 없다. 소설은 어떤 경우에도 투병과 성장과 자기가치 확립이라는 차원에 공헌하는 바가 있어야 한다. 무엇을 독자에게 대리 체험시키고 싶은가? 무슨 위로와 성장을 제시할 수 있는가?

백용운의 「방문객」

이 작품은 일종의 공상 소설이다.

휴전선의 이쪽과 저편의 인민군과 국군이 친해져서, 땅굴을 통해 서로서로 평양을 견학하고, 다시 남한을 견학하는데, 이북을 견학한 국군이 이북의 가난을 불쌍히 여기고, 남한을 견학한 인민군은 남한의 자유와 방종을 나무랜다. 그러나 견학을 마치고 이북으로 돌아간 인민군은 국군이 보는 저편에서 인민군 동료의 총에 맞아 죽는 결말로 끝이 난다. 불가능한 상황을 현실로 이끌어 쓰고 있는 이 소설은 무엇인가를 말하려는 작가의 의도를 짐작하게 한다.

가령 이 두 사람은 남북한을 이어주는 남북한의 가교가 되고자 했던 것이다.

가난한 북한 동포들의 비애를 우리 남한 동포들에게 말해주고, 세계적인 선진국으로 발돋움한 남한의 현실을 북한 동포들에게 알려주고 싶은 것이다. 그런데 사랑과 일치의 가교를 공고히하기는 고사하고 남한을 견학한 유일한 인민군이 무참히 총에 맞아 죽는 것을 이 소설은 결론으로 설정함으로서 여전히 희망적인 미래의 기획은 원점으로 되돌아갔다. 그러면 이 소설은 우리에게 민족의 치유와 투병과 밝은 미래를 위하여 무엇을 제시하여 주는가?

김명주의 「흰 눈과 달빛」

이 작품 역시 희망이 없는 절망의 집합을 보여 준다.

가난한 청년과 부잣집 딸이 연애를 하게 된다. 부잣집 아버지가 대기업 회장의 아들과 혼인하라고 딸을 설득하는데 말을 듣지 않는다. 어느날 대기업의 아들이 집 앞 어귀에서 여인을 납치하여 겁탈을 해서라도 여인을 소유하기로 결심한다. 힘센 남자와 함께 부잣집 아들이 강제로 여인을 차에 밀어 넣는데 여인의 눈에 과도가 띄인다. 여인이 그 칼로 부잣집 아들과 힘센 남자를 찔러 죽인다. 애인과 헤어져 되돌아가던 가난한 청년이 애인의 방에 불이 켜진 것을 보고 다시 가려고 되돌아 오다가 현장을 목격하고는 놀라서 여인과 함께 눈에 덮인 산으로 도망을 간다. 거기서 두 사람이 끌어 안은 채 얼어붙은 모습으로 사냥꾼에게 발견되는데 여인은 죽고 남자는 병원 치료 후 살아난다. "톱으로 여인의 팔을 짤라 남자를 떼어놓은 후 여인의 팔을 다시 꼬매 붙였다"고 작가는 쓰고 있다. 살아난 청년은 즉시 재판을 받게 되고 두 남자를 살인한 죄로 한 달 후에 사형을 당한다. 이런 이야기이다.

여인이 단 칼에 두 남자를 차례로 죽일 수 있는가? 그것도 힘 없고 놀라서 공포에 떠는 여인의 손에 과도로 찔려서 말이다. 가난한 청년은 여인의 살인 현장을 보았을 때 정당방위였음을 증거하는 증인이 되어야 하지 않는가? 눈 덮인 산꼭대기로 피신하여 서로 끌어안고 산정에서 죽어야만 하는가? 여인을 차에 태워 겁탈하려 했던 부잣집 아들의 비행을 응징해야 하지 않는가?

이 작품 속에서는 리얼리티라든가 희망의 가능성이 보이지 않는다. 어떻게 파리 목숨 보다도 더 쉽게 네 사람의 목숨을 의미 없이 죽일 수 있는가? 사람 한 명을 작품에서 죽일 때 작가는 얼마나 많은 고민을 해야 하는가를 생각해 보았는가?

위의 소설들을 읽은 후에 나는 세 분 작가들에게, 내가 이 글의 서두에 쓴 문학의 사명과 그리고 타고르의 시를 한 번만이라도 읽어 달라고 당부하며 글을 마친다.

죽은 사람이 벌떡 일어날, 죽어 가는 사람이 벌떡 일어날, 그런 감동과 치유와 상황 극복의 소설을 읽고 싶다.

2. 우리 文學과 離別의 樣相

1) 이별의 개념

이별이란 사랑하던 사람들이 함께 살지 못하고 서로 헤어지게 되는 현상을 일컫는 말이다. 물론 깊이 정들었던 가축이나 고향산천 같은 자연과의 헤어짐도 이별의 범위에 들어간다고 할 수 있으나, 이별이 문제되는 것은 어디까지나 사람들끼리의 헤어짐이다.

> 이네들은 너무나 멀리 있습니다.
> 별이 아슬히 멀듯이,
> 어머니,
> 그리고 당신은 멀리 北間島에 계십니다.[1]

흔히 이별은 生離死別이라 하여 살아 있는 사람끼리 헤어지게 되는 生離別과, 한 쪽은 죽고 한 쪽만 살아 남아 죽은 사람을 그리워하게 되는 死別의 두 범주로 나뉘어 생각된다. 死別의 경우, 生離別과의 근본적 차이점이란 물론 그 손실이 절대적이고 또 마지막이라는 점에 있다.[2] 그러므로 인간의 죽음은 사람의 힘으로써는 어찌 할 수 없는 것이므로 사별은

---

1) 윤동주, 「별 헤는 밤」, 『나의 별에도 봄이 오면』, 문학세계사, 1981, p.171.
2) 릴리 핑커스, 이인복 옮김, 『죽는 이와 남는 이를 위하여』, 고향서원, 1979, p.54

생이별보다는 빨리 체념할 수 있는 것임에 반하여, 생이별의 경우는 헤어지지 않을 수도 있었을 것이라는 미련 때문에 사별의 哀痛을 능가하는 길고 긴 情恨을 뒤에 남긴다. 따라서 이별이라 하면 대체로 사랑하는 사람들이 함께 살아갈 수 없는 상황에 처하여 눈물을 머금고 서로 헤어지게 되는 생이별을 가리킨다.

> 신행갈 동무들아 석별가를 들어보소.
> 인간세상 슬픈 것이 이별밖에 더 있는가.
> 이별 중에 설운 것이 생이별이 제일일세.
> 부모은덕 지중하나 이별하면 그뿐이오.
> 동무 情이 자별하나 이별하면 다 잊나니
> 이십 년 놀던 人情, 일순에 끊단 말가.3)

생이별의 안타까움과 아픔을 노래한 글이다.

한편 '離別'을 뜻하는 다른 말로는 그 한자를 뒤바꾸어 '別離'라고 쓰나, 그것은 '離別'이 함축하고 있는 정감을 제대로 드러내지 못한다. 또 '餞別', '餞送', '送別' 같은 낱말이 있으나, 이것들은 이별하는 사실보다는 이별하기 위하여 잔치를 베푼다거나 남아 있는 사람이 떠나는 사람을 떠나 보낸다는 면의 뜻이 더 강하게 작용하는 낱말들이다. '배웅'이란 낱말이 있는데 이것도 '헤어짐'보다는 '보냄'의 뜻이 더 강한 낱말이다. '이별'에 맞설 만한 다른 낱말로는 '헤어짐'을 꼽을 수 있지만, 아직 '이별'만큼 널리 사용되는 안정된 낱말이 되었다고 말할 수 없다. '이별'이란 낱말이 풍기는 정서적 의미는 한국 사람에게 있어서 참으로 각별한데, 그 의미는 '情과 恨의 관계'를 통해서만 밝혀진다.

> 나와 친하던 이들 또 나를 시기하던 이들
> 잔을 들어라 그대들과 나 사이에

---

3) 김기림 외 4인 공저, 「惜別歌」, 『歌辭文學』, 서음출판사, 1983, p.412.

마지막인 작별의 잔을 높이 들자.[4]

위의 시에서 보여 주듯이, 한국 사람의 정서에서 가장 두드러진 것은 '情'과 '恨'이다. '정'은 한자어 '情'에서 비롯되는 말이기는 하지만 이 '정'은 단순한 사랑이 아니고 미움과 노여움이 공존하는 사랑이다. 흔히 "미운 정 고운 정 다 들었다"는 말을 하는데, 여기에서 '미운 정'이라는 '矛盾感情'[5]의 표현은 '정'이라는 것이 증오까지도 수용하고 또 초월하는 사랑임을 나타낸다. 그리고 '한'도 한자어 '恨'에서 나온 말임에는 틀림없다. 그러나 이것도 단순히 억울하고 서글프기만 한 것이 아니라 무언가 가볍게 저버릴 수만은 없는 애달픈 소망을 간직하고 있는 뉘우침이다.

> 잊어버리자, 잊어버리자.
> 희부연 종이 燈불 밑에 애비와, 애미와, 계집을
> 그들의 슬픈 習慣, 서러운 言語를,
> 찢긴 흰 옷과 같이 벗어 던져 버리고
> 이제 사실 내 胃腸은 豹범을 닮아야 한다.[6]

이처럼 한국 사람은 사랑과 미움이 공존하는 '情'에 의해 끈끈한 유대 관계를 형성하며 살아가고 있다. 그러다가 어떤 사정으로 이별하게 되면 지나간 세월에 못다 이룬 '정'이 서로 헤어진 사람의 가슴에 恨의 형태가 되어 앙금처럼 가라앉는다. 그러니까 이별은 '정'과 '한'이 갈라지는 분기점에서 일어나는 현상이라 할 수 있다. 과거의 '정'이 미래의 '한'으로 바뀌는 자리에서 사랑하는 사람들이 새 삶의 터전을 찾기 위해 서로 분리되는 현상이다.

4) 노천명, 「告別」, 신경림 편저, 『모가지가 길어서 슬픈 사슴』, 지문사, 1981, p.110.
5) 이러한 심리를 Kant는 이율배반(Antinomie)이라 함. 『윤명로 철학사전』, 일신사, p.352.
6) 서정주, 「逆旅」, 『서정주문학전집』, 일지사, 1972, p.299.

그런 杜絶된 歲月 가운데 하루 吉日을 卜하여 錦紅이가 往復
葉書처럼 돌아왔다. 나는 그만 깜짝 놀랐다.
錦紅이의 모양은 뜻밖에도 초췌하여 보이는 것이 참 슬펐다. 나
는 꾸짖지 않고 麥酒와 붕어 菓子와 장국밥을 사먹여 가면서 錦
紅이를 慰勞해 주었다.
그러나 錦紅이는 좀처럼 화를 풀지 않고 울면서 나를 怨望하는
것이었다. 할 수 없어서 나도 그만 울어 버렸다.[7]

위의 시에 묘사되어 있듯이, 이별의 분기점을 거치고 나면, 만남 속의
온갖 잘잘못과 옳고 그름을 복합적이고 포용적인 사랑의 개념으로 溶解
해 왔던 과거의 '정'이, 뉘우침과 억울함과 애달픔과 그리움 등으로 얽혀
진 '한'의 개념으로 바뀜을 우리는 체험한다. 그러므로 이별은 한국 사람
이 지닌 情恨의 정서를 만들어 내고 존속시키는 溫床이라 할 수 있다.

2) 이별의 양상

이별은 여러 가지 원인에 의하여 발생된다. '무엇 때문에'라는 이유를
가지고 이별하는 것이지 스스로 이별을 하는 것은 아니다. 그러면 이별을
유도하는 외부적 원인에는 어떤 것이 있는가?
첫째는 天災地變이다. 어느 지역에 여러 해 가뭄이 들거나 홍수가 나
서 농사를 지을 수 없게 되었을 때, 우리 조상은 정든 땅을 등지고 새로
운 터전을 향해 길을 떠났다. 이때에 가족단위의 이주가 가능하다면 이별
이 문제되지 않으나, 늙은 조부는 고향에 남고 젊은 자식들이 고향을 등
질 때에는 비극적인 이별이 발생했을 것이다. 이러한 이별은 定着農耕社
會이기 때문에 야기된 문제라 하겠다. 어디에서건 뿌리를 내리고 여러 대
에 걸쳐 터잡고 살고자 하는 사람들이기 때문에 제 고장과 정든 사람을

7) 이 상, 「봉별기(逢別記)」, 『한국단편문학3』, 금성출판사, 1987, p.27.

떠나 헤어진다는 일은 심각한 문제가 되었던 것이다. 그러나 삶의 터전을 옮긴다는 것이 우리의 조상들에게 있어서, 하나의 죽음을 뜻하듯 어려운 이별을 동반하기는 했지만, 그 새로운 터전은 과거에 살아온 삶과의 연속이 아니라 새로운 삶의 시작이 되어 주었다는 것을 당대의 조상들은 미처 깨닫지 못했을 것이다. 이러한 離農의 이별을 다룬 소설로는 현진건의 「고향」, 박화성의 「고향없는 사람들」 등이 있다.

이별을 불러오는 두 번째 원인은 전쟁이나 亂離 같은 政治的, 軍事的 大事件이라 하겠다. 戰爭이 나라와 나라의 분쟁이라면 한 나라 안에서 정권 다툼으로 일어나는 분쟁은 亂離라 할 수 있겠는데, 한국사의 흐름에서 이러한 전쟁과 亂離는 규모의 크고 작음은 있겠지만 거의 매 세기 매 세대에 걸쳐 일어났었다. 쉽게 말하면 한국 사람으로 태어나서 60년 정도 한평생을 산 사람으로 전쟁이나 난리를 경험하지 않은 사람은 없다고 하여도 좋을 것이다. 난리통 속에 태어나서 전쟁에 시달리며 성장하고 또 새로운 난리에 휘말리어 그리운 사람과 쓰라린 이별을 경험하고 죽어 가는 것이 한국 사람의 일생이라 해도 과언이 아니다.

> 그 뒤 물론 당신은 아무런 소식도 전해 주지 않았다. 나로 말하더라도 한 해 두 해 가고 오는 세월과 함께 당초의 그 감당할 수 없던 괴로움의 공동을 하나하나 메워갈 수가 있었고 전쟁의 상흔도 차차 가시어지자 세상의 풍속을 따라 지금의 아내와 결혼을 하였다.[8]

전쟁으로 인하여 연인이 이별하게 되는 슬픈 이야기이다. 이러한 비극은 전쟁을 다룬 작품에는 비일비재한 사건으로 등장한다.

戰爭과 亂離는 또한 반드시 徵兵, 賦役, 流配와 같은 강제동원이나 강제별거를 동반한다. 이러한 강제동원이나 별거는 가족 사이의 이별이나 男女戀人之間의 이별을 필연적으로 만든다. 현대의 징병제도는 길어야 3년 정도의

---

8) 강용준, 「悲歌」, 『한국단편문학 15』, 금성출판사, 1987, p.241.

복무기간이고, 또 그 기간 중에도 휴가나 외출 등으로 가족과의 별거가 고작 반년을 넘기지 않아 자주 만나는 것이 가능하다. 그러나 시대를 거슬러 올라 갈수록 징병이나 부역에 의한 동원은 그 기간이 길 뿐만 아니라, 再會의 기약이 없으므로 징병으로 인한 옛날의 이별은 문자 그대로 창자가 끊어지는 아픔이었다.

이별을 초래하는 세 번째 원인은 가정이나 개인 사정으로 인한 몇 가지 경우를 생각할 수 있다. 부부간에 琴瑟이 좋아도 자식이 없어 이혼당하거나 이혼하는 경우도 있겠고, 시부모의 눈밖에 나서 며느리가 내쫓김을 당하여 부부가 생이별을 하는 일도 있으며, 부부 중의 한 쪽이 중병이 들어 별거해야 하기 때문에 이별하는 경우도 있고, 사랑하기는 하지만 성격차이로 인해 부득이 헤어지게 되는 경우도 있다. 또 종교적인 이유로도 이별이 생긴다. 수도자의 길을 걷기 위해 출가하는 경우이다. 比丘僧이나 比丘尼의 길을 택한 사람들, 그리고 神父나 修士나 修女의 길을 걷는 사람들은 자기 자신은 물론, 부모형제나 애인에게 말할 수 없는 상실감과 이별의 슬픔을 체험케 한 사람들이다. 이런 사람에게 있어 이별은 종교적 목적과 자의적 결단에 의한 것이겠지만, 그들과 이별해야 하는 가족이나 애인에게 있어서는 이별이 불가항력적인 힘에 의해 눈물을 머금고 강요 당하는 것이 아닐 수 없다.

네 번째로 이별을 지배하는 원인은 인간이 전혀 손 댈 수 없는 영역, 곧 죽음이다. 죽음은 '死別'이라 하여 일반적인 이별과는 구분되는 것이 보통이지만, 사랑하는 사람들과의 헤어짐이란 차원으로 볼 때 죽음 역시 이별의 항목에서 빼놓을 수 없다.

3) 이별의 시대적 특성

이별의 양상은 시대에 따라 조금씩 성격을 달리한다. 한국의 역사를 고난극복의 차원에서 이해하려는 시각에서 보면, 시대마다 견디기 어려운 고난이 따랐고 또 그때마다 우리 민족은 이별의 슬픔을 맛보았다. 이러한 민족의 역사를 미래까지도 透視하는 거대한 眼目에서 본다면 크게 세 개의 기간으로 구분할 수 있다.

첫째 시기는 우리 한민족이 북쪽 어디에선가로부터 만주 남단과 한반도 전역으로 流入 開拓하던 上古時代이고, 둘째 시기는 단일민족이면서도 몇 개의 부족국가로 갈라져 살다가 통일된 하나의 국가제도 아래 단합하여 살던 통일신라 이후 조선왕조 말까지에 이르는 安定 定着의 中世時代이고, 마지막 셋째 시기는 한반도를 우리 민족의 영원한 삶의 기본 터전으로 삼되, 그러한 토지 정착의 관념을 벗어나서 세계 각처에 인연이 닿아, 우리가 살 수 있는 곳이면 어디나 우리 땅이라고 생각하면서 삶의 터전을 넓히기 시작한 流出 開拓의 現代이다.

(1) 流入 開拓하던 上古時代

유입 개척 시대는 그 시작이 5천 년 전이라고 할지 만 년 전이라고 할지 알 수 없지만, 그 시기가 마무리지어지는 시기는 7세기 중엽 통일신라가 형성된 때까지로 생각할 수 있겠는데, 이 시기에서 볼 수 있는 이별의 모습은 그 다음 시기인 安定 定着의 시대에서 볼 수 있는 哀傷과 情恨 일변도의 설움만은 아니었다.

이 무렵에 나온 麗玉의 「公無渡河歌」를 보기로 하자.

> 임이여 강을 건너지 마오
> 임은 마침내 물을 건너
> 강물에 빠져 돌아갔구나
> 어찌할까 우리 임을
> 公無渡河
> 公竟渡河
> 墮河而死
> 當奈公何[9)]

여자의 말을 듣지 않고 물을 건너다 익사한 남자의 모습이 눈에 선하게 보이는 듯한 가요다. "임을 어찌 할 것이뇨?"라는 의문을 붙여 애절한 여자의 마음을 나타내고 있다. 물론 감정적 동물인 인간의 보편적 정서는 언제 어디에서나 이별을 슬픔과 안타까움으로 받아들인다. 그러나 새로운 삶을 개척해야 하는 절박한 현실에서 섬세한 감정은 한 걸음 뒤로 물러서지 않을 수 없었다. 高句麗 始祖 高朱蒙이 東扶餘의 금와왕을 피하여 卒本扶餘에 자리를 잡을 때, 그 어머니 柳花와의 이별이 창자를 끊는 슬픔이었겠지만, 역사는 고주몽이 어떻게 안전하게 금와왕의 일곱 형제들로부터 患難을 피하여 삶의 터전을 잡는가에 더 큰 의미를 두고 있다.

> 주몽의 어머니는 몰래 이 사실을 알고 알리기를 "나라 사람들이 장차 너를 죽이려 하니 너의 재주로 어디 간들 안 되겠느냐? 그대로 머물러 있다가 욕을 당하느니보다 멀리 가서 큰 일을 도모하는 것만 같지 못할 것이다."

> 朱蒙母陰知之. 告曰. 國人將害汝. 以汝才略. 何往而不可. 與其遲留而受辱. 不若遠適以有爲.[10]

이렇게 주몽이 어머니와 헤어진 것처럼, 그 아들 유리도 부러진 칼도막을 찾아들고 아버지 주몽을 찾아가는데, 여기서도 우리는 이별의 슬픔 뒤에 숨어 있는 개척의 일념을 거듭 확인하게 된다.

> 곧 그 기둥 밑을 찾아 거기에서 끊어진 한 칼도막을 얻어, 드디어는 이것을 가지고 옥지, 구추, 도조 등 세 명과 더불어 길을 떠나 졸본에 이르러서 부왕을 만나 끊어진 칼을 바치자, 왕은 가지고 있던 칼을 맞추어 비로소 한 자루의 칼이 되니 크게 기뻐하며 유리를 세워 태자로 삼아 이때에 이르러 왕위를 계승하였다.

---

9) 김동욱 · 김태준 공저, 『한국문학사』, 학술원, 1984, p.44.
10) 김부식, 『삼국사기』, 高句麗本記第一, 대양서적, 1972, p.283.

乃搜於柱下. 得斷劍一段. 遂技之與屋智. 句鄒 都祖黃三人行
至卒本. 見父王. 以斷劍奉之.

王出己所有斷劍合之. 連爲一劍. 王悅之. 立爲太子. 至是繼
位.[11]

이 시기의 이별에서 특별히 서정적 감상을 자아내는 노래에 「黃鳥歌」
가 전한다.

　　펄펄 나는 꾀꼬리는
　　암수 한 쌍 즐거운데
　　외로운 이 내 몸은
　　뉘와 함께 돌아갈까
　　翩翩黃鳥
　　雌雄相依
　　念我之獨
　　誰其與歸[12]

　유리왕 3년 겨울에 왕비 송씨가 죽자 새로 두 여자를 繼室로 맞았는데
하나는 禾姬라는 골천사람의 딸이고, 다른 하나는 雉姬라는 한나라 사람
의 딸이었다. 두 여자가 임금의 사랑을 다투어 사이가 좋지 못한 중에 임
금이 箕山으로 사냥을 나가 이레 동안 집을 비운 적이 있었다. 이때 그들
두 여인이 서로 싸우게 되었고 급기야 화희는 치희에게 한나라 계집의 주
제에 왜 그리 무례하냐고 나무라며 망신을 주었다. 이에 그 부끄러움을
이기지 못한 치희가 자기들 종족이 사는 곳으로 피하여 도망쳤다. 유리왕
이 돌아와 이 소식을 듣고 슬픈 마음을 달래기 위해 「황조가」를 지었다
고 한다. 이 이야기에서 우리는 사랑하는 남녀의 이별이 얼마나 애틋한
슬픔을 만드는 것인가를 느끼게 되지만, 동시에 이 노래에 숨겨져 있는

11) 위의 책, p.284.
12) 위의 책, p.285.

다른 의미는 점차로 우리 민족이 주위의 다른 種族들을 내치면서 단일한 민족으로 血統을 純粹化해 간다는 사실을 발견할 수 있다.

연속적인 전쟁에서 백성들이 겪었던 무수한 이별이 哀恨의 정서로 꾸며지기에는 너무나 그 현실이 절박한 것이었다. 그 무렵에 이별의 哀恨이 노래로 불려진 예의 하나가 「鵄述嶺曲」이다.13)

신라 訥祗王 초(418 A.D.)에 朴堤上은 고구려에 볼모로 잡혀 가 있는 임금의 아우 卜好를 고구려에서 찾아온 뒤에 즉시 倭國에 볼모로 가 있는 다른 아우 未斯欣을 찾아오기 위해 왜국으로 떠났다. 박제상은 倭國에 도착하여 計策을 써서 미사흔을 고국으로 돌려보내는 데 성공하였으나 자신은 돌아오지 못하였다. 그 아내가 자녀들을 데리고 치술령에 올라가 남편이 붙잡혀 있는 왜국을 바라보며 그 이별의 恨을 아파하다가 죽었다. 후세의 사람들이 그 여인을 치술령의 神母로 모시고 그 이별의 슬픔을 소재로 樂曲을 지어 부르니 이것이 「鵄述嶺曲」이라 한다. 오늘날 가사는 전하지 않으나 樂曲의 이름과 함께 朴堤上의 가족이 얼마나 애타게 그 남편과 아버지를 그리워했는가를 짐작하게 한다. 이와 같이 삼국시대의 이별은 주로 異方民族과 투쟁의 역사 속에서 單一民族으로의 통일을 지향해 가는 과업과 그 脈을 같이하고 있다.

(2) 安定 定着의 中世時代

安定 定着期에 해당하는 7세기 중엽부터 19세기 말까지는 다시 세 王朝의 시대로 구분된다. 첫째는 통일신라시대이고, 둘째는 고려시대이며, 셋째는 조선시대이다. 이 시기는 한반도가 우리 한민족의 영원한 삶의 터전임을 확인한 시기이며 동시에 이 삶의 터전을 보다 군건히 지키고 계승 발전시키기 위하여 피눈물 나는 역경을 몰아내고 승리한 시기이기도 하다. 이 기간 중 우리 민족은 크게 세 가지 형태의 이별을 맛본다. 첫 번째

---

13) 이병수 편, 『삼국유사』, 卷 第一 奈勿王 條, 명문당, 1957.

형태는 天災地變으로 인한 가족간의 헤어짐인데, 주로 몇 해씩 연이어 발생하는 가뭄으로 인하여 굶어죽고 얼어죽으며 流離乞食하는 백성의 무리가 생기는 것을 일컫는다. 그 중의 한 가지 예를 신라시대에서 찾아 보자. 신라 憲德王 때에 나라 서쪽에 홍수가 나더니(814 A.D.) 연이어 크게 가물고 도적의 무리가 생기자 군사를 내어 이를 평정하기에 이른다 (815 A.D.). 그러나 흉년은 계속되어 굶어죽는 자가 생기고 중국 땅 唐나라 浙東 지역에 가서 구걸하는 자가 170여 명에 이르렀다는 기록이 전한다(816.A.D). 이러한 흉년은 연이어 계속되기 때문에 곳곳에서 도적이 생기고 겨울에는 얼어죽는 사람까지 생긴다(820 A.D.). 배고픔이 극도에 달하면 가족간의 이별은 슬픔과 애달픔을 넘어 인생을 잃는 행위가 벌어지게 되는데, 자식을 팔아 제 목숨을 延命코자 하는 일까지도 발생한다(821 A.D.).

그 무렵 당나라 해적들이 신라 사람들을 사다 파는 일까지 생겨나게 되자 당나라에서는 신라 사람을 사다가 노비로 삼는 것을 國法으로 금하고 이미 당나라에 잡혀 와 있는 신라 사람을 모두 놓아 돌려보내는 사건까지 있었다(823 A.D.). 이러한 상황에서 이별의 참상은 과연 어떠하였을 것인가? 눈물조차도 감정의 사치로 보이기에 충분한 것이었을 것이다.

두 번째 형태의 이별은 外敵의 침입으로 한반도와 민족을 지키는 과정에서 발생한 무수한 전쟁에 기인된 것이었다. 신라가 반도 통일의 대업을 달성하기는 했으나 당나라의 힘을 이용했기 때문에 통일신라 초기는 당나라의 세력을 고구려와 백제의 옛 땅에서 몰아내느라 애쓰게 된다. 겨우 당나라의 세력을 한반도에서 몰아냈을 때 만주지역에서는 고구려의 遺民이 隣近의 다른 部族과 힘을 모아 渤海를 만들고 반도 북부와 서쪽에서는 고구려와 백제의 옛날 이름을 되살리려는 나라들이 생겨, 사실상 통일신라는 이름뿐인 통일이고 한반도는 여전히 크고 작은 전쟁으로 세월을 보냈다. 이러한 혼란과 함께 사랑하는 사람들 사이의 이별이 해를 거듭하며 늘어났을 것이다. 진정한 의미에서 한반도 안에 우리 민족이 단일성을 내세우며 정착한 것은 고려가 세워진 10세기 초 이후가 된다. 우리 한민족 이외에도 북방의 다른 종족과 연합하여 나라를 세웠던 발해가 망하고 그 세자 大光顯이 수만 명의 무리를 거느리고 고려에 귀속한 일(934 A. D.)은 고려의 영역 내로 우리 민족이 합쳐진 큰 사건으로 주목된다(935 A.D.). 말하자면 고구려 遺民의 마지막 移民 행렬들이 고려에 들어와 정착한 것이라 하겠다. 이때에 고구려 옛땅에 어쩔 수 없이 남아 있던 사람들에게 있어서 이별은 뼈를 깎는 아픔이었을 것이다. 한편 신라의 敗亡은 반도 동남단의 경주 지역에서 상당수의 지배계층을 반도 중앙에 위치한 開京으로 이주하게 한다. 이때에도 경주 지역에 잔류한 사람들과의 이별은 이제 앞으로 닥칠 外邦民族과의 전쟁을 치르기 위하여 감당하여야 할 이별에 비한다면 차라리 낭만적인 이별이었다고 보아야 한다.

고려 5백 년은 북방 外敵의 끊이지 않는 침략에 저항하는 것으로 일관된다. 초기에는 契丹과 女眞의 침략에 시달리다가 대내적으로 妙淸의 난리를 겪고, 그 뒤로는 몽고의 침입에 시달리며 항쟁하기 백여 년, 막판에는 고려의 임금들이 모조리 元나라의 사위가 되고 그들은 고려 땅에서보다는 원나라 땅에서 사는 기간이 더 많은 상황에 처하기도 하였다. 고려 고종 때, 몽고에 항쟁하는 과정에서 몽고병에게 포로의 신세가 된 고려의 남녀가 자그마치 20만 명을 넘긴 적도 있었으며(1254 A.D.), 드디어 고려는 몽고군의 말발굽에 짓밟힌 바 되고, 고려 사람은 몽고인의 노예 상태로 전락한다. 몽고가 일본을 공략하기 위하여 征東行中書省을 고려에 설치한 이래 고려의 壯丁들이 부당하게 徵集되어 가족들과 이별하게 된 것은 말할 것도 없고, 충렬왕 13년에는 童女를 골라 원나라에 바치기 시작하니 마치 부모가 자식을 팔 듯, 나라가 백성을 異民族에게 빼앗기는 비극을 참아내야 했었다. 이때에 가족을 이별하고 원나라로 끌려가던 고려 처녀의 심정은 어떠했을 것인가?

이러한 童女貢納의 사례는 그 후로도 여러 차례에 걸쳐서 시행된다. 그런데 그렇게 끌려 간 처녀 가운데 한 여인 奇氏가 원나라 順帝의 第三

皇后에 봉해지기까지 하니(1340 A.D.), 이야말로 슬픈 이별의 여정 속에 피어난 결실의 아이러니가 아닐 수 없다. 그러나 원나라의 세력이 꺾이고 뒤미쳐 바다 건너 일본 땅으로부터 倭寇가 우리 나라 해안에 나타나 침탈을 시작하더니(1350 A.D.), 이 왜구의 患難은 조선시대의 임진왜란으로 이어지고(1592~1598 A.D.), 급기야는 조선왕조의 막을 내리는 비극에까지 연결된다.

고려의 멸망은 원나라와의 抗爭으로 나라의 힘이 빠진 데다가 왜구의 跋扈가 시작되면서 보다 분명하게 豫見된다. 원나라의 영향으로부터 어느 정도 자유로워져 원의 年號 사용을 폐지하자(1356 A.D.) 곧이어 도적의 무리인 紅巾賊의 난리가 발생하여 임금이 福州로 피난하는 사례가 생기고(1361 A.D.) 왜구는 점점 더 극성을 부린다. 이러한 상황에서 徵兵으로 발생하는 이별이 얼마나 처절한 情恨의 결정체였는가를 정몽주의 「征歸怨」[14]이란 시를 통하여 살펴보기로 하자.

> 한 번 헤어지고 몇 해 흘렀나
> 이제는 그나마도 소식 끊기니
> 수자리 변방따에 살어 있는지
> 아는 사람 아무도 없단 말인가
> 오늘 아침 처음으로 핫옷을 지어
> 면회 가는 사람 편에 부치려 하니
> 당신을 전송하며 눈물지을 때
> 태중에 들어 있던 아들입니다.
> 離別年多消息稀
> 塞垣存沒有誰知
> 今朝始寄寒衣去
> 泣送歸時在腹兒

비단을 짠 뒤에 편짓글 짓고

---

14) 정몽주, 『圃隱集』, 韓國名著大全集, 대양서적, 1975, p.55. 재인용.

그 위에 수를 놓아 슬픔 삭이며
겉봉투에 주소 적어 부치려 하니
알 수 없는 설움에 한숨만 나네
길 떠나는 사람 중에 행여 있는가
"요동 가는 손님이 없으십니까?"
매일같이 나루터에 찾아 나와서
길손을 붙들고 물어 봅니다.
織罷回文錦字新
題封寄遠恨無因
衆中恐有遼東客
每向津頭問路人

　앞의 시는 정몽주가, 사랑하는 남편을 新婚初에 이별한 아낙의 처지에
서 읊은 노래이다. 임신한 아내를 고향에 남겨 두고 언제 돌아올지 기약
할 수 없는 軍隊服務의 길을 떠난 남편의 심정도 심정이려니와, 그 아내
가 처음으로 겨울 솜옷을 지어 남편에게 보내는데 1363년에 文益漸이
원나라로부터 목화씨를 들여왔으므로, 정몽주(1337～1392)가 이 시를 지
었을 무렵에는 솜옷이 유행했을 것이다.15)

　면회를 가는 사람은 이별할 때 아내의 뱃속에 있던 태아이니 그 기간이
아무리 짧아도 15년은 족히 되었을 것이다. 진실로 암담하고 처절한 이별
의 양상이라 아니할 수 없다. 뒤의 시 역시 정몽주가, 사랑하는 낭군을 일
선 지방에 보낸 여인의 처지에서 읊은 노래인데, 앞의 시에 비하여 정감
이 극진하다. 回文(사랑의 詩. 빙빙 돌려 가며 읽게 된 연애시)을 지어 그
것을 비단폭에 수놓은 여인의 정성에서 수십 년 세월도 기다림으로 승화
시킨 고려 여인들의 열정을 발견할 수 있다. 이 열정이야말로 우리 배달
여인들의 저력이요, 또한 이별을 극복하는 현명한 배달 여인의 의지라 하
겠다.

---

15) 震檀學會編, 『韓國史年表』, 을유문화사, 1959.

전쟁이 만들어 내는 이별은 조선시대에도 끊이지 않고 이어진다. 임진 왜란 7년 병화에 뒤이어 10년에 걸친 丁卯, 丙子의 두 번 胡亂(1627, 1636 A.D.)은 고려시대 때 몽고인에게 당했던 수모의 반복이었다. 병란 에 의한 이별은 19세기 말의 淸日戰爭과 東學亂에 이어지고 다시 20세 기에 들어와 제2차 세계대전과 6·25 動亂에까지 연결된다. 지긋지긋하 게 달라붙는 惡靈과도 같은 전쟁의 그림자가 우리 민족이 걸어가는 발뒤 꿈치를 물고 있었던 셈이다.

세 번째 형태의 이별은 특별히 조선시대에 두드러져 보이는 內患에 의 한 이별이다.

첫째는 흉년과 질병에 의해 유리걸식하는 굶주린 백성이 가족끼리 사별 하거나 뿔뿔이 흩어진 이별이다. 肅宗時代를 예로 들면, 22년에서 25년 에 걸친 3년간 주려 죽고 병들어 죽은 백성이 수만 명에서 수십만 명에까 지 이른다. 숙종 30년에는 굶주려 유랑하는 15세 이하의 어린 백성을 노 비로 삼으라는 제도가 채택되기도 했었다.

둘째는 당파싸움에 의한 끝없는 보복으로 間斷없는 귀양살이나 三族을 멸 하는 잔혹행위로 일가친척이 떼죽음을 당함으로써 발생한 이별이다. 西學의 發興을 정치적으로 악용하여 邪獄을 벌임으로써 발생한 殉敎者에 의한 死 別도 여기에 포함시킬 수 있다. 1801년의 辛酉死獄으로부터 1866년 丙寅死 獄에 이르기까지 수십만의 천주교도가 처형되었고, 또 그보다 많은 수의 백 성이 정든 고향을 떠나 산간벽지로 숨는 사례가 발생하였다. 그리고 셋째는 三政의 문란으로 인한 탐관오리의 학정에 시달려 백성들이 뿔뿔이 흩어져야 했던 이별이다. 이것은 대개 흉년에 의한 이별과 겹치는 현상이기는 하지만 정치의 無能이 더 큰 원인으로 작용한다. 이로 말미암아 발생한 이별이 얼마 나 끔찍한 것이었나는 丁若鏞의 「有兒」[16]라 하는 다음 글과 시가 적절하게 설명해 주고 있다.

---

16) 정약용, 『茶山詩文選』, 韓國名著大全集15, 대양서적, 1972, p.100. 재인용.

有兒

버려진 孤兒들을 보고 나라 정치를 근심하며 읊은 노래

「유아」는 흉년을 서러워하며 부른 노래다. 남편은 아내를 버렸고 어미는 자식을 버렸다. 일곱 살 된 계집애가 어린 동생을 데리고 길거리에 방황하며 잃어버린 어미를 목놓아 울며 찾고 있었다.

「有兒」憫閔荒也 夫棄其妻 母棄其子 有七歲女子携其弟 彷徨街路 哭其失父母焉

오누이 손을 잡고 나란히 가네.
앞서거니 뒤서거니 걸어서 가네.
뒤엣놈은 더벅머리 앞에는 가닥머리
어미 잃고 우는 앞에 갈래길이네.
손 붙들고 웬일이냐 물어 봤더니
흐느끼어 울면서 더듬는 말이,
"아버지는 집 떠난 지 이미 오래고
어머니만 혼자서 집을 지켰소.
쌀항아리 밑바닥이 다 드러나서
끼니를 못 이은 지 사흘 됐지요.
(이하 한문표기 원문 생략함)

어머니는 우리들을 앞에 앉히고
턱을 맞대 울면서 밤을 밝혔소.
어린아기 울면서 젖을 찾으나
젖은 이미 말라서 쭈그러붙어
엄마는 할 수 없이 내 손 붙들고
어린 동생 등에 업고 집을 나왔죠.
이 마을 저 마을로 돌아다니며
남의 집 밥을 빌어 연명했어요.
그러다가 장터에 이르러서는
엿을 사서 우리를 먹였었구요.

큰길 넘어 여기로 왔을 때에는
아기를 끌어안고 재웠었지요.
아기는 포근히 잠이 들었고
나도 곤히 잠들어 죽은 듯했소.
잠 깨어 일어나 휘둘러보니
엄마는 이 자리에 아니 계셨소."
말하다가 울다가 또 말하다가
눈물이 비오듯이 쏟아지누나
어느새 해 저물어 어두워 오고
날아가던 새들도 깃을 찾는데
두 아이 길거리에 헤매는 모습
집 없이 어느 곳에 드샐 것인가.

가엾어라, 이 나라 백성들이여
사람이 본성조차 잃어버려서
지아비가 지어미 사랑치 않고
어미는 제 자식도 고이지 않네.
지난날 이 내 몸이 마패를 차고
갑인년에 암행어사 살폈을 때엔
제일 먼저 고아들을 보살피라는
나라 은혜 고을마다 베풀었었지.
백성을 다스리는 고을 원님들
뉘 영이라 그들이 어겼겠는가.

　이와 같이 安定 定着期의 끝부분에 해당하는 조선시대 말기는 內憂外
患의 시달림과 쌓이고 쌓인 失政의 결과로 백성들은 정든 고향과 사랑하
는 이웃 친척, 그리고 가족까지도 갈라지는 이별을 경험하면서 流出 開
拓期의 20세기를 맞는다.

(3) 流出 開拓하는 現代

영원하여야 할 민족사의 관점에서 보면 20세기 이후는 그 이전의 2천 년, 또는 5천 년의 역사와는 비교할 수도 없는 창창하고도 먼 미래를 포용하고 있다. 이 시기에 이르러 우리 민족은 우리의 삶의 터전이 궁색한 한반도에 국한된 것만은 아니라는 사실을 터득하기 시작하였다. 물론 이러한 각성은 어쩔 수 없이 밀리고 쫓기며 사랑하는 사람들과 이별을 거듭하는 지난 백 년간의 외부 상황에 순응한 결과이기는 하지만, 그 순응이야말로 우리 민족의 미래를 위해서는 더할 수 없는 값진 의식의 변화요, 새로운 축복이라고 볼 수 있다. 그래서 20세기 현대는 流出 開拓期라는 명칭으로 불릴 수 있는 것이다.

流出 開拓期는 편의상 20세기부터라고 하였으나 실제로 19세기 말엽부터 시작된다. 이 시기의 이별상은, 하나는 移民에 의한 이별이요 또 하나는 전쟁에 의한 가족이산의 이별이다. 그 첫 번째 移民은 만주 땅 간도 지역으로의 流民 형식으로 시작된다.

> 아하, 무사히 건넜을까.
> 이 한밤에 남편은
> 두만강을 탈 없이 건넜을까.[17]

> 우리 고향은 함경도 H읍 S포구였다. 포구에는 둥그스름한 섬이 조롱조롱 놓여 있어 경치도 좋고 물결이 잔잔하여 여름이면 미역감기 좋고 겨울이면 명태 잘 잡히기로 유명한 곳이었다. 나는 무슨 까닭에 좋은 고향을 뒤로 두고 이런 시시한 곳으로 찾아오는지 그 까닭은 도무지 알 수 없었다.[18]

移民과 이별의 상황을 묘사한 시와 소설의 한 구절이다.

---

17) 김동환, 『국경의 밤』, 한성도서주식회사, 1925, pp.37-38.
18) 안수길, 「새벽」, 『한국대표명작』, 지학사, 1985, p.19

이 무렵의 이민은 朝鮮朝末 高宗 때에 함경도의 백성들이 惡政으로부터 벗어나려고 국경을 넘어 도망한 것에서 비롯되었다(1880 A.D.). 그들은 주로 간도 지역에서 개간에 착수하였는데, 청나라 관청들은 그들을 불러들이도록 요구하고(1883 A.D.), 우리 정부는 우리 정부대로 유민의 安置를 요청했다(1886 A.D.).

> 아니 가고 어이를 하리
> 정들인 고향이 날 몰아내데
> 땅 좋고 물 좋아 살기 좋대도
> 내 고향 안 잊혀 어이를 가리.
> 너를 놓고는 내 못 살리라.[19]

당시 고향을 떠나는 사람의 심경을 절절히 묘사한 글이다.

이러한 환경 속에서 19세기 말 이후 두 나라 사이의 移民 協商이 이루어져 吉林 관헌은, 우리 나라에서 국경을 넘어 개간에 종사하는 流民들을 정식으로 編籍하기에(1890 A.D.) 이르지만 유민들의 생활은 비참하였다.

> 황무지 개간은 우리 농민들의 피와 땀으로 개간되었음에도 불구하고 地主는 소수의 淸人이 獨占하고 있었으며, 韓人은 겨우 소작인의 신세가 되어 노예와 같은 학대를 받았고 심지어는 삭발을 시키고 淸人들의 옷을 입게 强要했으며, 이에 不應할 때는 農土를 몰수하는 등의 가혹한 처사가 非一非再하였으니, 이것은 淸人들이 官員의 비호하에 갖은 방법과 수단을 다하여 利益과 獨占과 移住 韓人의 歸化를 강요한 증좌였다.[20]

이러한 상황인데도 불구하고 이민의 숫자는 늘기만 했다. 안수길의 또 다른 작품 「싹트는 대지」[21)에서는 농촌 청년인 '나'와 동네 처녀 고분이

---

19) 박화성, 『고향 없는 사람들』, 중앙문화보급사, 1948, p.148.
20) 이요홍, 『한국이민사』, 중앙일보사, p.16.

가 좋아하는 사이지만 인연을 맺지 못한다. 빚 때문에 윤주사에게로 돈을
받고 고분이를 줘야 하기 때문이었다. 그리하여 두 남녀는 한밤중에 함께
도망치는 것으로 이야기가 끝난다.

이러저러한 연유로 越境流民은 해를 거듭할수록 늘어나서 1912년에
이르면 西間島 한인교포의 자치기관인 扶民團이 조직되고, 1980년대에
연변자치지구에 살고 있는 한인교포는 120만을 헤아린다고 한다.

두번째 부류의 이민은 舊韓末에 공식적인 외교절차를 따라 시행된 미
국 하와이로의 이민이다(1902~1905 A.D.).

서기 1883년 5월 18일 韓美條約이 批准되고 그해 7월에 우리
나라의 초대 駐美公使 閔泳翊 일행 4명이 부임한 것이 한국인이
美洲大陸에 발을 들여놓은 첫번입니다.[22]

20세기에 들어선 1901년도 旱魃로 인한 흉년으로 굶어죽는 백성이 늘
어나 정부는 惠民院을 설치하여 救恤에 힘쓰지만, 이미 기울어 가는 국
력과 누적된 失政으로 떠돌며 구걸하는 백성은 날로 수가 늘어갔다. 때마
침 미국 하와이 농장주들은 한국 노동자가 필요했다. 중국과 일본 노동자
는 계약 결정에 따라 보다 좋은 作業休暇와 임금인상을 요구하여 罷業
을 일삼고 있었기 때문이었다.

1902년 12월 22일 첫 移民船이 인천항의 부두를 떠났습니다.
그날 부두에는 정든 고장을 뒤에 두고 멀리 未知의 나라로, 오직
굳은 의지 하나만을 갖고 떠나는 동포를 전송하려고 官民이 많이
나왔습니다. 내가 사는 땅, 이 고장만이 세계의 전부인 것으로 알
고 있던 그들이 내일을 예측 못하는 이민의 길에 오를 때 가족과
친척을 얼싸안고 이별을 서러워하던 그 광경이야말로 한국의 移

---

21) 1941년 만선일보출판부 간행, 농민의 참담한 생활상을 묘사함.
22) 『移民百科』, 한국일보 조사부, 1966, p.21.

民史에 길이 기억될 하나의 記念碑입니다.23)

그리하여 시작된 하와이 이민은 1902년에서 1905년까지 약 7천 명에 이른다. 이들은 대부분 끼니거리가 없는 가난한 농민 출신들이었다.

> 이 첫 移民船 第一陣 일행 121명은 일본 神戶에 도착하여 일단 신체검사를 받은 결과 병약자는 그 곳에서 되돌아오고 101명만이 통역의 안내로 미국상선 겔릭호를 타고 1903년 1월 13일 하와이의 호놀루루에 도착하였습니다. 호놀루루에서 며칠 묵고 그들이 도착한 곳은 목골리아 사탕농장이었습니다.24)

그 후로 일제식민기간에 정치망명자와 학생과, 초기 하와이 이민의 寫眞結婚으로 여인들이 옮겨가기도 했다. 본격적인 이민이 시작된 1960년대 이후부터 최근까지, 이민은 해마다 증가하여 현재 약 백만의 한국인이 미국에 거주하고 있는 실태다.

세번째 부류의 이민은 일본에 거주하는 60만 한국 교포들이다. 이들은 일제통치기간 동안 주로 강제징용으로 끌려간 사람들로, 제2차 세계대전이 끝난 뒤에도 귀국하지 못하고 일본에 생활 터전을 마련하고 사는 사람들이다.

> 한국인의 對日本移民이 이루어진 기점은 1911년에 大阪에 자리잡고 있었던 攝津紡績會社가 한국인을 직공으로 고용하였던 사실에서 찾아볼 수가 있다. 그리고 對日韓國移民 終點은 1944년의 한 해 동안에 24만 3천 8백 13명의 한국인을 석탄광산을 비롯하여 각종의 軍需産業에 투입하였다는 사실에서 찾아볼 수가 있다.25)

---

23) 위의 책, p.21.
24) 위의 책, p.21.
25) 고승제, 『한국이민사연구』, 장문각, 1973, p.234.

이밖에도 南美, 東南亞, 유럽 등지에 우리 민족이 수십만 명이나 퍼져 살고 있다. 이러한 이민은 원칙으로 가족단위이기 때문에 이별의 아픔이 그리 크지 않을 것처럼 보인다. 그러나 어떠한 형태의 이민이든지 인연을 맺었던 사람과의 이별은 따르게 마련이었다. 가족이라는 것도 부부를 중심으로 아래 위로 한 세대를 포함하므로 부모 형제간의 이별은 어찌할 수 없이 동반된다. 아무튼 어떠한 형태이든지 이민은 눈물을 수반하게 되는 것이다.

20세기 현대로 들어서면서 우리 민족이 겪어야 했던 이별의 원인 중 그 으뜸은 전쟁이었다. 일제통치기간 동안 강제징용이나 징병에 동원되어 명분(名分) 없는 죽음도 많이 죽었고, 8 · 15 광복은 국토의 분단이라는 悲運을 함께 가져왔다. 이때에 상당수의 북한 주민들이 38선을 넘어 남한 땅으로 이주하는 과정에서 수백만 명의 이산가족을 낳게 되었다. 이러한 비극은 6 · 25를 겪으면서 더욱 확대된다. 이산가족의 수도 훨씬 많이 늘어났고, 동족 사이의 敵對反目은 증오심을 부채질했다. 남북한 사이의 정치, 군사의 분리는 한 걸음 물러서서 생각하면 그들이 서로 수십 년 간 만나지 못한 이산가족이라는 사실을 은폐시키는 요소로 작용하고 있다.

> 제 이름은 김백석이구요. 나이는 열 네 살이야요. 피앙(평양)서 눅이오(6 · 25) 때 넘어왔어요. 피양서 떠날 때는 오마니 아바지 누이 이르케 함께 떠났는데 도둥에서 오마니 아바질 잃어버리구 누이하구만 같이 왔어요. 그른데 그 누이마저 부산에서 헤디구 말았어요. 어디루 갔는디 몰라요.26)

뼈아픈 이별상의 묘사이다.

이렇게 이별을 겪으며 우리 민족은 보수적 농경사회에서 습득된 定着民의 기질에서 서서히 상업사회로 적응하는 流動民의 성향으로 바뀌기 시작했다. 이에 따라 이별을 맞는 태도 역시 여유롭고 능숙하게 되었다.

---

26) 황순원, 「人間接木」, 『황순원전집』, p.18.

가령, 미국으로 이민 간 사람들 가운데 상당수는 북한에 살던 사람들로 이른바 실향민들이다. 그들은 8·15와 6·25의 두 시기를 거쳐 고향을 떠나 남쪽으로 왔는데, 이들은 미국 이민의 기회를 맞이하자 거침없이 보따리를 쌌던 것이다. 이들 가운데는 또한 19세기 말과 20세기 초에 간도로 이민간 유민의 자손들이 많았다. 이러한 경우는 2천여 년 전 한반도에서 용맹을 떨쳤던 騎馬民族의 기질이 이민 교포들에게서 다시 살아난 것으로 해석될 수도 있다. 그러나 離散의 슬픔은 괴롭고 안타깝다.

> 해방 덕도 못 본 채
> 앞산 뒷산에 휘몰아친 폭풍
> 이별의 인사도
> 제대로 못한 눈짓
> 참고 기다려 만난 사람 다 있을까.
> 他鄕山川 길마다 앞서는 故鄕
> 따라오는 갈매기야
> 내 난 곳 어디라 쓰고 가랴.27)

"시정아! 시정아!⋯⋯"

철은 목이 찢어지도록 높은 소리로 시정을 불렀으나, 으르대는 포격 소리, 비행기 소리, 휘몰아치는 눈바람에 가리어 아버지를 찾는 시정의 귀에는 들리지도 않는 듯,

"아바이! 아바이!"

하고, 바다에 뛰어들 듯이, 발을 구르며 아버지를 부르던 시정이 철의 목소리에 문득 정신을 돌린 듯 다시 배 있는 쪽으로 달려왔을 때, 배는 이미 뒷문을 닫고 닻을 올린 뒤이다.

"선생님! 선생님!"

눈물에 젖은 시정의 얼굴에 휘몰아치는 눈보라가 차운 것은 아니고, 배 안에서 주먹을 쳐들어 흔들 때

---

27) 김광섭, 「고향」, 『해방 40년의 문학』, 민음사, p.15.

"시정아! 시정아! 담—배에 담—배에 ……"
하는 철의 목소리가 꿈인지 생시인지 다만 아찔한 순간, 저도
모르게 부두에서 바다로 한 발짝 내어딛고 말았다.[28]

이러한 이별의 아픔과 슬픔은 1985년 한국방송공사 텔레비전 방송국이
6 · 25 특집 프로그램으로 텔레비전을 통한 이산가족 찾기 운동을 벌였을
때, 국내뿐 아니라 세계로 확산되었다. 이산가족들이 상봉하는 텔레비전
을 시청하면서 우리 국민들이 흘린 눈물은 19세기 以來, 우리 민족이 경
험했던 이별이 얼마나 괴로운 斷腸의 비극이었는가를 증명하기에 충분한
것이었다.

현재 생존하는 우리 민족 가운데 1950년 이전 출신으로서 이산가족에
속하지 않는 사람은 거의 없다고 말해도 지나치지 않을 것이다.

4) 한국의 이별 문학

이별의 중요성은 그것이 예술 작품의 소재가 된다는 점이다. 인간의 가
장 기본적인 정서로부터 예술 작품의 창작을 추구하고자 할 때, 인생 情
恨의 알맹이라 할 수 있는 이별을 소재로 한다는 것은 너무도 자연스런
일이다.

한국 문학 속의 이별을 다루는 데 있어서 우선 鄕歌와 時調와 歌辭를,
다음으로 『춘향전』과 『심청전』을, 또 「아리랑」과 「진달래꽃」과 「님의
침묵」을, 그리고 한국 가곡과 가요, 이러한 순서로 나누어 간략하게 고찰
해 보고자 하며, 현대소설과 현대시에 나타난 이별에 관하여는 앞으로의
숙제로 남겨 둔다.

---

28) 김동리, 「興南撤收」, 『韓國二大作家全集7』, 삼성출판사, pp.255~256.

(1) 鄕歌, 時調, 歌辭

『三國遺事』에 전하는 향가 가운데는 죽은 이를 그리워하며 읊은 네 편의 노래가 있다. 향가 내용의 특성으로 지적되는 것이 흔히 고결한 인품과 숭고한 이상이라고 하는데, 이러한 논의의 근거는 사별의 슬픔을 승화시킨 데 있다고 하겠다. 그 네 편의 향가는, 廣德이나(?) 혹은 그의 아내가 지었다고 전하는「願往生歌」, 郎徒 得烏谷이 자기의 상관이던 화랑 竹旨郎의 죽음을 애도하며 그의 고매한 인품을 찬양하여 지은「慕竹旨郎歌」, 스님 月明師가 죽은 누이동생을 추모하며 미타사상을 노래한「祭亡妹歌」, 그리고 스님 忠談師가 역시 花郎의 고결한 인품을 회상하며 읊은「讚耆婆郎歌」이다.

이별의 의미 전달에 초점을 맞추어 현대어로 옮겨서 적으면[29] 아래와 같다.

願往生歌[30]

달님이여 이제
서방까지 가시어
무량수불 앞에
뉘우치며 사뢰 주소서.
자비 깊으신 존전 우러러
두 손 모아 아뢰옵기를
願往生 願往生하며
그리워하는 이가 있더라구요.
아아
이 육신 그대로 두고
四十八大願을 이룰 수 있을까요.

---

29) 많은 학자들이 조금씩 다르게 현대어로 해석을 시도하였으나, 가장 알아듣기 쉬운 말로 필자가 종합해 본 현대어역을 참고로 게재한다.
30)『三國遺事』卷五, 廣德嚴葬條.

慕竹旨郎歌[31]

지난 봄을 그리워하매 모든 것이 애닲다.
어드매 좋은 데로 모습을 던지셨나.
어득한 데에서야 만나 보오리.
낭이여
그리운 마음의 가는 길
쑥밭 구렁에 잘 밤이사 있으리.

祭亡妹歌[32]

죽고 사는 길이
여기에 있음에 두렵고
나는 갑니다 말도
못 다 이르고 가십니까.
어느 가을 이른 바람에
이리저리 떨어지는 나뭇잎처럼
같은 가지에 나서
가는 곳은 모르네.
아 미타찰에 만나 볼 나인가.
도 닦으며 기다리오리.

讚耆婆郎歌[33]

헤치고 나타난 달이
백운을 쫓아 떠 가는
어드매 아래
새파란 냇물에
耆郎의 모습이 있어라.

---

31) 『三國遺事』卷二, 孝昭王代 竹旨郎條.
32) 『三國遺事』卷五, 月明師 兜率歌條.
33) 『三國遺事』卷二, 景德王 忠談師 表訓大德條.

이제 냇가 조약돌에
郎의 지니시던
마음의 끝을 따르고저
아아 잣 [栢] 가지처럼 드높아
찬 서리를 모를 화랑님이시여.

이 노래들은 사람은 죽어 없어져도 그 사람이 이 세상에 끼친 업적은 살아 남아, 후세의 사람들에게 크게 칭송되면서 生死一如의 의미를 되새기게 하는 작품들이다.

신라의 향가가 후대의 시가작품들보다 어느 면에서 더 고귀하게 주목받는 이유가 있다면, 이들 네 수의 향가가 지닌 특성, 즉 사별의 哀痛이 죽은 이의 인격을 추모함으로써 永續化한다는 것과, 미타사상이나 정토사상으로 죽음을 승화시키는 고차원적 求道精神에 기인한다 하겠다. 특히 廣德의 妻가 부른 「願往生歌」는 여성 修德의 극치를 보여 준다.

高麗詩歌에 오면 이른바 高麗俗謠라고 불리는 이별 소재의 詩歌 작품이 다분히 현대적이요 애정적인 모습으로 世俗化한다.

남녀간의 생이별이 肉感的으로 묘사되면서 再會를 갈망하고 있다. 「가시리」, 「西京別曲」, 「滿殿春別詞」가 대표적인 작품으로 손꼽힌다.

물론 「鄭瓜亭曲」과 같이 君臣간의 의리를 바탕으로 깔고 이별을 노래한 작품이 고려시가 속에 없는 것은 아니지만 그것은 고려 노래의 중심 흐름이 아니었다. 고려 노래의 중심 모티브는 어디까지나 相悅男女의 離別之詞라 할 것이다.

朝鮮王朝에 내려오면 이별의 哀恨을 노래하는 詩歌가 君臣간의 情誼를 읊은 것과 남녀간의 사랑을 읊은 것의 두 가지가 공존한다. 앞의 것은 士大夫들의 時調와 歌辭이고 뒤의 것은 주로 妓女들의 時調들이다. 그러나 사대부들의 戀君詩들 가운데는 정말로 임금의 인품과 德性을 사모하는 것인지, 아니면 자신의 출세와 영달을 도모하기 위한 방편으로서의 노래였는지를 엄격하게 분별할 수 없는 작품들이 있다.

예컨대 松江歌辭 중에 「思美人曲」과 「續美人曲」은 고의적으로 혹평을 한다면, 戀君詩歌의 형식을 취한 관료의 嘆願書라고 해석할 수도 있는 것이다.

士類의 道學的 이별시에 비한다면 高麗俗謠와 맥락을 같이하는 황진이의 이별 주제 시조들이 훨씬 인간본성에 충실한 愛情詩라 하겠다. 황진이의 이별 주제 시조를 몇 편 적어 본다.[34]

> 어져 내일이야 그릴 줄은 모르더냐.
> 이시랴 하더면 가랴만은 제 구타여
> 보내고 그리난 정은 나도 몰라 하노라.

> 청산리 벽계수야 수이감을 자랑 마라.
> 일도 창해하면 다시 오기 어려워라.
> 명월이 만공산하니 쉬어간들 어떠리.

> 동짓달 기나긴 밤을 한허리를 둘로 내어
> 춘풍 이불 아래 서리서리 넣었다가
> 어룬님 오신 날 밤이어든 굽이굽이 펴리라.

> 내 언제 무심하여 임을 언제 속였관대
> 월침삼경에 온 뜻이 전혀 없네.
> 추풍에 지는 잎소리야 낸들 어이하리오.

이별에 좌절하거나 비굴하지 아니하고 거미줄처럼 팽팽히 줄다리기 하는 미묘한 지혜와 슬기의 여성심리가 잘 나타나 있다.

(2) 『春香傳』과 『沈淸傳』

조선왕조시대의 문학작품 중에서 이별을 주제로 문학을 논의할 경우,

---

34) 『한국고전문학전집 12』, 성음사, 1973, pp.140~141, 재인용.

판소리계의 소설인 『춘향전』과 『심청전』을 제외할 수 없다.

『춘향전』은 사회적으로 계급이 다른 양반계급인 貴族의 子弟, 李道令과 官妓의 딸 춘향과의 계급의식을 초월한 애정문제를 표현한[35] 소설인데, 이들 주인공은 이도령의 아버지인 南原府使 李登이 內職 轉出로 上京하는 데서 이별이 야기된다. 이 이별로 인하여 情節을 지키려 하는 춘향에게 모진 苦楚가 엄습한다. 그러므로 『춘향전』에서는 이 이별이 모든 갈등과 사건을 엮게 되는 원인으로 대두된다.

반면에 『심청전』은 이별이 하나의 결과로서 취급된다. 아버지 沈奉事의 눈을 뜨게 해 주려는 심청의 효심은 西京으로 가는 商人들에게 자신의 목숨을 팔게 되고, 이로 인하여 아버지와는 자연히 이별을 감수해야할 위치에 놓인다. 儒敎의 근본사상인 孝에 그 핵심의 뜻을 둔 이 소설[36]은 자신을 희생하여 아버지를 구해 내려는 인간 구원의 차원으로까지 肉迫해, 그 이별은 崇古함마저 자아내게 한다.

먼저 『춘향전』에 나타난 이별을 살펴보기로 한다.

> "너는 內行을 모시고 먼저 올라가라."
> 하니, 道令이 이 말을 들으매 落膽傷魂하여 목이 메어 겨우 對答하고, 內衙에 들어가서 治行諸具를 차리는 체하고, 바로 춘향의 집으로 가니, 춘향이 바삐 나와 도령의 손을 잡고 목이 메어 울며, 두 손으로 가슴을 치며 하는 말이,
> "이 일이 어인 일꼬. 이 설움을 어찌할꼬. 이제는 이별이 절로 될지라. 이별이야 평생에 처음이요, 다시 못 볼 님이로다. 이별마다 설다 하되, 살아 생이별은 生草木에 불이로다. 이별이 원수로다. 南北에 君臣離別, 역로에 兄弟離別, 萬里에 妻子離別, 이별이 다 설컨만, 우리같이 설운 이별 또 어디 있을손가. 답답한 이 설움을 어이 하리".[37]

---

35) 김기동, 『한국고전소설연구』, 교학사, 1981, pp.853~854.
36) 위의 책, p.867.
37) 장덕순·김기동 공저, 『고전국문소설선』, 정음문화사, 1984, p.586.

당면한 이별을 어느 누구의 이별보다도 가장 불행스러운 이별이라고 호소한다. 그러나 춘향은 매우 강렬한 個我意識의 소유자였으며, 따라서 近代指向的 利益社會的 人間形[38]임이 이별의 현장 속에서도 잘 드러나 있다.

> 道令이 두 소매로 낯을 싸고 홀적 울며 하는 말이,
> "우지 마라. 네 울음소리에 九曲肝腸 다 녹는다. 우지 마라, 우지 마라. 평생에 원하기를 너는 죽어 꽃이 되고 나는 죽어 나비 되어, 三春이 다 盡토록 떠나 살지 말겠더니, 인간에 일이 많고 造物이 猜忌하여 금일 이별을 당하나 설마 長離別 될소냐."[39]

이도령 역시 이별을 온전한 결합을 위한 준비단계로 받아들인다. 그리고 상대를 위로하는 여유를 잊지 않는다. 이 작품의 구조 자체가 보여 주고 있는 世俗社會的 갈등[40]은 주인공인 이도령의 이러한 작은 면모에서도 엿볼 수 있을 듯하다. 양반의 體貌를 지키며 춘향과의 재회를 암시한다.

다음은 『심청전』의 이별을 살펴보기로 한다.

黃海道 黃州 桃花同에 사는 奉事 沈鶴圭는 아내를 일찍이 여의고 딸 심청이를 동냥젖으로 15세까지 기른다. 어느날 夢雲寺의 化主僧을 만나게 되는데, 이 승려는 供養米 삼백석을 바치면 눈을 뜨게 해 준다고 말한다. 이에 심학규는 눈을 뜨고 싶은 생각 하나만 염두에 두고 앞뒤를 가리지 않은 채 勸善帳에다 記載한다. 딸 심청과 그 아버지 심봉사의 이별은 애초에 여기서 발단을 찾을 수가 있다. 이 사실을 안 심청은 효심이 발동하여 인당수로 들어가는 祭物이 되기 위해 자기 생명을 판다.

> 심청이 그날부터 선인을 따라 갈 일을 곰곰 생각하니, 사람이

---

38) 이상택, 『한국문학사』, 예술원, 1984, p.276.
39) 장덕순 · 김기동 공저, 『고전국문소설선』, 정음문화사, 1984, p.58.
40) 이상택, 『한국문학사』, 예술원, 1984, p.275.

세상에 생겨나서 한 때를 못 보고 이팔청춘에 죽을 일과, 안맹하
신 부친 영결하고 죽을 일이, 정신이 아득하여 식음을 전폐하고
시름없이 지내다가[41]

"내 몸이 죽어지면 春夏秋冬 사시절에 父親 衣服 뉘라서 다
할까. 아직 살아 있을 때 아버지 사철 衣服 亡終 지어 드리리라."
하고, 춘하의복과 하동의복을 꼭꼭 싸서 농에 넣고, 갓 망건도 새
로 사서 걸어 두고, 행선날을 기다릴 제 하루밤이 격한지라. 밤은
점점 삼경인데 은하는 기울어져 촛불이 희미할 제, 두 무릎을 쪼
그리고 아무리 생각한들 심신을 難定이라. 바늘에 실을 꿰어 손에
들고, 하염없는 눈물이 간장에서 솟아올라, 哽哽咽咽하여 父親의
귀에 들리지 않게 속으로 느껴 울며, 父親의 낯에 얼굴도 가만히
대어 보고 手足도 만지면서……[42]

心德이 곱고 깊은 효녀의 심경을 이렇게 묘사했다. 『춘향전』이 애정을
基調로 한 이별이라고 한다면 『심청전』은 효심이 그 골자가 된다. 『심청
전』은 처절하리만치 애절한 이별의 哀恨을 이렇게 묘사한다. 이별을 해
야만 하는 효녀의 슬픔이 극치를 이루었다고 하겠다.

(3) 「아리랑」, 「진달래꽃」, 그리고 「님의 침묵」

朝鮮王朝 후기의 산문을 거쳐 이별이 보다 광범위한 敍情의 중심으로
등장한 것은 아마도 근대 시문학이 발흥한 1920년대 이후가 아닌가 한다.
물론 內房歌辭나 雜歌의 형식으로 조선왕조 기간 중에도 高麗俗謠의
맥락을 잇는 줄기찬 이별의 敍情詩가 없었던 것은 아니지만, 그것은 諦
念과 怨望의 단계를 넘기지 못하고 있었다. 가령 우리 나라의 가장 대표
적인 민요인 「아리랑」의 대중적 가사를 살펴보자.

---

41) 장덕순·김기동 공저, 『고전국문소설선』, 정음문화사, 1984, p.276.
42) 위의 책, p.618.

아리랑 아리랑 아라리요
아리랑 고개를 넘어간다.
나를 버리고 가시는 님은
십리도 못 가서 발병난다.

이 노랫말은 아무리 昇華된 反語法으로 바꾸어 이해하려 하여도 결국
은 저주이지 축복이 될 수가 없다. 이별 자체를 전폭적으로 수용, 극복하
려는 純化된 心性이라 할 수 없다.

그러한 의미에서 이별의 정서를 인간이 가다듬을 수 있는 최상의 수준
으로 끌어올리고, 그러한 정서를 언어미학으로 표출한 시를 만나기 위하
여는 金素月과 韓龍雲의 표현을 기다려야만 하였다. 따라서 1920년대
이별 소재의 시에서 不朽의 名作으로 꼽히는 것은 소월의 「진달래꽃」과
萬海의 「님의 침묵」이다.

이 두 시는 이별을 토대로 하고 있다는 공통점이 있고, 「아리랑」에서
보여 주는 어떤 咀呪 같은 것이 아니라 가시는 님을 축복해 주고 자신은
쓰린 가슴을 쓰다듬기에 안간힘을 쓴다는 데 또한 유사한 점이 있다고 하
겠다. 소월의 시는 내용면에서는 주로 그의 시가 사랑과 이별의 문제를
노래하고 있다는 데에 초점이 맞춰져[43] 왔으나, 만해의 시는 사랑의 시이
면서 동시에 민족적인 志操나 哀慕를 노래한 시라는 것이 약간의 차이점
이라고 할 수 있겠다. 말하자면 소월은 단순한 사랑과 이별을 노래했지만,
만해는 사랑과 이별의 저변에 깔려 있는 민족을 시의 근원에 담고 있다는
것이다.

먼저 「진달래꽃」을 살펴보기로 한다.

나 보기가 역겨워
가실 때에는
말없이 고이 보내드리우리다

---

43) 김재홍, 『한국현대시인연구』, 일지사, 1986, p.29.

寧邊에 藥山
진달래꽃
아름 따다 가실 길에 뿌리우리다
가시는 걸음걸음
놓인 그 꽃을
사뿐히 즈려밟고 가시옵소서

나 보기가 역겨워
가실 때에는
죽어도 아니 눈물 흘리우리다[44]

소월에게 있어서는 체념적 이별의 요소가 그 眞髓라 하겠는데, 이를 바꾸어 말하면 「아리랑」에서 보여 주는 咀呪가 아니라, 떠나는 님을 傳送하되 울지도 않으리라는 反語美學과 만나면서, 이별의 주제를 문학예술의 형식으로 승화시킨 情緖純化의 극치를 볼 수 있다 하겠다.

김소월과 때를 같이하여 불교시인 한용운도 시집 『님의 沈默』에서 또하나의 離別美學을 보여 준다. 그는 "離別은 美의 創造입니다"라고 선언하면서 불교적 인생관에 근거한 이별의 의미를 불교시인답게 역설적으로 펼쳐 보였다. "만난 사람은 꼭 離別하게 된다(會者定離)"는 불교적이별의 명제를 통하여 이별의 경험을 가져 보지 못한 사람은 진리에의 접근이 불가능함[45]을 다음과 같이 노래하였다.

離別은 美의 創造입니다.
離別의 美는 아침의 바탕(質) 없는 黃金과 밤의 올(絲)없는 검은 비단과 죽음 없는 永遠의 生命과 시들지 않는 하늘의 푸른 꽃에도 없습니다.
님이여 이별이 아니면 나는 눈물에서 죽었다가 웃음에서 다시

---

44) 이인복, 『우리 시인의 방황과 모색』, 국학자료원, 2002.
45) 이인복, 위의 책.

살어날 수가 없습니다. 오오 이별이여
　美는 이별의 創造입니다.

　이러한 이별을 佛教의 禪定으로 해석한다면 결국 이별은 見性成佛의
道具가 되는 셈이다.46)
　다음은 「님의 침묵」 속의 이별을 보기로 한다.

　　님은 갔습니다. 아아 사랑하는 나의 님은 갔습니다.
　　푸른 산빛을 깨치고 단풍나무 숲을 향하여 난 작은 길을 걸어서
　참아 떨치고 갔습니다.
　　黃金의 꽃 같이 굳고 빛나던 옛 盟誓는 차디찬 티끌이 되어서
　한숨의 微風에 날아갔습니다.
　　날카로운 첫 '키쓰'의 追憶은 나의 運命의 指針을 돌려 놓고
　뒷걸음쳐서 사라졌습니다.
　　나는 향기로운 님의 말소리에 귀먹고 꽃다운 님의 얼굴에 눈이
　멀었습니다.
　　사랑도 사람의 일이라 만날 때에 미리 떠날 것을 염려하고 경계
　하지 아니한 것은 아니지만 이별은 뜻밖의 일이 되고 놀란 가슴은
　새로운 슬픔에 터집니다.
　　그러나 이별을 쓸데없는 눈물의 源泉으로 만들고 마는 것은 스
　스로 사랑을 깨치는 것인 줄 아는 까닭에 걷잡을 수 없는 슬픔의
　힘을 옮겨서 새 希望의 정수박이에 들어부었습니다.
　　우리는 만날 때에 떠날 것을 염려하는 것과 같이 떠날 때에 다
　시 만날 것을 믿습니다.
　　아아 님은 갔지만 나는 님을 보내지 아니하였습니다.
　　제 곡조를 못 이기는 사랑의 노래는 님의 沈默을 휩싸고 돕니
　다.47)

46) 이인복, 위의 책.
47) 이인복, 위의 책 재인용.

위의 시는 대체로 이별과 그 슬픔, 그리고 再會로의 歸結로 되어 있다. 이러한 이별이 주는 좌절의 극복 또는 절망에 대한 초극의 노력은 만해의 시가 기본적인 면에서 超克意志에 그 실천적 모티브를 두고 있음을[48] 示唆한다고 하겠다. 그의 높은 시정신과 깊은 象徵 수법, 그리고 宗敎의 경지에 도달한 투철한 신앙적 修鍊의 결과[49]로서 만해는 이별의 주제를 극복과 超脫의 경지로 昇華시켰다.

이와 같이 만해와 소월을 출발점으로 하는 20세기의 현대 한국시는 '이별'을 예외없이 叙情詩歌의 因子로 삼아 왔고, 그것은 오늘에 이르기까지 지속적으로 한국인의 情恨을 표출하는 시적 소재가 되고 있다.

(4) 한국의 歌曲과 歌謠

이별을 고찰할 때, 情恨을 노랫말로 한 歌曲과 歌謠를 도외시할 수가 없을 것 같다. 이러한 가곡과 가요들은 이별과 恨이 얼마만큼 현대 한국 여성의 체질 속에 들어와 있는지 말해 준다.

人口에 회자되는 대표적인 가곡들과 가요들로서 이별을 주제로 한 것을 그 제목만 나열해 보면 다음과 같다.

歌曲 : 고향 생각/ 그 집앞/ 기다리는 마음/ 바위 고개/ 비목/ 선구자/ 이별의 노래

歌謠 : 가슴 아프게/ 고향 멀리/ 고향무정/ 고향초/ 꿈꾸는 백마강/ 꿈에 본 내 고향/ 나그네 설움/ 눈물 젖은 두만강/ 단장의 미아리고개/ 돌아와요 부산항에/ 대전 부르스/ 목포의 눈물/ 무너진 사랑탑/ 번지 없는 주막/ 불효자는 웁니다/ 비내리는 호남선/ 백마야 우지 마라/ 얼굴/ 오동동타령/ 유정천리/ 이별의 인천항/ 애수의 소야곡/ 타향살이/ 하숙생/ 홍도야 우지

48) 김재홍, 『한국현대시인연구』, 일지사, 1986, p.10.
49) 박두진, 『한국현대시론』, 일조각, 1979, p.49.

마라/ 황성옛터

앞에서도 누누히 언급한 바와 같이 19세기 말엽부터 전국 각처에서 일어난 民亂에 이어 東學亂을 체험하며 밀리고 쫓기면서, 이별의 눈물을 흘려 왔던 우리 先代의 어른들은 그 뒤로 점점 더 큰 亂離에 휘말려 한 번의 이별과 한 살의 나이가 사이좋게 병행할 정도의 잦은 고난을 겪는다. 숨막히게 급변하는 情勢의 변화는 결국 國恥의 비극에 빠지고 그 후 해방이 되기까지 만 35년간 亡國의 설움 속에서 우리 민족의 체질은 이별과 放浪에 익숙하게 되었다. 독립운동에 가담한 사람들은 왜경에게 쫓겨 가족과 이별하였고, 선량한 백성들은 강제 賦役에 동원되어 가족과 이별하였다. 그 상황 속에서 가곡 「봉숭아」가 愛唱되었고, 「愁心歌」의 가락 속에는 이별로 말미암은 여성의 恨이 담기게 되었다. 「봉숭아」50)와 「愁心歌」51)의 가사 내용을 살펴보기로 한다.

봉숭아

울 밑에 선 봉숭아야 네 모양이 처량하다
길고 긴 날 여름철에 아름답게 꽃 필 적에
어여쁘신 아가씨들 너를 반겨 놀았도다

어언간에 여름 가고 가을바람 솔솔 불어
아름다운 꽃송이를 모질게도 침노하니
낙화로다 늙어졌다 네 모양이 처량하다

愁心歌

강상에 둥둥 떠 가는 배야, 게 잠깐 닻 주어라. 말 물어 보자. 아니 놀고 아니 쓰지는 못하리로다.
삼녀언간 삼녀언간 한 장의 인사가 돈절이로구나. 생각을 하니

---

50) 김형준 작사, 홍난파 작곡, 『한국 가곡 100곡집』, 국민음악연구회, 1972, p.293.
51) 김호성 · 이강근 공저, 『한국의 전통음악』, 국악보급진흥회, 1985, p.152.

어 천만사가 뜻과 같지 못하여 못 살리로구나.

　친구가 본판은 남이련만 어이 이다지도 유정탄 말이요 보면 반
갑고 아니 보며는 그리워 나 어이 할꺼나.

　자규야 네 우지 마라, 울량이면 너 혼자 울끼지, 여관한동 잠들
은 날조차 왜 깨운단 말이냐.

1945년에 해방을 맞기는 하였지만 그 해방은 6·25에 이어지면서 더
큰 민족이동으로의 대단위 이별사태를 몰고 왔다.

이런 상황은 자연히 대중가요의 중심 흐름을 이별이 들어간 사랑 노래
와 鄕愁 노래로 주도하게 되어, 위에 인용한 수많은 대중가요가 민족의
恨과 시름을 달래는 求心을 담당하였다. 「아리랑」과 같은 영화가 대중의
인기를 끌었던 것도 식민지시대의 이별을 소재로 하여 한국 여성의 한을
어루만지는 한풀이의 역할을 담당해 주었기 때문이라 할 수 있다.

5) 이별의 恨을 극복하는 민족의 의지

민족마다 특이한 體質과 體臭가 있다고 가정할 경우, 한국민족에게서
찾을 수 있는 체질과 체취는 무엇일까?

이러한 문제를 앞에 놓고 우리가 분명하게 말할 수 있는 것이 한 가지
있다. 그것은 한국 사람들 개개인이 가슴 속에 恨을 감추고 있다는 사실
이다. 그러므로 한국인의 체질은 恨을 소화시키는 체질이며 만일 그 恨에
무슨 냄새가 있다면, 한국인은 그 恨의 냄새를 체취로 풍기는 민족이라고
말해도 과언이 아닐 듯 싶다.

그런데 이러한 한국인의 恨은, 이별을 어떻게 얼마나 경험했느냐 하는
것과 비례한다.

고향을 떠나왔다든가, 부모님의 임종을 지키지 못했다는 것, 6·25 動
亂 중에 가족의 누군가를 死別했거나 생이별하고 生死를 확인하지 못한

채 40년 가까운 세월을 넘겼다고 하는 것은 현대 한국인이 경험한 이별의 가장 원형적인 양상들이다. 과장하여 표현한다면 1950년 이전에 출생한 사람으로서 이별의 설움을 견디어 보지 못한 한국인은 진정한 의미에서 한국인이 아니라 말해도 과언이 아닐 정도이다.

이렇게 이별을 통해 恨을 체질화하는 과정에서 한국 사람은 이별에 대해 어떤 定義, 어떤 觀念에 익숙해지게 되었는가 생각해 볼 일이다.

옛날에는 한국의 어린이들이 반드시 앓아야 할 병이 있었다. 그것은 피할 수도 없는 것이요 피해서도 안 되는 것인데, 이 병을 치러 내야만 사람으로 대접을 받고 내심 집안식구로 인정했던 홍역이란 병이었다.

한국 사람은 이별을 '홍역'과 같은 질병쯤으로 생각하게 된 것은 아닐까?

홍역은 한 번 앓으면 평생토록 그 병에 다시는 걸리지 않는 면역이 생긴다. 그러나 이별은 일생에서 몇 번이고 찾아올 수 있으므로 일회성의 질병과는 비교가 되지 않는다.

그렇지만 이별은 한 번씩 경험할 때마다 면역에 해당하는 忍苦의 알갱이가 육체에 蓄積되면서 인생이 보다 성스럽고 아름답게 성장한다고 한국인은 생각하기에 이르른 것은 아닐까?

그것은 恨의 結晶體이기도 한 것인데, 그렇기 때문에 恨이 많은 사람일수록 道通한 禪師처럼 인생에 대처하는 자세가 유유자적해짐을 우리는 확인한다.

한국인을 누구 한 사람 빠짐없이 다 聖人聖女로 생각할 수는 없겠지만, 이별의 경험도와 인간의 성숙도가 비례한다는 관점에서, 한국인은 이별을, 찾아오기만 하면 견디어 내어야 할 無限反復의 홍역쯤으로 생각한다는 것만은 이 글의 결론으로서 분명히 밝혀 두고자 한다.

3. 女性의 自殺意識

1) 序 言

자살자의 수가 나날이 급증하는 사회 속에 우리는 살고 있다.

한국은, 1983년 경제기획원에서 발표한 통계에 의하건대 10대 사망 원인 중 자살이 제 9위를 차지한다고 하였고(최인근, 석재효, 1984), 한국의 자살률은 의사가 발부한 사망진단서에 자살이 사망원인으로 기재된 것을 뽑아 직접 家家戶戶를 방문 확인한 결과로 연구 조사되기를, 인구 10만 명에 44.6명이라 하였으며(연세의대 유순형,1981), 이를 세계의 자살율과 비교하여 미국이 인구 10만 당 11명, 러시아가 자살 상위국으로 10만 당 연 30명 이상인데, 한국이 44.6명이니 세계에서 자살율이 가장 높은 나라라고 인정되어 있는 실정이다.[1]

자살은 그 어떤 경우에도 일종의 惡이요, 불행이요, 생명에 대한 不忠이다.

25년 전에 필자가 실제로 경험한 일이다. 지금은 서울 시내 일류대학의 중견교수가 되어 있는 우수한 철학도가 바야흐로 대학과 군복무를 다 마치고 연애를 시작하던 때였다.

---

1) 조두영, 「자살심리」, 『정신의학보』 제8권 제10호, 서울대학교, p.338.

한 여성을 놓고 사랑에 빠진 철학도가 날로 기력을 잃더니, 어느날 내게 신음하듯 말하는 것이었다. "산다는 것이 죽는 것보다 더 辱스럽다고 느껴질 때 나는 미련없이 자살하겠습니다."

그 철학도에게 있어서는 그 여성 한 사람을 얻음이 삶의 희망이고 목표이며 그 여성 한 사람을 얻지 못함이 삶의 절망이요 패배였던 것이다.

우여곡절 끝에 소망이 이루어져서 그는 원하던 여성과 결혼했고, 안정된 마음으로 대학원을 마치고 이제는 學德을 갖춘 중견 철학교수가 되어 있다.

내가 이 에피소드를 통해 말하고자 하는 핵심은 장차 훌륭한 大學者가 될 사람도 철없는 시절엔 하찮은 일로도 자살 충동을 가졌던 사실을 실제로 제시해 보이고자 함이다.

더 우스운 것은 일전에 이제는 흰 머리가 희끗희끗한 그 중견 철학 교수를 邂逅한 자리에서 옛날의 그 일을 喚起시키며 좀 웃어 보려 했더니, 그가 정색으로 반항하며 하는 말이, 자기는 자살 충동을 느꼈던 일도 없고 또 그처럼 유치한 感傷的인 고백을 했었던 사실도 결코 없노라고 격분하는 것이었다. 역정을 내면서 그는 애써 과거의 사실을 부인하였다.

이 일을 놓고 나는 이 며칠 내 생각을 정리해 보았다.

그 여성과의 결혼이 불가능했을 경우 그 철학도는 자살이 容許되는 충분조건에 놓이게 되는 것인가? 그렇지 않다고 생각된다. 어떤 여성도 그 여성보다 못해야 할 당위성을 필연적으로 지니는 것이 아니다. 다만 한 사람을 다른 사람보다 미리 알았다는 인연이 인간 상호간에 중요도를 더해 주고, 그 만남과 중요도가 獨占의 소유욕을 불러일으키고, 그 소유욕이 만족되지 못할 경우 자살이라도 해 보이리라는 我執이 한 인간을 자살의 위기에까지도 몰고 갈 수 있을 뿐인 것이다.

不動의 인간 我執은 그래서 바로 惡이요, 불행이요, 삶에 대한 不忠이다. 사람이 지혜로워지고 我執에서 벗어나면 자신이 분명 행했던 일조차도 그것을 부정하고 싶은 사연일 때엔 忘却이라는 편리한 수단을 이용하여 기억하지 못하게 된다.

인간은 어떤 경우 어떤 불행, 어떤 시련 앞에서도 극복의 의지를 견고히 하며 再起, 再活할 목숨의 임무를 지니고 사는 생명의 존재이다. 再起를 포기하고 자살로써 시련을 외면코자 하는 것은 비겁한 도피요, 삶에 대한 불성실이다.

오늘날 정신의학계에서는 자살에의 원인을 의학적, 사회적, 심리적 제반 측면에서 연구하고 해석하여 나날이 급증하는 현대인의 자살 행위를 어떻게 예방하고 또 치유할 것인가 하는 방안 모색이 활발하게 전개되고 있다.

이 논문은 정신의학적, 사회적, 심리적 제반 차원에서 본 자살이 한국 여성들에게 어떻게 반영되어 있는가를 한국 문학작품을 통해 살펴봄으로써, 한국 여성의 과거와 현재를 진단하고 미래 세계의 방향을 설정함에 있어 문학 연구도 그 한 단면에나마 一翼을 공헌코자 함에 그 집필의 의미를 두는 바이다.

2) 자살은 왜 惡인가?

사람은 다 죽는다.

아무와도 同行하지 못하고 혼자서 갈 길을 가야 한다.

흙에서 났으매 흙으로 돌아가야 할 뿐이다.[2]

지혜로운 사람도, 어리석은 사람도, 부유하고 권세 있는 사람도 모두 예외 없이 죽음 앞에서만은 평등하다.[3]

죽음은 살아서는 체험해 볼 수 없는 先驗的 실제요, 아무도 代行해 줄 수 없는 독자적 관문이요, 언제 맞이할지 모르는 不可知의 當爲요, 그러

---

2) 『구약성서』, 창세기 3장 19절
3) 『구약성서』, 시편 49편

면서도 그 죽음의 완성과 完美와 昇格을 위해 인간이 心魂을 다 기울여 進化 精進케 하는 不可思議의 必然이며 神秘이다.

죽음으로 말미암아 인간에게 생명 존중의 본능이 있고 살려는 의욕이 생긴다. 삶의 의욕이란 자신의 생명에 충실함이요, 인류의 생명을 긍정, 존중함이다.

惡이니 善이니 倫理니 不倫이니 하는 것도 그 본질적인 개념은 자아 생명과 인류 공동의 생명에 獻身함의 有無에 따라 좌우된다고 보아야 한다.

인간은 개별적 생명 존재가 아니라 개인적 理想, 종교적 理想, 그리고 전체 국민과 인류 속의 공동체가 추구하는 理想을 지닌 전체 속의 細胞的 생명 존재요, 相關的 생명 존재이다. 또 그렇게 살고자 함이 인류가 志向하고자 하는 理想이다.

탄광 안에 광부 한 사람이 매몰되고 어부가 바다에서 실종될 때 온 국민이 함께 슬퍼하면서 어떤 값을 지불해서라도 죽어 가는 그들의 생명을 구출해야 함이 살아 있는 국민들의 의무인 이유도 바로 개인이 전체 속의 細胞的 존재인 때문이다.

사람이 죽으면 남은 사람은 누구나 哀悼한다. 그런데 현대사회는 농경, 수렵, 수공업의 시대를 벗어나 기계공업, 산업경제, 교통의 스피드화가 이루어짐에 따라, 주린 배를 채우기 위해 온종일 들에서 일하고 밤에는 길쌈해야 했던 古典的 생산의 시대가 아니다. 인간은 수고하기를 싫어하고 試鍊에 대비할 의지가 弱化되었으며 고통에 臨하여는 차라리 자살 충동을 갖기에 이르기까지 극도로 利己化되었다. 자살이 고통에서의 解放이라고 생각하는 때문이다.

그러나 인생은 죽음을 극복하기 위한 투쟁의 지속이요, 죽음은 그 투쟁의 오메가, 즉 終着地이다. 목숨의 始發點인 알파와 終着地인 오메가는 인간이 조절할 수 없는 超越의 영역이요, 인간이 극복해 낼 수 없는 神의 영역이다. 따라서 자살은 신의 영역에 도전하는 극단의 죄악이다.

극히 개인적 상황의 어떤 경우에 있어서 자살이 善인 것으로 생각되는 견해를 지니게 하는 사례가 있을 수도 있지만, 그러나 사회 내지 정치적, 그리고 국민 내지 인류적 공동생명체의 細胞的 생명 존재라는 인간 본질적 이상 추구의 자세에서 생각해 볼 때, 자살은 어떤 경우에 있어서든 생명에 대한 불성실이 아닐 수 없다.

그러므로 東西古今을 막론하고 자살자의 가족 친지는 수치심에서 이를 숨기려 한다.4) 생명 존중의 정신만이 개인과 가족과 인류에게 평화를 약속하기 때문이다.

나는 곱추이며 앉은뱅이이고 게다가 정신이상자인 20대의 미혼여성을 알고 있다.

어느날 나는 반듯한 筆體에 정성어린 내용으로 長文의 편지를 써서 나의 所信을 지지 격려한 글을 읽고 내심 기뻐한 일이 있었는데, 며칠 후 느닷없이 한 청년이 입술가로 침을 질질 흘리는, 차마 正視할 수 없는 몰골의 여인을 업고 내 연구실에 찾아왔던 것이다. 누구냐고 물었더니 며칠 전에 편지를 보낸 여인이라고 했다. 내가 보고 싶어 먼 도시에서 택시를 대절하여 타고 왔으며, 청년은 카톨릭 교회의 사제 지망 신학생인데 이 여인이 외출시에는 늘 업어서 날라 주는 봉사를 방학 때마다 해 준다는 것이었다.

나는 이 일로 인해서 상당한 금액을 지출해야만 했다. 택시 대절 비용을 지불해야 했고, 또 너무도 가난하여 약조차 먹을 수 없다는 여인에게 誠金도 주어야 했다. 무엇보다도, 다시 꿈에 보일까 무섭고 추해 보이는 그 여인이 외출을 원할 때마다 몇 번이고 업어 주었다는 사제 지망의 신학생 앞에서 차마 부끄러워 인생의 細胞的 공동 생명 추구라는 理想 云云을 다시는 입 밖에 發說할 수도 없으리란 만큼, 그 신학생의 봉사가 거룩하게 느껴졌었다.

신학생의 설명에 의하면, 그 여인의 善意와 恒心이 이웃과 가족을 改

4) 조두영, 앞의 책, p.338.

心케 하여 그녀를 보는 사람이면 반드시 상황 속의 고통을 수렴하며 聖化를 추구하고자 하는 人性으로 변화되기 때문에 이제는 아무도 주변에서 "저런 생명이 왜 죽지도 않고 살아 남느냐?"는 내심의 의문을 지니지 않게 되었노라고 말하는 것이었다. 나는 그 순간까지 내가 지녔던 비밀스러운 속마음, "저런 생명이 왜 자살도 안하고 살아 남았는가?" 하는 의문에서 겨우 벗어날 수 있었다. 그 이후로 나는 자기 자신이 짐이 된다고 생각하면서 자살을 기도하는 일조차 자기 자신과 주변 가족 친지들에게 악이 된다는 철저한 신념을 가지게 되었다.

고통은 사람을 성장시킨다.

부귀영화와 쾌락의 삶 속에서는 聖이 추구되기 힘들다. 그리스도는 고통 때문에 좌절해서는 아니 되고 오히려 그 고통을 수렴하라고 가르쳤다. 가난한 사람, 우는 사람, 슬퍼하는 사람이 眞福者라고 말했다.[5]

고통의 한 단계 극복은 인간 정신을 한 단계 更新시킨다. 逆境에 順從하면 반항의 경우보다 훨씬 그 극복이 빠르고 분명하다. 고통은 자살을 허용해 주는 조건이 될 수 없다.

서구세계는 기독교의 영향을 받아 자살을 죄악시해서 강력하게 禁한다. 자살한 사람은 시체가 모욕을 받고 종교의식을 통한 장례식마저 거부당한다.

영어로 자살한다는 말을 할 때 commit suicide라 하여 '저지른다', '犯한다'는 동사를 先行시키는 것만 보아도, 자살이 근본적으로 죄악시되는 것임을 긍정하지 않을 수 없다.[6]

인간은 살아가야 할 존재이다. 살아 있는 순간마다 고통을 극복해야 하며, 그 어떤 고통 속에서도 미래의 발전적 성장을 위해 낙관하고 희망하며 共生共榮을 추구해야 할 신성한 목숨의 임무를 지닌 생명의 존재이다.

정신분석학자 칼. A. 메닝거는 이러한 자살에 대하여 다음과 같이 揶揄를 한다.

---

5)『신약성서』, 마태오복음 5장
6) 조두영, 앞의 책, p.340.

자살이란 견디기 어려운 인생의 상황에서 도피하기이다. 만일 그 상황이라는 것이 외면적인 것— 밖에서 보이는 것—이었으면, 그 자살은 용감한 것이다. 만일 다툼이 내면적인 것— 바깥에서 보이지 않는 것—이었으면, 그 자살은 미친 것이다.7)

인간은 어떤 경우, 어떤 불행, 어떤 시련 앞에서도 극복의 의지를 견고히 하며 再起再活할 목숨의 임무를 지니고 있다. 再起를 포기하고 자살로써 시련을 외면코자 하는 것은 비겁한 逃避요, 삶에 대한 不忠이다.

3) 연구의 대상이 되는 자살의 한계와 그 개념

의학 사전의 자살 항목8)에는 자살의 원인이 되는 狂亂症 자살 (maniacal suicide), 憂鬱症 자살(melancholy suicide), 强迫症 자살 (obsessive suicide), 그리고 충동적 혹은 자동적 자살(impulsive or automatic suicide)로 大別되어 있다.

광란증 자살은 환각과 착란에 기인한다. 환자는 상상적인 위험이나 모욕으로부터 자신을 구하기 위해서, 또는 神으로부터 신비한 명령을 받았다고 환상하면서 그 명령에 복종하기 위하여 자살을 범한다.9)

우울증 자살은 극단적인 침울과 슬픔에 기인한다. 환자가 주변의 사람 및 사물들과 그를 맺어 주는 축대를 더 이상 의미 있게 인식하지 못하게 되는 경우에 일어난다.10)

강박증 자살은 명확한 이유도 없이 환자의 마음을 사로잡고 있는 죽음의 고정관념에 의해서 일어난다. 환자는 자살할 아무런 합리적인 이유가 없다는 것을 분명히 알고 있음에도 불구하고 자살하려는 강박관념에 사로

---

7) 칼. A. 메닝거, 이용호 옮김, 『자살론』, 백조출판사, 1986, p.31.
8) Dictionnaire de Médécine et de Chirurgie Pratigue의 자살 항목 참조
9) 뒤르껭, 『자살론』, 삼성판 세계사상전집 14, 임희섭 역, 삼성출판사, 1977, p.35.
10) 위의 책, p.36.

잡힌다. 그것은 편집광증에 속한다고 믿어지는 도벽, 살인 욕구, 방화 욕구 등처럼 반성과 이성의 통제를 벗어난 본능적인 욕구와 같다. 환자는 자신의 願望이 어리석은 것임을 알고 있으므로, 처음에는 그것을 거부하려고 한다. 그러나 저항 과정에서 슬픔과 우울과 불안이 高潮된다. 그래서 이런 종류의 자살을 불안증 자살이라고도 한다.[11]

충동적 자살, 또는 자동적 자살은 어느 기간 동안 환자의 마음을 사로잡고 서서히 자살하려는 의지를 일으키는 고정관념에 의해서 일어나는 것이 아니라, 갑작스럽고 직접적인 충동을 이기지 못하여 자살을 범하게 되는 것이다. 순식간에 자살 충동이 강렬하게 일어나서 자살 행동을 촉발한다. 이와 같은 급작스러움은 앞에서 말한 광란증 자살을 연상케 한다. 그러나 광란증 자살은 아무리 비합리적이더라도 그럴 만한 이유를 가진다. 환자의 착란된 관념에서 일어나는 것이다. 그러나 충동적 자살의 경우에는 知的인 思考의 겨를도 없이 갑자기 자동적으로 자살이 일어나는 것이다. 칼을 보는 순간 자살 충동이 일어나 행동에 옮긴다.[12]

그러나 오늘의 무절제한 사회에 있어서 이러한 정신질환적 차원의 자살은 그 전체의 자살 사건 속에 비추어 볼 때 그 한 부분에 지나지 않는다.

자살은 情神異常에만 관여되는 것이 아니라 人種과 家系에도 變差를 나타낸다. 즉 자살은 유전적이기도 하다.[13] 뒤르껭은 그 증빙 자료로서 하나의 보고서를 제시하고 있다. 어느 地主에게 일곱 자식이 있었다. 부유한지라 재산을 분배하고 아버지는 자살하였다. 그런데 부친 사망 후 40여 년간 부유한 환경 속에서 잘 살던 일곱 형제가 차례로 부친처럼 자살해 죽더라는 것이다.

이 에피소드는 개개인이 인생 생활 조건과 상황 때문에 자살하는 것이 아니라 그들이 지닌 개성, 기질, 특성 때문에도 자살하는 것임을 강하게

---

11) 위의 책, p.36.
12) 위의 책, p.37.
13) 위의 책, p.63.

말해 준다.

또 달리 자살의 變差를 초래하는 것에 기후와 계절과 온도도 작용한다. 하늘이 가장 어둡고 기온이 낮고 습기찰 때 자살이 급증한다고 하며[14], 프로테스탄트는 1백만명에 대한 평균 자살수가 190명인 데 비해 가톨릭은 58명이라는 등의 통계가 보고 되어 있기도 하다.[15]

이러한 통계 중에서 특히 종교에 따라 자살자의 수가 다르다는 것은 인간 상호간의 統合値와 자살자의 수가 반비례함을 나타내 주기도 한다. 가톨릭의 특징은 그 전체성이고 또한 자살을 가장 무서운 죄악으로 간주하는 때문이다.

그러면 자살은 왜 하는가? 스타알 부인(Madame Staël)은 다음과 같이 記述하고 있다.

> 고뇌가 한도를 넘으면 자살의 사상을 낳게 한다. 그런데 이 자살이라고 하는 문제는 아무리 깊이 파고들어도 다 파고들었다는 일이 없다. 그것은 인간 정신의 全 구조와 관계를 갖기 때문이다.[16]

그러나 사회학자 뒤르껭(Emil Durkheim)은 이렇게 말하고 있다.

> 우리는 사실상 각 사회 집단에는 특정한 자살의 경향이 있으며, 그러한 경향은 개인의 유기적-심리적 구성에 의해서도, 물리적 환경의 성격에 의해서도 설명되지 않는다는 사실을 밝힌 것이다. 따라서 자살의 경향은 사회적 원인에 의한 것일 수밖에 없으며, 그 자체가 집합적 현상이다.[17]

---

14) 위의 책, pp.75~83.
15) 위의 책, p.117.
16) 스타알 부인, 양병택 역, 『자살에 관한 성찰』, 현대여성교양명저백선 12, 범조사, 1979, p.453.
17) 뒤르껭, 앞의 책, p.111.

그런데 정신분석학자 칼. A. 메닝거는 이보다 좀더 구체적이다.

> 자살이란 병, 실망, 재정상의 逆轉, 굴욕, 소원의 꺾임, 실연 등 속의 매우 간단하며 합리적인 결과이다.[18]

스타알 부인은 또한 이렇게 말한다.

> 생명을 혐오할 정도로 불행한 사람들을 미워할 일은 아니다. 그렇다고 해서 무거운 짐을 견디지 못하여 죽음을 택하는 사람들을 칭찬해야 할 일도 아니다. 왜냐하면 무거운 짐을 견디고 걸어갈 수 있음으로서만이 그들의 정신력은 보다 강인하다고 말할 수 있기 때문이다.[19]

인간의 集合的이면서 統合的인 일치의 힘이 자살을 제한하는 요소라면, 그 힘의 약화는 자살의 증가를 의미한다. 그것은 인간의 개인적, 사회적, 인류적 理想이 자살을 禁하고 규제한다 함을 의미한다.

이러한 사실을 토대로 하여 필자는 한국문학 작품들 속에 나타난 자살의 원인들을 한국적 時空이라는 차원에서 규명해 보고자 한다.

그리고 문학 작품 속에 나타난 수많은 죽음 현상 속에서 취급할 자살의 대상 및 정의를 다음과 같이 한정시켜 보고자 한다.

① 죽음이라는 결과를 의도적으로 목적하고
② 피해자 자신에 의하여 행해진
③ 직접적이거나 간접적인 결과의 모든 죽음[20]

이러한 자살의 사건들을 한국문학작품 속에서 찾아보고자 한다.

---

18) 칼. A. 메닝거, 앞의 책, p.30.
19) 스타알 부인, 앞의 책, p.453.
20) 뒤르껭, 앞의 책, p.19.

4) 고전문학 속에 나타난 자살

「箜篌引」

고조선 때 사람인, 한 白首狂夫의 妻 作으로 晉나라 崔豹의 기록에 보면 다음과 같은 것이 있다.

有一白首狂夫 被髮提壺 亂類而渡 其妻隨呼止之 不乃 遂墮 河水死 於是 援箜篌而鼓之 作公無渡河之歌聲甚悽愴 曲終 自 投河而死 (古今注 卷中 音樂 第三)

한 백수광부가 머리를 산발한 채 병을 입에 물고 물살을 거슬러 올라가 자 그 아내가 뒤따르며 멈추라고 말했지만 듣지 않더니 남편은 마침내 물 에 빠져 죽고 말았다.

이에 그 아내가 공후를 두드려 노래를 지으니, 이것이 「공무도하가」인 데 노래를 끝마친 다음에 백수광부의 아내는 물에 빠져 죽고 말았다. 崔 豹의 所撰인 『고금주』에 전하는 이 노래의 漢譯文은 이러하다.

公無渡河
公竟渡河
墮河而死
當奈公河

당신은 물을 건너지 마오
당신이 물을 건느다가
물에 빠져 죽어지면
당신은 어이 하잔 말가[21]

지아비가 물에 빠져 죽자 기어이 그 아내가 처창한 노래를 남기고 남편

---

21) 이병기, 『국문학전사』, 신구문화사, 1957, p.41.

을 따라 殉愛 자살한 예이다.

「井邑詞」

『樂學軌範』 권 25 舞鼓條에 전한다.

정읍에 사는 한 行商人의 아내가 望夫石이 되기까지 부르다 죽은 殉愛의 노래이다. 비록 非意圖的인 죽음이기는 하나, 오늘날의 그 지방 사람들도 그곳 관광지에 망부석을 新造해 놓고 「정읍사」 노래와 함께 행상인 아내의 德行을 기리고 있다.

이 노래의 現代譯은 이러하다.

> 달하 높이 돋으샤
> 멀리 멀리 비춰오시라
>
> 저재 다니시는가요
> 즌듸를 드디올세라
>
> 어찌다 (마음) 놓으시(리)라
> 당신 가는 데 점길세라.[22]

「金現感虎」

화랑 김현이 興輪寺의 殿塔을 도는 福會를 행하다가 한 처녀를 만난다. 때가 밤인지라 두 남녀는 으슥한 곳에 가서 관계를 맺는다. 이 처녀는 사람으로 변신한 호랑이였다. 때마침 처녀의 세 오빠가 나쁜 짓을 많이 하여 하늘에서 벌을 내리려고 했다. 이에 처녀는 세 오빠들을 대신하여 자기가 희생되기로 한다. 어차피 죽을 목숨이라면 사랑하는 남자 김현에게 죽기로 했다.

호랑이 처녀는 그 방법을 김현에게 알려 줬고 그대로 행동을 하였다.

---

22) 위의 책, p.60.

호랑이 처녀는 시장에 들어가 여러 사물을 해쳤다. 그리고 숲에서 기다리던 김현의 칼을 뽑아 제 목을 찔러 죽었다. 처녀의 시신은 곧 호랑이로 변하였다.

김현이 여러 사물을 해친 호랑이를 잡은 것으로 되어 그 공로로 임금이 약속한 2급의 벼슬을 받았다. 그리고 시장에서 상처를 입은 사람들은 흥륜사의 간장을 상처에 바르고 그 절의 나발소리를 듣도록 호랑이 처녀는 사전에 말했고, 그대로 김현은 이행을 해 사람들을 낫게 했다.23)

비록 호랑이지만 자기의 세 오빠를 위하여 자신이 대신 희생하고, 사랑하는 남자를 입신양명시킴은 숭고하리만치 아름다운 일이다.

그러므로 「金現感虎」에 나타나는 여인의 자살은 사랑하는 이들을 위한 자기 희생의 殉愛라고 하겠다.

「雲英傳」

李朝 英正朝 시대의 한문소설로 작가는 未詳이다.24)

세종대왕의 아들인 安平大君에게는 10명의 궁녀가 있었다. 이 가운데 운영이란 궁녀가 있었는데, 안평대군이 사는 壽聖宮으로 우연히 소년 선비인 김진사가 놀러왔다가 눈이 맞아 두 남녀는 사랑을 하게 된다. 김진사는 밤마다 담장을 넘어 수성궁으로 잠입하여 운영이를 만난다. 목숨을 걸어놓은 사랑놀이였다. 그러나 이러한 불륜의 행각은 드디어 안평대군에게 발각이 되고 운영은 자살을 한다. 운영이가 죽자 김진사도 따라서 자살을 한다. 사랑을 위해 목숨을 바친 애절한 殉愛라 하겠다.

「淑英娘子傳」

英正朝 간의 작품으로 추측되며 작가는 미상이다.25)

---

23) 『三國遺事』 제 5권
24) 『한국고전문학전집 제 5권』, 희망출판사, 1966
25) 위의 책

名山大川에 기도를 해서 탄생한 白仙君은 어느날 꿈에서 선녀인 숙영을 만난다. 숙영은 백선군이 전생에 비 내리는 仙官이었는데 하루는 비를 잘못 내려서 쫓겨나게 된 사실을 일러 준다. 아울러 자기 두 사람은 천생연분의 관계라고 말하고 사라진다. 백선군은 꿈에 본 숙영을 그리워하다가 相思之心이 되어 버린다. 백약도 소용이 없었다. 그럴 무렵에 다시 꿈에 나타난 숙영은 자기들은 아직 만날 때가 되지 않았으니 우선 상사병의 치료를 위해 시녀 매월과 접촉하라고 이른다. 백선군은 이르는 대로 시녀 매월과 관계를 가져 보았으나 효험이 없었다. 상사병은 더욱 깊어 가기만 했다. 숙영이 꿈에 다시 나타나 자기를 만나러 玉淵洞으로 찾아오라고 했다.

두 남녀는 옥연동에서 만나 곧장 침실로 가 雲雨之樂을 맛보았다. 몸이 더럽혀진 숙영은 더 이상 옥연동에서 살 수 없는 처지가 되었고, 백선군으로서는 못내 그리던 여인인지라 귀가하여 부모님의 청을 구하였다. 상사병이 든 아들의 요청이므로 백선군의 부모 또한 흔쾌히 수락하였다.

세월은 가고 아기자기한 생활을 하던 두 사람 사이에 남매가 태어났으며 백선군은 과거를 보러 길을 떠나게 되었다. 두 사람은 오랜만에 떨어지게 된 것이다.

백선군은 과거를 보러 가는 길 客舍에서 숙영이가 그리워져 야밤에 집으로 가만히 돌아왔다. 두 사람은 침소에 들어 속삭이며 정담을 나눴다. 이때에 뜰을 살피던 시아버지 白尙君이 문득 흘러나오는 남자의 말소리를 듣게 되었고, 이를 눈치챈 숙영은 남편이 그 아버지에게 야단 들을 것을 염려하여 딸 춘앵이를 데리고 딴전을 부렸다. 이러한 일이 두 차례나 있자 시아버지는 시녀 매월을 시켜 진상을 탐색토록 하였다.

애초부터 숙영에게서 질투를 느끼고 있던 매월은 외간남자를 매수해 연극을 꾸며 숙영을 더욱 모함하였다. 드디어 시아버지는 며느리가 불륜을 저질렀다고 생각하고는 매우 진노한다. 어찌할 바를 모르던 숙영은 가슴에 칼을 꽂고 자살을 한다. 오해와 모함이 함께 어우러져 한 여인이 자살하기에 이른 것이다.

그런데 이러한 오해와 모함이 숙영으로 하여금 자살할 수밖에 없도록 한 원인이 될 수도 있으나, 그보다 더 앞서 남편 백선군을 위하여 사실을 토로하지 않고 감추고자 했기 때문에 스스로 목숨을 끊을 수밖에 없었을 것이다. 순결을 증거키 위해서 함구무언으로 자살을 택한 것이다.

「梁山白傳」

英正朝 年間의 작품으로 추정되며 작가는 미상이다.[26]

이것은 중국의 설화를 바탕으로 한 것으로 양산백, 또는 추양대라고도 한다.

청년 梁生과 추랑이 사랑을 하게 되었다. 두 남녀는 서로 갈라질 수 없는 사이가 되었다. 그런데 추랑의 부모는 이를 반대하였다. 추랑은 부모의 강압적 권유로 沈生이라는 다른 청년과 혼인을 해야 했다.

추랑이 혼인을 하자 양생은 곧 相思病에 걸렸다. 추랑을 그리워하다가 그는 죽어 버렸다. 이 소식을 들은 추랑은 新行 길에 양생의 무덤으로 뛰어들어 자살을 한다. 이루지 못할 사랑은 결국 남녀를 죽음으로 몰고 간 것이다.

「射氏南征記」

장희빈과 인현왕후의 사건을 비유적으로 기록하여 숙종을 改心 시키려는 의도로 쓰여졌다는 작품이다.

유한림의 正室인 사씨가 無子하더니, 그 애첩 교씨가 모함하여 사씨에게 不貞의 누명을 씌워 내친다. 늘 두호해 주던 시누이를 찾아 사씨가 南行하였는데, 가 보니 시누이가 상경하고 없는지라 강에 빠져 자살하려다 미수에 그친다. 훗날에 옛일을 뉘우치고 또한 강에 빠지려는 유한림도 사

---

26) 위의 책

씨를 모시는 여승 묘혜에 의해 구출되기는 하지만 두 지아비 지어미가 모두 자살을 企圖했었다.

여인은 순결을 증명코자 한 것이고 남자는 自責과 반성이 자살 충동의 원인이었다.[27]

5) 현대 시문학에 나타난 자살

시에서의 자살의식을 찾아내기란 소설처럼 용이하지 않다. 소설에서는 주인공이나 등장인물의 행위나 思惟에 의해 그가 지닌 죽음의식을 포착해 낼 수 있지만 시는 그것이 불가능하기 때문이다. 그러므로 소설로 비유하면 話者가 될 시인 자신의 죽음을 작품에서 찾아낼 수밖에 없다.

자살이란 글자 그대로 '자기 살인'[28]이므로 시 가운데서 소설의 화자격인 시인 자신의 죽음을 찾아내 보기로 하겠다. 이러한 관점에서 素月, 毛允淑, 그리고『白潮』동인 중에서 李相和, 朴種和, 朴英熙를 중심으로 시 속에 나타난 자살의식을 고찰해 보면, 이들의 시에 나타나는 자살은 유사하면서도 상이한 점을 지니고 있다는 사실을 알 수 있다.

(1) 김소월의 시 속에 나타난 자살의식

김소월의 시는 주로 죽음을 주제로 하였다는 것이 그 특질이다.

19세인 1920년부터 작품을 발표하기 시작했던 소월이 33세이던 1934년에 음독자살하여 他界한 사실로 미루어 본다면, 그는 죽음을 심각하게 의식했던 시인임을 알 수 있다.

이 사실을 증명하기 위하여 그의 시에서 '죽음' 내지 '죽는다'라는 어휘를 직접 사용한 시편의 총수를 통계내어 보았더니, 『정본 소월시집』 대본

---

27) 박성의 주해, 『구운몽, 사씨남정기』, 정음사, 1979, pp.91~257
28) 칼. A. 메닝거, 앞의 책, p.39

에 실려 있는 총 158편 중 32%에 해당되는 47편의 시를 찾을 수 있었다. 그리고 여기에다 '西山에는 해 진다고', '석양이 산 머리 넘어가고', '산에는 꽃 지네 꽃이 지네', '잎들만 시들더라' 등을 죽음의 映像들로 看做해 볼 경우에, 이같은 표현이 나타나 있는 시는 80편에 이르고 이것은 158편 중 50%에 해당된다. 소월이 얼마나 깊이 죽음을 의식하면서 두려움 없는 친근감을 가지고 끊임없이 죽음을 생각하였는가를 알 수 있다.

소월은 그가 남긴 유일한 시론인 「詩魂」에서 시가 생성될 수 있는 근원이 詩魂에 있음을 말하고, 그것은 보다 죽음에 접근하고 있어야 한다고 다음과 같이 강조한다.

> 우리는 삶을 좀더 멀리한 죽엄에 가까운 山마루에 섰어야 비로소 삶의 아름다운 빨래한 옷이 生命의 봄 두던에 나붓기는 것을 볼 수도 있습니다.... 밝음을 지어버린 어두움의 골방에 서며 삶에서는 좀더 돌아앉은 죽엄의 새벽빛을 받는 바라지우에서야 비로소 보기도 하며 느끼기도 한다는 말입니다.

이 論調를 볼 때에 소월의 시적 충동은 죽음의식을 동반할 것을 요구한다.

소월시의 극치를 이루는 「山有花」에도 죽음에 대한 사색이 심오한 상징 처리로 묘사되어 있다.

> 山에는 꽃 피네 꽃이 피네
> 갈 봄 여름 없이
> 꽃이 피네
>
> 산에
> 산에
> 피는 꽃은
> 저만치 혼자서 피어 있네

山에서 우는 작은 새요
꽃이 좋아 山에서 사노라네

산에는 꽃 지네 꽃이 지네
갈 봄 여름 없이
꽃이 지네

이 시는 소월이 자신의 死生觀을 압축하여 풀이한 인생시라고 말할 수 있다.

세상에는 사람이 태어나고 그 태어난 사람은 갈 봄 여름 없이 죽어갈 운명일 뿐이라고 노래함으로써 모든 존재의 무상한 歸依를 說破하고 있다. 말하자면 죽음은 소월 자신의 정신적인 동반자였다.

죽음에 의해서 싹튼 소월의 창작의욕은 점차 소월에게 죽음에 관한 特異美學을 성숙시켰다. 「失題」, 「비난수하는 맘」에는 결국 인간은 죽는 것이라고 하는 철학적 명제가 나타나 있고, 「悅樂」에서는 죽음을 그 제목이 제시하듯이 '悅樂'이란 어휘로 극단적인 미화를 하였으며, 또 「찬 저녁」에서는 죽음이 현실보다 더욱 가깝게 느껴진다는 것을 표현하고 있고, 「무덤」에서는 죽음이 자기자신과 밀착되어 있다는 것을 노래한다. 또 「부부」에서는 "죽어서도 함께 묻히자"고 말하여 죽음 자체를 두려움 없는 상황으로 설정하였고, 「여자의 냄새」에서는 죽음을 극도로 찬미하여 죽음의 냄새가 좋다고 함으로써 죽음이라는 현상을 감각적 대상으로 구체화하기조차 한다. 철두철미하게 죽음은 소월의 정신적인 동반자였다.

다시 말하면 소월은 삶을 이해하는 認識論的 도구로서 죽음을 의식하였다고 요약할 수 있다. 따라서 소월은 실제적으로 죽음을 매우 성숙한 동반자로 생각하게 되었으며, 시를 지을 때에는 시적 상상력을 불러일으키는 미학적 개념이 되었다.

이러한 시들은 모두 그가 사업에 실패하고 失意에 차 있을 때의 것들이다. 이 실의는 죽음에 대한 실질적 충동을 가져오기 쉬운 심리상태에 이른다. 그리하여 결국 자살의 유혹을 물리치지 못하고 마는데, 그러한 기미가 이미 「어버이」, 「記憶」, 「愛慕」 등의 시에 반영되어 있다.

「어버이」에서는 '죽지 못해 산다는 말이 있나니 바이 죽지 못할 것도 아니지마는'이라 하여 자살의 가능성을 노래하였고, 「기억」에서는 "시커먼 머릿길은 번쩍어리며, 다시금 하로밤의 식는 江물을..."이라 하여 투신자살의 광경을 묘사하고 있다. 한편 「節制」 같은 데서는 "죽자면 모르지만 命 아닌데 죽을 것가"라고 하여 자살 충동을 절제한 노래를 남기기도 하였다. 소월은 죽음을 너무나 친숙하게 생각하였고, 또 죽음을 항상 시적 상상력의 원동력으로 삼았으므로, 그러한 미의식은 결국 현실적인 생활과 결부되었을 때 소월 자신의 사실적 자살을 초래하였다.[29]

(2) 李相和의 시에 나타난 자살

이상화의 시는 죽음을 주조로 하는 유형과 애국을 謳歌하는 유형으로 大別된다. 그런데 죽음을 주조로 하는 그의 시는 대부분 단순한 죽음이 아니라 자살을 암시하고 있다고 하겠다. 자살로 이르는 그의 죽음은 '동굴'이나 '침실'의 비유로 나타난다.

마돈나! 언젠들 안 갈 수 있으랴. 갈테면 우리가 가자. 끄을려 가지 말고!

너는 내 말을 믿는 마리아— 내 침실이 부활의 동굴임을 네가 알련만...

마돈나! 밤이 주는 꿈, 우리가 얽는 꿈, 사람이 안고 궁그는 목숨의 꿈이 다르지 않느니.

아, 어린애 가슴처럼 세월 모르는 침실로 가자. 아름답고 오랜 거기로.

「나의 침실로」[30]

---

29) 이인복, 『우리 시인의 방황과 모색』, 국학자료원, 2002.
30) 「나의 침실로」, 『한국현대문학대계3』, 지식산업사, 1984, p.14

저녁의 피묻은 洞窟 속으로
아— 밑 없는 그 洞窟 속으로
끝도 모르고
끝도 모르고
나는 꺼꾸러지련다.
나는 파묻히련다.

「末世의 希嘆」[31]

이상화를 저항시인, 또는 퇴폐적, 관능적인 데카당스[32]라고 지칭하는 경우도 있지만, 이 시인의 시를 그가 몸담고 있던 일제 치하라는 시대 배경하에서 파악해 보면 그의 시가 지니고 있는 죽음의식의 면모를 밝혀낼 수가 있다. 그는 여러 차례 獄苦를 치른 바 있기 때문에 시의 바탕에 흐르는 죽음은 자살적인 면도 있지만 他意에 의한 죽음에의 의식도 나타나고 있다. 다음 두 편의 시를 살펴보자.

오늘 이 길을 밟기까지는
아 그때가 가장 괴롭도다
아직도 남은 애달픔이 있으려니
그를 생각는 오늘이 쓰리고 아프다.

헛웃음 속에 세상이 잊어지고
끄을리는데 사람이 산다면
검아 나의 신령을 돌멩이로 만들어다고
제 자리의 길을 제 찾으려는 그를 죽여다고.

참 웃음의 나라를 못 밟을 나이라면
차라리 속 모르는 죽음에 빠지련다
아, 멍들고 이울어진 이 몸은 묻고

---

31) 「말세의 희탄」, 같은 책, p.11
32) 정한모, 「이상화의 시와 그 문학사적 의의」, 『현대시론』, 보성문화사, 1985, p.239

쓰린 이 아픔만 품 깊이 안고 죽으련다.

「無題」[33]

펄떡이는 내 신령이 몸부림치며
어제 오늘 몇 번이나 발버둥하다
쉬지 않는 타임은 내 울음 뒤로
흐르도다, 흐르도다. 날 죽이려 흐르도다.

나는 몰랐노라 安逸한 세상이 自足에 있음을
나는 몰랐노라 幸福된 목숨이 屈從에 있음을
그러나 새 길을 찾고 그 길을 가다가 거리에서도 죽으려는 내
신령은 너무도 외로워라.

自足屈從에서 내 길을 찾기보담
남의 목숨에서 내 사리를 얽매기보담
오 차라리 죽음, 죽음이 내 길이노라
다른 나라 새 자리로 들어갈 그 죽음이!

그러나 이 길을 밟기까지는
아 그날 그때가 가장 괴롭도다.
아직도 남은 애달픔이 있으려니
그를 생각는 그때가 쓰리고 아프다.

가서는 오지 못할 이 목숨으로
언제든지 헛웃음 속에서만 살려거든
검아 나의 신령을 돌맹이로 만들어다고.
개천바닥에 썩고 있는 돌맹이로 만들어다고.

「極端」[34]

---

33) 김학동 편저, 「무제」, 『이상화전집』, 새문사, 1987, p.65~66
34) 「극단」, 『한국현대문학대계3』, 지식산업사, 1984, pp.42~43

첫 번째 인용한 시 「無題」에서 나타난 '그'와 두 번째 시 「極端」에서의 '타임', '세상', '땅' 등은 곧 相和로 하여금 죽음을 의식케 하는 加害 요소라고 말할 수 있겠다.

그런데 그의 시에서 찾아낼 수 있는 자살의 결과는 새로운 삶을 염원하는 희망을 함유하고 있다. 위의 두 시에서도 불만스러운 삶을 云謂한 한편, 시 「無題」에서는 '다른 나라 새 자리'로 자신이 그리는 희망의 세계를 표현했다고 하겠다.

이상화의 시에 나타난 자살의식의 動因은 현실의 삶에 대한 못마땅함이라고 이미 언급했다. 그런데 상화는 이러한 못마땅한 심경의 표출을 단순한 불만 토로와 퇴폐적 경향의 차원에 묶어 두지 않고 새로운 이미지의 다른 세계를 꿈꾸는 것으로 승화시킨다.

> 나는 살련다 나는 살련다
> 바른 맘으로 살지 못하면 미쳐서도 살고 말련다
> 남의 입에서 세상의 입에서
> 사람 靈魂의 목숨까지 끊으려는
> 비웃음의 쌀이
> 내 송장의 불쌍스런 그 꼴 위로
> 소낙비같이 내려 쏟을지라도—
> 씻어 버릴지라도
> 나는 살련다 내 뜻대로 살련다
> 그래도 살 수 없다면—
> 나는 제 목숨이 아까운 줄 모르는
> 벙어리의 붉은 울음 속에서라도
> 살고는 말련다
> 怨恨이란 이름도 얼굴도 모르는
> 장마진 냇물의 여울 속에 빠져서 나는 살련다
> 게서 팔과 다리를 허둥거리고
> 부끄럼 없이 몸살을 쳐 보다

죽으면— 죽으면— 죽어서라도 살고는 말련다

「獨白」[35]

어쩌면 네와 나 떠나야겠으며 아무래도 우리는 나눠야겠느냐?
우리들이 나눠여 미치고 마느니 차라리 바다에 빠져 두 마리 人
魚로나 되어서 살자

「이별을 하느니」[36]

위의 인용시에서 보여진 '죽어서라도 살련다'라든지 '바다에 빠져 두
마리 인어로나 되어서 살자'는 말은 다분히 자살 뒤에 오는 그의 유토피
아를 시사하는 것이라 하겠다.

(3) 朴英熙의 시에 나타난 자살

懷月의 시에서 가장 특징적으로 드러나는 것은 데카당적 唯美主義의
경향[37]과 哀傷的 센티멘탈리즘이다. 다음 두 편의 시를 살펴 보자.

"꿈은 幽靈의 춤추는 마당
現實은 사람의 괴로움을 불붙이는
싯붉은 鐵工場!"

"눈물은 불에 달은
괴로움의 찌꺼기
사랑은 꿈속으로 부르는 女神!"

아! 괴로움에 타는
두 사람 가슴에

---

35) 「독백」, 『동아일보』, 1923.10.26. (현대어역은 필자가 함)
36) 「이별을 하느니」, 『조선문단』 6호, 1975,3
37) 정한모, 『한국 현대시의 현장』, 박영사, 1983, p.201

꿈의 터를 만들어 놓고
幽靈과 같이 춤을 추면서—

"타오르는 사랑은
차디찬 幽靈과 같도다.
現實의 사람 사람은
幽靈을 두려워 떠나서 가나
사랑을 가진 우리에게는
꽃과 같이 아름답도다."

아! 그대여!
그대의 흰 손과 팔을
이 어둔 나라로 내밀어 주시오!
내가 가리라, 내가 가리라.
그대의 흰 팔을 조심해 밟으면서
幽靈의 나라로, 꿈의 나라로
나는 가리라! 아! 그대의 팔을

「유령의 나라」[38]

세상의 거츨은 생각을 다 잊고서
고요히 내 마음을 살펴보면,
내 生命의 맑은 시내 옆에서
내 魂이 말없이 생각에 빠졌을 때

아! 내 魂아 너의 생각이 무엇이냐?
눈물어린 얼굴을 들고, 그는 대답하기를—
"불 같은 慾望의 肉의 鐵窓 속에서
언제나 벗어나서 저 天國으로 날을까?"

세상의 쓰라린 생각을 다 잊고서

---

38) 「유령의 나라」, 『한국 현대시문학 대계 3』, 지식산업사, 1984, pp.102~103

푸른 풀밭 우에 누워 하늘을 보면,
끝없이 넓어, 아득한 久遠의 길에 앉어
내 魂이 말없이 눈물을 흘릴 때,

아, 내 魂아, 너는 어디로 가려느냐?
그는 熱望에 타는 눈을 들고 대답하기를—
"사랑에 앓는 肉의 病床을 떠나 久遠한 情熱의 王都로 巡禮코
자 하노라."
사랑의 흐트러진 생각을 다 버리고
밤마다 누워 먹어 가는 나이를 헤일 때면
살같이 빠른 光陰의 夕照를 타고
미꾸리처럼 빠져 가는 내 魂을 잡고서,

아, 내 魂아, 너의 가는 곳이 어디냐?
여위어 가는 손을 들고 그의 대답하는 말은
"저 하늘의 초록빛이 그리워
저 끝없이 아득한 초록빛이 그리워!"

「내 혼아, 네 소원이 무엇이냐?」[39]

위의 두 시에도 이상화의 시에서처럼 현실에 대한 불만이 노출되어 있음을 볼 수가 있다. 현실을 철공장에 견준다든가, '세상의 거츨은 생각', '쓰라린 생각' 등을 아파하고 있다. 이러한 思念으로 인해 그는 유령의 나라를 憧憬하게 되고, 天空 또는 王都는 죽음에 의하여 획득된다. 그리고 그러한 생각은 "사랑에 앓는 肉의 病床을 떠나 久遠한 情熱의 王都로 巡禮코자 하노라"라는 구절에서 더욱 선명히 드러난다. 그러므로 박영희의 위의 두 시에 나타나는 자살은 상화의 시에서 나타나는 유토피아 지향성과 유사하다고 하겠다.

---

39)「내 혼아, 네 소원이 무엇이냐?」, 앞의 책, pp.115~116

(4) 朴種和의 시에 나타난 자살

오다 밤은
시끄럽고 어지럽고 醜한
거리에 오다.
'삶' 하나
아직 '죽음' 모르는
'삶' 하나
흰 머리터럭 쭈그러진 얼굴에
괴로움 아픔 주림 슬픔
온 懊惱에
애끓는 눈물은
때묻고 흙투성이 한
노랑 저고리 붉은 치마에 흐르다.

罷하려는 祭壇의 黃燭불 같은
낮겨운 屠場의 담빛과 같은
'삶'을 떠나서
빛 없고 바람 없는 '삶'을 떠나면
牛乳빛 거리의
'죽음' 나라로
선선한 가벼운 휘장을 헤치어
새벽빛 고움을
가슴에 안아
고요한 마음 微笑로 돌아보리라.

오다 밤은
시끄럽고 어지럽고 醜한
거리에 오다
바다에 모래 하나 담가놈 같은
바다에 시든 꽃 날림과 같은
'삶' 하나

아직 '죽음' 모르는 '삶' 하나

누가 그에게 平和를 주는가.
누가 그에게 祝福을 주는가.

「우유빛 거리」[40]

오, 검이여 참 삶을 주소서.
그것이 만일 이 세상에 얻을 수 없다 하거든 열쇠를 주소서.

죽음의 나라의 열쇠를 주소서
참 '삶'의 있는 곳을 찾으려 하여
冥府에 巡禮者 되겠나이다.

漆 벗은 거친 棺桶을 가리켜
그것이 眞理의 곳이라 하면
나는 그 棺에 내 몸을 담아
虛華의 이 시절을 咀呪하련다.

어둔 밤 별 아래 뻐드러진 屍體에
영원의 '참'이 있다 하면
나는 뛰어가 죽음을 안아
'참'의 동무가 되려 한다.

아아, 나는 돌아가다.
쓸쓸하고 고요한
나릿한 만수향 냄새 떠도는
캄캄한 내 密室로 돌아가다

「밀실로 돌아가다」[41]

위의 두 시에서 볼 수 있듯이 '牛乳빛 거리'나 '密室'은 죽음을 암시한

---

40) 「우유빛 거리」, 위의 책, pp.137~139
41) 「밀실로 돌아가다」, 위의 책

다. 죽음을 원하는 시인의 의식이 우유빛 거리, 밀실로 표상된 것이다.

그것은 시끄럽고 어지럽고 추한 삶, 낮겨운 屠場의 담빛과 같은 삶, 빛 없고 바람 없는 삶을 떠나기 위한 목적지인 셈이다. 박종화의 시에 나타나는 이러한 자살의식은 백조파 시인들이 공통적으로 지니고 있던 현실에 대한 환멸에 기인한다. 그러므로 그의 자살의식은 곧 이상향에 도달하기 위한 꿈이었다고 하겠다.

(5) 毛允淑의 시에 나타난 자살

임이 부르시면 달려가지요.
금띠로 장식한 치마가 없어도
진주로 꿰맨 목도리가 없어도
임이 오라시면 나는 가지요.

임이 살라시면 사오리다.
먹을 것 메말라 창고가 비었어도
빚더미로 옛집 채찍 맞으면서도
임이 살라시면 나는 살아요.

죽음으로 갚을 길이 있다면 죽지요.
빈 손으로 임의 앞을 지나가지요.
내 님의 원이라면 이 생명을 아끼오리
이 심장의 온 피를 다 빼어 바치리다.

무엔들 사양하리 무엔들 사양하리 안 바치리
창백한 수족에 힘 나실 일이라면
파리한 임의 손을 버리고 가다니요.
힘 잃은 그 무릎을 버리고 가다니요?

「이 생명을」[42]

---

42) 장석향, 『모윤숙 평전, 시몬 그대 창가에 등불로 남아』, 한벗사, 1986

자신의 몸을 시체로 供養하더라도 임의 소생을 위해서는 생명을 바치리라는 殉愛의 죽음을 노래한 시이다.[43)]

짙은 냄새에 몸이 저리다
헐린 무덤 새에

번개에 몰리는 소나기 내리는 밤
짙은 칠빛으로 웅웅거리고
파도 같은 바람이 머리올을 끄은다

해골이 고운 옷을 입고
요녀처럼 웃는다
그는 다시 옷을 벗고
길다란 엿가락이 되어 입을 벌린다

몸은 벌써 석고처럼 굳었건만
마음은 살아 무서움과 싸운다
차라리 나는 진비를 맞으며
시체 곁에서 죽음을 빈다

「무덤에 내리는 소낙비」[44)]

思慕와 情炎의 불꽃으로 타고 싶은 본능적 사랑이 죽음까지도 불사하는 殉愛를 노래한 시이다.

---

43) 이인복, 『우리 시인의 방황과 모색』, 국학자료원, 2002.
44) 모윤숙, 「무덤에 내리는 비」, 『영원한 님의 노래』, 혜원출판사, 1982, p.202

6) 현대 소설문학에 나타난 자살

(1) 「독 짓는 늙은이」

황순원의 대표작으로 1944년 가을에 쓰여졌다. 우리는 이 소설에서 황순원이 구축한 거의 완전에 가까운 죽음의 미학을 본다.

「독 짓는 늙은이」의 플롯은[45] 송영감이 죽음을 받아들이고 소화하면서 스스로 죽음을 찾아가는 단계가 퀴블러 로스의 『죽음과 臨終에 대하여』에서 말하는 7단계에 일치한다.[46]

하나의 소설이 이렇게 죽음 수락의 심경 변화와 일치할 수 있다는 것은 황순원이 지닌 죽음에 대한 통찰력이 어디에 이르렀는지 잘 대변해 주고 있다. 이것을 다시 절망 상태의 조국의 현실과 대비시키면, 송영감은 아쉽게 사라져 가는 전통적인 한국 역사이고, 이웃 마을로 옮겨가는 당손이는 새로이 펼쳐질 新生 한국사의 序章을 개막하기 위하여 스스로를 희생시키는 殺身成仁의 의미를 상징하고 있다.

(2) 「等身佛」

金東里의 작품으로 1961년에 『思想界』에 발표되었다.

24세의 청년 만적이 자살하여 金佛이 된다. 자기 몸을 불태워 부처에게 供養함으로써 等身佛이 되는 것이다.

이 만적의 자살이 話者인 '나'의 눈에 비쳐지면서 '나'와 연관을 맺는다.

23세의 대학 재학생인 '나'는 일제의 학병으로 중국땅으로 끌려 간다. 그러나 비록 敵兵이지만 殺生을 할 수가 없어 '나'는 도주를 하여 구원을 요청한다. 같은 대학 출신인 陳奇修라는 불교학자 앞에서 '나'는 식지를 물어뜯어 흐르는 피로 글을 써 보인다.

---

45) Elisabeth Kubler Ross 『On Death and Dying』, New York, Macmillan Publishing co. 1969, p.269
46) 같은 책, p.264

'願免殺生 歸依佛恩'(원컨대 살생을 면하게 하옵시며 부처님의 은혜 속에 귀의코자 하나이다)

이러한 血書가 힘을 발휘하여 진기수의 마음이 움직인다. 그래서 '나' 는 그의 알선으로 정원사로 가게 된다. 그곳에 바로 等身金佛이 있었고, 나는 그 불상의 내력을 듣게 된다.

등신불은 말하자면 만적의 자살한 屍身인 셈이다.

이 사내는 생전에 자기가 도를 깨칠 인재가 되지 못할 것을 스스로 깨닫고 자신의 몸을 공양하여 부처님의 은혜에 보답코자 한다. 만적은 끓는 기름항 아리를 뒤집어쓰고 죽는다. 자기의 몸을 태워 부처에게 바친 것이다.

그가 죽자 法力이 일어나 많은 사람들이 병을 고치게 되었다. 새전이 쏟아지기 시작했고, 이 새전으로 만적의 타다 남은 몸에 금을 씌우고 금 불각을 짓고 석대를 쌓았다. 이것이 등신금불인 것이다.

만적의 자살은 종교적 차원에서 본 殺身成仁이라 하겠다.

그러면 혈서를 쓰기 위해 손가락을 자른 '나'의 행위와 만적의 죽음은 어떤 연관이 있는가?

　이야기를 다 마치고 난 원혜대사는

　"자네 바른손 식지를 들어 보게."라고 말을 한다.

　이것은 지금까지 그가 이야기해 오던 금불각이나 등신불이나 만적의 분신공양과는 아무런 상관도 없는 엉뚱한 이야기가 아닐 수 없다.

　나는 달포 전에 남경 교외에서 진기수 씨에게 혈서를 바치느라 고 내 입으로 살을 물어 뗀 나의 식지를 쳐들었다.

　그러나 원혜대사는 가만히 그것을 바라보고 있을 뿐 더 말이 없다. 왜 그 손가락을 들어보이라고 했는지, 이 손가락과 만적의 소 신공양과 무슨 관계가 있다는 건지, 이제 그만 손을 내리어도 좋 다는 건지 뒷말이 없는 것이다.

　"……"

　"……"47)

소설은 이렇게 끝이 난다. 이 소설에서 결국 작가는 혈서를 쓰기 위해 손가락을 물어뜯어 상처를 낸 나의 행위와 몸을 불태워 죽은 만적의 행위를 같은 供養으로 취급하고 있는 것이다.

혈서로 인해 한 병정이 몸을 피신함으로써 살생을 금하게 된 것과, 자신이 스스로 목숨을 바침으로써 많은 병자들을 고치게 된 것은 유사한 이야기라고 하겠다.

(3) 「密茶苑時代」

역시 김동리의 작품이다.

1·4 후퇴 때 부산 피난지에서 박운삼이라고 하는 시인이 다음과 같은 유서를 남기고 음독 자살을 한다. '告別'이라고 하는 쪽지다.

> 나는 미리 준비하고 있었던 페노발비탈 육십 알과 새콜사나듐 다섯 알을 한꺼번에 먹었다.
> 나는 진실로 오래간만에 의식의 투명을 얻었다. 나는 지금 편안하다.
> 나는 지금 출렁거리는 바다 저편에서 나를 향해 웃음을 보내는 나의 애인의 얼굴을 본다. 그리고 지금 나의 앞에는 나의 친애하는 벗들이 거의 다 모여 있음을 본다. 나는 그들이 나를 지켜 주고 있는 시간, 이 자리에서 더 나의 생애를 연장시키고 싶지는 않다.
>
> 잘 있거라, 그리운 사람들.
> 오십일년 일월 팔일 박운삼[48]

그가 이러한 유서를 남기고 죽어야 할 이유는 무엇이며, 그 결과는 어떤 형태로 나타나는가?

---

47) 「등신불」, 『한국 대표 명작4』, 지학사, 1985, pp.72~73
48) 「밀다원시대」, 위의 책, 지학사

당시 피난지 부산의 중심가에 있는 '密茶苑'이라는 다방에는 서울에서 내려간 몇 명의 예술인들이 상주하다시피 모여들었다. 화가, 吉여사, 조현식, 그리고 화자인 나 이종구와 자살한 박운삼이다.

박운삼은 29세로 말없이 구석자리에서 졸거나 벽을 바라보는 것이 일과였다. 그는 상사병에 들어 있었다.

늘 데리고 다니던 의대 여학생이 '애인을 따라 거지가 되어 주지 않고 부모를 따라 외국으로 떠났기' 때문이었다.

6.25 이전에는 그렇지가 않았는데 완전히 실의한 사람으로 변모되었다.

이 무렵 아군은 남쪽으로 계속 후퇴하는 상황이었다. 이들은 다른 피난지를 물색했다. 길여사가 기간을 정하고 제주도로 피난을 가자고 제의를 했다. 화가는 모두 바다에 빠져 죽자고 했다.

설왕설래하던 차에 박운삼이 자살한 것이다.

이로 인해서 '밀다원' 다방은 문을 닫았고 이들은 뿔뿔이 흩어졌다. 남포동 쪽의 '스타' 다방, 창선동 쪽의 '금강' 다방으로 자리를 옮긴 것이다. 얼마 후 이종구는 현대문학사의 논설위원으로 취직이 되었고, 조현식이도 마찬가지였다. 말하자면 우리는 박운삼의 죽음 이후에 행운을 얻은 것이다. 또한 후퇴를 하던 아군도 진격을 재개하여 원주, 이천, 오산 등지를 유엔군과 함께 탈환했다.

박운삼의 자살은 다분히 이러한 결과와 상관관계가 있음을 작가는 시사한다. 작자는 그의 유작시 「燈臺」를 소개하는 것으로 이 사실을 강조하고자 한다.

어쩌면 海溢이 있을
듯한 저녁 때
나는
홀로 바닷가에
섰다.

저 어리광을 부리듯한

　　푸른 물결에
　　마음은
　　드디어 무너져
　　가는가.

　　먼 바다 저쪽
　　흰 옷의 新婦는
　　등대 같이 섰는데
　　나는 나를 살르어
　　불을 켜는가.[49]

　여기에서 등대는 救援의 의미로 해석될 수가 있다. 따라서 '나를 살라 불을 켜는' 박운삼의 자살행위는 相思로 인한 것이라기보다 殺身成仁의 의미로 해석하는 것이 더 온당하다 하겠다.

(4) 「타살 이야기」

　곽하신의 작품이다.

　주인공이 불치병으로 인해 죽음의 선고를 받는다. 스스로는 담담하려 하나 주위의 시선에서 소외감을 느껴 국외자로 취급당함을 슬퍼하게 된다. 산 이들이 저희들 살 궁리나 하는 것이지 환자의 죽음에 대하여 본질적인 아픔을 지닌 것이 아니라고 생각하고, 산 이들이 보내는 시선이 전과 다르다고 느끼게 된다. 결국 주인공은 죽음이 오기도 전에 미리 죽음을 살고 있다는 외로움과 초조감 때문에 자살하고 만다.[50]

(5) 「泡沫의 의지」

　孫昌涉의 작품이다.

---

49) 「밀다원시대」, 위의 책
50) 『신한국문학전집 권 21』, 어문각, 1973, pp.524~529

창녀인 종배의 어머니가 자살한다.

몸을 팔아 동생의 학비를 대어 공부를 시켰는데도 불구하고 동생은 언니를 멸시하고 천대를 한다. 세상 사람들과 마찬가지로 창녀라는 직업 때문에 경멸을 하는 것이다. 그녀가 은혜를 베푼 혈육인데도 그러한 것이다.

여인은 그만 참지 못하고 자기가 몸을 팔아 동생의 학비를 대어 온 사실을 밝히고 울며 대든다. 그러나 기절할 듯이 놀란 동생은 도리어 언니에게 모욕적인 언동을 한다.

여인은 모든 희망을 포기하고 어린 아들의 손목을 끌며 쫓겨다니다시피 동생의 집을 나온다. 그날 밤, 동생 집 근처에 있는 어느 여관방에서 여인은 가슴에 맺힌 한을 유서로 남겨 놓고 한 많은 세상을 하직한다.

순결에 대한 욕구가 불러온 자살이다.51)

(6) 「翠菊」

安壽吉이 1949년 『白民』에 발표한 작품이다.

내시의 부인인 분이가 복숭아나무에 목을 매 자살한다.

분이는 내시 집안으로 팔려와 괴한 불구자인 남편과 산다.

> 그 지긋지긋한 남편, 몸에 독특한 노린내가 나고 그 주제에 양기를 돋우겠노라 장복하는 파 마늘내가 푹푹 풍기는 입김을 얼굴에 함부로 내뿜으면서 버들가지 같이 날씬하고 백골 같이 여윈 팔다리로 밤마다 사람을 허비고, 물어 뜯고, 곤욕을 보이는 남편이 여기까지 쫓아와서 한 집안에서 또다시 그런 일을 되풀이하게 된다고 생각한 분이는 명랑해졌던 마음이 금시에 어두워졌다.52)

이러한 남편과 생활하는 분이는 엉뚱한 사내를 그리워한다. 남편과 전혀 다른 남자다. 그 남자가 이서방이다. 분이는 이서방을 情夫로 삼는다.

---

51) 『손창섭대표작전집 권2』, 예문관, 1970, pp.462~474
52) 「취국」, 『삼중당문고』, pp.46~47

분이는 이서방과 작당하여 도망을 치려 하나 걸리는 게 있었다. 시어머니였다. 차마 그녀와의 정의를 떨쳐 버리고 달아날 수가 없었다. 분이가 아홉 살 때에 와서 신세를 졌던 시어머니였다. 분이는 고민한다. 그녀의 심경은 이러하다.

> 시어머니는 한숨을 쉬더니,
> "네가 내 옆을 떠나면 나는 누굴 믿고 살라느냐?"
> 그리고 치마꼬리를 집어 코에 갖다 콧물을 풀었다. 은근하고 슬프고 진정이 넘치는 시어머니의 말을 듣고 있노라니 분이는 눈시울이 뜨거워지고 모르는 사이에 눈물이 걷잡을 사이 없이 주르르 흘러 베개를 적시었다.
> 분이는 장밤 고민했다.
> 시어머니, 이서방, 박내시, 김동시, 일각문 파주 두메 속 이서방의 아내 될 여인―
> 이런 것이 뒤섞이어 보이는 머리 속이 어지러웠고, 마음을 진정할 수 없었다.[53]

결국 분이는 자살의 길을 택했다.

전통적 윤리의식과 인간적 갈등을 조화시키지 못하여 끝내 자살한 것이다. 순결 회복에 대한 욕구와 부정에 대한 죄의식이 초래한 자살이라고 할 수도 있다.

(7) 「廣場」

崔仁勳의 대표작이다.

석방포로인 이명준은 제3국으로 가는 배에서 바다로 뛰어내려 자살을 한다.

이명준은 대단히 복잡한 과거를 가진 청년이다.

---

53) 위의 책, p.62

그는 신경, 하르빈, 연길 등의 중국의 도시에서 소년 시절을 보내고, 해방이 되자 어머니와 함께 서울로 온다. 곧 아버지는 북으로 가고 어머니는 사망한다.

그는 아버지의 친구이며 은행 지점장인 변씨 집에서 성장하며 철학과에 다닌다.

철학과 3학년 때 대학 신문에 시를 투고하기도 하며 정신 세계를 가꾼다. 그리고 애인 강윤애를 사귄다. 그 무렵 월북한 아버지로 인해 두 번이나 경찰서에 소환되어 조사를 받는 곤욕을 치른다. 이후 인천의 윤애네 집에 기거를 하다가 越北한다.

월북 후 신문사에서 일하다 두 번째 애인 은혜를 만난다.

만주를 떠돌던 명준은 은혜와도 결별하고 서울에 보위부원으로 나타난다. 그는 포로가 되었고, 제3국행의 배를 타게 되었다. 인도배 타고르호였다.

> 송환 등록이 시작됐을 무렵 갈팡질팡하던 일이 떠올랐다. 제삼국에 갈 수 있다는 말을 들었을 때, 바로 자기를 위해 마련된 길이라고 그는 생각했었다.[54]

이렇게 명준은 제3국행 배에 탑승했지만 그는 생각이 바뀐다. 그는 배 위에서 자살 충동을 느낀다.

> 돌아와서 마스트를 올려다본다. 그들은 보이지 않는다. 바다를 본다. 큰 새와 꼬마 새는 바다를 향하여 미끄러지듯 내려오고 있다. 바다. 그녀들이 마음껏 날아다니는 광장을 명준은 처음 알아본다. 부채꼴 사북까지 뒷걸음질 친 그는 지금 핑그르 뒤로 돌아선다. 제 정신이 든 눈에 비친 푸른 광장이 거기 있다.[55]

---

54) 「광장」, 『최인훈전집』, 문학과 지성사, 1979, p.176
55) 위의 책, p.200

　사람과 짐승이 섞이는 광장. 그러나 거기서도 사람은 짐승일 수는 없다고 생각하며 명준은 바다에 투신하여 자살을 한다.

　이념적 갈등을 괴로워한 나머지 조국과 민족의 희망적 미래를 위하여 祭物이 되는 셈이다.

(8) 「난장이가 쏘아 올린 작은 공」

　조세희의 작품이다.

　난쟁이 가장이 굴뚝에 떨어져 자살한다.

　난쟁이는 부인, 아들 영수와 영호, 그리고 딸 영희를 거느리고 살았다. 가난하게 살면서 채권 매매, 칼 갈기, 고층건물 유리 닦기, 펌프 설치, 수도 고치기 등의 일을 했다. 난쟁이 금불이는 이렇게 여러 가지 일을 열심히 했지만 가난을 면치 못한다.

　그가 사는 낙원구 행복동의 판잣집 건물은 철거 대상이 된다. 그들 일가는 어찌할 수가 없었다.

　아내는 인쇄소 제분공장에 나가 접지 일을 하고 장남인 영수는 인쇄소 조역으로 들어가고, 차남인 영호는 공장에 들어가 인쇄일을 한다. 그러다가 두 아들은 회사에서 쫓겨난다.

　딸 영희는 열 일곱 살인데 싸게 매각한 아파트 입주권을 찾기 위하여 몸을 파는 지경에 이른다.

　이들의 삶은 비록 가난하지만 착하고 사랑을 지닌 것이었다.

> 천국에 사는 사람들은 지옥을 생각할 필요가 없다. 그러나 우리
> 나섯 식구는 시옥에 살면서 천국을 생각했나.[56]

　그들은 삶의 희망을 천국으로 표현하고 있다. 그들은 사람과 세상을 다른 시각으로 보며 살고 있는 것이다. 어쩌면 그들이 보는 시각이 올바른

---

56) 『난장이가 쏘아 올린 작은 공』, 문학과 지성사, 1979, p.83

것인지도 모른다.

> 사람들은 사랑이 없는 욕망만 갖고 있습니다. 그래서 단 한 사
> 람도 남을 위해 눈물을 흘릴 줄 모릅니다. 이런 사람들만 사는 땅
> 은 죽은 땅입니다.[57]

결국 난쟁이 가장은 이웃에서 빌려온 책 『일만 년 후의 세계』의 영향을 받고 자살을 한다. 자유롭고 차별이 없는 달나라로 날아가 버린 셈이다.

> "아버지는 돌아가셨어. 벽돌 공장 굴뚝을 허는 날 알았단다. 굴뚝
> 속으로 떨어져 돌아가신 아버지를 철거반 사람들이 발견했어."[58]

그이 죽음은 가난한 현실에 대한 절망과 이상향에의 동경에서 비롯된 것이다. 그러므로 여기에서의 죽음은 이상향을 동경하면서 상황에 절망하는 이념 갈등의 죽음으로서, 이것이 不具의 세대를 끝내고 새 시대를 開陣하는 출로의 역할임을 작자는 암시해 주고 있다.

(9) 「生命演習」

金承鈺의 데뷔작이다.

話者인 '나'의 형이 자살한다. 어머니의 불륜을 볼 수가 없어 그 어머니를 살해하려다 뜻을 이루지 못하자 자살한 것이다.

형은 어머니를 죽이자고 '나'와 누나를 꾀었지만 '나'와 누나는 그의 말을 듣지 않는다.

그러면서 나와 누나는 형을 살해하려고 한다. 죽어야 할 사람은 어머니가 아니라 형쪽이라고 생각했기 때문이다. 어느날 낭떠러지에 서 있는 형

---

57) 위의 책, p.108
58) 위의 책, p.150

을 밀어 버린다. 그러나 그는 살아서 돌아온다. 그리고 얼마 있다가 형은 스스로 그 낭떠러지로 가서 投身 자살을 한다.[59] 자기 편은 아무도 없다는 극도의 소외감이 그를 자살로 몰고 간 것이다.

(10) 「敗北者의 무덤」

蔡萬植의 작품이다.

종택이 아현 터널 앞에서 달려오는 급행열차에 정면으로 몸을 던져 자살을 한다.

자살 이유는 아내 경순에게 보낸 유서에 대충 드러난다.

> —무위와 무능에서 다시 나아가 나의 육체는 나를 망신되게 하는 것으로밖에는 쓰일 곳이 없는 게 되고 말았다. 프로메테우스의 후손은 불초하여 弱行할지언정, 불을 도로 빼앗지 않기 위하여서는 육체를 처분할 장단조차 없지는 않다. 그대에게 미안하다. (하략)[60]

무위와 무능이 자살의 원인으로 나타난다.

그는 그전에 다음과 같은 이유로 잡지사를 그만둔다.

> 쇠뿔을 바로잡다가 본즉 소가 (죽은 게 아니라) 말승냥이가 되더라는 둥, 불합리의 간접 교사를 하고 있을 수가 없다는 둥, 언뜻 暗號文字처럼 생긴 이유를 찾아가지고 남편 종택이 제법 그때는 녹록치 않은 소장 논객으로서 어떤 잡지의 전임 필자이던 직책을 내던진 후 집안에 칩거한 것이 작년 이월 초승...[61]

> 종택은 일찍이 바람이 거칠지 않은 절기에 조그마한 돛을 만들

---

59) 「생명 연습」, 『오늘의 작가 총서』, 민음사, 1980
60) 「패배자의 무덤」, 『문예총서4』, 지학사, 1985, 98쪽
61) 위의 책, 90쪽

어 달고 바다로 나왔었다. 그랬다가 그는 힘에 부치는 강풍을 만
났다.

　돛은 여지없이 찢어졌다. 그리고 배는 바다의 낯선 섬에 표착이
되었다. 종택은 지금에, 참혹한 파선의 형해를 바라보면서 해안을
두루 배회하고 있었다.[62)]

자신의 처지와 시대적 상황을 기술한 것이다. 종택은 시대와 자신과의
갈등에서 허덕인다. 여기에서 자신이란 무위와 무능이요, 시대는 일제시
대이다. 거기다 아내 종순의 洋行이 일조를 하여, 결국 그는 갈등에서 헤
어나지 못하고 자살하고 만다. 고통에서 탈퇴하기 위해 죽음의 길을 택한
것이다.

(11) 「사람의 아들」

李文烈의 대표작이며 출세작이다.
조동팔이 이름 모를 극약을 먹고 자살한다.

　"늦었습니다. 이 사람은 적어도 몇 시간 전에 致死量이 훨씬 넘
는 독물을 마셨습니다. 소주가 그 발작을 늦춰 준 것으로 보아 메
타놀 같은 게 아닌지 모르겠습니다. 최선을 다해 보겠지만 어렵겠
습니다. 벌써 網膜浮腫이 나타났어요."

　그들이 힘들여 조동팔을 병원으로 옮겨갔을 때 중년의 의사는
이렇게 말하며 고개를 저었다.

　조동팔은 숨을 거두기 전에 꼭 한 번 의식을 회복했다.[63)]

조동팔은 자기가 추구하는 정의의 실현이 좌절되고 믿었던 민요섭이 변
절하자, 민요섭을 살해하고 자신도 죽기로 결심하였던 것이다. 그러면 왜

---

62) 위의 책, p.96
63) 『사람의 아들』, 민음사, 1987, p.269

조동팔은 민요섭을 죽여야 했을까.

그들은 인간의 이성과 지혜를 신뢰하는 새로운 종교를 이루기를 꿈꿔 왔다. 민요섭이 그 이론을 정립했다. 예수를 거짓 사람의 아들이라고 보고 사탄으로 비난받았던 아하스 페르츠를 진정한 사람의 아들로 본다. 말하 자면 반역의 본질적인 기획을 실현하고자 했던 것이다. 조동팔이 이것을 추종한다.

신에 대한 부정과 현재 흐르는 삶을 그들은 부정했다. 그러나 점차 이 궤도에서 이탈하기 시작한다. 민요섭은 야훼를 부정하면서도 그 테두리 안에서 맴돌았고, 조동팔의 경우는 완전히 이탈이 된 상태였다. 같은 처지 인 것 같지만 민요섭은 回歸할 곳이 있었고, 조동팔은 그렇지 못했다. 조 동팔은 완전히 逸脫된 인간이었다.

민요섭은 조동팔의 거친 행동거지가 싫어졌고, 자기는 사회 질서를 전 혀 거부할 수 없는 존재라는 것을 서서히 깨닫게 되었다. 이에 조동팔은 자기의 뜻이 붕괴됨을 느꼈고, 민요섭을 죽여야 되겠다고 판단하게 된 것 이다.

救援보다는 정의를, 신의 논리보다는 인간의 논리를 앞세웠던 이들의 거창한 계획은 죽음에 의해 그 막이 내려진다.

그때 꺼져 가는 촛불의 돌연한 연소처럼 그가 그 어느 때보다 강렬한 어조로 한 말은 이런 것이었다.

> "그러나 나까지 패배해 쓰러졌다고는 생각지 마시오. 지금 나를
> 부르고 있는 것은 민요섭의 피지 우리의 신에 대한 절망은 아니
> 오. 이 시각 이전이나 이 시각 이후에나 영원히 살아 있을 것은 우
> 리의 신뿐이며, 설령 아무도 느끼지 못하더라도 그 고독한 神聖은
> 언제나 당신들의 머리 위에서 빛날 것이오...."[64]

조동팔이 마지막 숨을 넘기며 한 말이다. 결국 그의 자살은 이념적 갈

---

64) 위의 책, p.269

등에서 기인된 것이라고 보겠다.

(12) 「모닥불」

송영의 단편소설이다.

판구가 새끼줄로 목을 매 자살한다.

그는 산 속에 숨어 살고 있었는데, 책을 가지러 밤에 집에 왔다가 어머니인 산장댁에게 붙잡혀 광에 갇히게 된다. 순박하고 무식한 산장댁은 판구의 옛친구이나 위치가 뒤바뀐 중대의 감언이설에 속아 판구를 중대에게 넘겨 주려고 했던 것이다.

> "그 놈이 문 죄가 있소?"
> 산장댁은 호롱을 남편 앞에 놓고 짜증 섞인 어조로 말했다. 그건 노파가 밤낮으로 되풀이하던 질문이었다.
> "죄는 문 죄야, 그건 죄라고 헐 수 없당게."
> 영감은 단호하게 말했다. 그는 곰방대에 불을 붙이고 한 모금 크게 빨아 마셨다.
> "그 놈은 많이 알고 말을 잘 허는 죄밖에 없당게로. 읍내 공회당에서 연설을 몇 번 했제."
> "그것도 죄요?"
> "그건 죄가 아니여."
> "그것이 죄가 되야도 용서해 준다고 했당게라우. 그 놈은 읍내 오면 헐 일이 많당게라우."
> "그때 공회당에서 그 놈이 무슨 말을 헌 줄 아요?"
> "그때 그 놈은 공산당에 대해서 나쁜 말을 했었제."
> "그러면 그 놈이 돌아오면 이참에는 공산당에 대해서 좋은 말 허라고 일러야제."
> "그렇게만 험사 좋제."
> 하고 영감이 맞장구를 쳤다.[65]

---

65) 「모닥불」, 『마태오네 집』, 삼중당, 1976, p.220

외아들 판구에 대해 늙은 부부가 하는 대화에서 당시의 사회 처지와 판구의 위치, 그리고 촌로들의 순박함을 알 수 있다. 판구는 산 속에 피신해 살지 않으면 안 되었다. 그는 대체 어떤 인물인가?

> 판구가 책을 즐기는 것은 사실이었다. 녀석은 밥상 앞에서도 책을 펼쳐 들고 있었고 변소에 갈 때에도 책을 들고 다녔던 것이다. 그러기에 녀석은 국민학교만 나온 뒤에 독학으로 읍 서기가 되었고 다음은 군 서기가 되었고 결국은 읍내에서 대학을 나온 사람 못지 않게 읍내의 첫째가는 지식군이 되었던 것이다.[66]

이러한 판구를 자살로 이끌게 한 것은 두 사람이었다. 한 사람은 그의 옛 친구이며 현재에는 높은 자리에 오른 중대였고, 또 한 사람은 중대에게 속아 판구를 광에 가둔 어머니 산장댁이었다.

> "아이고, 그래도 생사람 죽이겠는가. 눈 번히 뜨고, 중대 자네밖에 믿을 사람이 없는디."
> 산장댁의 애원에 중대는 난처하다는 듯이 입맛을 몇 번이고 쩝쩝 다셨다. 그는 자기도 몹시 답답하고 애가 타서 못 견디겠다는 듯 한숨을 길게 쉬고 나서 말했다.
> "친구 잘난 놈 하나 둬 갖고 내가 죽는 판이요. 그런데 이 새끼 살리긴 살려야겠는데 할머니도 아다시피 판구 그 놈 친구가 나 말고 또 누구 있소? 또 그 놈 말재주 글재주 그리고 또 의리, 또 그 놈이 둘도 없는 효자라는 것, 이런 것 모두 속속들이 아는 놈이 나 말고 또 누구 있소? 그 놈을 진짜로 애끼는 놈이 나말고 누구 있냐 말이요? 그러게 내가 전상 살려야겠는디."
> 중대가 이렇게 말하자 산장댁은 금방 가슴속이 후련히 풀리는 것 같았다.
> 그녀는 이 놈은 믿을 수 있는 놈이다, 믿을 놈은 이 놈밖에 따

---

66) 위의 책, p.213

로 없다, 말마따나 판구의 친구라면 중대가 첫째로 꼽히니까 이
놈 말고 믿을 놈이 없는 것이라고 생각했다.[67]

이런 결론으로 하여 산장댁은 책을 가지러 내려온 판구를 광에다 가두
고 중대를 불러오게 되었다.
그들이 광에 다다랐을 때 판구는 이를 눈치채고 천장의 기둥에다 목을
맨 것이었다. 이념적 갈등에 의해서 빚어진 자살이라고 하겠다.

(13) 「가리옷 유다에 대한 證言」

白道基의 장편이다.
은 서른 냥에 스승 예수를 팔아먹은 가리옷 유다가 자살을 한다. 고통
과 회한으로 인해 그는 나무에 목을 매었다.

예수가 십자가에 매달리던 그 시각, 시온의 언덕 골짜기에서 한
사내가 목을 매어 죽었다. 그의 목을 맨 끈은 死者의 무게를 감당
할 수 없었던지 끊어졌고, 그는 땅바닥에 엎드린 채 숨을 거두었
다. 튼튼한 밧줄이었다. 아무리 무거운 인간도 감당하고 남을 만한
질긴 밧줄이었다. 그런데도 그 끈이 끊어졌던 것이다.[68]

세상 사람들은 가리옷 유다를 배신자라고 못을 박지만, 작자 백도기는
그의 편에 서서 그를 십분 이해하려고 한다.
가리옷 유다는 어떻게 해서 예수를 배신하게 되었는가에 대해 작품 후
기에서 작자는 이렇게 말한다.

유다는 强者이다. 다른 사람의 신념 위에 자신의 편견을 덮어씌
우려는 자들을, 그리고 자신의 사상이, 자신만이 이 역사를 지배해

---

67) 위의 책, pp.206~207
68) 『가리옷 유다에 대한 증언』, 전망사, 1979, p.165

야 한다고 생각하는 자들을 강자라고 부를 수 있다면 그는 틀림없이 강자이다. 그는 아녀자 앞에서도 벌벌 떨며 거짓 맹세를 밥먹듯 하고 새벽닭 우는 소리를 듣고 통곡을 터뜨린 그런 弱者가 아니다. 그는 의를 위해 목숨을 버리겠다고 나섰다다 권력 앞에 자신의 의지를 꺾고 자신의 잔해를 바라보며 회한에 젖는 그런 창백한 약자가 아니다. 그는 심지어 신이 그에게 "물러서라"고 했을 때에도 결코 물러서지 않는다. 그러므로 신마저도 그에게 "네가 하고 싶은 대로 해라!"라고 말할 수밖에 없는 강자인 것이다. 강자는 자신이 하고 싶은 대로 한다.[69]

이러한 강자가 그러면 왜 자살을 했을까? 우선 그의 성품과 행동거지를 친구인 '나'를 통해서 살펴보자.

나이가 들면서 그는 점점 더 고집 센 사내가 되어 갔다. 자신이 일단 내린 결정이나 결론에 대해서는 남들이 천만 마디 말을 해도 요지부동이었다. 그는 우둔하지 않았으며 사물을 보는 눈이 있었고 시대를 가늠할 줄 아는 식견도 가지고 있었다. 그는 정말 능한 사내였다. 충동적으로 일을 처리하기보다는 이성적으로 냉철하게 갈무리해 가는 편이었다. 그는 자기 신뢰가 강한 편이어서 자신 외에는 아무도 믿지 않았다.[70]

위에서 보듯이 가리옷 유다라는 인물은 요즘 말로 표현하면 똑똑한 사내였다. 그리고 주관이 뚜렷했다. 세상 사람들은 그가 은 서른 냥에 買受되어 예수를 판 것으로 알지마는 위에 묘사되는 가리옷 유다를 보면 결코 그런 인물이 아니다. 어떤 뚜렷한 주관과 가치관이 있어서 그러한 짓을 한 것이다. 그는 스승을 십자가에 매달아 처단해야 된다는 확고한 신념과 판단을 지닌 사람이다. 그것이 자기가 옳다고 믿는 일인데도 불구하고 왜 그는 자살을 해

---

69) 위의 책, p.240
70) 위의 책, p.8

야만 했을까? 여기에 문제가 있는 것이다. 그의 배신행위가 옳았다고 하면 그는 전혀 자살하지도 않았고 자살을 할 인물도 아니었다.

유다는 왜 목숨을 끊었는가?

그가 한 행위가 스승을 배반한 것이 아니었다고 말할 자신이 없었던 것일까? 어쩌면 그에게 있어서는 예수 없는 삶이란 불가능했던 것이 아닐까? 예수를 잃었다고 느낀 순간, 그는 자신뿐만 아니라 그가 이룩하려던 꿈과 소망도 한꺼번에 잃어 버리고 도저히 헤어날 길 없는 절망에 빠졌던 것이 아닐까?

흔히 사람들은 말한다. 유다는 마음이 아니라 理性으로만 예수를 이해하려 했다고. 그 말이 옳을지도 모른다. 그는 영혼이 없는 인간으로 자처했으며 자신을 너무 믿었다. 자신의 계획과 그 계획의 완전성을 믿었다. 그리고 아무에게도 굽히려 하지 않았다. 상대가 설령 신이라고 할지라도.[71]

그는 예수를 가슴으로 믿은 것이 아니라 머리로써 믿었다. 자만심이 대단했고 자신에 대한 신뢰가 강했으므로 자기가 생각하고 믿은 바를 실행에 옮겼다. 그러나 그것들이 시행착오이며 올바른 것이 아님을 후에 깨닫게 된다.

그는 스승의 죽음을 통하여 보여 준 행동에서 사랑만이 모든 악덕과 불의와 부자유와 고통을 몰아낼 수 있는 영원한 힘임을 깨달았을 것이다. 그리고 인간이란 약한 것이어서 통렬한 회한과 굴욕과 부끄러움과 배반의 과정을 통하여서만 새롭게 존재할 수 있다는...[72]

위에서 보듯이 그는 자신이 옳다고 믿은 배신 행위가 올바르지 못한 것

---

71) 위의 책, p.166
72) 위의 책, p.167

이었다는 것을 깨닫는다. 예수가 옳았고 자기의 행위는 시행착오였음을 깨달은 것이다. 아울러 인간이란 강한 존재가 아니라는 것도 깨닫는다. 그리하여 그는 자신의 잘못을 무릎을 꿇고 사죄하는 대신 스스로의 목숨을 끊어 버린 것이다. 이념적 갈등으로 인한 자살이라 하겠다.

(14) 「아벨 日記」

김영종의 단편이다.

동생 영호가 자살한다.

영호는 세 살 때, 태어난 지 두 달밖에 안 된 어린 동생을 죽였고, 그 일 때문인지 '나' 영민도 또한 동생 영호를 미워한다.

> 나는 동생의 뒷덜미를 낚아챘다. 나를 돌아본 그의 얼굴에 저녁 햇살이 이끼처럼 스며들었다. 햇살을 걷어내듯 모질게 빰을 후려쳤다.
> 동생을 질질 끌다시피 세워져 있는 불도저 앞까지 끌고 갔다.
> 넌, 넌, 임마, 사실은....
> 말을 애써 삼키고 불도저를 향해 그를 밀어 던졌다. 그가 등을 감싸 쥐며 쓰러졌다. 나는 엄살이라고 단정했다. 몇 번이고 거품이 물려져 있는 것이 눈에 들어올 리가 없었다. 지나가던 동네 사람들이 아니었더라면 내가 쓰러질 때까지 계속했을지도 모를 일이었다.[73]

이때 이후 두 사람의 사이는 극히 악화된다. 동생은 중학교 때부터 사창굴에 다녔고, 나중에는 닭 죽이는 일을 직업으로 하는데, 어느 날 취침 시에 방에 들어온 동생이 칼로 형을 살해하려 한다. 형이 뒤척이자 동생이 이를 중단한다. 형이 입대하고 몇 해가 지난 후 집에서 동생의 죽음을 알리는 부고가 온다. 귀가해 보니 동생이 자살했다는 것이다. 형은 동생이 다니던 사창굴의 창녀로부터, 형이 동생을 불도저에 밀어 넣었을 때 뼈를

---

73) 『81 신춘문예당선작품집』, 소설문학사, 1981, p.19

다쳐 성불구자가 되었었다는 것과 요행을 기대하며 동생이 사창굴에 다녔었던 것임을 비로소 알게 되었다. 동생은 2개월 된 아기를 죽였지만 형은 중학생인 동생을 성불구자로 만들어 끝내 자살케 한 것이다. 여기서 동생은 죄의식과 살해의식과 불구의식으로 인해 자살을 택하고 있다.

7) 한국 문학에 나타난 자살의 원인

위에서 취급한 문학 작품에서는 고전작품 7편에서 9명의 자살이, 현대시인 5명에서 세 가지 유형의 자살의식이, 그리고 현대소설 14편에서 14명의 자살이 언급되어 있다. 이들 작품 하나하나가 나타내고 있는 자살충동의 원인을 大別하고, 그 빈도를 조사해 보면 다음과 같은 수치를 얻을 수 있다.

원 인	남	여
異性愛, 순결 증명	1	8
소외의식, 자책, 반성	5	
이념적 갈등	4	
창작혼	1	
인간애, 殺身成仁	3	
유토피아적 이상향	4	
자살자의 수	18	8

이 도표를 통하여 우리는 여성은 사랑을 위해서, 또 순결을 증거하기 위해서 등 남자와의 애정 문제로 인해 자살함이 100%라고 말할 수 있는 반면, 남성은 그 자살의 원인이 남녀간 애정 문제 이외의 다른 주제들, 즉 심리적 갈등, 이념적 갈등, 애국, 殺身成仁, 창작혼 등등 다양하게 분포되어 있음을 발견한다. 이 통계가 절대적인 수치는 결코 아니겠으나, 적어도 남녀간 자살 원인의 주된 경향을 분명히 제시해 준다고 말할 수는 있을 것이다.

8) 자살의식의 분포에 따른 우리의 반성

한국인의 전통의식 속에서 여성은 情慾을 참기 위해, 열녀가 되기 위해, 순결을 지키기 위해, 순결을 증명 받기 위해 지아비 한 사람에게만 성실하기 위해 불가항력적인 자살을 강요받는 일이 많았었다. 그리고 이렇게 자살을 결행한 과거의 여인들을 과거의 봉건사회가 열녀비니 열녀문을 세워 칭찬해 왔던 것도 사실이다. 이러한 상황은 서구의 경우에도 예외는 아니어서 다음과 같이 말하는 사람이 있기까지 하다.

> 살인이나 절도가 주는 인상과 자살의 보도가 주는 인상과를 비교해 보라. 전자는 격렬한 분개와 극도의 불쾌와 징계, 또는 복수에 대한 욕구도 불러일으키지만, 후자는 비애와 동정을 자아내며, 또한 악행에 따르는 도덕적 부인이 이에 뒤얽히느니보다는 차라리 더 자주 자살자의 날램에 대해 탄복하는 마음이 두터워질 것이다.[74]

스토아 학파에서는 자살을 고귀하게 여겨서 용감한 행위라고 찬양했다. 그것은 무수한 章句, 특히 세네카의 저술에서 한층 강렬한 구절에 의해 증명되어 있다. 또 세상 사람들이 다 아는 바와 같이 인도인의 경우에는 자살이 때때로 종교적 행위로서 행해진다. 특히 과부의 自焚이라든가 하는 것이 그렇다.[75]

그러나 정절을 지키고 순결을 인정받기 위해 죽는 여성의 자살을 미화한 이조사회의 요구는 그것이 인간 생명의 존엄성이라는 차원에서 볼 때 얼마나 비윤리적이고 非人道的인 일인가를 우리는 깨달아야 한다.

열녀문을 세우기 위해 청상 며느리의 자살을 유도한 사회적 강요에 말미암은 자살은 거의 자살을 빙자한 他殺이라고까지 비판될 수 있을 것이다. 누

---

74) 쇼펜하우어, 「자살에 대하여」, 『삶과 죽음의 기슭에서』, 정음사, p.292
75) 위의 책, p.293

구에게나 생명을 존중하려는 본능이 있고 살려고 하는 생의 의욕이 있기 때문이다. 삶의 의욕은 자신의 생명을 긍정함이요, 그것은 인류의 세계를 긍정함이다. 자신을 완성시켜 인류에 헌신함이 생명의 최상 윤리이다.

따라서 목숨을 스스로 끊는 것도 죄악이고 여성의 자살을 열녀라는 명목으로 미화함도 지극히 부당한 전근대적 비윤리의 강요이다.

윤리는 나 자신의 생명을 귀중히 여기고 또 그만큼 모든 생명의 당위성을 경험할 때에 성립된다. 그래서 우리는 도덕적 근본 원리를, 생명을 보존하고 진흥시킴이 善이고, 생명을 파괴하고 저하시키는 것이 惡이라는 차원에서 생각해야 한다.76)

다음으로는 고통에서의 탈피를 위하여 자살하는 일의 부당함을 생각해 보기로 하자.

성서에는 자살이 없다. 수난만 존재한다.

일찍이 삼손77)이 백성을 도탄에서 건지기 위하여 이교인 신전의 기둥을 뽑아 무너지게 함으로써 적들을 죽이고 자신도 그 안에 묻혀 죽었다 하여 이를 자살이라고 말하는 해석자도 있지만, 이는 마치 패전의 전쟁터로 싸우러 가는 군인의 자세와 같은 것일 뿐, 절대로 자살이 아니다.

수난과 戰死는 자살이 아니다.

사도 바울로는 쾌락 속에서 생을 보내는 자는 살아 있는 시체라고 했다.

그리스도는 우는 자가 진복자라고 했다.

그리스도는 자살자와 정반대이다.

매 맞고 수난당하였다.

정신적 고통은 영혼을 성장시키는 데 힘이 된다.

스토아주의자들과 같이 고통은 악이 아니라고 믿는 것만으로는 충분치 않고 고통은 선이라고 확신하고 이것을 감수할 때에 인간 정신이 상승되고 지혜로워지고 경건해진다.

---

76) 위의 책, p.156
77) 『구약성서』, 판관기 pp.13~16

우리가 고통스러운 상황에 더욱 더 수렴적인 자세로 순종했을 때 상황에 거역하는 것보다 분명히 평화로운 상태에서 그 역경을 극복할 수 있게 된다. 인간 정신은 고뇌에 의해서 연마된다. 그리고 인간 자신은 이러한 수련과 완성이 필경 인간에게 행복과 기쁨을 돌려 준다.

따라서 사람은 어떤 고통 속에서도 반드시 그것을 극복하며 살아남아야 하고 스스로 자살을 택해서는 안 된다.[78]

다음은 아내를 잃고 자살하려던 사람이 심령세계에 관하여 연구한 후에 자살해서는 안된다는 것을 깨닫고 쓴 보고서이다. 이 책에서 저자는 靈媒를 통해서 靈界의 아내와 다음과 같이 통화한다.

> "어째서 당신은 하필이면 최초의 심령 현상을 연구하는 실마리로 다우딩 元帥를 택한 거요?"
>
> 하고 물어 보았다. 그러자 그녀는 "심령 현상을 연구하는 전문가들에게 이야기를 들어도 당신은 틀림없이 귀를 기울이지 않으셨을 거예요. 하지만 영국의 공군에서 이름을 떨친 다우딩 원수의 의견이라면 틀림없이 당신의 마음을 움직일 게고 그 무렵에 당신이 생각하고 계시던 자살할 결심을 돌리게 할 수 있는 사람은 그 분밖에는 없다고 생각했기 때문이에요."하고 대답하는 것이었다.
>
> 실제로 원수는 내 마음 속에 품고 있는 자살이라는 행위가 영혼에게 얼마나 위험한 행위인가 하는 어떤 개념을 내 마음에 심어 주었다. 만약 먼저 영계로 떠난 사랑하는 사람의 혼과 곧 하나가 되겠다는 생각으로 스스로의 목숨을 끊는다면, 그 사람은 오히려 자기의 목적을 배반하는 셈이다.
>
> 죽으면 같이 있을 수 있다는 처음의 예상과는 정반대로 자살한 사람의 영혼에게는 기나긴 집행유예 기간이 부여되고, 그동안에 그가 지상에다 남기고 온 체험을 끝까지 다하지 않으면 안 되므로, 당연히 해당된 지상 생활의 코스를 보내는 것보다도 사랑하는 사람과 다시 맺어지는 날이 늦어지는 것이다.

---

78) 쇼펜하우어, 앞의 책, pp.200~203

재생을 믿는 어느 심령학자의 설에 의하면, 자살한 사람의 영혼은 사랑하는 사람과의 재회가 이루어지기 전에(그것은 아마 70년 또는 80년 동안) 지상 생활에 봉사하고 이바지하기 위하여, 육체를 지니고 지상에 다시 태어나지 않으면 안 된다고 말하고 있다.

나는 자살의 결과가 궁극적으로 어떻게 되느냐 하는 것에 대한 학설을 완전히 받아들일 수 없었으나, 자살을 하는 게 자신의 혼의 운명을 걸기에는 너무나 무모하다는 것을 알게 되었다. 하지만 이따금 죽음의 유혹이 강하게 나를 유혹하는 일이 있었다. 근래에도 정월의 어느날, 한 줌의 재가 되어 묻혀 있는 나의 사랑하는 사람을 찾아갔다. 이때에 다시금 나의 감정은 견딜 수 없는 슬픔에 싸였다. 또한 다우딩 경과 영계 통신의 이야기를 했을 때 내 마음 속에 심어진 희망은 일시적으로 송두리째 뽑혔다. 이 마지막 안식처에서 돌아서자, 만사는 끝났다는 느낌이 들었다. 이 작은 뼈 항아리에서 도대체 무엇이 남아서 나온단 말인가? 이 곳에서 이렇게 그녀의 육체가 재로 된 것을 보면서, 어찌 그녀가 어디고 머나먼 공간 저쪽에 살아 있다고 생각할 수 있을 것인가? 그런 일은 모두 이성으로써 판단할 수 없는 일이다. 나의 이 고질인 불가지론을 타파하기 위해서는 뚜렷한 증거가 굉장히 많이 제시되어야 한다.

이런 일을 나는 자문자답하면서 사무실로 돌아왔다. 나의 이성은 분명히 만사가 끝났다는 것을 알려 주었다. 하지만 내 마음은 다우딩 경의 말이 옳고 내가 잘못 생각하고 있다고 속삭인다. 그는 이렇게 말했다. "그것은 우주의 자연적인 법칙이다." 생명은 존재한다. 우리가 '죽음'이라고 부르는 것은 단지 한 '곳'에서 다른 '곳'으로 이동하는 것이며, '육체'라는 옷을 벗고 에테르와 같은 '靈體'를 입는다는 것이며, 또한 영체는 보다 진실하며 영속적인 몸인 것이다. 다우딩 경은 이미 낡은 옷을 우리가 기꺼이 바꿔 입은 것과 같다고 비유하였다. 나는 그 말을 듣자 직감적으로 그것이 옳다고 느꼈다. 하지만 그와 헤어지자 나의 끈질긴 회의가 다시금 나를 짓누르기 시작했다.

그런데 지금에 와서는, 오직 하나 추구해야 할 뚜렷한 길이 있었다. 스스로에게 부과된 연구에 일직선으로 돌진하는 것과 함께

정상적인 그날그날의 근무에 충실함으로써 영적으로나 현실적으
로나 생활의 균형을 유지하지 않으면 안 되겠다는 것이었다.[79]

우리가 영매를 통한 이야기를 받아들이느냐 안 받아들이느냐 하는 문제
는 유보하더라도, 그 논조 속에서 자살을 부정하고 경계하는 사상만은 귀
기울여 들어야 할 것이다.

9) 결 론

자살이 허용되는 충분조건이란 없다.

자살을 초래하기까지에 이르는 인간 我執은 그래서 악이요 불행이요
삶에 대한 불충이며 불성실이다.

오늘날 정신의학계에서는 자살의 원인을 사회심리학적 제반 측면에서
연구 해석하여 현대인의 자살 행위를 예방, 치유하려는 방안 모색이 전개
되고 있다.

같은 차원에서 이 논문은 자살의 원인들이 한국 문학작품에는 어떻게
반영되어 있는가를 고찰함으로써 한국인의 과거와 현재를 진단하고 미래
세계의 방향 정립에 일익을 공헌하고자 시도되었다.

그런데 작업을 하는 과정 속에서 한국의 여성이 당해 온 '시대 사회적
모순의 강요된 죽음'을 종합해 볼 수 있었던 것은 미래 여성의 치유를 위
하여 좋은 수확이었다고 생각된다.

자살이 未遂로 끝나기는 했어도 자살이 적극적으로 의도되었던 내용, 그
리고 자살이 결행된 일들을 문학작품에서 찾아 유형화해 본 결과, 여성의 자
살은 남성과의 결합 일치가 불가능해졌을 경우 자살이 발생하는 것이 전반
적이었던 반면에, 남성은 애정문제가 아닌 다른 주제들, 가령 이념적 갈등,

---

79) 레스터. R.M., 안동민 편역, 『영계에서 온 아내의 편지』, 태종출판사, pp.38~41

살신성인, 창작혼 등등으로 인해 자살을 감행한 것으로 나타났다.

이러한 통계로 미루어 볼 때에 여성은 지극히 비사회적이고 오직 남성에게 예속되거나 종속되었으며, 남성들은 전혀 여성을 절대적 존재로 알고 相互共存을 생각하지 아니하고 단지 가사나 자녀 생산이나 노동력을 위한 필요적 존재로서의 가치만을 생각했었던 사회적 모순에 여성의 자살이 기인했었다는 것을 결론으로 얻을 수 있다.

그 때문에 여성이 특정 남성과의 連脈이 끊어졌을 경우 여성은 봉건사회의 집요한 요구에 의하여 할 수 없이 자살을 감행하게 되고 이 현상에 대해 과거의 사회가 열녀라는 이름으로 포상하였으니, 어쩌면 여성의 殉愛란 진실한 의미에 있어서 자살로 간주될 일이 아니라 사회적인 病弊가 몰고 온 강요요 타살이었다고까지 지적될 수 있다.

여성은 지아비 한 사람만의 예속물이 아니라 가족과 시민과 국민을 구성하는 부분적 생명이요 절대적 가치요 세포로서 自他가 公認하는 사회윤리가 형성될 때, 여성의 자살이 미화되는 反人道主義가 다시 再演되지 않을 것이다.

윤리가 생명의 존중에 있고 비윤리가 생명의 輕視에 있음을 至上의 도덕적 질서라고 생각하는 차원에서 볼 때, 어떤 사람이 자살을 긍정적으로 볼 수 있을 것인가?

여성이라고 하여 이 질문에서 예외가 될 수는 없을 것이다.

4. 韓國的 寫實主義

1) 眞正한 理解

人類가 수천 년의 역사시대와 또 그 이전 수십만 년의 생존을 통하여, 무수한 갈등과 번민을 겪고 처참한 비극을 계속하여 연출하게 되는 가장 근본적인 원인이 어디에 있느냐고 묻는다면 대개는 잠시 생각하다가 곧 이렇게 대답할 것이다. '相互理解의 不足'이라고! 이것은 매우 적절한 해답이지만 아직 그 핵심을 건드리지는 못하고 있다. 왜 相互理解가 不足하게 되느냐고 또다시 反問할 수 있기 때문이다. 우리는 더 이상 反問할 수 없는 해답을 얻기 위하여 聖書에 나오는 바벨塔 이야기를 꺼내지 않을 수 없다.

하느님의 나라로 가겠다는 갸륵한 열의를 가지고 착수한 사업이었으나 그 動機에서 또 作業過程에서, 인간들은 하느님의 분노를 얻는 어리석음을 범했던 것이다. 그리하여 어제까지만 해도 다정하게 疏通되던 言語는 갑자기 알아들을 수 없는 雜音으로 변모해 버리고 서로가 서로의 얼굴이 낯설어져서 바로 보지도 못한 채 각자의 언어는 바람소리처럼 허공으로 무의미하게 흘러가 버린다. 요컨대 서로가 서로의 가슴을 열어 보일 수 없는 장벽의 시대에 돌입한다. 언어가 있되 沈默만도 못한 언어를 혀끝에 붙인 인간들은 눈물을 머금으며 바벨塔의 주위를 쓸쓸히 떠나야 한다.

바로 이러한 事件, 즉 언어에 의한 의사소통의 不一致로부터 理解의 부족은 싹이 트고 그것은 不和와 갈등으로 자라나서 더 크고 무서운 分裂과 전쟁과 悲劇으로 줄달음치게 된다. 언어의 不一致는 그리하여 인간의 悲劇性을 이루는 가장 重要한 요소의 하나가 되고 있다. 이렇게 귀찮고 성가신 言語의 논쟁은 우리 나라 現代小說史를 꾸미는 첫 페이지부터 문제거리가 되어 왔다. 소위 寫實主義 論爭이 그것이다.

동양문화권 내에서는 가장 正統性을 부르짖는 儒學思想의 나라에서 隱遁과 禮樂과 安貧 등을 호흡하며 살던 우리 祖上에게 西歐思想은 밀려 들었고 西歐式의 문학도 수입이 되었다. 갓 쓰고 도포 입고 갖신을 신은 다음, 여덟 八字 수염을 쓰다듬으며 八字 걸음을 걷던 우리 조상이 開化意識을 가지게 되었고 富國強兵을 해야만 이 세상에 살아 남을 수 있겠다는 절박한 危機意識을 느끼기 시작하였다. 물론 19세기 말 20세기 초의 우리 나라 현실이 그러한 의식을 고조시키지 않을 수 없었던 사정도 있었다. 그리하여 읽게 되고 쓰게 된 西歐式의 現代文學, 그것은 六堂이니 春園이니 하는 분들의 소박하고 교훈적인 목소리로부터 출발한다. 그리고 그 뒤를 이어 제법, 저 서구풍의 냄새가 깃들인 신식 읽을 거리들이 한국 세상에 탄생하였다. 늘 보던 빨간 딱지의 六錢小說이 아니었다. 아들 딸을 몇 명 낳고 육조판서를 고루 거쳐 정승이 되었다는 後日譚도 들어 있지 않아서 읽을 재미가 없다는 뒷방 할머니들의 잔소리에도 아랑곳 하지 않고, 사랑방의 젊은 손자들은 뚜르게네프와 톨스토이에 열이 올라서 긴긴 겨울밤을 새워야 했다. 그리고는 그러한 西歐風의 우리 小說들에도 관심을 갖게 되었다. 이때에 눈에 띈 소설들이, 비로소 우리 나라에도 문학다운 문학이 시작됐다고 말할 수 있는 金東仁, 玄鎭健, 羅彬, 廉尙燮의 作品들이다.

이들 作家를 종전의 文學史家들은 自然主義 作家 또는 寫實主義 作家라는 제목으로 묶어 왔다. 문학작품들이 구축한 세계가 무엇인가를 가장 알기 쉬운 말로 간명하게 類型化하는 것이 文學史家 내지 批評家의 임무이기도 하다. 그래서 그들이 金東仁, 玄鎭健, 羅彬, 廉尙燮 등을 自然主義나 寫實主義 作家라고 명명했을 때, 뒤를 이은 많은 評論家들이 그들을 그대로 답습하기도 했고, 또 많은 다른 부류의 평론가들은 그 용어의 不當性을 지적하기도 했다.

우리 속담에 "네『春香傳』다르고 내『春香傳』이 다르다"는 말이 있다. 이것은『춘향전』에 異本이 많기 때문에 생긴 말이 아니라, 같은 책도 朗誦할 때에 强弱을 어디에 두느냐에 따라 느낌이 달라진다는 말이다. 말하자면 독자의 취향에 따라『春香傳』의 내용이 屈折될 수 있다는 말이다. 西歐로부터 '自然主義'니 '寫實主義'니 하는 文藝思潮가 日本을 경유하여 우리 나라에 輸入이 되었다. 본고장에서 直輸入된 것도 아니요, 中間媒介者에 의하여 二重으로 屈折이 되었고 또 時期的으로 보아도 거의 백년이나 뒤늦게 들어온 思潮였다. 그것이 土壤이 다르고 歷史 背景이 다른 韓國의 20세기 初半 1920年代에 수입이 되었을 때 그 본고장 震源地의 모습과 다르다는 것은 너무나도 분명한 일이다. 똑같은 材料와 똑같은 料理法으로 만들어도 수잔느 메어리가 끓인 커피 맛과 이점순이가 끓인 커피 맛은 같을 수가 없고 수잔느가 담근 김치 맛과 점순이가 담근 김치 맛은 절대로 같을 수가 없는 법이다.

이제 우리는 똑같은 用語 '寫實主義'라는 그릇 속에 담긴 한국 작가들의 소설 맛이 서구의 그것과 달라야만 오히려 당연하다는 입장에 서야 하리라고 생각한다. 일단 다르다고 인정할 때, 바벨塔의 비극은 肯定的인 宿命으로 받아들여지게 되는 것이고, 그러한 바탕 위에서 우리는 愛情어린 눈초리로 우리 문학의 寫實主義를 언급할 수 있게 된다. 따라서 그러한 韓國的 寫實主義를 체계적으로 정리하는 것이 이 글의 목적이다. 西歐的인 主題와 技法과 發想에 의해 쓰여지지 않았다고 해서, 또는 未洽하다고 해서 흥분하고 언짢아할 필요는 없다. 담담한 기분으로 어떻게 저들의 문학과 동등한 위치에서 한국적 사실주의가 전개되어 나갔는지 그 相似點과 相異點을 검토해 보기로 하자. 그동안 우리는 우리가 사용한 언어의 여러 가지 차원을 판별하는 데 서툴렀던 사실을 추억으로 간직하고 있다. 廉尙燮을 졸라流의 自然主義 作家라 했을 때, 憑虛가 모파상 아니 플로베르에 比肩된다고 했을 때, 우리는 그것이 순전히 애교 어린 수사적 찬사에 지나지 않는다는 것을 잠시 잊은 적이 있다. 그것이 수사적이 아니었다면 그러한 표현을 했던 批評家는 정말로 우리 문단을 誤導한 책임을 져야 할 것이다.

결국 이 글은 두 지역, 西歐와 韓國에 나타난 寫實主義 或은 自然主義가 사실에 있어서는 同音異義語라는 것을 밝혀내는 作業이 되는 셈이다. 그리하여 우리는 우리의 現代文學에 對한 진정한 이해에 도달하려는 것이다.

2) 西歐的 寫實主義와 自然主義의 槪念

西歐的 사실주의의 양상1)을 간단히 要約해 보면 다음과 같다.

불란서의 小說運動인 문학상의 리얼리즘은 1850年으로부터 1865年 사이가 그 절정기였고, 그것의 새 슬로건은 '예술에의 誠實'(La sincérité dans l'art)이었다. 그것은 인생을 묘사하고 自然을 再生하는 것을 목적으로 하는 문학적 태도로서 사실과 배경의 細部에 이르기까지 가능한 한 충실하게, 또 一切의 과장이나 主觀이나 부연적인 묘사 없이 기록되어야 했다.

寫實主義는 환상적이고 超自然的인 주제물을 取扱하거나 표현하지 않으며, 事實의 形象化, 사실의 美的 理想化, 또 特定한 文体를 배제했다. 寫實主義의 對象物은 보다 赤裸裸한 實在가 發見되는 當代의 일상생활에서, 또 흔히 下層階級, 小市民階級, 혹은 産業勞動者生活에서

---

1) 사실주의의 개념 진술에 관하여 가장 정확히 요약 정리되었다고 보여지는 Cassel's Encyclopaedia의 realism란을 참고하였다.

채택되었다.

'Le réalisme'이란 용어는 1826년에 나온 「Mercure français du XIX siecle」에서 처음으로 쓰였는데 그것은 前代의 위대한 藝術作品을 형식이나 기교에 있어 충실하게 模倣하려는 것이 아니라, 자연이 우리에게 提供하는 그 自然自体를 충실하게 模倣 記述하려는 데 理論的 基礎를 두고 있다. 말하자면 '眞實의 文學'(La littérature du vrai)이었다.

예술의 거대한 模型이었던 古典主義的 경향과 主觀的 態度에 입각한 낭만주의, 이 두 개의 思潮를 통틀어 반발하면서 일어난 리얼리즘은, 그 당시 예술가들에게 특별한 사명을 부여했다. 그것은 '藝術을 위한 藝術'(L' árt pour l'árt)이라는 견지에는 상충되는 것이었으며 당대 사회에 對한 能動的 參與와 아울러 그 시대의 社會的 潮流를 평가하는 사명을 요구했던 것이다. 이 요구에 호응하여 獨逸에서는 '젊은 독일인의 움직임'이라는 反浪漫的인 운동이 前衛 役割을 했다.

寫實主義는 古典主義가 기피하는 日常人(下流層이라고 理解하면 좋음)을 즐겨 記述하였으며, 古典主義가 내세우는 藝術의 기본적인 形式을 회피했다. 또한 희극이나 대중적인 이야기, 공상적인 연애 등 非現實의 浪漫性에도 反旗를 들었다.

그리하여 人生의 모든 문제, 즉 모든 地方色(自然色), 모든 現代 風習과 사건들이 좋든 그르든 批評的 文學論述의 對象이 되었으며, 그 文學的 언어는 日常生活의 모든 語彙를 총망라하게 되었다. 발작의 三部作『人間喜劇』(La comédie humanine 1829~1848)은 프랑스혁명, 나폴레옹시대, 王政復古, 7月王朝에 이르는 19세기 前半期 50年의 프랑스 社會史와 同質의 것으로서, 作品構成의 구조가 아직도 浪漫主義 傳統에 잠겨있긴 하지만 初期 리얼리즘의 가장 代表的인 선구 역할을 했다.

여기에 加勢하여 그 시대의 哲學的인 潮流가 또한 리얼리즘문학을 발전시키는 데 일익을 담당했다. 1830年부터 刊行되기 시작한 꽁트의 「실증철학강좌」(Cours de philosophie positive)는 진리의 숭엄한 이정표로서, 확인된 사실과의 一致를 主張했다.

그 책은 科學的 요구에 根據한 實證哲學을 强調하고 社會學이 모든 과학에 先行한다고 주장했다. 포이에르바하의 「宗教에 關한 人類學的 批評」은 인간을 永遠과 結束된 紐帶로부터 끊어버렸고 인간을 그가 처하고 있는 환경 곧 世界自体에 내던져진 존재로 보고 그래서 인간은 홀로 형성할 수 있고 또 再形成할 수 있음을 말했다. 지금까지 說明할 수 없었던 現象에 대하여 보다 많이 해결을 준 과학의 進步는 예술가들로 하여금 이 세계의 본질을 해명하는 데 보다 더 주의를 기울이도록 하였고, 또 자기자신을 표현하는 방법을 통하여 그것(世界의 本質)을 그릴 수 있도록 유도하였다. 여기에 다귀에르가 1839년에 성취한 사진술의 발명이 예술가들에게 레알리떼에 접근하여 재현하고 사실대로 표현하는 方法論을 암시했다. 정확한 관찰을 사명으로 하는 저널리즘의 발달, 방대한 敍事的 장면의 描寫와 그 文体의 정밀성, 꾸루베가 예술가들에게 風俗, 習慣, 理念, 그리고 그들이 살고 있는 當代의 언어로 풀이하라고 격려한 점, 또 꾸루베의 이론을 문학의 분야에 活用한 샹 푸레기가 小說은 日常人을 위하여 특이하고 엄청난 영웅을 빼 버려야 한다고 주장한 점, 그래서 소설가는 美醜, 善惡이 共存하는 인생을 참되게 描寫해야만 한다고 한 점, 따라서 그 言語가 온건하고 침착해야 된다고 한 점 등이 곧 레알리떼이다.

1857年에 플로베르의 소설 「마담 보봐리」가 처음으로 나타났을 때 그것은 寫實主義의 勝利로 높이 평가되었다.

1865年에 콩꾸르 형제(兄 Edmond 1822~1896, 弟 Jule 1830~1870)에 의해서 나온 『제르미니 라쎄르뙤』(Germinie lacerteux)는 「보봐리夫人」보다도 더 한층 우수한 寫實主義 作品으로서 리얼리즘 작품의 典型이라 할 수 있다. 이들은 플로베르 이상으로 사실의 調査와 資料 수집을 重視했다.

이 作品은 일반적으로 리얼리즘 文學理論의 實際가 作品으로 例示된 것이라 믿어지는데, 이 속에는 죄악과 방탕과 타락 등이, 특이한 성격의 下人을 非正常的인 히스테리의 희생물로 描寫하는 형식을 통해 가장 생생하게 나타나고 있다. 이 글의 主人公은 술주정뱅이, 도둑질, 범죄, 잔인한 방탕생활에 이어 드디어는 폐병으로 죽고 만다.

이와 같이 現實파악에 적극적이요, 事實의 美化보다는 이를 다만 냉철하고 객관적인 입장에서 표현한다는 寫實主義 文學은 자연 美的인 현실보다는 추악한 현실에서 題材를 택했고, 인생을 긍정적으로 바라보기보다는 부정적으로 관찰하고 표현하려는 경향이 두드러졌던 것이다.

大英百科辭典[2])에서는 이 리얼리즘을 다음과 같이 요약해서 풀이하고 있다. 리얼리스트는 ① 美 혹은 調和로부터 主題物을 선택하는 것을 고의적으로 거절하며 오히려 사물을 더 추하게 묘사하고 불쾌한 종류의 세목들을 공개한다. ② 類型을 취급하지 않고 그 個体的 特性을 취급한다. ③ 무엇보다 事實을 그 존재하는 모습대로 再現한다.

여기에서 ①에 해당되는 特性이 自然主義 作家에 의하여 더욱 強調되었기 때문에 왕왕 寫實主義와 自然主義가 우리 나라에서 同槪念으로 混用되었던 것이나, 사실에 있어서 寫實主義와 自然主義는 전혀 異質의 세계이다.

한 마디로 말하면 生活하는 사회 속의 生活하는 인간을 客觀的으로 眞實하게 묘사하는 寫實主義 文學作品이 人間 以上도 人間 以下도 아닌 바로 人間自体를 그린 '人間劇'(Human comedy)이라고 한다면, 현실의 추악상을 실제 이상으로 과장하여 人間을 야수로 바라보고 인생의 현실을 自然科學의 연구대상으로 관찰하고 표현하는 自然主義 작품은 人間劇이 아닌 야수극, 動物劇이라고 생각해 볼 수 있다.

---

2) Encyclopaedia Britanica; Realism

3) 韓國的 寫實主義의 成立

(1) 자연주의라는 명칭의 남용-용어의 이식과정

우리 나라에서 최초로 사실주의란 用語를 사용한 사람은 金東仁이었다. 그가 使用한 이 用語의 의미는 春園의 계몽주의적이고 민족주의적인 문학의 거부라는 理論에 근거를 두었다. 그는 「韓國近代小說考」라는 글에서 종래의 권선징악과 春園의 권선징악 사이에는 오십보 백보의 차이밖에는 없으며, 종래의 쭵慣이며 風쭵의 不備된 점을 독자에게 보여주는 것은 옳은 일이로되 개선책을 지시하는 것은 소설의 타락을 뜻함이니 小說은 인생의 회화는 될지언정 그 범위를 넘어서서 社會敎化機構가 되어서는 안된다고 했다. 이어서 "小說이 인생의 회화라는 것은 萬年不變의 眞理이다." "小說은 人生의 벤치이어도 안될 것이요, 스케치이어도 안될 것이요, 標本書이어도 안될 것이요, 엄정한 의미의 회화라야 소설로서의 가치가 있다."고 말하였다.

윗글에도 잘 반영되어 있거니와 『創造』지의 문학적 공적을 언급한 『春園硏究』 중의 다음 문장은 東仁이 표방한 韓國的 寫實主義의 意味를 더 잘 대변해 준다.

"己未年이란 해는 조선에 있어서 온갖 方面으로 朝鮮을 前期와 後期로 나눈 것 같이 文學運動에 있어서 己未年 前의 것은 과도기인 것에 反하여 己未年부터 비로소 具体的으로 발전과정에 들었다.

李人稙에게서 李光洙로—이리하여 李光洙에게서 얼마만치 생장한 문예는 온갖 의미에 있어서 계몽기의 문학이었다. 아직 플롯에 있어서든지 묘사에 있어서든지 舊套의 흔적이 그냥 남아 있었다. 이 모든 舊套가 己未年 2月에 創刊된 『創造』에서 비로소 일소되었다. 春園까지의 문예에 있어서는 小說의 흥미를 그대로 이야기의 재미와 '연애 혹은 정사의 재미'로서 빚어내려 한 데 반하여 『創造』에서는 리얼리즘의 진미야말로 소설의 최고 흥미라 하고 '이야기로서의 흥미'를 거부하여 버렸다."

요컨대 金東仁이 내세운 소위 사실주의란 용어의 의미는 본래 서구의 사실주의이기보다는 차라리 東仁의 문학관이라고 보는 것이 좋겠다. 그래서 그가 내세운 사실주의는 ① 春園的 계몽주의의 반동으로 일어났고, ② 소설이란 人生의 모습을 사실대로 제시하는 인생의 회화이기 때문에, ③ 그것은 人生의 살아가는 고통을 그리는 것으로 표현되었던3) 것이다.

이처럼 李光洙의 계몽주의를 거부하고 人生의 회화로서 그 살아가는 고통을 묘사하려 한『創造』가 사실주의적인 방향을 모색하려 하였음은 당연한 추세라 하겠으나, 조연현의 다음 말에서 볼 수 있는 바와 같이 『創造』가 시도한 사실주의는 뒤에 自然主義라는 이름으로 오인되거나 혼용되었다.

"그것은 그 당시의 경향을 설명하는 金基鎭의「10年間 朝鮮文藝變化過程」속에 보면 自然主義 文學運動이『創造』를 中心으로 나타났다는 意味의 구절이 있고, 전영택의「『創造』부터『朝鮮文壇』까지」속에도 "東仁의「약한 者의 슬픔」은 代表的인 自然主義的 작품이었다."는 구절이 있으며, 白鐵의『朝鮮 新文學思潮史』속에도 이 무렵의『創造』의 경향을 자연주의적인 것으로 규명한 부분이 수개처에 긍하여 지적되어 있음을 보면 알 수 있다."4)

그러면『創造』同人으로부터 시작하여 지금까지 답습되어 온 사실주의와 자연주의의 동일시 현상은 어떻게 평가되어야 할 것인가? 일천한 文學遺産으로 인해 無意味·無價値한 대상으로부터도 意味를 발굴하려 했던 意味 過受容의 비평에서도 탈피하고, 순전히 西歐的 眼目으로만 우리 문학을 裁斷하여 無條件 低級으로 몰아 세우는 意味 否認의 비평에서도 脫皮하여, 있는 그대로를 우리의 用語로 再整備하는 작업이 이루어져야 하리라고 본다. 따라서 우리는 우선 자연주의와 寫實主義의 概念差를 밝히기 위해 서구에 있어서의 자연주의 생성과정을 약술하고

---

3)「한국근대소설고」 참조
4) 조연현『현대문학사』 p.37

이어서 자연주의의 대표적 존재인 졸라와 사실주의의 대표적 존재인 스탕달과 발자크의 작품을 구체적으로 비교해 보고자 한다.

먼저 서구에 있어서의 自然主義의 生成過程은 다음과 같다. 18世紀 近世哲學의 始祖인 칸트(1724~1804) 이래 헤겔까지의 思辨哲學이 낭만주의와 함께 청산되고, 그 반동으로 꽁트(1798~1857)의 실증철학이 대두되어, 형이상학적인 사색의 세계가 기계적·唯物的·自然科學的인 새 世界로 변모되었으며, 기독교신앙으로 굳었던 서구에 포이에르바하의 『宗敎에 關한 人類學的 批評』이라는 著書에 의해 無神論이 일어나고, 뒤이어 라마르크의 動物哲學과 다윈(1809~1882)의 進化論 등이 19세기 人間의 역사를 自然科學 一色으로 변형시켜 주었다.

詩와 神秘의 대상이었던 꽃을 해부·분석·관찰하여 꽃은 自然의 가장 아름다운 產物에 속해 있지만 그러나 꽃은 綠色의 잎에 대조해서 선명하고 아름답게 보여 쉽사리 곤충들의 눈에 잘 뜨이도록 되어 있는 것인즉, 바람에 의해서 정받이 되는 꽃은 절대로 아름다운 빛깔의 꽃잎을 가지고 있지 않다고 한 다윈의 학설은[5] 自然主義 文學思想의 배경이 되었다.

이러한 自然科學 思想을 쌩 뜨 뵈브(1804~1869)와 떼느(1824~1893)가 문학의 領土에 끌어 들였다.

쌩뜨 뵈브는, 자신은 분석하고 채집하는 정신의 과학자이며 따라서 오늘날에 있어서 文學史는 관찰과 수집에 의해 自然史와 같이 작성한다고 하여[6] 自然主義 문학의 態度를 代辯했고, 떼느는 그가 내세운 '三個의 本源的 原動力'이라는 學說로 自然主義 文學理論을 구축하였다.

그의 學說에 의하면 인종(Le race), 환경(La milieu), 시대(Le moment)의 영향을 받지 않는 個体의 生成變貌란 있을 수 없다는 것이니 이것은 自然主義 文學理論을 代表한 것이라 할 수 있다.

---

5) 다윈, 『종의 기원』 참조
6) 高冲陽造, 『예술학』 참조

人種에 대하여 그는 "人間은 四位의 모든 상태에 平衡를 가지고 나아가야 하기 때문에 狀況에 적응하는 기질과 性格을 習得하는데, 氣質과 성격도 外的 印象이 빈번한 반복에 의해 그들 속에 심어지면 심어질수록, 유전에 의해 子孫에 傳承되면 될수록, 그만큼 견고한 後天性이 되므로, 우리는 모든 순간에 있어 一民族의 성격을 이 순간에 先行한 그들의 모든 행위, 모든 감각의 縮圖라고 보게 된다"[7]고 말했으며, 환경에 대하여는 "一人種의 內的 構造를 검증할 때 우리는 다시 그 인종이 생활하고 있는 환경을 고찰하지 않으면 안된다. 왜냐하면 인간은 세계에 오직 홀로 生存하고 있지 않기 때문이다. 자연이 그를 에워싸고 다른 모든 人間이 그를 圍繞하고 있다."[8]고 言及했다.

이러한 떼느의 이론은 自然主義思想을 옹호하는 것일 뿐만 아니라 동시에 浪漫主義의 理想과 사변철학의 强力한 否認을 뜻한다.

이와 같이 多角度로 自然主義文學의 배경을 이루고 있는 西歐의 사정을 볼 때, 先行하는 文藝思潮의 傳統도, 或은 철학적인 기반도, 문학에 導入될 進步的인 科學精神도 일체 찾아볼 수 없는 우리 風土에서 갑자기 自然主義 作家가 1920년대에 弱冠 靑年들에게서 신기루처럼 솟아났다고 말하기는 참으로 곤란한 일이라 하겠다.

더욱이 自然主義로 평가받은 작품인즉 廉尙燮의 「표본실의 청개구리」, 金東仁의 「감자」, 玄鎭健의 「B사감과 러브레터」, 나도향의 「뽕」 등인데, 20卷이라는 尨大한 大河作으로서만이 그 遺傳的 人物의 再現이 가능했던 에밀 졸라의 自然主義 文學精神이 어떻게 짧은 短篇에서 이루어졌던 것인가를 추리해 볼 때, 아무리 한국적 풍토라는 조건을 붙인다고 하더라도, 西歐의 文藝思潮, 特히 사실주의와 자연주의를, 하등의 槪念的 區別없이 받아들이고 사용했던 『創造』同人에서 現在까지의 심각한 誤謬를 認定하지 않을 수 없다.

---

7) Taine, 『문학사의 방법』, p.403
8) Ibid. p.44

이제 兩思潮의 槪念을 더 具體的으로 밝히기 위해 사실주의의 대표적 존재인 발자크와 스땅달, 自然主義의 대표적 존재인 졸라의 작품을 比較해 보고자 한다.

스땅달의 대표작이요 '19세기가 生産한 가장 위대한 小說'이라고 불리우는 『赤과 黑』(Le rouge et le noir:1831)은 「1830年代記」라는 副題가 의미하는 바와 같이 프랑스革命에서 나폴레옹時代를 스스로 体驗한 스땅달이 쥬리앙 쏘레르를 통하여 당시 청년들이 마음 속 깊이 지니고 있는 영웅심과, 시민적인 평등을 갈망하는 二元的인 對立과 分裂을 그리면서, 당신의 社會相과 그 사회를 살아가는 典型的 人物을 形象化하는 데 성공한 작품이다.

다음으로 발자크의 『人間喜劇』(La comedie humaine, 1829~1948)은 프랑스혁명, 나폴레옹시대, 王政復古, 7月王朝에 이르는 19세기 前半期의 50년에 걸친 프랑스 社會史를 如實히 보여 주고 있다.

그런데 自然主義의 代表作인 『루공·마카르 총서』(Les Rougon Macquart)는 졸라가 20여년 동안 계속하여 쓴 大作으로서 20卷으로 이루어져 있고 이 중에서 名篇으로 꼽히는 것이 第 7卷 「목로술집」과 第 9卷 「나나」 그리고 第 13卷 「제르미날」 等이다.

이 『루공·마카르 총서』는 그 副題 「第 2帝政下의 어떤 가족의 自然的 歷史」라는 것을 보면 알 수 있는 바와 같이 '루공'家와 '마카르'家의 兩家가 5代에 걸쳐 19세기 후반 第 2帝政時代를 배경으로 각계각층 직업 속에 침투하여 살아가는 家族史인 것이다. 다시 말하면 家族史인 동시에 社會史이며 血統과 유전과 物質的인 환경의 諸般現象에 關한 一種의 보고서다. 즉 건강한 정원사 '루공'과, 밀수입자이며 알콜中毒者인 데다 범죄적 精神分裂 및 변태 성격형의 '마카르', 이 두 양가가 5대에 걸쳐 서로 交接하면서 번식소장하는 동안 '루공' 계통은 上流社會階級으로 진출하고, '마카르' 계통은 下層社會와 어두운 世界에 깔려 음산하고 처참한 生活을 한다는 이야기며, 「목로술집」의 女主人公 제르베즈나 그의 딸 나나는 모두 '마카르' 계통의 여인인 것이다.

이와 같은 『루공·마카르 총서』는 발자크의 『人間喜劇』과는 어떠한 相違點을 가지고 있는가?『루공·마카르 총서』는 사회적인 것보다는 과학적인 데에 그 특성이 있다. 발자크는 삼천여 명의 인물을 動員하여 風俗史를 만들었지만 졸라는 現代社會를 그리려고 생각지 않았다. 다만 一家族을 묘사하고 환경에 의하여 변질되어가는 一族의 움직임을 보일 뿐이다. 『루공·마카르 총서』에 나타나는 역사적인 윤곽도 오로지 反作用하는 환경을 보이기 위해서였을 뿐이며 발자크가 카톨릭시즘이나 王政主義 等, 社會 歷史의 본질을 캐내는 立場에서 있다면 졸라는 博物學者나 生物學者로 존재한다. 그리고 발자크가 이즘을 중시한 데 반하여 졸라는 遺傳, 先天性, 生理性 등 법칙을 중시하는 입장에 섰던 것이다.

요약해서 본다면, 발자크는 社會科學과 문학을 연결하여 인간과 사회를 歷史的 次元에서 이해하며 작품을 쓴 데 반하여, 졸라는 생물학 유전학 등 自然科學과 문학을 결합하여 自然科學的으로 인간과 사회를 解剖하는 관점에서 창작을 했다고 말할 수 있다.

이러한 이론에 입각하여 볼 때에 『創造』의 사실주의는 自然主義라는 명칭과는 아무 인연이 없는 것이다. 그들은 다만 李光洙 流의 계몽주의를 어떻게 벗어나서 좀더 순문학적인 세계에서 작품활동을 하느냐 하는 데에 집중적인 관심을 가지고 있었던 것이다.

『창조』의 편집 餘言 속에 "리얼리즘이야말로 문학의 眞味"라고 主張한 것이나, "있는 그대로의 人生이나 현실을 있는 그대로 표현해 보려고 했다"는 전영택의 말, 그리고 "자연주의 사상은 자연 각성에 의한 권위의 부정, 偶像의 打破로 인하여 유인된 환멸의 비애를 호소함에 대부분의 의의가 있다"[9]고 한 염상섭의 발언들에서는 自然科學과 실증철학에 기반을 둔 자연주의를 明示하는 대목은 한 마디도 찾아볼 수 없다. 그것은 다만 사실주의의 어느 일면을 지적하는 말일 뿐이다. 그래서 1920年

---

9) 「개성과 예술」, 『개벽』 1922년 4월호.

代에 『創造』가 주장한 리얼리즘은 自然主義와는 別個의 것으로서 '한
국적 사실주의'라는 용어로 규정되는 것이 옳을 것으로 보인다.

(2) 羅稻香

韓國的 寫實主義文學은 羅彬, 玄鎭健, 廉尙燮을 애기함으로써 그
序章이 열린다. 대부분의 文學史家들이 그들을 寫實主義 作家라 부른
데에는 그만한 理由가 있었다. 그들 세 사람은 그들 나름으로 寫實主義
文學精神에 투철하여 애쓴 점이 있기 때문이다. 그들을 作故順으로 보
면 羅彬, 玄鎭健, 廉尙燮이 되는데, 그 順序는 한국적 寫實主義의 발전
과 변형, 그리고 그 導入과 成長과 定着의 順序와도 一致하는 것이다.

다시 말하면 나도향에게서 미미하게나마 움텄던 객관적 描寫의 의식적
노력이 현진건에 와서 成長했다고 볼 수 있고 그것이 염상섭에 이르러
이른바 '예술에의 성실'(La sincérité dans 1' árt), 혹은 '眞實의 文
學'(La litterature du vrai)이라는 面에서 성공을 거두었다고 볼 수 있기
때문이다. 羅稻香에 關한 재래의 評價를 종합해 보면 대체적으로 다음과
같다.

稻香은 浪漫主義 작가인데 소위 成功作이라 할 만한 최후의 作品은
사실주의 및 자연주의 작품이라는 것이다. 여기에서 자연주의라는 말만
빼면 그 評價는 대체로 온당한 결론이라고 생각한다. 그러나 稻香에게
寫實主義라는 標題를 남겨놓을 수 있는 가능성 역시 오로지 「뽕」, 「벙
어리 삼룡이」, 「물레방아」 등 후기 短篇과, 長篇 『幻戲』에서 客觀的
描寫를 하려고 애쓴 흔적이 있기 때문일 뿐이다.

나도향에 대한 과장적인 의미부여의 평가들은 그의 요절을 애석해 하는
다분히 감상적인 발상에서 온 릴레이식 과오에 있을 성 싶다.

몇 분의 評文을 引用해 보겠다.

末期에 있어 낭만을 떠나 자연주의의 深奧한 경지를 이룬 稻香
羅彬[10]

그가 夭折하기 直前에 발표된 「물레방아」, 「뽕」, 「벙어리 삼룡
이」 등은 종래의 主觀的인 希望이나 情熱을 벗어나 冷酷한 현실
과 直面 대결하였던 點에 있어 自然主義 및 寫實主義 系列에
해당되는 것이었다.[11]

어쨌든 稻香이 自然主義的인 手法이 完成되어 가고 있었다는
것은 꽤 다행한 일이었습니다.[12]

그는 「행낭자식」을 출발점으로 해서 寫實主義的인 傾向으로[13]

上記 例文에서는 한결같이 稻香에게 아무런 거리낌없이 '寫實的',
'自然的'이라는 單語를 부여해 주고 있다. 그것은 마치 천편일률적인 어
느 追悼式場의 祭文과도 같다. 그러나 그것이 故人을 위한 길은 아니다.
稻香 文學의 어떠한 面이 自然主義라는 것인가? 前述한 바 있는 自
然主義의 文學理論을 조금만 상세히 들여다 본 사람이라면 稻香에게서
자연주의를 云云함은 結局 자연주의라는 意味를 '자연의 모습을 자연
그대로'라는 그릇된 理解 또는 리얼리즘의 어떤 局部的 一面과 混同했
던 것임을 깨달을 것이다. 稻香文學 內에는 科學이란 없다.

그러면 그의 어떠한 面이 또 寫實主義라는 말인가? 金宇鐘이 '사실의 성
공'이라고 극구찬양한 「행랑자식」과 「뽕」, 「물레방아」와 「벙어리 삼룡이」
등은 果然 그러한 評을 받기에 합당한 것인가?

在來의 稻香論은 그의 어떤 點을 내세워 寫實主義 作家임을 主張했
던 것인지 다음 몇 句節을 引用하여 그 타당성 여부를 診斷해 본다.

    "어서 읽어!"

---

10) 박종화, 「백조시대회고」, 문예3호.
11) 조연현, 『한국현대문학사』, p.381.
12) 윤병노, 『엽전의 비애』, p.20.
13) 김우종, 『현대문학』, 99호 p.124.

하는 어머니 소리에 다시 글 소리는 굵어진다.

나이는 열두살, 보통학교 4년급에 다니는 진태라는 아해이니 그 박교장의 집 행낭아범의 아들이다.

윙윙 외우는 글소리는 단 二分이 못되어 다시 사라졌다. 그리고 는 洞里집 시계가 열한시를 치는 소리가 들리더니 사면은 고요하 였다.

「행낭자식」

우선 글소리의 習癖에서 完全히 脫皮한 태도를 우리는 여기서 찾아볼 수 있게 된다. 從前 같으면 感傷的인 人生論부터 깔아놓 은 뒤 事件의 幕을 열고 途中에도 幕間을 최대로 利用하여 感傷 的인 獨白을 羅列하는 것이 당연한 順序겠지만 이 作品에선 그 런 過程이 一切 拂拭되어 있다.……주책없이 경거망동하는 主觀 性을 누르고 冷靜한 객관적인 敍述로써 作品을 展開시켜 나가는 手法은 모든 作品을 成功의 段階로 이끌어가는 가장 重要한 條 件일 것이다.……生生한 객관적인 描寫로 終結되어 있는 點은 매우 놀라운 變化요 발전이었다.……浪漫에 열광했던 稻香은 이 作品에서 徹底한 사실주의자의 스타일로 轉身하여 나타난 것이 다.14)

위의 글은 小說作法에 있어서 問題視되는 基本的인 技巧面을 말하고 있 다. 다시 말하면 ① 文套의 向上 ② 感傷性의 脫皮 ③ 客觀的인 敍述, 이 세 가지를 들어 "철저한 寫實主義 作家 스타일로 전신"했다는 것이다.

그러면 「행낭자식」의 文套를 다음과 비교해 보자.

그는 갑자기 눈물이 쏟아졌다. 그는 아무 소리 없이 자기 방으 로 뛰어 들어갔다. 이 세상에는 한 사람도 믿을 사람이 없어…… 그는 엎드려서 느껴가며 울었다.15)

---

14) 김우종, 『현대문학』 96호, p.143
15) 『백조』 1, 『젊은이의 시절』, p.34

참으로, 이 문장과 「행랑자식」 사이에는 "문투의 성장과 감상의 극복과 객관적인 서술"이라는 기교상의 발전이 분명히 드러나고 있다. 그러나 그것을 이유로 하여 리얼리즘 운운하는 것은, 일종의 槪念的, 公式的 用語에 억지로 作家와 作品을 두드려 맞춘 것이라는 인상을 준다. 왜냐하면 主題에서 보다 더욱 方法論에서 小說의 리얼리티가 재평가되고 있는 現代에 있어 주관의 탐닉이 아닌 "客觀的 描寫나 感傷의 脫皮나 文套" 같은 것은 文學의 第1課에서 다룰 일이요, 思潮 流派 區別의 絶對條件이 될 수는 없다. 客觀 現實의 具體的 描寫라는 것은 적어도 현대소설에 있어서는 리얼리즘으로가 아니라, 小說 成立의 기본요소로 간주되어야 한다.

적절한 구성, 박력있는 文体가 확립되어 독자에게 실감있는 감명을 제공하지 않은 '單語의 羅列'(「젊은이의 시절」 같은 것)을 小說이라 할 수 있을까?

思潮流波의 여하를 막론하고 현대소설은 리얼의 범주에서 벗어날 수 없는 것이고, 벗어난 한, 그것은 文學藝術, 즉 小說의 香氣를 잃는 것이다.

그럼에도 불구하고, 作品 現實內容의 寫實性을 구체적으로 파악함에 앞서 무비판적으로 "稻香은 『白潮』, 『白潮』는 浪漫, 그러니까 稻香은 浪漫인데, 後期作品은 리얼리즘"이라고 하거나, 아니면 中學校 校誌에 실린 少年少女들의 習作文에 불과한 稻香의 넋두리에서 울음기가 조금 가신 문투가 시도되었다 하여, 대번에 리얼리스트로 쳐들려지는 것은 다시 생각해 볼 문제이다.

이제 稻香의 作品에서 寫實主義와 자연주의는 논외의 것이 되어야 한다.

그러면 稻香은 로맨티스트인가? 思潮의 類型別 區別이 없이 作家 및 作品論은 불가능한가?

　　『백조』하면 낭만주의, 『페허』하면 퇴폐주의라고 일률적으로 規定하는 경향이 없지 않은 것 같으니, 이것도 좀더 個個의 作家나 作品을 根據로 분석 검토할 문제다.16)

그렇다 하더라도 稻香의 作品世界에는 古典主義의 反動으로 일어난 主觀的, 空想的, 情緒的인 浪漫의 물결이 도도한 것은 사실이다. 그것이 설령, "불란서 사람들이 두가지 槪念으로 分離取扱하는 Romanesque와 Romantique 중에서, 空想的 神秘的 進取的인 前者에 比해 感傷的이고 悲觀的인 後者"[17]에 속한다고는 할지라도 아무튼 浪漫으로 소속됨에는 틀림없다.

稻香의 初期作品 系列에서 보이는 "눈물과 비관의 창백한 감상(Romantique)"이 數年의 문학적 修練 끝에 습작기를 뛰어넘어, "空想的이고 신비적이고 進取的인 주관적 情緒(Romanesque)"로 昇華되었다고 볼 수 있다. 왜냐하면 여러 가지 면으로 『노틀담의 꼽추』를 연상시키는 「벙어리 삼룡이」는 물론이거니와, 「물레방아」나 「뽕」에 있어서도 空想性, 進取性, 主觀性 등이 가장 두드러진 情調가 되어 있기 때문이다.

寫實主義는, 表現에 있어서 誇張과 意識的인 美化를 배격하고, 테마에 있어서는 공상적이고 초자연적인 대상의 취급을 거부한다.

그런데 「물레방아」와 「뽕」과 「벙어리 삼룡이」는 작가의 視點으로 굴절된 현실의 再生이 아니라, 事實의 誇張과 美化的 修飾으로 일관되었다. 또 등장인물의 캐릭터는 寫實性이 없고, 지나치게 공상적이며 초자연적이다.

남의 아내나 혹은 주인아가씨를 사랑하는 남자들(「물레방아」, 「뽕」, 「벙어리 삼룡이」)과, 남의 품에 안긴 아내에게 다시 살아달라고 애원하는 남자(「물레방아」), 또 아내의 賣淫에 寄生하는 남자(「뽕」)들은, 凡人이 아닌 奇人, 自然人이 아닌 超自然人, 정상적인 性意識이 아닌 倒錯된 性意識의 인물들이다. 여주인공 세 명의 성격도 마찬가지이다.

그래서 결국 筆者는, 이 여섯명의 캐릭터에서 凡人이 아닌 奇人, 생동하는 현실감이 없는 架空의 인물을 類推해 보았다. 稻香은 이 6명의 인

---

16) 전광용, 「소설 60년의 문제들」, 『신동아』, 1968.7.

17) Cassel's Encyclopaedia p.478

물들에게 다시 倒錯된 變態性을 골고루 나누어 주었던 것이다.

따라서 이 세 작품은 도저히 寫實主義的이라 할 수 없고, 굳이 思潮를 論하여야 한다면, 로마네스크的 낭만주의이다.

그를 로마네스크的 낭만주의 계열의 작가로 결론할 수 있는 구체적 이유의 제시로서 잠시 그의 생애와 작품을 鳥瞰해 보고자 한다.

稻香은 1902년에 서울에서 태어났다. 1900년대 하면, 연쇄적으로 갖다붙이는 民族意識이니, 受難意識같은 것은 稻香과는 인연이 멀다.

그는 철들면서 곧 藝術과 戀愛에 미쳤고, 그 두 가지에서 모두 화려한 凱歌를 부르지 못한 채 아깝게 요절했다.

그러나 '요절이면 곧 天才'가 되는 비약적이고 情實的인 批評의 풍토는 어느 때부터 유래된 것인지 稻香은 일약 天才로 불려지기 시작했다.

稻香은 天才인가?

무릇 위대한 作家일수록 그의 直接經驗은 作品 속에 용해되어 나타난다. 왜냐하면 '$H_2 + O = H_2O$ 가 아니고 $H_2 + O = 물$'이라는 非科學性이 바로 문학의 특수성인 때문이다. 만약 작가의 經驗이 H_2나 O로서 作品 內에 존재한다면, 그것은 작가의 非天才性을, 아니면 그가 작가일 수 없는 所以를 증명하는 것이 된다.

이제, '作品이 곧 生涯요, 生涯가 곧 作品'이었던 稻香의 『白潮』 時代 作品을 소개하여, 筆者는 稻香의 非天才性, 또 『白潮』 時代 作品의 非小說性을 말하고자 한다.

…音樂家가 되고자 하나 부모의 反對로 공부할 수 없는 나, 稻香은 슬프다. 하나밖에 믿을 이 없는 누이가 어느 사나이에게 籠絡당하니, 나는 더욱 슬프다. 어느날 밤 꿈에서, 幻想의 여인과 손잡고 포옹하다 깨어 나보니, 내가 잡고 있는 것은 누이의 손이었다……

이것은 「젊은이의 시절」의 줄거리다. 그 文体는 이렇다.

　　그는 또다시 울었다. ……슬픔으로 나오는 울음이었다. 그는 머리를 팔에 다이고 늣겨가며 울었다.…… 그는 갑작이 눈물이 솟아

것다. ······그는 엎드려서 늣겨가며 울었다.······그는 눈물을 아니
흘리지 못하였다.······감정의 그는 우지 안이치 못하였다.[18]

이것이 과연 小說일까?
中學校 學生의 感傷文 정도에 지나지 않는다.

다음에 稻香은 戀愛에 빠진다. 형제처럼 친한 친구인 R이 사랑하는
M.P라는 同一女性을 D.H(稻香)도 사랑한다. 어느날 R의 방에서 "D.H
는 미숙한 文士입니다."라고 M.P앞으로 써놓은 편지를 읽게 된다. 실의
에 빠진 D.H는 어느 날 거리를 걷다가 우연히 M.P를 만난다. 그 여자는
어떤 신사와 함께 걸어오고 있었는데, D.H를 보았는지 못 보았는지 그대
로 지나간다. 화가 난 D.H는 기생을 찾아가나 기생도 없다. 집으로 돌아
가 반가이 맞아주는 동생에게 입을 맞춘다. 이 이야기는 「별을 안거든 울
지나 말걸」의 대강이다. 文体는 이렇다.

　　　누님 누님 누님하고 눈물이 날만치 감격의 떨리는 목소리로 누
　　님을 불러보고 싶습니다.······저의 마음은 눈물이 날만치 공연히
　　센치멘탈로 변하여젓나이다.······이태껏 계속하여 왓든 감상이 가
　　슴 한복판으로 모여드는 듯 하더니 공연히 눈물이 나왔섯습니다.
　　그리고 마음껏 그 L을 끼어안고 울고 십헛습니다.[19]

이것이 小說인가?
思春期의 身邊雜記요, 눈물의 手記라 하겠다.
長篇 『幻戱』는 題目의 單語 意味가 나타내듯이 '幻想으로 본 장난의
人生'이다. 사람이 살고 죽고, 시집가고 장가들고, 사랑하고 미워하는 등
잡다한 사건들이 偶然發生的으로 들쑥날쑥하기 때문이다. 심지어는 며칠

---

18) 『백조』 1호, pp.30~47 passim
19) 『백조』 2호, pp.1~22 passim

전에 일본에서 환국했다는 가난하기 짝이 없는 靑年이, 사랑하고 싶은 여자가 부호의 아들과 함께 있는 것을 보고 다만 그 이유로 다시 渡日한다. 그 여자가 결혼했음을 알고 자살하려다 살아난 그는 다시 朝鮮에 온다. 그런데 그 女子가 他人과 결혼한 것을 사과하러 왔을 때 갑자기 그는 다시 渡日하겠다고 말하고 정말 간다. "옷과 신이 없어 쩔쩔매는 가난한 청년"이 말이다. 一切의 행동을 作家 自身의 기분으로 처리했다. 억지로 사건을 이어가는 데에도 무리가 지나치다. 또 이 소설에서는 두 명의 여주인공이 마지막에 가서 다 자살한다. 사람의 목숨을 끊기가 그리 쉬워서야 세상엔 행복만 존재할 것이다. 小說이 되기 위하여는 죽음에까지 이를 만한 리얼리티와 시츄에이션이 제시되어야 하는데, 末尾의 悲劇性을 강조하기 위해 억지로 여주인공들을 자살시켜 버리는 것은 'Key moment'와 'Key event'를 捏造해 내려는 작가의 무리한 처사라 아니 할 수 없다. 어디까지나 독자의 인상에는 핵심이 모호하기 때문이다.

> 만약 作家가 核心事件을 결정짓지 않았다거나, 或은 設定한 核心事件이 실제상 그만한 값어치가 없었을 경우에 그 作品의 構成은 막연하고 모호해질 것이며 作品이 주는 인상은 산만하고 지리멸렬해질 것이요, 독자는 감명을 느끼기보다는 오히려 當惑해질 것이다.[20]

이 말은 稻香의 長篇 『幻戲』에 대한 寸評이라 해도 과언이 아니겠다. 千二斗가 그를 불러 스토리텔러라고 말한 바 있는 稻香의 『幻戲』에는 많은 사건이 중첩되어 있으나, 독자가 감명을 받기는 고사하고 오히려 당혹해지고 마는 것은 참으로 Key moment를 이루는 Key event가 모호하기 때문이다.

이제 우리는 참으로 稻香을 아끼는 입장에 서야 한다.

---

20) Cleanth Brooks and Warren: *Understanding Fiction*, p.651

어처구니없는 18·9세의 天才小說家로 설정해 놓고는 "初期作品이 感傷 一色의 유치한 글"이라고 말하지 말고, 그의 成功作만을 거론하여 훌륭한 短篇作家로 말하자는 것이다.

이에 대하여는 稻香 자신도 이렇게 말하였다.

> 젊은이의 시절은……準을 보랴고 다시 늘거보니 꾸기꾸기 뭉쳐서 스토브에 던져늣코가 십다.……다만 미안하고 얼굴이 불그레하여지지만 하는 수 업시 이번에는 그대로 늣키로 하고 요 다음호에 엇더케 좋은 것을 하나 써 볼가 한다.21)

> 손이 공중으로 날 듯이 붓을 달리든 장편소설을 겨우 끝을 마쳐 놓고 다시 『백조』第2號 원고를 쓰랴 붓을 드니, 조그마한 두뇌 속에 싸엿든 모든 사상이란 사상, 감정이란 감정은 벌써 그 장편이 다 빼앗아 가고 남겨 노았다는 것은 사실이면서 사실이 아니요, 사실이 아니면서 사실 비슷한 글이 하나이 가까스로 나오니 그것이 소설일른지 나레이티브일른지 무엇인지는 아지 못하나 어떻든 나의 사상감정의 일단을 표출한 무엇일 것이다.
> 아직 창작이란 것을 하지 못할 연령에 處한 나는 創作을 하랴 애를 쓰면서도 그것이 창작이 되지 않았다 하드래도 그리 부끄러운 생각은 있지 않으니 나의 死의 盃를 마시는 그때가 나의 成功의 劃線을 그웃는 그때일세라, 무덤 저쪽에 참 영원한 生이 있음을 알았음일다.22)

위의 글에서도 보이듯이 稻香은 그 時期의 習作을 도무지 小說이라고는 생각지 않았다. 그러면서 그는 굳이 주옥 같은 小說을 쓰고야 말겠다고 피나는 노력을 하였다. 그리하여 끝내 失戀과 주림과 孤獨 속에서, 乞食生活을 해야 했던 난관 속에서, 運命을 극복하는 참담한 노력으로 「물

---

21) 『백조』 2호, p.142
22) 『백조』 2호, p.152

레방아」와 「뽕」, 「벙어리 삼룡이」 등 성공적인 작품을 발표했으며,

> 1927년 8월 25일, 25세를 一期로, 촉망높던 이 천재아는 "果樹
> 園이나 경영하였으면....." 하는 말을 남기고 꿈을 안은 채 夭折하
> 였다.[23]

3代 醫師의 家門에서 13男妹의 長男으로 자라난 稻香은 父母의 권유로 京城醫學專門學校에 入學했으나 예술에의 동경을 억제치 못하고 부모 몰래 ·渡日했다. 그러나 끝내 本家에서 學費送金을 거부하자 부득이 귀국하고 만다. 그리하여 끝내 부모와의 타협에 실패한 稻香은 서울시내에 제 집을 두고도, 이리저리 하숙을 옮겨야 했고, 걸식아의 流浪으로 목숨을 부지했다.

稻香의 눈물과 비극은 실로 여기에 연유했다.

家庭에서의 藝術 沒理解는 그의 꿈을 좌절시켰다. 이에 대한 반항과 家出과 絶緣은 孤獨과 貧困을 낳았으며 貧困은 다시 연쇄적으로 失戀을 거듭케 했다.

그리하여 결국 稻香에게 남은 것은

① 劣等意識
② 주인아씨, 남의 夫人, 누님 등 부자연스런 대상을 향한 慕情
③ 自虐, 被虐, 加虐을 통한 情熱의 放散
④ 厭世, 現實逃避, 悲觀, 感傷 등이었다.

그리하여 稻香은 비정상적인 콤플렉스에 빠진 기형인이 되었으며, 이러한 稻香의 왜곡된 복합심리가 그에게 「물레방아」, 「뽕」, 「벙어리 삼룡이」의 作品 構想을 필연케 한 것으로 보인다. 그리하여 이 세 작품의 構

---

23) 작품연보, 『한국문학전집』 4권.

造와 인물과 테마는 그 시츄에이션과 세팅의 차이를 제외하고는 같은 유형의 캐릭터가 등장되어 있다.

筆者는 여기에 착안하여 이 세 作品의 등장인물에게서 발견되는 동일한 성격—加虐變態, 被虐變態, 加虐被虐性變態—을 類推해 보고자 한다.

性文學 및 分析心理學에서는 Sadism, Masochism 및 Sadomasochism 이란 專門術語를 사용하는데, 이 말은 각기 Sade라는 불란서 作家와 Leopold von Sacher Masoch라는 오스트리아의 作家로부터 연유했다.

마조키즘은 사디즘과 반대되는 성향으로서 人生의 전반기에는 별로 나타나지 않으나, 후반기에 가서 더욱 성장하고 승화되며 자기자신에게 부가되는 고통에서 쾌락을 누리는 심리이다. 마조크의 小說 안에 등장하는 인물들의 거개가 이러한 특성을 나타내고 있기 때문에 마조키즘이란 術語가 발생한 것으로 알려져 있다.

사디즘은 마조키즘과 반대되는 성향으로, 性的 倒錯을 묘사한, Comte de Sade (1740~1814)로부터 연유되었으며, 사랑하는 사람을 괴롭힘으로 인하여 쾌감을 느끼는 변태성이고, 성욕의 發見으로서 나타나는 사랑의 잔혹성을 의미하는 것이다.

사드 백작은 음탕한 몇 편의 작품을 썼는데, 그 범죄적인 방탕성이 미치는 영향으로 인해, 최고재판소로부터 사형언도를 받았다 (1772). 國王의 特赦로 減刑되었으나 그는 30년을 감옥에서 살아야 했다. 바스띠유 감옥에서 罪人生活을 하는 동안, 그는 꾸준히 著作生活을 했다. 革命 後 잠시 자유의 몸이 되었을 때 그는 열심히 著作 出版에 몰두했으나 1801년에 출판된 팜플렛 Zoloë sesacolytes에 나오는 人物들이 나폴레옹을 격분시켰기 때문에 그는 쏴라똥 정신병원 수용소에 감금당했으며 그곳에서 죽었다. 그가 자유롭게 지낸 짧은 기간에 그는 몇 권의 저서를 출판했으나 대부분의 책들은 아직 출판되지 못하고 있다.

그러나 20세기의 비평가들은 니체가 제창한 超人의 선구자로서, 또는 그 시대를 한 世紀나 앞선 心理學者나 精神分析學者로

서 그의 중요성을 강조했다. 또한 그들은 주장하기를 사드의 藝風
은 19世紀 文學家들, 특히 라마르띤느와 보들레르 등에 큰 영향
을 끼쳤고 文學에 있어서 하나의 獨自的인 世界를 構築했다고
말했다.24)

그리하여 그의 작품은 18세기의 個人主義를 광란과 흥분으로
고조시켰고 人間本性의 完全한 自由를 단순히 淫亂한 것으로 설
교하고 설명하였다. 따라서 당대의 수많은 불란서 思想家와 作家
들에게 거의 최면적인 영향력을 유효적절하게 발휘하였다.25)

에로틱 문학에서 가장 괄목할 만한 예를 든다면 Sade의 작품이
아닐까 싶다. 그 작품에는 최상의 공포와 전율의 장면으로 점철된
방만의 철학이 발견된다. 그리하여 『밀실철학』(La philosopie dans
le Boudair 1795)에서 돌망세는 Sodomy(男色)에 관한 육체적 심
리학적 해설을 취급하고 있다.....이와 같은 문학의 일반적인 공통
성은 격정이 들어있다는 것이요, 그 격정은 모든 도색적인 작품에
서 채찍질하는 장면으로 나타난다.26)

이리하여 Masochism은 被虐待變態性을, Sadism은 加虐待變態性을,
Sado-masochism은 加虐待被虐待變態性을 나타내는 術語로 사용케 되
었다.

이제 稻香의 作品「물레방아」,「뽕」,「벙어리 삼룡이」를 통해 그 속에
일관되어 있는 공통점을 이 '性的 倒錯' 면에서 찾아보고자 한다.

24) The Oxford Companion to French Literature. Compiled and edited by Sir
    Paul Harvey and J.E. Heseitine
25) Cassel's Encylopaedia p.1438
26) Ibid. p.203

① 痴情·부정·짝사랑의 奇情

㉠「물레방아」

申治圭라는 부자가 머슴을 내쫓고 머슴의 아내를 후실로 삼고자 한다. 어느날 주인과 아내의 淫行을 목격한 머슴 방원은 주인을 죽이려다 미수에 그쳐 감옥에 간다. 出獄 後 아내를 불러내어 도망가자고 애원하나 말을 듣지 아니하자 아내를 죽이고 저도 죽는다.

㉡「뽕」

노름꾼 김삼보는 노름해서 딴 안협집을 아내 삼아 한 달에 하루 이틀만 집에 있고 나머지는 떠돌아다니며 노름으로 세월한다. 경제적인 도움은 전혀 못 주고 오히려 번번히 노름 밑천과 새 옷을 얻어 받는 김삼보는 그 돈이 아내의 賣淫에서 나온 돈임을 알면서도 묵인한다.

동리집 머슴인 삼돌이는 이 안협집을 한 번 수중에 넣어 보고자 갖은 짓을 다하나 실패한다.

㉢「벙어리 삼룡이」

벙어리인 어느 집 머슴이 하늘의 별 같은 존재인 주인아씨를 연모하게 되며 마침내 죽도록 얻어맞고 쫓겨난다. 벙어리는 주인집에 불을 지른다. 벙어리는 화염 속에 뛰어들어 구조를 애걸하는 주인도령을 뿌리치고, 새 아씨를 부둥켜안고 뛰쳐나온 순간, 행복한 미소를 지으며 火傷으로 숨을 거둔다.

② 性格의 基本的 二重構造

위에 든 세 作品에 있어서는 作中의 人物들이 서로 유기적인 한 부분으로 되어 있어, 필연적인 연관을 맺고 있으며, 더욱이 등장인물들의 성격이 상대적으로 대조됨으로써 리얼하게 생동하는 효과를 거두고 있다. 다음에 등장인물들의 상호관계를 도표로 나타내 본다.

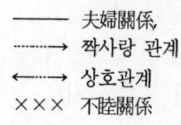

―――― 夫婦關係,
∙∙∙∙∙∙▶ 짝사랑 관계
◀――▶ 상호관계
××× 不睦關係

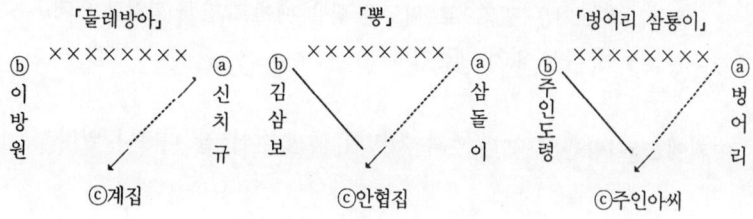

ⓐ가 ⓒ를 연모한다. 그런데 ⓒ는 ⓑ의 아내다. 그러므로 ⓑ는 ⓐ와 不睦關係이다.

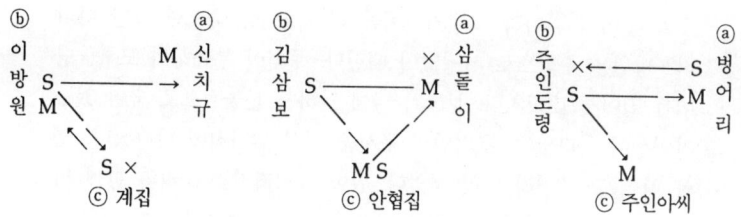

신치규와 삼돌이와 주인아씨는 마조키스트다. 계집과 김삼보와 주인도령은 사디스트다. 이방원과 안협집과 벙어리는 사도마조키스트다.

　事件構造와 캐릭터의 등장이 희한하게 똑같다. 9명의 등장인물이 모두 性倒錯者들이다. Sade의 채찍이 남발한다. 몇 군데 文章을 인용하여 이를 究明해 보자.

㉠ 신치규와 이방원과 계집의 사이

> 달려드는 계집을 후려쳐서 거꾸러뜨리고서, 이 년이 죽을려고
> 기를 쓰나! 방원이가 계집을 치는 것은 일종의 농담이다. 화풀이
> 를 받아주는 것은 계집밖에 없다. 싸움한 뒤 하루가 못되어 서로
> 꼭 끼고 잘 때에는 그렇게 큰 감격이 다시 없음이다. 계집을 치고
> 난 뒤 더 뜨거운 포옹으로 위로를 받을 때에 그만큼 힘있고 뜨거
> 운 믿음이 다시 없기 때문이다.[27]

여기에는 이방원의 加虐性과 계집의 被虐性이 잘 나타나 있다.

> 신치규와 아내가 방앗간에서 나왔다. 아! 나는 네가 이럴 줄을
> 몰랐다. 별꼴을 다 보겠네. 그럴 줄을 인제 알았나? 더러운 녀석
> 같으니! 계집이 싫다고 그러면 국으로 물러갈 일이지! 간을 썹어
> 먹어도 오히려 나머지 한이 있는 원수는 신치규다. 이 사지를 찢
> 어발겨도 오히려 시원치 못할 놈아! 네가 내 계집을 빼앗으려고
> 오늘 날더러 나가라 그랬지? 이놈 너 죽고 나 죽으면 그만 아니
> 냐? 방원은 주먹으로 사정없이 때린다. 주먹이 부족하여 모루돌맹
> 이를 집어서 내리친다. 분노가 극에 달하자 본능적으로 숨어 있는
> 잔인성이 나타났다. 초자연의 무서운 힘이 팔다리에 나타났다. 눈
> 을 딱 감고 죽어라 내리 찧었다. 살이 으크러지는 소리와 함께 피
> 묻은 돌이 여기저기 흩어지고 갈갈이 찢긴 옷에는 살점이 묻었다.
> 순검이 왔다. 구경하던 계집이 도망하려 한다. 네가 나를 이렇게도
> 몰라주니? 내가 너를 어떻게 생각하는지 알지를 못하니? 자, 어서
> 도망가자! 싫소! 임자나 가구려! 가자! 응! 가! 방원은 포승 지인
> 채 주재소로 끌려갔다.[28]

여기에서는 이방원이 신치규에겐 加虐者, 계집에겐 被虐者로 부각된다.

---

27) 「물레방아」 앞부분 Passim
28) 「물레방아」 중간 Passim

치료하고 나온 뒤에 신치규는 생각했다. 오히려 다행이지 좀 아프기는 했으나! 어떻게 고놈을 떼어버릴까 하고 걱정하던 차에 나를 때리고 감옥에 갔으니 맞은 게 잘 되었지!

방원은 출옥 후, 신치규의 후실이 된 옛 아내에게 애원한다. 힝! 이게 무슨 비겁한 짓이오? 사내자식이! 눈물 어린 눈으로 또 간청한다. 자아! 어서 옛날과 같이 도망가자! 싫어요! 너의 입으로 정말 그런 말이 나오느냐? 너는 나의 모든 것을 다 잃어버리게 한 후에 나에게는 감옥살이까지 하게 하였지! 그러고도 나의 맨 마지막 원을 들어주지 않을 터이냐? 자! 나를 죽이시오! 정말이냐? 정말요!' 방원은 칼로 찔러 계집을 거꾸러뜨리고, 제 가슴을 찔러 절명했다.[29]

여기 세 주인공에게서는 모두 약간의 加虐性 被虐性을 발견할 수 있지만 더 세분해보면, 죽도록 맞은 것을 계집을 얻기 위해 잘된 것으로 생각하는 신치규는 마조키스트요, 문란한 性行과 反抗으로 이방원을 괴롭히는 계집은 사디스트이고, 아내에게 구타도 했다 애걸도 했다하는 이방원은 사도마조키스트이다.

◎ 삼돌이와 김삼보와 안협집의 사이

"안협집의 정조가 헤프기로 유명한 만치", "동리집 남자치고 건드리지 않은 사람이 없으며" 혹시나 서방이 알면 경을 내릴까 하여 노자랑 밑천을 주어서 남편을 배송하면서도, "매몰스럽기 또한 유명하며, 한번 마음에 들지 않는 것은 죽어도 막무가내다." 그런데 삼돌이가 간장을 태우는 모양이다. "빌어먹을 녀석이 그따위 맘을 먹거든 저 죽이고 나 죽지." 그렇게 삼돌이의 끈질긴 求愛를 번번히 매몰스럽게 거절하는 안협집은 삼돌이에게는 사디스트이다.

그런데, 남편이랍시고 경제적인 원조는 전혀 받지도 않으면서 오히려

29) 「물레방아」 끝부분 Passim

매를 맞아 가면서 부부관계를 지속하는 김삼보와의 관계에서는 마조키스트다.

> 이 년, 더러운 년! 뽕밭에는 몇 번이나 나갔니? 발길로 지르고 주먹으로 패고 머리채를 잡아당기고 땅에다 질질 끌었다. 그는 이를 갈고 어쩔 줄을 몰랐다. 계집은 울고 발버둥질을 쳤다. 김삼보는 자기의 무딘 팔다리가 계집의 따뜻하고 연한 몸에 닿을 때에 적지 않은 쾌감을 느끼었다. 그는 그럴수록 더욱 힘을 주어 저리도록 속에 숨겨 있던 잔인성이 북받쳐 올라왔다. 뽕밭에는 한 번밖에 안 나갔다. 어쩔테냐? 이 년, 한 번? 이번에는 더 때렸다. 엎어놓고 짓밟았다. 안협집은 기절을 하였다. 이튿날은 벙어리들 모양으로 서로 말이 없이 서로 앉아 밥을 먹고 서로 앉아 치어다보고 서로 말만 없이 옷도 주고 받아 갈아입고 하루를 더 묵어 삼보는 또 가버렸다. 안협집은 여전히 동리집 공청 사랑에서 잠을 잤다.[30)]

따라서 이 作品에서는 사도마조키스트에 안협집을, 사디스트에 김삼보를, 마조키스트에 삼돌이를 넣을 수 있다.

ⓒ 벙어리와 아씨와 도령의 사이

너무나 아름답고, 착하고 얌전하다는 이유만으로 "사람에게나 짐승에게나 잔인 포악한 짓만 하는" 새서방으로부터 자나깨나 매만 맞으면서 사는 새아씨는, 聖女가 아니면 마조키스트다.

"오고 가며 벙어리의 허구리를 주먹으로 지르고, 어떤 때는 낮잠 자는 벙어리 입에다 똥을 먹이며, 잠들은 벙어리의 두 팔다리를 살며시 동여매고 손가락과 발가락 사이의 화승불을 붙여 놓아 벙어리가 질겁을 하고 일어나다가 발버둥질을 하고 죽으려는 사람처럼 괴로워하는 것을 보고 기

---

30) 「뽕」끝부분 Passim

뼈하는" 주인도령은 태생적으로 철저한 사디스트이다.

그러면 갖은 치욕과 굴욕과 학대를 감내하면서도, 그 加虐者인 "도령이 洞內 아이들에게 맞아서 울면 황소같이 날뛰면서 그를 위해 싸우고, 도령에게 물푸레로 얼굴을 몹시 얻어맞아서 한 쪽 뺨이 눈을 얼러서 피가 나고 주먹같이 부어"도, 주인 아씨를 먼 발로나 뵙기 위해, 쫓아내지만 말아 달라고 빌기만 하는 벙어리는 철저한 마조키스트인가? 그러나 「물레방아」의 이방원과 마찬가지로 벙어리는 대단원에 가서 크게 전환해 버리고 만다.

> 마치 언제 폭발이 될는지 알지 못하는 休火山 모양으로, 그의 가슴속에는 충분한 정열을 감추어 놓았으나 그것이 아직 폭발될 시기에 이르지 못한 것이다. 비록 폭발이 되려고, 무섭게 격동함을 벙어리 자신도 느끼지 않는 바는 아니지마는, 그는 그것을 폭발시킬 조건을 얻기 어려웠으며 또는 자기가 여태까지 능동적으로 그것을 나타낼 수가 없을 만치, 외계의 압축을 받았으며 그것으로 인한 理智가 너무 그에게 自制力을 강대하게 하여 주는 동시에 또한 너무 그것을 단념만 하게 하여 주었다.31)

> 다짜고짜로 신부의 머리채를 쥐어잡아 마루 한복판에 태질을 쳤다. 밥상을 가져오면 그 밥상이 마당 한복판에서 재주를 넘고 옷을 가져오면 그 옷이 쓰레기통으로 나간다.

> 보기에도 황홀하고 건드리기도 황홀할 만치 숭고한 여자를 그렇게 학대하는 것은 너무나 세상에 있지 못할 일이다.

> 삼룡이의 마음은 주인아가씨를 동정하는 마음으로 가득찼다. 어느 어두운 밤에 목 매어 죽으려는 아씨방으로 뛰어들어가 수건을 빼앗았다. 집안이 야단이었다. 어디 사내가 없어서 벙어리를!

> 벙어리는 마당에 거꾸러져 피를 토하며 신음하고 있었다. 새서방이 쇠줄 몽둥이를 들고서 문초를 한다. 땅에는 피가 스며든다. 새서방은 어제, 벙어리가 새로 갈아놓은 낫을 번쩍 들었다.

---

31) 2장 Passim.

벙어리는 죽은 개 모양으로 끄을려나갔다. 대갈빼기를 개천 구석에 들이박히면서 나가 곤드라졌다가 일어서서 다시 들어오려 할 때에는 벌써 문이 닫혀 있었다.

밤은 깊었는데 난데없는 화염이 오생원 집을 에워쌌다.

얼굴과 등과 다리가 불에 데어서 쭈그러져 가는 것을 알지 못하였다. 새서방이 그의 팔에 매달리어 구원을 애원하였다. 그것을 뿌리쳤다. 색시를 안았다. 처음으로 살아난 듯하였다. 색시를 내려놀 때에는 그는 벌써 목숨이 끊어진 뒤였다. 평화롭고 행복스런 웃음이 그의 입 가장자리에 엷게 나타났을 뿐이다.[32]

여기에는 慕情을 위해 고통을 감수하며 오히려 쾌락을 만끽하는 벙어리의 마조키즘에 아울러 불구자의 성격 밑바탕에 흐르고 있는 철저한 사디스트의 잔인성이 보인다. 따라서 벙어리는 이방원과 마찬가지로 사도마조키스트의 類型으로 간주된다.

前述한 바와 같이 정도의 차이는 있으나, 稻香의 성공적 後期作品 3篇에는 모두 '性의 倒錯現象'이 취급되어 있고, 플롯의 짜임도 기본적인 캐릭터의 3중구조라는 공통점을 보이고 있다.

굳이 뉴크리티시즘을 쳐들지 않는다 하더라도 作品을 作者 자신과 혼동해 버리는 批評態度에 대하여 작자는 상당히 회의적이었다.

그런데 이 글에서 故人의 사생활을 들추어냄은 심히 민망스러운 일이나, 稻香이 극히 추물인데다 赤手건달의 乞食으로 20代 청춘을 보내었고, 그로 인해 사랑하는 여인으로부터 때마다 失戀의 苦盃를 마셔야 했던 稻香의 世界를 미루어 보면, 삼돌이나 벙어리나 이방원은 바로 稻香 자신의 세계에서 얻어진 素材이고 울분이며, 자신의 생애가 바로 예술 안에서 再現된 것이라고 보여지는 것이다.

여기에 비하여 거개가 거의 똑같은 스토리이면서, 初期作이 그처럼 習作期 이전의 것으로 간주되리만큼 유치한 것은, 그것이 예술로의 未昇華에 그친 自己告白이며 身邊雜記이며 눈물의 하소연에 불과했기 때문이다.

---

32) 3~6장 Passim

③ 夭折한 寫實主義

㉠ 1902년에 출생하여 1927년에 작고한 羅稻香은 인생을 짧게, 그러나 굵게 살고 간 사람이다. 筆者의 이 '굵게'라는 말 속에는 '人生七十古來稀'의 70平生이래야 겪어낼 수 있는 많은 喜怒哀樂이 짧은 시간 안에 모두 수용되어 있다는 말이 된다. "하루에 술 백잔을 不辭했었다"는 稻香의 이미지를 그의 人生觀 내지 文學觀에 대입시켜 보면 알 일이다.

貧困과 失戀의 점철이라는 면에서 더욱, 70平生의 壓縮 受容이란 말이 실감을 주는 稻香의 文學은, 때문에 몹시 변태적인 캐릭터의 등장으로 일관되어 있다. 특히 成功作이라 말하는 「물레방아」, 「뽕」, 「벙어리 삼룡이」의 주인공들은 더욱 寫實性이 없고, 지나치게 공상적이거나 초자연적인 인물로 부각되어 있으며, 또 文体 역시 사실의 誇張과 美化된 修飾(눈물의 남발은 탈피했으나)으로 시종되어 있다.

이러한 이유로 하여 筆者는 다음과 같은 結論을 생각해 본다.

■ 稻香文學에 있어 寫實主義와 自然主義는 論議 밖의 것이 되어야 하며, 이 문제는 표현과 文体의 發展으로 취급되어야 한다. 굳이 思潮別로 분류해야 한다면 Romanesque的 浪漫主義이다.

■ 初期作品에서 시인하지 않을 수 없는 여러 가지 事項─感傷의 過剩, 事件의 捏造, 엉성한 構成, 모호한 核心, 文章의 未熟, 主題의 빈곤, 作者가 지닌 人生觀, 文學觀, 道德觀의 不分明─과, 거기 겸하여 稻香 自身의 告白을 미루어보건대 初期作品은 小說이라고 하기 어렵다.

■ 稻香文學의 主調이면서 아무도 다룬 바 없는 '倒錯된 性문제'는 Sadism과 Masochism과 Sadomasochism으로 類別된다. 그리고 이것이 도향문학이 가진 특징이다.

㉡ 文學史에서 많이 논의된 그의 작품을 筆者의 견해에 따라 구별해 보면 다음과 같다.

■ 1921年~2年
　「젊은이의 시절」
　「옛날의 꿈은 창백하더이다」　　　　* 思春期의 感想文
　「별을 안거든 울지나 말걸」　　　　* 눈물의 手記
　「幻戱」
■ 1923年~4年
　「十七원 五○전」
　「행낭자식」　　　　　　　*技巧의 未熟에서 벗어나려는 몸부림
　「女理髮師」　　　　　　　*작가지망생의 習作佳品
　「自己를 찾기 전」
■ 1925年~6年
　「물레방아」,「뽕」　　　*Romanesque的 浪漫主義 系列의 作品
　「벙어리 삼룡이」　　　　*短篇作家로 成功

　그럼에도 불구하고, 初期 作品인『幻戱』가 그 당시 많은 讀者를 가졌던 이유에 대하여 趙演鉉씨는 "1920年代의 文學的 眼目이 너무나 어렸기 때문에 名篇으로 평가되었던 것"[33]이라고 말했다.

　그러나, 長篇이라곤 春園의『無情』정도이었던 그 시절에 洛陽의 紙價를 올렸던『幻戱』의 文學史的인 업적과,「물레방아」,「뽕」,「벙어리 삼룡이」등 무시 못할 短篇으로 인하여, 稻香이 이 나라 近代小說史에서 하나의 견고한 獨自的인 위치를 구축했다는 것은 주지의 사실이다.

　ⓒ 자기 작품을 비난하는 사람에게 까뮈는 이와 같은 말을 했다.

　　『이방인』에서는 인생의 허망을 그렸다.『페스트』에서는 행동으로써 허망에 반항하여 그것을 극복하려 했다.『轉落』은 2단계와 3

---

33) 조연현,『韓國現代作家론』, p.158

단계 사이의 막간물이다. 제 3단계에서야말로 가장 본격적인 소설
이 나올 것이다. 구상도 완료됐고 집필도 시작했다. 올해는 내 소
설의 해가 될 것이다.

이렇게 말한 지 몇 주 후에 그는 교통사고로 죽었다. 영원한 가능성을
간직한 채 영원한 아쉬움만 남겨 놓고.

위에 쓴 까뮈의 말은 그대로 稻香의 경우를 대변한다.

"내 初期의 作品은 虛無와 感傷과 絶望이었다. 내 後期의 作品은 反
抗과 行動이다. 性愛로써 虛無에 맞섰으며, 流血의 行動과 채찍으로써
感傷과 絶望을 극복했다. 그러나 이 모든 것은 앞으로의 小說을 위한 준
비과정에 불과하다. 내 소설은 지금부터 시작되어야 한다. 준비는 완료되
었다. 집필이 남았을 뿐이다. 영원한 가능성의 寶庫가 내 젊음에는 간직
되어 있기 때문이다."

이렇게 筆者는 稻香의 절규를 상상 속에서 듣는다.

좀더 오래 살아서, 작품활동을 계속했던들 참으로 훌륭한 本格 小說을
썼을 것임에 틀림이 없는 羅稻香은, 스물다섯의 젊은 나이로 아깝게 세
상을 떠났다.

羅稻香의 作品을 論함에 있어 시종 조심스럽고 미안한 것은 이 때문
이다.

(3) 玄鎭健

빙허를 사실주의 작가라고 일컫는 데는 여러 評者들의 意見이 一致되
어 있다.

> 현진건은 도향과는 달리 처음부터 사실주의에서 출발한 작가로
> 서……그의 作品은 같은 사조에 입각한 김동인, 염상섭 등의 작품
> 과 함께 우리 나라의 사실주의 문학을 구성한 유력한 한 요소가

되었다.[34)]

> 조선에 있어 사실주의를 大成한 이는 현진건이다. 묘사나 플롯
> 이나 어느 한 점을 집어 나무랄 곳이 없다.[35)]
> 단편소설의 시조는 현진건이다. 현진건은 단편소설을 통하여 자
> 연주의를 가장 효과 있게 활용한 作家였다고 볼 수 있다.[36)]
> 그의 빈틈 없고 매력 있는 문장은 '푸로벨'이나 '모파상'의 사실
> 법을 체득한 유일한 作家이기도 하다.[37)]

위의 引用文들은 한결같이 현진건을 사실주의 작가가 아니면 자연주의
作家라고 주장하는 글이다.

더욱이 같은 評者의 글 안에 빙허를 일컬어 자연주의라고도 혹 사실주
의라고도 부르는 예가 있는데,[38)] 그것은 자연주의와 사실주의를 혼동했던
또 하나의 좋은 예라 할 수 있다.

빙허는 自然主義 作家인가?

筆者는 나도향論에서 도향을 일컬어 자연주의 작가라고 평한 이론에
대하여 그 부당성을 누누히 주장한 바 있다. 마찬가지로 그 이론을 다음
의 현진건 작품에 적용시켜 보면 우리는 빙허 문학의 성격을 다시 발견할
수 있을 것이다.

빙허의 作品에 있어서도 자연과학적 실험주의의 요소는 全無하다. 그
러므로 빙허에 대해서 '자연주의'라는 用語를 남용해서는 안 될 일이다.

그러면 빙허는 사실주의 作家인가?

그의 사실주의 性格은 어떠한 것인가?

筆者는 이에 빙허의 作品 中에서 소위 代表作이라 불리는 몇개의 作

---

34) 『現代韓國文學全集』 4권
35) 朴鐘和, 『大戰後 文藝運動』.
36) 白鐵, 『文藝思潮史』, p.263
37) 尹柄魯, 『葉錢의 悲哀』, p.279
38) 白鐵, 『文藝思潮史』 p.263

品을 소재로 하여 그가 이루어 놓았다는 사실주의 문학의 양상을 더듬어 보려 한다.

빙허의 代表作으로는 대개 「빈처」, 「운수좋은 날」, 「불」, 「B사감과 러브레터」 등을 손꼽는다.

描寫의 정밀성과 사실주의를 일치시키는 한, 憑虛 玄鎭健은 寫實的 描寫가 羅稻香보다 훨씬 발전되어 있는 모습을 보인다. 「貧妻」, 「운수좋은 날」, 「불」, 「B舍監과 러브레터」에서 나타내보인 그의 리얼리티는 虛構의 세계와 사실의 세계의 融合이란 면에 있어 비교적 원만한 성공을 거두고 있다.

干二斗는 「운수좋은 날」을 일컬어 "韓國小說의 초창기를 장식하는 珠玉39)"이라고 했고 尹炳魯는 「불」을 일컬어 "빙허의 作家的 기능이 크라이막스에 도달한 作品40)이라 했으며, 方仁根은 「빙허 회고기」에서 "「B 사감과 러브레터」는 필치와 묘사가 체흡을 방불케 하는 데다가 유모어를 加味한 絶品"41)이었다고 극찬했고, 홍효민은 「빈처」를 일컬어 "그가 天才的 作家임을 文壇에 알리게 한 作品"42)이라고 말했다.

이제 위에 든 네 편의 작품을 그 발표 순으로 고찰해 보고자 한다.

처녀작으로 『개벽』지에 실렸던 「犧牲花」는 감상적인 습작품에 불과한 것이었는데 비하여 1920年에 『개벽』지에 발표되었던 「빈처」는 그 당시 문단에서 선풍적인 인기를 모았다. 홍효민은 그때를 회상하는 글에서 「빈처」가 당시에 큰 인기를 모으게 되어 빙허는 뜻하지 않은 문단인의 접촉을 받게 되었고, 따라서 처음부터 『백조』파가 아니었으나 『白潮』의 同人들이 그의 소설을 청하게 되어 『백조』의 동인이 되었던 것이라고 회고했다.43)

---

39) 『현대문학』 157호.
40) 『葉錢의 悲哀』, p.277.
41) 『現代文學』, 95號.
42) 『現代文學』, 62號.

「빈처」는 제목이 말해 주는 바와 같이 가난한 아내를 소재로 한 단편이다.
五年 동안에 돈 한 푼 벌어들인 일 없는 無名作家인 '나'와 獻身과
內助의 婦德을 가진 착하고 내성적인 굴종의 女人인 가난한 아내가 그
주인공이다.

"그것이 어째 없을까?"
아내가 장문을 열고 무엇을 찾더니 입안 말로 중얼거린다.
아침거리를 장만하기 위하여 하나밖에 아니 남은 모본단 저고
리를 전당포에 잡히려고 찾고 있는 것임을 나는 잘 안다.
낮에 친구가 찾아와서 자기 처에게 주려고 샀다는 양산을 나와
내 아내에게 구경시키고 갔는데 아내는 몹시 갖고 싶어하는 표정
을 보였다.
나는 속이 상해서 "저 따위가 무슨 예술가의 처"냐고 소리쳤고,
아내는 슬피 울었다.
장앞에 서 있던 아내가 무엇이 생각났는지
"오호……옳지……참 그날……"이라고 할 때
나는 아내가 애써 찾던 그것도 벌써 전당포의 고운 먼지가 앉았
음을 깨달았고 종이 하나라도 차근차근 아랑곳하는 아내가 그것을
잡혔는지 안 잡혔는지 모르는 것을 보면 빈곤이 얼마나 그의 정신
을 물어 뜯었는지 가히 알 수 있었다.
다음날, 아내가 다시금 장문을 열고 잡힐 것을 찾을 즈음에 누
가 중문을 열고 들어왔다. 처가 집에서 장인 생신임을 알리려 온
것이었다.
가난한 살림에 골몰하느라고 자기 친부의 생신까지 잊은 아내
가 더욱 측은했다.
처가에 가니, 아내의 형이 와 있었는데 처형은 이글이글 만빌한
꽃 같고 아내는 시들시들 마른 낙엽 같았다.
딴 음식은 먹지도 아니하고 못 먹는 술을 넉 잔이나 마신 후 내
가 돌아가려 하자, 장모가 황망히 일어나며

---

43) Ibid.

"할멈, 어서 인력거 한 채 불러 오게."라고 했고, 나는 취중에도 인력거를 태우지 말고 그 인력거 삯을 나를 주었으면 책 한 권을 사 보련만 하는 생각이 있었다.

인력거를 타고 얼마 아니가서 잠이 들었다.

한참 자다가 잠을 깨고 보니, 아내는 바느질을 하고 있고, 화로에서는 무엇이 끓고 있었다.

아내가 권하는 저녁밥을 다 먹고 나자 아내가 밥을 먹기 시작했다. 그러면 여지껏 나를 기다려 밥을 먹지 아니하였구나 하고 나는 아내가 가엾고 사랑스러웠다.

이틀 뒤 어스름에 처형이 놀러 왔는데, 처형은 남편에게서 돈을 얻어 새로 샀다는 고급 비단을 자랑했고 저번날 초록당혜를 신었던 게 안돼 보였다면서 고무신 한 켤레를 사주고 갔다.

"퍽 예뻐요 어쩌면 이렇게 맞아요" 하면서 기뻐하는 아내를 보고 "여자란 할 수 없다"는 생각이 들어 마음이 어두웠다.

"어느 때고 제 은공을 갚아 줄 날이 있겠지!"

나는 마음을 좀 너그러이 먹고 이런 생각을 하며 아내를 보았다.

"나도 어서 출세를 하여, 비단신 한 켤레쯤은 사주게 되었으면 좋으련만……"

아내가 이런 말을 듣기는 참 처음이었다.

"네에?"

아내는 의아한 듯 나를 보더니

"얼마 안 되어 그렇게 될 것이야요!"

라고 힘있게 말하였다.

아직 아무도 인정해 주지 않은 무명 작가인 나를 저 하나이 깊이 깊이 인정해 준다.

"아, 아, 나에게 위안을 주고 원조를 주는 천사여!"

마음 속으로 이렇게 부르짖으며 두 팔로 덥썩 아내의 허리를 잡아 내 가슴에 바싹 안았다.

그 다음 순간에는 뜨거운 두 입술이……

그의 눈에도 나의 눈에도 그렁그렁한 눈물이 물끓듯 넘쳐 흐른다.44)

「운수 좋은 날」은 1924年에 發表되었다.

이 때는 명색으로나마, 日本의 文化政策이 실시된 시기였으나, 저들의 간악한 마수는 더욱 은연중 朝鮮의 知性을 좀먹던 때였다.

이와 같은 時代的인 배경 속에서 그려진 이 작품은 김첨지라는 人力車꾼을 주인공으로 하여 빈곤이 아내의 목숨을 빼앗아가는 悲劇的인 상황을 스케치하고 있다.

> 김첨지에게는 오래간만에도 닥친 운수 좋은 날이었다.
> 아침 댓바람에 팔십전을 벌었다. 눈물을 흘릴 만큼 기뻤다.
> 달포 전부터 아내는 기침으로 앓았다. 조밥도 배불리 못 먹으니, 약 한 첩 써 본 일이 없다.
> 아내가 몹시 앓기는 열흘 전부터인데, 그때도 오랜만에 돈을 벌어서 좁쌀 한 되와 십전짜리 나무 한 단을 사다 주었더니, 그 오라질 년이 채 익기도 전에 손으로 움켜서 두 뺨에 주먹덩이 같은 혹이 불거지도록 누가 빼앗을 듯이 처박질하더니만 그날 저녁부터 지랄병을 하였다.
> "에이 오라질 년! 못 먹어 병, 먹어서 병, 어쩌란 말이냐?"하고 김첨지는 앓는 이의 뺨을 후려 갈겼다.
> 아내는 사흘 전부터 설렁탕 국물이 먹고 싶다고 졸랐다.
> 인제 설렁탕을 사 줄 수도 있게 되었다. 팔십전을 손에 쥔 김첨지의 마음은 푼푼하였다.
> 그러나 그의 행운은 그치지 않았다. 남대문 정거장까지 가자는 손님이 또 생긴 것이다.
> 1원50전에 흥정이 되었다.
> 김첨지는 "오늘은 나가지 말고, 제발 집에 있어 달라"고 애걸하던 아내 생각이 났다. 손님을 싣고 달리다 자기집 가까이 다다르자 김첨지의 다리는 무거워졌다. 딸꾹딸꾹 하고 아내의 숨모으는 소리가 들리는 듯 싶었다.
> 남대문에서 손님을 내려 논 김첨지는 빈 인력거를 끌고 가기가

---

44) 「빈처」 Passim

아쉬워서 또 손님을 태웠다. 한동안 값으로 승강이를 하다가 60전을 받고 태워다 주었다.

한 걸음 한 걸음 집이 가까워 올수록 그의 마음은 괴상하게 누그러웠다. 그런데 이 누그러움은 안심에서 오는 게 아니요, 자기를 덮친 무서운 불행을 빈틈 없이 알게 될 때가 박두한 것을 두리는 마음에서 오는 것이었다. 그는 기적에 가까운 벌이를 하였다는 기쁨을, 할 수 있으면 오래 지니고 싶었다.

그때 길가 선술집에서 친구 치삼이가 나왔다. 김첨지는 치삼이에게 술을 40전어치나 샀다. 치삼이가 의아해 하며 고만 먹자고 하자, 김첨지는 "에미를 붙을 놈! 내가 돈이 없을 줄 아느냐"면서 돈 풀메질을 친다.

김첨지는 웃다가 울다가 지랄을 친다.

치삼이가 어이없어 하자 김첨지는 연해 코를 들여마시며

"우리 마누라가 죽었다네!"

"뭐 마누라가 죽어? 언제?"

"이놈아! 언제는 오늘이지."

치삼이가 어서 가 보자고 하자, 김첨지는 눈물이 글썽글썽한 눈으로 싱그레 웃으며

"죽기는 왜 죽어."하고 득의가 양양

"안 죽었어. 안 죽었대도 그래."하면서 홧증을 낸다.

김첨지는 취중에도 설렁탕을 사가지고 집에 다다랐다.

그곳을 지배하는 무시무시한 정적.

"이 난장맞을 년, 남편이 들어오는데 나와 보지도 않아."라고 고함을 쳤다.

방안에 들어서며, 설렁탕을 한 구석에 놓을 사이도 없이 주정군은 목청을 있는 대로 내어 호통을 쳤다.

"이런 오라질 년, 남편이 와도 일어나지를 못해!" 하면서 아내의 다리를 몹시 찼다. 아내의 젖을 빨고 있던 개똥이가 응아 하고 울음을 터뜨렸다.

발로 차도 그 보람이 없는 걸 보자 남편은 아내의 머리맡으로 달려들어 그야말로 까치집 같은 아내의 머리를 꺼들어 흔들며,

　　"이 년아, 말을 해. 말을! 이 오라질 년!"

　　"······."

　　"이 년아! 죽었단 말이냐! 왜 말이 없어!"

　　"······."

　　"으응, 또 대답이 없네, 정말 죽었나보이."

　　이러다가 누운 이의 흰 창을 덮은 위로 치뜬 눈을 알아 보자마
자,

　　"이 눈깔! 이 눈깔! 왜 나를 바라보지 못하고 천정만 보느냐,
응?" 하는 말끝엔 목이 메었다. 그러자 산 사람의 눈에서 떨어진
닭의 똥 같은 눈물이 죽은 이의 뻣뻣한 얼굴을 어룽어룽 적시었
다.45)

　「불」은 1925年에 발표되었다.

　國權이 강탈된 지 어언 15年, 日帝의 가혹한 착취는 날로 더해가 이
민족의 극심한 빈곤과 수난은 더욱 가혹하던 때였다. 한편 무지와 몽매한
農村의 因習的 社會 폐풍은 善良한 農民들에게 죄악과 비극을 강요하
곤 했다.

　이 作品은 15세의 순이가 농가의 민며느리로 들어가 시어머니의 학대
와 아버지뻘 되는 남편의 무리한 性行爲에 견디다 못해 방에다 불을 지
른다는 이야기다.

　　쇠막대 같은 것이 오장육부를 한 편으로 치우치며 가슴까지 치
받쳐 올라 콱콱 뻐지를 때 순이는 입을 딱딱 벌리며 몸을 위로 치
수렸다······. 솥뚜껑 모양으로 덮은 남편의 얼굴을 보았다. 그 원수
의 놈이, 육욕에 번쩍이는 눈알을 부라리며 사면팔방으로 찾다가,
마침내 그를 발견하였음이리라.

　　"안 일어났니?"라고 소리치는 시어머니의 호령에, 고된 밤으로
말미암아 더욱 고된 순이의 하루는 또 시작되었다. 시내로 물을

────────────

45) 「운수 좋은 날」 Passim

길러 갔다. 시내에는 송사리가 놀고 있다. 돌멩이를 집어 물속의 고기를 때렸다. 한 마리를 잡았다. 파득파득 하는 것이 순이에게는 재미있었다. 얼마 안되어 가련한 물짐승이 죽을 듯이 늘어지자 순이는 잔인하게도 그것을 땅바닥에 태기를 쳤다. 점심때 밥과 국을 잔뜩 담은 목판을 이고 논으로 갈 때, 모가지가 자라처럼 옴츠려 들었으며, 냇가를 건너뛰렬 제 아침에 죽인 송사리란 놈이 퍼드득 하고 내달으며, 그의 가는 길을 막는 것 같았다. 그는 정신을 잃었다.

한참만에야 순이는 깨어났건만, 휘 사방을 둘러볼 겨를도 없이 그는 외마디 소리를 치며 몸을 소스라쳤다. 또 다시 그 원수의 방에 누웠을 줄이야! 미친 듯이 마루로 뛰어나왔다. 시어머니가 고밀개 자루로 뚜들겨팼다. 으스러지는 듯이 찌뿌두룩한 몸에 툭툭하고 떨어지는 매가 도리어 괴상한 쾌감을 일으켰다. 순이는 컴컴한 부엌으로 들어가 저녁밥을 지었다. 하염없이 눈물이 나왔고 번번이 실패하는 밤 피할 궁리로 하여 그의 좁은 가슴은 쥐어뜯기었다. 그때였다. 그의 남편이 몸을 굽혀서 어깨 너머로 그를 들여다보고 있지 않은가. 그 볕에 그을은 험상궂은 얼굴엔 어울리지 않게 보드라운 표정과 불쌍해 하는 빛이 역력히 흘렀다. "왜 울어, 울지 말어, 울지 말어!" 하면서 그 솥뚜껑 같은 손으로 우는 순이의 눈을 씻어 주고는 나갔다.

남편을 본 뒤로는 더욱 견딜 수 없었다. 밤 피할 궁리에 머리를 짰다.

부뚜막에 얹힌 성냥이 그의 눈에 띄었다. 이상한 생각이 번개같이 그의 머리를 스쳐나간다. 그는 성냥을 쥐었다. 이만하면 될 일을 왜 여태껏 못했던가 하면서 그는 생그레 웃었다.

그날 밤에 그 집에는 난데 없는 불이 났다. 풍세를 얻은 불길이 삽시간에 온 지붕에 번지며 훨훨 타오를 제 그 뒷집 담 모서리에서 순이는 근래에 없이 환한 얼굴로 기뻐 못 견디겠다는 듯이 가슴을 두근거리며 모로 뛰고 세로 뛰었다.[46]

---

46) 「불」 Passim

「B舍監과 러브레터」는 1925年에 발표되었다.

이 作品은 독신주의자요, 엄격하고 독실한 크리스챤이며, 교육자인 B舍監의 위선을 씨니칼하게 폭로한다.

C여학교에서 교원 겸 기숙사 사감 노릇을 하는 B여사라면 딱장 대요, 독신주의자요, 찰진 야소군으로 유명하다.

B여사가 질겁을 하다시피 싫어하고 미워하는 것은 소위 '러브 레터'였다. 아무 까닭 없이 그런 편지를 받은 학생이야말로 큰 재변이었다.

"저를 부르셨나요?"

"그래 불렀다. 왜?"

교의를 우당퉁탕 당겨서 철썩 앉았다가

"장승이냐? 왜 앉지를 못해!"

하고 소리를 빽 지르는 것이었다.

"네 죄상을 네가 알지!" 하고 쏘아보다가

"이건 누구한테 오는 거냐?"

하며 문초를 시작한다.

두번째로 그가 싫어하는 것은, 기숙생을 남자가 면회하러 오는 일이었다.

그런데 이 기숙사에 금년 들어 괴상한 일이 생겼다.

그것은 다른 일이 아니라, 밤이 깊어서 새로 한 점이 되어 모든 기숙생들이 달고 곤한 잠에 떨어졌을 제, 난데없는 깔깔대는 웃음과 속살속살하는 말 낱이 새어 흐르는 일이었다.

그러나 드디어 이 수수께끼가 풀릴 날은 왔다.

어느날 공교롭게 한 방에서 자던 학생 셋이 함께 잠을 깼다.

그 수상한 말마디는 또렷이 들렸다.

"오! 태훈씨!"

간드러진 여자의 목소리다.

"아아, 오직 경숙씨에게 바친 나의 타는 듯한 가슴을 인제야 아셨습니까?"

정열을 띠인 사내의 목소리다.

"인제 고만 놓아요. 키스가 너무 길지 않아요. 행여 남이 보면 어떡해요?"

아양떠는 여자 말씨.

"내 목숨이 끊어질 때까지 키스를 하여도 길다고는 못하겠습니다."

피를 뿜는 듯한 이 말은 계집의 자지러진 웃음으로 묻혀 버렸다.

세 처녀는 소리나는 방을 향해 기어갔다. 그리고는 깜짝 놀랐다. 그렇듯이 사내라면 못먹어하고 침이라도 배알을 듯하던 B여사의 방일 줄이야.

대담스럽게 그 방문을 바끔히 열었다.

여섯 눈이 방안을 향해 쏘았다.

이 어쩐 기괴한 광경이냐?

문득 편지 한 장(기숙생에게 온 러브레터)을 집어들어 얼굴에 문지르며

"정 말씀이야요? 당신의 목숨 같이 나를 사랑하셔요? 나를 이나를!" 하고 몸을 치수리는 이는 B사감이었고 음성은 분명히 울음의 가락을 띠었다.

"에그머니, 저게 웬 일이야!"

첫째 처녀가 소곤거렸다.

"아마 미쳤나 보아. 밤중에 혼자 일어나서 왜 저리고 있을꾸?"

두째 처녀가 맞방망이를 친다.

"에그, 불쌍해!" 하고 세째 처녀는 손으로 고인 때 모르는 눈물을 씻었다.[47]

이상 좀 장황했던 引用文은 그의 作品「빈처」,「운수 좋은 날」,「불」,「B사감과 러브레터」 중에서 그 골자가 되는 부분을 原文대로 간추려 본 것이다.

위 作品들의 內容에는 사실 위 引用文이 보여 주는 그 이상의 더 다른 것은 없다. 그리고 위 作品들의 이미지나 事件도 위 引用文에서 거의

---

47)「B사감과 러브레터」 Passim

드러난 것이라 하겠고 그 외의 얘기는 이를 좀더 부연한 데 불과한 것이다.

그런데 或者는 위 作品들을 가리켜 객관적이고 치밀한 묘사라 하여 고가의 찬사를 아끼지 아니하였다. 그러나 좀더 냉정하게 생각해 보면 이는 큰 오류라는 것을 쉽게 발견하게 된다.

그것은, 치밀하고 객관적인 묘사란, 열 자로 표현할 수 있는 것을 천 자나 만 자로 불려서 표현하는 기술을 의미하는 것이 결코 아니기 때문이다. 그리고 앞뒤가 맞지 않은 非論理的, 非常識的 또는 非現實的인 글을 아무리 상세히 늘어놔 보았자 作品의 리얼리티는 창조되지 않기 때문이다. 리얼리티가 없는 것이 리얼리즘일 수 있을까?

小說은 寫實性·虛構性·新奇性의 세 側面이 잘 配合될 때 성공을 거둔다. 다른 말로 바꾸면, 現實批判(敎訓性), 創意性, 興味性, 이 三者가 三位一體가 되어 配合될 때 리얼리티가 可能하다는 말이다. 만약 이 三者 中 어느 한 面이 肥大하게 強調되는 경우 그것은 과장이 되고, 리얼리티는 상실되는 것이다.

그런데 1920년대의 우리 문단엔, 特히 현진건의 作品에 있어선 事實의 寫實的 강조만이 소설의 전부인 양 오해되었고 이에 따라 그 事實의 寫實 및 詳述만이 곧 리얼리즘이라고 안이하게 생각하였다.

그리하여 빙허는 리얼리티를 추구한다는 의미에서 事像을 지나치게 강조하고 지리멸렬하게 이끌어 간 나머지, 결국은 지루하고 의미 없는 事件의 나열이 되었고, 리얼리티만 상실하는 결과를 초래하고야 말았다. 게다가 그의 寫實性이라는 것도 너무 架空的인 것을 그렸다는 意味밖에 없다는 것을 생각할 때 그의 小說은 치명적인 오점을 지니고 있는 것이라고 하지 않을 수 없다.

要컨대 시츄에이션을 적절하게 設定하지 못했다는 기교상의 부족을 지적하지 않을 수 없다.

실제로 새가 와서 앉을 정도의 소나무의 그림이라면 그것은 리얼리티가 아니라 事物 自体다. 리얼리티는 사실과의 一致가 아니다. 사실 속에 리얼리티가 있는 것이 아니라 illusion(symbol or image) 속에 리얼리티가 있다.

> 예술은 현실과 같아서는 안된다.
> '인 것처럼' 보여야 한다. 어디까지나 事實的이어야 한다. "사실과 같으면서도 같지 않은데" 리얼리티의 파라독스(paradox)가 있다. 예술의 리얼리티는 상상과 현실의 결혼 속에서만 태어날 수 있는 기이한 혼혈아다.[48]

여기에서 말하는 소위 상상과 현실의 결혼이란 다시 말하면 作者에 依하여 創造된 fictional world와 우리가 直接 感知하고 사는 real world와의 만족할 만한 관계 또는 그 관계들의 원만한 配合이라고 말할 수 있다.

모파상은 1888年에 發表한 「피에르와 쟝」이라는 소설의 서두에서 그의 小說論을 다음과 같이 피력하였다.

> 사실주의자는 그가 예술가인 한 人生의 平凡한 寫眞을 우리에게 보이려 하지 않고 現實 그것보다 오히려 더 完全하고 절실하고 그럴싸한 人生 幻影을 우리에게 提供하려고 노력할 것이다.
> 作品에 있어서의 眞實이란 사실의 一般的 논리에 따라 진실의 완전한 환영을 주도록 이루어졌지 사실이 다음다음 일어나는 대로 뒤죽박죽으로 전달하도록 이루어진 것은 아니다.
> 따라서 나는 뛰어난 사실주의자란 차라리 자신을 幻想主義者라고 불러야 한다는 결론을 짓는다. 실상 이 세상에 현실이 있다고 믿는다는 것은 얼마나 어린이다운 일인가! 왜냐하면 우리들은 저마다 우리들의 진실을 마음과 器管 안에 가지고 있기 때문이다. 우리의 눈, 우리의 귀, 우리의 嗅覺, 우리의 味覺이 모두 달라서 이 땅위의 사람의 수효와 같은 수효의 진실을 창조한다…….
> 그리고 作家는 그가 배워서 자유롭게 驅使할 수 있도록 되어

---

48) 이어령, 『思想界』 114號.

있는 예술적인 모든 手法을 가지고 이 환영을 충실히 재현하는
이외에는 아무런 사명도 가지고 있지 않다……. 위대한 예술가란
누구나 자기의 독특한 환영을 전 인류로 하여금 보게 해 주는 사
람들이다.

요컨대 예술의 리얼리티는 리얼 월드(real world)보다 더 한층 절실하
고도 있음직한 것이어야 하고, 따라서 뛰어난 사실주의자는 차라리 환상
주의자로서, 자기의 독특한 환영을 충실히 재현하는 사람이어야 한다는
것이다.

그런데 현진건의 「빈처」는 real world 그 自体일 뿐이다. 아니 오히려
real world에도 접근하지 못한 어색한 事實 과장의 단편적인 場面 組立
이다. 가난한 부부가 살아가는 모습 그대로를 사진 찍어 놓은 것뿐이다.
따라서 主人公은 立体感이 없고 平面的이다. 韓國社會에 허다하게 존
재하는 이들 무능한 남편과 인내로운 지어미에서 무슨 興味를 느낄 수
있다는 것인가? 또한 도처에 보이는 억지 事件들과 作品 末尾에 보이는
그 感傷的인 浪漫的 結句는 참으로 실소를 금할 수 없다. 作者는 貧妻
의 婦德을 부각시키려고 노력했지만 거기엔 一切의 독창적 일류전
(illusion)이 없다. 아무런 희망도 비치지 않는데, 아름다운 꿈에 싸여 포
옹하고 입맞추고 눈물 흘리며 서로 위로하는 장면은 너무 어처구니가 없
다. 오히려 보다 나은 來日을 위해 불을 뿜는 부부싸움이라도 있어야 作
品의 리얼리티는 성공했을 것이다.

아내에게 줄 양산을 사들고 가난으로 찌든 친구네 집에 와서 짓궂게 양
산을 자랑하는 친구, 고무신도 못 사 신는 가엾은 동생에게 돌아갈 기차
시간이 임박할 때에, 값비싼 비단을 사가지고 일부러 자랑하러 찾아오는
언니, 내일 아침거리가 없고 더 이상 잡혀 먹을 옷이 없어 괴로워하는 아
내의 남편이 장인 생신에 갔다가 장모가 인력거를 부르자 '인력거 삯을
내게 주면 책 한 권이라도 더 사 볼 텐데'라고 취중에 생각한다는 그 메
스꺼운 허세, 위선, 참 어처구니 없는 정신병자의 戱畵이다.

그런데 이 「운수 좋은날」의 戲畵性은 모파상이 말하는 환상적 리얼리티의 범주에서 볼 땐 成功을 거둔 作品이다. 퍼시 라복크(Percy Lubbock)가 그의 『小說技術論』에서 주장한 드라마의 효과가 處處에 生動한다. 또한 로버트 숄즈(Robert Scholes)와 로버트 켈록(Robert Kellogg)이 그들의 共同執筆 論文인 『The Problem of Reality』에서 "小說을 쓸 때 作者는 누구보다도 더욱 충실하게 讀者들의 感應을 지배하기 위하여 노력하며, 그 最上의 方法은 알레고리와 새타이어"[49]라고 말한 바, 그 諷諭와 諷刺 등이 훌륭하게 試圖되어 作品의 리얼리티를 高潮시키는 중요한 要素로 쓰였다.

그런데 이 作品에도 亦是 作者가 追求하는 主題意識, 다시 말하면 기대되는 人生의 일류전이 전혀 제시되어 있지 않다. 다만 원통하고 가난한 모습을 더욱 처절하게 강조해서 피력했다는 외에 더 얻을 것은 없다. 더욱이 아내의 죽음이 거의 확실한 것으로 암시되어 있는데도 다만 그 확인을 지연시키기 위해 오래 술좌석을 벌리고 수다를 피우며 狂態를 부린다든지 심지어 집에 들어섰을 때 아내는 이미 시신이 되어 누어 있는 줄 알면서도 욕지거리를 퍼부우며 발길질을 하고 머리를 끄들을 수 있을 것인가? 작자는 무엇 때문에 모처럼 방법론에서 성공한 이 소설을 좀 더 리얼하게 살리지 못하고 그처럼 과장된 상황으로 이끌어 갔는가?

이것은 두 말할 것 없이 作品의 劇的 효과와 作品의 리얼리티를 지나치게 염려했던 나머지 그 실감을 오히려 상실하게 한 것이 아닌가 생각된다. "설렁탕을 사다 놓았는데 왜 먹지를 못하니, 왜 먹지를 못하니……" 하는 장면에서 어쩌면 성공하였을지도 모르는 작품의 톤은 그만 "괴상하게도 오늘은 운수가 좋더라니만" 하는 최종 結辭에서 결정적인 치명상을 입었고 그래서 이 作品은 카리카츄어, 즉 戲畵가 될 수 있었다. 차라리 "닭의 똥같은 눈물을 흘려야 할" 아내의 시체 앞에서 "이 년아, 일어나지 못해!" 하며 소리치는 장면은 어쩌면 문학작품이 이루어낼 수 있는 최대

49) 『The Theory of the Novel』 P.371

의 戱畵性을 보여 준다.

「불」, 「B사감과 러브레터」도 戱畵性을 보여 준다.

「불」은 봉건사회의 조혼제도가 빚은 비극을 묘사한 것인데 15세의 소녀가 고된 시집살이와 시어머니의 학대, 남편의 무리한 性行爲 등을 감당치 못해 精神이 錯亂된다는 이야기다.

이 이야기에서 순이가 애초부터 狂女로 설정되었더라면 오히려 방화행위는 긍정될 수도 있다. 그러나 순이를 정상적인 人物로 설정해 놓고 시냇가에서 송사리를 잡아 장난하는 어린애에게 며느리 구실, 아내 구실을 강요해서 그것을 감당 못해 방화의 비극이 일어났다고 전개해 간 것은 완전한 넌센스다.

왜냐하면 15세에 시집가서 밥 짓고 물 긷고, 남편과 밤을 치르고 하는 과거 농촌의 생활이란 비단 '순이'에게만 한한 것이 아니요, 3, 40년 전에는 이 나라 어디에서나 볼 수 있었던 보편화된 현상이었던 것이다. 오히려 당시는 밥을 안 굶는 정도의 집이라면 아무리 나이가 어려도 자원해서까지 시집을 간 상황이었음에랴. 그런데 여기에는 일이 고되다는 것뿐, 굶주림과 헐벗음의 암시는 없고 오히려 "한 시라도 속히 한 포기라도 많이 모를 옮기려고 가장 자유로운 곡조로 가장 신나게 노래를 부른다"는 평화롭고 여유있는 농촌이다. 게다가 더욱 "보드라운 표정과 불쌍해 하는 빛이 역력한 남편이 울지말아! 울지말아!" 위로를 하면서 그 솥뚜껑 같은 손으로 눈물을 씻어주는 데야, 시어머니의 구박쯤 양지에 봄눈 녹 듯할 것이 아닌가? 15세에 시집가서 남편을 맞고 아기를 낳는 일쯤, 그 당시 우리 나라 사회에선 특이할 일이 못되는 가장 평범한 일이었다. 그런데 그 남편과 그 방이 진저리가 나 불을 지르고 모로 뛰고 가로 뛰며 춤을 추었다니 이 어찌 맹랑한 戱畵가 아니겠는가? "아버지 뻘이나 되는 남자"인 남편이 아무리 황소 같기로소니 매일 밤 육욕에 허덕인다니 어디 가당이나 한 말인가? 이러한 作品을 놓고 사실주의 운운하는 것은 천부당 만부당한 얘기라 하지 않을 수 없다.

「B사감과 러브레터」 역시 마찬가지다.

B사감은 청량리 정신병원엘 몇 번 드나들었어야 할 惡性 精神病者라고 하겠다. 앞서 '태훈'과 '경숙'의 一人二役을 혼자 해내는 狂態를 原文에서 引用했거니와 그렇게까지 精神異狀이 심한 女子가 교원으로 혹은 기숙사 사감으로 있었다는 것도 넌센스이고, 언제부터 시작되었는지는 몰랐다는 그 기괴한 소리라는 것 역시 이해가 안 가는 얘기다. 즉 그 소리는 "잠귀 밝은 기숙생의 귀에 들리기도 하였지만, 뒷동산에 굴르는 마른 잎의 노래로나 달빛에 날개를 번뜩여 울고가는 기러기의 소리로나 홀려들었고 그렇지 않으면 도깨비의 장난이나 아닌가 하여 무시무시한 증이 들기도 하면서 지내었다" 하고, 나중에 가선 "곁에서나 나는 듯이 또렷또렷이 들려 왔다"고 했으니 어떻게 그 소리가 마른 잎의 소리, 혹은 기러기의 소리, 또 도깨비의 장난소리로 들렸다는 것인지, 언어의 유희도 이만 저만이 아니다. 이런 글을 리얼리즘 문학으로 오해했다면 그 착각도 너무 심하다 하지 않을 수 없다. 이러한 글은 굳이 리얼리즘이란 이름을 빌리지 않더라도 조금만 눈여겨 보면 당장 그 헛점이 발견되는 데도 불구하고 어쩌면 그렇게 천편일률적으로 사실주의 문학의 전형이라 취급되어 왔던 것인지 이해가 가지 않는다.

또, 연극이 벌어지고 있는 방문을 기숙사생들이 열고 들여다 보았다는 것도 억지이고, "쌀벌레 같은 발가락"이라는 식의 表現은 古代小說에서나 쓰일 문투라 하겠다.

그리고 무엇보다도 가장 實感있게 作品을 종결지었어야 할 장면에 가서 이 小說은 완전한 실패를 노정하고 있다. 즉 B사감이 보이는 러브씬의 변태를 보고 첫째 처녀가 "에그머니 저게 웬일이야!" 하면서 소곤거린 것까지는 좋은데 "아마 미쳤나 보아, 밤중에 혼자 일어나서 왜 저러구 있을꾸" 하는 산문적이고 여유작작한 대사는 아무리 좋게 보아도 지나친 억지이다. 왜냐하면 그렇게 다급한 순간에 나올 수 있는 대사가 이렇게 悠長할 수 없다는 點에서 또한 넌센스인 것이다. 그리고 "에그 불쌍해!" 하고 세째 처녀가 "손으로 고인 때 모르는 눈물을 씻었다"고 한 것도 어색하고 부조리하다. 눈물을 흘릴 만큼의 감정이입 과정이 너무 비약적이기 때문이다. 한편 이 대목은 文章構成의 基本律도 무시되어 있어 그 이해에 엇갈림을 주고 있다.

따라서 이런 작품은 환상적·戱畵的 리얼리티의 범주에서 생각해 봄이 옳을 듯하다.

金文輯은 일찍이 "리얼리즘은 과연 여하한 특성의 제요소의 化合物인가 하고 분석해 보았더니, 리얼리즘은 리얼리즘이 아니고, 外國에 그런 이름의 문예사조가 있다는 소식을 듣고, 사실은 그것이 문학사상에서 便宜的으로 使用되고 있는 一個의 개념적 어휘이지마는 어디 하나 자기도 그런 약품을 투약해서 빈사의 조선을 구제하리라 하는 義勇과 정열에서 드디어 침식을 저바리고 활동을 개시한 채, 뜻을 이루기 전에 氏自身이 먼저 그 약품을 必要로 할 로만티시즘에 빠졌다는 것을 발견하는 것이다."[50]라고 말했는데 이 말은 바로 현진건에게 들려 줘야 할 말이다.

빙허는 리얼리티를 탄복하리 만큼 열성있게 추구한 나머지 오히려 리얼리티를 상실했으며 現實의 再現에 급급한 나머지 도리어 可恐할 넌센스의 카리카츄어 世界를 창조했으며, 個性있는 人物을 그리려고 애쓰다가 엉뚱하게도 변태적인 정신이상자를 낳게 하고 말았다.

한 마디로 말해서 빙허의 作品에는 리얼리티가 없다. 따라서 그는 사실주의 작가가 아니라, 모파상이 말하는 幻想的 寫實主義者로서 評價되야만 하겠다.

그런 점에서 그의 文學史的 價値가 認定되어야 할 것이다. 그리고 그 가치가 韓國的 寫實主義의 작은 里程標임은 勿論이다.

필자의 이러한 言及은 빙허의 文學 가치를 깎아내리려는 의도에서 하는 말이 결코 아니다.

오히려 그는 위의 네 편 소설을 통하여, 소설에 있어서 가장 중요한 狀

50) 金文輯, 『金文輯 評論集』 P.392

況의 細部묘사 등에 心血을 기울여 한국 단편소설의 技巧面에 새로운
국면을 개척했으며 따라서 이 나라 단편 小說家로서 가장 값있는 선구적
역할을 했다는 것을 거듭 인정해 두는 바이다.

(4) 廉尙燮

드디어 韓國的 寫實主義의 定着은 廉尙燮에 와서야 安住한다. 그는
'現實 暴露' '환멸의 비애' '개성 존중' 이라는 세 가지 原則을 세우고
그것에 충실한 作品 「표본실의 청개구리」와 장편 『三代』를 집필했다.

> 나의 小說을 설명한 月灘兄의 '讚' 아닌 소개문 가운데 나를
> 가리켜 "自然主義 文學의 巨木"이라고 과찬한 一句가 있다. 송
> 사리를 掌上에 놓고 고래라고 아니한 것만 다행이거니와 웬 巨木
> 일고? 自己 스스로 섶단에 쓸려 들어간 한 포기의 잡초라 하여 결
> 코 謙辭는 아니리라. 남이 나를 가리켜 자연주의 문학을 하였느니
> 라고 일컫고 자기 역시 그런가 보다고 여겨 오기는 하였지마는,
> 무어 큰 소리치고 나설 일은 못된다. 그저 그 어름에 근사한 테두
> 리를 끼고 돌았을 뿐이라고나 할까?51)

염상섭 자신의 회고담이다.

橫步 스스로가 自身에 대하여 말하고 있듯이, 그는 自然主義 作家가
아니라 自然主義 文學을 흉내내어 보려고 애쓰다 간 사람이다.

애초에 橫步가 試圖했던 自然主義는 其實 寫實主義였다. 다음과 같
은 그의 회고록이 이를 말해 준다.

> 나의 문학적 경향이라든지 변변치 못한 作品들이 同好者들끼
> 리나 評者間에 自然主義的 색채를 띠었다 하고 나 스스로도 그
> 런 듯이 여겨 왔던 터이기는 하지마는 그럴 수밖에 없는 원인이나

---

51) 橫步, 「文壇回想記」, 『思想界』 115號.

이유를 따져 본다면 그것은 수동적인 外來의 영향보다도 內在하고 內發的인 여러 가지 요소, 要因에서 찾아봄이 옳을 것 같다. 또 그러자면 첫대에 그 당시의 우리 나라 형편 즉 時代相이라든지, 사회상과 환경의 空氣를 제쳐 놓고는 말할 수 없게 된다.

그 때의 형편으로 말하자면 무엇보다도 三·一운동 직후라는 점을 들 것이니, 먼저 이것을 염두에 두고 고찰하여야 하겠다. 이를 문학적 표현을 빌자면 현실 폭로요, 환멸의 비애라 하겠는데 이것만으로도 자연주의적인 徵候가 농후하였다고 볼 수 있다. 이를테면 비교적 명랑한 성격의 소유자로서 그의 作品에서도 로맨틱한 빛깔이 짙었던 빙허 현진건과 같은 분이 점차로 자연주의 색채를 엷게나마 나타내기 시작하였다고 생각되는데, 그것은 어찌할 수 없는 그 시대상의 발로이었던 것이라고 나는 본다. 한 작품이 가진 특이점 다시 말하면 같은 솜씨로서 그 작자가 아니고는 쓸 수도 없고, 기대할 수도 없는, 즉 他人의 모방이나 추종을 不許하는 作品의 특징은, 그 작가의 개성 나름인 동시에 보편적으로는 민족성의 表白이라고 볼 것이다. 그러므로 同一한 題材를 가지고 열 사람이 쓴다 하기로 열 쌍둥이가 나오는 것이 아니라 十人十色의 作品을 보여 주는 것이니, 하물며 쌍둥이라도 오롱이 조롱이라고 하지 않는가.52)

橫步의 自然主義 文學論이라고 말할 수 있는 이 글은 요컨대, 현실 폭로와 환멸의 비애, 그리고 個性의 존중을 그 生命으로 내세우고 있는데 이것은 개성을 무시하는 것으로 그 특징을 삼는 自然主義와는 전혀 관계가 없는 이야기다. 현진건을 자연주의적 작가라고 언급한 것을 보면 더 잘 알 수 있다. 더욱이 염상섭이 표방한 '현실폭로'란 자연주의에서보다 사실주의 문학의 第一要素인 것이다. 元來 自然主義란 文學的 理論으로는 성립이 불가능한 것이었다. 우리는 그 이유를 自然主義의 비조이자 理論家라 할 수 있는 졸라 自身에게서 찾아 볼 수 있다.

---

52) 橫步,「文壇回想記」,『思想界』115號.

상상력은 이미 소설에서 계산하지 않게 되었다. 우리들 당대의 유명한 소설가 플로벨과 꽁꾸르 형제를 관찰해 보자. 그들의 재주는 그들이 상상력이 풍부하다는 것에 있는 것이 아니라 단지 소설을 쓰는 방법이 우수하다는 데 있는 것이다. 그 방법으로 그들은 소설의 강도를 더 본질적으로 파헤쳤다. 나는 이제 상상력이 사양기에 와 있다고 감히 주장한다. 왜냐하면 현대 소설의 특성을 이러한 점에서 발견하기 때문이다……

현대의 가장 위대한 소설가가 어떻게 글을 쓰느냐 하는 문제로 재미있는 이야기를 할 단계에 왔다. 그들은 모든 그들의 작품을 거의 다 엄청난 양의 note에 근거를 두고 있다……

스토리(Story)는 수집된 노트로부터 얻어진 모든 관찰이 결합하여 구축된다.

하나의 사건이 단 하나의 사건을 몰고오고 등장人物의 생애가 고리를 물고 이어져서 作品은 구성될 뿐 아니라 그 크라이막스는 가장 자연스런 형태로 나타나며 그것은 불가피한 결과를 나타내준다. 독자는 이 작품에 얼마나 적게 상상력이 들어가 있는가 하는 것을 알게 된다.[53]

졸라는 이 글에서 창작에 있어서의 상상력의 無用論과 관찰노트의 중요성을 강조했다. 그러면서 그는 플로벨이나 꽁꾸르 형제는 이에 의하여 재치 있게 소설의 강도를 파헤쳤다고 말한 것인데, 그러나 플로벨 자신의 이론을 보면 졸라의 이 주장과는 전혀 反對되는 것이었다.

그저께 나는 뚜께의 숲속에 있는 샘물가 어느 아름다운 지점에서 아주 오래된 담배꽁초 하나를 발견했다. 사람들이 그 주위를 산책하고 있었다. 나는 바로 이것과 꼭같은 장면을 11年 前에 「11月」이라는 소설에서 묘사한 적이 있었는데, 그것은 전혀 내 상상에 의한 것이었다……. 나의 가엾은 보봐리는 지금 이 순간에도 불란서의 방방곡곡에서 흐느끼며 괴로워 하고 있는 것이다.[54]

---

53) The Theory of the Novel, Emlie Jola, Experience and the Naturalistic Novel, p. 395

플로벨은 이 글에서 보다시피 상상력의 중요성을 말했다. 그런데 졸라는 상상력의 무용론을 주장하면서 플로벨을 쳐들고 나왔으니, 이것은 마치 염상섭이 個性의 표현을 자연주의라 주장하면서 거기 곁들여 현진건을 쳐들고 나온 것과 조금도 다를 바 없다. 졸라의 말대로 一切의 낭만성, 一切의 상상성을 배제한 순수한 관찰기록 또는 객관적 사실의 나열이 정말 예술일 수 있는가? 그것은 차라리 신문기사나 학술논문의 경우라면 몰라도 예술의 세계에선 상상도 할 수 없는 일이다. 졸라 자신도 만년에 가선 자신을 일컬어 "나는 다만 한 명의 詩人"이라 했으며 그가 쓴 作品이며 自然主義 文學의 聖典으로 불리우는 『루공·마까아르 총서』 제9卷인 「나나」에도 숱한 反自然主義的 要素가 도처에서 發見되는 것이다.

다음은 소설 「나나」의 몇 귀절을 인용해 본 것이다.

관객들은 나나의 아무렇지 않은 손짓 한 번에도 곧 가슴을 들먹이고 한숨을 토했다. 모두, 등을 굽히고서 눈에 안 보이는 악귀의 화살이 살을 스쳐 지나가는 듯 전율하고, 그 목덜미의 잔털은 누군지 알 수 없으나 그 누가 토하는 뜨겁고 부드러운 숨길에 떨고 있는 것 같았다.……

그후 결혼을 했으나, 그의 처는 남편에 대한 의무는 어디까지고 착실히 순종했으나, 그는 신앙에서 오는 일종의 혐오증을 느끼고 있었다. 그는 나이를 먹어 이미 노인이 다 되었으나 아직도 육욕을 무시하고 엄격하게 종교의 계율을 지키고 있었다. 그러나 지금 여배우 화장실에서 나체의 여자를 눈앞에 보지 않을 수 없게 된 것이다. 자기의 처의 양말 벗은 다리도 구경해 본 일이 없는 그는 지금 여자의 화장하는 것을 처음부터 자세히 구경한 것이었다.

……뷔너스의 분장이 다 되었다.……

나나의 몸엔 털이 많아서 온몸은 자주빛 엷은 비로드를 걸친 것 같았다. 살이 찐 말 같은 허리랑 허벅다리, 보는 눈을 부질없이 괴

---

54) Ibid. Gustave Flaubert;Everything one invents is true. Letter to Louise Colet. 1853 p.390

롭게하는 살덩이와 포개진 그 그늘진 도랑! 그것은 마치 짐승에 방불했다. 그것은 몸냄새 하나로 세상을 정복할 것 같은 야수였다. 그 널직한 옥좌는 나나가 그 여왕과 같은 몸을 굽히고도 남음이 있을 듯했다. 이게 비잔틴식의 장엄한 제단이라면 나나는 성의 전능의 신을 모시는 데 부족이 없어 보였다. 그리고 그때 나나는 거기에 종교에서 신앙받는 우상처럼 발가숭이가 되어 누어 있었다.……

나나는 촛불의 빛을 담뿍 받으면서 반듯이 누워 있었다. 그것은 침대 위에 버림을 받은 썩은 살덩이와 액체와 피가 집적된 무덤과도 같았다. 천연두의 자그마한 헌데 딱지가 빈틈없이 얼굴을 묻어주고 있다. 그리고 살빛은 허물어지고 두 볼은 움푹 패어서 흙탕 같이 흐실흐실한 나나의 얼굴에는 아무리 찾아보아도 옛날의 모습을 찾을 길이 없었다. 왼쪽 눈은 곪아서 형태조차 똑똑지 않았다. 오른쪽 눈은 반쯤 벌려 컴컴한 웅덩이 같았다. 코에서도 고름이 흘러나오고 있다. 그리고 죽음의 무서운 얼굴 위를 그 아름다운 머리가 태양과 같이 윤나는 빛을 아직도 잃지 않은 채, 금빛 개울물처럼 흐르고 있었다. 뷔너스의 아름다운 모습은 완전히 파괴되어 찾아볼 길이 없다. 그것은 마치 억압 밑에서 그것을 견디어 온 모든 사람들의 시체에서 풍겨진 병독이, 이 나라 사람을 독되게 한 후 다시 그의 얼굴로 돌아와서 그것을 썩히어 버린 것이라고도 볼 수 있다.……

오오 신이여, 구원을 내려 주십시오. 제 人生은 끝장이 났습니다. 저를 신이 계시는 곳으로 불러 주십시오……

방에는 아무도 없었다. 절망적인 큰 한숨이 거리에서 치솟아 올라와 커텐을 흔들어 줄 뿐이었다.[55]

위에 인용된 몇 귀절만 읽고도 우리는 소위 '관찰 노트의 수집 기록'이니 '순수한 객관적 묘사'니 하는 것이 문학예술에 있어서 얼마나 황당무

---

[55] 「NaNa」 Passim

계하고 모순된 것인가를 알 수 있다. 왜냐하면 위의 인용문을 보면 첫째 객관적이기는 커녕 극도의 주관성을 띄고 있고, 둘째 과장이 심하며, 셋째 유치한 직유법이 혼하다. 이것은 自然主義가 唾棄하는 것들이다.

걸핏하면 나나를 '뷔너스'라고 부르는 것은 일종 浪漫의 냄새가 짙고, 平生을 함께 늙은 부인의 양말 벗은 발을 못 보았다는 얘기는 일종의 조작이다. 따라서 이것은 주관적 상상이라 아니할 수 없으며 美의 女神으로 추앙받던 나나를 갑자기 '짐승과 방불'하다 하여 인간을 야수로 격하시키는 것도 무리가 크다. 마지막 장면에서의 나나의 시체 묘사는 어떤 위대한 낭만주의 作家도 감히 흉내낼 수 없는 고도의 사랑으로 표현해 내고 있다. 죽은 시체의 머리가 "금빛 개울물처럼, 태양같이 빛났다"니 이러한 상상의 비약이 또 어디 있단 말인가? 이 외에도 졸라의 소설에는 이와 같은 초비상적 상상의 표현이 여기저기 눈에 띈다. 이 소설의 마지막 대목은 "절망적인 큰 한숨이 거리에서 치솟아 올라와 커텐을 흔들어 줄 뿐이다"인데, 과연 한숨이 커텐을 흔든다는 게 가능한 것인가? 이것이 객관적 표현이라는 것인가? 아니다. 이것은 지독한 主觀이요, 극도의 감상적인 상상이다. 이것은 졸라 자신이 부르짖은 실험적, 과학적, 의학적, 관찰의 이론에도 어긋나는 것임은 말할 것도 없다. 또한 졸라는 루공과 마까르의 相異한 血統을 쳐들어 소위 씨는 속일 수 없다는 유치한 유전론을 作品에 導入했는데, 이것 역시 현대에 와선 그 한계가 매우 모호해져서, 하나의 信憑性 없는 假說에 불과하게 되었으니 가령 人間의 後天性이 先天性을 극복해 내는 예라든지 혹은 유전에 있어서의 돌연변이 같은 것은 과거 졸라의 유전이론을 그대로 받아들일 수 없게 하였다. 人間은 元來 元素의 化合物이 아닌 하나의 生命體다. 따라서 거기 精神作用이 介在하는 限 人間의 生態를 實證이 가능한 과학적 이론에만 대입시킨다는 것은 그 意圖부터가 외람된 일이라 아니할 수 없다. 하물며 文學的 전통도 없는 황무지에서 橫步가 다만 '現實 폭로'와 '환멸의 비애', 그리고 '個性'을 들고 나와 自然主義 作家然했던 것은 얼마나 동키호테식이었는지 모를 일이다.

염상섭이 제시한 이론 즉 '현실 폭로, 환멸의 비애, 개성 존중'의 次元에서 생각한다면 그는 오히려 사실주의 작가요 그것도 한국의 唯一한 사실주의 작가다.

따라서 韓國的 사실주의를 논의할 경우엔 염상섭만이 유일한 대상이 될 뿐이다. 왜냐하면 염상섭文學의 특성은 곧 韓國的 사실주의 문학의 樣相이 되기 때문이다.

다음은, 상섭文學의 代表作(가장 사실주의의 文學이라 지칭되는) 몇 편을 통해 한국적 사실주의 문학의 양상을 규명코자 한다.

횡보 자신의 회고에 의하면 그의 작품은 중편이 둘, 장편이 열 여덟, 단편이 아흔 다섯으로 그 외에도 미처 수집을 못한 것이 많다고 한다. 그 중 소위 자연주의적 (이 用語를 우리는 '사실주의'로 바꾸어 읽어야 한다.) 代表作으로는, 횡보의 말을 빌리면 「표본실의 청개구리」와 『삼대』를 손꼽고 있다. 그리고 그는 그러한 選別의 이유에 대해 이렇게 밝혔다.

"특히 前記한 두 作品을 본보기로 내세우는 이유는 다음과 같다. 前者 「표본실의 청개구리」의 경우는 3·1운동 직후에 잠시 한때라도 갈 바를 모르던, 즉 趣向할 바 길이 막히어 彷徨하던 心的 虛脫 狀態와 정신적 혼미 상태—현기증 같은 것을 단적으로 표현한 것이요, 後者 『三代』는 新舊時代를 祖孫으로 그 중간의 新舊緩衝地帶的인 시대, 즉 흑백의 중간적이요 흐릿한 灰色的 存在로써 父親의 代를 介在시키어, 三 時代相의 推移와 그 특징을 밝힌 작품이다.

이 祖, 父, 孫의 3代를 다시 명확히 규정한다면 祖父는 '萬歲' 前 사람이요, 父親은 '萬歲' 후의 허탈상태에서, 自墮落한 생활에 헤매던 無理想·無解決인, 자연주의 문학의 本質과 같이 현실폭로를 상징한 '否定的'인 人物이며, 孫子의 代에 와서 비로소 새 길을 찾아 들려고 허덕이었다."56)

이와 같은 그의 회고는 그가 왜 자연주의 작가냐 하는 것에 대한 答辯

---

56) 橫步, 앞의 글.

이라기보다 오히려 어째서 그가 사실주의 作家냐 하는 것을 단적으로 잘 대변해 준 말이라 하겠다. 혹자는 『루공·마카르 총서』가 5代에 걸친 한 가족의 生活史인데, 『三代』는 3代에 걸친 生活史이므로 그 점에서도 그는 자연주의 작가가 아니냐 하겠으나, 졸라의 것은 相異한 두 집안 혈통의 가문이 遺傳法則에 따라 서로 다른 현상을 나타내는 과정을 그린 것이고 橫步의 것은 한 혈통인 祖父孫 3代의 가정생활 즉 몰락 과정을 밟아가는 봉건적 유물로서의 전통을 지닌 家風과 當代의 判異한 時代觀의 葛藤을 그린 것이니 근본적으로 그 소재와 作法이 다른 것이다.

日警의 감시에 依하여 끈질기게 뒤를 밟히는 韓國 知性人의 오뇌를 묘사한 「萬歲前」도, 그의 사실주의 작가로서의 면모를 보여 주는 좋은 예이다. 또 1951年에 『서울신문』에 연재됐던 「젊은 世代」가 이유도 없이 중단되었던 사실에 대해 횡보는 "소위 御用紙의 성격을 남용한 것"이라고 했는데, 여기에서도 우리는 횡보의 歷史의식, 사회의식, 참여의식, 시민의식을 발견할 수 있고 그가 왜 사실주의 작가인가 하는 것을 대변해 주는 좋은 해답이 된다.

시민문학이 어째서 사실주의 문학이 되느냐에 대하여는 백낙청이 자세히 언급한 바 있다.

왜냐하면 市民文學이 이상적으로 모든 시민이 共有하는 文學이고 건전한 社會의 市民은 그들 사회의 현실에 깊은 관심을 갖는다고 전제할 때, 되도록 당대 현실을 소재로 되도록 만민이 자연스럽다고 느끼는 기법—그것도 물론 하나의 기법이요, 따라서 자연 그대로만은 아닌 예술적 관습임은 사실이지만—으로 그려낸 문학이 적격일 것은 당연한 이치이다. 시민사회 시민문학을 형성하는 일이 하나의 지속되는 과업으로서 기존 현실에 대한 끊임없는 비판을 요구한다는 점에서도 realism의 그러한 면이 중요시되는 것이다.

3·1운동이 한국적 시민의식을 처음으로 이룩한 사건이었음은

식민지시대, 최초의 한국문학이 그 운동에 참여했던 세대에 의해
씌어졌다는 사실로도 드러난다.[57]

이러한 市民의식, 비평의식과 결부되는 一連의 作品들을 일일이 예거
할 수는 없다. 다만「표본실의 청개구리」는 橫步 自身이나 혹은 많은 評
者들에 依해 그의 文學的인 聲價를 확립시킨 韓國 최초의 自然主義 小說이
라 불리워지고 있고, 또『三代』는「韓國의 近代史」라고 불리우고 있으므로
이 두 편에 국한시켜 상섭 소설의 리얼리즘을 살피고자 한다.

그의 處女作인「표본실의 청개구리」는 1921年 8月에 나온『開闢』誌
에 그 초회분이 게재되었고 3回에 걸쳐 연재됐었다.

실험실의 냄새를 풍기는 그 제목과 소설 서두의 실험장면으로 인해
'자연주의의 거목'이란 別名까지 받게 한 이 소설은 그러나 냉정히 관찰
해 보면 숱한 非自然主義性을 지니고 있다.

첫째는 '나'라는 主人公이 지나치게 낭만적인 감상주의자로 설정되어
있다.

> "무거운 기분의 침체와 한없이 늘어진 생의 권태는 나가지 않는
> 나의 발길을 남포까지 끌어왔다. ……"
> "어디든지 가야겠다. 세계의 끝까지, 무한에 영원히, 발끝 자라
> 는 데까지, 무인도! 시베리아의 황량한 벌판! 몸에서 가슴이 부지
> 직 부지직 타는 남양! 아…… 아…"
> "단 일분의 정지도 아니하고 땀을 뻘뻘 흘리며, 힘있는 굳센 숨
> 을 헐떡헐떡 쉬는 풀·스피이드의 기차로 영원히 달리고 싶다.
> …… 만일 타면 현기가 나리라는 염려만 없었으면 비행기! 비행
> 기! 하며 혼자 좋아하였을지도 몰랐다."
> "음산한 방 속은 무겁고 울적한 나의 가슴을 더욱 질식케 하는
> 것 같았다. 까닭 없이 울고 싶은 증이 나서 가만히 누웠을 수가 없
> 었다."[58]

---

57) 白樂晴,「市民文學論」,『창작과 비평』4권, Passim
58)「표본실의 청개구리」

　감상주의란 자기가 참말로 그렇게 느끼고 있지 않는 감정을 자기자신에게 강요하는 것이다. 그것은 일종 조작 또는 과장된 감정이다.

　그런데 상섭의 이 作品에는 필연성을 띤 구체적인 상황이 제시되어 있지 않기 때문에 결국 작자 스스로가 '나'라는 주인공에게 날조된 비애를 강요한다는 느낌을 주게 되는 것이다.

　둘째로 그 문장묘사가 객관적이기는 커녕 지나치게 주관적이고 추상적이다.

　　　인간에게 허락된 이외의 감각을 하나 더 가지고 인간의 침입을 허락치 않는 유수미려한 신비의 세계에 들어갈 초대장을 가진 하느님의 총아 김창억은 침식 이외에는 인간계와 모든 연락을 끊고 매일 같은 꿈을 반복하며 대지 위에 자유롭게 드러누워서 무애무변한 창공을 쳐다보며 대자연의 거룩함과 하느님의 총은 많음을 홀로 찬양하고 있었다.59)

　셋째, 사실주의 문학이라 하기엔 지나치게 과장된 미적 수식으로 一貫되어 있다.

　　　"십칠야의 교교한 가을 달빛은 앞창 유리 구멍으로 소리 없이 고요히 흘러 들어와서 할머니의 가슴에 안기어 누운 영희의 젖은 베개 밑을 들여다보고 있었다.……

　　　아 — 그 위대한 건물이 홍염의 광란 속에서 구름 탄 선인 같이 찬란히 떠오를 제, 그의 환희는 어떠하였을까. 그의 입에서는 반드시 '할레루야'가 연발되었을 것이요. 그리고 일편의 시가 흘러 나왔을 것이다."60)

　넷째, 현실 참여로서의 市民의식이 아니라 오히려 현실 도피의 퇴폐의

---

59) 위의 소설
60) 위의 소설

식이 강하다. 그것은 대동강 가에서 만난 乞人 長髮客을 보고 "진정한 행복은 저런 생활에 있는 게야"라고 생각하면서 김창억이란 狂人에게 집착하는 데서 발견할 수 있다.

> "하느님이 천사를 보내시어 꾸며 놓으신 옥좌에 올라앉아서 자기의 이상을 실현치 않으면 아니될 시기라고 생각한 그는……
> 신의에 따라서만 살 수 있다는 신념을 確執한 그는 인제는 금강산으로 들어갈 때가 되었다고 三층 위에서 내려온 것이오."61)

다섯째, 이 作品에서 김창억이란 人物의 發狂 原因을 現實 폭로를 위주로 한 對社會的 상황 속에 設定한 것이 아니라 아내의 배신이라는 개인사건에 歸結시키고 말았다.

그러나 여러 가지 사실로 미루어 보아 「표본실의 청개구리」를 "졸라류의 실험주의적 계통을 밟은 것"62)이라고는 도저히 말할 수 없다. 그런데 橫步를 韓國의 唯一한 사실주의 문학가로 내세울 수 있는 확신을 주는 것은 그의 長篇 『三代』에 근거한다.

『三代』는 1931년 1月 1日부터 조선일보에 215回에 걸쳐 연재된 그의 代表的 장편소설이다. 『三代』는 집약된 韓國의 近代史이다.

할아버지인 조의관은 허물어져 가는 봉건사회의 잔재이고 그의 아들 조상훈은 봉건사상과 신사상의 과도기 인물의 전형이며 그의 손자 조덕기는 近代市民으로서의 자각을 가진 新靑年이다.

이 『三代』의 놀라운 문학적 가치는 당대 모든 사람의 一般的 관심사인 政治觀, 社會觀, 연애관 등 一切가 같은 시간과 공간에 존재하는 祖·父·孫 3名을 通해 판이한 양상으로 실감 있게 짜여져 있다는 데 있다.

요컨대 상섭은 當時 韓國社會의 발전과정을 正視하고 中産계급을 사

---

61) 위의 소설
62) 金八峯, 「창작계의 1年」, 『동아일보』, 1928. 1. 1.

회의 중추세력으로 이끌어 갔으며, 한편 독립운동자들의 비참한 모습과 노동자 계급의 빈궁을 도외시해서는 안 될 조선민족, 즉 '植民地 국민'으로서의 새로운 생활 태도와 각성을 제기해 주고 있다.

따라서 지금까지 누누히 說明했거니와 염상섭은 종래의 文學史가 설정해 준 '自然主義 文學家'란 칭호를 벗어 버리고 '한국의 선구적 리얼리스트'라는 새로운 칭호를 받아야 할 것 같다.

왜냐하면 「표본실의 청개구리」를 그의 作品에서 전혀 삭제해 버린다 할지라도 전통의 옹호 및 파괴의 사상적 대결이요, 위선과 인습에의 批判書였던 『三代』라는 장편 하나만으로서도 그의 사실주의적 작가의 면모는 확고하기 때문이다.

다시 말해서, 橫步는 自己의 문학 특징을 일컬어 '현실 폭로'와 '환멸의 비애' 그리고 '개성의 존중'이라고 말하고 다시 이러한 文學精神으로 인해 자기자신을 自然主義 作家라고 命名했었다. 그러나 여기에서 말하는 '현실폭로'란 사회에 대한 비판의식 즉 告發精神이요, '환멸의 비애'란 3 · 1운동을 전후한 이 나라 知識靑年들의 정신적 고민을 이름이요, '個性의 존중'이란 自我認識, 市民意識 등을 이름한다고 생각해 본다면, 그의 문학정신은 자연주의에 근거하는 것이 아니라 철두철미하게 寫實主義 文學理論을 全面的 요소로 하고 있다는 것을 알 수 있다.

그러나 廉尙燮의 사실주의는 사실주의 본래의 준엄한 고발정신을 결여하고 있다. 다만 그의 문학은 객관적인 世態風景의 묘사문학으로 굳어진 感이 있는데 바로 이 점이 한국적 寫實主義 문학의 主樣相이라 하겠다. 日帝 植民地 虐政下에 있었던 被支配民族의 입장으로 본다면 上記한 비판의식의 적극적이고 노골적인 표현은 퍽 어려웠을 것으로 안다. 그러기에 그의 문학은 사실주의의 표면적 意味인 객관적 世態風景의 묘사문학으로 변모해 버린 것이 아닌가 생각된다. 이것은 당시 韓國的 狀況을 고려할 때 충분히 理解가 가는 일이다.

따라서 한국적 사실주의의 樣相은 염상섭의 作品世界가 이를 대변한다는 결론이 성립된다.

염상섭의 문학세계는 「표본실의 청개구리」로 代表되는 初期의 낭만적 자세, 『三代』로 대표되는 中期의 現實批判的 자세, 해방 후 作品으로 대표되는 방관적 세태묘사의 자세로 나누어진다.

그러나 염상섭 文學의 主流는 역시 무엇보다도, "안이하고, 방관적이고, 소극적이고 무책임한 제3자의 입장에서 現實을 바라보는 객관적 寫實描寫"에 머무르고 있으며 이것이 바로 韓國的 寫實主義의 양상이라 하겠다.

5) 結 論 —現況과 그 展望—

(1) 우리 문학에서 사실주의 문학을 말할 때 가장 빈번하게 내세우는 作家가 羅稻香, 玄鎭健, 金東仁, 廉尙燮이다. 그런데 김동인은 민족주의, 耽美主義, 人道主義, 心理主義, 自然主義, 寫實主義 등 다양하게 言及되어서 굳이 寫實主義에 局限시켜 말할 이유가 없으므로 除外하고 羅稻香, 玄鎭健, 廉尙燮만을 中心으로 韓國的 사실주의 문학의 양상을 규명해 보았다.

(2) 1920년 이후의 한국의 현대문학은 西歐와 같은 自体內의 主体的 傳統이나 自覺的 준비태세 없이 被動的으로 수입된 西歐文學 영향하의 小說이었던 만큼 奇形的인 特殊性을 隨伴하지 않을 수 없었다.

그리하여 한국의 사실주의는 서구의 그것에서 直接 間接으로 다양한 영향을 받아 여러 가지 유사성을 가지고 있는 것이 사실이긴 하지만 그 양자 사이엔 현격한 差異가 나타나고 있다. 西歐의 것을 받아들여 완전히 소화하기에 不可能한 한국의 文化的 社會的 여건 등이 사실주의를 成功的으로 이끌지 못했고, 분석과 비판 그리고 준엄한 고발정신이 근간이 된 서구의 리얼리즘을 한국에서는 戱畵的인 世態風景의 묘사 정도로 오해한 경향이 농후하다.

(3) 그리하여 사실주의와 자연주의의 개념 파악조차 모호했던 초창기 문단은 나도향, 현진건, 김동인, 염상섭 등에게 '사실주의 및 자연주의 作家'라는 엉뚱한 칭호를 부여하여 이 두 思潮를 혼동하여 使用했던 것이나, 이 兩者 사이엔 主題意識을 表出하는 데 근본적인 차이가 있다.

사실주의는 市民의 關心事를 시민에게 전달하여 바람직한 社會改革에의 꿈을 作品의 밑바탕에 제시하여 능동적 사회에의 참여와 아울러 시대의 社會相을 분석 비판하고 고발하는 데 使命이 있고 自然主義는 人間을 하나의 動物的인 生命体로 보고 그 유전적 법칙에 의해 人生을 실험하고 관찰하여 그 나타난 데이터를 기술하면 된다는 것이기 때문이다.

(4) 그런데 소위 자연주의의 실험주의적, 유전학적 또는 科學的 관찰태도를 작품에 도입한 사람은 우리 文壇엔 단 한 사람도 없으니, 韓國엔 자연주의 作家가 없다 하겠고, 1920년대의 사실주의 作家로서는 오직 廉尙燮 한 사람 정도를 고를 수 있다고 하겠다.

왜냐하면 羅稻香의 初期 作品엔 감상의 과잉, 사건의 날조, 구성의 미비, 모랄이 없는 등장人物이 보여 주는 언어행위의 우연성 남발, 주제의 빈곤, 모호한 핵심, 미숙한 문장, 作者의 人生觀 내지 도덕관과 문학관의 불투명 等 이루 헤아릴 수 없는 흠이 있어서 그 一連의 作品을 小說이라고 할 수 없고 사춘기 소년의 센치멘탈한 감상문이라 할 정도이며, 다만 그 후기 作品인 「뽕」,「물레방아」,「벙어리 三龍이」 등이 문제시 될 뿐이다. 그런데 이들 후기 作品의 主人公들은 모두 超人的, 超自然的 과잉정력을 가진 사람들이며 그것을 해소시키기 위한 방법으로서 도처에 男女間의 난행, 폭행 등을 삽입시켰는데, 이러한 지나친 과장으로 말미암아 전혀 리얼리티를 찾아 볼 수 없게 된다. 사실 이들 主人公들은 性倒錯의 변태자들로밖에 취급할 수가 없다. 그러므로 도향을 사실주의 作家

라고 하는 것은 피해야 하겠다.

　(5) 빙허에 있어서는, 소위 사실주의의 代表作이라고 불리우는 네 개의
作品, 즉 「빈처」, 「운수 좋은 날」, 「불」, 「B사감과 러브레터」에 등장하
는 主人公들의 性格이 한결같이 광적으로 부각되어 있어서 전혀 實感이
나지 않는다. 왜냐하면 人物과 性格들이 지나치게 과장되어 있어 비현실
적인 현상이 노정되어 있기 때문이다.

　소설세계와 현실세계의 원만한 集合 관계를 수긍할 수 없는 이들 作品
을 일컬어 사실주의에 입각한 作品이라고는 도저히 말할 수 없다. 그러나
빙허에게서는 리얼리티의 발견을 위해 아이러니와 새타이어 혹은 희화적
드라마 構成 等에 남달리 노력했다는 점이 인정된다. 사실 그가 현대소
설의 描寫性을 강조해준 점은 높이 사야 마땅할 것이다.

　(6) 橫步에 있어서는 橫步 自身이 自己의 문학 특징을 일컬어 '現實
폭로'와 '환멸의 비애' 그리고 '個性의 尊重'이라고 했는데 그는 이를 自
然主義的이라고 했다. 그러나 여기에서 말하는 '현실 폭로'란 사회에 대
한 批判의식 즉 告發精神이요, '환멸의 비애'란 三·一運動을 前後한
이 나라 知識靑年들의 精神的 고민을 이름이요, '個性의 尊重'이란 自
我認識, 市民意識 等을 이름이라고 생각해 본다면, 오히려 그는 사실주
의의 文學理論을 피력하고 성취하였다고 볼 수 있다.

　廉尙燮의 사실주의는 사실주의 본래의 준엄한 고발정신이 퍽 미약하
다. 다만 그의 문학은 객관적인 世態風景의 묘사문학으로 굳어진 感이
있는데 바로 이 점이 韓國的 寫實主義 문학의 主樣相이라고 하겠다. 日
帝 植民地 虐政下에 있었던 被支配民族의 處地에서 본다면 上記한 비
판의식의 적극적이고 노골적인 표현은 퍽 어려웠을 것으로 안다. 그러기
에 그의 문학은 사실주의의 표면적 意味인 객관적 世態風景의 묘사문학
으로 추락해 버린 것이 아닌가 생각한다. 이것은 당시 한국적 狀況을 고

려할 때 理解가 가는 일이다. 염상섭의 사실주의를 가장 잘 표현해 준 作品은 『三代』이다. 그 理由는 이 『三代』가 같은 시간에 같은 장소에서 거주하는 祖, 父, 孫 三代人에 의해서 그들의 정치관, 교육관, 사회관, 연애관 等이 봉건성, 과도성, 진취성 등의 세 가지 樣相으로 生動하게 浮彫되어 각 世代의 典型的 人間像을 보여주는 데 성공한 作品이기 때문이다. 전통을 옹호하려는 사람과 파괴하려는 사람간의 사상적 대결, 위선과 인습에의 비판 등이 활발하고 진지하게 전개된 作品이다.

다음으로 문제되는 염상섭의 作品은 「표본실의 청개구리」인데 이것은 졸라류의 자연주의 作品이라고 극구 찬양되어 왔으나 '나'라는 主人公이 너무 지나친 낭만적인 감상주의자이고 문장묘사가 객관적이라기보다 지나치게 주관적이며, 사실주의 문학이 의식적으로 기피하는 과장된 미적 수식 또 作品內의 현실도피 사상 등 여러 가지 점으로 미루어 보아 도저히 자연주의 혹은 사실주의 작품이라고는 일컬을 수 없다.

(7) 따라서 한국적 사실주의의 樣相은 염상섭의 作品 『三代』가 이를 대변한다는 결론이 성립된다.

염상섭의 문학세계는 初期의 낭만적 자세, 中期의 현실비판적 자세, 末期의 현실 방관적 세태묘사의 자세 등 三期로 나눌 수 있다.

白樂晴은 염상섭에 대하여 그는 주관적인 낭만주의 자세로부터 객관적인 사실주의적 자세로 전환했을 뿐 아니라, 현실비판적인 자세로 전환했다고 말하고, 이어서 체홉과 모파상 등은 人間 현실을 있는 그대로 바라보는 데 그치지 않고 그 현실을 극한의 완전성으로까지 고양시켜 마지 않는 열렬한 꿈을 간직했으니, 그것은 방관자의 무책임한 구경이 아니라 진실(reality)을 갈망하는 사람의 순교자적 몸부림인 것인데, 염상섭에겐 그러한 열렬한 꿈이 없다고 말했다.

염상섭의 문학엔 안이하고 무책임하고 방관자적 입장의 객관적 사실적 묘사—그것만이 존재할 뿐이다. 그리고 이것이 바로 韓國的 사실주의의 양상인 것이다.

　以上으로 1920年代 韓國的 리얼리즘의 樣相은 대체로 그 윤곽이 밝혀졌으리라고 보거니와 리얼리즘이 小說문학의 基調로 존재해야 하는 한 그 후 韓國의 리얼리즘은 어떤가를 本考의 蛇足으로 생각해 본다.

　不幸하게도 현재 한국문단의 고민은 리얼리즘의 폭이 만족할 만하게 펼쳐져 있지 못한 데 있다. 이 민족의 가슴마다에 꺼지지 않는 영원한 비극의 불씨를 심은 6·25의 비참이 적나라한 현실로 부각될 수 있는 여건을 우리는 지난 반 세기 동안은 지니지 못했다.

　최인훈의 『광장』이 분단된 한국의 현실을 사실대로 그렸다 하여 무시할 수 없는 리얼리즘의 成果를 제기했다고 할 수 있겠으나, 그러나 남한도 북한도 그 중 어느 하나를 선택할 수 없어 끝내 中立國行의 大洋에 투신자살해 버리는 것은 무책임한 도피적 태도로 보여질 수 밖에 없다.

　김승옥의 「서울, 1964년 겨울」도 불안한 현실고발이라는 點에서 리얼리즘의 성공을 들 수 있으나 市民의 오뇌를 짊어진 서적외판원은 끝내 무엇을 해야할 것인가를 몰라 자살해 버리는 것이다.

　선우휘의 『불꽃』이 그 후편을 상실하고 있음은 마찬가지 例가 된다.

　3·1운동으로부터 6·25의 격동까지를 배경으로 하고 있는 『불꽃』의 주인공 고현은 알몸이 부끄러워 껍질 속에 몸을 처박은 소라의 生理를 가진 내성적 靑年이었는데 결국에 가선 자못 자신 있는 소리를 외쳤던 것이다.

　　　분명한 한 가지는 외면하거나 도피하지는 않는 것이다. 외면하지 않고 어떻든 정면으로 대하자. 도피할 수가 없도록 절박한 이 처지, 정면으로 대하도록 기어이 상황은 바싹 내 앞으로 다가온 것이다. 이미 꽃밭의 시대는 끝난 것이다.

　그러나 고현은 지금껏 자고 있다. 눈을 떠보면 당장 행동을 개시해야 할 절박한 이 처지에서 무엇을 어떻게 행동해야 할지 손발을 묶인 고현은 눈을 뜨기가 무서워 잠자는 시늉을 하는지도 모른다. 이들이 깨어나서 입을 열 때 한국의 리얼리즘은 비로소 가능한 것이요, 이들이 자고 있는 한 한국적 리얼리즘은 안이한 방관자의 입장으로 본, 현실의 객관적 세태묘사로서만 존속될 것이다.

5. 現代 小說과 象徵의 機能

1) 언어의미의 脫俗

미술이 색깔을 매개로 한 시각의 예술이요, 음악이 소리를 매개로 한 청각의 예술이라면, 문학은 그 중간 위치에 있다. 그 이유는 시각적 요소 인 문자와 청각적 요소인 언어를 통하여서만 문학의 작품화가 가능하기 때문이다.

따라서 본고는 문학에 있어서의 언어 기교문제로부터 이야기하기로 한다.

언어는 주로 문학적인 것, 일상적인 것 및 과학적인 것으로 구별된다. 언어기호와 그 기호가 지시하는 대상과의 사이에 투명한 1대 1의 의미관 계가 성립되는 과학용어는 순수하게 외연적이다.

그런데 과학용어와 비교해 볼 때, 문학용어에는 몇 가지 점에서 차이가 나타난다. 문학용어는 앰비기티를 그 특성으로 한다. 동음이의어를 통한 연상을 위시하여 고도로 내포적인 상징의 문제 등, 비합리적인 요소를 많 이 지니고 있다. 그것은 화자와 필자의 心緖까지를 전달하여 청자와 독자 의 心懷와 태도에 영향을 주어 그들을 설복시키고 심지어는 그들의 心胸 마저를 변모시킨다. 또 문학용어에 있어서는 기호 그 자체가 가진 음성까 지도 상징성을 강조한다는 점이 과학용어와는 구별된다.

일상용어와 문학용어의 차이는 그 구별이 다소 곤란하다. 일상용어는 통일된 개념의 것이 아니다. 그것은 농업용어, 상업용어, 관청용어, 공업 용어, 교육용어, 종교용어, 회화용어 등을 모두 망라한다. 환언하면 일상 용어는 청자와 독자의 행동과 태도에 즉각적인 영향을 끼친다고 할 수 있 다. 그러나 일상용어를 의사전달의 표현수단으로만 한정할 수는 없다. 무 의미한 사교상의 요설 속에서도 의사전달과는 무관계한 언어유희를 찾아 볼 수 있다. 그러므로 예술과 비예술과의 사이, 문학과 비문학적인 언어표 현과의 구별은 다분히 유동적이다. 미적 기능의 우위를 점하고 있는 언어 조합이 문학의 한 단계라고는 하되, 그와 동시에 문체, 구성과 같은 부면 의 미적 요소가, 과학논문이나 철학논문, 정치 팜플렛이나 교리해설 등 문 학과는 별종의 비심미적 목적을 가진 글 속에도 산재해 있기 때문이다. 그러면 일상용어와 문학언어의 근본적 차이는 어디서 찾아야 할까?

일상언어로서의 6펜스는 6전의 의미로서 족하지만, 문학용어로서의 6 펜스는 모옴의 소설과 분리하여 설명될 수 없고, 인식될 수 없고, 그 안의 모든 부분이 유기적으로 다른 부분과 또 전체와 연속되는 어떤 것이어야 한다.

엠프슨(Empson)이 말한 '언어의 앰비기티', 블랙무어(Blackmur)가 말 한 '언어의 텍스츄어', 브르크(Brook)의 '아이러니'는, 문학언어의 특성을 정의하고 다른 종류의 언어와 그것을 구별시켜 주는 불가결한 개념이다. 사실상 문학적 용어는 명확한 선으로 구획된 이쪽과 저쪽에 일상 용어와 병치되어 있는 것이 아니다. 언어가 지닌 일상성 속에서 그 일상성을 극 복하고 언어의 예술성을 창조해 낸 것, 그것이 바로 문학을 가능케 하는 언어의 기교요, 거기에 예술로서의 문학적 본질이 성립된다 볼 수 있다.

자서전적인 소설 『말』(Les mots)에서 싸르트르는 다음과 같이 자기의 문학적 언어관을 술회했다.

내 책에서는 땀내가 나고 고생한 흔적이 보인다. 미사여구를 꾸 며대는 노인이나 마구 갈겨쓰는 문학청년들을 제외하면 글짓기 명 수란 없는 것이다. 그것은 말의 본질로 보아 어쩔 수 없는 노릇이

다. 입으로 이야기할 때 나오던 제 나라 말도 붓으로 글을 쓸 때는
외국어가 되는 것이다.

이 말은, 작가가 얼마나 예민한 촉수로 언어를 대하고, 얼마나 참담한
노력으로 언어의 예술성 창조에 임하는가를 역설한다. 이러한 면에서 볼
때, 문학의 본질은 다른 예술이 관련하는 바와 비교 관찰할 때 가장 명료
하게 드러난다. 그것은 언어를 미디어로 하여 허구와 상상의 세계를 묘사
하는 일이다.

가령 실재사건에 관해서 지식만을 전달하는 것처럼 생각되는 역사서적
과 픽션으로서의 역사소설과의 차이는 기술방법이라든지 상상력의 동원
이라는 점에서는 찾을 수 없다. 소설은 인간의 심리적인 갈등을 그리고
역사는 인간의 영웅적, 외면적 사건 자체만을 기술한다. 소설에서는 잡다
하고 비속한 일상생활의 묘사가 가능하지만 역사에서는 기록할 만한 가치
가 있는 의미로운 사건만을 진술한다. 그리하여 소설은 비속하고 역사는
경건하다. 이것을 처음으로 고민하고 역사와 소설의 근본 차이를 구분하
여 소위 비속의 문학을 창시한 사람은 플로베르였다. 대상의 의미있는 행
위만을 기록함으로써, 다시 말하면 그 기술내용의 역사적 의미가 작품의
가치를 뒷받침 해주는 글이 아니라 독자적인 위력으로서 스스로 존재할
수 있는 가치를 소설은 지녀야 한다고 플로베르는 주장했다. 특정시대, 특
정인들, 특정사건의 중후한 의미가 뒷받침하는 역사물과 맞서서 소설의
독자성을 세우기 위해, 플로베르가 필연적으로 도달해야만 했던 곳이 바
로 언어의 일상성을 극복한 언어자체의 기교, 언어의 예술적 승화였다.

마지막으로 언어기교의 방법이 문제된다. 그것은 의미의 확장이 가능한
기능적이고 강도있는 언어를 찾아내는 일이요, 그것을 작품 속에서 구사
하는 일이요, 그리하여 일상적인 용어가 점차 의미의 심도를 높이도록 아
이러니와 알레고리와 메타포를 통해 상징성을 내포시키는 것이다.

신화와 전설과 설화와 종교의 아키타입(archetype)에서 현대문학이 그

상징의 원천을 찾아내는 연유가 여기에 있다.

지금까지 이야기한 것은 문학과 비문학과의 구별을 문학의 매개체인 언어의 독자적 표현, 다시 말하면 언어의 기교 문제에 착안하여 생각해 본 것이다.

언어는 작자와 독자가 함께 인생을 보는 창문이다. 그때의 창은 반드시 투명해야 한다. 다시 말해서 인생의 정확한 투영을 위하여 유리를 깨끗이 유지하기 위한 노력이 작자의 책임으로서 요구된다.

작가에 의해 닦여진 유리 — 언어를 통해 나타난 소설에서 인생의 질을 분간하고 평가하는 비평의 분야는 최근에 이르러 특히 서구의 경우, 소설에 나타난 상징의 유형을 연구하는 경향으로 시도되고 있다.

그런데 우리의 평단은 아직 이 문제에 관해 별로 논의하지 않을뿐더러, 소설내의 행동, 환경, 시츄에이션을 통해 그 소설을 경험해 보는 과정쯤에 있다는 인상을 준다.

현대소설에서 문제되는 상징에 대하여 검토해 보고 싶은 이유가 이런 데에 있다.

2) 상 징

소설의 기교 속에 상징이 어떻게 나타나 있는가를 살피기 위해서는 우선 상징이란 용어부터 정의해야겠다.

리처즈(I.A. Richards)는 『문예비평의 원리』 첫머리에서 비평용어의 애매성을 개탄했고, 포프(A. pope)는 그의 평론집에서 wit를 아홉 가지 다른 뜻으로 썼다고 하거니와 symbol이란 말을 한 마디로 설명한다는 일은 용이하지 않다.

상징의 1차적 의미는 '대표한다'(representation)는 뜻이다. 초대 기독교인의 심볼은 물고기였다. 인생을 고해라고 하는 동양적 사고의 원천을 여기에서도 발견한다. 사제는 어부로 상징되었고 당연히 배는 교회를 상징한다. 구약성경에 나오는 노아의 방주와도 연관을 맺는다. 링컨은 자유의 심볼이다. 이러한 관점을 상징의 일반적 의미라 생각할 때 우리는 하나의 의문에 봉착한다. 인간은 왜 직설적 언어로서가 아니라 상징적인 언어로 사상을 풀이하려 하는가? 지능으로 인하여 동물을 초월하는 인간이 왜 어리석게도 우상 앞에서 예배하며 우상을 만들기 위해 정력과 금력을 낭비하는가? 대답은 간단하다. 인간은 심볼을 갖고 있고, 계속 그것을 만들어 내고 또 사용할 필요를 느끼기 때문이다. 동물에게는 심볼이 없다. 기호 (sign)가 있을 따름이다. 심볼이 없다면 인간의 사고는 불가능하다. 감각을 통해 들어오는 모든 경험은 인간의 정신 속에 용해되어 상징으로 남는다. 꿈꾸는 일은 잠자는 동안에도 심장이 계속 일을 하듯, 인간 자신이 상징화 작업을 하고 있다는 좋은 증거이다. 그러나 이 정신의 기능은 상징화 작업에서 끝나지 않는다. 만들어진 심볼을 표현하는 행위가 보다 고차적인 목적이요, 이 목적을 위한 과정 및 결과가 딴 동물에게는 없는 인간만의 일이다. 이 상징 표현의 일 중에서 가장 명확한 행위가 '말'이다.

그리하여 우리는 말을 하거나 들을 때, 또는 글을 쓰거나 읽을 때 우리의 注意가 두 개의 방향으로 움직임을 안다. 하나의 방향은 외적이고 원심적인 방향을 통해 그들 사이의 관습적인 연관의 개념을 더듬어가는 것이고 다른 하나의 방향은 내적이고 구심적인 방향을 통해 개개의 단어로부터 그 단어가 만들고 있는 더 큰 언어의 의미를 계발하려는 일이다. 어느 편이건 간에 그것은 각 사람의 정신세계에 이미 상징화되어 있는 언어 상징을 반사해 내는 일이 된다.

"태초에 말씀이 있었다"고 쓰여 있는 요한 복음 제1장 초두의 구절은 그 대표적인 예가 된다.

①말씀→②하느님→③만물창조→④생명→⑤빛→⑥善→⑦洗禮者 →⑧구원자→⑨구세주→⑩宗徒→⑪司祭→⑫아버지……

'말씀'은 이러한 많은 의미를 내포한다.

이것을 보면 심볼이란 그 일차적 의미만으로는 해석이 빈곤함을 알 수 있다.

앞에서도 말했지만 심볼은 무엇을 대표하고, 두 가지 이상의 지시력을 가져야 하고 구심과 원심 2중의 의미 방사력을 내포해야 한다. 이 네 가지 중에서 한 가지만 결여되어도 그것은 상징이라 할 수 없다.

스잔느 랑거(Susanne Langer)는 예술작품을 "지정되지 않은 조직적 상징"이라고 말한 바 있다. 지정되지 않았다 함은 고정된 지시체가 없음을 의미하고, 조직적이란 말은 각 구성성분이 서로의 관계 속에서 유기적인 일분자가 되어 하나의 통일체를 만드는 것을 말한다. 상징은 어떤 추상을 만들어내기 위한 고안이다. 다시 말하면 내면적 상태를 나타내기 위한 외형적 고안이라 하겠다.

음악이 음을 사용하고 회화가 색을, 조각이 쇠붙이나 돌덩이를 사용하듯, 문학이 시공의 이미지와 감동의 역동적 모형을 창조하기 위하여 사용하는 단어는, 높고 다른 차원의 세계를 구축하는 소설 속에서 상징변화작업을 하고, 그 심볼을 통하여 우리는 날카로운 이성이나 정연한 논리보다 더 잘 문맥의 이미지와 전체적인 작품의도를 이해할 수 있다.

상징은 표현되지 않은 지시대상의 의미를 응축시킨다. 설명을 요구하는 듯하면서 사실은 거부한다. 미확정적인 대상들을 우리 시야의 원근에 진열한다. 그것을 확인하고자 노력하지만 거기엔 우리의 지성을 도피하는 신비가 존재한다.

문학적 상징은 그리하여 유추를 통하여서만 신비의 탐색이 가능하기 때문에 필연 은유와 알레고리, 또 아이러니 등과 관계를 갖는다. 이들을 통하여 상징은 지시어 그 이상을 지시하고, 논쟁의 한계를 넘어서며, 사상과 감정의 복합의미를 형상화하여 결합한다. 이 결합을 거쳐 분리된 사물의 통합체가 하나의 질서 속에 나타난다. 융(Jung)은 심볼을 하나의 和解者로 보면서 의식으로써 무의식을 결합하는 일이라고 했다.

그러나 종합자—매개자로서의 심볼의 난점은 그것이 불확실한 탐색의 유추라는 것이요, 둘째로는 그 유추의 이해가 대개는 완전할 수 없다는 것이다. 왜냐하면, 상징적 대응은 1:1이라기 보다는 1:多여서 사람에 따라 각기 다른 의미로 인식될 가능성이 짙기 때문이다.

그러므로 상징을 취급함에 있어 항용 범하기 쉬운 불확정한 대상에 대한 확정적 고집의 태도를 앞세우지만 않는다면 상징의 문제는 작가, 評家 및 독자에게 크게 공헌하리라고 보인다. 단어와 문맥을 통하여 이미지의 양상을 찾아내고, 그것들의 부분과 부분, 부분과 전체, 또 각 부분의 기능을 찾아낼 수 있다. 하려고만 한다면, 작자의 창작의도, 나아가서는 작자 자신도 의식 못하는 무의식의 세계까지를 추리할 수도 있다. 또 작품과 아키타입과의 상관성을 모색함으로써 작품을 투시하게 되고, 프로이드가 말하는 7층의 베일을 벗기어 투명하게 작품을 이해할 수 있다. 그리하여 비로소 상징은, 작자와 독자가 함께 인생을 바라보는 창, 언어를 세련되게 하는 신비와 기교의 관건일 수 있는 것이다.

3) 소설 기교로서의 상징

전술한 바와 같은 이론에 수긍을 한다면, 우리는 바다에서 물고기를 낚아내듯 작품 속에서 상징을 추출해 낼 수 있어야만 그것은 문학예술로서의 가치를 지닌다고 말할 수 있겠다.

대체적으로 보아 19세기의 위대한 소설은 상징을 통한 상상력의 창작물은 아니었다.

위대한 작가라고 말하여지는 스탕달, 발자크, 톨스토이의 작품에서는 상징에 해당되는 부분을 찾아보기 힘들다. 이들 소설의 중요한 전통은 비상징성이고, 인생의 사실적 재현이어서 세계문학의 寶庫로서의 아키타입을 무시하는 것으로 보인다. 사실주의적 소설은 그 형태가 고정되어 있다.

그것은 무변화가 특징이며 신화의 권위를 부정한다. 그것은 특이한 개인의 경험을 토대로 하여 현실성이 있는 특수성만을 묘사한다.

경험론에 입각한 이들 사실주의 계열의 소설은, 사료 편찬 서술과 그 방법이 일치한다. 그래서 특수한 시대와 장소에서 발생한 실제의 구체적이고 특별한 행위를 조사하고 묘사한다. 역사적인 요소는 이런 류의 소설에서 실로 중요하고 필수적인 위치를 차지한다. 그런 소설에서는 작품의 처음 몇 페이지에 사건의 역사적 배경을 설정하지 않는 것이 드물다. 언제, 누가, 어디서, 무슨 일을 하였다고 쓰는 것이 통례이다. 이러한 소설에서는 심볼을 원용할 수 없다. 작가는 역사적 사례만을 추구하기 바쁘고, 또 그것을 지시 강조하는 데에 역점을 둘 뿐이다.

그런데 상징소설은 다소 변장된 신화적 자료를 아키타입으로 하여 이야기를 이끌어낸다. 신화와의 관련에서 깊은 이미지가 형성되고, 이미지를 통한 상징적인 해석으로 작품의 의도가 투명해진다. 신화적 아키타입을 배경으로 하지 않은 심볼은 개인적인 창작으로서 그것은 우리의 상상력을 크게 자극하지는 못한다. 버지니아 울프의 「등대로」는 개인적인 상징 창조의 미미한 결과다. 기차 정거장, 주유소, 등대 따위는 인간의 고향 상실성을 나타내는 가장 보편적인 심볼이다. 한편 헨리 제임스는 『금잔 (Golden Bowl)』이란 제목의 글을 씀으로써, 우리에서 '聖盃'의 신비적 상징을 기억시켰다. 그리하여 제임스는 전통의 숭고함과 인간관계의 초자연적 의미를 암시했던 것이다.

문학에 있어서의 상징화 작업의 문제는 문학사에서 가장 현학적인 운동의 하나로 생각되는데, 그것은 실제로 신비적 신화적 아키타입에 대한 신앙으로부터 기본적 명맥을 이어온다.

우리 시대에 이르러 소설의 상징문제가 크게 중요시 되는 데에는 그만한 이유가 있다. 하나는 상상력의 고갈 때문이고, 또 하나는 우리의 인생이 어떤 미확정적인 원리에 의해서 규정된다고 생각하는 막연한 관념 때문이다. 그리하여 작품의도와 비슷한 신화의 아키타입에 독자를 끌고 들어가, 거기에서 상호교감의 효과를 빚어보자는 현대작가의 욕망이 상징소설 성공의 열쇠가 되었다.

이제 상징소설의 대표적인 작품으로 널리 알려져 있는 허만 멜빌의 「모비 딕」을 통하여 상징이 그 안에서 어떻게 작용하고 있는가를 살펴보겠다.

이 작품은, 고래와 巨船을 리얼하게 묘사한 참된 실재와 상징적 기능이 복합된 소설인데, 이 작품에 대하여는 많은 評家들이 성서적 아키타입에 입각한 해석을 부분적으로 시도해 왔다.

서머셋 모옴은, 백경은 악의 심볼이고, 에이허브와 백경과의 투쟁은 선이 멸망하는 선악의 싸움이라는 견해에 동조하면서, 또 한편으로는 복수의 집념에 사로잡힌 에이허브는 악의 심볼이 아니겠느냐고 그 정반대의 해석도 가능하다고 말한 바 있다. 또 어떤 사람은 백경을 악, 바다를 인생, 에이허브를 목적은 진실하나 이슬 같이 서글픈 인간의 노력에 비유했고, 고래와 에이허브와의 투쟁을 악과 악의 투쟁, 인간과 도덕과의 투쟁, 영혼과 육신의 영원한 갈등, 현상과 영원과의 상극 등으로 본 사람도 있다. 또 때로는 원시력에 대한 찬가, 專制的인 것에 대한 반항, 굳센 민주적 정신이 일관하여 흐르는 미국의 개척정신에서 상징성을 찾아보는 사람도 있다. 참으로 이 대장편이 무엇을 상징하는지를 한 마디로 말할 수는 없다. 그 무한한 상징의 이미지를 어떻게 확정지을 것인가?

로렌즈가 말했듯이 "무엇에 대한 심볼인가? 아마 멜빌 자신도 정확히 알았을까 의심스럽다."

여기서 필자는 에이허브를 상징하는 인물의 아키타입을 성서에서 찾아볼 수 있다. 에이허브는 전에, 모비 딕을 잡으려다 오히려 한쪽 발을 물려 절름발이가 되었는데, 비상한 복수심에 불타서 대양(大洋)을 항해한다. 드디어 모비 딕을 찾아낸 선장 에이허브는 선원들과 함께 악전고투하지만, 백경의 몸에 박힌 추의 밧줄에 끌려 바다 귀신이 되고 배는 모비 딕의 일격에 이슬처럼 침몰한다. 그리하여 에이허브(Ahab)는 구약 성서에 기록되어 있는 이스라엘의 왕 Ahab과 같이 비참한 최후를 마치는 것이다.

성서 속의 Ahab 왕은 매우 착한 사람이었으나, 그의 아내가 Ahab의 이름으로 무죄한 백성을 죽였고, 하느님께서는 Ahab에게 무서운 벌을 예고하신다. Ahab는 苦身 克己하여 용서를 구하지만 신의 예언대로 전쟁에서 죽고 그의 흘린 피를 개들이 빨아먹으며, 창녀들이 목욕하던 곳 옆에 묻힌다. 백경과의 싸움에서 죽어 고기밥이 되어버리는 에이허브의 종말이 얼마나 밀접하게 여기 대응하여 작품의 진의를 투시케 하는가를 알 수 있다.

4) 김동리의 「무녀도」

뒤에 물러 누운 어둑어둑한 산, 앞으로 폭이 널다랗게 흐르는 검은 강물. 바야흐로 숨이 고비에 찬 이슥한 밤중이다. 여인들이 자욱이 앉아 무당의 시나위가락에 취해 있다. 무당은 바야흐로 청승에 자즈러져 뼈도 살도 없는 혼령으로 화한 듯 가벼이 쾌자자락을 날리며 돌아간다.

이것은 한 장의 그림을 묘사해 놓은 글이다. 모화라는 무녀가 춤을 춘다. 십만리 서역의 예수귀신이 붙었다고 아들 욱이를 칼로 찍어서 병들어 죽게 한 이 무녀는 半發狂 상태에 있고, 스스로 마지막 굿이라고 하면서 그 굿을 통해 벙어리인 딸 낭이의 입을 열게 하겠다고 한다. 몰려온 구경꾼들은 굿의 영검을 믿는 사람들이 아니라, 예수귀신이 진짠가 신령님이 진짠가를 두고 보자고 벼르는 사람들이다. 때는 밤이고 소복을 한 무녀는 검은 강물 속으로 겁없이 자꾸 들어간다. 오직 살아남은 반벙어리 낭이는 그녀가 잉태한 관념의 씨가 모화의 것인지 욱이의 것인지 분간 못하는 처절하게 슬픈 모습으로, 제 어미의 목숨이 끝난 검은 강물 너머, 무지의 타향을 유랑한다. 어쩌면 낭이는 모화의 정신세계에 살면서 체내에는 욱이의 변신을 키웠는지 모른다.

이 그림 — 무녀도는, 근대적인 한국의 모습을 환타직하게 그려놓은 축소판이다. 모화 이전의 한국은 병자를 위해 醫員이 필요한 것이 아니라, 무당의 푸닥거리가 요청됐던 시대다. 그러나 예수 귀신이 붙은 아들과의 치열한 칼부림끝에 드디어 아들을 죽게까지는 했다손 쳐도, 모화 자신의 시대는 물론 모화의 굿도 영검이 없어졌다는 민족의 각성과 회의가 지배적으로 되어 가던 과도기이다. 그리고 반벙어리인 낭이가 슬프고도 차디찬 모습으로 걸어가는 검은 강물 이쪽의 세계는 인간 이전의 상태에서 인간의 본질을 깨우친 후의 민중이 합리적인 길을 모색해 보고자 하는 데라고 볼 수 있다.

모화는 곰할머니적부터의 유서 깊은 전통이다. 5000년간이나 이 민족의 정신세계를 움직여 왔던 샤머니즘이다. 대원군의 쇄국이며 고집이기도 하다.

욱이는 모화의 용어를 빌리면 서방귀신이요, 현대적 용어를 빌리면 서구의 외래사조다. 2000년간 서구의 정신세계를 지배해 온 크리스찬이즘이다. 대원군의 칼날 아래서 신앙을 증거하며 죽어간 무수한 순교자들이다. 이 소설의 배경이 되는 잡성촌의 基督이기도 하다. 예수와도 같이 욱이는 그에게 칼을 휘두른 자를 위해 기도를 하며 죽었다.

낭이는 우리 민족의 심볼이다. 두 개 사조의 갈등 속에서 방황하던 이 민족의 모습이다. 오빠와 어미를 동시에 잃어버린 벙어리 낭이가 굿의 효험인지 드디어 말을 하게 되었다고 했는데, 이 일은 모화와 욱이를 합하여 빚어진 종합체로서의 낭이가 자의식과 회의에 싸여서 未明의 세계를 걸어가며 스스로 이룩해 낸 생존의 방법이다. 양반가문을 자랑하는 골동품 수집가인 어느 샤머니즘의 殘影에게 모친의 마지막 굿장면인 무녀도를 그려주고, 그 그림 속에 도깨비 굴속 같은 칩거생활의 벽을 묻어버리고 일어나서 나온, 슬프고도 침착한 합리적 사고의 태도가 낭이의 의식 속에 암시되어 있는 것이다.

5) 황순원의 「목넘이 마을의 개」

어디를 가려고 해도, 산목을 넘어야 해서 이름지어 목넘이 마을. 남쪽 산목을 넘어 온 이삿군들이, 우물에서 목을 축이고 부르트고 터진 발바닥에 물을 끼얹고, 줄레줄레 수다한 가족을 이끌고 발목을 찔룩이며, 북녘으로 북녘으로 흘러 사라지는 곳.

본래는 꽤 고운 흰 털이었을 것 같은, 지금은 황토물이 들어서 누르칙칙하게 더러워진 신둥이가, 먼 길을 걸어온 발목을 찔룩이며, 몹시 배가 고프다. 주인을 잃은 서름에 뼈가 저리다.

제 집이 있는, 누렁이 검둥이 바둑이가 먹다 남긴 음식 찌꺼기를 핥아 먹는 것으로 목숨을 연명하는 신둥이는 "데놈의 미친개 잡아랏" 하고 늘상 몽둥이를 들고 날뛰는 동장의 등쌀에, 다시는 마을에 얼씬도 못하고 산중, 인적이 끊인 험한 곳, '여웃골'에서 뼈만 앙상해가지고 굶주리며 산다.

그러나, 누렁이와 바둑이와 검둥이는 주인들의 눈을 피해가며 신둥이를 만나고 해가 바뀐 어느 이른 봄날, 고독과 饑餓와 슬픔 속에서 분만한 강아지 다섯 마리 속에는, 검둥이 바둑이 누렁이가 들어 있다.

나무하러 갔다가 이 강아지들을 발견한 간난이 할아버지는 저 옆마을 아무개 집에서 얻어왔다고 속이고, 마을 사람들에게 강아지를 나누어준다.

지금 목넘이 마을의 개는 모두 신둥이의 고손자들이다.

이 작품은 1947년에 발표 되었으나, 이야기의 배경은 일제 때로 되어 있다. 日人들의 감시를 무릅쓰고 이 이야기를 들려주었을 간난이 할아버지는, 우리 민족을 지켜보고 보살피고 사건을 처리해 나가는 민족의 수호자, 애국지사, 독립운동가 등으로 생각할 수 있다.

여리 번 죽을 고비에서 신둥이를 보호해 주었고, 마지막으로 신둥이와 강아지들의 터전을 마련해 주었으며, 마을 사람들이 신둥이를 에워싸고 때려 죽이고자 할 때, 자기의 종아리 밑으로 신둥이를 새나가게 하였다는 사실 등이 그러한 이미지를 잘 나타내 준다.

목넘이 마을은, 오곡이 풍성하고 샘물이 끊이지 않는 조국의 상징이다. 작은 마을 여기 저기에 몇군데 씩이나 방앗간이 있을 정도이니까. 비록 방앗간은 그 기능을 상실한 지 오래라 하여도, 끊임없이 솟아나며 이 백성의 목을 축이고 아픈 발을 적셔 주는, 능수버들가의 샘물은, 이 겨레가 영원할 것임을 상징한다. 너무 험한 곳이어서 나무꾼조차 들어가기 꺼려하는 산속의 여웃골은, 그 때 우리 백성들이 日警을 피해 살던 피난처였다고 할까? 지금은 황토물이 들어서 누르칙칙하지만, 원래 꽤 고운 흰 털이었을 신둥이는 나라를 잃고 천대받던 우리 백의민족이다. 倭人의 권세를 암시하는 동장의 잔인성은 신둥이를 여웃골로 몰아냈다. 왜놈들의 등쌀에 못이겨 겨우 도망쳐간 북간도에서 우리 백성은 얼마나 배고팠고 뼈가 앙상했던가? 토지는 모두 倭人의 소유가 되었고, 姓조차 갈아야 했으며, 말과 글자를 없애야 했고, 신둥이를 잡아 죽이려고 하듯, 이 나라 구석구석에서 우리의 이웃이 구박 받아도, 우리는 모르는 체 참아야 했다. 오죽해야 민족주의자가 변절하고, 교육자가 황국신민을 가르치고, 전도사가 천황이 곧 하느님이라는 거짓말을 했겠는가?

그러나 온통 일본색이 되어 버려서, 배달의 흰 빛은 흔적조차 사라져 버린 듯 싶은 절망의 시기에 신둥이가 여웃골에서 생명을 분만했다는 사실은, 북간도의 우리 동포가 망국의 비운을 극복하고 다시 광명한 천지를 맞이했다는 뜻이 된다.

이것은 우리 민족이 지니고 있는 영속적인 생명력의 표상이다. 또 신둥이가, 검둥이 바둑이 누렁이 모두와 연을 맺는다는 사실은, 부득이한 역사적 상황으로 인하여 때로는, 마음에도 없는 親日 親露 親淸을 가장해야 했던 약소민족의 辨이다. 迎合을 가장하면서 속으로는 매서운 독기를 품고, '종자가 좋은' 다섯 마리의 생명을 분만해 놓은 후에야, 포수(砲手)라는 왜인(倭人)의 총구 앞에서 미련없이 죽어간 신둥이는 얼마나 아름다운 민족혼의 심볼인가?

6) 장용학의 신화

A. 장용학의 소설들은 그 제목에서부터 우선 상징성 부여를 의도했다고 볼 수 있다.「圓形의 전설」,「요한 시집」,「喪笠신화」등을 보아도 잘 알 수 있다. 소설의 제목에 전설, 요한, 혹 신화와 같은 상징의 아키타입을 제목으로 내걸고, 실상 그것을 작품의 소재로 한 작가는 장용학이 처음이었던 것 같다.

B. 그의 소설 속에 한자가 많이 사용되는 것은 그 내용의 관념성에도 기인하겠지만, 한자가 풍기는 시각적인 이미지의 발생을 기대한 것이기도 했다. 그러한 것을 통해 상징적인 의미전달이 가능해진다.

C. 작품의 소재가 모두 상징적인 데 있다. 특히, 그의 소설 전반에 깔리어 있는 빈번한 근친상간은 현대에 이르러 오히려 위화감을 주지만, 시대를 거슬러 올라갈수록 친화감을 주는 태초 신화의 아키타입이다.

D. 그는 문장의 종지법으로 소설에서는 빈번치 않은 존대법을 유독 잘 쓰고 있는데 이것은 옛날이야기 식의 설화적인 화법으로서, 그 이야기의 의의를 현대적인 관점에서가 아니라 더욱 멀리 과거적인 대상에 결부시키고자 한 의도적인 행위이다.

E. 그의 소설에 나타난 주인공들의 이름은, 그 하나 하나가, 심각한 상징 부여의 의식적 노력으로 이루어진 것임을 알 수 있다. 주인공들의 이름이 장용학의 경우처럼 그렇게 작품 내용이나 주인공의 성격에 잘 어울려서 심볼을 드러내는 작품은 별로 없다.

누혜……자유세계로 탈출하기 위하여, 포로 수용소의 철조망에 매달려 죽는 누혜는, 오랜 갈망을 거쳐 비단실로 탈바꿈을 하는 누에를 상징한다.

玄宇……어머니의 訃告를 손에 들고 집을 나온 이래, 무덤에서 기어나와 겪은 일, 경찰에 붙잡혀 가서 당한 수모, 그리고 거기서 받은 상처, 그것은 현대에 생이 주어진 모든 인간이 깊거나 얕거나 당하고 있는 수모와 상처, 아픔이었다. ……고 부르짖는 현우는 '어둡고 넓고 오묘한 우주'와 그 안에 서식하는 버러지처럼 초라하고 비극적인 인생의 아이러니컬한 표현이라고 할 수 있다. 가난한 집에서 '巨富'라는 이름을 지어 갖고, 찌그러진 하꼬방 구멍가게에 '국제상회'라는 간판을 붙이는 심정과 같다고 볼 수 있다.

李章……지야가 이장과의 결혼을 두려워하는 것은, 마치 옛날 地動性의 발견을 두려워한 것과 마찬가지로, 역사에 거슬리는 일이라는 것을 거기서는 안다. 우리는 인간으로 환속한 것이다. 이제부터 우리는 인간을 사는 것이다. 우리는 죽는 것이 아니다. ……라고 부르짖는 사나이의 이름. 이장은 'This Chapter' 혹은 'Next Chapter'의 이중적 의미를 제시하고 있다.

人後……어머니를 간호해 가는 동안 의식의 분열로 인하여 발광해 버리는 그는 하늘을 가리는 광기로 인해 스스로 구원을 느끼지만, 그것은 인간이 의식의 붕괴를 거쳐 인간 이후에 도달한 상태를 상징한다.

「요한 시집」에 내재된 상징에 대하여 작자 자신은 이렇게 말했다. 「요한 시집」의 주제는 '자유'를 예언자 요한에 비한 데에 있다. 요한이 나타났을 때, 세상 사람들은 그를 구세주라고 생각했다. 그러나 그는 그 뒤에 올 참된 구세주 예수를 위하여 길을 닦고 죽어야 할 존재에 지나지 않았다. '자유'도 요한적인 존재에 지나지 않는다는 말이다. 자유도 구세주는 못된다. 자유도 그 뒤에 올 그 무엇을 위해 길을 준비하는 존재에 지나지 않는다. 그것이 어떤 것인지는 모른다. 요한의 말만 가지고는 예수의 모습을 알 수 없는 것과 같다. 다만 예수가 예루살렘에 나타날 때 요한이 죽은 것처럼 그 '무엇'이 나타나기 위해서는 자유가 죽어야 하고, 죽여야 했고, 죽이려고 한 것이 「요한 시집」이다. 이 소설의 아키타입은 바로 여기에 있다.

이 성서적 신화에서, 작자는 토끼의 우화를 산출해 냈고, 다시 그 토끼의 우화가 상징하는 현대적인 신화를 추출해 내었다.

七色이 영롱히 비치는 꽃 같은 집에서 한 마리 토끼가 행복하게 살았다. 마치 무의식이라는 일상성에 만족하면서 누혜는 한 마리 토끼처럼 세상에 안주했다.

어느날 토끼는 七色의 영롱한 빛이, 실은 밖으로부터 흘러 들어온 것임을 각성하고 꽃 같은 집에서 차디찬 감옥의 의미를 의식하며, 비극적인 자기 위치를 슬퍼하기 시작한다. 누혜도 어느날 아침, 기계화된 현실 속에서 짐승의 안일을 누리던 자기 자신을 발견하고 자유를 얻기 위한 혁명을 시도한다.

토끼는 동굴의 탈출을 위해, 선혈을 흘리는 포복을 하고, 누혜는 전쟁에 참가하여 포로가 된다.

드디어 자유를 획득했다고 느끼는 순간, 토끼는 빨간 피투성이가 되어 의식의 선혈과 함께 쓰러져 죽고, 누혜는 자유의 철조망 — 자유 이전과 자유 이후의 중문 지점에서 요한적인 죽음을 죽는다.

토끼의 시체 속에서 돋아난 버섯은 누혜의 시체 속에서 동호가 추구하는 세계이다. 그것은 요한의 메시아가 요구하는 세계이기도 하다.

위의 글은 다음과 같이 집약될 수 있다.

범상 ──────→ 자유의 가교인 요한의 죽음 ──────→ Messia적인 세계
∥　　　　　　　　　　　∥　　　　　　　　　　∥
꽃집의 토끼와 누혜 → 자유의 쟁취와 죽음 ──────→ 동호적인 세계
∥　　　　　　　　　　　∥　　　　　　　　　　∥
무의식 ──────→ 자　유 ──────→ 자유의 목적

7) 반성과 전망

원칙적으로 한국소설에서 상징의 문제를 생각해 본다는 것은 아직 시기상조라고 판단될 수도 있다. 우리가 언제 멜빌, 보들레르, 조이스, 프루스

트, 또는 카프카 같은 작가를 가져 본 적이 있느냐고 반박하면서 한국문학의 후진성 속에 스스로 칩거해 버린다고 해도 아직은 아무런 문제가 일어나지는 않을 것이다.

그러나, 상징소설의 대표격인 「모비 딕」의 작자 멜빌은 자기 자신이 그처럼 위대한 작가라는 사실을 모르는 채 죽었으며 프루스트도 처음에는 그의 소설이 앙드레 지드에게까지 일고의 가치도 없는 것으로 멸시되었었다. 우리 문학이 비록 일천하기는 하나, 그래도 그 가운데는, 적어도 현재의 시점으로 볼 때, 후세에까지 물려주어 부끄럼이 없을 佳作들을 갖고 있으며, 그것들은 거듭 거듭 재음미 되어도 새로운 맛을 풍길 수 있는 작품들이라고 간주된다.

종래 우리 평단은 지나치게 씨니시즘적인 허탈감에 빠져서 작품을 바라보려는 타성에 젖어 있었던 것이 사실이다. 무엇보다도 서구적 비평방법의 도입으로 우리 작품을 打罵하는 것을 가장 신나는 능사로 삼아 왔던 것이다.

그렇다고 하여, 춘원 이후 한국의 소설들을, 무조건 동정적인 관점에서 바라보자는 것은 아니다.

있는 것은 찾아 내고, 어떤 가능성의 기미라도 있으면 그것을 들추어 논의해 보는 것이 값있는 것이라고 생각할 뿐이다. 한국소설의 상징문제를 취급한 본고의 의도도 이러한 데 있다. 물론 본고에서 논의되지 않은 것으로, 상징성을 농후하게 나타내고 있는 작품이 얼마든지 탐구되고 발견될 수 있다. 그러한 점이 상징의 특징이기 때문이다. 독자에게마다 각각 다른 얼굴을 내보이고, 생각을 바꾸게 하여, 볼수록 새롭고 다양한 이미지를 내보이는 작품이야말로 상징의 본령에 들어있는 것이기 때문이다.

그러나 전장에서 언급한 바와 같이 「무녀도」와 「목넘이 마을의 개」는 민족을 표상하는 상징성 이외로는 별로 다르게 해석되기 어렵다. 「무녀도」의 낭이를, 많은 외적 자극을 초극해 가는 인간의식의 부단한 방황이라고 추리한대도 그 나름의 일리가 있겠고, 「목넘이 마을의 개」에서, 신둥이를 생명의 영속성을 표상하는 생명본질의 요체로 간주해도 좋을지 모른다. 그러나 이러한 추리는 특수한 사례로부터 보편적 원리를 추출해 내는 귀납적 추리를 통한 고차원적 추상화로서 직관과 상상의 상한선을 달리는 것이지 비평으로서는 택할 바가 못되는 것이다. 우리는 이들 작품이 형성된 1930년대와 1940년대에 한민족이 걸어온 역사와 사회를 너무도 뼈저리게 절감하고 있고, 또 그 역사와 사회가 우리 한민족에게 부과했던 사명이 무엇인가를 명백하게 의식하며 살고 있다. 작가는 그것을 소설화 할 의무 속에 살면서도, 당시의 상황은 그 실천이 거의 불가능에 가까웠다. 이러한 역사적 사회적 여건이 바로 그 작품들에게 상징성을 불어 넣도록 부채질했음에 틀림없었다. 그러므로 1950년 이전의 소설은 대체로 전체의 이미지가 민족의 참상과 민족을 고뇌를 부각하는 데 집중되었으며, 소설 속의 캐릭터는 민족을 상징한다는 한계성을 지닌다. 사실로 30~40대의 문학작품들이 가난과 빈곤의 悲歌들임은 부언의 여지가 없는 것이 아닌가?

그러면 이렇듯 1950년 이전의 소설이 민족과 민족정신을 상징화하는 한계를 가졌던 반면에, 장용학의 「요한시집」을 기점으로 한 1950년대의 초반부터, 소설의 세계는 좀 더 관념적이고 의식적인 인간 심층의 내부로 침잠해 들어간다. 그러면서 찐득찐득한 원죄의식과 고독의 암울한 분위기 속에서 방황하는 현대인의 의식분열 과정을 묘사한다. 그러나 장용학 소설의 상징적 表徵은 소설 제목, 한자 사용, 근친상간에서의 아키타입 원용, 문장의 존대종지법 및 인물명칭의 의미성 등으로 요약되는데 그것은 상징을 형성하는 부분적 졸작은 될 수 있으나, 상징을 본질적으로 示顯하는 설득력으로는 약해보인다. 특히 한자를 사용한 주인공의 이름은, 그 이름이 의미 깊은 아키타입과 連脈되는 것이 아니라, 그 이름이 발음해 내는 소리와 상이한 다른 상상과 관련을 맺을 뿐이다. 그것이 때로는 지나치게 작위적이기까지 하다. 그러한 지나친 작위적 시도조차도 없었던 문학 풍토에 이런 소설이 가지는 의미는 얼마든지 강조되어 무방할 것이기는 하나, 그것이 소설의 상징적 중후감을 만들어 주는 데 별로 도움이 되지 못한다는 인상을 풍기는 것은 무엇 때문일까? 우리 역사와 문화의 전통 속에 깊이 뿌리 박혀진 보다 본질적인 문제로부터 산출되지 않은 까닭일까? 어쨌거나 장용학의 소설에 내포되어 있는 상징성은 아직까지 우리가 다루어 보지 못하였던 인간의 병적인 고뇌에 대하여 모색했다는 데 의의를 부여해야 할 것이다. 상징은 문장의 기교나 이름짓기 재주로서는 완수되지 않으리라 생각된다.

이러한 결함은 그대로가 앞으로 우리 현대소설에서 상징적 요소가 어떻게 더 자라야 되고 심화되어야 하는가를 자명하게 설명해 주는 요지가 된다. 우리 현대문학의 새로운 이정표를 확고히 세우고, 보다 깊이 있는 상징소설이 창작되기를 기대하는 마음으로 글을 맺는다.

Ⅱ

小說과 죽음意識

1. 小說¹⁾과 죽음

1) 1920年代 小說의 죽음

(1) 金東仁의 「배따라기」와 「감자」

'죽음'과 '性'은 東仁이 관심을 기울인 소재 가운데 가장 두드러진 것
이었다. 오랫동안 유교논리관으로 생활신조를 삼았던 우리 나라 사회에서

---

1) 우리 나라 소설사의 시대 구분과 그 구분에 따른 명칭의 문제는 지금까지 대체로
   세 가지 견해가 있어 왔다. 첫째는 근대 소설의 기점을 英正時代로까지 소급시켜
   혜경궁 홍씨의 『恨中慢錄』부터 이야기하자는 김윤식·김현의 『한국문학사』(민음
   사, 1973)에 나타난 견해이며, 둘째는 그 동안 통념화되어 온 것으로, 1910년대 이
   광수의 「무정」으로부터 이야기해 온 백철의 『新文學思潮史』와 조연현의 『한국현
   대문학사』에 나타난 견해이며, 셋째는 1950년대에 대두한 戰後小說 이후의 경향
   을 특별히 현대소설이라는 명칭으로 구분하기를 강조하는 견해(구인환 『한국근대소
   설연구』, 삼영사, 1977)이다. 이 가운데에서 두 번째 견해는 이광수 이래의 소설을
   현대문학사라는 명칭 속에서 다루고 있기 때문에 1910년대에 1950년대까지의 소
   설이 은연중 현대소설이라는 명칭으로 혼동될 소지가 있었다. 물론 이러한 혼동은
   우리 문학사의 묵인사항이었다. 이 묵인은 20세기라는 우리의 생존년대가 현대사라
   는 역사학상의 시대구분에 영합되기 때문에 일어난 일종의 感染現象이라고 생각
   된다. 그러나 본고는 문학을 죽음의식, 生死觀 등 정신사적 관점에서 논하려는 것
   이므로, 이상에 언급된 바와 같은, 묵인과 관용을 그대로 답습하여 현대소설이라는
   명칭을 소위 신소설을 제외한 「무정」이래의 작품에 적용하려고 한다. 이러한 태도
   는 전절에서 김억의 시부터 '현대시'라는 명칭으로 처리한 것과도 합일한다.

'죽음'과 '성'은 가장 꺼리는 금기의 세계이었음에도 불구하고 동인은 이 금기된 赤線地帶를 부단히 넘나들며 독자를 충동시켰다. 동인이 조명한 세계는 새로운 신천지였다. 그것은 분명코 금기시된 한국인의 의식영역을 표면화시키고 확장한 새로운 개척이었다.[2]

그러나 동인의 죽음에도 주제로서의 죽음이 없고 사건진행 및 이야기 구성상 필요한 소재로서의 죽음이 이용되고 있을 뿐이다. 그 죽음은 다음의 몇 가지로 유형지어진다.

① 사회논리에 관련된 것 : 「배따라기」, 「감자」
② 예술지상주의에 관련된 것 : 「狂畵師」, 「狂炎소나타」
③ 민족주의에 관련된 것 : 「붉은 산」

위에서 첫째 계열은 1920년대의 작품이고, 나머지 두 계열은 1930년대의 작품이다. 여기서는 20년대 것만을 먼저 다루어 보고자 한다.

「배따라기」는 김동인이 최초로 성공한 소설로 1921년의 작품이다.

아내와 동생 사이를 불륜이라고 오해하자, 아내는 물에 빠져 죽고 동생은 집을 나가 버린다. 남편은 아내의 죽음을 통해 자신의 과오를 인식하고 동생을 찾아 배따라기 노래를 부르며 평생을 유랑한다. 여기서 아내의 죽음은, 남편으로 하여금 잘못을 뉘우치는 회개의 동기가 되어 있다. 죽음은 인생의 현상에 있어서 가장 절실하고도 근본적이며 무엇으로도 보상받을 수 없는 처절한 것이기 때문에, 동인은 「배따라기」에서 다음과 같이 죽음을 극복한다는 일이 불가능한 욕망임을 피력하고 있다.

유토피아를 생각할 때는 언제든 진시황을 생각치 않을 수 없다. 어찌하면 죽지 아니할까 하여 소년 3백 명을 배에 태워 불사약을 구하러 떠나보내며 여기 한 유토피아를 세우려던 시황은 몇만의 역사가가 어떻게 욕을

---

2) 윤홍노, 「동인연구」, 『한국문학의 해석학적 연구』, 일지사, 1976, p.259.

하든 역사 이후의 제일 큰 위인이라고 할 수 있다.

이 말을 통해서 밝히고 싶었던 사실은, 그토록 누구나 삶에 대한 애착이 극진한 것인데 그 삶을 포기하지 않을 수 없었던 아내의 심정은 얼마나 처절했을 것인가 하는 회한의 표출이었다. '不敬二夫'는 유교논리관에서 나온 조선조 여성들의 최고의 덕목이었다. 동인은 이 '여자의 정절'이 전통적 한국 사회에서 차지하는 의미를 「배따라기」에서 확인한 것처럼 보인다. 그러나 그 확인은 정절의 숭고성을 강조하거나 찬양하기 위해서가 아니라, 다만 그러한 소재가 인생을 어떻게 변화시키느냐 하는 곳에 동인의 관심은 집중되어 있었다. 다시 말하면 전통윤리가 서서히 변모해 가는 새로운 사회구조에서 어떻게 도전을 받으며 유지되어 가는가 하는 문제를 동인은 '죽음'에 결부시키어서 해답을 구하려고 하였던 것이다. 그리하여 「배따라기」에서는 '죽음'을 능가한 전통윤리의식의 승리를 보여 준다.

그러나 똑같은 여성의 정절이면서도 「감자」에 와서는 전혀 새로운 면모를 보인다.

1925년에 발표된 작품 「감자」는 가난한 여인의 죽음을 다룬 슬픈 이야기이다.

가난하나마 정직한 농가에서 범절있게 자라난 복녀가, 생활난에서 오는 경제적인 문제를 타개하기 위하여 중국인 왕서방에게 정조를 바친다. 그러나 엄격하게 말하면 복녀는 유부녀이었으므로 정조를 빼앗겼다기보다는 매음행위를 한 것이라고 표현해야 옳겠다. 그런데도 왕서방이 다른 여인과 정식 결혼을 하게 되자 질투로 말미암아 복녀는 왕서방을 죽이려다가 오히려 죽음을 당한다. 복녀의 남편은 돈 30원을 받고 왕서방의 복녀 살해죄를 은폐한다. 여기서는 인간의 죽음이 돈 30원의 가치로 환산되는 빈곤의 상태가 그려져 있다. 그 마지막 대목을 보자.

　　밤중 복녀의 시체는 왕서방의 집에서 남편의 집으로 옮겨졌다.
　　그리고 시체에는 세 사람이 둘러 앉았다. 한 사람은 복녀의 남편,
　　한 사람은 왕서방, 또 한 사람은 어떤 한방 의사, 왕서방은 말없이

돈주머니를 꺼내어 십 원짜리 지폐 석 장을 복녀의 남편에게 주었
다. 한방 의사의 손에도 십 원짜리 두 장이 갔다.
　이튿날 복녀는 뇌일혈로 죽었다는 한방의 진단으로 공동묘지로
실려갔다.

　동인은 전통적인 것과 새로운 것의 충돌을 '성'과 '죽음'에 관련지으면
서 그려 보고자 했을 때, 전통적인 것(정절)의 승리를 「배따라기」에서, 그
패배를 「감자」에서 보여 주고 있다.

(2) 玄鎭健의 「할머니의 죽음」과 「운수 좋은 날」

　죽음을 소재로 한 것에 「할머니의 죽음」(1923)과 「운수 좋은 날」
(1924)이 있다.
　「할머니의 죽음」은 연로하여 돌아가실 때가 된 할머니의 임종 소동을
그린 단편이다. 여러 곳에 흩어져 있던 자손들이 지켜보는 가운데 임종하
시지 않고 날짜만 끌다가 모두 자기 거처로 되돌아간 얼마 뒤에야 할머니
가 임종하신다는 흔히 있는 노파의 죽음 이야기이다. 여기에서 우리는 죽
음이 나타내는 아무런 의미도 찾아낼 수 없다. 한 가지가 있다면 다음과
같은 구절에서 찾을 수 있는 암시성이다.

　　　"나무아미타불. 나무아미타불."
　　　할머니는 마지못하여 중모를 따라 두어 번 입술을 달싹달싹 하
　　더니 또 얼굴을 찡그리며 애원하는 어조로,
　　　"인제 고만 뫼시고 날 좀 일으켜다고 내 인제 고만 가련다."
　　　"인제 가세요. 가만히 누워 계시지요. 왜 일어나시긴. 나무아미
　　타불. ……왕생극락…… 나무아미타불……"
　　　할머니는 귀찮아 못 견디겠다는 듯이 팔을 내저으시며 "듣기 싫
　　다. 염불 소리 듣기 싫다. 인제 고만 해라"하며 몸을 일으키려고
　　애를 쓴다.

"그게 무슨 말씀입니까?"

중모는 질색을 하며 더욱 悲壯하게 부처님을 찾았다.

"듣기 싫다. 듣기 싫어. 나는 고만 갈테야."

할머니는 또 이렇게 재우쳤다. 나는 이 광경을 보고 적이 의외의 감이 있었다. 할머니는 중모보다 못하지 않은 불교의 독신자이다. 몇십 년을 하루같이 새벽마다 만수향을 켜 놓고 염불 모시기를 잊지 않은 어른이다. …… 그러하던 할머니가 왜 지금 와서 염불을 듣기 싫다는가?

불교의 독신자이던 할머니가 자신의 극락왕생을 위하여 자손들이 빌어주는 염불에 짜증을 내고 거부반응을 보인다는 사실이 무엇을 뜻하느냐 하는 의문을 우리에게 던져 준다. 평범하게 살다가 죽음을 맞이하는 자리에서 평생의 신앙을 부정하는 이 행위는 무엇인가? 노망이 든 정신상태에서 '죽기 싫다'는 발악을 하듯, '듣기 싫다'는 외침은 결국은 신앙의 표면성 내지는 관습성의 반영이라고 생각된다. 말하자면 그것은 무지의 신앙이요 위선의 신앙이다. 노망이라고 해서 신앙과의 관계가 없음을 역설한다면, 노망 자체가 인생에 대한 무지요, 살아온 인생을 위선화하는 것이라고 할 수도 있다. 憑虛는 이 작품을 전혀 그러한 의도로 쓰지는 않았을 터이지만, 그 정황에 대한 우리의 해석은 그렇게 밖에 달리 설명할 방도가 없다.

「운수 좋은 날」은 인력거꾼이 모처럼 운수가 트여서 돈을 많이 벌어 갖고 들어와 보니 앓던 아내는 죽어 있더라는 赤貧者의 비극을 그린 단편이다. 여기에 그려진 아내의 죽음은 단순히 '가난'을 실감 있게 그려내는 보조자료로서 등장한다. 사랑의 표현도 정중하고 진실스런 것이 아니라 욕지거리와 발길질로 나타난다. 우리는 진실스런 감정의 표시가 정상을 벗어난 반어적 수법으로 표현되는 것은 더욱 값진 것으로 생각하는 경우가 없지는 않지만, 「운수 좋은 날」에 보이는 인력거꾼 김첨지의 행동은 연민의 감정이 생기기 이전에 혐오감을 먼저 준다는 사실을 잊지 말아야

한다. 그것은 1920년대의 시대 상황을 그런 식으로밖에 묘사할 수 없었다
는 작가의 역사의식이 있을 경우에 한하여 용서받을 수 있는 것인데, 이
「운수 좋은 날」에는 그러한 역사의식보다는 단순히 하층민의 가난 자체
가 죽음을 어떻게 처절하게 하는가 하는 면에만 치중했다는 인상이 지배
적이기 때문이다.

"이 난장 맞을 년, 남편이 들어오는데 나와보지도 않아. 이 오라질
년…… 주야장천 누어만 있으면 제일이야! 남편이 와도 일어나지를 못
해!"라는 소리와 함께 발길로 누운 이의 다리를 몹시 찼다.…… 발로 차
도 보람이 없는 걸 보자 남편은 아내의 머리 맡으로 달려들어 그야말로
까치집 같은 환자의 머리를 꺼들어 흔들며 "이년아, 말을 해. 왜 말이 없
어. 으응, 정말 죽었나비이"하는 말끝엔 목이 메었다. 그러자 산 사람의
눈에서 떨어진 닭의 똥 같은 눈물이 죽은이의 뺏뺏한 얼굴을 어룽어룽 적
시었다.

(3) 羅稻香의 「물레방아」와 「벙어리 삼룡이」

稻香은 철저한 1920년대 작가이다. 1921년에 「젊은이의 시절」이란 습
작기 단편을 발표한 것을 시초로 하여, 1926년에 본고에서 논의되는 「벙
어리 삼룡이」등을 발표하고, 그 해 25세의 젊은 나이로 요절하였으니 그
는 20년대에서 작품활동을 시작하고 또 끝맺은 20년대의 작가이다. 짧은
기간이었으나 혜성처럼 나타났다가 사라진 아까운 작가이기도 하다. 누구
나 다 언급한 사실이거니와, 그는 좀 더 살았더라면 대가가 될 수 있는
소질을 가지고 있던 작가였다. 그가 남긴 대표적인 단편으로 늘 거론되는
「물레방아」, 「뽕」, 「벙어리 삼룡이」는 모두 삼각관계를 통한 성도착 현
상을 다룬 작품으로,[3] 그 중에서 「물레방아」와 「벙어리 삼룡이」에는 죽
음의 문제가 개재되어 있으나, 중복을 피하여 생략한다.

---

3) 앞의 글, 「사도·마조키스트의 자화상」-나도향론-참조.

(4) 田榮澤의 「화수분」

늘봄 전영택이 한국현대문학사에서 차지하는 위치는 동시대의 다른 작가보다 특별히 중요시되는 것은 아니다. 그러나 늘봄의 위치는 그가 한국 문학사상 최초의 牧師 소설가라고 하는 종교 문학적 관점에서 볼 때에 새로운 조명이 요구된다. 그의 위치는 마치 한용운의 그것과도 흡사하다. 만해가 불교신앙을 가진 승려시인으로서 주목을 받은 것이라면, 늘봄은 기독교 신앙을 가진 목사 소설가로서의 특이성이 하나의 공통점으로 드러나기 때문이다. 그렇다고 늘봄의 문학적 성향이 목사라고 하는 직분과 원칙적으로 불가분리의 관계에 놓이는 것이냐는 문제는, 늘봄의 문학을 오판할 우려가 있다하여 그의 종교생활과 문학 생활의 상관관계를 주의깊게 검토한 蔡壎교수의 연구는 늘봄 연구의 가장 실속있는 열매로 주목된다.4) 그의 결론은 다음과 같다.

> 그와 같은 무렵에 작가생활을 시작했던 김동인, 염상섭, 현진건 등이 그들 특유의 문학적 세계의 개척과 함께 그들 나름대로의 한국적 사실주의 문학의 일차적 토착에 성공한 데 비해, 늘봄은 그만의 문학적 주장을 내세우지 않은 채, 당시 우리 나라에서 유행 중이던 문예사조상의 경향을 거의 무비판적으로 襲用한 듯이 보인다.
>
> 그가 당시 우리 나라 기독교계가 지니고 있는 여러 가지 병폐를 그 자신의 분투로 시정 혹은 개혁하려는 생각을 했을 것으로 추측되기도 하지만, 그 혼자의 힘으로는 어찌할 수 없는 일이었던 만큼 그의 문학으로의 몰두는 절실한 인생문제의 제시에 이어 그의 인간적인 성실성을 작품화 하고자 한 염원의 결과였지 않나 생각된다.5)

---

4) 채훈, 『1920년대 한국작가연구』, 일지사, 1976, pp.37~43.
5) 같은 책, p.42.

이러한 결론에 미루어 본다면 늘봄의 작가적 특성은 목사라는 教界上의 신분에 보다는 그의 사람됨의 高邁性에 더 깊은 비중이 두어지는 것으로 해석된다. 이 사실은 그가 왜 당시의 다른 작가들보다 뚜렷한 문학적 주장을 내세우지 못했느냐는 의문의 해답이 된다. 왜냐하면 늘봄의 참 인간 추구는 당시 기독교계의 병폐도 참을 수 없는 분노의 대상으로 삼게 하였던 것이며, 또 인간의 본질적인 문제에 대한 탐구가 특정한 문예사조로의 정착을 전혀 문제삼을 수 없게 하였을 것이기 때문이다. 이러한 이유로 하여 늘봄이 발표한 1920년대의 작품은 그 대부분이 인간 본질의 탐구를 중심 테마로 삼고 있다. 따라서 그가 추구하고 탐색한 인간의 문제가 기독교적 인생관과 합치하게 되는 것은 불가피한 결과가 아닐 수 없었다. 그러나 그 결과가 처음부터 표면에 나타나는 것은 아니고, 끊임없이 죽음의 문제를 다루어 가면서 성숙해 가는 것이다. 그 최후의 단계에 「화수분」이 있다.

이제 그 과정을 실제 작품을 통해 추적해 보기로 하자. 「惠善의 死」는 1919년 『創造』 창간호에 발표한 늘봄의 첫 작품이다. 이 소설은 산만하고 치졸한 구성에도 불구하고 인생의 가장 절실한 죽음의 문제를 그가 소설을 통해 탐구하려고 하는 목표로 설정하였다는 데에 의의가 있다. 그 다음에 발표 한 「天痴? 天才?」에서도 동경의 자유세계를 찾아가다가 얼어죽은 기인소년의 이야기가 애정 어린 분위기 속에 그려져 있다. 이것 역시 결미 부분에 죽음이 있다. 그 마지막 부분에서 주인공 칠성이라는 소년이 평양으로 가는 길가 버드나무 밑의 눈 위에 쪼그리고 앉아 두 손을 모아 호호 불면서 추위에 떨다가 죽는 장면은 그 뒤에 발표되는 「화수분」의 마지막 장면에도 비슷하게 나타나고 있다.

「생명의 봄」은 1920년에 발표한 작품으로 늘봄이 직접 당한 개인적인 사건(3·1운동에 연루되어 그 부인 채혜수가 투옥된 사건)을 소재로 한 작품인데, 역시 죽음 직전에 회생하는 아내의 이야기를 담고 있다.

그 뒤에 발표된 「독약을 마시는 여인」에서도 죽음을 다루었으며, 『창

조』의 폐간으로 말미암아 1회 연재로 끝나버린 「어머니의 죽음」도 죽음
의 문제를 다루려고 하였다.『창조』의 폐간 후로 늘봄의 발표지는『조선
문단』으로 옮겨져 그 창간호에 「흰닭」이 발표된다. 여기에서도 늘봄은
예외 없이 죽음을 두고 고민한다. 그 죽음은 인간의 죽음이 아니요, 한 마
리의 닭이다. 닭을 잡아먹는 행위는 인간생활에서 특별히 죄의식을 유발
하는 살생이 아니다. 그러나 그러한 일상사의 죽음에서조차도 늘봄은 예
민한 의식의 촉수를 뻗치고 괴로워한다. 그것이 비록 기독교적인 교리를
작품화한 것이라고는 보기 어렵다는6) 견해에 일말의 긍정이 없지 않으나,
그만큼 깊이 죽음에 대해 고민했다는 사실은 기독교 사상을 작품 속에 용
해시키는 데 미숙했다는 것이지, 전혀 기독교 교리의 작품화가 아니라고
하여 작품과 기독교와의 관계를 완전히 끊어 버리는 것은 지나친 처사라
고 생각된다. 늘봄은 이상과 같은 죽음에의 편력 끝에7) 드디어 「화수분」
을 발표한다. 여기에서는 지금까지 미진했던 죽음의 문제가 명료하게 기
독교적 죽음관에 의해 해명되는 것을 볼 수 있다.
　「화수분」의 줄거리는 다음과 같다.
　주인집 행랑방에서 사는 화수분 내외는 딸이 둘이 있었다. 끼니를 이을
수가 없어서 큰딸을 남의 집에 보내게 되자 아범은 서러워서 통곡한다.
고향의 형님이 아프다는 전갈을 받고 내려간 화수분이 소식이 없자 모녀
는 추위를 무릅쓰고 아범을 찾아 나선다. 한편 어멈의 편지를 받은 화수
분은 모녀를 마중하러 길을 떠난다. 中路에서 그들이 만난 곳은 고갯마루

---

6) 백철,「기독교와 한국의 현대소설」,『동서문화』창간호, 계명대.
7) 죽음이 늘봄 문학의 중요 요소였음을 명백하게 파악한 채훈 교수의 다음 논술은
　본고의 입론을 충분히 방증하고 있다. "늘봄이 연애 이야기가 아닌 절실한 인생문
　제의 제시를 위한 가장 손쉬운 방법으로 '죽음'에 관한 이야기를 작품화하려 한 것
　은 몹시 의욕적인 일로 여겨지며, 그가 일본유학생이란 사실을 감안해 볼 때 그곳
　의 중견작가였던 國木田獨步의『春の鳥』에서 「천치? 천재?」제작의 시사를 받았
　을 가능성은 충분히 있을 수 있는 일로 짐작된다. 그러나 우리는 늘봄이 제재나 작
　품구성 등, 외형적인 면에 대한 암시를 받거나 모방을 한 데 그치지 않고 작품 내
　용을 보다 고차적인 경지에 비약시킬 수 있었다는 점에 주목할 필요가 있다."(채훈
　: 위의 책, p.46.)

의 어느 나무 밑에서였다. 꼭 끌어안고 밤을 새운 그들은 다음날 아침에 시체로 발견되었다. 나무장사는 어른들 품 속에 있던 아기만 빼내어 소에 싣고 데려갔다.

「화수분」의 마지막 장면을 인용해 보자.

> 칼날 같은 바람이 뺨을 친다. 그는 고개를 숙여 앞을 내려다 보다가 소나무 밑에 희끄무레한 사람의 모양을 보았다. 그것을 곧 달려가 보았다. 가 본 즉 그것은 옥분과 그의 어머니다. 나무 밑 눈위에 나무 가지를 깔고 어린 것 업은 헌누더기를 쓰고 한 끝으로 어린 것을 꼭 안아 가지고 웅크리고 떨고 있다. 화수분은 왁 달려들어 안았다. 어멈은 눈을 떴으나 말은 못한다. 화수분도 말을 못한다. 어린 것을 가운데 두고 그냥 밤을 지낸 모양이다.
> 이튿날 아침에 나무장사가 지나가다가 그 고개에 젊은 남녀의 껴안은 시체와 그 가운데 아직 막 자다 깨인 어린애가 등에 따뜻한 햇볕을 받고 시체를 툭툭 치고 있는 것을 발견하여 어린것만 소에 싣고 갔다.

대부분의 평자들은 「화수분」을 논할 때, '죽음'을 종말로 한 가난한 행랑채 인물들의 이야기라고 말하는 것으로 만족하면서 「화수분」의 이 마지막 문장의 의미를 간과하고 있다. 물론 이것은 20년대 공통의 소재인 가난에 의한 죽음의 서사시적 이야기이며, 궁핍한 사람에 대한 애정어린 인도주의와 자녀애에 대한 아름다운 이야기이다. 그러나 우리의 관심은 여기에서 시작한다. 바로 그들 자녀애를 지닌 부모들의 죽음이 몰고 오는 의미의 추적에 있다. 이 추적은 「화수분」의 맨 마지막 문장이 지니는 의미를 해석함으로써 풀리는 것이다. 기독교의 죽음은 부활을 전제할 때에만 의미가 있다. 행랑아범 화수분과 그 아내의 동사 속에서 죽지 않고 살아남아 있던 어린애 옥분의 생존은 바로 죽은 부모들의 부활이요 재생이라고 해석할 때, 늘봄의 죽음관은 비로소 기독교 교리에 일치하는 것이다.

가령 이 소설 「화수분」의 결말이 추운 겨울에 눈 쌓인 고갯마루에서 화

수분 내외와 어린애의 세 식구가 다 죽은 시체로 발견된 이야기였다고 생
각해 보자. 그 완전한 절망 앞에서 우리는 삶이 지니는 절대허무를 만나
게 되는 것이다. 그러나 늘봄은 기독교 신자였고 더구나 교리에 밝은 그
리고 그 신앙이 철저하여 당시 기독교계의 병폐까지도 아파하며 그 시정
을 촉구하던 목사였다. 그 결과로 그는 「화수분」 이전의 많은 작품에서
시도했던 죽음의 문제를 「화수분」에서는 더욱 능숙하게 처리할 만큼 기
교의 발전을 가져온 것이었다. 그 발전의 기미는 「생명의 봄」에서 하나의
죽음이 초래하는 다른 생명의 求贖史的 의미를 나타내 보이려고 하는 데
서 싹트고 있었다. 즉, 「생명의 봄」에서는 아내 영선이 빈사의 병상에서
완쾌되어 퇴원하기까지 같은 병으로 입원했던 다른 사람이 죽어서 나간
다. 이것이 아내 영선이나 남편 나영순에게는 루터의 고사를 연상하게 한
다. 그 구속사적 의미의 싹이 「화수분」에서 개화하는 것이다. 주인공의
이름을 '화수분'이라고 한 것부터가 그러한 의미를 내포하고 있다. '화수
분'은 '보배의 그릇으로, 그 안에 온갖 물건을 넣어두면 새끼를 쳐서 끝이
없이 나온다는 데서 생긴 말'이고 '재물이 자꾸 생겨서 암만 써도 줄지
아니함을 이르는 말'[8]이다. 그것은 늘봄의 창작의도 속에 이미 주인공
'화수분'이 영속적 생명이요, 변화와 발전의 상징임을 암시하고 있는 것
이다. 절대허무에 빠지는 절망이냐, 아니면 신앙을 통해 새로운 생명으로
초월하느냐 하는 갈림길에서 신을 인정함으로써 새로운 생명으로 초월하
겠다는 기독교 신앙의 요체이다.

　　그러나 그것은 그리스도와 같은 神人的 존재의 십자가가 필요한 것이
다. 개인의 경우에 있어서도 마찬가지다. 따라서 화수분 내외의 죽음은 필
연적이며, 그 죽음을 통하여야만 새 생명으로 이어질 뿐 아니라, 지나간
세계를 초월할 수 있다. 그 초월의 세계가 나무장사에게 구조되는 어린애
'옥분이'이다. 절망으로부터 벗어나기 위하여서는 차원을 바꾸는 초월의
공간이 필요하다. 그 공간은 「화수분」에서 이튿날 아침에 소를 끌고 지나

---

8) 이희승 편, 『국어대사전』, 민중서관, 1961, 화수분 條.

가는 나무장사로 표현되고 있다. 이와 같은 부활과 재생의 의미는 기독교 신앙의 이론과 실제에 거의 完美했던 늘봄이 아니었다면 1920년대의 소설에서 나타날 수가 없는 것이다. 아직까지도 기독교 신앙의 토착화가 문제시되고 있는 한국의 풍토에서 1920년대에 그 교리를 상징적으로 표출해 내었다고 하는 사실은, 한국문학사에서 늘봄의 위치를 특징지어 주는 것이 아닐 수 없다. 우리는 이상과 같이 '나무장사'로 표현되는 초월적 신앙이 기독교의 神觀의 산물임을 역설한 엘리아데(Mircca Eliade)의 말을 음미해 보기로 하자.

근본적으로 우리가 신을 배제하지 않는 자유의 철학을 받아들이지 않고는 무사하게 원형과 반복의 지평을 초월할 수가 없는 것이다. 유태-그리스도교에 의하여 최초로 원형과 반복의 지평이 초월되었을 때, 이 같은 사실의 참됨이 증명되었다. 그리하여 유태 그리스도교는 종교경험 속에 하나의 새로운 범주, 즉 믿음의 범주를 도입한 것이다. 결코 잊어서는 안 될 것은, 만약 아브라함의 믿음이 '신에게 있어서는 모든 것이 가능하다'라는 것으로 정의될 수 있다면, 그리스도의 믿음은 인간에게도 모든 일이 가능하다는 것을 암시하고 있는 것이라고 하는 사실이다. "……하느님을 믿으시오. 나는 분명히 말합니다. 누구든지 마음에 의심을 품지 말고 자기가 말한 대로 되리라고 믿기만 하면 이 산더러 '번쩍 들려서 저 바다에 빠져라' 하더라도 그대로 이루어질 것입니다." 그러므로 내 말을 잘 들어 두시오. 당신들이 기도하며 구하는 것이 무엇이든지간에 그것을 이미 받았다고 믿기만 하면 그대로 다 될 것입니다." (마가복음 11, 24) 이 문맥에서 나타나는 신앙은 많은 다른 경우에서와 같이 어떠한 자연법칙으로도 절대적으로 해방된 것, 그러므로 인간이 상상할 수 있는 가장 드높은 자유를 의미한다. 그것은 우주의 존재론적인 구성에까지 간여하는 그러한 자유인 것이다. 그러므로 그것은 현저하게 창조적인 자유이다. 다시 말하면 그것은 인간의 창조와 더불어 협력하는 그 협력을 위한 새로운 공식을 형성한다. 그 공식은 원형과 반복의 전통적인 지평이 초월된

이후로 인간에게 주어진 최초의 그러나 또한 유일한 공식이다. 다
만 그러한 자유만이 (그 자유의 구속론적, 그러니까 엄밀한 의미
에서의 종교적 가치는 별문제로 하고) 현대인을 역사의 공포로부
터 방어할 수가 있는 것이다. 그 자유는 다시 말하면, 그 원천을
신 안에다 두고 있고, 그에게 대한 보장과 지지를 신 안에서 발견
하는 그러한 것이다.9)

　이 문맥으로부터 우리는 늘봄의 신앙이 어떻게 「화수분」을 낳게 하고,
그 「화수분」이 평범한 윤회환생이 아니라 새로운 초월적 세계의 약속을
나타내 주고 있는지를 깨닫게 될 것이다.
　「화수분」은 1925년에 『조선문단』에 발표되었다. 이 사실은 앞에서 누
차 언급한 것처럼 기독교의 부활신앙이 소설문학 속에 수용된 최초라는
의미를 지닌다. 기독교라는 출현은 이미 춘원의 『무정』에서도 나타나는
것이지만, 그 『무정』에는 신앙의 眞髓가 표현되는 것이 아니라 기독교라
는 종교의식의 외형적 소재가 있을 뿐이었다. 그러나 「화수분」은 기묘하
게도 기독교라든가 목사라든가 하는 기독교의 용어를 한 번도 쓰지 않으
면서 기독교 신앙의 진수를 토속적 한국의 자연과 순박한 서민의 더할 수
없이 궁핍한 생활상 속에 상징적으로 나타내고 있다. 이것은 그 당시에
유행하던 서구의 사실주의·자연주의의 물결의 혼류 속에서 오직 전영택
만이 누릴 수 있는 문학적 은총이었다. 이 은총은 그 당시의 소설문단에
커다란 충격을 주었을 것임에 틀림없다. 인간의 죽음이 어떻게 새로운 세
계의 전개를 뜻하게 되는가를 동시대의 다른 작가들은 경탄의 눈으로 바
라보게 되었다. 이러한 죽음에의 의식은 소설창작에 가능한 모든 방법을
시도하던 동인 같은 작가에서 죽음이 지닌 새로운 세계로의 변환을 의미
하는 작품들에 연결된다.

---

9) M. Eliade, 『Cosmos and History』(정진홍 역, 『우주와 역사』, 현대사상사, 1976)
　pp.220~221.

2) 1930年代 小說의 죽음

(1) 金東仁의 「狂畵師」, 「狂炎소나타」, 「붉은 산」

「광화사」의 마지막 구절을 보자.

　　넘어지는 서슬에 벼루가 전복되었다. 뒤집혀진 벼루에서 튀어난 먹물 방울이……두 눈에는 완연히 동자가 그려진 것이다. ……그 먹방울이 어떻게 그렇게도 기묘하게 떨어졌을까? 먹이 떨어진 동자로부터 먹물이 번진 홍채에 이르기까지 어찌도 그렇듯 기묘하게 되었을까? 한편에는 송장, 한편에는 송장의 화상을 놓고 망연히 앉아 있는 화공의 몸은 스스로 멈출 수 없이 와들와들 떨렸다.

이 「광화사」에서는 소녀의 죽음이 '위대한 예술작품으로의 승화' 및 '작품제작의 완성'등으로 이어지는 '또 다른 생명을 탄생시키는 가치'로 서의 작용력을 상징하였다.

「광염소나타」에서는 천재 음악가 백성수가 사람 하나를 죽이거나 무덤을 헤치고 屍姦을 하는 등, 죽음과 주검을 눈앞에 두고서야 반드시 위대한 작곡을 해내는 것이 묘사되어 있다.

다음 구절을 읽어보자.

　　그 여자의 무덤을 찾아갔읍니다. 그리고 七·八시간 전에 묻어 놓은 그의 무덤의 흙을 다시 파서 그의 시체를 꺼내어 놓았읍니다. 이것을 정신이 없이 들여다 보고 있다가 저는 갑자기 홍분이 되어 아아, ─선생님, 저는 이 아래를 쓸 용기가 없읍니다. 그날밤에 된것이 '死靈'이었읍니다.

　　……저는 마침내 사람을 죽인다는 경우에까지 이르렀읍니다. 그리고 한사람이 죽을때마다 한 개의 음악이 생겨났읍니다. 그 뒤부터 제가 지은 그 모든 것은 모두가 한 사람씩의 생명을 대표하는 것이었읍니다.

이 글에서는 죽음이 '참으로 위대한 작곡'의 완성을 합리화시키는 절대 경험의 상황으로 설정되어 있다. 그 살인이나 혹은 屍姦이 없으면, 그 예술이 결코 성취될 수 없다는 절대원인이 바로 죽음인 것이다. 우리는 여기에서 살인이나 屍姦이 도덕적 윤리적으로 용납될 수 없다고 하는 모랄의 문제를 이야기할 필요가 없다. 무엇인가 위대한 예술을 승화시킨 바로 그 자리에 그 승화된 생명을 위하여 代贖하여야 했던 존재가 요구되었다는 말이다. 이 말은, 즉 죽음이 顯現되는 곳에 반드시 새로운 형식의 생명이 발아된다는 의식의 선언이 되는 셈이다.

'죽음의식'에 관련하여 또 하나 잊을 수 없는 작품은 1931년에 쓰여진 「붉은 산」이다. 이 소설은 余라는 의사가, 조선 사람 소작인만 사는 한 20여 호 되는 작은 촌에서 만난 '삵'이란 사람의 생사와 그의 사후에 그가 불러일으킨 민족애 등을 쓴 수기 형식의 글이다.

이 소설의 마지막 귀절은 이렇게 끝난다.

> "선생님 저는 갔었읍니다. 그놈의 집에"
> 침묵이 흘렀다.
> "선생님 보고 싶어요. ……붉은 산이 …… 흰 옷이……"
> "……"
> "…저기 붉은 산이 ……그리고 흰 옷이…… 저게 뭐예요?"
> 여는 돌아 보았다. 그러나 거기는 황막한 만주의 벌판이 전개되어 있을 뿐이다.
> "선생님 노래를 불러 주세요 마지막 소원……노래를 해 주세요. 동해물과 백두산이 마르고 닳도록……"
> 광막한 겨울의 만주벌 한편 구석에는 숭엄한 노래가 차차 크게 엄숙하게 울리었다. 그 가운데 익호의 몸은 점점 식었다.

이 작품에서는 世人이 모두 미워하여 죽어 주기를 갈망하는 '삵'이 송 영감의 억울한 죽음 앞에 분노하여 지주에게 싸우러 갔다가 대신 우리 동포들의 가슴속에 끓어 오르던 울분을 가라앉혀 주고 자기는 장작개비처럼 허리가 뒤로 부러져서 장렬하게 죽는다는 것을 말해 준다. '삵'의 애국도 愛族도 그가 목숨을 버림으로써만 가능했고, 또 '삵'이라는 천하의 패륜아 앞에서 온 겨레가 한마음이 되어 애국가를 부르는 그 사랑과 화목과 일치의 순간도 결국 '삵'의 죽음으로써만 가능하였다. 죽음을 삶의 완성이라고 생각하는 작가의식이 대변된 작품이라고 말할 수 있다.

그러나 이 세 편의 단편을 내놓은 뒤로 동인의 작가적 면모는 단편을 통하여 나타나는 것이 아니라 중편과 장편 그리고 야담류에서 나타난다. 동인의 이와 같은 작가적 변모는 그의 사생활과 무관한 것이 아니지만, 그것보다도 더 크게 문제되는 것은 그가 문학에 대하여 쏟은 정열의 불건전성인 것 같다. 말하자면 그 불건전성은 문학을 정신의 순화와 고양이라는 관점에서 추구한 것이 아니라, 관능이나 변태의 엑스타시(황홀) 쪽에서 찾아 들어가려고 했던 데에 그 원인이 있으리라는 추정이다. 이 추정이 용인된다면, 「광화사」와 「광염소나타」에 나타나는 '죽음'은 앞서 말한 바 새로운 생명의 발아로서의 뜻이 없는 것은 아니지만, 궁극에 가서는 미래에 대한 부정에 이른다.[10] 또한 그 죽음은 예술을 위한 우연적 승화는 될지언정 필연적 승화(Sublimation)라고는 말할 수 없게 된다. 동인은 그가 작가로 출발하면서 문학을 위한 문학을 생각하면 했지 무슨 민중의 계몽 따위와 같은 문학은 아주 사갈시 했었던 소설가였다. 그러한 성품과 취향 때문에 동인에게 있어서는 春園이 한없이 못마땅한 선배로 생각되어 춘원에게 냉혹한 비판의 화살을 쏟아댔던 것이었다. 그렇지만 문학을 위한 문학이라고 해서 하나의 질서 있는 사회가 유지하는 한계(그것을 윤리라 해도 좋고 도덕이라 해도 좋은 것이지만)까지도 무시되어야 하는 것은 아니다. 동인은 탐미주의 또는 예술지상을 내세우며 그 한계를 부수어

---

10) 이를 傍證할 만한 작품에 「명문」이 있다. 1925의 「감자」에 뒤이어 내 놓은 「명문」에는 신과 영혼에 대한 부정의식이 나타나 있다. 「명문」의 주인공 '권주사'에게 그의 아버지는 이렇게 말한다. "천당? 혼백이 죽지 않고 천당엘가? 바보의 소리라…" 이것은 신을 조롱하고 인간의 영혼을 부정하는 사상적 표현이라고 할 수 있다.

버렸다. 그 한계침범이 그의 실제생활에 드러난 것은 그가 아편에 중독 되었었다는 사실이다. 그러한 행위가 문학적으로는 기이한 용기로 해석될 수 있고, 그래서 「광화사」나 「광염쏘나타」와 같은 작품을 쓸 수 있었던 것이지만, 바로 그러한 특성 때문에 그의 문학은 더 이상의 건전하고도 필연적인 승화로 이끄는 죽음의 문학이 계속 생성되지 못한 것으로 보인다.

이렇게 볼 때에 동인에게서는 죽음의 의미가 형이상학적 관점에서 대단히 미약한 예술성에 머물고 만다. 그 예외의 작품에 「붉은 산」이 있어서 그가 그래도 훌륭한 작가로서의 문학사적 영예를 누릴 수 있게 한다. 그의 소설에 나타난 죽음이 형이상학적으로 승화되지는 못했으나 민족과 국가를 위해서는 여전히 영속적 가치를 가진다는 「붉은 산」의 의미는 동인의 작가적 생명과 인간가치를 동시에 높여 주는 탁월한 작품이다. 그러한 정신을 증거하기라도 하듯이 동인은 끝까지 친일하지 않았으며 天皇不敬罪로 옥살이(43세 때)까지 겪는다. 결국 동인의 '죽음'은 사회의 모든 질서를 다 파괴하더라도 '꼭 한가지 지킬 것이 있다면 그것은 민족과 국가'라는 '삶의 인생관'과 일치한다고 보아야 하겠다.

(2) 주요섭의 「사랑 손님과 어머니」

한국에 처음으로 들어온 기독교 사상은 구교인 천주교이었으나, 전후 4차에 걸친 수난과 박해로 말미암아 민중들에게 그 사상이 본격적으로 소개될 수 없는 형편이었다. 그러다가 1876년 일본과의 통상수호조약이 체결되고 연이어 서구열강과의 통상 수호조약에 따른 문호개방은 1896년의 西敎禁壓令에 이르게 된다. 이 때를 전후하여 각종 개신교 선교사들이 전교활동을 하게 되는데, 그 가운데서 가장 중요한 사건은 1887년 신약전서가 『예수성교전서』라는 이름으로 출판된 것이다. 우리 한민족의 기독교 신앙의 수용은 선교사들의 전교보다는 성경이나 문서를 통한 교리해득에 더 많이 의존되어 왔었기 때문이다.[11] 소위 '로스 譯'이라고 불리는 이 『예수성교전서』는 그 뒤 1900년에 성서번역국에서 간행한 『신약전서』의 전

초기지의 역할을 하며 우리 민족 속에 깊은 기독교 신앙의 뿌리를 내린다. 그리하여 20세기 여명에서부터 신약성서는 한민족의 의식구조 속에 전통적 불교의 내세관이나 죽음관과는 아주 다른 형태의 내세관과 죽음관을 갖게 한다. 그것은 두말할 것도 없이 대부분의 서민대중들이 맹목적으로 呪誦하던 '나무아미타불 관세음보살' 대신에 분명한 의식을 가지고 외게 된 주기도문을 통하여 얻은 것이었다. 이 주기도문(마태오 6, 9~13)이 우리 소설사에서 처음으로 나타나는 작품이 바로 1935년 11월호『조광』지에 실린 주요섭의 「사랑 손님과 어머니」이다.

이 소설은 '죽음'을 스토리 안에 담고 있는 것이 아니라 배경상황으로 설정하고 있다. 즉, 24세밖에 안 된 여주인공의 남편이 죽었기 때문에 이야기가 전개된다. 여기에 주기도문이 출현한다. 이 주기도문은 일차적으로 기독교 신앙이 일반대중에게 충분히 보급되었음을 입증한다. 그 다음으로 주기도문이 이 소설에서 수행하는 기능은 그것이 마치 죽은 남편을 대행하는 것이다. 왜냐하면 그 젊은 여인이 봉건적 애정논리를 지키기 위하여, 다시 말해서 죽은 남편의 영혼과 제휴하기 위하여 주기도문은 찬송가 및 기도와 더불어 이용되고 있기 때문이다. 이렇게 볼 때 주기도문은 차라리 죽은 남편의 대행적 객체가 되어 인습적 윤리관을 옹호한다.

> "하늘에 계신 우리 아버지시여"
> 어머니는 고요히 기도를 시작하였읍니다.
> "이름을 거룩하게 하옵시며 나라이 임하옵시며 뜻이 하늘에서 이루어진 것처럼 땅에서도 이루어지이다. 오늘날 우리에게 일용할 양식을 주옵시고 우리가 우리에게 죄지은 자를 용서하여 준 것처럼 우리 죄를 사하여 주옵시고 우리를 시험에 들지 말게 하옵시고……시험에 들지 말게……시험에 들지 말게……"

---

11) L. George Paik『The History of Protestant Missions in Korea』Union Christian College Press, Pyung Yang, Korea, 1929, p.47.
유동식, 『한국종교와 기독교』, 대한 기독교서회, 1963, p.130.

이렇게 어머니는 자꾸만 되풀이하였읍니다. 나도 지금은 막히지 않고 줄줄 외는 주기도문을 글쎄 어머니가 막히다니 참으로 우스운 일이었읍니다.

"시험에 들지 말게, 시험에 들지 말게" 하고 자꾸만 되풀이하는 것을 나는 참다 못해서

"엄마 내 마저 하께" 하고

"다만 악에서 구하옵소서. 대게 나라와 권세와 영광이 아버지께 영원히 있사옵나이다." 하고 내가 끝을 마쳤읍니다. 어머니는 한참이나 가만 있다가 오래 후에야 겨우,

"아멘" 하고 속삭였다.

그리하여 불타는 욕망을 제어하고, 신앙을 명분으로 내세워 봉건적 사회질서에 순응하는 의지로 변용시키는 24세의 젊은 여인은, 여섯 살 난 딸 '옥희' 하나에게만 의지하겠다면서 '사랑 손님'의 애정과 구혼을 거절하기에 이른다.

"옥희는 철이 없어서 모르지만 세상이 욕을 한단다. 사람들이 욕을 해. 옥희 어머니는 홰냥년이다. 이러구 세상이 욕을 해."

기독교 사상과 죽음관이 한국 전통사상에 안티테제로서 나타나서 갈등을 보이는 것이 아니라, 기묘하게도 전통사상의 옹호자 구실을 한다는 것은 우리의 예상을 벗어난 흥미있는 현상이 아닐 수 없다. 「사랑 손님과 어머니」가 죽음의식사상 중요시되는 이유는 이렇듯 전통적 의식과의 영합을 보여준 데에 있다. 그러나 그것은 부단한 갈등이 예견되는 충돌의 전야와도 같은 정적인지 모른다. 왜냐하면 기독교 신앙과 그 죽음관이 그렇게 재래적인 것과의 조화만으로 일관되어 소설에 나타날 것은 아니기 때문이다.

(3) 沈熏의『常綠樹』

『상록수』는 심훈이 발표한 마지막 장편소설이다. 물론 그가 36세의 젊은 나이로 요절하지 않았다면, 이 작품은 그의 더 큰 문학세계를 위한 디딤돌이 되었을 터이나, 그것은 부질없는 가정일 뿐이요, 1935년에 전작으로 발표한『상록수』는 영원히 심훈 문학의 최후결정이 되고 있다. 이 작품이 우리의 관심을 끄는 이유는 이미 1930년대 우리 나라 대중에게 상식으로 이해된 기독교 사상이 일찌기 1910년대에 춘원에게서 創導되었던 계몽사상에 결부되면서 우리 민족의 죽음의식에 어떠한 변모를 가져왔는가를 찾아보기 위하여서이다. '죽음'과 '죽음'의 부활을 통하여서만 삶의 의의가 분명히 밝혀지는 기독교 사상은 1930년대에서는 전혀 경이의 대상이 아니었다. 오히려 그것은 일제 식민지의 암담한 현실 속에서 미래를 약속해 줄 수 있는 구원의 방편이요, 재생의 수단으로 각광을 받는다. 실제로 1930년대의 지식인들은 일부 불교승려나 천도교 지도층을 제외한다면 기독교와 연관을 아니 가질 수 없는 형편이었다. 식민지 상황하에서 서구의 신지식을 받아들이는 데에는 오직 기독교만이 유일한 관문이었기 때문이다. 이 무렵에 그러한 지식인들이 가지고 있었던 또 다른 정신적 지주를 상정해 본다면, 아마도 그것은 당시의 인도의 최고 지성이었던 타고르나 간디에 대한 흠모였다는 것을 부정할 수 없을 것이다. 왜냐하면 인도야말로 동양문화의 유원한 발상지요, 찬란한 고대정신문화를 물려받았으면서도, 그때에 영국의 식민지배하에 신음하고 있는 실정이 한국의 그것과 너무도 비슷하였기 때문이다. 그때 그 인도에는 타고르와 간디가 있었다. 그들은 잠자는 熱沙의 나라에서 오직 깨어 있는 한 쌍의 샛별이었다.

따라서 1930년대 한국의 지식인들이 민족의 장래를 생각하며 새로운 활로를 개척하고자 할 때, 한쪽으로는 기독교 사상이 가르치는 종교적 이상에 눈을 돌리고, 다른 한쪽으로는 인도에 살아 있는 두 거성의 사상과 거취에 주목하였으리라는 것은 너무도 자연스러운 귀결이었다. 본고에서 새삼스럽게 이들 두 인도 지식인이 한국 지식인들, 특히 심훈에게 끼친 영향관계를 검증할 생각은 없다. 다만 그들의 언행과 사고의 단편들이 『상록수』를 이해하는데 도움이 된다면 그것들을 비교 고찰함으로써 『상록수』에 나타난 죽음의식의 실체를 가능한 한 확실하게 규명해 보려고 한다.

여자신학교 출신인 채영신은 사랑하는 사람 박동혁의 정신적 감화를 받아 농촌계몽 활동에 열을 올린다. 그녀의 활동무대는 예배당을 중심으로 전개된다. 그러나 하나의 남성과 조국에의 헌신 사이에서 고민하면서 농촌과 겨레를 위해 힘껏 몸바쳐 일한 연약한 여성 채영신은 투옥된 애인 박동혁의 편지만을 품에 안고 농민들의 눈물겨운 기도 속에서 고요히 숨을 거둔다.

출옥한 박동혁은 연인을 잃은 슬픔과 감상에 젖어 괴로워하지만은 않는다. 그는 연인의 죽음을 신념과 용기로 극복하고, 사랑하던 영신의 遺業을 받들어 더욱 열심히 일하게 된다.

> "왜 당신은, 일하는 것밖에, 좀 더 다른 허영심이 없었단 말이요?" 하고 꾸짖듯 하고는 한참이나 엎드려 떨리는 가슴을 진정하다가……
> "영신씨. 안심하세요. 나는 이렇게 꿋꿋하게 살아 있소이다. 내가 죽는 날까지 당신이 못다 하고 간 일까지 두 몫을 하리다."

이와 같이 연인의 죽음을 초극한 박동혁의 정신적 자세는 마치 죽음에 친숙했던 저 인도의 詩聖 타고르의 명상적 행위가 차지하는 공간을 공유했다는 인상을 준다.

> 그러나 이와 같이 질식할 듯한 암흑 가운데에서도, 갑자기 그리고 때때로, 나를 경탄케 하는 기쁨의 미풍이 내 가슴 위로 불어오곤 했다. 인생이 영원한 것이 아니라는 고통스런 인식자체가 위로의 원천으로 전환되었다. 딱딱한 인생현실의 그 허물 수 없는 장벽 안에서 우리가 영원히 囚人일 수 없다는 사실—이것은 진실로

내 가슴을 기쁘게 하는 반가운 밀물이었다. 나는 나의 강박감을
떨쳐 버려야 했다. 내가 그것을 나 자신의 손실이라고 생각하는
한 나는 늘 불행하였지만, 인생이란 죽음을 통하여서 자유로와 진
다고 생각할 줄 알게 되었을 때에, 비로소 거대한 평화가 내 靈神
위에 내려앉았다. …… 이러한 초월감이 내 안에서 성장하게 되자,
자연의 아름다움은 눈물로 씻겨진 나의 눈에 더욱 깊은 의미를
나타내었다. 그녀(형수 : 역자 주)의 죽음은 전체로서의 인생과 세
계를 참된 전망으로 바라보는 데 필요한 거리와 초월을 나에게 가
져다 주었다. 그래서 내가 거대한 죽음의 화폭 위에 그려진 인생
도를 바라보았을 때에 그것은 참으로 아름답게 생각되었다.[12]

　타고르는 그 뒤로, 그의 아내, 아버지, 두 딸, 아들, 형님, 손자 등 많은
사별을 겪어야 했다. 그래서 죽음은 그의 가정에 친숙한 존재가 되어 버
렸다. 심지어는 그가 끔찍이도 사랑했던 아내의 죽음에 임하여서조차도,
"그의 내적 평화는 동요되지 않았다"고 그의 아들은 말한다. 죽음의 세례
를 거치면서 그는 그의 슬픔에 비극적 권위를 부여하고, 그의 기쁨에 이
해의 힘을 부여하는 靈神的 자세를 획득하였다. 죽음에 대한 지식은 인
생에 대한 지식에 새로운 깊이와 풍요를 주었다. 그는 삶과 죽음 사이에
존재하는 경험의 연속성을 느꼈다. 죽음의 빛 속에서 그는 죽지 않는 삶
의 진실을 보았다. "진행 속의 삶은 언제고, 생명을 정지시키고 또 생명을
던져 버리게 하려는 죽음의 도전을 받아야 한다. 그러나 죽음은 항상 삶
에 의하여 굴복된다. 그리하여 언제고 절멸의 죽음 뒤에는 항상 삶이 새
롭고 역동적인 형식으로 스스로를 완성시킨다." 타고르는 더 이상 죽음을
두려워하지 아니 하였다.[13]
　전자는 타고르 자신이 어떻게 죽음을 극복하였는지 고백한 글이고, 후

---

12) Krishna Kripalani, 『Rabindranath Tagore』a biography, London Oxford
　　University Press 1962, p.115.
13) K.L. sheshagiri Rao 「Modern Hindu Thought」(『Death and Eastern Thought』
　　Ed, by Frenerick h. holck) pp.168~169.

자는 그의 죽음관에 대한 쉐솨기리 라오의 해설이다. 엄격하게 말하면 박
동혁은 이상과 같은 죽음관에 도달한 것은 아니었다. 다만 적어도 그러한
타고르의 죽음관으로 지향하고자 노력하는 동일 성향의 모습을 동혁의 언
행에서 추출해 볼 수 있겠다는 것이다.

다음으로 채영신의 장례에서의 박동혁의 연설 한 구절을 인용해 본다.
마을 사람에게 하는 연설이라 비록 그 말은 쉽게 표현되어 있으나 그 말
에서 우리는 삶과 죽음을 같은 것으로 생각하고 죽음을 초극하여 삶의 자
세를 가다듬는 선구자의 굳은 의지를 본다.

> "채선생은 결단코 죽지 않았읍니다. 살과 뼈는 썩을지언정 저
> 가엾은 아이들과 가난한 동족을 위해서 흘린 피는 벌써 여러분의
> 혈관 속에 섞였읍니다. 지금 이 사람의 가슴 속에도 그 뜨거운 피
> 가 끓고 있읍니다."

이와 같은 동혁의 말 속에서 필자는 다음과 같은 간디의 사상을 생각하
게 된다.

> 간디는 탄생과 죽음을 영원한 진리 즉, 生死는 서로 다른 상태
> 가 아니며, 다만 서로 다른 양상이라고 하는 영원한 진리로 간주
> 하였다. 그는 죽음에 비탄하고 탄생을 축하할 하등의 이유도 발견
> 하지 않는다.[14]

대중 앞에 섰을 때, 이와 같이 굳은 의지를 보이던 동혁은, 그러나 그가
혼자가 되어 영신의 무덤 앞에 서게 되자, 생명의 하염없음과 인생의 무
상함을 새삼스러이 느끼고 다음과 같이 고백한다.

> "수수께끼다. 왜 무엇하러 뒤를 이어 나고 뒤를 이어 죽고 하는

14) 같은 책, p.182.

지 모르는 인생 — 요컨대 영원히 풀어볼 수 없는 수수께끼에 지나지 못한다. …… 영신은 무엇하러 나왔다 죽었고 나는 왜 무엇하러 이 무덤 앞에 올빼미처럼 두 눈을 껌뻑거리고 쭈그리고 앉았느냐? 생각하면 생각할수록 그 의미를 알 수 없다. …… 그렇다. 인생문제는 그 자체인 인생의 머리로 해결을 짓지 못한다. 인류의 역사가 있은 후 수많은 철학자와 사상가와 예술가가 머리를 썩히다가 해결의 실마리를 잡아보지 못한 문제다. 그것을 손쉽게 풀어보려고 덤비는 것부터 망령된 것이다."

이상과 같은 고백을 읽어 가노라면 앞에서 타고르나 간디를 동혁과 대비시킨 것이 품격에 있어서 몹시 격차가 난다는 것을 인정치 않을 수 없다. 기껏 죽음 앞에서 의연했고 강인한 의지를 보였던 동혁이 '인생 문제는 인생의 머리로 해결짓지 못한다'고 좌절하는 순간에 우리는 그 말의 사상적 미숙성 앞에 똑같이 좌절될 것 같은 슬픔을 느낀다. 그러나 무리를 느끼면서도 타고르와 간디를 대비시킨 것은 『상록수』를 보다 높은 차원의 소설로 끌어올리고 싶은 우리의 希願이라고 보아야 하겠다. 1930년대에 있어서, 그것도 대중의 계몽운동의 일환으로 쓰여진 브 나로드류의 작품에서 깊은 사색의 沈澱을 발견하려 한다는 것은 처음부터 필자의 지나친 욕심이었었는지 모른다.

(4) 金東里의 「巫女圖」

「무녀도」의 작자 김동리는 시에 있어서 서정주와 같이, 적어도 우리 소설사에서 20세기 전반기를 대표하는 중요한 작가의 한 사람이다. 그 이유는 논의가 전개됨에 따라 밝혀질 것이거니와, 그래서 그의 작품은 앞으로도 계속 논의되어야 할 것이다. 따라서 여기에서는 그 每項의 서설을 겸하여 그가 어떤 관점에서 소설을 써 왔는가 하는 충심의 고백 일절을 먼저 인용하여 논술의 실마리를 잡고자 한다.

한마디로 요약하면 내가 문학을 하게 된 동기는 죽음을 생각하고 그것을 너무나 두려워한 결과라고 하겠다. 그래서 그런지 나의 작품의 대부분은 죽음으로써 끝을 맺는다. 초기의 작품에서만 해도 「무녀도」, 「바위」, 「황토기」가 모두 그렇고, 나중의 장편 『사반의 십자가』 역시 그렇다. 죽음에 대한 나의 집착은 나의 문학을 종교와 결부시켜 놓은 건지 모른다. 「무녀도」, 「당고개 무당」, 「달」, 「허덜풀레」 따위가 샤머니즘 계열이라면, 「부활」, 「목공요셉」, 「사반의 십자가」가 기독교 계열이요, 「불화」, 「솔거」, 「등신불」, 「까치소리」, 따위가 불교 계열이다. 내가 병을 자주 앓던 소년시절에서 이미 50년이 지난 지금은 나의 성격이나 취향 따위가 모두 딴판으로 바뀐 것 같으나 죽음에 대한 전율은 아직도 가셔지지 않고 있다.15)

이 말을 요약하면 결국 동리는 죽음의 공포로부터 벗어나서 죽음이 확실하게 무엇인가를 알기 위하여 소설을 써왔다고 말할 수 있다. 그만큼 동리 문학에서는 죽음의 비중이 무거워진다. 그 죽음 연구의 첫 작품이 「무녀도」이다. 이에 대하여는 필자가 다른 글에서 이미 다음과 같이 해석한 적이 있었다.

뒤에 물러 누운 어둑우둑한 산, 앞으로 폭이 널다랗게 흐르는 검은 강물. 바야흐로 숨이 고비에 찬 이슥한 밤중이다. 여인들이 자욱히 앉아 무당의 시나위가락에 취해 있다. 무당은 바야흐로 청승에 자즈러져 뼈도 살도 없는 혼령으로 화한 듯 가벼이 쾌자자락을 날리며 돌아간다.

이것은 한 장의 그림을 묘사해 놓은 글이다. 모화라는 무녀가 춤을 춘다. 십 만리 서역의 예수 귀신이 붙었다고 아들 욱이를 칼로 찍어서 병들어 죽게 한 이 무녀는 半發狂 상태에 있고, 스스로 마지막 굿이라고 하면서 그 굿을 통해 벙어리인 딸 낭이의 입을

15) 서강타임즈(서강대학교신문) 1974. 9. 27. 4면

열게 하겠다고 한다. 몰려온 구경꾼들은 굿의 영검을 믿는 사람이 아니라, 예수 귀신이 진짠가 신령님이 진짠가 두고 보자고 벼르는 사람들이다. 때는 밤이고 소복을 한 무녀는 검은 강물 속으로 겁 없이 자꾸 들어간다.

오직 살아남은 반벙어리 낭이는 그녀의 존재자체가 나타내는 관념이 모화의 것인지 욱이의 것인지 분간 못하는 처절하게 슬픈 모습으로, 제 어미의 목숨이 끝난 검은 강물 너머, 무지의 타향을 유랑한다. 어쩌면 낭이는 모화의 정신세계에 살면서 체내에는 욱 이의 변신을 키웠는지 모른다.

이 그림—무녀도는, 1930년을 전후한 한국의 정신상황을 환타 직하게 그려놓은 축소판이다. 모화 이전의 한국은 병자를 위해 의 원이 필요한 것이 아니라, 무당의 푸닥거리가 요청됐던 시대다. 그 러나 예수 귀신이 붙은 아들과의 치열한 칼부림 끝에 드디어 아들 을 죽게까지는 했다손쳐도, 모화 자신의 시대는 물론 모화의 굿도 영험이 없어졌다는 민족의 각성과 회의가 지배적으로 되어 가던 과도기이다. 그리고 반벙어리인 낭이가 슬프고도 차디찬 모습으로 걸어가는 검은 강물 이쪽의 세계는 인간 이전의 상태에서 인간의 본질을 깨우친 후의 민중이, 합리적인 길을 모색해 보고자 하는 데라고 볼 수 있다.

모화는 곰할머니 적부터의 유서 깊은 전통이다. 5000년간이나 이 민족의 정신세계를 움직여 왔던 것은 샤머니즘이다. 대원군의 쇄국이며 고집이기도 하다.

욱이는 모화의 용어를 빌리면 서방귀신이요, 현대적 용어를 빌 리면 서구의 외래사조이다. 2000년간 서구의 정신세계를 지배해온 크리스쳐니즘이다. 대원군의 칼날 아래서 신앙을 증거하며 죽어간 무수한 순교자들의 영혼이다. 이 소설의 배경이 되는 잠성촌의 基 督이기도 하다. 예수와도 같이 욱이는 그에게 칼을 휘두른 자를 위해 기도를 하며 죽었다.

낭이는 우리 민족의 심볼이다. 두 개 사조의 갈등 속에서 방황 하던 이 민족의 모습이다. 오빠와 어미를 동시에 잃어버린 벙어리 낭이가 굿의 효험인지 드디어 말을 하게 되었다고 하는데, 이 일은 모화의 마지막 굿이 가져온 영험이 아니다. 그것은 모화와 욱이를 합하여 빚어진 복합체로서의 낭이가 자의식과 회의에 싸여서 未明의 세계를 걸어가며 스스로 이룩해낸 생존의 방법이다. 양반 가문을 자랑하는 골동품 수집가인 어느 샤머니즘의 淺影에게 모친의 마지막 굿장면인 무녀도를 그려 주고, 그 그림 속에 도깨비굴 속 같은 칩거생활의 벽을 묻어 버리고 일어나서 나온, 슬프고도 침착한 합리적 사고의 태도가 낭이의 의식 속에 암시되어 있는 것이다.16)

이 소설은 그 전체의 색조가 한국의 토속신앙인 샤머니즘으로 물들어 있으나 죽음관으로 오히려 기독교에 입각한 부활의식을 반영한다. 욱이의 죽음은 순교의 의미를 띠는 것이며, 바로 그 사실을 증명하기 위하여 그의 어미 모화가 죽는다. 여기에서 욱이의 죽음은 부활의 의미를 갖고, 모화의 죽음은 욱이의 죽음이 무의미하지 않았음을 확인하는 보조기능으로 전락한다. 모화의 죽음은 허무에 불과하다. 이렇게 볼 때 「무녀도」가 제시하는 죽음관에는 대단히 통속적이기는 하나 죽음의 방향에 따라 그 죽음의 의미가 있을 수도 있으며 또 없을 수도 있다는 교훈, 곧 죽음관의 확립을 촉구하는 교훈이 감추어져 있는 셈이다. 다음에 인용하는 몇 구절은 이러한 죽음관을 입증해 줄 것이다.

"우리 사람을 만든 것은 하나님이다. 하나님은 우리 사람뿐 아니라 천지만물을 다 만들어내셨다. 우리가 죽어서 돌아가는 곳도 하느님 전이다."

어느날 밤 모화는 "서역 십 만리 굶주리던 잡귀신아 썩 물러서라"고 넋두리를 하며 욱이의 신약성서를 태워 버리고 욱이의 뒷등을 칼로 찌른다.

---

16) 졸저, 『현대소설과 상징의 기능』, 민음사, 1976, pp.121~123.

이러한 즈음 이 고을에도 조그마한 교회당이 서고 전도사가 들어왔다. 그리하여 그것은 바람에 불처럼 온 고을에 뻗쳤다. 읍내의 교회가 속히 서게 된 것은 욱이의 공로였다는 것이다.

모화는 그 후 거의 굿을 하지 않았고 "예수 귀신이 진짠가 신령님이 진짠가 두고 보자"는 마지막 굿에서 물에 가라앉는다.

대부분의 평자들은(필자도 마찬가지로) 견해를 같이하여 샤머니즘과 기독교 신앙의 대결에서 후자가 승리하였다는 말로써 「무녀도」의 결론을 삼는다. 그러나 이러한 논조에 반대하는 거의 유일한 이론이 있다. 李炳基의 평설이 그러하다.

모화의 죽음을 파멸이 아니라 生의 완성의 한 형식으로 파악하는 길이 있다. 죽음은 生의 부정이지만, 그의 죽음이 있기 때문에 生은 비로소 生일 수 있다. 다른 한편에 죽음을 거느리지 않은 生은 生이 아니다. 그러므로 죽음은 生의 완성을 위한 유일 절대의 조건이라 할 수 있는 것이다. 가령 순교자의 위대한 죽음이 그의 위대한 生을 완성시키는 경우를 보자. 같은 뜻에서 모화의 죽음을 그녀의 生의 완성이라 한다면 「무녀도」를 통해 김동리가 추구한 주제는 결코 토속신앙의 파멸, 기독교 신앙의 승리라는 안이한 상식이 될 수는 없다. 상식은 처세의 편리를 도울는지 몰라도 우주, 인생의 의미를 캐는 철학의 길잡이가 되지는 않는다. 역사상 인류 문화의 지주가 되어 온 모든 위대한 정신은 한결같이 그런 상식을 초월해 있다. 손쉬운 예로 기독교만 해도 그것은 전지전능한 여호와 하나님과 처녀 잉태와 예수의 부활과 최후의 심판 등 超常識的인 사실에의 신앙으로 일관하고 있는 것이다. 그것을 인정하면서 어찌 모화의 죽음에 대해서는 상식적인 해석을 고집할 것인가? 모화에게도 그녀 나름의 초상식적인 정신의 지주가 있다. 우리는 그것을 토속신앙 샤머니즘이라고 부르지만 그 속엔 분명히 우리 한국의 정신의 원형질이 있는 것이다. 그녀의 사상의 어느 한 대목, 특히 모든 사물이 혼령있는 것으로 보인다는 일종의 범신론은 주목되어 마땅한 대상이다. 모화의 죽음은 그러한 사상을 지키기 위해 자신을 희생한 순교라고 말할 수 있다. 순교자의 죽음은 바로 그의 生의 완성의 형성이다. 그리고 이 완성된 生은 후세에 뿌린 씨가 되어 다시 부활하는 기회를 갖는다. 순교는 生의 부정이 아니라 오히려 큰 生의 긍정이다.[17]

이 해석은 모화의 죽음을 기독교적 죽음관에 의거하여 분석하고 있다. 필자가 여기에서 중요시하는 것은 모화가 패배하고 욱이가 승리했다는 가설이 옳으냐, 아니면 모화의 죽음이 파멸이 아니라 순교에 해당하는 삶의 완성이며 승리라는 가설이 옳으냐를 따지는 데 있는 것이 아니다. 흥미롭게도 필자가 窮究하는 죽음 및 순교의 정의가 氏의 글에 피력되어 있음을 발견하는 기쁨이 중시된다는 점이다. 문학이 어떻게 철학을 그 예술의 영내에 吸收할 수 있는가를 역설한 노력의 성과로 이 평설은 필자에게 큰 가치를 인정하게 한다. 그러나 이러한 氏의 샤머니즘 부활론은, 바로 氏 자신의 방법론적 사고체계가 곧 기독교 사상체계에 근원하고 있음을 수긍할 때 더욱 더 완벽한 진술이 되리라고 보여진다.

(5) 李光洙의 『흙』과 『사랑』

春園의 문학을 논할 때 예외 없이 언급되어 왔던 작품이 있다면 그것은 『무정』이었다. 현대문학의 여명기에 치켜든 최초의 햇불로서 『무정』이 갖는 의의는 아무리 강조해도 지나치지 않는다. 그러나 그 『무정』에는 개화의식의 고취라는 대명제 때문에 인생의 의미를 형이상학적으로 탐색하는 삶과 죽음의 갈등이 없다. 그리하여 『무정』이 갖는 문학사적 의의에도 불구하고 우리는 춘원의 작품을 1930년대에 와서야 비로소 논하게 된다. 『무정』을 제외하고 또 史話類의 역사소설을 작가당대의 의식세계가

---

17) 이형기, 「김동리작품해설」, 『한국대표문학전집』, 삼중당, 1970, p.787.

반영되지 않았다고 하여 제외한다면, 춘원의 작품은 결국 1932년 발표한
『흙』과 1938년 4월에서 1939년 4월까지 만 1년에 걸쳐 전작으로 집필하
여 발표한『사랑』으로 최고봉을 이룬다. 춘원을 식민지 시대의 계몽주의
작가라고 규정할 경우에 그의 사상적 특성을 가장 강하게 나타낸 작품도
역시『흙』과『사랑』이라고 할 수 있다.

『흙』에는 세 가지의 죽음이 들어 있다.

첫째는 허숭의 아내인 정선의 자살기도와 갑진과의 불륜으로 생긴 아기
를 출산할 때에 당하는 죽음과도 같은 고뇌, 둘째는 어릴 때부터 주인공
허숭을 사랑했던 유순의 죽음, 셋째는 허숭의 농촌 계몽에 크게 방해가
되던 유정근이 당하는 작은갑으로부터의 살해위협.

이상 세 가지 가운데서 인간의 실제 죽음은 둘째의 경우이고, 첫째는
스스로 죽음을 자초하여 능동적으로 죽음 앞에 대면한 類似죽음이며, 셋
째는 피살 직전의 죽음의식이다. 춘원은 자타가 공인하는 이야기꾼으로서
『흙』의 사건을 전개시켜 갈 때에 위와 같은 세 가지 형태의 죽음을 동원
하여 스토리의 진전을 순탄하게 이끌어 간다. 그러면 이와 같은 죽음이
그것을 자기의 것으로 경험하는 부자나 주위의 인물들에게 어떻게 작용하
는가를 검토해 볼 필요가 있다. 그것은 죽음이 살아 있는 인간에게 주는
보편적 의미 기능이기도 하기 때문이다.

이야기의 진전과 더불어 어떻게 이 소설의 소재적 죽음이 작품의 구성
에 작용되고 있는가를 살펴보자.

숭은 짐을 싸면서도 최후의 일각까지 정선의 반성을 기다렸으나 도리어
정선으로부터 갖은 욕설을 듣고 집을 쫓겨 나오다시피 한다.

살여울로 가는 기차에 사람이 뛰어들어 자살을 기도한 것을 알고 그가
정선이며 그녀가 죽는다고 짐작한 순간에 숭은 아내의 불륜을 완전히 용
서하겠다는 자비의 지아비로 전환한다. 밤새워 아내 곁을 지키면서 위로
한다. "병신이 되기로 무슨 상관이요? 신문에 나거나 말거나 남이 흉을
보거나 말거나 그게 다 무슨 상관이요? 내가 당신을 사랑하고 당신이 나

를 사랑하고 서로 사랑하면서 일을 하면 그만 아뇨?"

여기에서 춘원은, 죽음이라는 소재를 이용하여 다스릴 길 없던 증오로부터 자비의 불심을 얻는 과정을 삼고 있다. 이와 같은 예는 바로 정선에게도 마찬가지 현상으로 나타난다.

살여울의 생활 수개월 후에 정선은 불륜으로 가진 갑진의 아기를 남편인 허숭 앞에서 분만하게 되는데. 영혼은 수치와 죄의식으로부터 오는 진통을 겪게 되고, 그 육신은 쇠약할 대로 쇠약해져서 죽은 어머니가 눈앞에 보인다면서 아이와 함께 자신을 데리고 가 달라고 헛소리를 한다. 그 죽음의 진통과정에서 정선의 마음에는 진정으로 자신의 과오를 회개하는 기독교적인 善終의 자세가 갖추어진다. 정선은, 남몰래 허숭을 사랑하는 선희에게 말한다. "선희, 날 용서해요. 내가 지금까지 선희를 미워했어. 선희가 허를 사랑하는 것이 미워서⋯⋯"

그러나 이 죽음의 순간 앞에 마음이 선해지는 것은 정선만이 아니다. "정선이, 내가 살여울에 있는 것이 정선이한테 고통이 되거든 내 여기서 떠날께. 내가 정선이한테 고통을 주었다면 내가 잘못했수."

선희의 말 속에는 온갖 불륜을 거치고서도 버젓이 허숭의 아내 노릇을 하는 정선을 시기하고 미워하는 마음이 전혀 없다. 그래서 선희는 자신의 사랑을 감추고 허숭에게 말한다. "무사히 아이를 낳고 일어나거든 정선을 극진히 사랑해 주셔요. 선생님은 그만하신 너그러운 인격을 가지신 줄 믿습니다. 정선이가 불쌍하지 않습니까?" 흐느끼며 이렇게 말한다. 숭은 정선의 얼굴에 제 얼굴을 가까이 대고 "정선이 다 용서했소. 남편의 사랑은 무한이요."라고 말한다. 정선이가 대답한다. "고맙습니다⋯⋯내가 죽거든⋯⋯선희하고 혼인해 주셔요."라고 힘들여 말한다. 이것은 정선이가 완벽한 痛悔를 거쳐 허숭의 용서를 받았다는 확신을 갖게 되는 심리의 전환, 그리고 완벽한 용서를 통해서 선희와 자신의 행복을 동일시하기에까지 이르게 되는 깊은 영혼의 포옹이고 정신적인 승화의 일치를 나타내는 말이다. 죽음이라는 소재를 통하여서만 춘원은, 제어할 길 없는 인간의 번뇌를 불심이라든가 예수의 사랑에까지 승화시키는 심리변화의 동기를 설정할 수 있었던 것이다. 그러나 춘원이 집착한 소재적 죽음의 극치는 유순의 죽음에서 절정에 이른다. 유순의 남편 한갑은 유순이 임신한 아기를 허숭의 아기라고 오해하고 머리채를 휘어잡고 유순을 차고 때린다. 선희의 지극한 간호와 허숭의 두 차례에 걸친 긴 수혈에도 보람없이 드디어 사무치는 각성이 온다. 그는 숭에게 말한다. "숭이, 면목이 없네, ······ 나는 제 아내와 자식을 죽였네 그려." 그리고는 죽은 아내의 가슴에 낯을 대고, "내가 잘못했소. 그리고 기쁘게 천국으로 가시오"라고 통곡한다. 유순의 이 죽음을 통해서 춘원은 드디어 이 소설 『흙』을 마무리짓는 동기에 도달한다.

우선, 죽어가는 유순에게 길고 긴 수혈을 하여 그의 임종을 조상한다는 혼신일체의 상황설정으로 유순에게 진 정신적 부채를 허숭이 보상한다.

또 선희의 장래를 내심 염려하던 허숭이 유순의 죽음에 연루되어 맹한갑, 선희와 함께 투옥되는데, 실제의 죄목은 독립을 목적으로 야학회와 유치원을 운영한 일 때문이었지만, 그 구실은 유순의 죽음에 있었던 것이다. 선희는 공소권을 취소하고 허숭이 하는 대로 따르고 한갑은 목숨을 바쳐서 허숭과 함께 일할 것을 다짐한다.

그러나 유순의 죽음이 결과한 허숭의 옥살이가 가져온 가장 큰 감동은 역시 정선의 심경변화이다. 허숭과, 그를 면회 온 정선과의 대화는 그것이 비록 1930년대에 쓰여진 반세기 전의 소설이라 할지라도 언제고 독자의 눈시울을 뜨겁게 하기에 넉넉하다. "왔소?" "몸은 괜찮으시오?" "나는 괜찮아요. 선이 잘 노우?" "네." "서울로 올라가시려오? 편할대로 하시오." "난 서울 안 가요. 살여울서 농사짓고 있을 테야요."

그래서 정선이는 남편의 출옥을 기다리며 완연한 농군의 아내가 되어 소먹이고 농사짓고 밥짓고 빨래하는 일에 전념하는, 완벽하게 변모된 여성이 된다.

춘원이 설정한 또 하나의 재미있는 죽음 설정은 유정근이 당하는 작은

갑으로부터의 살해위협이다. 허숭을 모함 고발하여 살여울 마을에 비극을 가져온 유정근에게 "자네를 죽여 버리는 것이 이 동네를 살리는 일인 것 같아, 자네를 내가 죽여 버리려고 왔네"라고 말하는 작은갑 앞에서 유정근은 살려달라고 애원한다. 그리고는 온 동리 사람을 유치원에 모아 놓고 참회하며 살여울 사람들이 모리배인 자기에게 진 빚을 탕감해 주고 형무소로 허숭을 찾아가 사죄한 후 자신의 재산을 통털어서 살여울 마을을 위해 할 일을 지시해 달라고 한다. 허숭은 한민수 선생을 살여울로 모셔와 모든 것을 의논하라고 말한다. 열차가 출발하는 서울역에서 한선생은 갑진을 만난다.

"허숭 군의 예심 결정서를 보고 생각하는 바가 있어서 검불랑으로 갔습니다. 가서 만 2년간 농부들과 함께 살았습니다.……제일 선생님 말씀을 안 듣던 저도 필경 선생님을 따르노라고 하게 되었습니다. 명년쯤 한번 검불랑도 와 주십시오"하고 갑진은 웃었다.

사건을 전환시키고, 다룰 길 없는 사람의 마음에 기적과도 같은 변화를 설정하고자 할 때 작가가 죽음을 소재로 하는 수법이, 너무나도 자연스럽게 춘원의 『흙』속에 나타나 있다. 죽음은 그만큼 인간의 의식을 본질적으로 좌우하는 가장 절실한 근본이기 때문이다.

다음으로 춘원의 작품 『사랑』을 언급해 보기로 한다.
춘원은 『사랑』속에서 안빈 의사의 입을 통하여 이렇게 말한다.

"사람이 제 일에 관해서 인과성을 믿지 아니하는 것이 이기욕이란 말야. 그것을 불교 말로 痴라고 부르지. 인과의 법칙을 깨뜨리고서 좋은 것은 다 제가 가지겠다, 좋지 아니한 것은 하나도 안 갖겠다, 이것은 탐이라고 그러고. 그러다가 바라는 좋은 것이 오지 않거나 안 바라는 좋지 아니한 것이 굳이 오거나 할 때에 화를 내고 앙탈을 내고 하는 것이 진이라고 그러고. 그래서 탐과 진과 치와 이 세 가지를 三毒이라고 부르지. 그런데 이 삼독의 근원이 인과를 무시하는 痴란 말야. 그러니까 사람이 한번 치를 깨뜨리고 인과의 도리를 똑바로 본다고 하면 불평이 있을 까닭이 없지……
그러면 하나님은 무엇일까…… 하나님이란 인과응보를 추호 차착 없이 공평하게 시행하시는 주재자야. 도무지 속일 수도 잘못할 수 도 없는 정확한 기록자시고 심판자시거든……그렇다면 우리가 할 일이 무엇일까? 날마다 시시각각으로 당하는 일을 좋은 일이거나 궂은 일이거나 원하는 일이거나 원치 않는 일이거나 다 묵은 빚을 갚는 셈이고, 순순히 한걸음 더 나아가서는 감사하는 마음으로 받 고 그리고는 제 과거와 현재의 생활에 대해서는 참회적 비판을 사 정없이 가해서 보다 나은 미래의 인을 짓는 것이야…… 허영씨 문 제도 그렇다고 보시오. 순옥이가 허영 씨를 미워하거나 원망할 이 유는 없는 거요. 순옥이 전생 내생이라는 것을 믿소?"

"내생이라는 것은 믿어지는데 전생이라는 게 믿어지지 않아요"

"응. 성경에는 전생이란 말이 없으니까. 그렇지만 내일이 있으 면 어제도 있는 것이지.…… 금생에 순옥이란 사람이 있는 것이 한 사실이고 보면 그 순옥이가 생기게 된 원인이 있지 않겠소 ?…… 나는 그것이 전생이라고 믿소. 그렇지 아니하면 인과의 줄 이 끊어지니까…… 그러므로 순옥은 생김생김과 말씨와 성명은 여 러 가지로 같지 않다 하더라도 과거에 있어서도 수없이 나고 죽었 고 미래에도 수없이 나고 죽고 또 나고는 죽고 또 나고, 이렇게 끝 없는 매듭을 지어갈 것이라고 나는 믿소…… 이렇게 생각하면 순 옥이 일생에 허영이란 사람이 나선 것도 우연한 일이 아니라고 믿 소. 다시 말하면 순옥과 허영이란 두 사람의 전생으로부터 오는 恩怨관계를 금생에 청산해 버리지 아니하면 내생까지도 또 끌고 갈 것이란 말요. 한 번 떨어진 은원의 씨는 몇 천만 생을 지나더라 도 열매를 맺어 버리지 않고는 결코 소멸되지 않는 것이 인과의 법칙이니까…… 석가세존의 말씀을 들으면 이 세상에 중생들이 태 어나는 것은 이 은원의 씨 때문이라 하셨소. ……그러니까 도무지 은과 원의 업을 짓지 아니한다면 우리에게는 다시 중생의 몸을 가 지고 태어날 인연이 없단 말이야. 이렇게 死生의 인연을 영영 끊 어 버리는 것은 불교말로 열반이라고 하는 거야. 그리고 태어나지 않으면 아니될 業이 없이 중생들을 건지려고 일부러 중생의 몸을 쓰고 나오는 이를 불교 말로 보살이라고 부르지. 이 보살이라는 존재를 제하고는 우리 중생들은 다 나고 싶은 마음이 있어서 난 것이 아니라 전생의 업으로 아니 날 수 없어서 태어난 것이란 말야. 그래 가지고는 청산해야 할 과거의 업을 청산하지 못할 뿐더러, 또 우에다가 겹겹으로 새 업을 지어 붙인단 말야."

위에 인용된 글을 통해서 우리는 춘원의 인생관이 불교의 윤회사상에 굳게 밀착되어 있음을 보게 된다. 표면적으로 기독교 사상을 받아들이지만 그것은 이미 우리들의 정신생활권내에 깊이 뿌리박힌 불교전통 위에 얽혀진, 조화를 깨뜨리지 않는 범위 내에 장식물처럼 취급되었다는 인상을 받는다. 그리하여 죽음은 윤회에 의해 초극되는 재생의 기점으로 파악된다. 윤회에 대한 개념으로 분명히 하기 위하여 다음 그림을 살펴 보자.

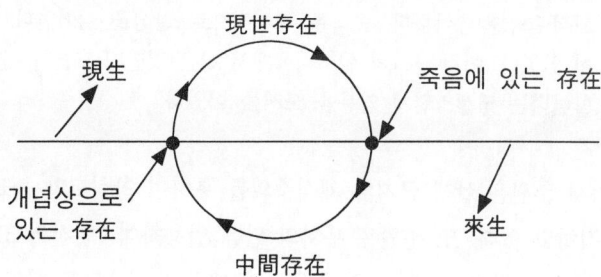

버슈만드의 위와 같은 삶의 연속도를 제시하면서 카플로는 다음과 같이 설명한다.

'개념으로 있는 존재'(being at conception)는 정자와 난자의 결합의 순간을 지시한다. 우리가 태어나 어린아이가 되고 자라서 어른이 되고 또 노인이 된다. 이 모든 것은 현세 속에 있는 우리의 존재다. 우리가 죽을 때에 경험하게 되는 것은 '죽음이 있는 존재'(being at death)이다. 말할 필요도 없는 것이지만 아무도 자신의 현생 중에 개념으로 있는 자기 자신의 실재를 의심하는 사람은 없다. 그러나 죽음에 임하여 그 죽음 너머에 있는 생명의 지속에 대하여는 의문을 품는다. 그렇다면 어떤 에너지도 결코 소멸하지 않는다고 주장하는 에너지 불변의 법칙은 어찌 되었는가. 죽음의 순간에 인간의 활동성 뒤에 있는 이 무서운 힘이 사라져 버린다고 주장하는 것은 하나의 물결파동이 또 다른 물결파동을 일으키지 않는다고 말하는 것과 같다.18)

이상과 같은 설명을 춘원은 힘 안들이고 안빈의 입을 통해 말한다. 윤회사상을 그토록 평이한 말로 그리고 상식처럼 표현하는 것은 춘원이 지닌 천부의 재능이다. 다시『사랑』의 문맥으로 돌아가 보자.

"깨끗한 생활, 하나님다운 생활, 성경대로의 생활" 이것이 안식교도들의 생활의 목표요 준칙이었다.…… 이래서 순옥은 안식교의 채식주의를 좋아한다. 순옥은 선천적으로 살생을 싫어한다. 마음이 있었다. 이것은 그의 할머니에게서 받은 것인지 모른다. 순옥의 할머니는 정성스럽게 염불을 모시는 이었다.

여기서 춘원은 살생 금지와 채식주의를 통하여 안식교와 불교의 일치점을 지적하고 있다. 또 춘원은 부처의 말을 인용하여 "인간의 고통은 生老病死"라고 말하고 있다. 생은 죽음을 배태하고 있으므로 나고 죽음은 하나의 고통이고, 늙어가는 것은 죽음의 한 다른 모습이며, 병 없는 세계, 죽음 없는 열반의 세계를 갈망하면서도 그리고 "죽음을 통해서만 맞을 수 있는 천당을 갈망"하면서도 죽음이 가까워 올수록 괴로워하는 아내를 보고 "여보 울지 말우. 모든 것을 하느님께 맡기시구려" 하고는 또 "나무아미타불, 나무관세음보살"이라고 염불을 한다.

---

18) Philip Kapleau, 『The Wheel of Death』, New York, Harper & Row Publishers, 1971, p.43.

또 찾아 볼 수 있다. 대체로 작가는 '죽음 이후에 무엇이 있는가?'라는 질문을 회피한다. 대답에 자신이 없기 때문이다. 그러나 춘원은 옥남이 병고를 치러 나가는 과정을 통하여 수차 옥남의 입을 통해 질문을 던진다. "목숨이 뚝 끊어지면 그 뒤에는 어떻게 될까요?"라고. 그는 이렇게 대답한다.

> "목숨이 끊어질 수가 없지. 목숨이 몸을 떠나는 게지. 마치 가을이 되면 나뭇잎들이 나무에서 뚝 떨어지는 모양으로 그러나 아무리 나뭇잎들이 다 떨어지더라도 나무는 그냥 살아 있지 않소? 그 모양이지. 업보를 따라서 혹은 하늘에 혹은 세상에 혹은 아름답게 혹은 숭업게. ……이 우주란 말요, 있던 것이 없어지는 법도 없구 없던 것이 새로 생기는 법두 없거든. 그것을 물리학에서 물질 불멸, 에네르기 불멸이라구 아니하우? 생명두 그와 같아서 불멸이니까 그것이 한자리를 떠나면 제가 가기를 합당한 자리에 갈 수밖에 없지 않소? …… 무서움, 괴로움, 이것이 죄를 지은 자의 특색이거든. 만일 진실로 한 중생에게두 죄를 지은 일이 없다구 하면 왜 무서움이란 것이 있겠소? 겁은 왜 있구? 아무 죄두 없구 아무 두려움두 없게 되면 그 때야말루 우리에게 완전한 기쁨이 있는 거야. 완전한 행복이 있구. 정말 안심이 있구. 정말 잠을 잘 수 있구…… 당신의 생명은 의사의 판단으루 보면 얼마 안 남았소 그러나 그것은 당신의 이 몸의 생명을 말하는 것이구 당신은 이번 일생을 실로 깨끗하게 보냈으니까 다음 생은 훨씬 높구 아름다운 사람으루 태어나리다. 나는 그것을 확실히 믿소" 그리하여 옥남은 "이제야말로 죽음의 공포를 떼어 버렸다."고 말한다. 그리고 "죄 가운데 빠졌던 몸과 맘을 흰 눈보다 더 희게 하옵소서"라고 찬미를 부르고 죽는다.

불교와 기독교의 양자를 모두 소화하고 그 양자의 진리를 하나로 혼용한 아름다운 임종의 모습을 보여준다. 「사랑」을 집필한 1938년의 병상일기를 보면 불교와 기독교를 공유한 춘원사상이 잘 드러나 있다. 다음은 그 일기의 일부이다.

1월 23일.

밤에 마태 5·6장을 읽다. 깨끗한 마음. 백합꽃의 비유 등등. 내
床頭의 꽃들이 한량없이 아름답고 향기롭고 내 마음은 한량없이
기뻤다. 성경을 읽어 주는 君도 기쁘다고 하였다. 일생에 드문 기
쁜 밤이여.

1월 25일.

十方諸佛前에 꿇어 앉아서 분향합장 하였다. 이 향기가 십방에
퍼져서 일체중생의 마음을 청정케 하소서 하고 염(念)하다. 누가
복음 십이장, 시편 삼십칠편을 P군더러 읽어달라고 한다. …法華
方便品을 읽다.…

1월 26일.

…華嚴明法品을 읽다. …昨夜 누가 십, 십일, 십이.… 를 읽다.
금일 명일의 인과를 믿으라. 장차 전생. 내생의 인과를 믿게 되
리라 하다.[19]

이처럼 그 당시 춘원은 성경과 불경을 동등한 날에 함께 놓고 읽기를
사랑하고 실천하였다.

문학을 독자적 예술로 생각하고, 철학적·사상적 주관을 독자에게 호소
할 때에, 그것을 說法注入式이라고 하여 타매 받아 온 춘원의 문학은 문
학의 사상성 내지 철학적인 의식에 착안하여 한국인의 죽음의식을 찾고자
하는 필자의 노력 앞에는 어느 누구의 작품 못지 않는 값진 수확을 보여
주는 것이다. 그러므로 이러한 춘원사상의 이중구조를 위선이니 혹은 비
윤리니 또는 사상의 천박성이라고 말하는 견해에는 동조할 수가 없다. 오
히려 그것은 춘원이 자기가 알고 있는 지식은 무엇이고, 평이하게 표현하
여서 대중에게 전달할 수 있었던 재능의 소유자였음을 인정케 하는 것이
다. 성급한 직접 설교로 인하여 예술적 승화에 이르지 못하였다는 결함은

---

19) 『춘원전집』19권, 삼중당, 1963, pp.20~21.

결함대로 두더라도 다른 어느 작가보다도 절실하고 용감하게 인생의 생사라는 인간본질의 문제에 가장 철저히 천착했던 작가로서 우리는 춘원을 정당하게 바라보아야 할 것이다.[20]

이상으로 『흙』과 『사랑』속에 나타난 춘원의 죽음관을 마무리 짓는다. 『흙』에서는 죽음이 살아 있는 인간에게 주는 용서와 각성과 화해의 원천으로 작용하는 것을 보여 주었고, 『사랑』에서는 인과론적 윤회사상으로 죽음을 초월하는 예지를 보여주었다. 사상을 서술하는 방법이 설교적이고 또 너무 평이하기 때문에 깊이가 없는 것처럼 보이지만 대중을 의식하고 쓴 소설로서는 그 이상을 기대하지 않는 것이 옳을는지 모른다.

이 기회에, 죽음을 논하는 본고의 취지에는 조금 벗어나지만, 우리는 춘원의 사상적 특질을 바르게 이해하는 하나의 방법을 제시하는 것은 불가피한 절차상의 첨가인 것 같다.

춘원을 일컬어 '만지면 만질수록 덧나는 상처'라고 표현한 비평가가 있다.[21] 적절한 비유였다. 그러면 왜 그렇게 되었는가? 그것은 앞서 심훈의 『상록수』를 논하면서 등장되었던 타고르와 간디를 연상함에서 시작된다. 결론부터 말한다면 춘원은 타고르와 간디를 한 몸에 수용한 인물에 비유된다. 그리하여 타고르적인 사고체계와 간디적인 사고체계의 공존은 춘원으로 하여금 비극적 모순의 인물이 되게 하였다. 1930년대 식민지 한국의 지식인들이 가졌던 두 개의 커다란 정신적 지주는 비슷한 환경에 처하여 있던 인도의 相剋的 지도자 간디와 타고르였음은 이미 앞에서 언급한 바

---

20) 참고로 춘원의 죽음관을 언급한 신문 「生死片感」1절을 여기에 첨가한다.
  (『춘원전집』19권, p.77) "……生은 창조다. ……항상 우주를 새롭게 하는 것만은 사실이다. ……死는 제 직분을 다한 자에게 오는 解任辭令이오 안식의 恩典인 동시에 우주의 沈滯로 刷新하는 대이동이다. 死가 없던들 새 창조는 묵은 그늘에 눌려서 기를 펴지 못할 것이다. ……그러므로 死란 결코 슬퍼할 것이 아니요. 도리어 당연한 것이다. 生死를 양분해서 볼 때에 死가 있고 生이 있다고 보지마는 인생을 전체로 또는 우주를 전체로 볼 때에는 오직 生 하나가 있을 뿐이다.
21) 김현, 「이광수 문학의 전반적 검토」, 『이광수』, 문학과 지성사, 1977, p.11.

있다. 그런데 춘원은 타고르와 간디를 흠모했던 가장 대표적인 인물이었다. 그가 島山의 영향을 받으면서 도산과 같은 민족갱생의 투쟁에 동조하는 것은 간디 사상과의 接合을 의미하는 것이고[22], 인생의 예술화라는 타고르적 명제를 받아들이는 춘원의 이상주의는 춘원과 타고르의 사상적 迎合을 암시한다.[23] 그러나 타고르와 간디는 원래 대립과 협동을 부단히 반복하던 상극적 친구였다. 그들은 깊은 우정으로 서로 사랑했으나 두 사람이 지향하는 이념은 판연히 달랐으며, 그리하여 서로 다른 정치적 노선을 걸으면서도 인도를 사랑하는 뜨거운 마음은 두 사람의 깊은 유대를 끊어버리지 않았다. 간디는 비폭력의 투쟁방식으로 인도를 구하려했고, 타고르는 서구문명의 재빠른 수용을 통해 문화적으로 인도를 구하려 하였다.[24] 춘원에게 있어서 간디의 정신은 성급한 계몽주의로, 타고르의 정신은 관념적 이상주의 내지는 박애사상으로 왜곡되어 나타난다. 춘원이 간디의 정신 세계에 있을 때에는 일제에 항거할 수 있었으나, 타고르의 정신세계에 있을 때에는 드디어 일제에 굴복하는 것이다. 이것은 춘원을 논할 때마다 언명하지 않을 수 없는 영원한 비극적 특성이다.

3) 1940年代 小說의 죽음

(1) 黃順元의 「별」, 「독짓는 늙은이」, 「목넘이 마을의 개」

일제 식민지의 최후 암흑기와 해방으로 인한 광복과 혼란의 소용돌이로 점철된 1940년대는 그 전후에 나타난 현대소설의 양상과 비교해 보면 너

---

22) 『춘원전집』19권, p.90. 여기에 미발표 未完稿 「간디」가 실려 있다.
23) 김열규, 「이광수 문학론의 전개」, 『한국근대문학』, 서강대 인문과학연구소, 1969, p.103.
　　『춘원전집』16권, pp.146~147, 중용론 참조.
24) 이에 관하여는 Krishna Kripalani의 『Rabindeanath Tagore, A bigraphy』(p.394)를 위시하여 여러 곳에 묘사되어 있다. 여기서는 번잡을 피하기 위하여 인용을 생략한다.

무도 황량한 眞空의 시기였다. 이 쓸쓸했던 기간 중에 황순원은 몇 편의 기억할 만한 작품을 써 두고 또 발표했다. 1941년 2월 『人物評論』에 발표한 「별」은 1940년대 황순원의 문학세계를 대표하는 서정적인 단편소설이다. 흔히 황순원을 평하여 낭만주의적 성향을 궁극의 목표로 설정하면서 거기에 프로테스탄티즘에 의하여 적절하게 규제된 미적 이상을 신비주의와 기교주의로 감싸고 있다고 한다.25)

여기에 한마디를 덧붙인다면 反散文的 문체를 통하여 그는 항상 죽음과 조국을 서정적으로 형상화하였다는 좀 더 구체적인 말이 첨가 될 수 있을 것이다. 그 사실을 실제의 작품을 통해 검증하기로 한다.

「별」은 죽은 어머니의 이미지를 찾아 헤매는 한 외로운 소년의 정신적 편력을 그리고 있다. 바로 이 이야기는 잃어버린 조국의 이미지를 찾아 刻苦하는 한 소설가의 의지와 평행을 이룬다. 일찍이 詩로부터 문학을 시작했던 그의 전력은 소설에서도 유감없이 그러한 이미지의 창출을 가능하게 하였다. 그런데 그 죽은 어머니의 이미지가 다시 이제 소년을 몹시 사랑하고 보살펴 주던 누이의 죽음으로 하여 이제는 이미지로서가 아니라 하나의 실체로서 소년의 경험 속에 회생되어 나온다. 이 때 누이의 죽음은 소년에게 어머니를 찾게 하는 殺身供養의 의미를 지닌다. 「별」의 몇 구절을 읽어 보자.

> 사실 나 혼자였다믄 벌써 죽구 말았어. 죽구 말디 않구. 살믄 멀하노. 그래도 네가 있어 그렇디. 둘이 있다 하나가 죽으면 남는게 더 불쌍한 것 같아서.

누이는 소년에게 자신의 존재가 어떻게 어머니의 이미지와 결속되어 있는지를 강조한다. 그러나 소년은 누이의 이러한 말을 부정하면서 한없이

---

25) 김윤식 · 김현, 위의책, pp.239~240.

사라져버린 어머니의 영상에만 집착한다. 그러나 다음 구절에 오면 죽은 누이의 죽음이 소년의 의식에 새로운 눈을 뜨게 한다.

> 당나귀가 날뛸수록 아이의 왜 죽엔! 왜 죽엔! 하는 지름 소리가
> 더 커 갔다. 그러다가 아이는 문득 골목 밖에서 누이의 데런! 하는
> 부르짖음을 들은 걸로 착각하면서 부러 당나귀 등에서 떨어져 굴
> 렀다. 이번에는 어느 쪽 다리도 삐지 않았다. 그러나 아이의 눈에
> 는 이제야 눈물이 고였다.

여기에서 보이는 소년의 눈물은 과거에만 집착하던 추억의 자세로부터 미래로 행하는 기대와 희망의 자세가 형성되었다는 징표이다. 이 징표는 '죽음'을 희생의 대가로 해서 얻은 소년의 재산이다.

만일 「별」에 나타난 소년의 눈물이 조국의 미래를 희망으로 바라보는 작가 황순원의 작가의식을 상징적으로 표현해주는 것이라고 할 때, 그가 한국어 말살정책으로 더할 수 없이 암담해진 1944년대 초반의 현실 속에서 언제 발표될지도 모르는 단편소설 「그네」, 「황노인」, 「노새」, 「독짓는 늙은이」 등을 써 두었다는 것은 그 행위의 타당성을 인정하고도 남게 된다.

「독짓는 늙은이」는 1944년 가을에 쓴 작품이다. 우리는 이 소설에서 황순원이 구축한 거의 완전에 가까운 죽음의 미학을 본다.

「독짓는 늙은이」의 플롯은 다음과 같이 구성되어 있다.

① 독짓는 늙은이 송영감의 젊은 아내가 어린 아들과 남편을 남겨 놓고 조수와 눈이 맞아 도망간다. 송영감은 삶의 의욕을 상실한다.

② 그러다가 "내가 아무리 늙구 병들었기로서니 거랑질이야 할 줄 아니?"하면서 재기를 다짐한다.

③ 울고 있는 어린 것을 보니 도망간 아내가 새롭게 괘씸스럽고 아내를 꾀어낸 조수놈에게 불길 같은 적수감이 일어난다.

④ 차차 송영감은 자주 앓아눕게 되고, 항아리는 굽는 대로 터지고 이

웃 할머니는 '당손이'를 좋은 자리가 나설 때 맡겨 버리자고 권유한
다. 송영감에게 종말이 가까워 오고 있다는 암시이다.

⑤ 거랑질을 해서라도 '당손이'를 기르겠다던 송영감이 드디어 이웃 할
머니에게 '당손이'를 좋은 자리에 보내도 좋다고 말한다.

⑥ "안 죽는다! 안 죽는다!" 하면서도 마음속으로 송영감은 자기는 죽
어 가고 있다고 생각한다.

⑦ 이웃 할머니는 '당손이'에게 "저것 보아라. 아버지는 벌써 죽었기
때문에 눈에서 썩은 물이 나온다" 하고, '당손이'에게 죽은 채 누워
있는 송영감을 보여 주고는 밖으로 데리고 나간다. 송영감은 썩은
물이 아닌 새 눈물을 흘리면서 독가마 안으로 기어 들어간다.

이와 같은 줄거리의 단락은 송영감이 죽음을 받아들이고 소화하면서 스
스로 죽음을 찾아가는 단계와 일치한다. 퀴블러 로스는 그의 저서 『죽음
과 임종에 대하여』에서, 의사로서 죽어 가는 환자들의 심리 상태를 관찰
하여 얻은 결론으로 다음과 같은 도표를 작성하였다.[26]

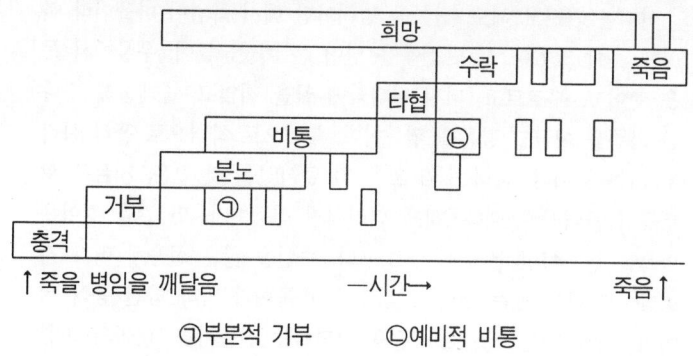

①부분적 거부　　ⓒ예비적 비통

우리는 이 표에 보이는 바 시간의 경과에 따른 환자의 심리 상태와 「독

26) Elisabeth Kubler Ross 『On Death and Dying』, New York, Macmillan
    Publishing co. 1969, p.264.

짓는 늙은이」에서 송영감의 심경 변화 및 행동이 기묘하게도 일치하는
것을 볼 수 있다.

① 충격 ② 거부 ③ 분노 ④ 비통(침울)
⑤ 타협 ⑥ 수락 ⑦ 죽음

하나의 소설이 이렇게 죽음 수락의 심경 변화와 일치 할 수 있는 것은
황순원의 죽음에 관한 통찰력이 어디에 이르렀는지를 잘 대변해 주고 있
다. 이것을 다시 절망 상태의 조국의 현실과 대비시키면, 송영감은 아쉽게
사라져 가는 전통적인 한국역사이고, 이웃 마을로 옮겨가는 당손이는 새
로이 펼쳐질 신생한국사의 序章 같은 것으로 해석해도 아무런 무리를 찾
을 수 없다.

똑같은 관점으로 우리는 해방 후에 발표한 「목넘이 마을의 개」를 역시
황순원의 죽음 철학의 소설적 승화로 취급할 수 있다. 이렇게 해석을 붙
여 보기로 한다.

어디를 가려고 해도, 산목을 넘어야만 해서 목넘이 마을이라 불
리는 곳이 있었다. 남쪽 산목을 넘어 온 이삿군들이, 우물에서 목
을 축이고, 부르트고, 터진 발바닥에 물을 끼얹고, 줄레줄레 수다
한 가족을 이끌고 발목을 쩔룩이며, 북녘으로 북녘으로 흘러 사라
져 가는 곳이다. 본래는 꽤 고운 흰 털이었을 것 같은, 지금은 황
토물이 들어서 누르칙칙하게 더러워진 신둥이가, 먼 길을 걸어온
발목을 쩔룩이며 몹시 배가 고프다. 주인을 잃은 설움에 뼈가 저
리다. 제 집이 있는 누렁이, 검둥이, 바둑이가 먹다 남긴 음식 찌
꺼기를 핥아먹는 것으로 목숨을 연명하는 신둥이는 '데놈의 미친
개를 잡아랏'하고 늘상 몽둥이를 들고 날뛰는 동장의 등쌀에 다시
는 마을에 얼씬도 못하고 산 속, 인적이 끊긴 험한 '여웃골'에서
굶주리며 목숨을 연명한다. 그러나 누렁이와 바둑이와 검둥이는
주인들의 눈을 피해 가며 신둥이를 만나고, 해가 바뀐 어느 이른

봄날, 고독과 기아의 슬픔 속에서 분만한 강아지 다섯 마리 속에
는 검둥이, 바둑이, 누렁이가 들어 있다. 나무하러 갔다가 이 강아
지들을 발견한 간난이 할아버지는 저 옆 마을 아무개 집에서 얻어
왔다고 속이고 마을 사람들에게 강아지를 나누어준다. 지금 목넘
이 마을의 개는 모두 신둥이의 고손자들이다.

이 작품은 1947년에 발표되었으나 이야기의 배경은 일제 때로 되어 있
다. 日人들의 감시를 무릅쓰고 이 이야기를 들려주었던 간난이 할아버지
는, 우리 민족을 지켜보고 보살피고 사건을 처리해 나가는 민족의 수호자,
애국지사, 독립운동가 등으로 생각할 수 있다.
　여러 번 죽을 고비에서 신둥이를 보호해 주었고, 마지막으로 신둥이의
강아지들에게 생활의 터전을 마련해 주었으며, 마을 사람들이 에워싸고
때려 죽이고자 할 때, 자기의 종아리 밑으로 신둥이를 새나가게 하였다는
사실 등이 그러한 이미지를 잘 나타내준다.

　　목넘이 마을은 오곡이 풍성하고 샘물이 끊이지 않는 조국의 상
　징이다. 작은 마을 여기저기 몇 군데씩이나 방앗간이 있을 정도의
　부촌이었다. 비록 방앗간은 그 기능을 상실한지 오래라 하여도, 끊
　임없이 솟아나며 이 백성의 목을 축이고 아픈 발을 적셔 주는 능
　수버들가의 샘물은 이 겨레가 영원한 것임을 상징한다. 너무 험한
　곳이어서 나무꾼조차도 들어가기 꺼려하는 산 속의 여웃골은 그
　때 우리 백성들이 日警을 피해 살던 피난처였다고 할 수 있고, 지
　금은 황토물이 들어서 누르칙칙하지만 원래 꽤 고운 흰 털이었을
　신둥이는 나라를 잃고 천대받던 우리 백의민족이다. 왜인의 권세
　를 암시하는 동장의 잔인성은 신둥이를 여웃골로 몰아냈었다. 토
　지는 모두 왜인의 소유가 되었고, 姓조차 갈아야 했으며, 말과 글
　자를 없애야 했고, 신둥이를 잡아 죽이려고 하듯이 나라 구석구석
　에서 우리의 이웃이 구박받아도 우리는 모르는 체 참아야 했다.
　그러나 온통 日本色이 되어 버려서 배달의 흰빛은 흔적조차 사라
　져 버린 듯싶은 절망의 시기에 신둥이가 여웃골에서 생명을 분만

했다는 사실은 북간도의 우리 동포가 망국의 비운을 극복하고 다
시 광명한 천지를 맞이했다는 뜻이 된다. 이것은 우리 민족이 지
니고 있는 永續的인 생명력의 표상이다. 또 신둥이가 검둥이, 누
렁이, 바둑이 모두와 緣을 맺는다는 사실은 부득이한 역사적 상황
으로 인하여 때로는, 마음에도 없는 親日, 親露, 親淸을 가장해야
했던 약소민족의 辯이다. 迎合을 가장하면서도 속으로 무서운 독
기를 품고 '종자'가 좋은 다섯 마리의 생명을 분만하여 놓은 뒤에
야 포수라는 왜인의 총구 앞에 미련 없이 죽어간 신둥이는 참으로
아름답게 설정된 민족혼의 심볼이라고 말할 수 있다.27)

황순원은 위의 세 소설에서 '죽음'을 통하여 얻어지는 새로운 생명을
빠짐없이 제시하고 있다. 「별」의 소년, 「독짓는 늙은이」의 당손이, 「목넘
이 마을의 개」의 강아지들은 모두 예수를 십자가의 제물로 하여 얻은 인
류구원에의 약속이며 그 표상의 존재들이다. 그것은 또한 순원이 가슴에
새겨두고 있는 민족주의의 표정이기도 하다. 불모의 1940년대 소설문학
에서 황순원이 감추고 있는 신비주의가 이렇게 기독교가 가르치는 죽음의
의미로 변용됨을 보는 것은 우리에게는 1940년대의 不毛性을 잊게 하는
위로가 아닐 수 없다.

(2) 廉想涉의 「臨終」

橫步 염상섭은 1920년대부터 활동한 작가로서 「표본실의 청개구리」이
래 사실주의 또는 자연주의 계열의 창작태도를 고수하고 있다. 이와 같은
그의 문학관은 자연히 사회현상을 객관화하면서 작가 자신의 인생관이 나
타나는 것을 극도로 배제하게 하였다. 따라서 그의 소설에서는 인간에 대
한 형이상학적 탐구를 찾을 수 없다. 그는 죽음의 현장을 많이 취급했으
나 그것은 사건의 記述에 그쳤을 뿐 사건이 지니는 의미를 어떤 방법으
로도 분석하기를 보류하였다. 그러나 그러한 사실적 기술 태도는 1949년

---

27) 졸저, 『현대소설과 상징의 기능』, 민음사, 1976, pp.123~125.

에 발표한 「임종」에서는 오히려 당시 한국인의 죽음관이 종합되는 결과
를 가져왔다. 「임종」이 이 논제의 관심을 끄는 것은 이 때문이다. 여기에
는 죽음에 임하여 한국인이 나타낼 수 있는 대표적인 신앙태도가 사이좋
게 공존하고 있음을 본다. 즉 기독교와 佛敎習合의 전통적 신앙양식이
한 사람의 임종 앞에 나란히 그려져 있다. 이것은 바로 한국인의 죽음의
식의 축도를 제시한 것이라고 보아도 좋을 것이다. 다음은 「임종」의 일
절이다.

　　과수댁은 컵 속에 넣은 물종지를 찾아내어 빈소로 가지고 가더
니 신체의 주위에 말끔히 뿌렸다. 천주교에서 洗를 붙이고 받아둔
聖水였다.
　　발치께 서서 가만이 바라보던 명호가 "그럼 장례를 어떻게 지내
시렵니까? 제사는 일체 폐하시나요?" 하고 물으니까 과수댁은, 성
당 사람이 하라는 대로 한다는 것이었다.…하여간 하룻밤 하루낮
을 안팎에서 북적대고 들볶아쳐서 제시간에 성복제를 지내고 나니
까, 앓아누웠다던 명호의 재종형이 지팡이를 짚고 지척지척 조상
을 왔다.
　　"허! 내가 먼저 갈 줄 알았더니 이제 웬일이란 말인가!"하고 관
을 붙들고 상제들보다도 더 섧게 울고 나더니 염주를 꺼내들고 염
불을 시작하였다. 한식경이나, 옆 사람들이 지루하도록 염불을 끝
마치고는 이 늙은이는 품에서 홈척홈척 하면서 백지에 기름하게
쓴 봉투를 꺼내서 棺上銘旌을 쳐들고 관 위에 끼워놓는 것은 손
수 베낀 경문인지 한 모양이었다. 장지에 나가서도 하관 할 때 폐
백과 함께 이 종이 봉지도 횡대 밑에 넣는 것을 잊지 않았다. 성수
에 말끔히 씻긴 혼백이 또다시 불타의 대자대비한 동덕에 안겨 안
온히 잠들지 모르나, 그보다도 먼저 산사람이 제각자의 소임이나
향의를 기울인 데 만족을 느낄 것이었다.　　「임종」

죽음에 대처하는 이러한 종교적 반응은 1930년대부터 나타나기 시작한
것으로, 1940년대에 오면 다정한 공존을 이루고 그것은 다시 1950년대

이후 현재에 이르기까지 변함없는 임종의 풍속도가 되어 있다. 이 풍속도가 어떻게 변모될 것이냐 하는 질문은 바로 한국인의 죽음관이 어떻게 자리잡을 것이냐 하는 질문의 해답이 될 것이며, 한국문화가 어떻게 발전할 것이냐 하는 질문의 해답이 될 것이다. 성급하게 그 모든 죽음관이 변증법적 지양을 하리라고 속단할 수도 없는 일이고 보면, 우리는 당분간 이 공존현상 속에 일어나는 모든 의식의 갈등들을 분석하는데 우리의 노력을 기울여야 할 것이다.

4) 1950年代 小說의 죽음

(1) 金聲翰의 「바비도」, 「제우스의 自殺」

김성한은 철저하게 50년대의 충실한 작가였다. 그가 처음 작품을 발표한 때가 1950년 「無明路」였으며, 그 후 1956년에 동인문학상, 1957년에 자유문학상을 받기까지 인간의 실존문제를 다루는 단편들을 발표하였다. 그러나 그는 1960년대로 들어서면서『李成桂』,『遼河』등 역사물에 잠시 손을 댄다. 따라서 그가 다시 새로운 작품활동을 한다고 하더라도 1950년대를 대표하는 그의 문학사적 위치에는 변함이 없을 것이다.

「바비도」는 1956년『사상계』5월호에 발표된 단편이다. 이 작품은 英譯 복음서를 읽은 것이 죄가 되어 사형장의 이슬이 되는 裁縫職工 바비도의 죽음을 다루고 있다. 이 작품의 대전제를 이루는 것이 "神이 있다면"이라는 가정이다. "신이 있다면" 태자 헨리의 관대한 동정으로 면할 수 있는 '죽음'은 의미를 갖는다. 물론 「바비도」에게 있어서 "신이 있다면"은 가정이 아니요 신앙이다.

> 태자는 불티 묻은 옷을 털면서 연기에 거멓게 된 바비도를 달래기 시작하였다.

"바비도, 누가 옳고 그른 것을 말하지 말자. 하여간 네 목숨이
아깝구나."

"감사합니다."

"마음을 돌렸느냐?"

"그 뜻을 알겠습니다마는 내 스스로 이 방에서 저 방으로 가는
심사로 떠나는 길이니 염려할건 없습니다. 이미 동정으로 해결될
문제는 아닌 것 같습니다."

"나는 나대로 인간을 폐업하렵니다. 이 인간사를 뛰어넘는 길을
가야겠습니다."

"오히려 나는 내가 걸어온 길이 지금 생각하면 즐거운 길이었습
니다. 이 길을 그냥 가렵니다. 다행히 하찮은 영혼이라도 없어지지
않고 지옥 한 구석에 남아 있다면 오시는 걸 기다리고 있겠습니
다. 권력세계의 主役을 깨끗이 치르고 오십시오."

기독교사상을 토대로 한 이 이야기는 두말 할 것 없이 산다는 것을 포
기함으로서 죽음을 초월한다는 당연한 기독교 논리의 귀결을 담고 있다.
그러나 「바비도」는 이와 같은 기독교적 죽음관의 천명에 있는 것이 아니
라, 역사 내에 존재하는 인간 사회의 위선과 독단이 어떻게 역사를 초월
한 절대선인 하느님의 사랑과 관계지어지느냐 하는 질문의 제기에 있는
것이다. 역사와 초역사 사이에 아무런 관계도 없다면 도대체 인간존재는
왜 필요했던 것이냐고 바비도는 반문한다.

불행의 시초는 도대체 인간 세상에 태어났다는 사실에 있다. 누가
이 세상에 나고 싶다고 했더냐? 이 놈은 이 소리하고 저 놈은 저 소
리하다가 말을 안 듣는다고 도끼질 할 권리는 어디서 얻었단 말이
냐? 너희들은 자기가 옳다는 것, 아니 자기에게 이익되는 것을 창을
들고 남에게 강요할 권리가 있고 나는 왜 내가 옳다고 생각하는 것
을 내 자신만 행할 권리, 가슴에 간직할 권리조차 없단 말이냐?

위와 같은 바비도의 물음은 두 가지의 의미를 갖는다. 하나는 앞서 말한 바와 같이 인간존재가 도대체 무엇이냐고 하는 원초적인 회의이며, 또 하나는 사회의 부조리에 대한 항거이다. 그 첫 번째의 회의를 낳게 하는 직접적인 원인은 두 번째의 항거의식에서 나오는 것임은 물론이다. 이렇게 하여 김성한은 인간존재에 대한 회의로부터 소설을 시작한다.

「제우스의 자살」은 1955년 『사상계』 1월호에 발표된 단편으로, 뒤에 「개구리」라는 제목으로 바뀌어 작품집에 수록되었다. 이 이야기는 개구리들이 자기네의 사회를 통치할 지도자를 제우스신에게 갈망하는 것으로부터 풀려 나간다. 처음의 지도자는 통나무였으나 다시 제우스신에게 간청하여 황새를 새로운 지도자로 모신다. 그러나 황새는 닥치는 대로 개구리를 잡아먹어 멸종의 위기를 맞게 된다. 당황한 개구리들은 제우스신을 찾아가 자기의 통치자를 없애 달라고 간청한다. 이 때 제우스는 다음과 같이 꾸짖는다.

> "섬기지 않고는, 굽신거리지 않고는 배기지 못하는 노예근성이요. 의식의 비극이요…… 헤브라이의 신을 섬기다가 섬기는데 지친 의식은 20세기 후에 이즘(ism)이란 것을 꾸며내 가지고 그 밑에 굽신거리고, 이 있지도 않은 허깨비 같은 새로운 神의 명령이라 하여 피를, 많은 피를 흘리고 쓰러지리라. 간단없는 의식의 조각이여, 네 죄가 진실로 크도다." 제우스는 장탄식을 하였다.

이 제우스의 장탄식은 인간 의식의 허구성과 비극성을 통박하는 작자의 변이라 하겠다. 이에 대한 다음과 같은 해설이 있다.

> 중세기 신 중심주의시대에 있어서의 인간은 이미 인간으로서의 원 질서를 포기하고 신이라고 하는 절대적 존재에 의탁해서 살아왔다. 그러므로 인간은 인간의 본래적 자유를 포기하고 신에게 의존하여 살아온 셈이다. 이것은 곧 인간의식의 불행의 씨이기도 하며, 또한 그것은 인간의 현재적 정황을 아담과 이브의 밧줄로 묶

어 놓으려는 원죄의식의 결과이기도 하였다. 어찌하여 인간은 인
간으로서의 인간역정을 저버리고 원죄에 사로잡히는 것이며 하느
님의 거룩한 이름 밑에 인간의 탯줄을 매어 놓는 것이냐! 그것은
인간의 의식이 조작해 놓은 노예근성 바로 그것이다. 인간의식의
조작이나 인간의식의 망상은 인간을 파멸시키는 근본이 된다. 그
리고 그러한 인간의 노예근성이 어쩔 수 없이 인간이 지녀야 하는
운명이라면 너무나 가혹한 인간 운명이 아닐 수 없다. 왜냐하면
인간은 인간이 만들어낸 우상에 예배하고 그 우상을 우러러 보며
인간희생을 강요하여 왔던 것에 불과하기 때문이다. 목석이나 쇠
붙이에 불과한 양상을 숭배하고 거기에 허리를 굽신거리며 살아온
인간의 노예근성! 이 인간의 노예근성이 조작해 놓은 인간논리—
이것의 강요에 의해서 인간은 얼마나 많은 세월을 허위와 인간의
假定으로서의 장식과 그 쑥스러운 傀儡演技에 가득찬 생활을 하
여 왔던 것인가? 인간은 처음부터 태어나지 않았으면 허위의 생활
과 괴뢰연기를 하지 않아도 좋았기 때문이다. 그러나 연극으로 꾸
며진 이 세상에 태어났기에 살기 위해서는 어쩔 수 없이 자기대로
의 연기를 하지 않을 수 없는 것이 아닌가! (중략) 자아중심적인
만상의 조작에 의한 인간파멸의 근본 원인은 인간의식 그 자체에
있었다. 천국도 지옥도 인간의식의 조작이었다. 본래는 천국이라
든가 지옥이라든가 하는 것 따위는 존재치 않았던 것이다.[28]

이와 같은 해설이 올바른 것이라면 신의 세계와 개구리의 세계, 곧 인
간의 세계는 아무런 인연도 없는 것이다. 그리고 오직 인간존재만이 망망
한 광야에 내던져진 존재로 남겨져 버린다. 「제우스의 자살」의 마지막을
더 인용해 보자.

　　별안간에 제우스는 땅을 구르며 벌떡 일어섰다. "너 두 개구리
　　일어서라" (중략)
　　위세에 눌려서 두 개구리는 반사적으로 돌진하여 침을 뱉고 물

---

28) 김상선, 『신세대작가론』, 일신사, 1964, pp.264~266.

어뜯었다. 정신을 잃고 닥치는 대로 네 발로 할퀴고 갈기고 찢었
다. 숨을 돌렸다. 크게 눈을 한 번 깜박이고 나서 초록이는 알을
응시하였다.

아무 것도 없었다.

제우스도 신전도 아무 것도 없었다. 나무가 있고 풀이 있고 돌
멩이가 있을 뿐이다. 겁을 집어먹고 쓰러져 팔딱이는 검둥이의 두
눈이 돌짬에서 멍하니 앞을 내다보고 있었다. 초록이는 공중을 향
하여 한 번 힘껏 올려 뛰었다. 다시 뛰었다. 다시 떨어졌다. 천지
는 아무 변함없이 무관심하였다.

제우스신은 자살한 것이 아니라 개구리의 자각에 의하여 그 허상을 잃
어 버리고 만다. 바꾸어 말하면, 인간은 존재하지도 않던 신의 굴레로부터
벗어나 자유로운 개체가 되었음을 뜻한다. 그러나 인간이 신으로부터 해
방되어 자유로운 존재가 되었을 때, 과연 인간의 자유는 보장을 받느냐
하면 그렇지는 못하다는 사실을 이 소설의 마지막 구절은 다시 암시해 주
고 있다. 신으로부터 벗어난 허탈감은 "끝이 없는 망망한 하늘 아래 시초
도 종말도 없는 시간의 흐름 속에서 그저 우두커니" 서 있게 할뿐이다.
이 허무주의야말로 인간이 신을 죽인 대가로 받은 선물이었다. 실존주의
자들은 말한다.

죽음은 하나의 손실 같은 것으로 그 자신을 드러낸다. 그러나
그것은 생존자에 의하여 경험된 손실로서이라고 말해야만 옳겠다.
그리하여 이 손실의 고통은 사망자에 의하여 치루어진 고통만큼의
손실체에로의 접근을 제공해 주지 못한다. 우리는 엄밀한 의미에
있어서 타인의 임종을 공동체험 할 수 없다. 다만 거기에 共席해
있어 줄 뿐이다.[29]

---

29) Walter Kaufmann, 「Existentialism and Death」, 『The Meaning of Death』ed.
by Herman Feifel. McGraw-Hill Paper books, p.46.
이 부분은 Heidegger의 『Being and Time』에서 인용한 것임.

이 말은 인간으로 하여금 '죽음'에 대하여 조차 무감동하도록 만드는 말이다. 김성한은 죽음을 직접 다루기를 회피하였다. 인간존재 자체에 대해서 허무와 회의를 느끼었으므로 죽음이란 전혀 접근해 볼 수 없는 대상 이었을는지 모른다. 만일 「제우스의 자살」과 위의 인용문을 관련짓는다면, 개구리의 자각으로 인하여 죽어버린 제우스는 개구리에게 아무런 의미도 없는 것이다. 왜냐하면 관계가 없는 신의 세계와 개구리의 세계는 처음부터 오고가는 것이 없었기 때문이다.

이렇게 생각할 때, 김성한의 작품은 신을 잃은 세계의 문학이요, 따라서 은총을 상실한 문학이다. 그리하여 인간에 대한 의식은 현대사회에 대한 끝없는 풍자와 냉소를 만들어낸다. 이 풍자와 냉소가 전후의 부조리했던 한국사회를 교화하는데 기여했을 수는 있으나 냉소가 어디까지 지속할 수 있겠느냐 하는 것은 의문이 아닐 수 없다. 그는 몇 개의 다른 단편에서 성실하게 살려는 인간을 그리기는 하였지만, 그가 그의 문학적 특성인 냉소에서 벗어나지 않는 한 그는 붓을 쉬지 않을 수 없었을 것이다. 이것이 그를 1950년대만의 작가로 특징짓게 하는 중요한 이유인 것으로 보인다.

(2) 鮮于煇의 「불꽃」

1950년대 작가의 상위층을 동인문학상과의 함수관계로 해석할 때, 선우휘 역시 그 계열의 작가로서 마땅히 손꼽혀야 할 사람이다. 본고는 그의 「불꽃」만을 죽음의식의 관점에서 다루고자 한다. 흔히 선우휘를 일컬어 행동주의적 휴머니즘의 작가로 규정하고, 그의 현실참여를 현실에 대한 세심한 관찰과 비판이 결여된 즉흥적 행동주의라고 말하지만, 「불꽃」을 분석해 보면 그의 행동주의에도 매우 깊은 철학이 감추어져 있음을 발견한다. 그가 소설을 쓰는 이유도 1950년대 한국이 처했던 세계사적 운명과 무관한 것이 아니었다. 「불꽃」에는 이러한 작가의식이 '죽음'과 함께 매우 흥미롭게 서술되어 있다.

「불꽃」은 주인공인 고현의 아버지가 죽은 얘기로부터 그의 할아버지가 죽기까지의 이야기이다. 즉 아버지의 죽음에서 할아버지의 죽음에 이르는 과정을 통해 주인공 고현이 죽음의 의미를 찾아내는 이야기이다. 이 말을 바꾸어 말하면, 고현은 죽음을 배움으로서 삶의 목표를 설정할 수 있게 된다는 이야기이다. 이러한 죽음의 연속주기(cycle) 사이에서 이 소설은 전개된다. 간편하게 이해하기 위하여 다음과 같이 몇 개의 항목을 세워 본다.

① 주인공 고현은 왜 사는지도 모르고 살아왔던 인물이었다. 자기존재에 대한 무자각 상태는 고현 생애의 대부분을 점한다. 밤낮으로 일하고 기도하면서 죽은 남편과 하느님, 그리고 현만을 생각하고 사는 어머니와 완고한 할아버지 밑에서 자라난 고현은 '남을 괴롭히지 않고 그저 그대로 살아가는 것, 그것뿐'으로 고요히 深山幽谷의 隱花처럼 終生하기를 바란다. 그러나 개인은 결코 순수하게 개인일 수 없다. 개인은 남과의 관계로부터 자기의 독자성을 확인하는 개인일 때 비로소 개인일 수 있다. 이것이 역사적 개인이다. 이러한 역사 속의 개인임을 자각시키기 위하여 마련된 것이 죽음이었다.

② 역사적 개인임을 자각시키기 위한 첫 번째 죽음은 아버지의 죽음이었다. 그러나 아버지의 죽음을 현실적으로 경험하게 하는 대용적인 죽음이 그 어머니를 통해 표현된다. 어머니의 넓적다리에 찍힌 무수한 송곳 상처는 肉情을 제어하기 위하여 현이 어머니 젊은 과부가 한없이 젊음을 죽여 온 표식으로서의 의미를 지닌다. 어느날 '無病한 어머니가 끝이 뾰족한 것으로 찔려서 만들어낸 무수한 상흔에 곪긴 허벅다리를 앓으며 얼굴을 붉힘'을 알아채고 그 죽음과도 같은 고행이 그녀 생애에 무슨 의미가 있었는지를 깨달으면서 그는 어른이 되어 간다.

③ 할아버지는 자기의 아들을 죽게 한 기독교를 미워한다. 그래서 그 기독교를 신봉하는 가엾은 과부 며느리에게까지 냉혹하기 이를 데

없다. 이제 고노인은 인민군의 총대에 떠밀리어 고현이 숨은 곳을 가르쳐 주기 위해, 아들이 죽었던 그 동굴을 향해 가까이 다가간다. 그 순간 그는 자기의 한 평생이 무슨 의미를 지니는가를 돌아보았다. 어린 자식 하나를 키우기 위해 홀로 평생을 헌신하는 며느리의 생애가 어떤 것이었는지를 생각해 보았다. 총뿌리 앞에서도 미동하지 아니하고 "두툼한 성경책을 소리내어 낭송하던 현모의 그 절실하고 애타는 음성이 아직도 귀에 쟁쟁이 남아 있고 어쩌면 그 음성에 그처럼 범치 못할 위엄이 담겨 있을까"를 생각하면서, 드디어 모든 것은 "산소 탓 때문이 아니었다"고 "현아, 너는 살아야 한다."면서, 현의 생명을 건지기 위해 대신 총에 맞아 죽는다. 여기에서 현의 목숨을 구해 준 것은 할아버지일 뿐만 아니라 바로 현의 어머니이기도 하다. "가냘픈 여인의 몸으로 그토록 견딘 인간의 아픔. 그 아픔을 넘어서 내게 대한 사랑. 죽은 부친에 대한 사랑. 그리고 기어이 모든 것을 의탁하는 신에 대한 사랑으로 성화된 어머니"가 현을 살린 것이다. 이 어머니의 신앙이 바로 그 신앙을 저주하던 할아버지의 마음을 움직여 현을 동굴 속에 은폐하고 代贖的 죽음을 결행하게 하는 것이다.

한 인간이 자신의 삶에 의미를 부여한다는 것은 곧 죽음의 준비를 완성한다는 것임을 고노인을 깨닫는다. 이 때 고노인의 중심에 떠올랐을 법한 다음 구절을 우리는 생각하게 된다.

앙드레 말로의 『인간조건』 마지막 페이지에서는 늙은 지소르가 이렇게 말한다. "자네 이런 말 알지. 한 순간에 죽어 없어질 한 인간의 생명형성을 위해 단지 9개월이 아니지. 60년. 희생의 60년, 의지의 활동……무수히 많은 것들이 필요하지! 그래서 한 인간이 기어이 만들어졌을 때, 그리하여 유치한 것도 애들 같은 것도 다 없어지고, 그가 진실로 하나의 인간이 되었을 때, 그는 이제 죽는다는 일밖에 더 좋은 일이 없는 게야."

이 처절한 진술은 의심할 바 없이 그 책의 전체를 요약하는 것이며, 저자가 피력하고자 하는 당대의 절망적인 철학을 표현한 것이다. "인생은 부조리이며, 죽음 앞에서는 모든 것이 파괴된다." 그러나 이 진술은 동시에 다른 관점에서 해석될 수도 있다. 그렇다. 인간이 참으로 하나의 진정한 인간이 되었을 때, 그에게는 죽음 밖에는 더 이상 좋은 것이 없는 것이다. 왜냐하면 그의 전체로서의 성장은 더 이상 다른 목적이 없으며, 죽음이야말로 한 생애가 마지막으로 완전하게 개화하는 하나의 과정이요, 교차점이기 때문이다. 아니다. 9개월이란 한 인간형성을 위하여 넉넉지 못하다. 그 첫 번째 잉태는 오직 육체의 출생만을 준비해 줄 뿐이다. 그런데 그에게 정신출생을 준비시키는 제 2의 잉태는 이 세상에서 그에게 배정된 시간이다. 첫 번째 출생은 인간을 죽음으로 결말짓는다. 오직 제2의 출생만이 그를 생명에로 들여보낸다. "우리는 죽기 위해서 태어난다. 그러나 우리는 살기 위해서 죽는다." 죽음은 인간의 참다운 출생이다──영원한 삶으로 이어지는 출생이다.[30)]

④ 고현을 살려야만 자기의 생애가 완성된다는 것을 깨닫고 대신 죽고만 조부의 죽음을 본 고현은 그제서야 자기의 생이 무슨 의미를 지니는가를 분명히 인식한다. 아버지의 신앙으로서의 죽음, 어머니의 신앙으로서의 인고, 할아버지의 신앙 이해의 각성에서 오는 죽음이 현에게 새로운 삶의 의욕을 주는 것이다.

"껍질 속에 몸을 오무리고 두더지처럼 태양의 빛을 꺼린 삶. 산 것이 아니라 다만 있었다. 마치 돌멩이처럼 결국 너는 살아본 일이 없었던 것이다. 살아본 일이 없었다면 죽을 수도 없는 일이 아

30) Roger Triosfontaines, S.J.「The Mystery of Death」, 『The Mystery of Suffering and Death』ed. by Micheal J. Taylor, S.J. New York, A Division of Doufleday & Company. Inc., 1974, pp.178~179.

닌가. 살아 본 일이 없이 죽는다는 것—아니 죽을 수도 없다는 안
타까움이 현의 마음에 말할 수 없는 공포의 감정을 휘몰아 왔다.
현은 잃어져 가는 생명의 힘을 돋구어 이 공포의 감정에 반발했
다."

이 공포의 감정은 바로 죽음의 공포이다. 산 값을 치르지 못하고 죽
을 때의 인간이 느끼는 바로 죽음의 공포이다. 그래서 고현은 부르
짖는다.

살아야겠다. 그리고 살았다는 증거를 보이고 죽어야 한다.

이 마지막 구절은 어네스트 베커31)의 다음과 같은 말을 상기시킨다.

자아가치의 의미는 상징적으로 구성된다. 그의 소중한 自愛主
義는 상징들, 즉 자기 자신의 가치를 추상화하는 관념, 곧 소리와
언어와 심상 등으로 태도나 마음이나 기록으로 구축되는 관념과
같은 것들을 먹고 자란다. 그리고 이것은 유기체로서의 활동을 그
리워하는 인간의 자연발생적인 열망, 즉 통합과 확대의 쾌감이, 상
징의 영역 안에서 무한하게 그리고 영원히 충족될 수 있다는 것을
의미한다. 단일한 유기체도 그 육체의 한 부분을 움직이지 아니하
고 무한한 세계와 시간의 차원으로 확장될 수 있는 것이다. 다시
말하면 그가 숨을 몰고 죽어간다 할지라도 영원을 그 자신의 것으
로 소유케 할 수 있는 것이다.32)

천재는 그의 勞作을 통하여 그의 존재가치를 벌어야 한다. 그것
은 그 노작이 자신을 정당화해야 할 책무를 수행해야 한다는 것을

31) Ernest Becker, 『The Denial of Death』로 퓰리처상을 받았다. 『The Birth and
Death of Meaning』의 저자이기도 하다.
32) Ernest Becker, 『The Denial of Death』, New York, A Diwision of Macmillan
Publishing Co., Inc., 1974, p.3.

의미한다. 자신의 정당화가 인간에게 의미하는 것이 무엇인가? 그
것은 永生不死하는 자격을 얻음에 의하여 죽음을 초월한다는 것
을 의미한다. 천재는 그의 작품의 형태(체재)속에 영구히 잔존하
며, 생사도 운명도 제압하는 환상을 살아간다.[33]

이러한 글들도 미루어 보면「불꽃」은 한 생명의 소유자가 자기 내면의
성찰을 통해 죽음과 삶의 참뜻을 인식하고 완전한 인간이 되어 가는 과정
을 기록한 소설이라고 할 수 있다. 작자 선우휘는「불꽃」이외의 다른 소
설들, 예컨대「추억의 피날레」,「싸릿골의 신화」같은 중편을 썼으나, 한
인간의 자아발견을 제시하는 고뇌의 모습을 그린다는 점에서는 모두「불
꽃」이 지니는 문학사적 위치에 도달하지 못하고 있다.

(3) 孫昌涉의「剩餘人間」

병적인 인간, 병적인 역사, 병적인 세계이기 때문에 병적인 것만을 그렸
다는 손창섭에 대하여 눈을 돌리는 것은 우리에게 특별한 의미가 있다.
손창섭의 소설세계는 실제에 있어서 음산하고 답답하고 서글프다. 그의
인간상은 정신적인 면에서나 육체적·생리적인 면에서나 일종의 인격파
탄자들 뿐이다. 때문에 그들의 행동은 희화적이고 비극적이다. 그러면 손
창섭은 왜 그들에게 마음을 쏟는가? 그들의 무엇이 손창섭의 영혼을 휘어
잡았는가? 이 때 우리는 인생의 어두운 면만을 강조하여 시를 쓴 보들레
르(Charles Beaudelaire)가 신앙을 확인하기 위한 방법으로 그렇게 신에
대한 모험을 감행하였다[34]는 사실을 상기할 필요가 있다.
부모의 사랑을 받지 못하는 어린이가 부모의 관심을 끌기 위하여 의외
의 말썽을 일으키듯이, 현대의 생활 속에서 신의 사랑이 상실되어 가는
것을 슬퍼하고 신에로의 복귀를 갈구하는 심정으로 짐짓 손창섭은 인생의

---

33) 같은 책, p.109.
34) Frederick J. Hoffman「Motality and Modern Literature」,『The Meaning of
   Death』, New York, McGraw-Hill Book Company., Inc., 1965, p.139.

어두운 면을 병적으로 나타내려 하였다고 말할 수 있다. 구태여 '신'이라고 표현하지 않아도 좋다. 병들어 있는 현대 사회의 부조리에 항거하고 새로운 인간과 사회를 희구하는 건전한 작가정신의 반어적 표현이라고 해도 좋다. 그래서 손창섭의 야유와 조소는 구원을 받을 수 없을 것처럼 보이지만, 실제에 있어서는 따뜻한 인간감정이 새롭게 소생한다. 그 두드러진 예가 「잉여인간」이다.

「잉여인간」이란 제목의 의미부터 생각해 보자. 그것은 당대 사회가 만들어 낸 부산품이다. 차라리 主産品이라고 해도 과언이 아니다. 그 사회는 인간의 참다운 가치를 거대한 조직의 일부분으로 기능화하였으며, 그러한 주역에 참가하지 못한 무수한 인간들을 무가치한 쓰레기처럼 취급한다. 그래서 어떻게 보면 밀려나 버린 이들 나머지의 인간이 원래의 인간 본연의 모습을 지니고 있는 사랑스러운 인간, 더 나아가 구원받을 인간으로서의 의미를 갖는다. 손창섭이 숨기고 있는 야유는 이렇게 처음부터 당당하게 구원받을 인간이라는 반어적 설정을 바르게 파악함으로써 이해될 것이었다. 그러므로 「잉여인간」은 '잉여'라는 속성이 '필수'라는 속성으로 바꾸어지는 이야기라고 보아야 한다. 이 이야기 속의 잉여적 존재였던 悲憤慷慨派 채익준이 아내의 '죽음'을 계기로 필수적 존재로 부상하는 대목을 인용해 보자.

> '살아서 남편 구실 못 한 위인, 죽은 댐에야 있으나 마나지.'
> '어이구, 차라리 쓸모 없는 저따위나 잡아가지 않구. 염라대왕두
> 망발이시지!'

이 구절은, 채익준의 장모가 딸이 죽은 다음에 무능하기 짝이 없는 사위 익준을 향해 던지는 욕설로서, 익준의 잉여인간적 특성을 잘 반영해 준다.

그리하여 익준의 아내는 가난과 병고 끝에 죽어 버리고 어린 아들은 익

준의 친구집을 찾아가 아버지의 행방을 묻지만 친구 서만기는 이를 알 길
이 없다. 만기는 스스로도 병원 문을 닫아야 할 경제적인 궁핍에 몰리던
터이었지만, 장례비를 장만해 가지고 익준의 집을 찾아가 장례절차를 다
끝내 준다. 일을 마치고 만기가 돌아가려고 할 때였다. 아내가 죽고 그 장
례마저 다 끝냈다는 사실조차 모르는 채익준이 그동안 교통사고로 병원에
입원해 있었던 듯 머리에 흰 붕대를 감고 귀가한다. 그의 손에는 생전 처
음으로 자식을 위해 아버지 노릇을 한다는 긍지를 가지고 샀을 듯 싶은
고무신이 들려 있었다.

> 저 쪽에서 머리에 흰 붕대를 감고 이리로 오는 허줄한 사내가
> 있었다. 한 손에는 아이들 고무신 코숭이가 비죽이 내보이는 종이
> 꾸러미를 들고 있었다.

이 구절은, 평생 처음 필수적 존재의 행위를 할 수 있었던 것은, 그의 생명
이 죽음 앞에서야 했던 교통사고가 있었기 때문이었음을 암시하여 준다. 또
이 소설의 주인공은 치과의사 서만기가 아니라, 오히려 그를 둘러싸고 있는
주변의 인물들, 곧 모든 잉여인간들임을 주장하는 작가의 호소 역시 함축적
으로 표현되어 있다. 이 점이 작가가 소설 「잉여인간」을 통하여 시사해 주고
자 했던 가장 중요한 전달내용이다. 이러한 방법으로 손창섭의 다른 소설들
이 해석될 경우 드디어 인간존재에 대한 손창섭의 항거와 회의가 어떻게 궁
정적인 가치를 가지게 되는가가 명확히 드러나는 것이다.

(4) 張龍鶴의 「요한詩集」과 「現代의 野」

1950년대의 소설사는 장용학에 이르러 첨단적이고, 종합적인 의미를
획득한다. 우리는 이미 김성한·손창섭·선우휘 등을 언급하면서 그들
각자가 지니는 독특한 문학세계가 1950년의 한국소설에서 차지하는 위치
와 성격을 살펴보았다. 그리고 그들의 죽음에 대한 인식의 깊이도 헤아려

보았다. 그러나 그들이 구축해 놓은 모든 성과를 收合하여 그 위에 총체적인 문학세계를 확립한 사람이 장용학이다.

물론 그 실존적 인간이 궁극의 인간이 아니기 때문에 인간조건으로서의 고민이 그대로 남아 있는 것이며, 불안과 방황의 시대, 1950년대 한국의 정신적 허탈도 그대로 남아 있는 것이지만, 그런대로 실존주의의 한국문학적 수용은 장용학에 이르러 '죽음'이 지닌 해탈성 내지는 자유성이 어느 정도 인식되었음을 보여주는 것이라고 하겠다.

그러면 이제 실제의 작품을 통해서 장용학의 '죽음'을 들여다보자. 먼저 1955년 『현대문학』 7월호에 발표된 「요한시집」부터 살펴보겠다. 작가는 「요한시집」에 대하여 다음과 같이 말한다.

> 「요한시집」은 1953년 봄 사르트르의 「구토」를 접하고 실존주의 문학의 냄새를 맡고 있던 중 거제도 포로수용소 생활수기의 몇몇 장면을 읽은 것에 직접 동기가 되어 쓴 것이다. (중략) 「요한시집」의 주제는 '자유'를 예언자 요한에 비한 데에 있다. 요한은 처음 메시아로 생각되었지만, 실은 참된 구세주 예수의 출현을 위하여 그 길을 닦는 존재에 지나지 않았던 것처럼, 우리는 '자유'하면 모든 것이 그것으로 해피엔드가 될 줄 알지만 그 자유도 구세주는 못 되고 기껏해서 세례자적 존재에 지나지 않아, 요한처럼 그 뒤에 참으로 올 그 '무엇'을 준비하는 존재에 지나지 않는다. 예수가 올 길을 닦고 요한이 죽은 것처럼 그 '무엇'이 오히려 자유가 죽어야 한다. 그래서 자유를 죽이려고 한 것이 「요한시집」이다.35)

이와 같이 「요한시집」은 처음부터 '죽음'과 '구원'의 상관관계를 뚜렷이 의식하고 쓰여진 소설이다. 더구나 그 '구원'은 인류가 찾아 놓은 어떤 방법이라도 받아들여야 된다는 장용학의 개방주의에 의해서 서구문화의 주류에 기독교 사상과 1950년대의 유행사상이었던 실존주의를 과감하게 포용한다. 이에 관한 장용학 자신의 발언을 한 번 더 인용해 보자.

---

35) 장용학, 「작가의 변」, 『새벽』, 1960.8.

우리 문학에 있어서의 최고의 덕은 순수가 아니라 풍부여야 하고 발전이어야 할 것이다. 한국소설의 무엇보다도 단점은 그것이 빈약하다는 데에 있다. 풍부는 이질에서 생긴다. 우리 한국문학에는 이질적인 것, 이단적인 것이 유입되어야 하겠다. 민족정서가 안 보여질 만큼 혼란해져야 하겠다. 민족정서는 언제나 어떠한 혼란보다 크다. 그것은 대지이기 때문이다. 변질되어도 그것은 우리의 대지이다.

국민문학에의 지향을 서구문학의 맹목적 추종이라고 비난하는 말을 많이 한다. 그러면 오늘날 한국문학의 전통이요 正道라고 자처하는 순수문학은 일본 私小說의 한국판이 아니었다는 말인가.

우리가 이 땅에서 이어받은 것은 오직 우리 언어와 정서뿐이다.[36]

이상과 같은 예비지식을 갖고「요한시집」을 보면 그 내용과 사건의 전개는 간단하게 이해될 수 있다. 이 작품은 삼중구조를 갖는다. 첫째는 기독교적 세계관에 의한 구원과정을 나타내는 소설의 제목이다. 그러나 이 제목「요한시집」은 '요한'이라는 이름만 상징적으로 제시할 뿐 작품내의 줄거리와는 무관한 것처럼 되어 있다. 작자 장용학은 이 이름이 나타내는 상징성을 최대한으로 활용하는 작가임이 여기에서 증명된다.[37]

둘째는 줄거리의 진행을 암시하는 토끼의 우화이다. 이 우화의 의미를 풀어내는 것이 이 소설임을 시사한다. 제목에서 제목의 의미가 이해되지 않으면 다시 한 번 이 우화를 음미하면서 제목의 의미를 생각해 보라는 의도가 있다. 이렇게 우화를 제시하는 이유는, 원래 인간은 하나의 피조물로서, 우주의 본질을 깨달으려면 상징체계를 파악해야 한다는 작가의 숨은 의도가 있는 때문이다. 어차피 인간문제에 내려와 직접 등장인물의 이야기를 읽어도 그것 역시 문학이라는 상징체계의 하나에 불과하다는 것을

---

36) 장용학,「국민문학을 위해서」,『현대한국문학전집4』, 신구문화사, 1965, p.445.
37) 졸저,『현대소설과 상징의 기능』, pp.126~127.
    그의 소설에 나오는 대부분의 등장인물의 이름은 작자의 주제를 교묘하게 반영하고 있다.

장용학은 독자에게 말하려 한다.

셋째는 실제의 소설 부분이다. 이것은 또 다시 상·중·하의 삼중구조로 되어 있다. (상)은 동호가 누혜 어머니를 만나는 이야기이고, (중)은 누혜가 죽는 이야기이고, (하)는 누혜의 유서로서 누혜의 전생애가 압축되어 있다. 시간 순서로 보면 (상)이 맨 나중인 현재이고, (중)이 과거이며, (하)가 가장 먼저 일어났던 일들로서 대과거가 된다. 작가 자신은 "주제의 구성이니 하는 것도 의식적으로 구분할 줄 모르고 어찌 보면 통틀어서 한 덩어리로 취급했는지 모른다. 그저 쓰고 싶은 것을 쓰고 싶은 대로 썼을 뿐이다. 마지막 장면에 대충 설정되고 거기에 도달하기에 효과적인 위치에 첫 문장이 놓이게 되면 그 사이의 공간은 생리적으로 저절로 메꾸어졌다."[38]고 겸손하게 말하고 있지만 실제에 있어서는 완전한 기하학적 구도를 갖추고 있다. (상)의 첫 문장 "해는 지붕 위에 있었다"와 (하)의 마지막 문장 "과연 내일 아침에 해는 동산에 떠오를 것인가"와의 수미상응을 보아서도 구성의 철저한 의도적 배열을 짐작할 수 있다. 이렇게 볼 때, 이 소설의 중심부위에 놓인 것은 누혜의 죽음이며, 이 「요한시집」은 누혜의 죽음에 대한 해탈임을 깨닫게 된다. 이 구조는 다음과 같은 도식으로 바꾸어 볼 수도 있다.

	存在의 세계	實在의 세계	救援의 세계
題 目	그리스도 이전의 세계→	요한의 죽음→	구세주 그리스도의 세계
寓 話	토끼의 행복했던 생활→	토끼의 죽음→	자유의 버섯
本小說	누혜의 세계(하)→	누혜의 죽음(중)→	동호의 의식세계(상)
	凡　俗 無意識 無自覺	自　由 自意識 自　覺	超　越 純粹意識 解　脫

38) 장용학,「실존과 요한 시집」,『한국전후문제작품집, 세계전후문학전집Ⅰ』, 신구문화사, 1960, p.40.

이 도식을 통해서 우리는 누혜의 죽음이 구원을 갈구하는 인간의 실존적 몸부림이라는 것을 분명히 알 수 있다. 실상 「요한시집」에는 두 가지 종류의 죽음이 나온다. 누혜의 죽음과 누혜 어머니의 죽음이다. 이 소설을 다 읽기까지 그 누혜 어머니의 죽음은 그것이 무엇을 뜻하는지 밝혀지지 않는다. 그것은 누혜의 죽음이 가져온 의미 위에서만 바르게 해석될 수 있기 때문이다. 그러면 이제 그 죽음의 장면들로부터 그것의 참 의미를 좀 더 자세히 살피기로 하자.

> 살아가야 하겠다. 어떻게든 살아야 한다. 그래서 그들은 남을 죽이기 시작했다. 싸움은 다시 일어났다. 남해의 고도에는 붉은 기와 푸른 기가 다시 바닷바람에 맞서서 휘날리게 되었다. 살기 위하여 그들은 두 깃발 밑에 갈려 서서 피투성이의 몸부림을 쳤다.… 그것은 인간의 한계를 넘은 싸움이기도 하였다. 그렇게 사람을 죽이는 법은 없는 싸움이었다. 아무리 악하고 미워서 견딜 수 없는 적이라 해도 죽음 이상의 벌을 주지 못하는 것이 인간이다. 아무리 독하고 악한 사람이라 해도 죽음 이상의 벌을 받지 않는 것이 인간이다. 그렇게 되어 있는 것이 인간이라는 이름이다. 이것은 인간이 가질 수 있는 인간에 대한 마지막 신앙이다. 죽음에는 생의 全重量이 걸려 있다. 그의 죄는 그 생보다 더 클 수도 없는 것이고 죽음이란 끝나는 것이다. 슬픔도 기쁨도 간지러움도 아픔도, 피도, 땀도, 선도, 악도, 지상의 모든 약속이 끝나는 것이 죽음이다. 마지막 위로요, 안식이요, 마지막 용서이다. 그런데 거기서는 시체의 팔다리를 뜯어내고 눈을 뽑고 귀코를 도리어냈다. 아니면 바위로 쳐서 으깨어 버렸다. 그리고 그것을 들어서 변소에 갖다 처넣었다. 사상의 이름으로 계급의 이름으로 인민의 이름으로 그들은 생이 장난감인 줄 안다. 인간을 배추벌레인 줄 안다. 이것을 어떻게 하면 좋단 말인가?

이상은 포로수용소의 질식할 것같이 끔찍한 죽음의 상황을 묘사한 글이다. 이 한계상황을 벗어나는 길은 죽음을 택하는 길밖에는 없다는 허무의

식을 갖게 된 누혜는 하늘이나 바라보고 전쟁의 의미를 한없이 궁리하다
가 결국은 철조망에서 자살을 한다.

나는 그가 어째서 죽음의 장소로 철조망을 택했는가 하는 것을
그의 유서를 읽어 볼 때까지는 깨닫지 못했다. 그때까지도 내 눈
에 보인 것은 내가 눈알을 손바닥에 들고 서 있어야 했던 안 세계
와 감시병이 鄕愁를 노래하고 있었던 밖 세계, 이 두 개의 세계뿐
이었다. 세계를 둘로 갈라놓은 따라서 두 개의 세계를 이어놓고도
있는 철조망은 눈망울에 비쳐는 들었건만 보지는 못했다. 그 철
조망에 어느날 새벽, 한 시체가 걸리게 되었으니 그것은 하나의
돌파구가 거기에 트여짐이다.

여기에서는 철조망은 바로 자유를 약속하는 안과 밖의 경계선이었다.
그 경계선에는 반드시 죽음이 있어야 한다. "실재는 본질에 선행한다"는
실존주의 大命題下에서 본다면 죽음은 모든 인간조건으로부터의 해탈이
어야 했다. 그러나 그러한 누혜의 죽음이 동호에게서 참으로 완전하게 체
득되어 누혜의 자유를 올바르게 실현시키는가는 의문이다. 이것이 바로
「요한시집」이 가지는 한계인데, 동호가 누혜의 유해인 눈을 들고 포로수
용소에서 본토로 돌아갔을 때 동호는 이렇게 독백한다.

자유는 무거움이었다. 설레임이었다. 그것은 또 다른 섬에의 길
이요, 또 다른 포로수용소에의 문에 지나지 않았다.

이 구절이 뜻하는 내용은 이미 누혜의 유서 마지막에 이렇게 나타나 있다.

자살은 하나의 시도요, 나의 마지막 기대이다. 거기에서도 나를
보지 못한다면 나의 죽음은 소용없는 것이 될 것이고, 그런 소용
없는 죽음이 기다리고 있는 것이 생이라면 나는 차라리 한시바삐
그 전신을 꾀하여야 할 것이 아닌가……

이러한 불안과 몸부림의 상태에서 완전한 해탈에 이르는 길이 바로 그 죽음에 있다는 것을 작자 용학은 분명히 예견하고 있었음에도 불구하고 소설의 곳곳에서는 그것을 하나의 확신으로 내놓지 못하는 듯이 생각될 수도 있다. 그러나 이 소설의 실질적 결미 부분인 (상)의 끝장면을 정밀하게 읽어보면, 작가는 단언까지는 않고 말끝을 흐려 책임을 회피하기는 하지만, 누혜의 죽음이 그 어머니의 죽음으로 하여 완전하게 된다는 신념을 보여주고 있다.

> 눈이 온다. 밖에서는 펑. 펑. 함박꽃 같은 눈이 온다. 온 하늘이 내려앉는 것처럼 눈이 내린다. 눈이 온다. 눈이 와서 내린다. 와서 덮인다. 온누리가 눈 속이 된다. 눈이 이불이 되었다. 그래도 눈은 와서 쌓였다. 하늘까지 쌓인다. 세계는 눈이 되었다. 공기가 걷히고 사람이 죽었다. 눈 속이 세상이다. 생물교본을 고쳐야 한다. 눈을 마시고 사는 새 살림이 시작된 것이다. 좀 있으면 건망증인 그들은 공기를 마시고 살았다는 것을 잊어버릴 것이다.
>
> 그러면 공기를 마시고 살기 전에는 무엇을 마시고 살았던가?…
> 눈 속으로 검은 그림자가 나타났다. 갓을 푹 숙여 쓴 그 젊은 도승은 눈이 먼 것이다. 손으로 앞을 더듬으면서 가까이 온다. 지팡이도 없이 눈알을 어디에다 두고 험한 산 넓은 들을 넘어 그는 천리길을 그렇게 손을 저으면서 여기까지 찾아온 것이다. 저만치에 와 서서 그 먼 눈으로 눈물을 흘린다. …'누혜!' 노파가 소리를 비벼댔다. 나는 소스라치면서 환상에서 깼다. 노파의 목젖에서 달각 소리가 난 것 같았다. 방안은 어둠이 차지했는데 내 앞에는 식어 가는 노파의 원한이 가로 놓여 있었다. 이렇게 해서 누혜의 어머니는 죽었다. 도승이 서 있던 자리에는 고양이의 두 눈이 파란 요기를 뿜고 있었다. 몸이 확 달아 올랐다. 누혜의 눈이 이제 거기에 그렇게 켜 있는 것만 같았다.

동호가 순수의식으로 잡아낸 누혜의 영상이 도승으로 바뀌고 그 도승이 妖氣조차 뿜으며, 누혜가 잃어버린 누혜의 두 눈을 달고 동호 앞에 현존

하는 감격을 받는다. 누혜 어머니의 죽음이 그렇게 처절했지만 그 위에
황홀한 미래가 원한을 딛고 일어서는 것이다.

> 「현대의 野」는 장용학에 있어서 죽음이 어떻게 역사적 현실과
> 관계지어졌느냐를 밝히는 작품이다.[39]

앞에서 읽은 「요한시집」은 실존적 자아가 죽음을 통하여 초극에의 의
지를 확립하려는 소설이었음에 반하여, 이 「현대의 야」는 역사적 자아가
죽음의 본질을 역사적 관점에서 해부하려는 것이다. 이 말은 물론 「현대
의 야」에서 실존적 자아가 가지는 문제를 제외하자는 것이 아니고 또
「요한시집」에서 역사적 자아를 제외하자는 것도 아니다. 단지 「현대의
야」가 「요한시집」에서보다도 역사적 개념이 더 많이 들어 있음을 필자가
상대적인 관점에서 언급하려는 것이다. 혹자는 「현대의 야」를 '현대적 野
書'로 해석[40]하는 것이 좋겠다고 말하였다. 어떻게 해석하든 「현대의 야」
는 '野'가 함축하고 있는 중의적 특성을 이해했을 때 그 제목이 바르게
파악된다. 아마도 '野'에는 '野史'라는 표층적 의미 이외에 '野卑', '野
蠻'과 같은 비현대적 특성이 들어 있는 것 같다. 현대라는 사회는 문화적
으로 세련되고 정신적으로 순화되어 있으리라는 통속적인 관념과는 동떨
어져서 얼마나 정치적 야비성과 군사적 야만성으로만 무장되어 있는가를
생각해 볼 일이다. 그러면 작가가 「현대의 야」라는 제목에서 이미 무서운
상반적 개념들의 갈등을 제시하려 했다는 작자의 의도를 우리는 간파 할
수 있다.

「현대의 야」를 펼치면 우선 우리는 현대의 야만성이 뿌리고 간 끝없이 펼
쳐진 주검들 앞에 처연해진다. 그 무수한 주검(시체)을 제거하는 이른바 민
주사업을 하면서 주인공 현우는 죽음에 대한 본격적인 연구에 들어간다.

---

39) 1960년 『사상계』 3월호에 발표된 것이지만, 편의상 1950년대에 편입시켰다.
40) 이철범, 「소외된 인간의 비극」, 『현대한국문학전집4』, 신구문화사, 1965, p.433.

그들 일행은 네 사람에 들것이 하나씩 차려져서 멀리 남산을 돌
아 여기까지 끌려오는 사이에 脈盡이 되어 두덜거리던 기력도 없
이 되었던 터이지만, 코를 찌르는 괴상한 냄새에 새삼스럽게 이제
부터 해야 할 '민주사업'이라는 것을 생각하고 울상을 짓는데, 유
독 현우만은 들것을 옆 사람에게 부탁하고 이렇게 시체를 찾아보
는 일에 나선 것이다. 다른 사람들은 그런 그를, 아마 아는 사람의
시체라도 찾아보는 것쯤으로 생각하였겠지만 그는 문학청년이다.
기왕 이런 일에 걸려든 바에 후일을 위하여 폭격에 죽은 시체의
모양도 봐 둘 필요가 있다는 생각에서이다.

여기에서 우리는 잠시 「현대의 야」에서 눈을 떼고, 현대사회의 특질을
해명한 다음 구절을 살펴보자.

우리는 모순어법의 세기에 살고 있다. 우리는 한 개인의 생명을
구하기 위하여 극도로 정교하고 또 복합미묘한 지적·기술적 절차
를 창안해 내었다. 또한 동시에 우리는 멘빌이 그의 「하얀 저고리
(White Jacket)」에서 '온 땅덩어리를 태우는 무서운 연소'라고 명
명한 바 있는, 저승으로 보내는 기술적 방안 즉 수백만을 전멸시
키며, 문화를 말살하며, 현재를 지워버릴 뿐만 아니라, 미래도 위
협함으로서 시간자체를 위태롭게 할 능력을 가진, 적어도 생명을
구하기 위하여 동원됐던 비슷한 정도의 지적 수준을 가지고 인간
을 저승으로 보내는 기술적 방안을 역시 창조해 왔다.
한편으로 긴급외과수술, 腎臟透析 및 조직이식을 위한 놀라운
개발이 생명을 약속해 주는 반면에, 다른 한편에서는 대학살 폭탄
이 항상 구름 위나 바다 물결 밑에서 목표를 겨누고 있으면서 죽
음을 약속해 주고 있다. 도시에 있거나 들판에 있거나 아무도 안
전하지 않다. 이 땅 위에는 숨을 곳이 없다.
우리는 역설의 세기에 살고 있다. 한편으로 금세기에 들어와서
그 이전에 비하여 잔인한 전쟁과 처절한 기근과 고의적인 餓死와
경찰 및 정부의 사형집행 등으로 1억 1천만 이상이 죽음에 이르는
정도의 살생이 발생하였고, 또 다른 한편으로는 개인의 생명을 구

하려고 또 생명의 연장을 위하여 그 이전의 세기에서는 지불해 본
유례가 없는 엄청나게 큰 노력이 기울여졌다.[41]

현우(작가 용학을 지시한다)는 위와 같은 현대사회의 모순을 깊이 알고
있었음에 틀림없다. 그러한 기초지식 위에서 다음 구절은 현우의 죽음 연
구로써 계속된다.

> 그 체온을 안고, 완두며 파며 오이 따위의 채소밭이었던 뒷마당
> 으로 다리를 옮겨 놓다가 그는 우뚝 멈추었다. 굴뚝 아래에 여자
> 의 시체가 굴러 있었다. 뒷걸음질치다가 그는 눈을 크게 떠 가지
> 고 한두 걸음 다가들었다. 갈비뼈 아래 되는 데가 손바닥만큼 벌
> 려 있다기 보다 뭉쳐진 구더기로 꽉 막혔다 뚫고 나온 것인가. 퉁
> 퉁 부은 그 뱃속은 그런 구더기로 꽉 차 있는지도 모른다.
> 수십마리가 곰실곰실 순간도 쉬지 않고 움직이고 있는, 운동이라
> 기 보다 무용, 구더기들은 거기서 대낮의 무용에 흥겨운 것이었다.

이것은 마치 저 신라시대 이래 불승들이 논파하여 마지않던 生死一如
의 실상을 보는 것과 흡사하다. 그러나 아직 생사일여를 꿰뚫어 보지는
못한다.

다음 구절을 보자.

> 그런데 인간은 生만 나가 버리면 썩는다. 생이란 그저 방부제에
> 지나지 않는다는 말인가. 그러면 생이란 방부제가 나가 버렸을 때
> 내 영혼에 몰려 들어 춤을 추고 노래부를 구더기는 무엇인가……

인간은 살아 있는 동안만 인간이다. 살아 있다는 것, 이것이 인간의 알
파요 오메가다. 모든 것은 그 안에서의 일이다. 이유도 정의도 저 여름의

---

41) Edwin. S. Shnediman, 『Death, Current Perspective』, Los Angeles, Mayfield
Pub. Co., 1976, pp.3~4.

태양광선을 받으면서 바람에 흔들리는 플라타너스의 한 잎이 파리보다도
가치가 없는 것이다. 누가 그 허수아비들에게 그렇듯 엄청난 권능을 부여
했는가……

　여기서, 역사 앞에 선 인간존재의 의미가 부각된다. 그리하여 이제 막
역사와 인간존재와의 관계가 더 깊이 연구되려고 할 때 현우가 현재 생존
하고 있는 역사, 곧 현우의 현실 상황은 현우의 죽음연구를 중단시키고
시체 제거 작업으로 현우를 몰아 넣는다. 그 역사의 作戲는 드디어 현우
로 하여금 의식의 마비상태를 경험하게 한다. 그 마비상태 속에서 현우는
'박만동'으로 바뀌어서 평범한 소시민으로 재기한다. 그러나 역사는 이
평범한 소시민 박만동을 가만히 놓아두지 않고 십 년 징역의 죄수로 변신
시킨다. 이 변신의 과정에서 현우는 한때 실어증까지 걸린다. 어차피 역사
앞에 무력한 개인존재라면 언어가 필요 없기 때문이다.

　그리하여 현우가 연구하려면 죽음의 문제로부터 파생되어 나온 역사와 인
간존재의 관계는 현우가 박만동으로, 박만동이 다시 십 년 징역의 죄수로 변
신하는 과정으로 실증되고 있는 셈이다. 여기의 역사는 현우가 권력의 화신
이요, 귀신이라고 매도한 허상이지만 현우는 그 허상 앞에서 꼼짝도 못하는
죄수가 되어 죽음의 연구조차 중단하고 죽어 버린다. 「현대의 야」는 이렇게
돼서 죽음연구에 관한한 상당한 진척의 도중에서 애석하게도 미결상태에서
끝을 맺는다. 그러나 현대사회(곧 역사)의 모순이 인간의 죽음과 밀접한 관
계에 있다는 사실만은 「현대의 야」가 명백히 지적해 주었다고 시인해야 할
것이다. 이것은 소설의 마지막 구절에서 거듭 확인된다.

　다음은 이 소설의 마지막 구절이다.

　　　이리하여 한 인간의 역사는 끝났다.
　　　가을 밤의 싸늘한 공기에 조는 듯한 등불 빛 아래, 사지를 가두
　　고 기도드리듯 쓰러져 있는 죄수. 그것은 화석도 태아도 아니고,
　　다 자란 현대인의 주검이었다.
　　　어머니의 訃告를 손에 들고 집을 나온 이래, 무덤에서 기어나와

겪은 일, 경찰에 붙잡혀 가서 당한 수모, 그리고 거기서 받은 상처,
그 아픔은 비단 그만이 겪고 당하고 느낀 아픔은 아니었다. 현대
에 생이 주어진 모든 인간이 깊거나 얕거나 당하고 있는 수모요,
상처요, 아픔이었다. 다만 그것이 미미하거나 마음이 살쪘거나 중
독이 되어서 느끼지 못하고 있을 따름이다.

그래서 "이렇게 죽는 등신이 어디 있어!"하면서 화를 냈던 간수
의 눈에서 굴러 떨어져 있는 것은 인간이 인간에게 흘리는 눈물이
었다.

결국 이 「현대의 야」는 인간이 인간에게 흘리는 눈물의 의미를 생각하
게 하는 이상과 같은 마지막 절규로 끝을 맺고 있다. 인간이 인간에게 흘
리는 눈물은 현우의 죽음에 연유한다. 그렇다면 죽음은 인간이 인간에게
관여될 때에만 의미를 가진다는 말인가? 인간과 신, 인간과 역사에서는
인간의 죽음이 아무런 의미도 없다는 말인가? 「현대의 야」는 죽음에 대
해 이 마지막 질문을 던진다고 해석하여야 할 것이다.

(5) 金東里의 『사반의 十字架』

『사반의 십자가』는 예수와 같은 시대에 유대 나라에 살던 비밀행동 단
체인 血盟團의 수령 사반이 로마 학정에 신음하는 조국의 장래를 놓고
예수와 더불어 벌이는 갈등의 이야기이다.

동리 자신이 '작가생활' 25년 만에 처음으로 작품을 가지게 되었다는
자신이 들었다'고 술회할 만큼 이 『사반의 십자가』는 작가에게는 중요한
의미를 갖는 장편이다. 그러면 그러한 긍지는 어디에서 오는가? 그것은
아직 이 땅에서는 생소한 2천년 전의 유대 땅을 배경으로 하고 그 시대의
인물들을 전혀 생소하지 않게 그렸다는 자부심일 것이다. 2천년 전이면,
우리 한국사는 바야흐로 고대부족국가인 고구려·신라·백제가 막 형성
되는 때에 해당된다. 박혁거세가 알을 깨고 나오던 시대에 상응한다. 우리
가 고려나 조선왕조 때의 역사 소설을 쓰려고 해도 부딪히게 되는 무수한

역사상의 고증문제가 있는 것인데, 역사적 전통과 배경이 다른 시대상황과 인물을 그린다는 것은 그렇게 쉬운 일이 아니다. 그런데 동리는 그것을 극복하고 하나의 완벽한 허구의 세계를 꾸며내었다. 그만큼 작자 동리는 예수와 예수 당대의 정치문화 제반에 대한 지식을 쌓았다는 뜻이 된다. 이러한 기본적인 지식은 그가 기독교와 한국의 장래를 얼마나 심각하게 생각하여 왔느냐는 반증이 된다. 그에게 기독교가 문제시되는 기본적인 이유의 하나는 동리 자신이 밝힌 바와 같이 예수의 죽음에 대한 관심과 깊이 연결된다. 기독교는 순전히 예수의 죽음이 지니는 가치 위에 형성된 종교이기 때문이다.

우리는 이제 이 소설의 마지막 부분으로 눈을 돌려 보자.

> 이 때 예수의 오른쪽 십자가에 달려 있던 도둑은 사반과 군중들의 그러한 조롱이 부당하다는 듯이 "우리는 죄를 지었으니까 이러하지만 이 사람은 아무런 죄도 없이 이 고초를 겪다니"하고 예수를 위하여 자못 애석해하는 모양으로 중얼거렸다. 한참 동안 침묵이 흘렀다.
>
> "예수여, 다 당신이 그, 나, 라, 에, 가거든, 나를, 생각, 해주우……" 하고 간신히 말을 맺었다. 그러자 예수는
>
> "그대여, 오늘로 그대는 나와 함께 낙원에 있으리라"하였다. 오후 세시쯤 되자 하늘엔 검은 구름이 덮였다. 바로 그때 예수는 갑자기 발작과도 같은 높은 목소리로
>
> "나의 하느님이시여 나의 하느님이시여 어찌하여 나를 버리시나이까?" 하고 외치자 이내 숨이 끊어져 버렸다.
>
> ……그런데 다음 다음 날인 일요일 새벽에 여자들이 가서 보니 무덤 문을 막아 두었던 큰 돌이 굴러나와 있었고 시체는 간 곳이 없었다. 이것을 본 여자들이 제자들에게 알리자……베드로는 무덤 속에까지 들어가 보았지만 역시 시체는 간 곳이 없었다. 그러고 보면 그것은 그가 평소에 예언한 바와 같이 부활을 했기 때문인지도 모른다.

이것을 처음 그렇게 믿기 시작한 것은 앞에 나온 세 사람의 여자와 베드로와 요한들이다. 그들 뿐 아니라 다른 사람들도 믿을 만한 일이다. 그는 사실상 오늘에도 살아 있지 않은가.

그러나 아무리 그의 부활을 믿는 사람일지라도 그 무덤에서 돌을 밀치고 나간 예수의 육신이 그대로 하늘나라로 올라간 것이라고 생각한다면 그것은 너무도 완고한 詩다. 만약 문제가 어디까지나 그의 시체 행방에 있는 것이라면 처음부터 자진하여 그것을 인수하려 나타났던 아리마대 요셉이, 그만한 사랑과 용기와 정의의 사람이 왜 그의 부활을 그의 제자들과 더불어 맞이하지 못했던가 하는 사실과 아울러 생각할 필요도 있을 것이다.

사반과 또 한 사람의 시체는 십자가에서 내리어지자 그 근처의 구덩이로 옮겨졌다. 그것은 사형수들의 시체를 던져 두는 곳이었다.

그러나 글로바나 스가랴나 갈리오들은 로마인의 앞에 나타날 수 없었으므로 그의 시체를 받아내지 못했다. 도마 역시 자기가 혈맹단 관계자인 것을 드러낼 수 없었으므로 나타나지 못했던 것이다. 그리하여 그의 시체는 예수의 부활로 법석이 일어난지도 이틀이나 더 지난 뒤에 그의 단원들에 의하여 다른 동굴로 남몰래 옮겨지게 되었다. 이 일에도 유다는 가담하지 않았다. 그는 그 일이 있은 뒤부터 예수의 제자들에게 뿐만 아니라 제사장이나 바리새인들로부터 웬 까닭인지 경멸 같은 것을 받게 된 것이다.

그러나 그에게는 그때 받은 은 30세겔 이외에도 이미 상당한 재산이 저축되어 있었으므로 남이야 뭐라고 하든지 자기의 일생은 그럭저럭 편안히 지낼 만하다고 자기 자신을 혼자서 위로하고 있었다.

이상과 같이 두 사람의 죽음을 묘사하면서 이 소설은 대단원을 이룬다. 여기에서 문제되는 것은 사반과 예수의 죽음을 동리가 어떻게 보고 있느냐 하는 것이다. 두말할 것도 없이 사반은 순수한 인간이요, 정치범에 불과하므로 그의 시체는 죽은 뒤에 사형수들의 시체를 던져두는 구덩이 속에 이틀씩 내버려져 있게 된다. 이에 대해서는 더 이상의 설명이 필요 없다. 문제는 예수의 죽음이다. 동리는 예수의 죽음을 신약성서에 나타난 것과 똑같이 그렸다. 또 그가 부활했다는 사실도 하나의 실제적인 현상으로 그리고 있다. 그러나 기독교가 말하는 방법대로 설명하지는 않는다. 동리는 기독교가 주장하는 교리를 정면으로 부정하지는 않으면서 부활을 동리식으로 해석하려 한다는 사실을 확인할 수 있다. "부활했기 때문인지도 모른다……그러나……육신이 그대로 하늘 나라로 올라간 것이라고 생각한다면 그것은 너무나 완고한 詩다"라고 말함으로써 부활에 대한 불확정적인 인정과 그에 뒤따른 확정적인 단언이 동리의 부활관으로 드러나 있다. 결국 부활의 의미는 "그는 사실상 오늘에도 살아 있지 않은가"라는 반문으로 압축되어 있는 셈이다. 즉 성경은 학문적 차원에서 이해되어야 하며, 부활은 예수가 추구했던 인류구원의 정신이 계속 다른 사람의 정신 속에 반복 재생되는 정신의 윤회현상으로 파악되는 것이라고 동리는 역설하는 것이다. 이러한 해석이야말로 기독교를 수용하는 동양의 지식인들이 공통으로 나타냈던 반응이요, 결론이었다. 죤 우(John. C. H. Wu)와 중영 리(Jung Young Lee)에게서 우리는 동리와 동일한 해석태도를 찾아볼 수 있다.

먼저 성경을 문학작품으로 보고 예수의 부활을 그 당시 유대 민중들의 염원을 상징한 것이라고 해석하는 죤 우의 의견을 들어보자.

최근 나의 인생의 근본적 문제를 사색중이다가 나 혼자 어떤 결론에 도달하였읍니다. 종교문제로 예를 들면, 나는 성경의 진리는 문학적 사고로 천명 될 것이지 문자적 사고로는 안 될 것임을 알았읍니다. 복음의 여러 부분은 단순히 '까십'이지마는 모두가 신성한 '까십'입니다. 당시 세인중심의 정의감이 그리스도가 당연히 부활해야 되겠다고 요구했기 때문에 그리스도가 부활한 것입니다. 희망이 사실화한 것입니다.[42]

---

42) John C.H.Wu, 『Beyond East and West』 (London. Sheed and Ward, 1952, 김익진 역『동서의 피안』, 가톨릭 출판사, 1961) pp77~78. 원저자 오경태 박사는

그렇다면 「사반의 십자가」는 동리에 의한 예수傳의 성격을 갖는다. 그리고 동리도 성경을 죤 우의 경우처럼 문학으로 읽어야 할 것임을 이 소설로 논증하고 있는 셈이다.

다음은 기독교 신앙과 윤회를 연관시킨 중 영 리의 논술이다.

윤회환생의 개념은 신약시대에도 받아들여졌다. 복음서에는 윤회환생의 개념이 암시된 구절이 여러 군데 있다. 이러한 것 중 복음서 가운데 가장 유명한 구절의 하나는 예수의 제자들에게 예수가 자기자신의 이미지에 대하여 묻는 질문을 언급하고 있다. "나는 누구라고 하더냐?"하고 예수는 제자들에게 물으시었다. "어떤 사람들은 세례자 요한이라고 하고 어떤 사람들은 엘리야라 하고 또 예레미야나 예언자 중의 한 분이라고 하는 사람들도 있읍니다"(마태복음 16, 13. 14). 예수는 이 때에 제자들이 터무니 없는 말을 한다고 말씀하지 않았다. 왜냐하면 윤회환생의 개념이 수긍되어졌었기 때문이다. 그러나 이 윤회환생은 서기 538년에 콘스탄티노플의 공의회에서 교회교리의 일부분으로부터 제외되었다. 그후로 교회는 윤회환생 관념을 배제해 왔다. 교회의 가르침을 추종한 서방인들의 지배적인 경향은 그 뒤로 윤회환생을 거부하게 되었다. 윤회환생의 관념은 흔히 기독교 신앙에는 이질적인 것이며 동방종교의 일부로 생각되어 왔다. 그러나 최근에 이르러서 서방인들은 점점 더 윤회환생의 관념을 심각하게 받아들인다.

서방인들이 윤회환생의 관념을 거부해 온 데에는 다음과 같은 두 개의 특별한 이유가 있다. 그 하나는 시간관념에 말미암고 다른 하나는 천당과 지옥의 관념에 연유한다. 전자는 역사의 개념을 취급하고, 후자는 구원의 개념을 취급한다. 서방에서는 과학과 종교(기독교)가 모두 역사의 선행적 운동에 관련지어져 있다. 바꾸어 말하면, 서방사상의 주된 추세는 선행적 변화라는 관점에서만 시간을 이해하는 것이다.[43]

━━━━━━━━━━━━━━━

이 저서를 순전히 가톨릭 신앙의 고백서로 지은 것이지만, 위에 인용한 대목은 성경에 대한 동양철학적 사고와 그 해석 방법을 나타내고 있다.

위의 글은 동리의 예수 부활관이 얼마나 자연스런 해석인가를 입증해 준다. 동리는 이『사반의 십자가』에서 기독교 사상 내지는 서구의 사상을 그 자체의 모습대로 받아들일 수는 없다는 저항과 수정을 시도한 것이다. 즉 예수가 이전에 살았던 先知者들의 환생적 존재로 부활한 것이라면 예수의 환생적 존재로서의 부활은 역사의 흐름과 더불어 무한히 반복될 수 있는 것이다. 동양인의 사고 방식으로는 그렇게 밖에 달리는 인식할 수 없다. 왜냐하면 위의 중 영 리의 논술에서 보이는 바와 같이 서양인들은 역사의 전개를 직선적 진행으로 파악하려고 하는데 반하여, 동양인들은 원형적 순환(cycle)으로 파악해 온 전통이 있기 때문이다. 그리하여 동리의『사반의 십자가』는 1950년대에 기독교가 한국에 어떤 방법으로, 어느 정도로 이해되어 갔느냐를 알려주는 하나의 이정표 구실을 하는 것이다.

5) 1960年代 小說의 죽음

(1) 김동리의「등신불」

우주적인 기간을 반복과 영원회귀로[44] 생각하는 동리의 죽음관은「등신불」에 와서 하나의 귀결점에 도달한다.「무녀도」에서 '욱이'의 죽음을 기독교적 부활과 관련시켰고,「사반의 십자가」에서 '예수'의 부활을 그리스도 정신의 輪廻還生 내지는 영원회귀와 같은 것으로 생각한 동리는「등신불」에 이르러 죽음 곧 삶이라고 하는 등식을 완성한다. '生卽是死 死卽是生'이라고 표현할 수 있는 생사초월의 경지에 이른 것은「무녀도」를 쓴 이래 만 25년이 경과하는 동안 이룩한 변모였다.「등신불」은 1961년『사상계』에 발표된 단편이다. 이 소설은 이원구조로 되어 있다. 하나는 일제 말 태평양전

---

43) Jung Young Lee, 『Death and Beyond in the Eastern Perspective』, New York, Gorden and Breach Science Publishers. 1974, pp.79~80.
44) Mircea Eliacle, 『Cosmos and History』, (정진홍 역, 『우주와 역사』, 현대사상사, 1976) p.129.

쟁에 학병으로 끌려 나간 '나'라는 주인공이 죽음을 뜻하는 부대 이동을
앞두고 삶을 찾아 불승으로 위장하여 목숨을 건진다는 이야기이고, 또 하
나는 그 이야기 안에서 만적선사가 소신공양으로 등신금불이 된 경위가
삽화처럼 들어 있는 것이다. 그런데 그 등신금불이 된 만적선사가 속세를
등지고 중이 된 동기며, 다시 중노릇을 하다가 소신공양하게 된 원인을
설명하는 과정은, 바로 그 만적선사가 생사를 초월하여 하나의 부처로 승
격하는 과정을 나타낸다. 그리고 이 등신불이라는 부처가 된 만적선사의
행적은 소설의 주인공 '나'의 구명행각에 조명되면서 생사에 대한 이치를
깨우치게 하는 것으로 결미를 삼고 있다. 그리하여 이 소설은 서로 상반
되는 것처럼 보이는 '삶'과 '죽음'이 보다 높은 차원에서 하나의 동일한
개념 속에 묶인다는 生死一如의 명제를 「등신불」을 통해 그리는데 성공한
다. 흔히 부처님이라고 했을 때 우리가 연상할 수 있는 것은 圓滿具是한 상
호이다. 그러나 이 소설의 등신불은 그렇게 화평의 모습을 지닌 부처님이 아
니다. 다음에 그 모습이 어떻게 기록되어 있는가를 읽어보자.

　　나는 그가 문을 여는 순간부터 미묘한 충격에 사로잡힌 채 그가
　　합장을 올릴 때도 그냥 멍하니 불상만 바라보고 서 있었다. 우선
　　내가 예상한 대로 좀 두텁게 도금을 입힌 불상임에는 틀림이 없었
　　다. 그러나 그것은 전혀 내가 미리 예상했던 그러한 어떤 불상이
　　아니었다. 머리 위에 향로를 이고 두 손을 합장한, 고개와 등이 앞
　　으로 좀 수그러진, 입도 조금 헤벌어진, 그것은 불상이라고 할 수
　　없는, 형편없이　초라한, 그러면서도 무언지 보는 사람의 가슴을
　　쥐어짜는 듯한 사무치게 애절한 느낌을 주는 등신대의 結跏趺坐
　　像이었다. 그렇게 정연하고 단아하게 석대를 쌓고 추녀와 현판에
　　금물을 입힌 금불각 속에 안치되어 있음직한 아름답고 거룩한 존
　　엄성 있는 그러한 불상과는 하늘과 땅 사이라고나 할까. 너무도
　　거리가 먼, 어이가 없는, 허리도 제대로 펴고 앉지 못한, 머리 위
　　에 조그만 향로를 얹은 채 우는 듯한, 웃는 듯한, 찡그린 듯한, 오
　　뇌와 비원이 서린 듯한, 그러면서도 무어라고 형언 할 수 없는 슬

픔이랄까 아픔 같은 것이 보는 사람의 가슴을 꽉 움켜잡는 듯한,
일찌기 본 적도 상상한 적도 없는 그런 어떤 가부좌상이었다.

이러한 부처님에 대해 주인공 '나'는 그것이 어떻게 부처님일 수 있는
가를 고민한다.

> 소신공양으로 성불을 했다면 부처님이 됐어야 하지 않은가. 부
> 처님이 되었다면 지금까지 불상에서 보아 온 바와 같이 거룩하고
> 원만하고 평화스러운 상호는 아니라 할지라도 그에 가까운 부처님
> 다움은 있어야 하지 않을까? 거룩하고 부드럽고 평화스러운 맛은
> 지녔어야 하지 않겠는가. 그러나 금불각의 가부좌상은 어디까지나
> 인간을 벗어나지 못한 고뇌와 비원이 서린 듯한 얼굴이 아니던가?
> 그럼에도 불구하고 과거의 어떠한 大學보다도 그렇게 영검이 있
> 다는 것은 무슨 까닭인가?
> 나는 머릿속에서 잠시도 이러한 의문들이 가셔지지 않았다. 더
> 구나 청운에게서 소신공양으로 성불했다는 이야기를 들은 뒤부터
> 는 금불이 아닌 새까만 숯덩이가 곧잘 눈에 삼삼 거려 배길 수 없
> 었다.

이와 같은 고민과 회의는, 야사처럼 전해 오던 이야기를 원혜대사의 설
명을 통해 들었을 대 풀리기에 이른다. 그러나 이때 원혜대사는 '나'에게
말한다.

> 자네 바른 손 식지를 들어 보게.

이 말은 주인공 '나'에게, 그가 처음 절에 들어오기를 서약할 때 '願免
殺生 歸依佛恩'이라고 혈서를 썼던 일을 다시 상기시키는 것이다. 그러
면 이 말은 무슨 의미를 갖는가? 만적선사의 행적과 그의 소신공양이
'나'의 혈서 쓴 식지와 무슨 관계인가? 작자 동리는 이 부분에 이르러 다

음과 같이 말끝을 흐린다.

나는 달포 전에 남경 교외에서 진기수씨에게 혈서를 바치느라
고 내 입으로 살을 물어 뗀 나의 식지를 쳐들었다. 그러나 원혜대
사는 가만히 그것을 바라보고 있을 뿐 더 말이 없다. 왜 그 손가락
을 들어 보이라고 했는지 이 손가락과 만적의 소신공양과 무슨 관
계가 있다는 겐지 이제 그만 손을 내리어도 좋다는 겐지 말이 없
는 것이다.

"......"

"......"

태허루에서 정오를 알리는 큰 북소리가 大魚와 함께 으르렁거
리며 들려온다.

우리는 여기에서 왜 작자가 말하기를 조심스러워하는가 그 이유를 찾아
보아야 한다.

식지를 들어 보라는 명령은 佛恩을 깨달았느냐는 물음도, 깨닫도록 노
력하라는 권유도 있을 터이나, 무엇보다도 군대에서 이탈하여 삶을 추구
하는 '나'의 행위가 참으로 불은에 귀의하려는 의도인지를 만적선사의 소
신공양에 결부시켜 생각해 보라는 뜻을 내포하고 있다. 또 등신불은 고뇌
의 모습으로 죽었으되 천이백년이 넘는 오늘날에도 변함없이 살아서 靈
驗이 많은 부처님으로 사랑받는 이유가 어디에 있는지를 생각해 보라는
뜻을 내포하고 있다. 그것은 삶과 죽음이 같은 것이요, 세속의 죽음은 어
떻게 해야 그러한 생사초월의 경지에 이르는지를 가르치는 禪門이다. 이
선문에 대해 죽음은 해탈에 이르는 기점인 것을 동리는 다시금 침묵으로
대답하고 있다.

우리는 그 대답을 태극도를 가지고도 짐작할 수 있다. 생사일여는 원래
동양사상이 가르치는 가장 보편적인 진리이기 때문이다. 원래의 태극도는
다음과 같다.

陰과 陽은 우주만물의 모든 변화하는 현상들, 서로 상반되는 현상들을 가리킨다. 그래서 음은 死요, 양은 生이다. 그런데 위의 그림이 보이는 바처럼 음에는 양이 들어 있고 양에는 음이 들어있다. 절대의 양이 아니라 음을 가지고 있는 양이요, 절대적인 음이 아니라 양을 가지고 있는 음이다. 따라서 生에도 死가 있으며 死에도 生이 들어있다. 음과 양은 동시에 하나의 존재 속에 들어 있는 부단히 교차하는 反復相이다.

일찍이 장자도 「제물론」에서 이렇게 말하였다.

> 그리하여 생명은 죽음에서 일어나고 죽음은 생명에서 생긴다. 가능성은 불가능에서 생기고 또 불가능성은 가능성에서 나온다. 긍정은 부정에 기인하고 또 부정은 긍정에 기인한다. 어떤 경우에든지 참된 성인은 모든 차별을 거부하고 자연에 은신처를 찾는다.[45]

이상과 같은 생사일여의 사상은 동양인에게 있어서는 실제로 조금도 경이로운 것도 신기한 것도 아니다. 너무 자주 그리고 너무 오래 들어 와서 무감각해진 사상인지도 모른다. 그러나 그러한 경지를 깨닫는 일은, 그리고 그것을 소설로 형상화하는 일은 평생토록 죽음을 천착한 동리와 같은 거장이 아니고서는 이룰 수 없는 일이라고 생각된다. 우리는 동리의 이 「등신불」에 이르러 비로소 동양적 생사관의 정수를 발견하는 기쁨을 갖는다.

---

45) 壯子, 「齊物論」, 雖然方生方死 方生方死 方不可 方可 因是 因非 因非因是 是以聖人 不由而照之于天.

(2) 이청준의 「퇴원」, 「병신과 머저리」, 「무서운 토요일」

「퇴원」은 1965년 『사상계』 12월호에 발표된 단편이다. 이 소설은 虛頭부터 죽음의 사건이 일어날 것 같은 어딘지 알 수 없는 불안의 분위기가 감돈다. 읽어 나가는 동안 그 불안의식은 주인공 '나'의 불안정한 의식에 기인한다는 것과, 또 그러한 의식은 바로 문체에 관련된 것임을 알게 된다. 이 문체는 실상 1950년대의 작품에서는 맛볼 수 없는 새로운 양식을 가지고 있는 것으로 문장과 문장의 連繫는 곧 바로 주인공 '나'의 의식이 연계되는 과정을 묘하게 반영하고 있다.

주인공 '나'는 그가 입원해 있는 곳에서 마주보이는 U병원의 고장 난 塔時計로 상징된다. 그 '나'는 아픈 곳도 없으면서 어릴 때 은혜를 베푼 친구 의사의 병원에 입원하고 있다. 그 '나'는 실상 갈 곳도 없으며 먹을 것도 없는 신세의 인간이다. 더구나 삶의 의욕조차 없는 무기력과 무의지의 화신이다. 병원의 고장 난 탑시계는 두 바늘을 아주 떼어 버렸다고 묘사되고 있는데, 이 바늘 없는 시계처럼 미래에 대한 의지와 현실감각도 잃어버린 인간이 주인공 '나'이다. 그러나 '나'가 '애초부터 벽을 향해 만들어진 가구' 같던 환자의 죽음을 목격한다.

> 다음날 아침, 그 수수께끼의 남자는 죽어 있었다. 늘 하던 대로 벽을 향해 찰싹 붙어 있으니까 우리는 아직 으레 그가 자고 있으려니만 생각했다. 아니 그런 생각을 했다기보다 그에 대해서는 아무것도 생각하지 않았다고 해야 옳을 것이다. 그런데 여자가 건드려 보고는 죽었다고 했다.

그 다음에는 '漿幕 밖에 물이 고인' 환자가 외치는 죽음과도 같은 호소를 듣는다.

> 이대로 죽을 테니 제발 그 먹으라는 소리 좀 집어치란 말예요 의사도 먹어라, 어머니도 먹어라, 나를 보는 놈이면 어떤 놈이나

먹어라 뿐이야. 다 아프질 않으니까 그러지.

　그러는 동안 U병원 탑시계가 고쳐지고 간호원 미스 윤은 꾸준히 '나'에
게 자기 자신을 찾으라고 권유한다. 창 밖에는 '죽음'을 약속하고 있는 행
렬이 지나간다. '배낭 진 무장 군인들의 행렬이다. 신문에는 '한국군 越南
派兵歡送式'이라는 톱기사가 유난히 커 보인다. 이와 같은 모든 죽음의
그림자는 '나'로 하여금 '나'는 살아 있다는 자각을 불러일으킨다. 그래서
드디어 스스로의 삶을 찾아 친구의 병원을 나온다.
　작가 이청준은 '죽음'을 직시하려 하지 않는다. 타인의 죽음을 통하여
'나'의 삶을 확인하고 삶의 방향을 결정하려고 한다. 「퇴원」은 그러한 작
가의 의도가 선명하게 드러나 있는 작품이다.

　「병신과 머저리」는 1966년 『창작과 비평』 가을호에 실린 단편이다. 죽
음을 직시하지 못하는 작가 청준은 이 소설에서도 죽음 앞에서 차마 눈을
못 뜨고 괴로워하는 인물을 그린다. 소설의 주인공 '형'은 소설 속에서 제
삼자로 등장한 동생 '나'에게 '병신과 머저리'라는 별명을 붙여 욕을 해대
는데 실제의 '병신과 머저리'는 '형'자신이며 그 의미는 역설적 소설 속에
다음과 같이 그려져 있다.

　　형은 언젠가 자기가 동료를 죽였다고 말했지만, 형의 약한 신경
　은 관모의 행위에 대한 방관을 자기의 살인행위로 받아들인 것인
　지도 모른다. 그렇다면 형은 가엾은 사람이었다. 그리고 미웠다.
　언제나 망설이기만 하고 한번도 스스로 행동하지 못하고 남의 행
　동의 결과나 주위 모아다 자기 고민거리로 삼는 기막힌 인텔리였
　다. 자기의 실수만도 아닌 소녀의 사망사건을 자기 것으로 고민함
　으로써 역설적으로 양심을 확인했다. 그리고 관념화한 하나의 사
　건을 순전히 자기 것으로 만들어 되씹음으로써 자신을 확인하는
　이상한 방법으로 힘을 얻으려는 것이었다.

이 말의 해석이 이 소설의 의미를 파악하는 작업이 된다. 즉, 형은 군복무 중 전쟁에서 패잔병이 되었을 때 일어난 두 번의 살인사건에 대해 늘 고민하면서 살고 있었다. 패잔병으로 동굴 속에 숨어 있던 사람은 '형'과 관모라는 이등중사와 한쪽 팔이 떨어져 나간 김일병이었다. 형은 세 사람이 함께 적의 포위를 뚫고 어떻게든 함께 탈출하기를 바라지만 관모는 부상당한 김일병을 식량만 축내고 탈주에 방해가 된다고 총을 쏘아 죽여 버린다. '형'은 그러지 않아도 죽어가는 김일병을 살해한 관모에게 분노를 느끼고 그에게 총을 쏜다. 결과적으로 두 명의 동료를 죽이고 살아 나왔다는 자기혐오 때문에 '형'은 조금도 편안한 마음을 가지지 못한 채 그럭저럭 병원 의사로 살아간다. 그러다가 '형'은 어차피 죽을 소녀를 위하여 수술을 시도해 보지만 소녀는 죽고 만다. 이것이 형에게 다시 큰 충격을 주어 형은 그 속죄의 행위인 양 과거 군대에서의 살인 경험을 소설로 쓰면서 아예 병원 문을 닫아 버린다.

> 형이 소설을 쓴다는 기이한 일은, 달포 전 그의 칼끝이 열 살배기 소녀의 육신으로부터 그 영혼을 후벼내 버린 사건과 깊이 관계가 되고 있는 듯했다. 그러나 그 수술의 실패가 꼭 형의 실수라고만은 할 수 없었다. 피해자 쪽이 그렇게 생각했고, 근 십 년 동안 구경만 해 오면서도 그 쪽에 전혀 무지하지만은 않은 나의 생각이 그랬다. 형 자신도 그것은 시인했다. 소녀는 수술을 받지 않았어도 잠시 후에도 비슷한 길을 갔을 것이고, 수술은 처음부터 절반도 성공의 가능성이 없었던 것이다.

말하자면 형은 인간의 생명을 죽인다는 일이 결코 인간에게 관여된 사항이 아니라는 것을 신앙으로 믿는 지극히 섬세하고 아름다운 성품의 소유자이다. 이것은 작자 청준이 시사하고자 하는 바람직한 인간형이기도 하다. 이 소설의 結構에서 우연히 관모를 만남으로서 자기가 살인을 하지 않았다는 신념을 갖고 다시 병원을 열게 된다. 그래서 '형'은 착하고 아름다운 '병신과 머저리'가 되고 동생인 '나'는 뒤늦게야 형을 이해하는 마음으로 자기야말로 정말 '병신과 머저리'라는 자각을 한다. 그리하여 이 소설은 " '내가 살인하지 않았다.'는 신념이 형에게 삶의 정당성을 부여한다."는 이야기를 담고 있는 셈이다. 이와 같이 청준은 차마 죽음은 직시하지 못하는 연약한 심성의 휴머니스트이다. 이 생명외경사상은 필연적으로 죽음에 대한 의식을 동반하면서도 죽음 자체로부터는 도망가는 특성을 지닌다. 청준의 죽음의식은 바로 이런 것이다.

죽음으로부터 도망가는 죽음의식과 생명존중 및 생명외경사상은 「병신과 머저리」와 비슷한 시기에 발표한 「무서운 토요일」에서 좀 더 感想을 지니고 태아살해문제로 발전된다.

「무서운 토요일」은 1966년 『문학』 8월호에 실린 단편이다.

늘 토요일에 피임약을 먹고서야 아내와 잠자리를 같이해온 '나'는 점차 그러한 행위에 혐오를 느끼고 아내에게 아기 낳기를 종용한다. 그러나 실수로 아기를 밴 적이 두 번이나 있는데도 두 번 다 아내는 남편인 '나'의 사전 허락도 받지 않고 낙태수술을 해버린다. 그 후 '나'는 약 먹기를 거부하고 아내와 동침하기를 요구하다가 거절당한다. 그리고 방을 뛰쳐나와 기둥에 기대서서 이렇게 독백하는 것으로 끝난다.

> 아내와 나는 영혼의 교합을 가질 수가 없었다. 그런데도 아이는 생겼다. 아내가 밴 것은 육신만의 결합에 의한 육신만의 잉태였다. 영혼이 없는 육신만을, 그것도 약을 먹고 말이다. 끔찍한 일이다.
> 대개의 경우 그것들은 사전에 살인이 되고 말았지만 어쩌다 그 육신을 배게 되었을 경우 그것은 우리가 그 새로운 생명의 영혼만을 죽이고 육신을 죽이는 데는 실패를 하고 만 때인 것이다. 아니 그 영혼은 처음부터 없는 것이었다고 해야 옳다. 얼마나 많은 가능한 생명의 영혼을 우리는 죽여 왔는가. 더구나 아내는 영혼을 합하려는 노력조차 없었다. 아내는 그것을 두려워하고 있는지도 모른다. 그것은 정말 무서운 일이다. 오늘밤도 아내는 아이를 배는 흉내만의 공허한 행위를 되풀이하고 싶어 했다. 어디에 그 비슷한

말이 있던가. 아내는 이미 살인을 저지른 것이다. 혹시 영혼이 없
는 육신만의 생명을 배게 된다고 해도 그것은 또 한 번의 살인을
예비하는 것뿐이다.

모처럼 시도를 좌절당하고 만 것은 섭섭하지만 오늘밤 나는 그
모든 것을 용납할 수가 없었다. 그럴 수 있는 한 나는 언젠가 아이
를 가질 수 있는 희망을 버리지 않아도 좋다는 생각이 들었다. 터
무니없이 눈물이 볼을 적시며 흘러내리고 있었다.

작가 청준이 말하고자 하는 바는 사람으로 형성되기 전에 살해행위를
하는 낙태수술을 어떻게 보아야 하느냐는 질문에서 시작되는 것이다. 그
리고 더 나아가 피임을 전제로 하여 服藥 후에 동침을 했는데도 임신을
하였을 경우, 그것은 이미 영혼을 죽이고 육신을 죽이는데 실패한 것이
아니냐는 질문으로 발전한다. 그래서 그 태아를 또 죽이면 이번에는 이중
의 살해가 아니냐는 것이다. 그리고 이 모든 질문과 회의는 이 생명이 얼
마나 아름답고 고귀한 것이냐는 생명찬미와 敬慕에 더 강조가 있는 것이
지 죽음 자체의 문제성을 파헤치려는 노력으로서 태아살해가 논의된 것은
아니었다. 그러나 이 「무서운 토요일」에 나온 주인공 '나'는 보는 견해에
따라서는 1930년대 이상의 「날개」에 나오는 '나'보다도 더 무력하고 패
기가 없는 인물로 보인다. 청준의 소설에 나오는 대부분의 주인공들이 모
두 이렇게 무기력하고 섬약한 이유는 무엇인가? 그것은 자아의식에 투철
하여 그 의식의 미세한 끄트머리까지를 문장이 쫓아가며 묘사해내는 문체
와는 아무 관계가 없는 것인지 검토할 필요가 있을 것 같다. 그러나 본고
는 이런 문제에 집착할 겨를이 없다. 거듭하여 말한다면, 다만 분명히 지
적해 두어야 할 것은, 이청준이 末梢意識의 미동까지도 문장으로 표현해
낸 점이다. 그러나 한편 죽음의 본질적 문제에서는 눈을 돌려 생명존중의
관점으로만 살살 도망쳐 다닌 對죽음 경향은 그의 문학이 지니는 진지성
에 일말의 회의를 던지지 않을 수 없게 한다.

그렇지만 이 애석한 심리는 다음 항에서 논할 이건영의 『차가운 강』에

이르러 완전히 해소된다.

(3) 이건영의 『차가운 강』

이건영은 이름난 작가도 아니고, 생산적인 작가도 아니다. 더구나 그는 현재 작품 활동을 하고 있지도 않다. 그럼에도 불구하고 우리는 이건영에 대한 깊은 애정을 가지고 그의 두 번째 소설 『차가운 강』을 읽게 된다. 그는 1967년 한국일보 장편소설 현상에 『회전목마』가 당선된 것으로 그의 문학생활을 시작했다. 그리고 『차가운 강』을 全作으로 발표하면서 감히 그것이 자신의 마지막 작품이기를 바란다고 후기에 적은 채 지금까지 침묵을 지키고 있다. 그래서 우리는 1968년에 발표된 『차가운 강』을 읽기 전에 먼저 그 후기를 읽어야 할 필요가 있다.

> 내가 이 작품의 마지막 손질을 끝낸 것은 늦가을의 저녁 무렵이었다. 나는 집을 나와서 도시의 꿈틀거림 속으로 밀려들어가면서 이 작품에 등장하는 세 사람의 젊은이들의 일상적인 제스처 하나하나가 무거운 중압감으로 나를 압도 해오는 것을 느꼈다. 이들 저마다의 사고와 행동이 너무나 강렬하고 어두운 색채로 의식되었던 것이다.
> 누구였던가. 작가란 골목길에 나뒹구는 휴지 한 장, 생선 뼈다귀, 심지어는 그것들에서 느끼는 구역질까지 사랑할 줄 알아야 한다고 말한 사람은—. 이 때문에 소설을 쓴다는 일이 퍽 괴로운 작업에 속하는 것인지도 모른다. 나는 이 작품 속에서 어떤 성급한 결론이나 저항을 심어줄 생각은 없었다. 단지 나대로의 관찰과, 인간의 양심과 법이나 윤리 사이에서 생겨나는 질서에 대한 집착, 그리고 그동안 생각해 왔던 인간형을 내 나름으로 구축해 보았을 뿐이다.
> 그리고 나는 이 작품을 쓰면서 몇 개의 심리적인 상념과 싸워야 했다. 따라서 이 작품은 퍼그나한 심리적인 동요 속에서 씌어진 것이다. 完稿한 지금, 나는 감히 이 작품이 나의 마지막 작품이

되었으면 하는 생각을 갖고 있다.

그렇다면 이건영은 이『차가운 강』에서 말하고 싶었던 것 이외에 작가로서 더 이상 할 얘기가 없다는 표명을 하고 있는 것이다. 이 말은 그가 본질적으로 형식보다 내용을 문제 삼는 작가인 동시에 기교보다는 주제의식을 앞세우는 작가임을 뜻한다. 따라서 그가 말하고 싶었던 주제를 자기 역량을 다하여 서툴게든 혹은 익숙하게든 한 번 피력했으면 그것으로 그의 작가적 사명은 끝난 것으로 생각한다는 뜻을 갖는다. 물론 작가가 하나의 주제를 단 하나의 소설에 나타내는 것으로 그의 작가적 사명을 다하는 것이라고는 생각할 수 없는 것이지만,『차가운 강』을 읽고 나면 작가 이건영의 표명에 사뭇 동정적인 심정을 가지게 된다. 그러면『차가운 강』에는 무엇이 들어 있는가? 우리는 그것을 단 한마디로 요약할 수 있다. 즉, '인간생명의 존엄성'이다. 그런데 이 '인간생명의 존엄성'은 죽음을 통하여 확인되고 증명된다. 그 죽음은 이청준에게 본 것과 같이 외면하듯 곁눈질로 살피는 것이 아니라 정면으로 진지하게 직시된다. 직시될 뿐 아니라 실험되고 검증된다. 이 점이 필자로 하여금『차가운 강』에 깊이 경도하게 한 이유이다. 필자의 淺見으로는 한국문학사상『차가운 강』에서만큼 '죽음'이, 특히 안락사가 정면으로 다루어진 작품은 아직까지 없었던 것 같다. 그러면 이제부터『차가운 강』을 분석해 보기로 한다.

이 소설에는 세 사람의 주요 등장인물이 나온다. 그 첫째 인물은 강준일 검사이고, 둘째는 박승재라는 의사이며, 셋째는 홍창우라는 소설가이다. 이 세 사람 가운데서 주역을 담당했다고 생각되는 사람은 강준일 검사와 박승재 의사이다. 스토리를 이끌어 가는 사람은 박승재이지만 검사 강준일은 스토리를 지배하는 위치에서 의사 박승재와 소설가 홍창우를 관찰한다. 그래서 강준일은 독자에게 작가의 분신처럼 느껴지는 수가 있다. 그러나 실제에 있어서는 강준일 검사가 주인공이 되어 하나의 영아살해 사건을 수사해 나아가는 이야기이다. 이러한 수사 선상에 소설가 홍창우

가 부각되는 동안 의사 박승재의 행적이 보다 많이 묘사되다. 그러므로
강준일 검사는 프로타고니스트(Protagonist)로서의 위치를 가지며, 홍창우
와 박승재는 안타고니스트(Antagonist)로서의 성격을 지니면서 스토리가
전개된다. 또 다른 관점에서 말한다면, 강준일이 가지고 있는 인생관—그
것은 바로 이건영이 이 소설에서 주장하고자 하는 주제에 상응하는데 그
인생관의 타당성을 입증하는 인물로서 박승재와 홍창우가 활약한다. 앞에
서도 말한 바와 같이 이건영은 애초부터 주제를 문학적 형성에 속하는 구
성이나 기교보다 더 중요하게 인식했던 작가이기 때문에 소설의 처음 단
계에서 이 소설이 무엇을 위하여 쓰여진 것이라는 작가의 의도가 뚜렷하
게 밝혀진다. 그 의도를 소설 안에서 찾아보면 다음과 같다.

> "비록 아이가 기형아라 하더라도 제 나름으로 운명을 극복하고
> 살기 마련이지 않을까요? 당신이 어머니라는 이유만으로 아이의
> 생명에까지 관계할 권리가 있다고 생각하십니까?"
> "영아 살해란, 분만 직후 즉 분만으로 인하여 생긴 흥분상태가
> 계속되는 동안에 저지른 행위를 말함일세."
> "그럼 직계존속 살인을 들출 셈인가? 그렇지 안락사까지 겹쳐서
> 말일세."
> 안검사는 지금 작년의 안락사 사건을 두고 말하고 있는 것이다.
> 피고는 중풍으로 고생하다 死期가 임박한 부친에게 마취제를 과
> 도하게 사용하여 죽인 의사였다. 그때 그는 직계존속 살인을 들어
> 중형을 구형했다. 그러나 결과는 무죄였다. 개인의 생명을 존중하
> 지 않으면 안된다는 요구 속에 내포되어 있는 인간적 오뇌에 대해
> 그 사망의 고통을 조금이라도 경감시켜 줌으로써 피고인에게 부과
> 된 사회적 윤리적 요청을 수행한다는 그 동기와 의사의 내용에 선
> 한 목적이 존재한다는 논지에서였다. 그 씁쓸했던 기억을 그는 되
> 살리고 있는 것이다. 아닌게 아니라 안락사에 대해서는 지금까지
> 찬반이 엇갈릴 뿐 확고한 법이론이 없다.

위의 인용문 중에서 앞의 두 문장은 이 소설의 발단이 되고 있는 영아 살해의 피의자로 잡힌 여인에게 강 검사가 던지는 질문이고, 뒤의 문장은 이 소설의 대부분을 점하는 안락사사건 도입기능을 한 문장이다. 작가는 여기에서 자신의 입장을 강검사의 사명의식에 결부시키면서 꾸준히 이 문제를 붙들고 늘어진다. 강 검사는 영아살해의 진범을 밝히는 과정에서 그 어린애를 죽인 사람은 의사 박승재의 친구요 어린애의 아버지인 소설가 홍창우라는 것을 밝혀내는 데, 뒤미처 홍창우가 교통사고로 뇌수술을 받은 후 정상인으로서의 소생이 불가능해지자 친구 박승재에 의해 안락사되는 현장을 목격한다. 박승재는 강 검사가 홍창우를 비밀히 수사해 나아가는 동안 네 명의 환자를 안락사시킨다. 이러한 사건이 있기 전에 의사 박승재는 뇌종양으로 고생하는 자기의 아내를 이미 안락사시킨 경험을 가지고 있는 사람이었다. 따라서 박승재가 안락사로 죽인 사람은 아내로부터 친구 창우에 이르기까지 여섯 명이 된다. 그 모든 경우 하나하나의 행위는 분명히 의사로서의 선의를 가지고 수행한 일이었다. 그러나 박승재는 여섯 명을 안락사시켜 나가면서 점차로 그것이 부당한 일이었음을 깨닫는다. 그 깨달음의 과정이 이 소설의 전개와 평행을 이룬다. 그리하여 박승재는 의사로서 마지막 안락사를 시킨다는 마음으로 친구 홍창우를 죽이고 정거장으로 도망쳐 나오는데, 그 모든 행동이 강 검사에 의하여 추적된다. 결국 작가 이건영은 어떠한 경우에도 안락사는 부당하다는 신념을 이 소설을 통해 주장하면서 생명의 존엄성을 부르짖는 것이다. 앞에 인용된 바처럼 강 검사는 이미 안락사 문제로 고배를 마신 경험을 갖고 있는 사람이다. 그럼에도 불구하고 이 소설의 결말은 강 검사에 의해서 박승재가 다시 검거되는 것을 암시한다. 이것은 현실사회에서 안락사가 실질적으로 용인된다는 작가 이건영이 참을 수 없어서 이 소설 『차가운 강』으로 항거한다는 뜻을 갖는다.

한국에서는 그의 항거가 아직은 실감 있게 받아들여지지 않고 있다. 그 것은 죽음의 문제, 특히 소생할 가능성이 없는 환자들의 죽음의 문제가 일반인의 의식에서 진지하게 논의되지 않는다는 사실을 입증한다. 이러한 사회적 여건 속에서 그렇게 버려진 죽음에 눈을 돌렸다는 것만으로도 이건영의 날카로운 의식은 값비싼 주목을 받아 당연한 것이다.

우선 작가 이건영이 이 소설을 쓰기 위해서 기울인 노력을 소설 속의 의학용어로부터 추정해 보기로 하자. 눈에 뜨이는 대로 적어보아도 다음 같이 생소한 용어를 발견한다.

指針器, 코테리제이터(燒灼器), 剝離, 腦室排液, 頭血腫, 表皮剝脫, 骨形成不全症, 長徑發育, 厚徑發育, 쉬프팅 덜니스(Shifting dullness), 胃幽門, 胃門吻合術, 脊髓後根切斷法, 嵌頓現象, Co60 遠隔照射法, 人線深部照射法, 腦葉切除術(로백토디), 체인스트오크스 호흡……

이러한 용어는 그 분야의 전문의가 아니면 잘 알지 못할 것들이다. 그러나 작가는 소설에서 아무 거리낌 없이 이들 용어를 쓰고 그 수술 장면을 묘사한다. 심지어는 인공유산을 뜻하는 의사들끼리의 은어 '아우스'라는 단어까지 등장시킨다. 전혀 작가에 대해 알지 못하는 사람은 그가 의사가 아닌가 하는 의문을 가지게 한다. 그러나 작가가 20대의 공학도였다는 것을 알면 그가 이 작품을 위해 기울인 노력이 어느 정도였는가를 짐작하기 어렵지 않을 것이다. 그러면 이제 작가가 바라보았던 죽음의 장면들을 검토하기 전에 작중인물 박승재가 안락사로 죽인 사람을 순서대로 적어 보기로 하자.

사 람	병 명	안락사의 방법
아 내	뇌종양	모르핀 과다 투여
청 년	뇌종양	수면제 과다 처방(자살방조)
민씨(서영의 아버지)	위 암	모르핀 과다 투여
교통사고 환자	뇌출혈	수술 중 산소 공급 중지
노 인	척수암	모르핀 과다 투여
창 우	뇌출혈	펜토탈 앰플 注射

박승재의 첫 번째 안락사 행위는 그의 아내에게였다. 이 사건은 이 소설에서 취급하는 기간 이전에 일어난 것인데, 박승재의 회상형식을 통해서 다음과 같이 묘사된다.

> 그날 밤 그는 병원에서 모르핀 두 갑을 가져 왔다. 그동안 암세포가 다시 빈뇌에 꽉 들어찼기 때문에 정화는 간간 짐승 같은 소리를 내면서 괴로워하고 있었다. 사랑하는 아내, 그는 정화를 사랑하기 때문에 그녀의 이런 짐승 같은 초라한 모습을 보고 싶지 않다고 생각했다. 모르핀을 가져올 때부터 그의 마음은 정해져 있었다. 이것이 살인인가. 편안한 안식을.
>
> 약 기운이 퍼지자 그녀는 몸을 풀고 늘어졌다. 그는 그 옆에 누워서 정화를 지켜보았다. 그녀의 입가에 미소가 떠오른 듯했다. 그는 그녀의 상체 위에 몸을 누이고 입술을 마주했다. 갑자기 그녀가 몸을 틀었다.
>
> 그는 무서운 혼란 속에서 몸을 떨면서 그녀를 지켜보았다. 차가운 형광등 불빛이 괴로워하는 그녀의 얼굴 위에서 튀었다. 영원한 잠을, 영원한 잠을, …… 창문이 새벽빛으로 허옇게 떠오기 시작했다.
>
> 그는 지쳐서 그녀 옆에 얼굴을 묻고 누웠다. 흐느끼는 오열이 복받쳐 올랐다. 순간 그는 '싫어!'하는 정화의 목소리를 듣고 퍼뜩 놀라 일어났다. 그녀는 괴롭게 몸을 움직이며 경련을 일으키고 있었다. 이미 훨씬 전에 언어를 잃어버린 그녀가 아닌가. 말을 했을 리가 없다. 그러나 그는 분명히 그 말을 들은 듯 했다.
>
> 그는 미친 듯이 그녀의 어깨를 잡고 흔들어댔다.
>
> '살인이다!' 그는 흐느끼는 목소리로 중얼거렸다.

여기에서 박승재는 이미 안락사 행위가 분명한 살인임을 의식하고 있다. 그러면서도 그는 계속 그 행위에 빠져 들어간다.

박승재의 갈등은 실제 현실에 있어서의 안락사에 대한 찬반논리를 반영하는 것이다.

이 안락사 문제가 진행되는 동안 작가는 박승재의 입을 통해 '죽음'이

의학적으로 어떻게 정의되는지를 독자에게 소개하는 배려를 잊지 않았다.

> "닥터 김, 닥터 김은 죽음의 순간을 어떻게 보나?"
>
> "네? 죽음의 순간요?"
>
> "얼마 전까지는 심장이 멎으면 죽었다고 했었지. 그런데 심장이
> 식에 성공하고 나자 시드니선언이라는 게 튀어나왔네. 죽음은 심
> 장의 정지가 아니라 뇌파의 정지로서 판단하게 됐네. 자네도 알다
> 시피 뇌파에는 알파, 베타, 감마, 시타, 스파이크, 슬로파 등이 있
> 네. 혼수상태이든 어떤 상태에서든 뇌기능이 멎지 않는 한 뇌파는
> 나타나네. 또 뇌는 3분간 혈액 공급이 끊어지면 회복하기 어렵네.
> 따라서 5분 이상 뇌파가 멎을 때 죽음을 선언하는 것은 과학적 근
> 거가 있는 것임에 틀림없어. 그러나 뇌파는 뇌의 표면의 활동을
> 측정하는 것으로 뇌의 속까지는 알 수 없어. 무려 4시간이나 뇌파
> 가 없다가 소생한 예도 있네."

> 윌럼 신부는 그때의 일을 회상하는 듯이 말했다.
>
> "교황 비오 12세도 산소텐트 속에 있는 환자 회복 가능성에 대
> 한 희망이 완전히 소실되었을 때엔 산소텐트를 제거해도 무방하다
> 는 견해를 밝힌 적이 있네. 심장사와 뇌사의 판별은 사실 지난한
> 것이야."……스토브에서 새어나오는 붉은 불빛이 신부의 어두운
> 얼굴에 번져서 짙은 음영을 그려 주고 있었다. 그는 엷은 미소를
> 띠운 채 승재에게로 고개를 돌렸다.
>
> "여보게 자네, 미국에 안락사협회라는 것이 있었다는 말을 들은
> 적이 있나? 1938년이었을 거야. 뉴욕의 의사들이 그런 협회를 만
> 들어서 안락사를 합법화시켜 달라는 운동을 벌였었지. 골자는 의
> 학상 회복을 초래할 치료방법이 없는 질병에 대해서 격심한 육체
> 적 고통으로 고생하고 있는 사는 안락사의 시행을 받을 수 있는
> 권리를 인정해 달라는 거였어. 결국 입법에 실패하긴 했네만……"

이 대화는 죽음이 어떻게 규정되었느냐 하는 소개를 넘어서서 사실에
있어서는 인간의 죽음은 인간이 관여할 성질의 것이 아니라고 하는 죽음

에 대한 경외감을 우리로 하여금 배우게 한다.

안락사 문제는 출산조절, 영아살해, 조직이식에 따르는 의료시술의 도덕적인 문제보다는 덜 주목을 받아 왔었으나 가톨릭 및 개신교를 영도하는 신학자들에게는 늘 주목이 되어 왔던 것이었다. 더구나 죽음 이전에 단말마의 고통을 어떻게 처리할 것인가 하는 문제가 더 심각하게 대두하면서 이 문제는 신학계의 중요한 당면과제가 되었었다. 그러나 그들의 사고의 근저에는 항상 기본 윤리, 신의 의지, 사랑의 계율, 생의 가치, 자연법이 자리 잡고 있어서 안락사의 타당성을 거부하는 이론을 마련하여 주었었다.

한편 의학계에서는 다른 관점에서 안락사의 당면성을 들고 나왔다. 의술이 아무리 생명연장을 기본목표로 한다 할지라도 환자로부터 고통을 제거해야 한다는 것이 생명연장의 문제에 선행전제가 된다. 최종단계의 의료시행에서 의학적 결정은 남아 있는 생명의 길이와 병의 성질을 면밀히 검토하고 죽음이 매우 가까이 와 있다고 확시되어 있을 때는 품위 있고 평화롭게 죽도록 도와주어야 한다는 것이 지배적인 경향으로 되어 왔다. 그리하여 인위적으로 생명이 연장되었던 환자에게는 죽음을 허락하거나 가능한 한 편안하게 도와주는 일이 되었다.[46]

이와 같이 신학계와 의학계의 상반된 견해는 지금까지 이 안락사 문제를 이율배반적인 것으로 만들어 왔다. 그러나 이건영은 물론 단연코 신학적 입장에 설 것을 주저하지 않는다. 그러한 작가의 의도는 매우 조심스럽게 그리고 단계적으로 開陣된다. 우선 박승재가 근무하는 병원이 가톨릭 재단에서 운영하는 베드루 병원이란 점을 들 수 있다. 그리고 의사 박승재의 은사이기도 한 윌렴 신부는 승재가 안락사를 궁극의 치료법으로 쓰고 있음을 눈치 채고 은근히 미국유학을 권유하여 그 안락사의 유혹과 갈등에서 해방시켜 주고자 한다. 그때까지만 해도 박승재는 자기가 얼마

---

46) Jerry B. Wilson, 『Death by Decision』 Philadelphia, The Westminister Press., 1975, p.61.

나 커다란 죄업에 빠져 있는가를 깨닫지 못하고 시원한 대답을 하지 않는
다. 박승재의 성격은 다음 구절 속에 잘 나타난다. 박승재를 보좌하는 담
당 간호원은 승재에 대하여 이렇게 생각한다.

> 승재. 그는 항상 옆모습만 보이는 사내다. 그녀는 그의 과거를
> 거의 모르고 있다. 매일 대면하면서도 진지하게 환자를 대하거나
> 메스를 쥔 그의 얼굴은 정면에서 본 적이 없는 것 같은 것은 이상
> 한 일이다. 항상 냉정하고 차디찬 옆모습, 드라이한, 그러나 어둡
> 지 않은 그는 일에 몰두해 있다기보다 일에 몰두해 보려고 애쓰는
> 불안한 타입의 사내다. 이런 별로 매력적이랄 것도 없는 모습이
> 그녀의 가슴에 벅차게 안겨오는 것은 그를 사랑하기 때문이다.

이렇게 불안정한 사나이 박승재가 결정적인 고뇌에 빠지는 것은 죽은
자기의 아내와 똑같은 병명으로 입원한 19세의 대학교 1년생인 김양을
만나고부터이다. 이제 그 충격의 과정을 조금 자세히 살펴보자.

> 승재는 서글서글하게 큼직한 눈을 가진 소녀를 의아한 시선으로
> 바라보았다. 이곳 지방대학의 1학년생인 그녀는 불행하게도 악성 뇌
> 종양 환자다. 어제 그녀는 자기의 병에 대해 얼마간의 지식을 가지고
> 있듯, 자기의 병이 암이 아니냐고 묻기에 그는 그녀의 병에 대해 솔
> 직히 설명을 해주었던 것이다. 수술로서도 제거가 불가능할 것 같다
> 는 말을 듣자 갑자기 그녀는 얼굴을 파묻고 울기 시작했다. 그는 어
> 떻게 그녀를 위로해야 할지 몰라 간호원에게 잘 감시하라고만 부탁
> 하고 병실을 나왔었다. 그 후 그녀는 방의 커튼을 내리고 식사도 제
> 대로 하지 않으며 슬픔에 빠져 있었던 것이다.
> (중략)
> "전 처음 그 말을 듣구 선생님이 야속했었어요. 차라리 제가 암
> 이라는 걸 모르는 편이 좋았을 거라구. 선생님은 꽤 냉정하세요."
> "지금도 그렇게 생각하나?"
> "지금은 달라요. 오히려 감사하구 있어요. 선생님은 누구에게나

그렇게 암이라구 냉정히 말씀하시나요?"

"경우에 따라서지. 난 김 양이 마음의 준비가 되어 있어서 그 말 정도는 충분히 감내하리라구 생각하고 솔직히 얘기해 준 거야. 자기의 병이 암이 아니냐구 정면으로 물을 수 있는 용감한 사람이면 얘기해두 절망하거나 자살하는 따위의 일은 없을 테니까."

"그런데 실망하셨나요?"

"약간, 허지만 지금은 정반대야."

"그날 선생님이 그렇게 말씀하시니까, 옆에 있던 수녀 간호원이 기겁을 하던데요."

여기에서 박승재 의사는 다른 환자에게와는 다른 태도를 그 소녀에게 보여준 것이다. 이것은 '죽음은 죽음을 맞이하는 본인이나 가족에게 충분히 이해되어야 한다."는 퀴블러 로스 여사의 지론을 연상시킨다.

"당신이 치명적인 병에 걸려서 죽게 되었다는 것을 당신의 자녀들에게 어떻게 말씀드리겠습니까?"

"나는 내 자녀들과 개별적으로 만나서 내 병이 심중하다고 말하고, 터놓고 솔직하게 그리고 정직하게 그들의 질문과 대답을 듣겠습니다. 우리는 우리들만이 치명적인 병에 걸린다는 일에서 예외이어야 할 이유가 없음을 알고 또 가족들이 그 죽음을 예비할 시간도 필요한 것이므로 우리는 언제고 가정에 죽음에 대한 준비가 되도록 자녀들을 일깨워야 합니다. 우리는 우리가 모여서 사는 매 순간 즐기며 그것이 마지막인 듯이 하루하루를 살아야 합니다. 인생을 충분히 살았음을 감사하는 심경을 가진 추억은 우리가 자녀에게 남겨줄 수 있는 유일한 참 선물입니다."47)

그리하여 김 양이 인생의 최후를 어떻게 선용할 것인지를 말하는 다음 대화에 이르러 박승재는 그동안의 자기 행위에 대한 근본적인 회의를 시

---

47) Elisabeth Kubler Ross, 『Question and Answer on Death and Dying』, New Yor k, Macmillan Publishing Co., Inc, 1974. p.171.

작한다.

"선생님 저 고칠 수 있을까요?"

"지금 분명히 말할 수는 없군. 병이란 우선 환자가 의사를 믿구 의사에게 협조만 한다면 의외의 결과가 나타나는 법이니까."

"저 안 된다면…… 몇 달이나 살 수 있을까요?"

"여섯 달 가량"

"여섯 달! 저는 그 여섯 달을 후회 없이 보낼 수 있도록 계획을 세울 작정이에요. 저는 그 여섯 달의 시간을 충분히 알차게 보낼 수 있을 것 같아요. 저는 저 자신을 비관하거나 죽음이 무서운 것이라고는 생각지 않아요."

그녀의 목소리는 약간 떨리는 듯 했으나 분명했다. 그는 그녀의 외투 사이로 가슴에 걸려 있는 목걸이를 보았다. 그것은 금으로 된 작은 십자가였고, 가운데 벌거벗은 예수의 상이 정교하게 새겨져 있었다. 그녀는 계속해서 말했다.

"왜 속담에 이런 말이 있잖아요? 현명한 자는 가지고 있는 작은 것을 즐길 줄 아는데, 어리석은 자는 더욱 큰 것을 찾기만 하다가 즐겨 보지도 못한다구요."

"그럼 김 양은 그동안 무슨 일을 할 생각인가?"

"우선 빚진 분들에게 마음의 빚을 갚아야겠고, 천주님께 회개해야겠고, 그리고 그 밖에 몇몇…… 많아요. 저로서는 퍽 소중한 시간이에요."

그녀는 부드러운 미소를 지었다. 그는 그녀의 검게 빛나는 눈동자를 통해 그녀의 혈관에 번져 있는 종교의 광채를 느꼈다. 그것이 그녀를 절망에서 구해 주고 있는 것이다. 그녀의 얼굴은 환자답지 않게 싱싱했다. 그는 감동했다.

"저는 진통제나 수술 같은 것 하지 않구 견뎌 보구 싶어요. 견딜 수 있을지 모르겠지만, 해 보겠어요. 천주님께서 내리시는 시련으로 받아들이겠어요."

"김 양이라면 견딜 수 있을 거야."

그날 승재는 온 종일 그 소녀에 대한 인상을 잊을 수가 없었다. 어쩌면 자기가 그 소녀마저 척수암 환자처럼 모르핀 중독을 만들어 안락사 시킬는지도 모른다는 생각이 들자 그는 지금까지 타인의 죽음에 간여해 온 자기의 행동에 역겨움을 느꼈다. 그러나 만일 그가 다시 하반신불수 환자나 척수암 환자들에 부딪친다면? 물론 법과 종교는 그를 타매할 것이지만 그는 역시 그럴 수밖에 없지 않을까? 심장이 강하다는 것은 그런 환자들을 동정에 찬 시선으로 지켜보며 차마 그들의 단말마의 싸움에 한걸음 다가서는 것이 아닐까? 이렇게 생각할수록 그는 그 소녀의 싱싱한 표정을 잊을 수가 없었다. 그 소녀에 관한 한 그는 그녀에게 아무것도 베풀어 줄 수 없음을 깨달았다. 그는 그녀의 무구함 앞에서 마음이 약해지는 것을 어쩔 수 없었다.

박승재는 그 뒤 자기의 안락사 작업에 묵계로 공모해 온 간호원 미스 송의 사직소식을 듣고 그녀의 집으로 찾아간다. 그녀는 분명한 어조로 말한다.

> "우리는 무감각할 수 없는 인간이기 때문에 벗을 수 없는 굴레가 있어요. 선생님이 말씀하시듯 관념이나 윤리라는 것이 필요 이상으로 인간의 행위를 규제해서 때로는 엉뚱한 방향으로 끌고 간다 하더라도 우리가 그것마저 벗어버린다면 우리는 도대체 무엇에 의지해야 할까요? 그것이 비록 迷惑이라 해도 좋아요. 이 무의미하고 황량한 상태에 있는 세상에서 우리의 생애를 지탱해 나갈 수 있는 그 무엇을 우리는 가지고 있어야 해요. 그것은 무의미한 그것대로 제 나름의 깊은 진리와 의미를 가지고 있을 거예요. 제가 그 환자에게 한 행위가 제 양심의 흔들림을 가져오느냐 아니냐는 것은 별개의 문제예요. 제가 그 환자의 영혼을 향해 속죄할 필요는 없다 해도 적어도 그 환자의 명복을 빌어 줄 정도의 책임은 있다구 생각해요."

이렇게 말하는 미스 송에게는 중풍을 앓는 어머니가 계셨다. 그리하여 박승재는 사회적으로 무용한 생명은 살아 있을 가치가 없다는 자기윤리가 잘못되었다는 것을 거의 무의식적으로 깨닫기에 이른다. 이 소설은 박승재의 심경 변화를 묘사하는 데에는 비교적 서툴다. 그러나 우리는 박승재의 불안해 하는 행위를 통해서 이 사실을 넉넉히 추측해 낼 수 있다. 살아나갈 가치가 없는 생명이란 이 세상에 존재하지 않는다는 사실과, 생명은 그 자체만으로도 하느님에게 있어서 값있는 존재라는 기독교적 인간관이 그에게서 싹튼 것이다. 죽음은 하느님께서 인간 생활의 최후에 내리는 은총이라는 것도 박승재는 이해하였을 법하다. 우리가 이미 너무나 잘 알고 있는 바와 같이 기독교인들은 고통을 예수의 죽음을 묵상할 수 있는 기회로 생각하고 그것을 하나의 기쁨으로 받아들인다. 그러므로 죽음이 임박했을 때 당하는 고통은 가톨릭의 경우에 연옥에 해당하는 것으로 간주되어 그 고통은 곧 하느님과 함께 천국의 기쁨을 맞는 징표로 생각되기도 한다.48)

이러한 기독교 신앙의 역설(즉 고통은 기쁨이요 영광이라는)을 박승재가 이해하기에 이르렀을 때 그가 지금까지 행한 안락사는 얼마나 무서운 죄악이 되는 것인가? 그래서 박승재는 마지막으로 친구 홍창우를 안락사시킨 후 거의 자신을 가누지 못하는 사람이 되어 탈출구를 찾아 방황한다. 그 방황을 끝까지 지켜보고 있는 검사 강준일의 시선은 오히려 작가 이건영의 의도에 충실한다면 박승재에 대한 하나의 구원으로 설정하고 있는 것이다. 소설의 줄거리는 여기에서 끝나고 말지만 작가는 그 뒤의 후문을 이미 소설 속에서 제시해 주고 있다. 즉 가톨릭적 안락사관으로 전향한 박승재가 자기의 죄업을 치르고 나와서 어떤 환자도 안락사시키지 않으면서 밝고 명랑한 의사로서의 그의 직분을 성실히 수행할 것이라는 느낌을 독자에게 갖도록 해 준다.

이상의 논술은 박승재가 여섯 명의 환자를 안락사시켜가면서 인간의 생

---

48) Antony Wilhelm, 『Christ among Us』, New York, Publish Press, 1967, p.421.

명이 어떻게 존중되어야 하는가를 깨달아가는 과정의 분석이었다. 그 결과는 작업의 의도한 바대로 종교적 견해의 승리로 종결되었다. 이것은 생명이 경시되어 가고 있는 현대 물질문명에 대한 작가 이건영의 피맺힌 항변이라고 생각된다. 죽음은 모든 인간에게 불가피하게 찾아오는 것이다. 그것은 만일에 인간이 세상에 태어난 것이 하느님의 사랑 때문이었다면 필연적으로 그 죽음도 하느님의 사랑에 일치하는 것임을 작가가 1960년대의 한국사회에 호소한 것이다. 다시 한 번 밝혀야겠지만, 물론 이건영의 문체는 작중인물의 심경변화를 정교하게 그려내지 못하고 있다. 그렇다고 관념적 용어를 써서 독자를 혼란시키지도 않았다. 강준일 검사의 끈질긴 집념과 꾸준한 추리력으로 차분하게 영아살해의 진범이 홍창우라는 것을 알아내듯이, 현대사회에서의 홍창우와 박승재는 모두 강준일 검사 앞에 무릎을 꿇는다는 일관된 이건영의 신앙이 이 소설을 마지막 소설로 삼겠다는 선언도 사양하지 않게 하였다. 그는 앞으로도 전혀 소설을 쓰지 않을 것이다. 그러나 그의 『차가운 강』은 인간 생명의 존엄성을 강조하고, 죽음을 두려운 대상으로서가 아니라 인간이면 누구나 다 겪어야 하는 반가운 최후의 인생반려로 그것에 친숙해져야 한다는 것, 그리고 죽음의 단말마조차도 인간이 신과 결합하는 은총으로 삼아 구원의 동기로 인식하는 등 기독교적 사관에 공헌한 최초의 한국 소설이라는 영예를 누릴 것이다.

끝으로 우리는 핑커스 여사의 다음 일절을 『차가운 강』에 붙이는 격려사로 삼고자 한다. 사회복지 제도가 완전한 영국과 같은 나라가 된다면 우리도 다음과 같은 회고록의 집필자를 기대할 수 있으리라는 희망이 있기 때문이다.

내 남편 후릿츠는 암으로 인한 여러 차례의 수술을 받으며 11년간의 고통을 겪은 끝에 1963년 5월에 작고하였다. 우리 두 사람은 진단을 받은 순간부터 그것이 암이라는 것을 알았다. 그리고 후릿츠가 의학적으로 요구되는 모든 치료 방법에 전적으로 협조하면서 대단히 모범적인 환자 노릇을 하는 동안에도 그와 나는 그의 병이

결코 치유될 수 없는 병이며 결국은 죽게 되리라는 것을 잠시도
잊은 적이 없다. 그러나 대수술을 받은 직후 몹시 아파했던 기간
을 제외한다면 죽음이 박두해 온다는 것을 알고 있던 오랜 기간
은, 특히 후릿츠가 폐암으로 고통을 받았던 마지막 18개월간은 풍
요하고 행복한 기간이었다.……나는 죽음을 수락한 자에 의하여
정신적으로 보다 고양된 영혼의 충일한 인생경험을 맛보았다.

후릿츠 생애의 마지막 밤이 왔을 때, 후릿츠는 내가 그와 더불
어 그 마지막 밤이 바로 오늘임을 깨닫고 그 밤을 같이 보낸다는
것을 확인코자 하였다. 그래서 내가 이런 확신을 그에게 주었을
때에 그는 웃으면서 "유감이 없구료"라고 말하였다. 그리고 나서
몇 시간 뒤에 그는 완미한 평화 속으로 숨을 거두었다.……

이 '완벽한 죽음'은 세속적 영달로서가 아니라 인간적 완성이라
는 관점에서 추구된, 완성을 위해 노력하여 쌓아올린 생애의 최고
점이었다.[49]

6) 結語

본고는 제목이 지시하는 바와 같이 한국문학작품에 나타난 죽음 의식을
통시적 순차에 따라 검토해 본 것이었다. 따라서 본고가 지향하고자 한
목표는 굳이 랑송(Gustave Lanson)의 말을 인용하지 않더라도 문화사의
일부로서 기능하는바 문학사적 서술의 일익을 담당하려는 것이었다. 한국
문학은 적어도 2천 년의 장구한 세월에 걸쳐 신화로부터 현대의 시와 소
설에 이르기까지 풍부하고 다양한 전개를 거치면서 한국인의 사상과 감정
을 표출하여 왔다. 이들 문학작품 속에는 그동안 한국문학의 특질이라고
여겨져 왔던 한민족의 은근과 끈기라든가 한과 정이 그려져 있으며, 특히
현실생활에서는 경험할 수 없었던 고뇌와 이상이 또한 정성스럽게 수 놓

---

49) Lily Pincus, 『Death and Family』, New York, A Division of Random House, 1974, p.3. p.5.

여 있다. 그 수폭 속에서 필자는 '죽음'의 영상들을 뽑아내어 그것이 한민족의 꿈과 의지, 그리고 의식의 결정들과 어떻게 관련지어져 있는가를 밝혀 보려고 하였다. 한민족의 정신사가 이들 문학작품 속에 분명하게 새겨져 있으리라는 신념은 이와 같은 작업을 하는 동안에 더욱 확실한 것이 되었고, 의식사 내지 정신사의 기술이 문학사를 통하여 가능하다는 입론을 확신하게 하였다.

그런데 한 가지 조심스러웠던 것은, '죽음'이라는 일반적으로 금기시되어 온 과제를 다룬다는 것이었다. 그러나 그 조심은 물론 前人未踏의 森林을 헤쳐 나가는 위험을 동반한 쾌감이기도 했다. 왜냐하면 '죽음'은 이전까지 필자가 전혀 모르던 분야였고, 또 의식적으로 회피하여 왔던 논제이므로, 그것은 언제고 반드시 파헤쳐지고 밝혀져야 할 과제라고 늘 생각해 왔기 때문이었다. 가령 최근까지만 해도 성(Sex)의 문제는 우리의 일상생활에서 금기의 대상이었으나 문학은 서서히 그것을 개방시켰고 우리들의 중심적인 논쟁으로 정립되었다. 문학이 그 다음으로 일상의 문학논제로 끌어넣어야 할 것은 바로 죽음의 문제이다. 꼭 죽어야 하는 것이 인생이건만, 죽기가 싫기 때문에 죽음의 현실을 의식적으로 회피하는 것은 우리의 정신적 미숙을 뜻하는 것이다. 생명은 모든 가치체계의 중심긍정이고 죽음은 그것에 대응하는 궁극적 부정이라고 생각되어 왔지만, 그러나 이와 같은 견해는 지양되어야만 하겠다고 생각하기에 이르렀다. 이제 필자는 생과 사를 바로 보고 이해하여 죽음현상에 대한 전면적·총체적 지식과 지혜를 가짐으로써 살아갈 남은 날들을 평화스럽게 보내고 싶다. 늙는다는 것은 인생의 축적된 가치 때문에 참으로 숭고한 것이며, 병든다는 것은 인생에 대한 회고를 가능케 한다는 가치 때문에 또한 아름다운 현상이랄 수 있을 것이다. 그래서 죽음은 인생의 가치를 소멸시키는 것이 아니라 그 가치를 완성시키는 것으로 파악되어야 할 줄 안다. 따라서 죽음에 대한 논의는 필자를 조금도 우울하게 하는 명제가 아니었고 오히려 삶의 한 부분으로 인식되고 토의되는 가운데 필자를 안정과 평화 속으로 안내하여 주었다.

변화야말로 위대한 것이다. 죽음도 또한 생명 현상의 변화라는 관점에서 볼 때에 참으로 위대한 실상이라 하겠다. 삶을 모르면 죽음도 모르는 것이고, 죽음을 모르면 삶도 모르는 것이 바른 이치이다. 그러므로 삶과 죽음은 하나의 대상이 갖고 있는 양면성으로 이해될 성질의 것이어서 죽음의 신비를 깨달을 때에 비로소 삶의 가치가 명료해진다고 필자는 생각한다. 다시 말하면 사람은 죽기 위하여 산다. 죽음이 없다면 삶은 존재하지도 않는다. 삶이 삶이기 위하여, 즉 인생을 존재케 하기 위하여 죽음이 불가결한 실상인 한, '인생을 완성시키는 것은 바로 죽음'이라는 결론에 도달하지 않을 수 없다. 필자가 본고를 집필하면서 가지게 된 부수적인 그러면서 가장 보람 있는 소득은 바로 이상과 같은 죽음관의 확립이었다.

본고는 크게 보아 3개 부분으로 구성되어 있다. 첫 번째는 문학에서 죽음이 논의되어야만 할 이유와 동서양의 죽음관을 개관한 것이며, 두 번째는 고전작품 속에 나타난 죽음의식 및 죽음관을 개관한 것이고, 세 번째로는 현대문학작품 중 시와 소설 속에 나타난 죽음의 諸相을 검토하였다.

죽음의식이라는 제한된 틀 안에서 작품을 다루는 것이기 때문에 한국문학사상의 모든 작품을 논의의 대상으로 삼지 않은 것은 당연하다. 그러므로 본고는 한국문학사라는 산맥 가운데서 '죽음'의 영상을 거느린 준봉만을 부분적으로 답사하였다고 표현하면 좋을 것이다.

본고에서는 1920년대에서 1960년대에 걸친 반세기간의 작품만을 대상으로 했으며, 그 중요한 추이를 약술하면 다음과 같다.

(1) 1920년대

문학작품을 생산하는 창작욕구로서 죽음에 대한 의식은 당시의 시대상황에 결부되어 매우 중요한 구실을 한다. 시에서는 서구의 세기말적 풍조와 상징주의 계열의 시를 본뜨게 되는 가운데 한용운의 「님의 침묵」이 불교적 죽음관을 나타낸 정화로 나타났다. 소설에서는 빈곤한 사회상을 고발하고 그 이유를 묻는 자연주의적 경향 속에서 죽음이 다루어졌으나, 전영택의 「화수분」만은 기독교 죽음관을 나타낸 부활의식을 암시하였다.

(2) 1930년대

기독교가 한국의 신앙으로 기존 종교의 안티테제가 되었음을 문학이 반영해 준 시대였다. 그리하여 기독교 죽음관이 한국인의 의식 속에 부단한 거부반응을 일으키면서도 점차 토착화되어 가는 양상을 보인다. 이 시대는 특히 현대한국어가 문학적 매개로서 우수성을 증명할 만큼 한국어에 대한 새로운 개척이 이루어져서 망국의 설움 속에서도 문화민족으로서의 긍지를 발휘한 시기이기도 했다. 서정주의 『화사집』은 은근히 죽음 곧 부활이라는 기독교 사상으로서의 편향을 보였으며, 김동리의 「무녀도」 역시 기독교 죽음관인 부활의 개념을 소개하였다.

(5) 1940년대

전반적으로 문학사상의 공백기라 할 수 있으나, 죽음 의식에 관한 한 1930년대와 크게 다른 점이 없었다. 몇몇의 시인, 소설가는 이 시기에 한국문학사의 명맥을 유지시킨 것만으로도 그 공이 인정되어야 하는 시기였다. 시에서 윤동주와 소설에서 황순원이 이 적막한 시대를 지켜 준 등불이었다. 그들은 모두 기독교적 죽음관을 그들의 문학에 형상화하는데 크게 성공하였다. 그러나 윤동주의 죽음의식은 졸저 『한국문학과 기독교사상』에 양술되어 있으므로 여기서는 제외하였다.

(4) 1950년대

서구문명과의 직접 상면이라는 점으로 특징지어지는 이 시기는 이미 기독교가 확고한 한국신앙의 하나로 기능을 발휘하고 있었고 동시에 무신론적 실존주의도 한국문학에 수용되었다. 그리하여 이 시기의 문학 속에는 주로 기독교적 죽음관이 우리의 전통적인 죽음관과 어떻게 조화를 이루게 되는가를 보여주었다. 허무주의의 片影이 보인 것은 전쟁을 치른 민족의 공허감을 그대로 반영하였던 것이라고 보아야 하겠다. 시에서 김현승과 구상이 각각 기독교의 新舊教 신자이면서 그들의 신앙 속에서 죽음을 바라보았으나, 그것들은 기독교의 의상을 두른 속에 허무와 寂滅의 불교적 취향을 숨기고 있었다. 그러나 여기에서도 김현승은 윤동주와 마찬가지로 같은 책에 상술했으므로 제외하였다.

소설에서는 김성한과 장용학 역시 기독교를 배경으로 하면서 각각 무신론적 실존주의와 유신론적 실존주의의 죽음관을 피력하였다.

(5) 1960년대

죽음의식은 문학 속에서 더욱 본질적인 문제로 심화하였고, 기독교와 불교는 한국의 정신을 지배하는 쌍벽으로 주목받는다. 따라서 그 두 개의 종교가 가르치는 죽음관은 이제 완전한 공존 속에서 서로 상호 보완하는 현상을 드러낸다. 서정주는 초기의 성향을 벗어난 시 「동천」에서 완전히 불교적 죽음관에 침잠하였음을 보여주었고, 김동리는 소설 「등신불」을 발표하여 한국사상 속에 잠재한 불교적 죽음관의 저력을 보여 주었다. 그리고 죽음의 문제가 형이상학적 관심뿐만 아니라 개인의 현실적 질병에도 초점을 맞추어 논의된 것은 이 시기가 지니는 빼놓을 수 없는 특기사항이다. 이를 대표하는 소설에 이건영의 『차가운 강』이 문제시되었다. 이에 이르러 죽음의 문제는 종교적인 문제로서만이 아니라 현실적 인간생명에 관여하는 의학적인 문제를 포함하게 됨으로써 앞으로의 죽음의 문학이 더욱 그 영역을 확대, 심화하리라는 진망을 보여주었다.

지금까지의 논술을 토대로 하여 현대 한국인의 죽음관을 종교사상과 관련시켜 유형화한다면, 불교사상으로 대표되는 전통적 죽음관과 기독교 사상으로 대표되는 서구적 죽음관을 양극으로 하고 그것들이 서로 상충과 저층을 이루는 두 개의 보완적인 折衷體系를 생각할 수 있다. 이와 같은 네 개의 유형을 도식화하면 다음과 같다.

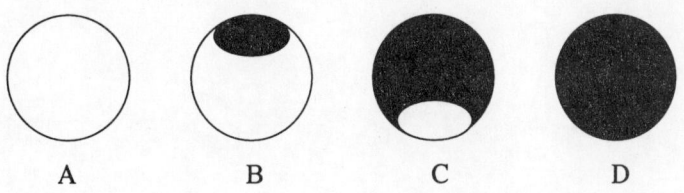

A　　　　　　B　　　　　　C　　　　　　D

A는 생사일여를 체득한 불교적 생사관을 나타낸다.

B는 새로운 기독교 사상을 상층구조로 포용한 생사관이다. 1930년대 춘원의 소설은 이 형태의 의식구조를 반영한다.

C는 전반적으로 기독교적 죽음관에 의해 세뇌되었으나, 간간히 전통사상의 흔적을 나타내는 유형이다. 1950년대의 시인 김현승이나 구상을 여기에 대비시킬 수 있겠다.

D는 완전한 기독교적 생사관을 나타낸다. 이건영의 소설 『차가운 강』에 나오는 김 양의 죽음관이 바로 여기에 해당된다고 말할 수 있겠다.

원칙론에 서서 말한다면 한국인의 죽음관은 앞으로 이들 네 개의 유형이 어떻게 조화되느냐 하는 데에 귀추가 달려 있다고 말할 수 있다. 그러나 그것이 어떻게 변화하건 간에 죽음에 대한 우리의 문학적 의식은 점차로 개방된 논의와, 인생을 긍정적으로 미화하고 완성시키기 위한 방편으로 선용됨으로써 우리 문학에 보다 더 많은 자양을 제공할 것이다. 그리고 본고는 이와 같은 자양의 일부를 성실하게 추적하여 史的으로 정리하고자 했던 자그마한 이정표가 되기를 간망하면서, 1970년대 이후의 시와 소설 속에 한국인의 죽음의식이 어떻게 변모 혹은 지속되면서 전우주적 합일의 세계 내지는 민족의 정체성을 확인해 가는지, 남은 생애의 숙제로 남기는 바이다.

III

作家의 苦惱와 悟道의 旅程

1. 죽음을 解明하는 발돋움(孫素熙論)

1) 그의 藝術家的 本質

작가 손소희는 1917년 9월 12일에 함경북도에서 1남5녀의 막내로 출생하였다. 그곳에서 여학교를 졸업하기까지 세 번 늑막염과 복막염 등으로 휴학과 복학을 거치었으며, 1936년에는 동경에 유학했으나 다시 병으로 修學을 포기하고 병원을 전전하다가 귀국하였다. 그는 1939년에 만주에 있는 농장으로 휴양하러 갔다가 장마로 교통이 막히게 되어 新京 滿鮮日報社에 입사하였으나 다시 척추염을 앓게 되어 귀가하였다. 그 후 7개월간 기브스를 하고 병상생활을 하였으며, 이어서 계속되는 투병기간동안 세계문학을 讀破한 것이 계기가 되어 1946년부터 드디어 자기 자신의 창작을 세상에 내놓게 되었다.

1950년에 제1창작집 『梨羅記』에 이어 1959년에 제2창작집 『菖蒲 필 무렵』을 내었다. 1960년에 발표한 「그날의 햇빛은」으로 1961년에 서울 市文化賞을 받았으며, 1962년에 제 3창작집 『그날의 햇빛은』을 上梓하였다. 그 후에도 집필을 계속하여 백여 편의 短篇과 10여편의 長篇, 그리고 多數의 隨筆集을 내었다.

그는 소설을 쓰는 이외에도 陶藝와 油畵에 깊은 애착과 정열을 기울였으며, 陶藝展과 油畵展을 갖기도 하였다. 미술평론가 李龜烈氏의 말과 같이, 손소희의 그림은 기법에만 매달리지 않은 표현의 素朴美와 밝고 신선한 색채의 자유로운 구사로 아마츄어리즘의 순수한 세계를 보여 주었다.1)

2) 存在論的 探索의 試圖

손소희의 작품을 처음 대한 것은 필자가 대학에 입학하던 1956년에 現代文學誌에서「菖蒲 필 무렵」을 읽은 일이었다. 그 후 대학을 졸업하던 1960년에 다시 現代文學誌를 통해「그날의 햇빛은」을 읽을 수 있었다. 그 때 필자는 문과대학의 문학지망생이 갖는 낭만과 꿈에 젖어서 사춘기의 소년소녀가 異性을 향해 품는 흥미와 동경을 가지고 문학잡지를 탐독했었다. 그렇기 때문에 1956년에 처음으로 소위 現役作家들의 단편을 읽기 시작한 이래 지금까지 30년 이상이 경과하도록 잊혀지지 않는 강렬한 인상을 남겨 준 추억의 문예작품들 속에 이 두 편의 단편도 포함되어 있다.

물론 손소희는 그 후에도 1956년에 제4단편집『다리를 건널 때』를 내었고, 1971년에 제5단편집『갈가마귀 그 소리』를, 그리고 1977년에는 제6단편집『孤獨의 기원』을 상재하여, 1949년에 첫 창작집『梨羅記』를 낸 이후 계속 문단과 독자의 집중적인 관심을 이끈 유수한 작가의 한 사람이다.

이제 필자는 한국문학을 인간존재론적 탐색의 측면에서 연구하고자 하는 文學思想史 敍述의 한 시도로서 손소희의 작품을 살펴보고자 한다. 그렇기 때문에 필자는 인간존재의 형이상학적 해명에 접근하려고 노력한 작품만을 찾아야 한다. 우선 손소희의 초기작품을 대표하는 것은「그날의 햇빛은」이라고 볼 수 있다. 왜냐하면 그는 그의 초기작품을 모은 창작집의 이름을『그날의 햇빛은』이라 하였고, 또 그의 문학활동 15년을 칭

---

1)『月刊文學』, 通卷 116號, p19

찬하여 수여된 1961년의 서울市 文化賞도「그날의 햇빛은」을 수상작품
으로 선정하였기 때문이다. 후기작품 중의 대표작으로는「갈가마귀 그 소
리」를 고를 수 있다. 작가 자신이 그의 대표작을 고르라면 무엇이라고
답하겠느냐는 질문에 손소희는 이렇게 대답한 바 있다. "글쎄…… 출판
사나 비평가들은「南風」을 내세워 그런가 보다 하지만, 작품을 쓰고 운
것은「갈가마귀 그 소리」예요. 열 번도 더 울었을 거예요. 너무너무 울었
어요. 사랑이 평범하면 일반적인 것이 되고 말아요. 사랑은 숙명적이어야
해요"[2]라고 대답함으로써 그가 사랑하는 작품이 무엇인가를 대변한 것으
로 보아서도 그의 대표작으로「갈가마귀 그 소리」를 선정해 보는 것은
타당성 있는 것으로 생각된다.

이 탐방 인터뷰 기사 속에는 이 소설이 "토속적인 한국인 특유의 정서
표현, 숙명적인 한국 여인의 슬픔의 美學이 포함되어 있어 모든 독자가
공감할 수 있는 손소희 문학의 빼어난 작품"이라고 평가되어 있다. 또
손소희 자신도 이 소설을 아울러서 낸 단편집『갈가마귀 그 소리』의 後
記에서 "딴에는 무던히 스스로 아껴 오던 것"이라고 고백하고 있다.

이러한 이유들을 근거로 하여 필자는 손소희 문학의 대표작으로「그날
의 햇빛은」과「갈가마귀 그 소리」를 선정하고, 이 두 작품을 중심으로 하
여 손소희가 이해하고 추구하는 인간존재 및 그 본질에 관한 작가의 意中
을 假定해 보고자 한다. 손소희의 대표작인 이 두 단편이 바로 인간의 존
재론적 탐구에 접근하고 있다는 것은 필자의 작업을 위하여 큰 도움이 아
닐 수 없다.

3) 죽음의 哀恨

손소희의 문학적 주제는, 인간이 치르는 병고에 대한 感傷과 그리고 그

---

2)『月刊文學』, 通卷 116, p.22

것이 인간을 몰고가는 궁극의 절벽인 죽음의 哀恨으로 나눠어진다.

앞에서도 쓴 바와 같이 유년기와 청년기를 모두 병상에서 보낸 손소희가 평생을 생각해야 했던 것은, 일찍이 釋迦가 말한 生老病死중 病과 死의 고뇌임을 그의 생애와 작품은 동시에 말해 준다.

필자는 「그날의 햇빛은 」을 읽던 무렵인 1960년에 손소희의 강연을 한 번 들은 적이 있다. 거기에서 그는 학교 기숙사에 불이 났을 때 오로지 습작 노트인 일기장 하나만을 품에 안고 불길을 헤쳐 나와 살았다면서, 지속된 병고 속에서도 살고 싶었던 투병의 의욕은 오직 文學熱에 있었던 것이라고 말하여 필자를 감동시킨 일이 있다. 이 말은 바로 다음과 같은 고백에도 잘 나타나 있다.

> 1946년 7월이다. 학생인 조카가 조모인 나의 어머니의 성화에 못이겨 3 · 8선 너머인 서울로 나를 데리러 왔다. 어느 통신사의 월간문학지 기자였던 나는 쌀이라고는 한 톨도 구할 수가 없었다. 그래서 수제비와 호박부치미를 바꾸어 가며 아침과 점심과 저녁을 때우는 7월을 보내고 나서 조카만 3 · 8 이북인 고향으로 되돌아가게 했다.
>
> 그때까지 겨우 세 편의 단편을 발표한 나로서는 그 창작이라는 것을 서울에 남겨 두고서는 고향은 커녕 가는 곳이 설사 낙원이라고 하더라고 나로서는 도저히 갈 수가 없었다. 명분인즉 한 권의 창작집이나마 그것을 어머니께 선물로 가지고 가겠으니 기다려 달라는 것이었다. 그 사이 3 · 8선도 풀릴 것이라고 하였다.
>
> 그러나 그해 겨울에 어머니는 세상을 떠나시고 다음해 봄에 어머니의 가족들은 3 · 8선을 넘어서 서울로 이사를 왔다.[3]

이 글 속에는 온갖 고귀한 事象 위에 어머니의 사랑을 놓고 보는 母情의 지고성이 그려져 있다. 그리고 효심을 문학수업을 통해 표현해 보일 수 있다

---

3)『孫素熙文集』, 明書苑刊, 1977, p.387.

고 생각하는 문학에의 정열이 또한 복합되어 묘사되고 있다. 그리고 母情을 외면하면서까지 문학에 집착하다가 창작집을 내고 보니 어머니는 저승으로 가시고 없다는 죽음의 哀恨이 드러나 있다. 이러한 손소희가 그가 걸어온 생애를 통해서, 아픈 사람, 아프다가 죽어 가는 사람, 죽은 사람이 산 사람에게 남겨 주는 커다란 허무의 동굴 같은 죽음의 페이소스를 즐겨서 글 속에 담게 되었다는 것은 지극히 당연한 歸結인 것으로 보인다. 그러면 이제, 「그날의 햇빛은」과 「갈가마귀 그 소리」에는 인간의 아픔과 죽음의 哀恨이 어떻게 묘사되어 있는가를 생각해 보기로 한다.

4) 人生에 대한 無限한 質疑

단편 「그날의 햇빛은」은 그 시간의 추이가 현재에서 과거로 점차 소급하다가 다시 현재로 돌아와서 이야기를 끝맺는 형식을 택하고 있다.

작가는 참으로 신비스러우리만치 기묘하게 아주 조금씩 과거를 노출시키는 수법으로 독자를 안타깝게 매료시키지만, 상세히 그 構造를 분석해 보면 다음과 같다.

① 뇌병원에 있는 두 아가씨가 서로 자기가 진희라고 주장한다.

② 한 명은 에스터이고 또 한 명은 순희인데, 에스터가 항상 "진희, 어서 와서 에스터를 붙잡아 줘요"라고 호소한다.

③ 에스터의 신분은 수녀이다. 수녀원에 오기 전의 이름이 진희였다.

④ 진희는 어느 부호의 집 가정부의 딸이었다. 부호의 아들 유현의 생일날, 절에서 온 손님 임철 씨라는 청년을 알게 된다. 진희를 사랑하는 유현은 미국 유학길을 떠나면서 사랑의 정표로 루비 반지를 준다. 진희와 사귀던 임철은 자신이 살인자의 아들이어서 스님의 보호를 받아 절에서 사는 것임을 비로소 알게 되어 이 사실을 진희에게 밝히고 군대에 나간다.

⑤ 미국과 한국으로 오고가는 편지 속에서 유현과 진희의 사랑이 익어 가던 어느 날 진희는 우연히 임철 씨를 만나는데, 자석에 끄을리는 철편처럼 자신의 감정에 심한 동요가 왔다는 것을 미국의 유현에게 알려 준다.

⑥ 유현의 불시 귀국 통보를 받고 임철과 진희는 情死를 決行하고자 하지만 未遂에 그치고 임철은 병원으로 실려 간다.

⑦ 유현이 불시 귀국하여 진희와 결혼한다. 완벽한 타인으로 하나의 방 속에 기거하는 被加虐的 夫婦演技를 계속하면서 날씨가 좋은 어느 여름 날, 바다에 가서 죽음을 결행하자고 계획한다. 그러나 정작 죽기로 계획된 날, 유현은 물속에서 진희를 구하려다 죽어 버리고 진희만이 살아남아 수 녀원에 간다.

⑧ 진희는 에스터라는 修道名을 받는다. 그러나 정신이상이 되어 뇌병 원에 입원한다. 에스터는 옛날의 자기자신인 진희를 부르며 자신을 찾게 해 달라고 외친다.

⑨ 자기가 진희라고 주장하는 같은 방의 환자인 순희에게 진희와 에스 터라는 이름을 다 주고 자기는 운명적인 사랑의 비애감에서 벗어나 단지 유현의 죽음을 슬퍼하고 기억하는 여인이 되겠다고 말한다.

진희는 유현과 임철로 하여금 생명을 걸고 자기를 사랑하게끔 유도했었 다. 그런 사랑을 증거하기 위하여 유현이 진희에게 내세운 것은 죽음이고, 임철이 내세운 것도 역시 죽음이었다. 진희는 그 어느 편의 죽음에도 저 항없이 기쁘게 죽을 것을 응락하지만 결국 임철은 중이 되고 유현은 혼자 죽는다. 소설 구성상의 기교와 이야기 陳述法, 그리고 미끈한 문장과 다 양한 어휘, 거기에 섬세한 인간적 感傷 등이 삶의 고뇌와 죽음의 페이소 스를 유발하며 독자의 心魂을 사로잡아 유현의 죽음 앞에서 진희가 미치 기까지 괴로워하는 정신분열의 과정을 성공적으로 묘사하였다.

발은 허공에 떠 있는 것도 아니요, 땅 위를 걷는 것도 아니요,

다만 물속에서 물속으로, 물속에서 죽음으로, 죽음으로 흘러가고 있다고 깨달았습니다. 희미한 불빛 아래로부터 누군가 내게로 향해 걸어오고 있었습니다. 그가 유현 씨라고 깨달았습니다. 순간 유현 씨가, 그이가 어떻게 여기까지, 아니 그는 분명 죽었는데. — 하는 의식과 함께 손발이 부들부들 떨리고 입술까지 경련이 일어났습니다. 머리털이 하나하나 소름이 되어서 떨었습니다. 바로 그 찰나입니다. 내 머리는 무서운 폭음으로 폭발했습니다. ……

마침내 의사의 진단을 받았습니다. 병자라는 것이었습니다. 병자니까 병원에 입원해야 한다는 것이었습니다. 천만에 내가 무슨 병자냐고 속으로 무수한 반문을 거듭하고 있었습니다. 그 무수한 반문은 어느덧 나를 이끌어 그 잊을 수 없는 날 앞으로 나를 몰고 갔습니다. ……

그날의 햇빛은 너무나 찬연했습니다. 내가 바닷가로 나갈 무렵해서 햇빛의 생명력은 충만으로 절정에 이르러 있었습니다. 그러나 바로 그 시각에 유현 씨는 잠들어 있었습니다. 그의 희망대로 또는 나의 의사대로 다시는 땅위로 되돌아오지 않을 것을 맹세하고 바닷가로 나갔습니다. 깊은 데로, 더 깊은 데로 찬란한 햇빛이 잠겨 드는 물결을 가르며 헤엄쳐 나갔습니다. 내가 기억하고 있는 그날의 정오 무렵의 사건은 이것뿐입니다.

신의 축복을 받지 못한 슬픈 목숨이 익사를 면하고 의식을 도로 찾았던 것입니다. 이상하리만큼 유현 씨가 기다려졌습니다. 그이가 다시 죽음을 강요하면 그이에게 살려 달라고 애원하리라고 생각하였습니다. 공연히 기분이 좋아졌습니다. 살아 있다는 것이 대견했던 것입니다. 문득 귀를 기울였습니다. 밖으로 나갔습니다. 조금 떨어진 곳에 햇불 몇 낱이 켜져 있고 사람들이 둘러 서 있었습니다. 사람이 하나 누워 있었습니다. 대뜸 유현 씨라고 알았습니다. 그것은 유현 씨의 시체라고 알았습니다. 수박을 먹고 잠들어 버렸던 그가 잠에서 깨어나 보니 내가 보이지 않아 허둥지둥 바다로 달려 나갔고 그리고 목메인 소리로 내 이름을 부르며 물속에 뛰어 들었다는 것과 그와 나는 함께 구조선에 의하여 구출되었으나 그는 죽고 나는 살아났다는 사실을 알았습니다.

그러나 이 죽음의 哀恨이 우리에게 주는 것은 과연 무엇인가? 우리가 문학에서 요구하는 것은 인간현실 속에 존재하는 極限狀況과 그 상황이 몰고 오는 現實的 悲哀感의 성공적인 묘사일 뿐인가? 아니면 그 페이소스를 극복하고 솟아나는 맑은 샘물 같은 소망의 가능성을 포착함에 있는가? 아니 포착하지는 못한다 할지라도 인간이 치러 가는 영혼의 아픔, 육신의 아픔, 그리고 죽음의 아픔과 본질을 궁리하는 성의와 노력은 보여야 할 것이 아니겠는가?

이 작품은 너무나 가슴이 아파서 어떻게도 감정을 수습할 길이 없는 죽음의 번뇌와 인생에 대한 무한한 질의 앞에 독자를 밀어다 放棄해 놓고, 작가 자신은 한 마디 해명도 없이 커튼 뒤로 몸을 숨겨버리는 아쉬움을 독자에게 안겨 준다.

5) 形而上學的 應答의 摸索

그러면 「갈가마귀 그 소리」는 어떠한가? 이 작품이 죽음의 비애를 그리고 있다는 데에는 위의 작품과 일치하고 있다. 그러나 이 작품은 죽은 이가 산 사람 앞에 절망으로 마주 서 있는 것이 아니라 죽은 자가 산 자의 영혼육신과 서로 소통하는 어떤 커뮤니케이션의 상대로서 제시되어 있기 때문에, 인간존재 및 본질탐구라는 측면의 형이상학적 차원을 한 등급 止揚시켜 놓은 것으로 보인다.

「갈가마귀 그 소리」의 특성을 들어 洪起三은 이렇게 말한 바 있다.

① 북방의 서민 생활을 상당히 구체적으로 느낄 수 있다.
② 고을댁과 그의 남편되는 송영감과의 아름다운 인간관계에 있어서, 늙은 남편과 부인의 응석 섞인 사랑, 깊은 신뢰, 감각적인 사랑을 넘어서는 인간애, 이런 것들이 너무도 아름답게 그려져 있다.[4]

이러한 지적은 外表된 작품의 특징을 설명함에 있어서 더 이상 정곡을 찔러 말할 수 없으리만큼 적절한 표현이다. 구수한 함경도 사투리로 쓰여진 이 작품을 읽어 내려가면서 고을댁과 송영감 자신이 되어 대화를 나누어 볼 때, 독자의 가슴에까지 피어 오르는 사랑과 인정의 훈훈함을 느끼게 되어 독자는 무의식적으로 반 울음 반 웃음을 터뜨리게 된다.

그러나 이렇듯이 사랑하는 그 老夫婦 앞에 무참하게도 벼락이 떨어진다. 고을댁의 아들이라는 사람이 찾아온 것이다. 고을댁과 송영감이 둘 다 놀란다. 설명을 듣고 보니 그럴듯하다. 定婚을 해 놓고 혼수 준비에 바쁜 어느 날, 신랑이 홍역을 앓다가 죽었다는 연락이 온다. 새댁은 죽은 신랑네 집에 가서 3년 상을 마친다. 처녀과부를 가엾이 여겨서 시댁이 송영감에게 새댁을 시집보낸다. 새댁은 고을댁이라 불리게 된다. 시댁은 죽은 이 앞으로 양아들을 입적시키고 제사를 받들어 孤魂을 위로하게 한다. 이 아들이 와서 고을댁을 모셔가겠다는 것이며, 죽어서 아버님과 함께 묻히시라고 이야기한다.

고을댁은 생각한다. 송영감은 죽어서 먼저 간 前妻를 만나 짝이 될 것이니, 고을댁도 얼굴도 본 적이 없으나마 定婚했던 짝을 찾아 만나서 어엿하게 내세를 살아야 할 게 아니겠느냐고 궁리한다. 송영감은 아무래도 양아들이라는 사람이 수상쩍다고 속는 것이 아니냐고 고을댁을 타이른다. 그러하건만 송영감을 뿌리치고 재산을 반으로 갈라 송영감으로부터 나누어 받은 몫을 양아들에게 몽땅 쥐어 주고 고을댁은 양아들을 따라 옛날에 떠나온 시댁이 있는 마을로 간다. 그리고 거기에서 단 며칠 사이에 모든 것을 알게 된다. 양아들이 조석거리가 없어서 목숨을 연명하기 위한 방편으로 고을댁을 빼내 온 것이라는 것을 알게 되면서부터 아들 며느리의 구박이 上限線도 없는 極限으로 고을댁의 비극을 몰고 간다. 그러나 '훗세상에 가서는 떳떳한 삶을 살기 위해' 송영감의 지극한 사랑도 버리고, 평생에 모은 재산마저도 반으로 갈라 양아들에게 주고, 거기 이루 형언할

---

4) 『韓國現代文學全集』18, 三省出版社, 1978. p.472.

수 없는 모욕을 아들 며느리로부터 감수하는 고을댁의 비극은 「그날의 햇빛은」이 보여 주는 절대 비극의 처리와는 그 양상이 전혀 다르다. '죽어서나마 正室의 아내로서 떳떳한 삶을 살기 위해' 서러움을 인내하는 고을댁의 비극은, 마치도 진리와 신념으로 자신이 간직하는 하나의 假定을 위해 순교자가 하느님을 증거하여 목숨을 바친다든지, 애국자가 나라를 사랑하여 죽음을 不辭한다든지 하는 처연하고도 긍정적인 결단의 죽음으로 고을댁의 말년을 승화시켜 주고 있다. 그러므로 고을댁의 죽음은 전혀 차단된 절망이 아니고 바로 영원한 구원을 향해 수련을 쌓아 가는 과정으로 처리되어 있는 것이다.

「갈가마귀 그 소리」의 마지막 한 귀절은 독자의 눈시울을 적시게 한다.

> "영감, 그 나이에 다시는 내 꿈길으 찾지 말아 주시웁지. 어느 날이 되겠웁능가? 그날이 올 때까지 나는 살아 있을께우꼬마. 한 명이 다하기 전에 목숨으 잃으믄 죽어서 귀신청에두 못 가구 신랑 무덤에도 묻히지 못한다 하웁더구마. 내 목숨이 모질고 질긴 까닭은 이때문이우꼬마. 어디메선가 영감도 영감의 댁네를 죽어가서 만나게 될께우꼬마. 영감. 나는 이렇게 영감을 자주 불러서는 앙이되는 몸이우꼬마. 아들 천수가 나를 나무라는 것도 내가 부정한 데 까닭이 있다구 하웁더구마. 영감. 오늘밤 꿈에는 제발 오시지 마웁지비. 내가 부정으 타잉 아들의 구박이 마땅한 게 앙이겠웁능가. 어디메선가, 나르 어디로든지 이끌어 가는 손이 한시 바삐 나타나 주기만을 나는 빌구 있소꼬마. 내가 갈가마귀같이 고향으 찾아 그 곳을 떠나온 것은 잘한 일인지 앙인지 갈가마귀게다 묻고 싶고마. 앙이 역시 잘 한 일이 겠습지비. 그렇채잉 앙이웁능가?"

이와 같이 어떤 소설가도 쉽게 흉내내어 볼 수 없을 만큼의 착한 마음씨를 가진 한국의 여인으로 고을댁을 묘사한 손소희가 이 여인으로 하여금 뼈 속 깊이에까지 훈훈한 애정이 스미어 박힌 송영감을 떠나, 한 번도 본 일이 없으나 定婚 후에 죽은 저승의 신랑 곁에 묻히기 위해 낯선 양자

를 따라가 모진 학대를 감수하는 장면에 이르러서는 우리 민족의 의식 속
에 자리잡고 있는, 魂靈들이 다시 만나 사는 내세신앙의 근거가 대변되어
있음을 보게 된다.

6) 人格을 거는 作家의 發言

불란서의 實存主義作家 시몬느 보봐르는 「아주 쉬운 죽음」이라는 소
설에서 인간에겐 내세란 없는 것이라고 주장한다. 심지어 어머니의 시체
도 과거에는 비록 그것이 어머니의 살이고 뼈이었다 하더라도 현실에 있
어서는 아무런 의미도 지니지 않는다고 말하면서 과연 어머니의 장례식에
가야만 하느냐고 자문한다.

프로이드는 우리가 영원한 不可思議로 알고 있는 죽음에 도전하여 그
眞相을 알고 싶어서 부단히 죽음을 경험하고 싶어하였다. 그리하여 그는
여러번 假死狀態를 경험하고 소생하였지만 그것은 어디까지나 죽음의
眞相이 아니었기 때문에 단 한 마디도 죽음에 대하여 언급하지 못하였다.

마치 죽음은 마이다스 왕의 손이 닿으면 즉각으로 사물이 금으로 변하
는 것과 같아서 경험을 해 보고자 하면 이미 그는 죽어 있어 生還이 불가
능한 것이어서, 손을 대지 않고 실험을 해야 하는 실험대상이라 할 수 있
다. 이러한 죽음에 대하여 작가들이 언급한다는 것은 자신의 전인격을 거
는 探究的, 哲學的 發言이고, 또한 生死觀과 宗敎觀의 표출이 되기 때
문에 인생의 抒情이나 자연의 敍景에 머무는 작가태도에 비해 참으로 힘
겨운 작업을 수행하는 일이 된다. 그러므로 짧건 길건, 아니면 깊건 얕건
작가가 인생의 본질적인 문제 해명을 작품 속에서 시도할 때에는, 낭만과
美學的 審美感 등으로만 안이하게 처리될 수 없는 懊惱를 수반해야 한
다. 손소희 문학의 특징과 장점도 여기에 있다고 말할 수 있다.

7) 女性的 柔弱性을 超克한 作家

손소희는 간혹 여류들이 빠지기 쉬운 여성취향의 문학적 주제와 표현과 용어 등에서 완전히 벗어난 작가이다. 그가 여성작가라는 초보적 지식이 없이 그의 작품을 전체적으로 조감해 보면 도저히 그를 남성작가인지 여성작가인지 짐작할 수가 없다.

작품구성의 視點問題를 보아도 그 화자나 주인공이 각양각색이다. 사건의 진술자가 국민학교 6학년생인 '나'이기도 하고(「창포 필 무렵」), 정신병자를 간호하는 의사인 '나'이기도 하다(「그날의 햇빛은」). 또는 양녀로 데리고 온 어린 소녀가 과거에 남편이 사귀었던 애인의 딸이 아닌가 하고 의심하여 질투하는 아내의 남편인 '나'이기도 하다(「아카시아의 傳說」), 그리고 「갈가마귀 그 소리」는 송영감과 고을댁을 주인공으로 하여 작가가 全知的인 시점에서 작품을 기술하고 있다.

또 소재면에 있어서도 그러하다. 「창포 필 무렵」은 국민학교 어린 남학생이 손위 여인을 마음 깊이 흠모하는 오이디푸스 콤플렉스의 아키타입이 援用되어 있으면서 그 여인의 죽음이 평생의 한이 되어 끈끈한 原罪意識과도 같은 괴로움을 주는 이야기이다.

손소희가 사용하는 어휘를 보아도 아무리 용감한 남성작가라 할지라도 그 사용이 주저될 듯싶은 표현이 심심치 않게 구사되어 있다. 특히 「갈가마귀 그 소리」에는 참으로 과감한 표현들이 散見된다.

이러한 점 등으로 미루어보아 손소희는 적어도 脫女性性의 인간적인, 참으로 인간적인 작가와 작품세계를 구축하는 데 성공하였다고 말할 수 있다.

그런데 손소희가 이룩한 문학적 업적에 비한다면, 그의 인생과 작품에 대한 논의는 오히려 항상 그가 마땅히 누리어야 할 보상의 요구 이하에만 머물고 있다는 생각이 든다. 이것은 아마도 그의 남편인 김동리의 문학세계가 너무나도 형이상학적이기만 한 데에 연유되어 있기 때문이 아닌가 하는 짐작을 갖게 한다. 그러나 여성적 유약성을 애초부터 탈피함에 성공하였을 뿐만 아니라 인간존재론적 탐구에 부단히 천착해 온 작가 손소희는, 한국문학의 최정상을 향해 발돋움하여 가상한 업적을 쌓아올린 작가로서, 당연히 논의되어야만 할 것이다. 손소희만큼의 여류문인을 갖기 위해 우리의 문학사는 얼마나 더 오래 공전해야 할지를 모르는 때문이다.

345

2. 韓國女性의 生死觀과 純潔意識(韓戊淑論)

1) 序言

  우리가 살고 있는 20世紀에만도 1億1千萬의 人間이 人爲的 不合理
性에 의하여 죽어 갔다. 6千2百萬名이 不自由와 窮乏으로 죽었고, 4千
6百萬名이 武器와 爆彈에 殺戮당하였으며, 나머지 2백만이 약물중독으
로 목숨을 잃었다.[1]

  우리들은 病 주고 藥 주는 式의, 모순이 뒤얽힌 부조리의 시대에 살고
있다. 한 명의 생명을 구하기 위한 絶妙하고도 특출한 의학기술이 개발
되었는가 하면 수천년의 문화유산과 수천만의 인간을 한 순간에 허무로
종식시키게 하는 치명적인 살생방안 역시 병행하여 창출되었다. 그러므로
우리는 병원수술대에 매어달려 많은 外科醫들이 인간의 영혼을 감동으로
울게 하는 것과 같은 시간에, 인류는 하늘 위로부터, 또 바다 밑으로부터
언제 발사될지 예측할 수 없는 原爆 大量虐殺의 위협에 떨고 있다. 그
리하여 오늘날 동서양을 막론하고 죽음의 현상에 대하여 연구하고자 하는
추세가 하나의 파문처럼 확대되어 가면서 각계학문의 분야 속으로 깊숙이
침투하고 있다.

---

1) Edwin, S. Shneidman, 『Death : Current Perspectives』, 1976, p.116.

죽음은 豫期치 않은 때, 우리들의 자세가 확립되기 이전에 우리의 목숨을 거두어 갈 뿐만 아니라, 그 죽음 이후의 문제에 대하여는 우리가 과학적 실증을 가지고 신빙할 수 있는 지식이 하나도 없기 때문에 죽음은 인간에게 항시 거부반응을 일으킨다. 그래서 우리는 죽음 현상에 관한 한 항상 경마장에서 내기를 거는 것과 같은 상황에 처해 있다. 내기를 거는 상황이란 미래에 대하여 전혀 확정을 내릴 수 없는 경우이다. 경마가 시작되는 순간에, 승리자의 이름을 알고 싶어서 애를 태우는 그 순간을 우리는 이 地上에서 시시각각으로 체험한다. 이러한 비유를 처음으로 시도한 파스칼에게 있어, 이 내기에 대한 해답은 지극히 명료하였다. 그는 우리들이 내세의 영원성을 믿는 기독교신앙에 돈을 걸어야 한다고 주장하면서, 만약 그 신앙이 거짓이었을 때 우리는 죽어서 잃는 것이 없지만, 만약 그 신앙이 진리이었을 때 우리는 만사를 잃게 된다고 공리적인 이유를 들어 설명하였다. 그리하여 그는 기독교정신을 인류 앞에 주창하는 데 크게 기여하였다. 그러나 1623年에 태어나 1662년에 타계한 파스칼이 공리론적 처지에 의거하여 來世主義를 지향하는 비유를 처음으로 논의했다고 보는 견해는 서구의 철학사상사에 있어서는 용납된다 할지라도 한국의 정신사상사에 있어서는 용납할 수 없는 오류이다. 왜냐하면 우리의 사상사는 일찍이 서구가 파스칼을 맞이하기 그 3세기 전에 이미 己和의 「涵虛和尙顯正論」2)을 가질 수 있었기 때문이다. 그는 이렇게 말하였다.

> 天堂地獄說使無者人之聞者慕天堂而趨善厭地獄而沮惡則天獄之說之於化民利
> 莫大焉果其有者善者必昇天堂惡子必陷地獄故使之聞之則善者自勉而當享天宮
> 惡子自止而免入地獄何必斥於天堂地獄之說而爲妄耶
> 천당지옥이 설사 없다고 쳐도 사람들은 그런 말을 듣고서 천당을 생각해서 선을 쫓고 지옥을 싫어해서 악을 버리게 되는 것이

---

2) 己和(1376 - 1430), 「涵虛和尙顯正論」.

니, 이 천당지옥설이 인민을 교화함에 있어 그 이익이 막대한 것
이다. 뿐만이 아니고 과연 천당지옥이 존재하면 선자는 반드시 천
당에 오르게 되고 악자는 반드시 지옥에 떨어지게 된다. 이런 것
을 듣고 선자는 더욱 선에 힘써서 천당의 낙을 마땅히 누리려 하
고 악자는 스스로 악을 그쳐서 지옥에 들어감을 면하려고 한다.
그런데도 구태여 천당지옥의 설을 배척해서 망령된 것이라고 하는
가?

己和보다 3세기 뒤에 태어난 파스칼이지만 己和의 사상을 모방할 수
있었을 가능성을 전혀 찾아볼 수 없는 아득한 옛날, 한 명의 한국 불교철
학자가 동방의 일우에서, 그리고 한 명의 불란서 기독교철학자가 서양의
일우에서, 그처럼도 똑같은 발언을 할 수 있었다는 것은 하나의 우연이라
고 안이하게 처리하기에는 너무도 큰 신비를 느낀다. 그래서 이러한 역사
적 인물들에 대하여 세상은 大聖이라는 명칭을 주기에 인색하지 않다. 5
천년 역사의 문화민족이 되기까지 우리는 기화를 위시한 불교사상가와,
인간은 氣의 변화이므로 죽음 뒤에는 아무것도 존재하지 않는다고 주장
한 鄭道傳 등 유교철학자, 그리고 기독교 신앙의 정착을 위하여 목숨을
바친 1만명의 가톨릭 순교자를 갖고 있다.
필자는 이 땅의 많은 선인들이 오래 궁구하여 인식한 인간존재론적 사
유와 이해가, 그리고 더 나아가서 신념이나 신앙에까지 이르는 한국적 의
식이 어떻게 맥락을 이루어 왔는가를 우리의 문학유산을 자료로 하여 연
구하는 일에 노력을 기울여 왔다. 다시 말하면 필자는 문학을 생의 해명
으로 본 루돌프 웅거와 같이 문학사를 정신사의 일환으로 보고, 인간의
운명, 종교, 죽음 같은 것이 문예작품 속에서는 어떻게 의식되고 기술되어
있는가의 탐구를 문학연구의 기본방향으로 설정한 것이다.3) 그러므로 '현
대소설과 Thanatopsis의 문제4)'는 필자의 공부에 많은 도움을 주었다.

---

3) Theodore Ziokowski, 『Dimensions of the Modern Noverl』, Princeton
   University Press, 1969, pp, 183 - 361.

본고에서 필자가 목적하는 것 역시 정신사상사적 측면에서 본 한국문학사 서술의 일부로서, 한무숙 작품에 나타난 한국여성의 죽음의식을 정리해 보고자 하는 것이다. 삶과 죽음과 종교관을 모두 종합하는 개념으로서 본고의 제목에서는 생사관이란 용어를 사용하였다.

2) 生死觀과 순결의식

한국여성의 생사관을 연구함에 있어 한무숙의 작품을 자료로 선택한 데에는 다음과 같은 이유가 있다.

첫째는 그가 여성작가이고, 둘째는 그가 전통적인 봉건가족의 조선양반댁 규수교육을 받았다는 점이다.5) 그리고 셋째는 이러한 한국의 전통으로 온축된 그 위에 다시 일본인여학교에서 오직 한 사람인 한국여성으로 여학교 과정을 마침으로써 누구보다도 빨리 개화사상 내지 서구문명사회의 새로운 추세를 인식할 수 있었다는 점이다. 넷째로 그는 다섯 명의 자녀를 모두 외국에 유학시켜 박사학위를 받게 하였고, 본인 스스로도 수차례의 외유를 통해 자신의 동양적 오성 위에 서구적 이성을 조화시키고자 부단히 노력하였다는 점이다.

조선적 여성관과 반봉건적인 새 시대의 여성관, 그리고 서구식 여성관에 모두 통달한 한국의 여성으로서 자신의 생사관을 作品 속에서 학구적으로 추구하여 고백하는 작가를 신문학 70년에서 찾는다고 할 때에 아무도 현대한국문단의 元老인 한무숙을 놓치고 지나갈 수는 없다.

참으로 현대철학이 추구하는 의문은 과학적인 것과는 그 양상이 다르다. 왜냐하면 현대의 철학적 의문은 물리적 현상의 질서에 있는 것이 아니라 관념의 상호관계 및 그 암시성에 관련되는 것이기 때문이다. 그래서 철학적 의문이 추구하는 해답은 실제적 사건의 보고라기보다는 그 사건에

---

4) 李在銑, 『韓國短篇小說硏究』, 一朝閣, 1975, pp.188~225 參照.
5) 韓戌淑 隨筆集, 『열 길 물속은 알아도』, 新太陽社, 1963, p. 96.

대한 해석이어야 하고, 그 기능은 자연물상의 지식을 증진시키는 것이 아니라 우리들이 알고 있는 바를 바르게 이해하는 것이다.

예술비평도 역시 과학이 아니다.

문학론이 사실의 진술도 豫示도 아닌 한 그것은 항상 철학적 수련의 과제로 존재한다. 왜냐하면 철학의 전면적 목적이 오직 이해일 뿐이고, 문학론의 목적 역시 작가와 작품에 對한 이해이기 때문이다.6)

이러한 관점에서 볼 때 작품을 쓰는 것도, 또 그 작품에 대한 문학론을 쓰는 것도 철저한 철학인의 자세에서만 그 성공이 가능하다. 韓戊淑의 소설은 작가의 인생본질론적 탐구와 구명의 자취를 소설의 형식을 빌리어 쓴 일종의 철학적 논문이라는 전제가 가능하다. 그만큼 그의 작품은 시종 죽음의 문제에 집중되어 있다. 그의 작품이 필자의 이상과 같은 전제를 해명해 줄 것이다.

본고의 제목에 순결의식의 항을 첨부한 것은, 죽음의식에 주력하여 작품을 이해하는 과정에서 부수적으로 얻은 수확이었다. 성에 관한 논의는 동양사회에 있어서뿐만 아니라, 서구사회에 있어서까지도 오랫동안 금기시되어 왔던 명제이다. 더욱이 우리나라 여성에게 있어서 그것은 현숙의 정덕을 따르는 규방 사람에게 무조건 불결시 되어야만 했던 항목인데, 한무숙 소설 속에 전통적인 관념과 새로운 것과의 갈등이 보이고 그 갈등으로부터 새로운 성윤리를 추적하는 순결의식의 변모가 보이기 때문에 이 항목을 또한 연구과제의 하나로 삼게 되었다.

본론을 전개하기 전에 한무숙 작품의 이해를 돕기 위하여 그의 생애 및 중요작품명을 일별해 보기로 한다.

그는 1918年에 태어났다.

그는 바다가 내려다보이는 언덕 위의 집에서 살았다. 거기서 묘지가 가까워, 무덤과 이웃하는 심정이 어린 가슴에 허무의 심지를 박아 주었다. 그러기에 졸업을 앞두고 결핵의 선언을 받아 8, 9개월을 병석에 눕게 되

---

6) Susanne K, Langei, 『Feeling and Forms』, 1976, pp.6~9, Passim

어도 그의 마음은 오히려 평안하였다. 독서인이었던 아버지 한적과 문학 청년이었던 오빠의 책을 그는 무엇이든 읽었다.[7] 그는 그림공부를 했었으나, 신외무물이라 하여 몸이 약한 그에게 畵筆을 멀리해야 한다고 어른들이 타이르므로, 金末峯의 長篇小說, 『密林』의 삽화를 1935년에 242回分 연재함을 끝으로 다시 肺患의 요양을 치루어야 했다.

1940年 23세에 시조모님이 생존하신 중시의 종가에 시집가서 누대에 걸친 전통적 가풍을 따라야 했던 그는, 밤이면 등잔불 아래에서 소설을 씀으로써 남모르게 내적 저항을 해소시키려 하였다.

그리하여 1942年에 長篇『등불 드는 여인』이, 1943년에 戲曲『마음』이, 또 1944年에 장편『서리꽃』이, 그리고 1948년에 장편『歷史는 흐른다』가 문예현상모집에 年年이 당선되었다. 그러나 『歷史는 흐른다』를 제외한 나머지 3篇은 아깝게도 6.25동란 중에 소실되고 작가자신도 작품을 가지고 있지 못하다.

1956年에 그는 第一創作集 『月暈』을 刊行하였다.

1957年에 第二創作集『感情이 있는 深淵』을 刊行하였고, 다음에 短篇「感情이 있는 深淵」으로 自由文學賞을 受賞하였다.

1963年에 第三創作集『祝祭와 運命의 場所』, 그리고 수필집『열 길 물속은 알아도』를 刊行하였다.

1970年에 사랑하던 차남이 자동차 사고로 사망하자 생애 최대의 타격을 받고 일시 실명하였으며, 그로 인하여 척추골절로 입원, 병상생활을 치루었다.

1978年 아들의 죽음을 애도하는 作品「우리 사이 모든 것이」와 실명인의 애한을 그린「어둠에 갇힌 불꽃들」로 엮은 第四創作集『우리 사이 모든 것이』를 간행하였다.

---

7) 韓戌淑 隨筆集,『열 길 물속은 알아도』, p. 79.

(1) 性 모랄의 推移

性의 문제는 옛부터 모든 예술활동의 기본적인 창작 동기가 되어 왔다. 그리고 예술작품에뿐만 아니라 정치사의 이면에 있어서도 性의 문제는 매우 중요한 인자가 되기도 했었다.

이제 韓戊淑의 소설 속에 性의 현상이 어떻게 드러나 있는지를 살피기 전에, 性이 얼마나 일반적으로 우리 역사 속에, 그리고 그 이전의 단편소설들 속에 형상화되어 있는지를 간략히 검토해 보기로 한다.

여자가 정절의식을 강하게 가지게 됐다고 하는 것은 조선조 사회를 지배하였던 유교의 영향이라고 생각된다. 일반적으로 한국의 유교사상은 중국과 달리 수용되었다. 중국은 事小의 처지에서 仁人君子之道를 표방하였다면, 한국은 事大의 처지에서 孝와 忠과 義理의 思想이 中核을 이루었다. 義士, 烈士 等이 韓國人에게 있어 영웅적 인간상으로 인식되는 것도 그러한 때문이었다. 바로 이러한 영향이 여성에게 적용될 때 사회와 가정은 여성으로부터 정절을 강요하게 될 수밖에 없었다.

① 古典의 경우

이제 한국의 意識史에서 性의 문제가 어떻게 형상화되어 있는가를 살펴보기로 한다.

善德女王知幾三事8)에는 여성이 죽음의 상징으로 묘사되어 있다. 靈廟寺의 玉門池에서 겨울에 많은 개구리가 모여 3, 4일 동안 울고 있어서 사람들이 이상히 여기고 임금에게 물었다. 王은 갑자기 精兵을 조련하여 속히 西郊에 가서 女根谷을 탐문하여 적병을 죽이라고 하였다.

이 설화는 이미 남성우위의 정치체제가 확립된 이후에 신라가 여왕을 군주로 갖게 되자 隣國의 정탐과 멸시를 받고 그것을 극복해 낸 정치사를 반영하는 것이지만, 그에 못지 않게 여성 내지 性과 죽음의 상관성을

---

8) 『三國遺事卷一』, 善德女王知基三事條

말해 주는 설화이기도 하다. 여성은 생명을 창조하는 근원이다. 그러나 그것은 동시에 남성에게 있어서는 죽음을 상징하는 과정을 통해야만 하는 것으로 인식된다. 後代에 와서 女性을 不淨한 대상으로 취급하게 된 것은 아무도 이 설화에서와 같이 긍정적인 생명으로보다 부정적인 죽음으로 여성을 해석했던 일에서 연유되었을 법하다. 母權中心의 上古時代 이후로 女性은 점차 신성성을 잃고 죽음을 나타내는 위험한 대상으로 전락하는데, 그 시초가 이미 三國遺事에 들어 있음은 흥미있는 일이다.

처음부터 죽음을 대비하고, 주어진 생애를 오로지 죽음을 준비하는 기간으로 살아감을 찬미하는 신라의 노래에 「願往生歌」가 있다. 현세를 거의 완전하게 부정하고 在家僧으로서 자기 아내와도 평생토록 손 한 번 잡지 않고 살던 修道人 廣德이 생전에 부르던 노래가 「願往生歌」다. 이 歌意 속에는 前夫와 後夫인 廣德과 嚴莊에게 있어 아내의 존재와 상호 간의 육체적 행위가 四十八大願과 極樂往生을 이루는 데에 큰 방해가 되는 죄업의 상징으로 암시되어 있다.

이룰 수 없는 사랑에 대한 호소와 절규의 노래로 인식되어 온 신라의 鄕歌 「獻花歌」9) 에도 천길 낭떠러지의 꽃을 따서 귀부인께 바치겠다는 村老의 고백을 通하여 실현성 없는 여성과의 사랑을 성취시키기 위해서라면 죽음까지도 不辭한다는 암시가 歌辭의 배면에 숨겨져 있다.

② 現代小說의 경우

現代小說에 이르러서도 우리는 性이 죽음으로 직결되는 이야기를 찾아볼 수 있다. 金東仁의 「배따라기」에서는 시동생과 아내 사이에 不倫한 관계가 있다고 오해함으로써 아내가 물에 빠져 죽고 형과 아우는 영원한 방랑객이 되어 떠돌아 다니게 된다.

不敬二夫는 儒敎倫理觀에서 나온 조선조 여성들의 최고의 덕목이었다. 東仁은 이 여자의 정절이 전통적 한국사회에서 차지하는 의미를 「배따라기」에

---

9) 『三國遺事』, 水路夫人條.

서 확인하고 있다. 죽음을 능가한 윤리의식의 승리를 보여 주었다고 할 수 있다. 그러나 똑같은 여성의 貞節을 다루면서도 「감자」에 이르러 東仁은 전혀 새로운 면모를 보인다. 가난은 하나 정직한 농가에서 규칙 있게 자라난 복녀가 생활난을 타개하기 위하여 매음행위를 한다. 이 작품 속에서 우리는 傳統倫理觀이 변모하는 사회 속에서 어떻게 무력해지는가 하는 문제를 '가난'이라는 경제적 조건을 배경으로 하여 설명하는 작가의 의도를 볼 수 있다. 東仁은 전통적인 것과 새로운 것의 충돌을 性에 관련지었을 때, 전통적인 정절의 승리를 「배따라기」에서, 그 패배를 「감자」에서 보여 준다.

羅稻香의 소설 「물레방아」에서도 性은 곧 죽음의 원인으로 처리된다. 주인이 머슴을 내쫓고 머슴의 아내를 후실로 삼고자 한다. 어느 날 주인과 아내의 음행을 목격한 머슴은 주인을 죽이려다 미수에 그치고 감옥에 간다. 출옥 후 아내를 불러내어 도망가자고 애원하나 말을 듣지 아니하자 아내를 죽이고 자신도 죽는다.

鮮于煇의 「불꽃」에서도 性은 부끄러운 금기로 취급되어 있다. 육정을 제어하기 위하여 젊은 과부 어머니는 끝이 뾰죽한 송곳으로 찔러서 만들어 내 무수한 상흔으로 곪긴 허벅다리를 앓으며 얼굴을 붉힌다.

全光鏞의 「黑山鳥」에서도 여성 및 여성과의 교합은 죽음을 불러온다는 것이 소설전개의 중요한 모티브로 되어 있다. 뱃길을 떠나느라고 올리는 용왕제날 밤에 왜 여성을 만나느냐는 나무람이 전제되어 있더니, 결국 주인공 용바우는 돌아오지 못하는 水中魂이 된다.

지금까지의 소설을 통해 보면 대체로 작품에 나오는 모든 여성 내지 여성과의 성행위가 죽음을 초래하는 부정한 것으로 암시되어 있다.

③ 韓戊淑의 경우

그러나 이러한 性槪念이 韓戊淑에 이르러 전환을 가져 오고 있다. 그의 作品을 따라가며 살펴보기로 한다.

「歸鄕」은 第一創作集에 실려 있는 作品이다. 국회의원이며 광업회사 사장인 신창수가 30년만에 공동묘지에 버려진 채 있는 부모의 산소를 찾아간다. 여섯 살이나 위이어서 어린 남편을 자식 기르듯이 섬기었던 옛 아내가 생각나지만, '돈이나 몇 푼 주려니'하고 양심의 가책을 다스리는데, 죽마고우였던 강첨지를 만나 옛 아내가 고생 끝에 죽었다는 것을 알게 된다. 중상모략과 사기에 가까운 투쟁으로 돈을 쓸어 모았다는 그가 버린 여자는 아내뿐만이 아니다. "관계한 여자들의 수는 열 손가락에 들고도 남는다. 버린 여자들의 훗일 때문에 마음을 괴롭힌 일은 일찍이 없다." 이러한 묘사에서 性은 순수히 주인공의 부당한 악행만을 강조하기 위하여 부정적인 면으로 이용되고 있음을 알 수 있다.

그런데 이보다 3年 후에 쓰여진 「月暈」에서는 부정적으로만 보던 性을 긍정적으로 이해하는 의식의 변환이 보인다. 홍여사는 40년을 청상으로 늙은 60대의 여인이다. 肺患을 앓다 죽은 斷房의 남편을 기억하는 것은, 시어른들이 가출한 틈을 타서 몰래 남편의 방에 들어가 남편 이마에 손 한 번을 얹어 볼 수 있었던 것 뿐이다. 그래서 그는 한평생 동안 性을 추하고 불결한 것으로만 생각하고 살아 왔다. 이 洪女史가 셋방에 든 어린 색시의 방문을 우연히 열었다가 신랑이 있는 것을 보고, "색시가 잡스럽게 생각키웠다" 하는가 하면, "가지가 휘도록 몰켜서 활짝 핀 벚꽃을 연상시킨다"고도 생각한다. 여기에 이르면 이 守節主義者이던 洪女史의 의식에 혼돈이 오고 있음을 알게 된다. 이러한 洪女史가 셋방 색시의 해산에 임하여, 남편의 죽음을 회상하고, 교미하고 산란하면 끝이 나는, 단 하루를 살다가 죽는 하루살이 떼를 바라보면서 "도덕이라든가 질서라든가 하는 것보다 더 절실한 과제"로 해산과 性의 행위를 생각하게 된다는 것이다. 이 작품은 전통적인 한국 여성이 性을 어떻게 생각했는지를 잘 보여 주었다. 그리고 색시의 해산을 통해 洪女史가 性을 생명의 탄생을 위한 전초라고 생각하게 되는 것은 커다란 인식의 발전이라고 할 수 있다.

第二創作集 『祝祭와 運命의 場所』 서문에서 작가는 이렇게 말한다.

술맛은 몰라도 産後의 미역국 맛을 아는 여인은 낳은 괴로움과
아픔과 기쁨과 떳떳함을 아는 것이라고 생각합니다. 영롱한 아기
를 낳았을 때의 국맛과 畸形兒를 낳은 어머니가 슬픔과 절망 속
에서 마시는 毒汁과 같은 국맛과 — 같은 미역국이면서 엄청난
차를 가지는 것을 아는 여인은 말입니다. 사람과 사람 關係란 좋
건 나쁘건 간에 誤解입니다만 어쩌다가라도 생각이 합쳐진다면
기쁘겠어요.[10]

철학과 예술비평의 목적은 바로 올바른 이해라고 한, 스잔느 랑거의 말
과 위의 인용문은 상호일치한다. 문학연구가가 한 작가의 내심의 소리를
오해 없이 이심전심으로 깨우치게 된다면, 그것은 작가에게 있어서나 연
구가에게 있어서나 참으로 기쁜 일이다. 筆者는 이 한 권의 단편집에서
작가의 소리를 이해한 作品으로 「祝祭와 運命의 場所」, 그리고 「流水
庵」을 고를 수 있다.

친구들에게 늘 폐만 끼치며 목숨을 부지해 온 전옥희 여사를 친구들이
무료병원에 입원시킨다. 생명이 길지 않다고 말하는 의사들에게 그의 친
구들은 剖檢(시체해부)까지 허용한다고 싸인을 해준다. 이것도 모르면서
전옥희 여사는 면회 온 친구에게 어서 퇴원하여 자리를 잡게 해 달라고
부탁한다. 평생 동안, 모든 남자들이 자기를 보기만 하면 사랑하게 되었었
다고 착각하며 살아온 전옥희 女史는 자신을 애틋하게 보살펴 주는 어린
착한 간호원 미연에게 사랑과 연민을 느낀다. 어느 날 미연에게 뻣뻣한
태도로 대하는 미연의 애인을 먼 발치에서 보는 순간, 미연에게서 옛날의
자기 자신을 발견하고 평생에 처음으로 정직하게 부르짖는다.

조심해! 여자란, 여자란 한 번밖에 승부를 할 수 없는거야. 아
무에게두 져선 안 돼. 열정에두, 연인에두, 자신에두! 나를 보란
말야! 나를![11]

---

10) 韓戊淑, 『祝祭와 運命의 場所』, 1963, p. 6.

그리고 며칠 후 전옥희 여사는 자신이 죽어 가고 있다는 것을 전혀 의식하지 못하면서 이렇게 생각한다.

> 미연이 그 청년에게 순결을 바쳤는지 아닌지는 잘 모른다. 그러나 언젠가는 일어날 일이고, 그 관능과 환희의 절정이 곧 부검에 이르는 여자의 운명에 직결되는 일이 있다더라도 어느 시인이 말하듯 性이란 인간의 귀속을 확증하는 축제의 자리임에 틀림이 없을 것이다. 전옥희 女史는 현실적으로 다시 한 번 인생이 주어진다 하더라도 역시 같은 癡愚, 같은 실수와 고통에 찬 길을 되풀이할 수밖에 없을 것이라는 것을 뼈저리게 실감하였다. 그것은 패배를 정당화함으로써 인생을 긍정하려는 뜻이라기보다는, 죽음 앞에 선 사람만이 가지는 하나의 깨우침이었다.12)

작가는 50여편을 헤아리는 그의 소설 전체를 통하여 단 한 장면의 베드신도 작품 속에 만들지 않는다. 그러나 열 개의 감각적인 베드신을 능가하면서 性의 리얼리티를 생생하게 인식시켜 준다. "그 한 번의 환희로 인해 다시 부검을 당하는 신세에 이른다 해도 과거를 후회하지 않고 사랑하노라"면서 전옥희 여사는 눈을 감는다. 이 말은 성의 깨끗한 순수쾌락을 하나의 축복이라고 전제하는 인식론적 발언이 된다. 참으로 시몬느 보봐르의 말처럼, 어둠이 빛으로 化하고, 존재가 무한한 가치로 전환되며 더 이상 그늘의 바다에 빠져들지 아니하고 날개를 얻어 하늘에 비상하는 것에13) 비견된다고 하겠다. 오랫동안 우리 사회에서 금기시되어 온 성에 대하여 韓茂淑은 밝고 긍정적인 개념으로 전환을 시도한 것이라고 생각할 수 있다.

「感情이 있는 深淵」은 그의 작품명이자 또한 第二創作集의 책명이다.

---

11) 韓戊淑, 같은 책, pp. 42~43
12) 앞의 책, pp. 59~60.
13) Simone de Beauvoir, 『The Second Sex』, Translated H. M. Parshley, 1975, p. 659

이 작품은 1958년도 자유문학상 수상작품이기도 하여서 그 작품의 진가가 공적으로 인정된 바 있는 작품이다. '나'가 정신병원에 입원중인 尹典娥를 면회하러 갔다가 되돌아오는 때까지의 과거 회상을 기록하고 있다.

대농의 집에 얹혀 살던 '나', 시골소년이 자라서 미군부대의 통역이 된다. 대농인 主人집 딸 尹典娥는 미국에 유학을 가려는 터이라 영어에 능한 '나'와의 사이에 대화가 잦아져서 서로 사랑하게 된다. 두 사람이 다 미국에 가기로 계획을 하고 출국 수속을 하는데 '나'는 건강이 나빠 비자가 나오지 않고 典娥에게만 비자가 나온다. 어느 날 여죄수들이 트럭에 실려 가는 것을 보고 典娥는 罪惡妄想狂이 되어 버린다. 작은 고모가 행실이 부정해서 생긴 욕된 씨를 지우려다가 철창 신세까지 졌고 典娥에게 교훈이 되어야 한다고 열한 살 어린 소녀를 그 공판장에 데리고 갔었는데, 이로 인해 애인과의 밀회에서 항상 '아무 일이 없어야 한다는' 억압된 성적 컴플렉스에 짓눌리어 살아왔기 때문이었다. 典娥는 정신병원에 입원하고 '나'는 다시 신체검사를 받아 미국행 비자를 받게 되지만, 병원에 찾아가서 典娥의 병이 性的 慾望의 制御 내지 罪意識에 緣由함을 깨닫고, '나'는 自身이 惡人으로 느껴져서 괴로워한다.

發狂이라고 하는 것은 일종의 무의식상태에서의 행위이다. 무의식은 인간심리 속의 원시적인 부분, 유아적인 부분, 스스로도 의식하지 못하는 불쾌한 부분들이다. 말하자면 그것은 본능적인 것, 정서적인 것, 肉體的이고, 感想的인 것이라고 생각하여도 좋다. 그래서 프로이드는 무의식의 특징을, 부정과 모순과 시공을 모르고 심리적 초보상태에 있는 것이라고 말하였다.14) 이러한 프로이드의 정신심리 분석에 의한 수법으로 이 작품은 형상화되어 있다. 典娥의 무의식 세계에는, 스스로를 죄인으로 생각하여 애인에게 가까이 하지 못한다는 마조키즘이 있고, '나'에게는 내가 가문과 재산과 익혀 온 전통 등 어느 모로 보아서나 감히 전아를 범할 수 없다는 조심성과 위축감에 괴로워하는 마조키즘이 있다. 그래서 두 사람

---

14) 張秉琳, 『精神分析』, 法文社, 1969, p. 176.

은 결국은 양자파탄의 비극으로까지 이르게 된다. 환자의 무의식세계를 추구하게 되면 곧 병원을 찾아 치료할 수 있게 된다는 프로이드의 말처럼,15) 典娥의 담당의사는 그녀가 그린 그림이 남성상징이었음을 알게 되고 '나'에게도 알려 준다. '나'의 마조키스트적인 열등의식을 '소우셜 콤플렉스'라고 命名한 사람도 있다.16) 작가 역시 작품 속에서 "정신분석상으로 보아 그것은 성품의 상징이고 여자 환자는 특히 다소 淫해진다"고 말하고, "그런 그림을 그린 그녀가 진지하게 자신을 정시하려고 애쓰는 것"임을 생각한다. 그리고 性으로 인한 죄의식을 부정하면서, "대체로 性의 交合이란 서로 사랑하는 부부사이에 있어서까지 어떤 처참한 감정이 따르는 것이니까 性은 生體 內容의 하나가 되는 것이므로 구태여 죄라고 느껴지면 그 죄를 거듭함으로써 구원을 받을 수도 있는 것이 아니냐"고 전통적 정절의식을 지닌 한국 여성 내지 모든 독자에게 질의하는 것으로 보아야 하겠다.

이상으로 요약하면 한국여성은 성을 전통적으로 추하고 부정하고 죄스러운 것으로만 생각하여 우리의 일상생활에서 부정하고 거부하여 왔었다. 그러나 韓戊淑은 그의 소설에서 전통적 性모럴에 대하여 새로운 안티테제를 제시해 주었다.

　ㄱ. 性은 생명 탄생의 전초이다.
　ㄴ. 性은 순수쾌락을 지닌 축복이다.
　ㄷ. 性을 지나치게 죄악시하는 죄악망상증은 性을 거듭함으로써 치유
　　　되어야 한다.

이러한 결론은 문학을 하나의 체계 위에서 철학하는 자세로까지 끌어올리려고 노력하는 작가만이 이룰 수 있었던 성과라고 본다.

이상으로 간략하게 韓戊淑 소설에 나타난 性의 문제를 개관하였다. 그

---

15) 같은 책, p. 176.
16) 『韓國代表文學全集 8卷』, 三中堂, 1970, p.798.

러나 이러한 性의 논의는 반드시 죽음의 논의와 공존한다. 따라서 다음 장에 서술되는 '죽음의식의 발전'에서 위에 언급한 작품들이 다시 논의될 것이다.

(2) 죽음의식의 발전

① 因襲된 生死觀

「歸鄕」의 신창수는 앞절에서 부도덕한 사람으로 지적되었고, 신창수의 불성실한 생활태도를 비난하는 모티브로서 그가 성생활에 문란했었던 점이 설정되었었다. 이제 신창수와 같은 물질만능주의자가 죽마지우였던 강첨지로부터 "영혼이라도 한이 풀리게, 불쌍한 아내의 무덤에 가서 곡이나 한 번 해주라"는 말을 듣고 인간의 죽음에 대면하면서 어떻게 심경의 변화가 오는지를 생각해 보자. 우선 그는 투박하고 우둔한 강첨지의 아들이 어린애처럼 아버지를 날렵하게 업고 산으로 앞서가는 것을 바라보면서, 멋과 부귀로 치장된 자기 자식들과 자기 자신 사이에는 강첨지네같이 순박한 父子之情이 있을 것 같지 않고 또 강첨지도 신창수의 부유함에 전혀 선망의 표정이 없다는 것을 깨닫는다. 오히려 신창수는 버림받아서 죽은 아내의 무덤이 시야에 들어오는 순간, "성공, 명성, 야망, 그리고 사는 것 자체 그 모든 것이, 이 서글픈 무덤을 위한 부질없고 가련한 서곡인 것"을 깨닫는다. 따라서 이 作品 속에서는 "누렁지를 손에 쥐어 주며 기르듯 섬긴" 옛 아내와의 추억과 30年 후에 대면한 아내의 죽음이, 바로 신창수의 한평생을 照明시키고 開悟하게 하는 받침들의 役割을 한다. 늙고 구식이어서 버린 아내의 모습이 지워지고, 선량하며 자애깊은 여성의 이미지를 가슴에 담게 된 새로운 인간 신창수가, 비로소 옛 아내의 죽음 앞에서 새로 태어난 것이다. "참으로 밤이 푸른 대지를 어둡게 하더라도, 세월은 윤회를 거듭하며 죽음이 새 생명을 가져온다"는 것을[17] 작가는

---

17) Philip Kapleau, 『The Wheel of Death』, 1974, p. 1.

이 작품에서 말해 준다.

「月暈」에서는 60年 동안 남자를 모르고 수절을 지키면서 전통적 한국 여성의 순결과 정절을 최상의 가치로 생각해 왔던 洪女史가 셋방에 사는 색시의 해산에 임하여 심경변화를 가져온다. 즉 性을 '잡스럽다'고 생각하였으나 비로소 그것을 '활짝 핀 벚꽃'으로도 생각하게 되는 갈등이 온다. 다시 肺患의 환자로 斷房살이를 하다가 죽은 손아래 남편과 램프불가에서 무수히 떨어져 죽은 하루살이를 오버랩 시키며 생각하다가, 성은 그렇게도 무섭게 부정할 것이 아니라 생명창조의 전초가 되는 것이라고 인식하게 된다. 여기에서는 40년 전에 있었던 남편의 죽음이 홍여사의 심경에 아무런 변화도 주지 않은 채 전통적인 인습의 나날을 살게 했었을 뿐인데, 비로소 생명을 분만하는 색시를 보고서야 "평생에 기다렸던 것, 기다리는 동안에 지나가 버렸던 것이 이러한 것이었구나 하는 상념이 스치면서, 한 평생 동안을 겪어 온 人生의 피로가 밀려오는 것"이다. 그러니까 홍여사의 남편은 40年 전에가 아니라 40年 후, 셋방 색시가 아기를 분만하는 때에 와서 비로소 실제적인 인물로 등장하며, 전통적인 인습의 여성상만이 가치있는 것이라고 믿었던 홍여사의 비판기준에 갈등과 전환을 가져오는 하나의 모티브가 된다. 우리가 만일 죽음의 정령이 무엇인가고 파악하고 싶다면, 무엇보다도 먼저 삶의 육신 내면 깊숙이로 우리 가슴의 문을 열어야 한다는18) 것을 작가는 말하고 싶어한다. '죽음=삶'이며 '精靈=肉身'이라는 등식설정의 지혜로 개안한 새 인간 홍여사의 탄생이 역시 남편의 죽음을 통해 性을 새롭게 이해하는 동기설정으로 처리되어 있다.

이제 「歸鄕」과 「月暈」에 나타난 來世意識의 진전을 살피기로 한다. 「歸鄕」에서는 "영혼이라도 恨이 풀리게" 가엾은 아내의 무덤 앞에서 곡을 하라는 대사를 통해, 한을 품은 여인의 孤魂이 세상에 남아 있는 사람들의 행동거지에 따라 그 한을 풀고 평화를 누리게도 되는 내세에 대한 암

---

18) kahlil Gibran, 『The Prophet, 1973』, p.80.

시를 보여 주었을 뿐이다. 그런데 「月暈」에 이르러서는 "죽으면 合墳하기로 되어 있으나, 어린 소년인 남편과 파뿌리 흰 머리의 노파 아내는 서로 몹시 놀라고 당황할 것이 아닐까"고 해학적인 기술을 하고 있다. 여기에서는 내세에 관한 작가의 의식이, 인연의 사람들로 재구성되어 집단을 이루고 살아가는 생활현장을 구체적으로 제시하는, 한 단계 비약된 내세관으로 발전하고 있다.

그러나 「歸鄕」과 「月暈」에서 작가가 보여 주는 내세관은 자신의 철학적 사유에서 우러나온 것이 아니라, 옛날 어렸을 때에 우리들의 할머니나 어머니로부터 무수히 들으면서 자라 온 바로 그 흔한 민간 아낙네의 넋두리에 근거한 것임을 우리는 안다.

" '살다 죽었다'는 두 마디로 요약할 수 있는 것이 人生이다. 또 이야기가 죽는 데로 빠져 버렸다. 사람이 관심하는 것이란 결국 그리 넓지 않은 까닭에선지, 내 자신이 좁아서 그런지 알 수 없지만, 언제나 맴도는 곳은 인간이란 주축을 중심한 곳 뿐인 모양"이라고[19] 말하면서 韓戊淑은 그의 작품 전체에서 죽음의 소재를 다루고 있다.

② 自己 哲學的 生死觀

그러나 죽음의식이 참으로 학구적인 진통의 사유를 거쳐 자기철학에 근거하는 소리를 울려 주는 작품은 「돌」이라고 할 수 있다.

이 「돌」은 앞의 절에서 논의하지 않았던 작품이므로 조금 더 상세한 소개가 필요할 것 같다.

폭격으로 아내와 어린 아들을 잃은 후 고독하게 살아가는 주인공 '나'는 그들의 죽음을 시인하고 여전히 생명을 지속하는 자신을 자학하며 꺼풀만 남아서 연명한다. 어느 날 집에 오신 혜정 스님이 허약한 '나'를 보고 옥수암에 와서 휴양하라고 타이른다. 그곳에 간 '나'는 혜정 스님의 조카딸 영란을 만나 진실로 몇 해만에 처음 재생의 의욕을 갖는다. 그리고

---

19) 韓戊淑隨筆集, 『열 길 물속은 알아도』, 1963, p.37.

산다는 것은 당연히 영란과 더불어서라는 조건하의 삶이라고 '나'는 생각
한다. 그러나 장자못과 돌의 전설을 들은 영란은 그가 지닌 聖性이 人性
으로 기울어져 '나'에게 가까이 오는데 보조역할을 하는 게 아니라 조금
남았던 人性마저를 聖性化하여 불보살이 되는데 조언의 구실을 하는 역
리를 빚는다. 하늘이 朴長者를 벌하면서 그 가문 중 유일한 선인 며느리
를 구해 주는 데, 뒤돌아보지 말라는 명을 어기어 연못이 된 옛 집터 장
자못과 산비탈 사이에 바윗돌이 되어서 남아 있게 되었더라는 것이다. 영
란을 통하여서 인생과 재회하기로 결심한 '나'가 며칠 후 서울에서 둘이
만날 것을 약속하고 먼저 서울로 떠나는데 배웅을 나와 그 전설의 돌 앞
에 서 있는 영란이가 바로 그 돌 속으로 빨려 들어가며 石化해 버리는 것
같은 환영을 보고, "善도 惡과 같이 벌을 받은 거군요. 그렇게 착한 사람
이었지만 돌이 되어 버리지 않으면 안 되는 운명이었던가 보지요"라고 하
던 영란의 말을 상기하고, 영란은 절대로 '나'에게 오지 않으리라는 것을
깨닫는다.

여기에서 영란이가 돌 속에 빨려 든다는 표현은 곧 돌이 상징하는 관세
음보살 내지 부처님 이미지로 상승하는 종교적 의식을 문학적 표현으로
형상화한 것이라고 보아야 한다. 불보살이 된다는 것은 바로 현세적 죽음
이지만, 그 죽음이 사랑하는 사람 '나'를 자기파탄에서 건져 내고, 재생의
이유와 용기와 목적이 되어 주는 때문이다. 기왕에 죽은 가족의 죽음, 그
리고 자기 자신에게 찾아올 죽음을 슬퍼하는 사람은 이 세상에서 제일 비
극적인 사람이다. 죽음이 바로 삶의 한 부분인 것을 이해하지 못하는 한,
죽음의 공포에서 벗어날 수 없다.

우리가 삶과 죽음의 포괄적인 상관관계를 인식하게 될 때 우리는 더 이
상 삶 하나에만 애착하는 미련한 사람이 되지 않는다. 삶에 의존한다는
것은 바로 죽음에 依存한다는 말이 된다. 왜냐하면 삶과 죽음은 상호연맥
되어 있기 때문이다. "다시 말해서 죽음을 두려워하는 사람의 일생은 공
포로 가득 차 있다. 어떻게 사는가를 아는 사람은 어떻게 죽는가도 안다.

동시에 죽음을 대면할 자세를 항상 갖추고 사는 사람은 늘 평화 속에서 삶을 살아가는 사람이다. 그러니까 죽고 싶지 않다는 생각은 바로 살고 싶지 않다는 의사가 된다."20) 『東方的 死觀』을 쓴 상기 이중영의 생각이 韓戊淑의 소설에도 다음과 같이 드러나 있다.

> "영란이가 나에게 돌아오지 않으리라 싶어" 나는 울고 있었던 가? 아니다. 전에는 그렇게도 견디기 어려웠던 상념 — 즉 내가 없어져도 세상은 변함 없으리라는 상념이 이제는 오히려 마음을 메꾸어 간다. 人間의 生死라든가 희노애락에 대한 완전한 무관심 속에 지상생활의 운행과 완성이 있는 것일지도 모른다. 안타깝게 아쉬운 사람을 잃고도 살아가기 마련이고 또 그렇게 할 수 있다는 것이 인간이 살아갈 수 있는 힘이다. 그렇다. 이미 나는 달포 전에 옥수암을 찾아가던 때의 내가 아니다. 나는 내용을 가진 것이다. 설사 그것은 不可解라는 인간의 中核에 부딪혀 버린 것이라 할지라도 나는 사랑을 알았던 것이다. 사랑을 체험했다는 것은 목숨을 체험한 것이고, 주체스러운 '나'를 갖추는 것이기도 하였다. 아무도 완전히 자기 자신이었던 사람은 없다고 한다. 그러나 나는 그녀 앞에서 완전히 나였었고 또한 그 나는 상기 내부에 살고 있는 것이다.21)

'나'의 입을 통하여 이야기하는 작가 韓戊淑의 사유는 동양철학자 이중영의 동방적 사관과 일치한다. 그러한 때문인가, 이 작가를 일컬어 서구적 이성의 작가가 아니라 동양적 悟性의 작가22)라고 전제하면서, "그는 토착적이고 본질적인 한국인의 감성과 정신을 제일 많이 갖추고 있으며 (東洋的 悟性), 그와 같은 전통의식이 만만찮은 지성에 의해(西歐的 理性) 갈등을 일으키는 이 시대를 가장 리얼하게 파헤쳐 스스로의 독특한

20) Jung Young Lee, 『Death and Beyond in the Eastern Perspective』, 1974, p.91.
21) 韓戊淑第一創作集, 『月暈』, 1956, pp.306~307.
22) 『韓國代表文學全集 8卷』, 三中堂, 1970, p.801.

영역을 개척한 力量있는 作家"라고 평한 사람도 있다. 전시대의 여인과 성이 부정적인 죽음 내지 불운으로 직결되었던 것에 반하여, 이 작품「돌」에서의 여인의 죽음과 性은 초월계를 향해 가는 人間聖性化의 모티브로서 강력하게 암시되어 있고, 또 삶을 비관해 오던 한 사나이에게 재생의 기점이 되어 줌으로써 죽음을 통한 생명의 끊임없는 반복성, 즉 생명의 영원회귀를 반영해 주는 철저한 불교적 종교관을 보여 준다. 한국소설의 의식사를 기술함에 있어 하나의 뚜렷한 이정표가 된다는 것을 확인해 두어야만 하겠다.

다음은 「祝祭와 運命의 場所」를 살펴보기로 한다. 이 작품은 죽음 문제에보다는 더 많이 성의 새로운 윤리관에 초점을 맞추고 있다. 이 작품은 性의 쾌락을 깨끗한 순수쾌락으로 보고, 그것을 위해서는 어떠한 희생의 대가도 치를 수 있다고 생각하면서, 불우했던 과거와 불우한 현재의 처지에 축복을 보내며 죽어 가는 한 여인의 죽음에 임해서 보여 주는 슬기를 묘사하고 있다. 그러므로 이 작품 속에 나타난 죽음은 인간본질론적이거나 아니면 내세주의적 종교관을 탐구하는 죽음이 아니라, 지상에서의 자연물상적인 측면에서 죽음 현상을 파악하고자 하는 노력의 경향을 띠고 있다.

스텐리 킬만은 "① 人生이란 임종연습의 기간이고 장소이다. ② 인간은 고통과 기쁨을 통하여 시시각각으로 죽고 시시각각으로 재생한다. ③ 많은 일에 과욕하지 말고 항상 자기의 소유를 조금씩 줄이고 포기하면 생애도 평화롭고 행복한 마지막의 죽음을 얻게 된다"[23]는 죽음관을 전개하였는데, 종교적 생사관에 전혀 관련되지 않은 현상학적 죽음관을 韓戊淑도 이 작품 속에서 피력해 보이고 있다.

> 죽음이란 순시에 결정되는 것이 아니고 삶 속에 있는 것이어서
> 사람은 일순일순을 죽어 가고 있고, 그러니깐 일순일순이 죽음의

---

23) Stanley Keleman, 『Living Your Dying』, 1974. 참조.

微分値일지도 모른다. 죽음의 직면에서 어떤 예지 같은 것을 어렴
풋이 알 것 같다. 죽음이 가지는 어떤 특권적 상태 속에 놓여 있는
것이다. 나무의 열매들이 열매마다 각기 다른 저 자신의 果核을
갖고 있듯이 사람은 저마다의 죽음을 가지는 것. 일생을 치사하게
남을 괴롭히며 살아온 그녀는 그 주착스러운 희망과 기획을 포기
하고부터 퍽은 생각이 깊은 인상을 주었다. 주착에 눌려 찌푸려졌
던 슬기가 조금씩 자리를 찾기 시작한 것이나처럼[24]

　동일한 논조를, 한 사람은 학술의 그릇에, 또 한 사람은 소설의 그릇에
담았을 뿐이다. 그래서 스잔느 랭거가 말한 바 좋은 소설을 쓴다는 것은
바로 학문하고 철학하는 행위가 된다는 것을 확인하게 된다.[25]
　역시 第二創作集에 수록되어 있는 「流水庵」 또한 妓女의 일생을 통하여
한 여성 속에서 죽어 가는 女性性의 죽음과 퇴화를 그리고 있다. 희랍의 철
학자 헤라클리투스의 유명한 명언, "萬物은 流轉하니, 오늘 내가 발목을 잠
그는 江물은 어제의 물이 아니다"[26]라고 했던 말이 이 「流水庵」에 추구되
고 있는 주제를 이루고 있다.

　　물은 변함없이 흐르고 있는데, 허지만 예전 흐르던 그 물이 아
　　니군요. 그러면서 언제나 여긴 물이군요. 이 물같이 모두들 가버리
　　구, 또 모두들 있군요. 나만 시들구.[27]

　헤라클리투스의 萬物流轉說과 佛家의 輪廻思想을 평이한 대화조로
늙은 妓女의 입을 통해 말하였다고 하겠다.
　「우리 사이 모든 것이」는 '용기 靈前에'라는 부제가 붙어 있는 비허구
실제담을 쓴 작품이다. 기독교적 사관에 의지하여 사랑하는 아들의 죽음

---

24) 韓戊淑, 『祝祭와 運命의 場所』, 1963, p.57.
25) 註 7) 參照.
26) Heraclitus(540~480 B.C). 『西洋哲學史』, 金泰吉·尹明老·崔明官 譯, 乙
　　酉文化史, 1963, p.31. Encyclopedia, B 10, p.386.
27) 한무숙, 『축제와 운명의 장소』, p.293

을 견뎌 내는 모정의 진통과 신앙과 사랑이 눈물겹게 펼쳐져 있다. 이 작
품 안에는 단 한 줄의 거짓도 쓰이지 않았다고 작가는 고백한다.[28] 그리
고 죽음을 본질론적으로 탐구하는 연구논문식 기술을 하고 있다.

> 죽음이 무얼까? 생리적으로는 심장이 그 기능을 완전히 상실하
> 고 신체를 구성하는 세포가 사멸해 버린 상태라고 들었다. 너 같
> 은 사고가 없더라도 사람은 죽는다. 신이 인간에게 주신 완전무결
> 한 공평이 있다면 그것은 죽음뿐일 것이다. 그러나 육체의 사멸을
> 뜻하는 죽음은 그렇다 하더라도 죽음의 의미가 무엇인지를 알 수
> 가 없는 것이다. 아무도 죽어본 사람은 없으니깐 죽음을 체험으로
> 말할 수 있는 사람은 하나도 없다. 그러나 우리는 저 세상을 믿는
> 신앙을 가진 사람들이니깐 영원히 살 것을 믿고 따라서 죽음은
> '삶의 한 수단'이라고 생각하려고 한다.[29]

여기에서 작가는 그가 기독교의 내세관을 완벽히 신앙하는 태도를 보인
다. 그리고 아들의 무덤 앞 비석에 아들의 마지막 편지의 한 구절을 따서
'우리의 사랑이 천주 안에서 깊고 또 영원히'라는 비문을 새기었다. 작가
는 아들을 잃은 후 실명이 되기까지 괴로워하며 慰靈의 기도문으로서 이
작품을 썼다. 그 마지막 달관과도 같은 悟性으로 작가는 다음과 같이 말
한다.

> "차라리 태어나지 않았더라면 하는 생각은 한 번도 한 일이 없
> 다. 존재는 귀하며 모든 것은 있는 그대로 좋은 것이다. 너 까닭에
> 이 괴로움, 이 아픔을 갖지만 너는 태어나야 했고 많은 추억을 남
> 겨 주어야 했고 어쩔 수 없이 슬픔과 아픔도 남겨야 했다. 그것은
> 섭리다. 그리고 우리는 아무도 신의 섭리에 간섭해서는 안 된다."

---

28) 이것은 直接 筆者가 韓戌淑 氏로부터 들은 말이다.
29) 韓戌淑, 『우리 사이 모든 것이』, 1978, p.18~19 passim.

이와 같은 신앙인의 자세로 운명을 극복하고 나서 "인간은 백 살을 살아도 영원에서 보면 須臾이니 하루를 살다 죽으나 백 살을 살다 죽으나 미흡하긴 마찬가지이고, 너는 25년 육개월을 살고 갔지만 지금 영원 속에 살고 있다"고 자위한다. 작가의 아들 용기에게 있어 그가 처해 있는 영원은 피안의 세계에만 있는 것이 아니다. 현세에도 존재한다. 밤새도록 응급환자를 치료하고 다음날 새벽에 전문의면허를 따기 위한 시험을 보러 가다가 달리는 차 안에서 너무 졸음이 쏟아져 핸들을 놓아 버렸다는 것이다. 미국 신시내티 호음즈 병원은 가로 25센티 세로 18센티의 놋쇠판에 '용기 김 의사를 기념하여, 헌신적인 의사, 언제나 그는 환자에게 몸을 바쳤다'라고 새긴 기념패를 보내었다. 그리고 병원 안에 김용기 의사를 추모하는 기념 도서실을 만들었다. 냉동한 시신을 한국으로 공수해 주었다. 호음즈 병원 당국의 이러한 처사는, 김용기 의사가 내세에서만 영원한 것이 아니라 바로 이 현실세계에서도 영원히 죽지 않고 존재한다는 것을 입증해 준다. 만약 작가가 인생의 의미를 성취하고 현대사회에서 영웅적 역할을 하고자 한다면, 돈을 벌기 위한 수단으로 그의 작가활동을 이용해서는 안 된다고 랑크는 말하였다.30)

김용기 의사는 생계의 수단으로서 의학에 임한 것이 아니라 사랑과 봉사, 아픈 사람을 돕고 싶은 헌신의 자세로 의학에 臨한 것이기 때문에 이 세상에서도 永遠히 사는 祝福을 받았다. 랑크 사상의 忠實한 解說者인 어네스트 벡커는, 영원히 살고자 하는 사람은 천만년 뒤에도 그 작품이 작가의 생명을 증명해 주는 그런 업적을 쌓아야 한다고 말하였다.31) 시험 전날에는 환자를 돌보는 당직 근무가 면제되어 있다는데, 바로 시험 전날, 혼자서 응급환자를 돌보았다는 것은 의무로서의 생활이 아니고 사랑과 봉사로 일관된 의사생활이었음을 말해 주는 것이다. 그리고 이것이 바로 그가 세상에서 영원히 사랑받을 업적을 성취한 것이 된다. 김용기 의사의

---

30) Ira Progoff, 『The death and Rebirth of Psychology』, 1956, p.251.
31) Ernest Becker, 『The Denial of Death』, 1973, p.109.

박애주의의 행위는 바로 랑크와 벡커가 말하는 불멸의 업적에 해당된다고
하겠다. 동생이 죽던 순간의 모습을 김용기 의사의 형은 이렇게 어머니께
전해 주었다.

> 제가 급히 달려갔을 때는 병원에 누워 있더면요 곤히 잠든 것 같
> 았어요 병원에서는 최선을 다하고 혼수에서 깨어나기를 기다리구 있
> 었어요 신시내티 의학대학 전체가 뒤집힐 정도였지요 그애는 깨나
> 지 않았어요 저는 그애가 죽을 것 같지 않았어요 제가 울면서 용기
> 야 형이 왔다, 발가락을 움직여보렴 했더니 발가락을 움직이더군요
> 아니, 제 눈에는 그렇게 보였어요 글쎄 발가락을 ......[32)]

그렇게 말하면서 형은 흐느끼었다. 그러나 "언젠가 부활할 육체를 생각
할 때 나에게는 너의 주검마저가 소중하다"고 그의 어머니 韓戊淑은 神
의 섭리 앞에 머리를 숙인다. 그러나 이 작품 속에서 작가는 슬픔을 견뎌
내기 위하여 많은 불가의 가르침을 동원한다. "가톨릭은 신앙으로 믿는
종교이고 불교는 학문하는 재미를 위해 공부하였다"[33)]는 작가의 말을 이
작품은 그대로 나타내고 있다. 그러나 이러한 말은 좀더 음미해야 할 필
요가 있다. 우리가 가톨릭을 믿는다고 할 때 그 신앙이 완전히 서구적일
수 있는가? 아마 그렇지 못할 것이다. 그렇다면 가톨릭이 지닌 종교적 존
엄성과 보편성, 그리고 그 체제의 견고성이 서구지향적 정신생활과 합치
되었을 때 우리는 가톨릭을 우리의 종교로 택할 수 있으나 우리의 사고가
완전히 서구적 가톨릭에 일치하지는 않으리라고 생각한다. 그리고 오히려
불교적 취향이 체질적으로 우리의 몸에 배어 있기 때문에 불교를 이론적
으로 탐구하게 되었다고 말하는 것이 韓戊淑의 말을 보다 설득력 있게
해주리라고 생각한다.

---

32) 같은 책, 41~42.
33) 이것은 筆者가 직접 韓戊淑 氏로부터 들은 말이다.

(3) 韓國女性의 意識構造

이로써 한무숙의 단편소설에 나타난 한국여성의 생사관과 순결의식을 살펴 보았다. 그런데 한무숙은 조선조여성의 정절주의라는 전통성으로부터 시작하여 항상 새로운 가치체계의 확립을 위하여 갈등을 겪은 작가이므로, 지극히 보수적인 사람이건 급진파의 현대인이건 독자들은 누구나 그가 구축하는 작품세계의 등장인물에서 독자 자신과 상통하는 일면을 찾을 수 있다.

그리하여 필자는 한무숙 작품 속의 여성들이 보여 주는 의식이 곧 한국여성이 가지고 있는 어제와 오늘의 의식을 대변하는 것으로 보아도 된다고 하는 논리를 전개시켜 본 셈이다.

이제 본고에서 취급된 모든 작품의 인물을 조감하여 한무숙 소설에 나타난 인물성격의 전형을 찾을 수 있다면, 그것은 바로 한국 여성의 의식구조를 드러내는 전형적인 모습으로 규정해도 좋으리라는 확증이 된다.

메코레이와 레닝은 소설에 등장하는 인물의 성격을 아홉 가지의 기준에 의하여 결정할 수 있다고 하였다. ① 용모, ② 행위, ③ 타인에게 하는 태도, ④ 언어, ⑤ 자신에게 하는 태도, ⑥ 타인이 이 인물에게 대하는 태도, ⑦ 신변, ⑧ 과거, ⑨ 언어가 가지는 의미라든지 인물의 이름과 같은 지엽적인 기교34) 등이 그것이다.

필자는 이 아홉 가지의 기준을, 한국여성의 의식구조 파악에 도움을 줄 수 있는 네 가지 기준 ― ① 용모, ② 언어, ③ 신변, ④ 이력 ―으로 바꾸어 보았다. 이제 이 네 가지의 항목을 통해 한무숙의 인물성격을 파악해 보기로 한다.

---

34) Robie MacCauley & George Lanning, 『Technique in Fiction』, 1970, p.63.

① 「歸鄕」에 등장하는 신창수 아내

ㄱ. 특징적 묘사가 없다.

ㄴ. 자애로운 어머니처럼 손아래 남편을 기르듯이 섬기었다.

ㄷ. 남편이 버린 후 주위에 아무도 용납하지 않고 쓸쓸히 산다.

ㄹ. 남편을 그리워하며 함구하고 수절하다가 죽는다. 이 아내의 무덤
은 남편 신창수로 하여금 평생의 과오를 반성하게 하는 모티브가
된다.

② 「月暈」에 등장하는 홍여사

ㄱ. 특징적 묘사가 없다.

ㄴ. 폐환으로 18세에 남편이 죽은 후 성은 징그럽고 더럽다는 상상을
진실인 양 알고 산다.

ㄷ. 육영사업에 헌신한다.

ㄹ. 순결과 정절은 최상의 가치로 알고 60세에 이르러서야 성은 생명
창조의 전초가 된다고 인식한다. 홍여사는 죽어서 남편과 합분되
고 다시 그를 만나리라는 막연한 생각을 하고 있다.

③ 「祝祭와 運命의 場所」에 나오는 전여사

ㄱ. 특징적 묘사가 없다.

ㄴ. 소녀시절에 사랑했던 남성의 환영에만 의존하여 산다.

ㄷ. 친구들에게 폐를 끼치고 살다가 무료병원에 입원하는데, 죽으면
부검을 받도록 병원당국과 친구들 사이에 언약이 되어 있다는 슬
픈 신세를 깨닫고 오히려 슬기로운 사람이 된다.

ㄹ. 관능과 환희의 절정이 곧 부검에 이르는 여자의 운명에 직결되는
일이 있다 하더라도, 성이란 인간의 귀속을 확증하는 축제의 자리
라고 마지막 임종의 순간에 생애를 정리하며 생각한다.

④ 「돌」의 여주인공 영란이

ㄱ. 아름답다.

ㄴ. 신비스러우리만큼 언행이 우아하고 단정한, 善의 심볼이다.

ㄷ. 惡의 魔手에서 벗어나 드디어 이상에 일치하는 남성을 만난다.

ㄹ. 善도 벌을 받아 돌이 되었다고 스스로 해석해 보는 장자못 傳說을 따라, 成佛을 希願하는 불보살이 되어서 사랑하는 남자에게 再生의 覺悟와 意義와 勇氣를 불어 넣는다.

⑤ 「感情이 있는 深淵」의 典娥

ㄱ. 아름답다.

ㄴ. 언행이 단정미려하여, 사랑하는 남자를 향한 애욕과 순결 제일주의에서 오는 죄의식 때문에 괴로워하다가 정신이상이 된다.

ㄷ. 정신병원에 입원하여 남성상징의 이미지를 그림으로 그린다.

ㄹ. 지나친 순결강박관념이 몰고 온 파탄 앞에서 성은 생체내용의 하나이므로 구태여 그것이 죄라고 느껴지면 그 죄를 거듭함으로써 구원을 받아야 한다고 생각한다.

⑥ 「流水庵」에 등장하는 妓女들

ㄱ. 아름답다.

ㄴ. 花柳에는 있다 하여도 한 남자에게만 정을 허락하여 기다림과 그리움으로 사는 순결주의를 고수하든지, 아니면 젊던 기녀시절에 만났던 우국지사가 옥사한 후 사대부집 수절부인과 같은 자세로 지조를 지키며 針線에 의지하여 산다.

ㄷ. 「유수암」의 기녀가 破産의 위협에 처하게 되지만 수절의식 때문에 다른 남성의 도움을 거부한다.

ㄹ. 妓女들은 모여앉아 인생유전과 불가적 윤회를 말하는 것에서 불

교에의 귀의를 암시한다.

⑦ 「우리 사이 모든 것이」의 어머니

ㄱ. 특징적 묘사가 없다.

ㄴ. 헌신적인 봉사와 사랑으로 자식을 양육한다.

ㄷ. 사랑하는 아들이 죽자 실명의 위기에 이르도록 슬퍼하며 병상생활을 치른다.

ㄹ. 끔직한 인생의 비운이 모두 하느님의 섭리라고 인식하고 기독교가 가르치는 來世思想을 완벽하게 신앙함으로써 다시 평화를 갖게 된다.

이것을 모두 종합해 보면 다음과 같은 전형성이 귀납된다.

ㄱ. 여성은 아름다운 것이 나쁠 것은 없지만, 아름다워야만 하는 것이 한국적 여성의 절대조건은 아니다.

ㄴ. 희생, 봉사, 자애, 사랑, 기다림, 침묵, 수절, 지조, 인내 등이 여성이 지녀야 할 절대조건이다.

ㄷ. 위의 덕목만을 강요하다 보면, 전통을 사랑하고 고수하려는 여성은 모두 정신적으로, 또 육체적으로 파탄의 위기를 겪게 되므로, 여성을 향한 사회의 요구도나 여성자신의 가치체계에 있어서도 반성과 발전이 있어야만 하겠다.

ㄹ. 여성은 여성이기 이전에 인간이다. 성은 때로 위험한 결과를 가져 오기는 하지만, 그렇다고 하여서 무조건 기피와 죄의식의 대상이 되어서는 안 된다. 성은 생명의 창조에 직결되고 또 그 자체가 깨끗한 순수쾌락이고 축복이다. 여성과의 교합이 곧 죽음이라는 등식을 수용했던 과거의 고정관념에는 반성이 와야 한다.

죽음의식 내지 종교관은 과학적 물증을 요구할 수 없는 신비주의의 소산이다. 조건 없이 받아들이는 순수 형이상학적인 이해가 곧

신앙이다. 한국여성이 신앙하는 내세관은 죽어서 무한윤회를 거듭
하다 드디어는 열반에 들기까지 선을 닦아야 한다는 불도의 가르
침과, 그리스도를 구원 자체로 인식함으로써 죽어서 영육이 결합하
고 부활하여 천국에 간다는 기독교정신의 두 가지로 대별된다.

이렇게 네 가지의 사고체계로 응축되어 있는 것이 현대를 사는 한국여
성의 의식구조로 귀납되는 셈이다.

3) 餘 言

본고를 마침에 있어 한 가지 더 첨부하고 싶은 것은, 「어둠에 갇힌 불
꽃들」[35)에 대하여서이다. 이 작품은 작가가 아들을 잃고 失明의 위기와
오랜 病床을 거친 후에 쓴 것으로, 앞 못 보는 사람들의 哀恨을 다루고
있다. 그런데 이 안에 등장하는, 한 천사와도 같이 아름다운 소녀가, 어느
날 거리에서 싸우는 사람들의 아우성을 듣고 묻는다. "저 사람들은 앞을
보는 사람들인가요?" 그러하다는 대답을 듣고 소녀는 또 묻는다. "어쩌
면 앞을 보는 사람이 왜 싸워요? 앞을 볼 수 있어도 불평이 있어요? 무슨
불평이 있어요? 앞을 볼 수 있는데?" 소설의 이 장면이, 그리고 이 소녀
의 말이, 불만과 허위와 과욕으로 타락해 가고 있는 사람들에게, 그리고
전통적 덕목을 지나치게 무시하는 경향의 현대여성들에게 큰 경종이 될
것이다. 그러므로 이 작품은 '영적 구원에의 메시지'라고도 평가된 바 있
다.[36) 실명한 사람의 위치에 내가 서서 성한 사람들을 생각해 볼 때, 거
기에는 초극할 수 없는 상황이란 전혀 없다고 말하는 작가의 이 외침 속
에는 허물어져 가고 있는 전통과 서구의 합리적 사고방식과를 융합시키고

---

35) 韓戊淑, 『우리 사이의 모든 것이』, 1978, p.128.
36) 『韓國現代文學全集 18』, 三省版, 1978, p.483.

자 하는 기도가 들어 있다. 서구의 과학문명이 들어올 때에 동양적 悟性 위에 서구의 기술을 융합해서 새로운 시대에 처하는 문화를 창조해야 한 다고 제창했던 중국의 동도서기의 의의를 십분 활용하였다. 다시 말해서 전통적인 한국인의 토양 위에 서구적인 심리분석의 방법론을 조화시켰다. 그리하여 전래하는 우리나라의 전설적 민요이나 작가의 성불 이미지에서 소재를 찾는가하면 기독교정신을 통해 고통을 극복애 가는 서구적 사상을 작품에 담기도 한다.

그러나 그 소재가 어디서 왔건, 한무숙이 추구하는 작품의 테마는 결국 인간의 본질을 탐구하는 자세에서 시작하여, 완전과 전체와 결합을 모색 하여, 현세에 있어서는 인간의 행복을, 그리고 내세에 있어서는 인간의 구 원을 향해, 그가 작가적 재능과 인간적 노력을 총동원시킨다고 보아야 하 겠다.

그러므로 그의 작품은, 한국여성의 손에서 길들여진 애완물처럼, 아주 오랜 옛날에서부터 먼 훗날에 이르기까지, 전통과 인간주의가 공존하는 조화를 모색함으로서, 어느 시대 어느 부류의 사람들에게도 진실을 호소 하는 작품으로 남아 있게 될 것이다.

3. 被虐的 自己 犧牲의 歸路(崔貞熙論)

1) 序 言

여류작가 최정희는 1935년에 「凶家」를 발표함으로써 문단에 데뷔하였
다. 이 작품은 1930년대 초기를 배경으로 전개된다. 이 시기는 일본제국
주의의 정치적 강압과 경제공황이라는 전세계적 불안이 우리나라에도 예
외 없이 來襲했던 시대이다.

이러한 시대환경을 背面에 두고, 최정희는 작품 「흉가」를 통하여, 극단
의 가난으로 말미암아 하는 수 없이 남들이 다 기피하는 '凶家'를 얻어
살면서 밤마다 겪어야 하는 인간적인 갈등과 공포의 분위기와 애써 쌓아
올리는 自制 心境 등을 상징적으로 박력 있게 묘사하였다.

그러나 이 작품을 다 읽고 나서, 독자는 하나의 의문을 제시하게 된다.
어린애의 아버지가 어디 갔기에, 여인의 남편이 어디 있기에, 여인은 혼자
서 궁핍한 가계를 책임지고 밤이면 도깨비의 환영에 몸서리치며 空房살
이를 살아가는가 하는 의문이다.

이 질문에 대한 답변을 독자는 그의 다음 작품 「人脈」, 「地脈」, 「天脈」
등을 읽으면 곧 발견하게 된다. 이 일련의 작품에 대하여는 평론가들이
이구동성으로 私小說이라고 말한 바처럼, 傳記的인 기술형식을 빌어 여
성의 숙명적 고뇌를 의식적으로 피력한 소설이라고 말할 수 있다.

그리하여 최정희의 작품은 다음과 같은 세 가지의 일관된 문제들을 추구하고 해결해 가려는 경향으로 이해된다.

첫째는 인간이면 누구나 다소간에 가지고 있는 바람기를 여성에게서도 시인하는 태도이고, 둘째는 가난에 대처하는 여성의 행위를 성윤리라는 문제에 초점을 맞추어 비판한 것이고, 셋째는 이상과 같은 환경, 즉 가난하기 때문에 삶의 방편으로 성을 이용하였던 여성이 어떻게 그러한 제약을 벗어나서 도덕적으로 해탈하여 구원을 지향해 가는가를 추구한 것이다.

다시 말하면 최정희 문학의 주제는 불륜에 떨어지기 쉬운 여성이 어떻게 빈곤 속에서 여성의 한계를 스스로 극복하여 인간적인 구원을 향해 聖化해 가는가를 탐구함에 두었다고 말할 수 있다.

최정희의 문학을 이해함에 있어서, 그의 연륜을 따라 가며, 주제의식이나 기법이 深化되어 작품으로 나타난다는 일반적 공식에 의하여 설명해 볼 수가 없는 것은 아니다.

그러나 그의 소설은 다른 작가들의 경우와는 달리 초기작품부터 후기작품에 이르기까지 일정한 수준을 유지하면서 작품마다 그가 추구하는 지향점이 골고루 偏在해 있다는 인상을 주기 때문에, 共時的인 관점에서 등장인물의 성격유형을 살펴 보는 편이 보다 더 성공적인 접근태도인 것으로 생각된다. 그래서 최정희는 형식상의 기교, 즉 구성이나 문체 등이 연령에 따라 성숙했음에도 불구하고, 작품의 주제의식에 있어서는 항상 동일한 지향점을 추구하여 온 소설가라는 견해가 가능하다.

굳이 최정희문학을 시대적으로 구분한다면, 첫째로 「凶家」, 「人脈」, 「地脈」, 「天脈」을 중심으로 한 三脈時代 작품으로서, 不具의 사랑으로 인해 고민하는 여성적 갈등을 묘사한 8.15해방 전의 소설이고, 둘째로는 「占禮」, 「우물치는 風景」, 「風流 잡히는 마을」을 중심으로 한 작품으로서, 8·15로부터 6·25동란까지의 한국사회에서 작중인물들이 가난에 대처하여 어떻게 암울한 환경을 극복해 가는가를 보인 작품류이다. 그리고 셋째로는 작가의 인생관이 不惑의 경지에 들어선 1960년대에 이르러 작가가 그의 문학적 자산을 총정리하여 완성한 대표작「人間史」로서, 암울한 시대환경에 처하여 不倫할 수밖에 없었던 등장인물들이 운명에 도전하여 어떻게 그것을 극복하고 인간적 구원을 향해 승화해 가는가를 보여 주는 작품세계라고 할 수 있다.

이와 같은 시대구분에서 유추되는 문학적 특성은 앞에서 논의한 주제의식의 세 가지 경향에 단계적으로 일치한다. 따라서 본고는 작가의 주제의식이 어떻게 단계적으로 발전하였는지를 검토하여 최정희 문학이 지니는 캐릭터의 특성을 논증하려고 한다.

2) 女性性의 한 傾向

최정희의 작품 속에는 夫婦和樂하게 행복을 누리면서 사는 여성이 거의 없다. 모든 여성이 과부이거나, 남의 妾이거나, 또, 한 남성의 正室이라 하더라도 다른 남성에게 해롱거리는 바람기 때문에 부부간에 금이 가 있는 그러한 여성상들이다.

앞에서 우리는 1935년에 발표된「凶家」를 말하면서 그 作中에 등장하는 여성이 남편에게 의지하여 평탄한 인생행로를 시작하지 못했음을 짐작하였다.

그런데 1937년 발표된「地脈」은, 바로 위에서 받은 인상의 답변이기라도 한 것처럼 私生兒 두 명을 홀로 키우는 가련한 젊은 여성의 비극적인 운명을 묘사하고 있다. "스물도 못 되는 처녀가 어느 독서회에서 아내가 있는 홍민규와 알게 되어 돈의정 하숙방에 작은 살림을 시작했다. 뒤를 이어 꼬리를 물고 일어나는 재난—남편 홍민규가 숨이 지면서부터 세상의 도덕이, 인습이, 법규가 이 여인을 버린다. 조수와 같이 밀려드는 생활위협을 면하여 보려고 직업을 구하려고 했으나 등록 없는 아내요 어머니라는 탓으로 거부당했다.' 이 가련한 여인은 자기에게 가장 헌신적일 수 있는 독신의 청년 상훈을 찾아간다. 상훈이 변치 않고 자기를 사랑하리라 믿고 있기 때문이다. 상훈은 두 사람이 빨리 결혼하여 私生兒인 채로 있는 두 아이들을 호적에 올리고 학교에 보내야 한다고 설득한다. 그러나 여인은 상훈이 도저히 찾아내지 못할 곳으로 도피한다.

이 작품 속에는 주위의 축복을 받으며 떳떳하게 결합될 수 있는 한 남성에게보다, 이루어질 수 없는 사랑의 대상, 즉 不具의 사랑이 전제되는 남성에게만 강렬한 매력을 느끼는 여성의 한 경향이 암시되어 있다.

그런데 1938년에 발표된 「人脈」에 이르면 이러한 여성의 한 경향이 더욱 노골적으로 묘사된다. '돈 있겠다, 인물 잘 났겠다, 여편네 위해 주겠다, 거기다 지식까지 있는 사람' 의 아내가, 신혼 인사로 놀러 온 친구의 남편, 詩人을 보는 순간 일방적으로 사랑에 빠져 남편에게 이혼할 것을 선언하고 詩人에게 사랑을 고백한다. 詩人의 嚴正한 태도에 실망한 여인이 사랑하지도 않는 사람인 시인의 친구와 동거생활을 시작함으로써 시인을 괴롭힌다. 시인이 여인을 찾아와 "당구공처럼 뭇 남성들의 손끝에 굴러 다녀서는 아니되고, 선영 씨의 아름다움이 내 마음에 영원히 살아남기 위하여 싫더라도 남편의 곁에서 자신의 貞淑을 지켜 주십시오"라고 타이른다. 이 말에 여인은 감동하여 다시 남편 곁으로 가서 표면적으로 평탄한 생활을 이끌어 가지만, 여인은 오랜 세월이 흐른 후 이렇게 고백한다. "정숙치 못한 여자라고 꾸짖어도 좋습니다. 윤리와 도덕에 벗어난 일인 줄 나 자신이 더 잘 알면서도 기인 세월을 한 사람의 정숙한 여성이 되고자 갈등과 모순 속에서 자신을 학대하며 슬프게 사노라고 더욱 더 정숙치 못했습니다."

이 글에서 우리는 작가 스스로가 "윤리와 도덕에 어긋났다"고 말하면서, 자신에게 허락된 남성에게보다 손에 닿을 수 없는 남의 남자에게만 깊이 빠지는 不具의 사랑을 고백하고 있음을 확인하게 된다.

이 不具의 사랑은 1940년에 발표된 「天脈」에 이르러 더욱 두드러지게 나타난다. "연이와 그의 남편 상수와의 결혼은 법률과 도덕이 허락하는 결혼이 아니다. 상수는 고향 강화에 처와 아이가 있었다. 상수가 세상을 뜨자 연이와 연이가 낳은 자식은 자연히 그 집에서 딸려 나오게 되었다. 떠나 올 때도 시부모가 말이 없었지만, 서울 와서 이태를 사는 사이에도 아무런 소식이 없었다." 이러한 연이가 前妻와 死別한 의사와 재혼하여 병원원장의 안부인이 된다. 그러나 "날이 가고 달이 가도 연이는 조금도 행복하지 못하다." 李哥의 아이가 許哥인 繼父와 意思相合하지 못하는 때문이다. 그러나 이것은 하나의 구실일 뿐이다. 아무 자극과 저항이 없이 열려진 可能性의 사랑만이 許與되는 夫婦의 構成狀況에서는 연이가 전혀 만족할 수 없기 때문이다.

연이는 어느 날 신문광고에서 보모를 구하는 고아원 기사를 읽고 그 곳에 가리라는 결심으로 許醫師와의 생활을 淸算한다. 고아원 원장이 "바로 전에 자기를 귀여워해 주고 종종 편지를 보내 주던 김성우 선생이리라는 기대"가 있기 때문이다. 아이를 데리고 온 연이는 한동안 지상낙원을 건설할 꿈에 생애를 바치고 있는 성우 선생을 위해 半仙半人에 가까운 덕성을 쌓기까지 고아들의 충실한 어미니역을 수행하였다. 그러나 시골에서 "성우 선생의 부인이 올라온 뒤로 이름할 수 없는 공포와 적막이 몰려들었다." 성우 선생의 지도 아래 어린 아들도 건강하게 자라고 자기 자신도 院兒들을 돌보며 행복하였지만, 성우 선생의 부인이 온 이후로, 갑자기 엄습해 오는 성우 선생을 향한 愛慾 때문에, 생활의 균형을 상실하게 된다.

'바람기'라고 말할 수밖에 없는 이러한 여성의 한 기질이 성공적으로 形象化된 작품으로 1966년에 발표된 「여자의 風景」을 예로 들 수 있다. 여기에 등장하는 수정여사는 "남자들 이목을 끌자는 생각에서 소설을 시작했다." 동창인 서춘심의 편지 심부름으로 춘심의 애인인 한태윤을 만나게 된 수정은, "에흠"하는 기묘한 소리를 연발하여서 한태윤의 주의를 빼앗고 드디어는 한태윤과 결혼하기에까지 이른다. 서춘심이라는 戀敵이 있었기 때문에 한태윤을 욕심내었다는 말이 된다. 그런데 그 후 남성들이 많이 모인 자리에서 주위의 시선을 끌고자 또 "옛날의 그 지랄인 에홈소리"를 연발하는 수정여사를 몹시 못마땅히 여긴 한태윤은 남이 보지 않을 때 수정에게 손찌검을 하게 된다. 남편에게 얻어맞고 인중이 찢어진 수정여사는 "남자들 앞에 어떻게 나타날까"만을 걱정하면서 인중에 종기가 났다고 거짓말을 하며 상처 위에 늘 거즈를 붙이고 다닌다.

이들 일련의 작품들을 종합해 보면, 최정희가 즐겨 形象化하는 여성들은 거의 동일한 하나의 패턴에 소속된다. 최정희의 여성은 환하게 열려진 가능성의 상황에서 사랑을 주고받을 수 있는 남성에게는 매혹되지 않는다.

따라서 아내나 애인이 있는 남성에게만 유독 사랑을 품고 결합하고 私生兒를 낳아 기르며, 이 여성은 홀로 자식을 키우느라고 항상 가난하고 고독하다.

이러한 최정희의 문학을 필자는 솔직하고 진실스러운 문학이라고 표현하고자 한다. 왜냐하면 정절을 최대의 미덕으로 배우고 실천해 온 우리의 전통의식을 전제하여 생각해 볼 때, 최정희의 여성은 전통사회의 큰 異端이 아닐 수 없고, 그러함에도 불구하고 그는 누가 무엇이라고 하건, 비록 多少의 差異야 있다 하더라도 여성의 본성 속에는 위와 같은 바람기가 조금은 있다고 하는 것을 수많은 소설의 여성등장인물을 통해 실증하고 있기 때문이다. 누가 누구에게 不淨하다고 돌을 던지려느냐? 당신은 내 작품 속의 여인보다 얼마나 더 정숙한 것이냐? 하고 작가는 묻는다. 그러나 이러한 도전 속에는, 절대적인 도덕과 전통적인 여성미를 고수하지 못한 운명, 스스로의 所願으로 개척된 것이 아니라 개인이 도저히 피해 낼 수 없었던 사회적 압력에 의하여 올가미 씌워진 숙명, 여기에서 오는 徹天之恨이 서리서리 서리어 있음을 서러워하면서 그 恨의 숙명에서 벗어나 전통적인 婦德을 지향함으로써 구원을 얻고자 하는 작가의 의지가 들어 있다.

스탕달은 그의 소설 『赤과 黑』 제 49장에서 이렇게 말한다. "소설은

車道를 따라 운반되는 거울이다. 어느 순간 그것은 푸르른 하늘을 반사해 주지만, 또 다른 순간에 그것은 그대 발 아래 고여 있는 웅덩이의 진흙을 보여 주기도 한다. 이러할 때 그대는 아마도 거울을 그의 봇짐 속에 지고 가는 그 사람을 부도덕하다고 나무랄 것이다. 그러나 그래서는 안 된다. 그대가 나무라야 할 사람은 웅덩이의 흙탕물을 보여주는 사람이어서는 아니되고, 오히려 그러한 웅덩이를 路面에 가지고 있는 그 車道이어야 한다. 아니 한 걸음 더 나아가 생각해 볼 때, 나무람 받아야 할 장본인은 웅덩이를 갖고 있는 그 路面도 아니고, 실은 路面에 그러한 웅덩이를 있게끔 許容한 道路監督官이어야 한다."

여기에서 車道는 國家와 社會와 個人을 대변한다. 이때에 한 작가가 개인의 미덕을 작품에서 반영하였다고 하여서 작가의 도덕이 높은 것이 아니고 또 작가가 사회와 개인의 부도덕을 작품에 반영하였다고 하여서 작가가 부도덕한 것 또한 결코 아니다.

이러한 스탕달의 견해는 최정희 女性像이 不貞과 바람기를 性向의 一面으로 가지고 있다고 하여 그 책임을 최정희와 그 작품에 돌릴 수는 없음을 대변해 준다. 오히려 그것은 시대적 내지 사회적 상황이 그러한 숙명을 인간에게 특히 여성들에게 강요하였다는 것을 示唆해 준다.

그리하여 최정희 작품의 여성은, 능동적이 아닌 피동적 압력에 의하여 주어진 운명을 살아야 했고, 그로 말미암아 하늘에 사무치는 한을 가졌음을 反映한다.

따라서 최정희의 문학은 한국여성의 전통적 품위와 婦德을 재구축하기 위하여 작중인물이 극기하고 구원을 추구하는 여정을 보여 준다고 할 수 있다. 그러한 도전과 극복의 과정을 위하여 바람기를 가진 여성의 不淨이, 그리고 거기에 부수되는 空房女性의 가난한 생활들이 작품 속에 전개될 수밖에 없었던 것이다.

3) 挑戰과 克服

1947년에 최정희가 발표한 작품들의 작중인물들은 모두 극빈에 허덕인다. 「占禮」, 「우물치는 風景」, 「風流 잡히는 마을」은 地主의 횡포와 학대에 운명을 걸고 살아가는 사람들의 갈등을 그리고 있다.

「占禮」는 배고픔을 면하기 위하여 술집에서 부엌일을 하는 복이와 定婚한다. 그러나 그들의 혼인날이 지주 딸의 혼인일자와 같아서 혼례를 늦춰야만 했다. 버선감을 마련하기 위하여 기른 닭을 죽음에서 구하려다가 지주가 던진 돌멩이에 얻어 맞아 그것이 덧나서 점례는 죽는다. 雜鬼와 닭 鬼神을 몰아내기 위하여 불러온 무당이 죽은 점례의 혼이 그렇게 요청하는 것이라면서 점례의 집안에 남아 있는 곡식 알맹이의 마지막 한 톨, 혼인날 점례가 입기로 했던 단 한 벌 인조치마 적삼, 외롭게 남은 짝 잃은 닭 한 마리조차를 싹싹 쓸어내어 가지고 간다. 극심한 가난이 자초하는 무지한 자학의 아이러니를 보여 준다. 결국 이 작품은 지주의 학대에 도전하여 인권을 호소하는 단 한 명의 남성도 찾아볼 수 없는 貧者의 사회에서, 오직 연약한 소녀 점례 한 명만이 加虐者에게 도전하여 죽음을 걸고 인간의 평등과 자유와 생존의 권리를 주장하는 것으로 볼 수 있다.

「우물치는 風景」에서는 가난과 허기의 極點에 이른 남성들이 허세로서 배고픔을 참고 있는 우물가 일터로 한 과부가 빵을 쪄서 가지고 나가 먹게 한다. 김이 무럭무럭 나는 찐빵 앞에서 인간의 자존심을 버리고 빵조각 하나에 허겁지겁 매달리는 동네 남자들의 비참하고 비굴한 모습이 하나의 풍경화처럼 그려져 있다.

이러한 작품이 발표된 1947년의 한국사회는, 특히 농촌사회는 긴 보리고개의 春窮期에 먹을 것이 없었다. 그래서 이 마을엔 며느리를 보면 한 식구의 입이 는다는 공포 때문에 아무도 짝을 맺지 못하여 처녀 총각만 늘어난다. 작가는 이러한 가난한 사회를 비판하여 이렇게 말한다. "사는 게 아니라 죽지 못해 사는 것입니다. 죽지 못해 사는 자들에게 自然이 좋으면 뭘한단 말입니까? 시와 그림이면 어쩌는 것입니까? 그들에겐 한 조 각의 빵이 詩요 그림입니다. 예술입니다."

이러한 고백은 마치도 물질만능주의의 선전구호처럼 들리기까지 한다. 그러나 빵 한 조각과 쌀 한 주먹이 배고픈 창자를 위해 즉각적인 치료가 된다고는 하더라도, 그 치료는 개인과 사회와 국민의 성격과 정신을 보다 높은 차원으로 끌어 올리는 不可視的이고 역동적인 힘을 감당하지는 못 한다. 왜냐하면 작가는, 자기 자신과 주위 사람들과의 관계에 대하여, 그 리고 遠近을 막론하고 자신이 처한 주위 환경에 대하여 그가 무엇을 어 떻게 느끼는가를 표현함으로써, 인생이 그에게 있어 어떠한지, 또 그의 인 생을 그는 어떻게 살아가야 할지에 대한 인생관을 顯示해 주기 때문이다. 그리고 인생관은 작가의 인격과 역사의식, 다시 말하면 인격과 전통이 接 合한 곳에서 도래한다.

그러므로 작가가 작품을 통하여 보여 주는 인생관은 바로 사회와 개인 의 생활이 어떠해야 하는가를 啓示하는 규범이요 전형이라 할 수 있다. 시와 소설이 빵 한 조각과 쌀 한 줌의 즉각적인 위장 치료에 比肩될 수 없는 사명과 기능을 담당하는 이유는 이 때문이다.

이러한 설명이 입증되는 최정희의 대표작은 1964년에 단행본으로 나온 「人間史」이다. 이 작품으로 작가는 제 1회 여류문학상을 받았다.

이 작품은 일제 때로부터 8·15와 6·25와 1·4후퇴, 그리고 4·19 에 이르는 역사의 大河 속에서 마채희와 강문오가 엮어 가는 생활의 裏 面과 인간적인 성장을 말해 준다.

바람기가 많은 여자 마채희는 다만 가난하다는 이유만으로 남편과 어린 딸을 버리고 남편의 후배인 강문오와 결합한다. 강문오의 시골 재산이 야 금야금 팔리어 너덜이 날 때까지 강문오의 호텔방에서 家産을 탕진한 끝 에 媤母의 절교선언을 받고 셋방에서 아기를 낳아 키우게 되자, 또다시 강문오와 그의 아들을 버리고 마채희는 물쓰듯 돈을 쓰는 젊은 남자를 따 라 사랑의 도피행을 감행한다. 목숨을 연명하기 위해 친일적 행위에 가담하였다가 해방 직전에 寺刹로 숨어 들어가 중 행세를 하는 강문오는 애초에 선배의 아내 마채희를 가로챌 때 이미 그 性道德의 불균형을 보여주었듯이, 또 사찰 내에서 남편의 명복을 빌러 온 여인과 음행을 하는 등 독자의 미간을 찌푸리게 하는 성격파탄자의 유형적 인간상을 잘 나타내준다. 이러하던 강문오는, 마채희가 前夫와의 사이에서 낳아 놓고 간 어린 딸과 강문오 자신 사이에서 낳아 놓고 간 아들을 함께 기르던 어느 날 마채희의 거처를 알게 되어 먼 곳을 마다 않고 찾아간다. 채희는 누추하다 못해 참혹하다고 해야 할 흙구덩이 방에 살고 있었다. 지나친 酒色으로 병들어 있는 남편과 그와의 사이에서 낳은 身體不自由의 세 자식을 위해 보리방아를 찧고 물을 긷고 밥하고 빨래하는 아주 익숙한 농촌 여인이 되어 있었다. 남자를 홀리느라고 콧소리를 내던 채희, 남자 앞에 서면 눈을 딱 감았다 뜨면서 애정을 전달하던 채희, 더 좋은 나뭇가지가 있으면 언제든지 포르르 날아가겠다고 해롱거리면서, 돈을 잘 쓰는 남자만 보면 자식과 남편을 버리고 달아나던 채희가 不具의 자식에게 밥을 먹이면서 至誠과 사랑을 다하고 있다. 강문오는 채희에게 함께 가자고 권한다. 그러나 완전히 딴사람으로 변모해 있는 채희의 답변은 강문오의 가치관과 인생관을 뿌리채 흔들어 버리고, 채희처럼 지조 없이 살아온 자기자신을 반성하는 계기를 갖게 한다.

"못 가요. 여기 아이들은 어떻게 하고요"
"금아와 민이 어머니를 얼마나 그리워하는지 채희는 모를 거요."
"왜 몰라요 그것들 때문에 모든 걸 참는 여자가 되었어요 좋은 걸 보거나 듣는 때면 으례 남자를 사랑하고 싶어하던 내가……그 것들이 내게서 그런 생각을 영영 몰아내고 말았어요."
"그러니까 그 애들이랑 같이 살면 되잖소?"
"그건 안 돼요. 그 애들은 나 아니고도 그 만큼 컸고 또 앞으로도 나 아니더라도 커갈 거예요 그렇지만 여기 아이들은 한시라도

내가 아니면 살아갈 수가 없는 애들이예요…… 내게 이제 남은
소원이라면 여기 아이들의 병이 낫고 교육도 시키고 이 애들이 남
과 같이 살아갈 수 있도록 됐으면 하는 걸 거예요 그리고 이 애들
아빠의 병이 회복되는 거예요."

그렇게 말하는 채희가 조금도 초라하거나 늙어 보이지도 않고 오히려 정
중해 보여서 함께 돌아가자는 권유를 두번 다시 말하지 못하고 돌아온다.
강문오는 채희의 아들과 딸이며 자신의 자식이기도 한 금아와 민이를
기르는 데 **專心**한다. 애들은 성장하여 대학생이 되어서 4·19 데모에 가
담한다. 자식들을 생각하고 데모 행렬에 끼어든 강문오는 총탄에 맞아 기
어이 병상에서 죽음을 맞는다. 문오는 자신이 죽는다고 생각하지 않고 창
창한 수림 속으로, 출렁이는 강물 속으로 뛰어들어 간다고 의식하면서, 멀
리에서부터 채희가 춤을 추듯 달려오고 있는 환영을 보면서 숨을 거둔다.

4) 解脫에의 旅程

처음으로 최정희의 작품을 대하는 독자는, 특히 그것이 여성 독자일 경
우 더욱 강렬하게, 일단 최정희 문학에 심한 반발과 분노를 느낀다. 그 격
분의 이유는 첫째, 우리 여성이 어디, 단지 하나 가난하다는 이유로 해서
남편과 자식을 번번이 버리고 돈 많은 남자에게로 옮겨 가느냐 하는 항의
이고, 둘째는 우리 여성이 언제 열려진 축복과 가능성의 남성에게서는 사
랑을 느끼지 못하고 이미 남의 사람이 되어 버린 남성에게만 情念을 품
고 邪戀을 키우고 私生兒를 출산하고 고독에 우느냐 하는 격분이다.
한국의 여성은 옛부터 "귀천을 막론하고 수절 안 하는 여자가 드물어
가난과 외로움과 싸우면서도 과부가 되면 으례히 수절할 줄 알았고, 재난
을 당하면 목숨을 바쳐 정조를 지켰으니, 과연 우리 여성들에게 있어서
정절은 전통적인 고유의 미덕이었다"고 생각해 왔고, 이러한 수절 개념이

의식 무의식 간에 우리 독자들의 정신세계에 깊이 뿌리를 내리고 있는 터라, 최정희 작중 인물의 不具的이고 不道德한 여성의 패턴을 볼 때에 그러한 저항을 일으키는 것은 당연한 일이라고 보게 된다.

그렇기 때문에 최정희 문학을 대함에 있어 여성독자는 여성독자이기 때문에 떨어지기 쉬운 하나의 과오를 견제하면서 작품을 대하여야 한다. 그것은 작가의 모랄과 작중인물의 행위를 혼동해서는 안된다는 것이다. 性道德에 엄격한 사람일수록 그 반작용으로 性倒錯者를 그릴 수 있으며, 人格破綻者와 같은 無賴漢이 그 반작용으로 佛菩薩같은 聖女를 묘사할 수 있는 것이다.

또 작가는 그가 원하건 원치 않건 부득이 한 사회의 所産으로서 그 사회를 반영하는 하나의 거울일 수밖에 없다. 그렇다면 최정희는 왜 바람기 있는 여성과 그러한 여성의 가난한 주변만을 크로즈업시켰느냐고 叱責받을 일이 아니라, 오히려 그러한 작중인물을 있게 한 사회와 그 사회의 책임자에 대한 도전을 통해 여성이 치뤄온 상처와 아픔에서 벗어나 전통으로 귀속하려는 노력과 카타르시스를 추구한 작가로 이해되어야만 하겠다.

다시 말하면 최정희의 작중인물들은 이미 配匹이 정해진 사나이에게만 戰慄的인 사랑을 느끼고, 사회인습이 不許하는 상태에서 사생아를 낳아 기르면서 고달픈 심리적 갈등과 경제적 곤궁을 치뤄 가는 여성들이다. 그리고 이러한 인물들이 가지고 있는 성격은 "남의 떡이 더 커 보인다"는 俗談의 의미를 더욱 일반화시켜 주는 유형들로서 多少間에 모든 인간이 근원적으로 가지고 있는 본성적 '바람기'를 보여 주고 있다.

서양사상의 중심인 기독교정신으로 미루어 보면 구약성경 창세기에 여성이 남성의 갈비뼈로 만들어졌다 하여 여성에게는 운명적으로 남성에게 귀속되기를 갈망하는 본능이 있음을 말하였듯이, 모든 면에 있어서 남성을 능가할 수 없는 체력과 정신적 조건하의 여성이 자신의 미비점을 보완해 줄 수 있는 믿음직한 남성을 독점하고 싶은 것은 숙명적으로 타고난 성향이 아닐 수 없다.

이러한 여성의 운명을 "남성이 되지 못한 恨"이라고 指稱하는 견해도 있다. 그리하여 이 恨을 가진 여성은 이러한 恨을 慰撫해 줄 方便으로서의 남성을 요구한다. 모시고 섬기고 內助해야 하는 상대로서가 아니라 자신의 욕구를 충족시킬 수 있는 상대로서의 남성을 요구하기 때문에, 男性結合의 관계가 정상적 궤도에서 벗어나 '情婦가 情夫의 등에 올라타고 앉아 이랴 이랴 하면서 기어가라고 명령하는' 해괴하고도 加虐的인 여인상을 그릴 수밖에 없었다.

그러나 최정희가 추구하는 이상은 여기에서 멈추는 것이 아니다. 皮相的 鑑賞으로 최정희의 문학세계를 오해해서는 안 되는 이유도 여기에 있다. 그는 남성에게 加虐하는 상황을 거치는 동안 여성의 구원, 궁극적으로는 인간의 구원이 어디에 있는가를 탐색하고자 고민한다.

「人間史」의 末尾에 이러한 작가의 인생철학이 대변되어 있다. 여성의 치마폭 속에서 벗어나지 못하고 전전긍긍하던 소극적인 성격의 강문오는 역시 자신을 구원하는 길로서 4 · 19데모 대열을 선택하고 거기에 합세하여 총탄에 맞아 죽는다. 이러한 강문오의 죽음에는 두 가지의 의미가 복합되어 있다. 하나는 도덕적으로 문란했던 과거를 청산한다는 것이고, 또 하나는 정의의 歷史具顯을 위하여 목숨을 草芥처럼 바치는 전통적인 영웅 속에 자신을 투영시킴으로써 자신의 구원이 약속된다는 신념을 가지고자 하는 것이다.

이와 같이 죽음을 통하여 강문오는 인간의 구원이 加虐的 자세에서 얻어진 것이 아니라 被虐的 자세인 봉사와 희생과 극기를 통하여서만 성취될 수 있다는 것을 보여 준다.

그리고 마채희 역시, 다만 가난하다는 이유만으로 동거하던 남성을 단념하고 '가지가 더 좋은 나무로 이리저리 옮겨 다니던' 加虐的 자세에서 벗어나 被虐的 자세가 됨으로써 자신을 구원하고자 한다. 어머니로부터 버림받았던 자식들이 늠름하고 건강하게 자라서 어른이 되어 어머니를 기다리고 있는 안식처로 돌아가는 것이 아니라, 알콜중독자로 빈털터리가 된 情夫와 그와의 사이에서 태어난 세 명의 신체부자유한 자식들을 위해 평생 그들의 신변에서 그들에게 봉사하며 생애를 마치겠다고 결심하는 장면에서 마채희는 인생의 낙이, 좋은 음식과 화려한 의상과 호화스런 저택과 그리고 정열적인 남성이 주는 육감적 사랑에만 있는 것이 아니라, 궁핍과 持病을 前提하는 삶 속에도 마음가짐 如何에 따라 행복한 정신세계가 있다는 것을 주장하고 있다.

그리고 이러한 인격적인 변모 속에서 마채희가 이룩하는 자기자신의 구원을 통해, 그 구원이 그와 연관된 모든 주위 사람들에게까지 파문처럼 번져 가는 인간구원과 해탈에의 여정으로 묘사되고 있다.

5) 結語

최정희의 문학은, 다만 해롱거리는 요사한 몸짓과 웃음으로 이미 남의 주인이 된 남성을 유혹해서 차지하고자 하는 여성적 패턴의 바람기를 비판하면서, 동시에 오랜 동안 이 나라 사회에 잠재해 왔던 미혼모와 사생아의 갈등을 크로즈업시켜 사회적 문제로 제기하였고, 그러한 노력을 통하여 전통적인 부덕과 논리의 새로운 인식을 추구하였다고 할 수 있다.

따라서 최정희의 문학은, 다음과 같이 요약된다.

남녀를 불문하고 다소간의 인간이 가지고 있는 본질적 취약점을 극복하고 인간이 어떻게 구원되는가를 보이는 노력의 과정에서, 첫째는 전통적인 논리 도덕관으로 귀속하는 것이 여성이 지향해야 할 부덕의 궁극이라고 보았으며, 둘째는 인간의 구원과 승리가 가학적 위치에 있는 것이 아니라 피학적 자기희생에 있음을 강조하였다.

4. 古典의 現代的 復活(李探雨論 I)

1) 20世紀의 鄕歌

우리나라 現代作家群에서 작품의 主題面에서나 修辭技巧上으로 가
장 개성적이고 이색적인 作家를 손꼽는다면 우리는 서슴없이 探雨를 연
상시켜도 좋으리라. 아무리 피상적으로만 읽는다 할지라도 探雨의 소설
에서는 몇 가지 특성을 쉽게 찾아 볼 수 있다.

① 우선 漢字語가 과감히 노출되어 있고(「판소리 二題」), ② 어색할
정도로 被動用言을 많이 쓰고 있으며, ③ 叙述語尾의 時制를 意識的
으로 까다롭게 사용하고, ④ 또 문장 속에 修飾語節이나 接續詞를 흔히
삽입시킨다는 것이 一次的으로 지적될 것이다. ⑤ 거기에서 조금만 더
주의 깊게 읽으면 副詞語 사용에 있어서 깊은 窮究와 용기로 만들어 낸
獨自的 造語를 쓴다는 것도 쉽게 발견된다. 예를 들면 새 지저귀는 소리
를 '뻬 뻬……'이라 한다든지, 제비 우는 소리를 '비리구 배리구 빼로드
득', 後退하는 탱크의 체인 굴러가는 소리를 '절절절절'이라고 표현한 것
등이 그것이다. ⑥ 이외에도 '자로', '하마', '어메', '치운', '저윽' 등 옛
스러운 어휘를 즐겨 쓰고 있다. 그러나 더욱 중요한 특성은, 작품의 모티
브가 되는 主題에 있어서 그가 추구하는 소재의 志向點이 일관되어 있
다는 사실이다. 그것은 전쟁으로 인하여 가난하며 질서가 무너진 내 조국
이 영원한 질서와 가멸음 속에 복되기를 축원하는 祈禱의 姿勢, 말하자

면 그의 소설은 新羅的 詞腦歌와는 다른 의미로서의, 조국에 대한 鄕愁
를 노래하는 20세기의 鄕歌라는 데 있다.

지금 조국이 처해 있는 가장 逼切한 상황에, 현대의 작가들은 한결같이
냉담한 양 외면하는 가운데, 부정부패로 썩어빠진 良識과 혼란한 政局과
兩斷된 민족의 뼈아픔, 그리고 國際情勢下의 나랏일을 採雨는 가만가만
히 계속 써 왔던 것이다. 그의 소설은 노래요, 詩다. 시냇물이 지절대고
새들이 지저귀며 논펄에 벼이삭이 고개 숙이는 등, 한국적인 人情과 親
自然的 抒情의 이미지 속에, 外形的 리듬마저 古典에 이끌리어 쓰여진
그의 소설에서는 자칫하면 感傷主義라는 標題를 받을 요소가 있기는 하
지만, 作品底流에 도도히 흐르는 리얼한 외침, 現實批判과 모랄의 追求,
조국이 홀로 서서 영구히 복되기를 懇求하는 눈물의 근원을 더 강렬하게
찾아볼 수가 있다.

採雨는 6·25가 없었던들 소설을 쓰지 못했을 사람으로까지 생각되게
한다. 그만큼 그의 작품은 모든 바탕에, 가령 人間愛, 人間憎, 人間戱畵
가 爲主된 성싶은 모든 글의 바탕에, 그 전쟁이 歷史的 및 사회적 背景
으로 설정되어 있다.

그는 상처받은 우리 땅과, 우리 겨레의 모습에 대한 외면적 스케치로부
터 시작하여, 결국 그러한 實狀의 內面構造에 관심을 두고 있다. 다시
말하면, 그 상처받은 民族魂이 애초에 어떻게 형성되었으며 그러한 고뇌
를 어떻게 처리하고 있는지를 하나의 外科醫와 같은 시점에서 천착하고
수술하려는 의욕을 나타내어 왔던 것이다. 이로 인하여 필연히 솟아나는
愛情이 革新의 꿈을 그려내기도 했고, 그것이 좌절되는 자리에서 그는
문학이 진행해야 할 하나의 값지고 미더운 길을 개척해 내기도 했다. 그
는 가난하나 보배로운 傳統的인 것을 확립시키려는 整地作業에 힘을 기
울였다. 그는 사라져 가는 옛적의 문학유산과 오늘날의 문학작품이 서로
떨어진 各個 孤島로서가 아닌 하나의 육지가 되기 위하여, 마치 이것은
兩斷된 祖國이 하나로 통합되기를 희구하는 象徵的 姿勢를 띠며, 계속
외로운 橋梁作業에 專心하였다. 그리하여 "이 땅을 버리고선 갈 데 없이

생각들 때 나라가 보존되는 것을 아소서. 아아! 임금답게, 신하답게, 백성
답게들 하면사 나라는 태평할 것입니다."라고 했던 저 新羅 때 「安民歌」
의 정신을, 우리는 그가 조국을 향해 구슬프게 노래하는 말들—통일이 되
면 우리들은 좀더 행복할 수 있을 게야. 모르긴 하지만, 그, 제 나라가 있
는 역사 속에서 자란다는 사람들마냥—속에서 찾아볼 수 있다. 그의 소설
이 20세기 배달겨레의 鄕歌일 수 있는 이유는 이 때문이다.

2) 戰痕에 어린 祖國愛

畵家가 그림을 그리기에 앞서 데생을 먼저 하듯, 그는 한국의 모습을
素描하는 일로부터 소설을 시작했다. 눈앞에 펼쳐져 있는 紫煙—먼 곳엔
산이 있고, 앞으로 내(川)가 흐르며, 그리고 쫙 펼쳐진 금빛 보리밭 그 사
이에 간간이 있는 몇 개의 초가집을 그는 소묘했다. "나는 草屋이 그리고
싶을 뿐이다. 이러한 나의 畵面意識에 대해서 굳이 해석을 붙일 수도 있
으리라. 가령 民族意識 云云 等等의" 이렇게 그는 말한다.

그의 첫 번째 추천 작품 「노을」(『現代文學』1955年 9月)은, 새 울음소
리를 '삐삐 ……'이라고 표현한 놀라운 繪畵性 造語以外에 별다른 가치
는 발견되지 않는다. 그 이유는 처음에 그가 지니었던 소묘의 자세 때문
인 듯, 작가로서의 철학과 역사의식이 거의 내보이지 않는다.

그러나 이것은 작가로서의 出帆에서 그가 취한 가장 견실하고 성의 있
는 探索的 態度를 나타내 주고 있다. 그의 작가적 성장을 이해하는데 있
어서 이 최초의 작품은 작가 자신의 인생관까지를 透視해 볼 수 있는 매
우 의의 있는 작품이다. 소박한 의미에서의 성실과 操心이 이 작품의 結
構를 이루고 있다. 즉, 아내가 있는 한 사나이가 딴 여자를 좋아하여 "진
실을 표시하기 위해 아내와 이혼하리다"라고까지 말하지만, 여자의 남편
이 문둥병자임을 나중에 알자, 여자를 가슴에 안고 헤어지기를 결심한다
는 것으로 愛情과 人倫과의 갈등을 통해 보다 차원 높은 인간애를 이상

으로 하는 주인공의 외로운 決定—더 나아가 작가의 작가로서의 成長函
數를 발견하게 된다.

　그런데 두 번째 추천 작품 「旋回」(『現代文學』1957年 3月)에 이르러
선, 작자의 主題意識이 그 나름의 확고한 위치를 잡아가는 것으로 보인
다. 그것은 戰後別症, 精神病, 괴물, 邪鬼, 놈팽이, 不渡手票, 6 · 25,
38線 같은 語彙들을 통해, 사회의 불안과 兩分된 國家 현실을 이야기하
는 것으로 알 수 있다. 이것은 사랑하는 조국의 비극적인 현실에 대한 적
극적인 관심이라 아니할 수 없다.

　납치된 丈人을 부르며 우는 妻男을, 끝내는 精神病院에 입원시키고 어쩔
수 없이 관심되는 조국의 상황에 煩惱하는 주인공 '나'의 발길에, 문득 거리
에서 딩굴고 있는 사람들이 발에 채인다. "여보쇼들! 당신들은 모두 한 가족
이구려? 어느 나라에서라두 쫓겨온 순간이요? 어린 것들두 형벌을 당하구
있는 것이구려?" 하면서 자기의 코트를 벗어 던져 주지만, 코트는 떨어지지
않고 공중에 멈추어 서버리는 것이고, '나'는 등골이 오싹하는 寒氣를 느끼
며 미치광스런 웃음을 터뜨리고 결국은 妻男과 나란히 같은 우리 속에 갇힌
다. 그의 코트는 왜 불쌍한 동포의 추운 몸을 따습게 덮어 주지 못하고 허공
에서 정지됐을까? 그것은 조국에 대한 그의 意識이 아직은 다만 第三者的
관심에만 머물고 있다는 印象의 좋은 例證이 될 것 같다. 그러나 이것 역시,
그가 작품세계를 구축하는 데 있어서 취해야 했던 두 번째의 경건한 探索과
操心의 자세라고 보아야 할 것이다.

　그리하여 「노을」과 「旋回」 등 추천 작품 이후의 初期作品으로부터
採雨의 對社會的 對民主的 관심은 조국에 대한 깊은 애정으로 변한다.
가령 「민들레 · 할미꽃」에서, 눈이 먼 農軍출신의 상이군인에게 조국이
꽃다발을 주는데, 눈먼 이가 무슨 꽃들이냐고 묻자 튜립, 싸이네리아 등이
라고 가르쳐 주지만 농군출신의 눈먼 상이군인은 잘 알아듣지를 못하고,
옆의 젊은 장교가 얼른 '민들레, 할미꽃, 봉선화, 진달래'라고 하자, 눈먼
이는 담박 웃으며 그 꽃이름을 부르더라는 것이다. 또 「가로의 나무」는
"통일이 되면 우리 넷이는 모두 행복하게 될꺼야."로 끝맺어 있고, 「항거」에

서는 제 나라가 있는 역사 속에서 자란다는 사람들마냥 우리들도 행복해
질 날이 있을 거라고 목이 메인다.

민들레와 할미꽃을 우리가 사랑함은 그것이 우리의 조국, 그 어느 한
면을 상징하기 때문이요, 우리 스스로가 행복하기를 염원하는 마음은 바
로 조국에 대한 애정이라고 말할 수 있다.

3) 統一에의 所望

한 덩어리이어야 할 흩어진 겨레와, 조국을 향한 종합의 소망과 기대는
작품 전반에 흐르는 세 번째 基調하고 하겠다. 가령 班常階級은 타파되
어야 하고, 遺産된 因習이라도 진리가 아닌 것은 단호히 배제하고자 하
는 집념을 하나의 겨레얼, 한국적 자의식의 意氣自若한 모습을 念願하는
기대이다. 스스로 하는 짓들이 무엇인지를 모르고 盲目으로 역사에 반역
하는 저들 북쪽의 겨레들을 우리 또한 총에 총으로 맞서야만 애국하는 것
이 아니다. 피를 흘림이 없이 無限量한 더운 가슴으로 저들을 사랑하고
포용해 들일 수 있는 인간적인, 참으로 인간적인 행위가 가능하다면, 그것
이 더 큰 애국일 수 있는 것이다. 그런데 지금 우리에게는 저들을 내 이
웃으로 포용해들일 여건이 마련되어 있지 못하다.

그러나, 이러한 民族的 悲運이 문학으로 어떻게 소화되고 追求될 수
있느냐 하는 것이 採雨가 당면했던 세 번째의 探索이 되었던 것은 아닐
까? 정치적 사회적 特殊條件을 文學藝術로 승화시킬 수 있는 한계점이
어디까지인가를 그는 가만가만히 그러나 의젓하게 밝혀 보려고 하였다.

"이 근방에서 두 좌우익간에 죽은 사람들이 이루 헤일 수 없으리만큼
많데요." 하면서 굳이 자기의 貞操를 받아 달라고 조르던 여인이 후에 들
으니 共匪였어서 이쪽편으로부터 죽음을 당했다는데, '나'는 그녀가 좋아
하던 靑山에 올라 그녀가 그처럼 갖고 싶어했으나 결국은 주지 않은 팔
목시계를 땅속 깊이깊이 묻어 준다는 「靑山·乳房·時計」가 그렇다.

주인에게 충실한 착한 머슴 점룡이가 6·25때 강제로 연설하도록 강요되었던 중 누구의 말을 옮겨 "밟아 죽여라"는 말을 했는데, 단지 이 한 마디 말로 인해 9·28 수복 후에 皮骨이 상접하도록 시달린다. 작자는 늙어빠진 점룡애비의 입을 통해 "억울해유, 세에상!"이라고 말하면서 「山川」이란 작품에서 점룡이와 같은 位置의 사람들을 변호해 준다.

피난 온 지 오래 된 남자가 북에 있는 지어미와 아들을 생각한다. 아들은 군대에 나가 아비 쪽에 총을 겨누다가 몇 명을 죽이고, 저 역시 이편 군인의 총에 맞아 죽었을 것이다. 거기서 한 여인이 나타나 남자를 사랑한다. "제 남편의 전사통지를 받고 난 뒤부턴 늘 어느 젊어빠진 병사 한 명이 눈에 서려져요. 남편의 착한 그 복부에 한 개 치명의 총알을 발사한 오직 한 사람이 있을게 아네요?" 그래서 남자는 두고 온 아들의 모습을 더듬는다. 소년의 웃는 얼굴이 커다랗게 다가온다. 이 「約婚說」은 우리 겨레가 어떻게 서로를 미워할 수 있느냐는 회의를 불러일으켜 준다.

> "선생님, 남북으로 서로 갈려진 수많은 사람들이 있잖아요? 부
> 부가 갈려진 분들이 이제는 단념 비슷한 것들을 하고 再婚들을
> 하는 모양이죠?"

그렇건만 홀로 南下한 朴이라는 사나이는 되찾을 수 없는 아내의 映像을 따라 물 속에 잠겨 버린다. 어질고 고요한 흐름을 하늘에 비기며 가람은 영원한 노래와도 같이 움직이고 있는데, 그 태연한 물 위에 흡사 한 개 목석과도 같이 朴의 시체가 물 위에 떠돈다는 「나의 江河」는 우리가 어떻게 서로 총부리를 마주할 수 있느냐는 의문을 갖게 한다.

> "장인은 공산당에게 납치되어 갔고, 장모는 아군의 폭격에 없어
> 져 버렸는데", "피와 살과 뼈를 나눴다는 건, 같이 배달민족이란
> 관계에 있단 말인가? 우리와 共産黨과두 전에 그런 관계쯤에 있
> 었을거야"(「旋回」)
> "공산 빨찌산인지 아군 경찰인지 어떻든 그 중에서 한 아저씨를

발견했다. 가을이면 손아귀에 넘는 크다란 알밤을 아름씩 줏어다
주는 한 아저씨를 (「우리들은 連鎖」)

　이러한 구절들은 우리 겨레가 오직 한 덩어리이어야 하고, 또 하나 되
기를 호소하는 작자의 絶叫이다.
　「신기루」에서 보인 작자의 비판의식은 다른 어느 것보다 더 통렬하다.
"풍문대로 그는 정치보위부의 앞잡이로, 의용군장교로, 반공 포로로, 국
군으로, 다시 眞假는 모르나 군사쿠테타 협조자로 이리 지내왔다는 것이
다." 내 아우가, 겨레의 일원으로서의 내 아우가 이럴 수가 없다면서 고발
하는 것이다.
　또한 그는 뱉어 버려야만 했던 부끄러운 관습의 일들을 끄집어내어 역사
의 意識으로서 否定하고 있다. 가령, 몸서리치는 임당수 이야기, 또 호랑산
신령님께 사람을 祭하는 일들을 지금 北의 魁首들이 하고 있다고 말하고,
또는 동네에 있는 娘子祠堂을 어린애들이 어른들의 性行爲를 흉내내어 장
난하는 곳으로 묘사하며 (「너와 나의 골짜기」), 또 「은하수」에서는 糊口之
策으로 한 小童이 周易을 배워 占術을 하는데, 끝내 그 짓을 참고 보아 넘
길 수 없는 아버지가 占術人이 된 아들 앞에서 "지랄 마아! 말시바이!"하고
고함을 치고, 占術하는 아들은 "식구가 모두 도회지로 가서, 아버지와 저는
부대의 인부라도 되고, 어머니는 세탁부라도 되자"고 말하며 우는데, 그네
들의 점괘에 드러난 바 장군이 되리라던 동생이 1월 3일 겨울 전쟁 때 비행
기 폭격에 생명을 빼앗겨 버린다. 또 「山川」에서는 대들보에 '丙戌10月10
日戌時立柱上樑巽坐乾向 甲午生成造 運備人間之五福……'이라고 쓰인 주
인집의 아들이 第二國民兵에 나갔다가 반 송장의 거지가 되어 돌아온 다
음 날 "억울해요! 선생님은 유력자시라죠?" 하면서 경련하는 눈시울 새로
굵다란 눈물을 흘리며, 별로 덮어 보지도 못한 새댁의 婚需를 덮고, 배가
부른 새댁을 남겨 놓은 채 그 집 외아들은 눈을 감는다. "인간 五福이 이
집에서 기둥째 무너지고 말았다."고 작자는 말한다.
　또 「山川」에서 작자는 班常意識이 마땅히 없어져야 할 것을 호소한

다. 어머니의 입을 통해서, 종의 새끼이나 똑똑한 점룡이에게, "우리나라
XXX같은 양반도 너같이 천한 몸이었었단다." 하고 격려한다든지. 三從
에게 "점룡애비는 환갑도 지나고 했으니, 그 자에게만은 말도 공대해 주
는 것이 옳을게야" 한다거나, "칠산이올시다. 서방님" 하면서 아는 체 해
주기를 기다리며 국궁 또 국궁하는 점룡애비 앞에서 그에게 할 말 밑을
몰라 주춤주춤하는 일들은, 안쓰럽게 가난한 소작인을 애처로워하면서,
결국 그들과 작가(兩班)가 나란히 지내야 한다고 내심으로 판단하는 작자
의 겸손이며 사랑이요, 또한 歷史的 오류에 대한 부정이라 하겠다.

4) 옛것과 새것의 만남

採雨는 그가 소망하는 기대에도 불구하고, 그 황량한 현실과 역사의식과
의 乖離로 인해, 좌초된 배처럼 잠시 의식의 분열과 시간의 단절감과 절망
적 허무감에 빠진다. 조국의 비극적 상황으로 인하여 미쳐 버리는 「旋回」,
「우리들의 連鎖」가 그렇고, 시계를 青山에 파묻는 행위가 그렇고, 前時代
的인 의식의 세계에서 배고픔, 헐벗음을 참으며 사는 「은하수」의 이야기가
그러하다.

그러나 採雨의 소설이 값질 수 있는 가장 소중한 점은, 현실적으로 작
가들이 부딪히는 괴로움을 그가 극복해 내었다는 데 있다. 그는 모든 소
설가들이 할 수 있었던 여러 가지의 일, 조국에 대한 애정과 기대, 그렇지
만 필연적인 상황 때문에 붓끝을 사리어야 하는 현실적 坐礁에서 패배하
지 않고 새로이 나아갈 길을 찾아내었다는 점이다.

그것은 옛것과 새것을 연결하는 橋梁作業에서 발견된다. 오랜 연구 생
활을 해온 古典의 학자로서, 그는 서재의 골동 애완물로서가 아니라 현대
의 文藝創作에 이바지된 遺産의 계승으로서 古典을 재생시키는 데에 出
路를 개척했다. 字句註釋의 대상으로서가 아니라 현대의 한국을 가늠하
는 역사의식에 입각한 철학 위에서 고전을 부활시킨다.

멜빌의 「모비딕」이 구약성경 열왕기의 아합왕을, 말셀 카뮤의 「흑인 올훼」가 희랍신화의 「올훼와 유리디스」를 각각 그 아키타입으로 하여, 時代的 언어와 시대적 思惟로 재구성하였기 때문에 작품의 시간성과 공간성을 무한으로 넓고 깊게 확대 심화했듯이, 採雨는 靜觀과 禮樂이 調和하는 동양철학의 배경하에 민족의 고유한 문학적 유산과 현실적 歷史意識을 바탕으로 하여, 지난 역사와 미래를 꿰뚫고 공간의 폭을 널리 하여, 작품의 승화된 感激을 高揚하는 三位一體格 소설을 쓴다. 그의 작품을 몇 개만 들춰 보아도, 그 안에 용해되어 있는 전통적 유산의 片鱗을 쉽게 찾아볼 수 있다.

說明의 편의를 위하여 응용된 古典作品들을 표로 보이면 다음과 같다.

現 代	古 典	
小 說 名	應用된 古典作品 및 民俗	장르 別
旋 回	공후인가	古詩歌
靑山·乳房·時計	靑山別曲	高麗歌謠
	소금장수 이야기	說 話
	달래고개 이야기	〃
旋 回	萬波息笛	〃
판소리二題(박타령)	흥부 놀부 이야기	〃
우리들은 連鎖	한중록	小 說
우리들은 連鎖	춘향가	小 說
對 話	꼭두각시	民 俗
	땅재주	〃
	가루지기 타령	판소리
판소리 二題 (春香歌)	춘향전 (자진모리, 중모리, 아니리, 新延맞이, 十杖歌)	판소리
판소리 二題 (春香歌)	줄광대 (책상다리, 쌍용잡이, 가새 틀임, 깃발 붙이기, 허공살판, 법사, 뒷군두, 지방설손, 용틀임, 모둘빼기, 수수잎틀이)	民 俗
楊夢分析傳	九雲夢	小 說

과거의 신화와 전통과 民譚을 담은 고전을 현대적인 것으로 부활시켜

보고자 한 사람이 비단 採雨 하나만은 아니었다.

　崔仁勳의 「溫達」은 최근의 것이라 하더라도 朴種和의 「아랑의 情操」
는 오래전 작품이다. 그런데 문제는 옛적 작품의 취급 여부에만 있는 것
이 아니다. 설화의 작품세계를 초월하는 높은 차원으로 작품의 미를 승화
시켜야 하는 일이다. 작품의 구성이나 표현이 현대판 古譚이야기라면, 이
것은 설화의 한 亞流일 뿐, 전통의 창조를 위한 유산전승의 문학이라고는
생각할 수가 없다. 無不通知한 고전의 세계에 薰習되어서 그것이 사고와
행위의 원천이 되고, 거기에서 비로소 세계성을 지향 모색할 수 있는 민
족의 특수성을 심오한 역사철학으로 무장하여, 새로운 구성과 새로운 언
어표현을 통해 나타내어야만 고차원적인 감흥이 창조되는 것이다.

　이러한 의미를 볼 때, 개성이 뚜렷한 문체, 휴머니티한 인정, 거기에 또
한국적인 넋의 溫床인 옛 文學에 젖은 傳統意識이 몸에 베인 採雨의
글은 60年代 문단의 경이로운 주목의 한 초점이라 하겠다.

　採雨의 작품관이 뚜렷하게 結晶된 것은 「판소리 二題」로서, 그것은
옛것 속에 超現代的인 의식이, 아니면 現代的 意識 속에 사라져 버릴
뻔한 소중한 옛것이 완전히 서로 융해된 重厚한 調和美를 보여주고 있
다. 「판소리 二題」가 山峰이라면, 그 이전까지의 모든 작품은 그것을 떠
받들고 있는 山麓의 구실을 한다. 왜냐하면 다른 작품 속에 용해된 고전
은 세트 설정을 위한 삽화, 인물 성격을 위한 인용으로 쓰여 있는데 반하
여, 「판소리 二題」는 古今의 情緖가 완전 渾融一體가 되어 있기 때문
이다. 가령 작중인물의 행동을 묘사함에 있어, 고조선의 抒情歌謠인 「공
후인」의 이미지를 채용하여 "어부의 아내와 같이 그는 水心을 향하여 어
서 들어가기를 스스로 발버둥치며 있는 것이었다."라고 표현한다. "그 언
젠가의 新羅 피리를 생각하였다. 오늘날로 치자면 나라에 걸쳐진 38線이
트인다는 것일 게다. 그리하여 왕래가 되고, 한 번만이라도 볼 필요가 있
는 사람이 있다면 찾을 수도 있을 것이라는 것일 게다. 오랑캐들이 없어
진다는 것이다. 나라 안 질병이 고쳐진다는 것이다. 가뭄에는 비가 내리

며, 장마엔 하늘이 개이고, 바람을 잠재우며 파도를 가라앉힌다는 피리.
지금은 그 높낮이의 영묘한 가락을 내이며 불리웠던 바람들이 어델 갔을
까?" 이 구절은 新羅 때의 萬波息笛 說話를 이용하여 작자의 역사의식
을 반영한 예가 된다.

"습습히 우거진 푸른 풀을 헤치며, 노루며 산토끼들이 마구 달아나는
깊은 두메, 늘씬히 자란 소나무 위에, 황새가 보금을 쌓으며 날아가는 산,
가만한 바람에도 육중히 솔이 우는 이러한 청산, 소쩍새며 꾸꿍이들이 그
리고 밭으론 부엉이가 사는 맑고 어두운 이런 옛 나의 산"이라는 구절은
靑山別曲이라는 高麗歌謠의 이미지를 살려 작자의 親自然的 抒情을
묘사하고 있다.

또 作中人物의 發狂原因을 규명함에 있어 그는 朝鮮朝의 宮廷小說
한중록의 史實에서 암시를 얻는다.

"이것이 의사가 포착해 낸 病源에 대한 포착이었다. 아버지—이 존재
는 안심저운 의지처이다. 그러나 막상은 두렵고 빠져나오고 싶은 울안이
기도 하였었다. 그 소녀는 동시에 아버지가 밉고 싫었었던 것이다. 그러나
끝내 잊어지고 싶은 아버지! 의사의 이야기를 들으니 한 환각이 떠오른다.
예전에 우리나라에 한 왕자가 있었었다. 이름하여 사도세자. 아버지를 두
려워한 왕자였다. 사랑치 아니하옵시기 섫고, 꾸중하오시기 무서워, 심화
되어 견디지 못하야 사람과 닭즘생을 죽이거나……"같은 구절은 그 좋은
例證이 된다.

5) 판소리 二題

이 小說은 고전에 대한 새로운 想像的 해석으로 그 起源을 추구해 본
일종의 學術論文이라고 볼 수도 있겠다.

採雨는 고전을 연구하는 학자로서의 책임으로 작자를 모르는 春香傳

이며 興夫傳 등의 起源問題를 생각했었을 것이다. 거기서 생각해 낸 春香傳의 起源은 과거에 있어 온 학자들의 설과는 전혀 다른 방향으로 서술되어 있다.

春香이는 賤妓의 몸으로 양반 자제와 어리석은 佳約을 맺곤 덧없이 五里亭에서 버림을 당한다. 여기까지는 많은 官妓들이 살아간 바 實話의 모습이었다. 그런데 관기들은 매양 白日夢을 꾸었다. 사또가 오고, 수청들기를 거절하여 옥살이를 하고, 드디어 암행어사가 되어 돌아와 준 양반 자제의 어부인이 되어 上京하는 奇蹟의 소원 밑에 살아가는 무수한 꽃잎들의 白日夢을.

그런데 學者들은 억지로 春香의 이야기를 합리화시켜 놓았다.

"꼭 그 고을 관기의 딸로서, 혹은 한 醜女의 일로서, 또 혹은 그 고장에 깃든 실제 암행어사의 實話로서, 또 어떤 사람은 그 근방 광대들의 돌연한 創作으로서……."

그리하여 採雨는 유독 혼자만이 따로 생각해 낸 이 이야기를 당연히 학술논문의 형식으로 써야 했을 것이다.

그러나 학자적 考證의 책임감보다는 창작적 의욕이 勝했기 때문에 採雨의 춘향전 起源異說은 소설의 형식으로 기술되었을 것이다.

아무튼 現代版 春香歌의 이야기는 다음과 같다.

재비의 아들로 태어나 땅재주를 익힌 '그'와, 官妓의 孫女로서 그들의 白日夢에 젖어 기관 사람의 부인이 되고 싶어하던 소녀가, 이 천지에서 발견한 오직 하나의 짝으로들 알고 재미있게 산다. 그런데 어떻게 알았는지 회사의 지점장이 그를 불러, 회사의 명예를 위하여 대중 앞에서 한 번 그 묘기를 보여 달라고 한다. 그가 고민하는 것을 보고 아내는 "텀블링이라고 아주 못을 박고 하세요" 했지만, 그 일이 있은 후 이상한 소문에 쫓겨, 그는 질빵을 하여 몇 개의 짐을 얹어 지고 아내는 머리에 이고 손에 들고 마을을 떠난다.

한 모퉁이를 돌았을 때, 그들은 한 언덕 면화밭 머리에 잠시 쉴 참을 잡았다. 눈앞엔 여전히 풍성한 논펄들.

아내가 아무도 보는 이 없는 그의 옆에서 나직이 十杖歌 한 대목을 긴 장가調로 부른다.

문득 한 환상이 그를 사로잡는다. 아내가 등에 아기를 업고 앉아있는 언젠가는, 혹은 머지 않아 그렇게 될지도 모를 것이며, 또 그렇게 되기를 所願하며 그는 미소하였다. 그러나 이런 모습—떠돌이의 짐과 함께 길섶에 쉬는 이런 속에 자기들의 아기가 곁들여 있어서는 아니 될 것을 그는 동시에 소망하였다.

참으로 빛 없는 그늘을 찾아 쫓겨다니며 세상에 발붙일 곳을 잃은 존재 자들로, 이 우리의 遺産傳承을 부끄러워하면서 피해 살아야만 할 것인가?

「박타령」 역시, 고전에 대한 새로운 想像的 해석으로 흥부 놀부전의 기원을 모색한 글이다.

춘향가의 소설화 과정과 마찬가지로 그로체의 『藝術의 始源』에 대한 想像理論에 입각하여 興夫傳 說話의 발생원인을 찾아보는 데에 창작동기를 둔 것으로 보인다.

採雨는 '형만한 아우가 없다'는 우리의 俗談과는 정반대의 인간관계로 구성되어 있는 興夫傳說話에 항상 의아한 마음을 품었을 것이다. 또 흥부 놀부의 설화를 생각하면 懷絶한 극한 빈곤의 모습이야 어쩔 수 없다 하더라도, 우리 민족이 지닌 허다한 非科學的 奇蹟 수용의 愚昧性을 인정해야 하는 것에도 당황했을 것이다.

왜 이런 어리석은 이야기가 생기고 또 즐겨 번지게 되었을까? 그리하여 採雨는 病理的 원인을 찾아내기 위하여 인간의 原初的인 경험을 발굴하는 프로이트의 精神分析原理를 설화의 발생동기 모색에 적용하였다.

따라서 다음과 같은 比喩가 성립된다.

患 自體가 說話라면

患者는 설화의 作者이다.

患者의 原初的 경험은 설화제작자의 원초적 경험과 같은 관계이고 이 原初的 經驗은 바로 疾病의 원인이며 또 說話製作의 원인이 된다.

그리하여 採雨는 非科學的인 後進性이 용서되고도 남을 설화발생의 동기를 昇華된 예술로 追想해 내었던 것이다.

이런 이야기다.

엄마는 아우가 생긴 후 첫찌를 돌보지 않았다. 첫찌는 자꾸만 아우가 부러웠다. 첫찌는 제가 꾸민 이야기를 아우에게 해주며 자꾸 왕밤을 먹였다. 가난한 형이 산에 가서 금방망이를 얻어와 부자가 되었더니, 부자인 아우가 저도 얻겠다고 산에 갔으나 얻기는커녕 매만 맞고 코만 닷발이나 늘어져 왔다면서, 아우의 코를 아프게 아프게 잡아당겼다.

어느 날 첫찌는 아무도 없는 틈을 타서, 아우의 몫으로 정해 놓은 박통 밑을 낫으로 도려냈다. 며칠 후 아우의 박은 주눅이 들어 떨어지고, 엄마는 아우에게 불길한 일이라고 불쌍한 두찌에게 밥 한술씩을 더 주었다.

이듬해 제비가 날아왔고, 지붕의 박들이 조롱조롱 실하게 커 가던 무렵, "형! 패스리 난 형 미움만 받쳤었지" 하면서 배고픈 세상을 아우가 먼저 죽었다.

세월은 흐르건만 첫찌 가슴에 서린 후회의 멍은 사라지지 않았다. 그리하여 형이 만들어 낸 이야기가 흥부 놀부 이야기이다.

아랫동생에 대한 속죄적 보상으로 슬픔을 풀려 하는 첫찌 형의 발버둥인 것이다.

> 아우는 착한 아우
> 제비가 준 박씨 심어 부자가 됐는데
> 형아는 몹쓸 놈 아우를 구박하여
> 형아는 나쁜 놈 제비 대릴 부질러
> 제가 준 박씨 심어 혼쭐이 나고
> 형아는 나쁜 놈 갖은 형벌 감수했지.

첫찌가 지은 이 홍부 놀부 이야기는 모두가 가난했고 또 형제들이 함께 생활해 가는 우리 겨레의 한 사람 한 사람들 가슴에 쉽게 스며들었고, 광대들이 여기에 살을 붙여서 박타령을 불렀다는 이야기다.

春香歌와 박타령, 둘을 합하여 「판소리 二題」라고 이름 붙인 採雨의 이 소설은 아무도 흉내낼 수 없는 60年代 단편소설의 한 白眉라 하겠다.

6) 한국적 리리시즘을 담은 白瓷

한국적인 서정 속에 서양적인 요소가 조화되어 있는 것이 아니라, 서양적인 풍토에 우리의 人稱代名詞와 因習의 몇 커트가 삽입된 듯한 소설들. 靑山別曲이나 處容舞보다는 뮤즈의 여신이나 백조의 날개가 더 친숙해 보이는 소설들 속에서, 버려두었던 고향 산천을 찾아 깨어진 기왓장과 器皿의 조각들을 찾아 살림을 꾸리듯 옛것을 채굴하는 採雨의 소설은, 전통의 계승에는 그것에 상당한 應分의 노력을 기울였을 때에만 전통이 현대의 자산으로 재생하여 살아남을 수 있다는, 엘리어트의 말을 실천한다. 그리하여 古今을 일관해서 국문학의 전통을 정립하고자 하는 사명감을 바탕으로 한 그의 作品에는 한국적인 抒情이 담겨 있지 않은 것이 없다.

그는 現在를 존재케 하는 과거로서 古典을 연구하고, 고전과 외국문학을 우리의 현실에 적응시킴으로서 世界性을 지향한다. 공후인, 靑山別曲, 說話와 같은 민족문학의 정신적 유산이 그의 작품을 高揚하여, 시공을 초월하는 감격의 度를 縱橫으로 深化시킨다. 그의 서정은 결코 感傷이 아니며, 평범을 넘어서는 인정의 極致에까지 차원을 높여, 드디어는 純化된 눈물을 흘리게 한다.

그의 언어는 白色이다. 채색이나 무늬를 용납하지 않은 純色이다. 그는 사치와 美辭麗句를 싫어하고, 과장된 극한 상황을 설정하지 않으며, 참으로 우리가 이 땅 위에서 겪고 있는 일들을 통해 가장 현실적인 겨레의 슬픔을 위로한다. 북쪽의 동포들에게 애정을 보내고 농촌의 궁기에서 눈길을 떼지 못하며, 地主와 下人輩의 구별의식을 떨쳐 버리려는 그의 意識的 心向은 이제 드디어, 경이로운 採雨 문학의 패턴을 형성해 놓은 것으로 보이게 한다.

採雨 문학의 특성은 고전의 세계에서 작품의 소재를 추출하여 하나의 한국적 이미지를 정립하기 위한 옛것과 새것의 橋梁作業에 結晶되어 나타나 있다. 그리하여 철두철미한 애정으로 고전을 저작 소화한 그의 문학적 공로는 그의 소설이 지니고 있는 몇 가지 결함을 감싸준다.

가령, 그의 文體는 유창하다거나 美麗하지는 못하고 어딘가 울퉁불퉁하고 어색하며 뻑뻑하다. 그러나 이 결함 역시 되풀이하여 읽어갈수록 오히려 정감을 느끼게 하는 유니크한 매력으로 발산된다.

문학적 因習傳統 가운데 가장 현저하고도 중요한 것의 하나인 언어적 인습에 있어서, 採雨는 가장 독자적인 패턴을 형성했음을 부인할 수 없다. 어느 누구도 그의 언어를 모방해 낼 수 없는 個性을 그의 작품이 풍겨준다. 그리하여 採雨의 소설은 精巧한 고려의 靑瓷라기 보다는, 소박한 조선의 白瓷이다. 투박하고 무뚝뚝한 언어를 통해 싫증남이 없이 풍기는 우아함이 백자의 성격을 닮고 있기 때문이다.

採雨의 소설이 한국적 리리시즘을 생명으로 하여 한국의 부엌 구석에 놓인 백자 속의 '밑초'처럼 영원히 변질되지 않고 살아 이어져 주기를 바라마지 않는다.

(1970年 『現代文學』 12月號)

5. 學問과 藝術의 調和(李採雨論 Ⅱ)

1) 國文學者 李能雨와 소설가 李採雨

採雨는 국문학자 李能雨 敎授가 소설을 발표할 때에만 사용해 온 筆名이다. 그는 숙명여대 국문과에서 30餘年間 강의하였다. 學者이고 小說家인 그는 그간 50餘 篇의 國文學論文을 발표하였고 5卷의 國文學 硏究著書를 출간하였으며, 또 36篇의 短篇小說과 기타 수많은 논설 및 隨想文을 써왔다. 硏究論著이건 文藝創作이건, 작가의 思惟가 언어로 결정된 것이라고 할 때에, 그는 100篇 이상의 學術 및 藝術의 結晶을 생애의 업적으로 남기기 위하여 평생을 살아오신 분이라 할 수 있다. 그의 작품 속에서 그에 의하여 존재를 부여받은 캐릭터들이 時流와 權勢와 金力에 좌우되지 아니하고 오로지 淸淨冷嚴한 인격을 갖고 喜怒哀樂을 내적으로 溶解하는 直立의 姿像을 구축하였음은, 문학과 학문을 구도의 방편으로 삼은 작가에 의해서만 만들어 질 수 있는 結實이라 할 수 있다.

뜬구름 한 송이의 生滅에 비유되는 인간의 삶이란 때때로 지극히 불완전하여 微風에도 나부끼기 쉬우련만, 유독 採雨는 신념을 고수하기 위하여 時流와의 不協和를 감당하는 고독한 인간상을 빚어 온 작가이다.

李能雨 교수는 작가 李採雨임을 직접 제자들에게 말하지 않는다. 제자들이 독자의 처지에서 작품을 대하고 스스로 알아내었을 뿐이다. 남성을

여성보다 단연 우월하게 여기는 그가 아이러니컬하게도 여성 제자들을 가르쳤으므로, 師弟間의 대화가 강의실에서의 학문 이야기에만 그치고, 좀 더 다정한 인간적 상호이해에 이르지 못했는지도 모른다.

그것은 스승에게나 제자들에게 哀惜한 일이 아닐 수 없지만, 또한 인간 採雨의 인품과 작중인물들의 성격이 如一하게 일치함을 확인시켜 주는 바가 되기도 한다.

筆者는 이미 1970년 12월에 『現代文學』을 통하여, 휴머니티를 중점으로 다룬 「採雨論」을 발표한 바 있지만, 그 후 거의 20년이 흐른 지금까지 단 한 번도 그의 인생과 작품에 대하여 직접 스승과 대화해 본 일이 없다. 그가 늘 냉엄하고 고독한 자세로 멀리 혼자 있는 때문이었을 것이다. 마치 金素月의 「山有花」가 제시하는, 인간의 운명적인 절대고독, '山에 山에 피는 꽃은 저만치 혼자서 피어 있네'의 '저만치'가 풍기는 情趣처럼, 그는 항상 적당한 거리 밖에서 적당히 쓸쓸해하면서 感과 情에 理와 知를 調和시키며 살아왔다.

靑坡언덕에서 淑明의 제자들을 가르치며 한 世代를 보낸 작가 採雨, 국문학자 李能雨 교수는 1980년 3월 20일에 回甲을 맞았다.

하지만 제자들이 준비하는 회갑연이 弊스럽다고 얼마 동안 학교와 제자들을 피하기까지 하셨다. 회갑은 다시 시작하는 삶의 始點으로들 요즘은 말하는데, 지금부터 또 10년이 흐른 후에도 李能雨 교수는 여전히 '저만치'에서 쓸쓸해하고 그분의 제자들은 여전히 이만치에서 어려워해야만 할 것인가? 아니면 70세에 색동옷을 입고 부모님께 재롱을 펴 보인 老萊子의 응석을 배워 미흡한 그분 제자들도 스승이 추구한 학문과 문학과 인간의 秘境을 좀더 가까이에 다가가 그와 더불어 問答할 수 있을 것인가?

그 어느 편이 된다 해도 그가 이루어 놓은 문학정신과 작품의 薰香에는 결코 손실을 끼치지 않을 것이다. 다만 그가 學者요, 敎授로서 뿐만이 아니라 또한 作家 李能雨로서의 모습을 과감히 노출시키고 문학사에 길이 남을 작품을 더 활발히 창작해 내는 老益壯의 風貌를 보여 주기만을 소망할 뿐이다.

李能雨 敎授가 작가 李採雨임을 아직 모르는 淑大의 교직원과 학생들, 그리고 回甲을 맞으신 스승님께 필자는 이 미흡한 글을 보내며, 조촐한 回甲宴을 준비하고 싶었던 제자의 도리를 대신코자 한다.

2) 採雨의 작품세계

採雨가 구축한 문학세계의 유니크한 引力은 다음의 몇 가지로 구분된다.

첫째는 문학적 인습과 전통 가운데에서 가장 현저하고도 중요한 것의 하나인 언어적 인습에 있어서 採雨는 참으로 독자적인 패턴을 형성하였다는 점이다. 즉, 그는 ① 문장 속에서 被動用語를 많이 쓰고 있으며, ② 叙述語尾의 時制를 의식적으로 엄밀하게 구분하고, ③ 문장 속에 修飾語節이나 接續詞를 過多하게 삽입시키고, ④ 獨自的 擬聲 · 擬態語를 만들어서 쓴다는 점이다. ⑤ 또 이러한 修辭的 創意性 이외에도 그는 작품 속에서 남달리 많은 異質的인 語套들을 즐겨 쓴다. 작품 속에서 散見되는 대로 한두 가지 實例들을 위의 項目別로 찾아보면 다음과 같다.

1. 작품이라는 것이 생산되어졌었던 것인가? 제작되어졌던 것인가?
2. 그렇게도 위대하게만 생각되었었던 문학, 이것이 한낱의 이야기를 꾸며내는 것으로 나타나 버려졌을 때, 그 순간을 나는 어떻게 넘겼었던지 모르겠다.
3. 참고 견딘다는 것이 어떠한 것인가를 나는 이 뒤로 알게 되었다. 그것은 그저, 이마 위에 푸르게 펼쳐진 이 내 조국의 하늘로 어제도, 오늘도, 내일도 또 모레나 글피까지도, 시간을 보내 준다는 것이었다.
4. 지금은 다만 '절절절절' 체인을 끌며 후퇴하는 탱크 소리만이 들린다.

5. 세월이 지나면 굄도 밈도 가실 것인데, 되오는 양 그리움이 문득문
   득 가슴에 출렁여 인다.

이렇게 유니크한 採雨의 言語는 그의 문학에 아주 개성적인 분위기의
特性을 부여하여, 그의 문학세계를 아무도 모방할 수 없는 獨創적인 것
으로 형성시킨다. 성급한 독자들이 안이하게 읽을 때 그의 문학을 잘 이
해할 수 없다고 말하는 것은 바로 이 언어의 이질성 때문이라 하겠다.

둘째로 採雨문학이 지니고 있는 유니크한 세계는 그가 추구하는 주제
의 지향점이 일관된 역사의식으로 始終하고 있다는 점이다. 그는 부정부
패로 썩어빠진 良識과 혼란한 政局과 兩斷된 민족의 뼈아픔이며 국제정
세하의 나랏일을 지극히 근심하면서, 戰爭과 强壓으로 인하여 가난한 내
조국과 겨레가 영원한 질서와 가멸음 속에서 福되기를 祝願하는 자세를
그 문학의 주제로 삼고 있다는 점이다.

그래서 필자는 採雨의 창작 중, 6·25가 소재로 된 대부분의 작품들을
總括하여 '戰痕에 어린 祖國愛를 노래한 20세기의 鄕歌'라고 그의 작품
세계를 評說한 적이 있었다(『現代文學』, 1970년 12월호).

셋째는 통일에의 소망이고, 또 서로 흩어져 외롭고 가난한 사람들이 이
땅 위에서 겪고 있는 일들의 묘사를 통해 가장 현실적인 겨레의 슬픔을
위로한다는 점이다. 핍박받는 북쪽의 동포들에게 애정을 보내고 가난한
이 나라 백성들의 궁기 어린 삶에서 눈길을 떼지 못하며, 地主와 하인배
의 비인도적 主從意識을 박차 버리자는 착한 心性이 특유한 온정의 휴
머니티를 독자의 가슴에 전달해 준다. 「민들레·할미꽃」이라는 단편의
一句는 작가의 숭고한 인간애를 잘 대변해 준다.

   "눈을 잃은 사나이가 나왔어요. 전우의 팔을 의지해 더듬으면
   그는 두 손을 허공에 내밀었어요. 남대로 그는 꽃을 찾았어요. 그
   리고 손에 받아졌을 때 그는 무척 안스런 솜씨로 꽃다발을 더듬었
   어요. 그리고는 고개를 허공에 두며 나직이 옆에 선 전우에게 물

었어요. "전우! 무슨 꽃 무슨 꽃이 있나?" 해맑은 얼굴을 한 젊은 장교 하나가 덥석 그를 끌어안다시피한 뒤 자기의 의자에 앉히며 말했어요. '백합', '백합', '다리아!', '튤립, 싸이네리아', '튜리…싸이…' 눈이 없는 군인은 말이 서툴렀어요 그는 농군이었어요 문득 젊은 장교는 그의 얼굴을 유심히 한 번 살피더니 갑자기 목이 메며, '진달래, 봉선화, 민들레, 할미꽃'있지도 않은 이같은 꽃 이름을 주워섬겨 주었어요 그러자 눈을 잃은 그 농군은 가만히 미소했어요. 나직이 전우의 말을 받으며, '진달래, 봉선화, 민들레, 할미꽃' 그리운 이름들을 부르며 즐겁게 웃었어요."

넷째는 그가 오랜 연구생활을 해온 古典의 학자로서, 서재의 골동애완물로서가 아니라 현대의 文藝創作에 이바지된 遺産의 계승으로서 고전을 재생시키는 데에 出路를 개척했다는 점이다. 字句註釋의 대상으로서가 아니라 현대의 한국을 가늠하는 역사의식에 뿌리를 둔 哲學위에서 고전을 復活시켜 한국적 이미지를 정립하기 위한 옛것과 새것의 橋梁作業에 성공을 거두었다는 점이다. 靜觀과 禮樂이 조화하는 東洋哲學의 배경하에, 민족고유의 문학유산과 현실적 역사의식을 바탕으로 하며 지난 역사와 내일의 미래를 꿰뚫고 空間의 폭을 널리하여 감격을 昇華시킨 「판소리 二題·박타령·春香歌」는 이런 類 소설의 白眉라고 할 수 있다.

3) 學問과 藝術의 調和

이제, 「採雨論」을 쓴 지 거의 20年이 흐른 지금, 다시 그때의 作品을 들춰 읽으면서, 採雨에 對한 필자의 見解가 틀림없는 것이었음을 다시 확인하게 된다.

다만 近來에 이르러 採雨에 접근하여 한 가지 더 모색하고자 한 문학적 관심은 그가 사람의 태어남과 삶과 죽음을 어떻게 생각하는가를 탐구해 보자는 것이다. 그것은 採雨에 대한 필자의 관심이 아니라 한국문학 전반에 걸쳐 필자가 모색코자 하는 연구과제의 한 부분적 작업이기도 하다.

문학은 인생의 해석이다. 그렇다면 문학을 통하여 모든 작가는 인간을 존재론적으로 탐구한 그 나름의 해답을 반드시 작품을 통하여 반영시켜야 한다.

"萬物의 始源에 대하여 의문해서는 안 되는 것일까? 온 우주의 설계자가 누구인가고 물어서는 안 되는 것일까? 인간의 굴레에서 벗어나면 인간은 어디로 가는 걸까?" 쎄네카의 絕叫이다.

探雨는 자신의 思念 속에서 문득문득 피어오르는 上記 쎄네카 流의 自問과 絕叫에 무엇이라고 答辯하는가? 그의 작품 속에서 이러한 해답을 찾아내는 일은 探雨文學의 特性을 綜合하는 과정에서 결코 빼놓아서는 아니 될 일이라고 생각된다.

生의 存在論的 探究에 접근한 그의 단편 「虛妄한 이야기」(『韓國文學』1979.11)는 그 첫머리가 "예술이란 來世에의 간곡한 희구 같은 게 있어 이 悲願으로서 제작되어졌던 것인가?"라는 질문으로 시작된다. 이 말은 "天才는 위대한 작품을 남김으로써 永生을 산다"고 한 Ernest Becker의 所見에 일치한다. (The Denial of Death, New York, The Free Press, 1973, p.109) 그는 또 「S市」(『新東亞』, 1969.3)에서 "삶이란 무엇인가?, 죽음이란 무엇인가?" 또 "무엇이 어렵다는 말인가?, 살기가 말인가 죽기가 말인가?" 하면서 "그깐 뻔한 거를요"라고 대답하지만, 그는 여전히 이렇게 궁리를 계속한다.

"사람에게 그 앞날 중, 정확한 점을 칠 수 있는 게 꼭 하나 있다. 뻔하고 그렇기 때문에 오히려 싱거운 해답이지만, 죽는다는 것, 죽음은 두려운 것인가? 아닌지도 모른다. 분명한 사실을 무심하며 우리들은 오히려 喜喜樂樂히 때로 영원적인 存在인 마냥 살고들 있는 것이기 때문이다. 자기의 죽음만은 멀리 있을 것이라. 이런 獨斷 때문일지도 모른다." 이렇게 그는 사람이 죽음을 생각하면서 살아가야 할 當爲性을 力說한다.

사랑하는 친구의 죽음을 통하여 인간의 生死問題를 다룬 작품인 「S市」를 발표한 지 8개월 후에 그는 「에필로그」(『月刊文學』, 1969. 11)란 단편을 발표한다. 사랑하던 딸을 시집보냈을 때의 섭섭한 別離의 감정을 마치 죽음의 한 類型처럼 아프게 받아들여 쓴 것이다.

人生을 죽음의 연습기간으로 보고 別離를 작은 죽음으로 본 Stanley Keleman(Living your dying, Toronto, A Random House, 1975)처럼, 딸을 낳아 키움에서 生을 느끼고 딸을 生面不知의 한 사나이에게 條件 없이 내어주는 아픔에서 죽음을 연습하며, 궁극에 올 죽음에 두려움 없이 친숙하고자 하는 意志와 지혜가 시냇물이 흐르는 듯한 流麗한 詩的 리듬의 情感이, 그리고 論理的 철학적 사상이 그만이 이루어 가진 독창적인 表現과 잘 조화되어, 품위 있는 인간의 한 경지를 나타내고 있다.

教授 李能雨는 이제 回甲을 맞으셨거니와, 소설가 李採雨는 이제 결실의 節氣에 임하여 과즙이 흐르는 실한 열매들을 우리 문학사에 남겨주기를 祝願하는 바이다.

(『淑大新聞』, 1980년 4월 17일 字)

6. 漂流하는 人間像(朴景利論 I)

1) 虛頭

> 나는 한 평생 사소한 충격에도 맑고 거짓 없고 둘도 없는 자기
> 본바탕에서 울리는 소리를 내고 싶다. 내가 아는 거의 모든 사람
> 들이 제소리 아닌 꾸민 소리를 내고 있으니 말이다. 여사 모사하
> 게 보이는 바로 그만큼의 가치를 정확하게 지닐 것 — 결코 제값
> 이상으로 빼어나 보이려고 하지 말 것.
>
> (지이드의 「私錢꾼들」에서)

이 말은 景利의 자화상에서 발견되는 최고의 경건한 표정을 표현해 놓
은 말이다. 그는 우리가 보기에 꾸밈이라는 것을 찾을 수 없어 오히려 좋
다. 소설이 허구의 세계이면서 허구 이상의 진실을 보이는 것이라고 흔히
들 말하지만 우리는 경리의 기술, 즉 붓끝을 통해서—만일 이것을 양으로
측정할 수 있다면—허구 이상의 이상을 감각으로 느끼니 어쩌랴. 그러나
우리가 경리를 보는 처음에서 이렇게 말하는 것은 사실상 결론이 다. 정
말은 다음부터 시작이다.

문학이 베푸는 자리에 한 모서리를 차지한 놈이 비평이다. 이 비평은
문학의 본래적인 입장에서 볼 때는 눈에 가시같은 존재여서 밉기 그지 없

으나 그렇다고 아주 버릴 수는 없어서 언제나 문학의 아들로 군림 아닌 군림을 하고 있다. 헌데 우리가 이제 경리를 비평하는 것이다. 아무리 무엇이라고 해도 경리는 우리가 말하는 밖에 서서 의연한지도 모른다. 설사 그렇게 의연해도 우리는 또 경리를 말하고 싶은 욕망이 있다.

"비평가는 아름다움의 인상을 다른 방법으로 또는 새로운 자료로 번역하여 놓은 자"라고 말한 Oscar Wilde의 발언에 귀를 기울이지 않는다 해도 경리나 또는 어떤 문학인이든 자기의 활자화한 심혼을 아무렇게 읽어도 그들 독자에 대해서 무어라고 개입할 수 없는 문학의 규범이 있고 문학인들의 생리가 있기 때문이겠다. 그러나 우스운 일은 비평가들은 코끼리를 구경한 여섯명의 장님들과 같아서 저마다 자기류의 해석에 신성불가침이란 간판을 내걸고 싸운다. 우리는 이런 싸움에 끼지 말고 순수한 독자의 자리에서 경리를 보기로 하자. 이렇게 序說을 펴는 자체가 비평의 자리이긴 하겠으나, 그리고 우리 스스로 또 한명의 장님이 되어 코끼리를 만지는 것이긴 하나, 독자의 생명적인 의무는 개성적인 인상을 느끼고 창조하는 데 있는 것이기 때문에 이에 용기를 얻고 써 가고자 한다.

경리를 말한 다른 사람이 있지만 그를 읽지 않은 이유는 실로 여기에 있다. 경리를 읽기 전에 다른 비평을 읽는다는 것은 우리가 경리를 보기 위해 장막을 준비하는 것이나 다름이 없다. 그림이나 영화같은 것을 통해 코끼리를 구경한 눈 뜬 사람보다 실제로 만져 보고 느껴 본 장님을 더 값 있게 사고 싶다는 말이다.

거짓 없는 대면이 전개될 것이다.

2) 문학은 생활

처참한 민족의 수난은 20세기에 접어 들면서 극을 달리는데 아직까지 지속되고 있다. 亡國, 식민생활, 해방과 혼란, 국토분열, 6 · 25, 이름만의 휴전, 고향 잃은 마음, 이 모든 것들이 삼천리 전역에 어디 아니 맺힌데 있을 것인가? 문학 — 정확히 말해서 우리 한국문학은 이런 현실적이고 비극적인 상황을 표출하라고 해왔다. 그저 해왔다기 보다 애써 온 것이 사실이다. 그러나 그런 보람이란 과연 무엇이 있었는지 알 수 없다. 작품들은 안이하기 이를 데 없고 작가들은 몸과 붓끝을 따로 놀리고 있는 것이 분명하다.

비애에 절규하고 반항으로 몸부림치는 모습, 그리고 이런 참을 수 없는 역경에 신음하는 문학이 있어 주기를 바라는 마음은 어쩌면 독자에게 보다도 문학하는 자신들이 더 초조하게 원하는 것인지 모른다. 그러나 우리는 많은 작가들을 가지고 있으면서도 동화나 수필 이상의 것을 읽을 수 없는 슬픔을 현실처럼 갖고 있다. 문학은 생활이어야 한다. 우리 작가들은 그럼 이런 각박한 현실에 살고 있지 않다는 말인가? 생활을 문학화할 줄 모른다니 어떤 작가는 이런 사실을 의식한다 하여 본의 아닌 허식을 기술로 삼고 있는 것을 보게 된다. 맹목적으로 현실을 부정하고 윤리관의 개혁을 부르짖으며 이것이야말로 逆理적인 반항이라 하고, 패륜한 아내, 불구의 남편, 허공에 번져가는 값없는 넋두리를 스케치하고 있을 뿐이다. 여기서 우리는 아무런 감흥도 느끼지 못한다. 문학으로 말미암아 독자는 인생의 낭비를 맛보는 셈이다.

이상에서 우리 문학에서 삭막하게 보여지는 한 단면을 보았다. 이렇게 삭막한 가운데에 한 개의 연약한 싹이 움터오고 있다. 삭막하기 때문에 더 슬프고 괴롭고 그리고 자라나기 힘든 싹이다. 그 싹은 뻗어가야 할 잎새며 가지들은 아마 이럴 것일 것이라고 다음과 같이 말한다.

> 그의 문학은 자기자신을 더듬고 매만지고 하는 자화상에 가깝다. 그것은 그만큼 그의 관심이 언제나 대내적인 것이며 대외적인 관심보다는 대내적인 관심이 언제나 앞을 설만큼 자신의 문제가 긴급한 과제로 그대로 追頭하기 때문이겠다. 그는 이 같은 자신을 처리하고 정리해 나가기 위해서 우선 문학을 하고 있는 것 같다.

이상의 말은 평론가 김우종씨가「現役作家散考」에서 나에게
대하여 쓴 한 구절이다. 나에게는 상당히 뼈저리는 말이 아닐 수
없었다. 그런지도 모르겠다는 自答을 뇌어야 하는 나를 우두커니
바라보는 것 역시 뼈저리는 일이 아닐 수 없다.

自愛한다는 것이 자학과 통하듯 나는 내 자신을 학대하면서도
무척 사랑해 온 것 같다. 지나치게 사랑한 때문에 욕구를 충족시
킬 만한 내가 아니었기에 나는 나를 미워하고 경멸한 것 같다. 문
학을 하게 된 것도, 사랑하고 미워하는 나를 버릴 수 없었던 때문
이 아닐까?

(「나의 문학수업」,『현대문학』, 1960년 1월호.)

우리에게 이렇게 豫言과 흡사한 結定을 준 사람은 다른 이 아닌 경리
이다. 그는 곧 문학을 생활하고 있는 것이다. 생활은 다른 사람의 생활일
수 없다. 그래서 다른 누구에게서 보다도 그를 통해서만은 순수한 리얼리
티를 感觸한다. 작품을 통해 볼 수 있는 제일 첫장면이 경리이며 끝까지
사라지지 않고 남아 있는 인물도 경리 그 사람이다.

작중인물의 주인공이 작자 자신인 경우는 경리에서처럼 철저하게 표현
된 것이 아직 별반 없는 것 같다.

3) 번지없는 거주지

성당의 종소리가 멀리서 들려온다. 요다음 주일날에는 꼭 나를
성당에 다려가 달라고 갈월동 아주머니에게 부탁을 한 일이 생각
난다. 오늘이 그 주일날이다.

「불신시대」

아무것도 믿을 수 없는 세상이니라 해서 더욱 옹졸해지는 여인이다. 그 여인은 불행하게도 지식이라는 재산을 지니고 있다. 지식은 그를 조종하는 것이다. 허나 그 교만한 오퍼레이터인 지식은 궁극적으로 해명할 수 없는 지경에 이르자 슬쩍 자리를 피하고 만다. 그래서 미사는 시작되고

> 가엾은 나의 아들 문수를 위하여 기도를 올리나이다. 진심으로…… 진실로 비나이다. 그 고통으로부터 놓이게 하시고 어린 영혼에게 평화가 있기를……
>
> 「불신시대」

하며 기도를 드리지만 한 구석에 있던 지식은 화가 났다. 가만히 그 여인 속에 내재한 다른 여인을 일깨워서 네가 지성인이 아니냐. 너는 어째 이렇게 약하게만 구느냐고 속삭인다. 갈등은 갈등을 낳고 무수한 번민이 자기 의식으로부터 벗어난 초월적인 의식을 찾고자 애쓴다. 감성과 지성은 본질적으로 상반된 것으로 그 여인의 한 개 한 개의 요소는 분신으로 등장된다. 그러나 그런 추리와 사유를 허락하는 그의 지식은 객관이란 어차피 다른 하나의 새로운 주관이라는 의식을 일깨워 주지 못하는 것이다.

그래서 "진영이 처음 성당에 나갈려고 결심했을 때 그것(종교)이 가공에 설정된 하나의 가상일지라도 다만 문수를 위한다는 명목만으로 자신이야 '피에로'도 오뚜기도 될 수 있으리라 생각했던 것이다. 그러나 의식적인 맹목은 끝내 맹목일 수 없었다"(「불신시대」)는 잠정적인 결론으로 여인은 이끌리어 간다. 허나 또 지식의 헤살은 그의 신앙적 귀의를 방해하는 것이다. 그가 보는 것, 찾는 것은 종교가 아니라 종교에 부수된 인간인 것처럼 오해를 사게 하고 기묘하게도 대립되는 다른 종교 곧 불교를 구경하게 한다. 병신처럼 썩어가고 꺾이우는 세상, 게다가 "값싼 동정까지 인색해진 세상"에 견디지 못해 이렇게 허둥거리는 마음은 자기자신이 서 있는 곳이 어딘가도 모를만큼 失神하는 것이다.

　　진영은 배꼽이 터지도록 밤 하늘을 보고 웃고 싶었다. 그러나
그 웃음이 터지고 마는 순간부터 진영은 미치고 말리라는 공포 때
문에 머리를 꼭 감쌌다. 사실상 내가 미쳤는지도 모른다. 모든 일
은 미친 내 눈 앞의 환각인지도 모른다. 지금은 밤이 아니고 대낮
인지도 모른다.

「불신시대」

　이렇게 그 여인은 자기 집을 잃고 말았다. 집을 잃은 사람이기 때문에
"영롱한 아침을 벽화처럼 감동없이" 대할 수 있는 배짱(?)이 생기는 것이
다. 설사 그가 그의 집을 찾았다고 가정을 해 본대도 그의 집에는 번지가
없다.

　　진영은 진실로 하나의 육신이 해체되어 가는 과정 속에서 몸서
리 치는 무서움을 느낀다. 그것은 마치 쨍쨍하게 내리 쬐이는 햇
빛 아래 늘어진 한 마리의 지렁이 같은 생명이었다.

「불신시대」

　햇볕에 노출된 지렁이의 주소에 번지가 있을 리 없다. 자기 뿐만아니라 자
기 주위에 있는 모든 친구들이 다 번지 없는 주소에서 사는 것을 보곤 새삼
스럽게 놀라고 만다. 현실, 좀더 크게 보아 현대라는 울타리 안에 안주한 인
간이 몇몇이나 있을 것인가를 의심하는 눈은 이런 광경을 보아야 했다.

　　산 등성이에서 바라다 보이는 市街는 너절했다. 구릉을 지운 곳
마다 집들이 마치 진딧물 모양으로 따닥 따닥 붙어 있었다. 그 속
에는 절이 있고 예배당이 있고 그리고 서양적인 것 동양적인 것이
과도기처럼 있고 조화를 깨트린 잡다한 생활이 그 속에 있었다.
이러한 도시 속에 꿈이 있다면 그것은 가로수라고나 할까? 보랏빛
이 서린 먼 산을 스쳐가는 구름이라고 할까.

「불신시대」

그래서 우리가 구태여 그 여인의 주소를 붙여주자면 '꿈'이란 마을의 '가로수' 또는 '구름'이라고 할 수밖에 없다. 이렇게 부랑하는 여인은—부랑을 하고 싶어서가 아니라 정착할 터전이 없어서 부득이 하는 일이지만—자기의 주소를 외면적이요, 가시적인 것에서 찾기 보다는 내면적이요, 불가시적인 幽邃한 곳에서 찾으려고 애쓴다. 이것도 물론 그의 오퍼레이터인 지식의 사수에 의한 것인지 모르겠으나 이때의 여인은 주객관의 영역이 범할 수 없는 어느 경지에 서있는 것이다. 그래서 그는, "모든 괴롬은 내 속에 있었다. 모든 모순도 내 속에 있었다. 神도 '문수'의 손결도 내 속에 있었다. 그러나 그것은 아무 곳에도 실제 있지는 않았다"고 말하면서 드디어 이렇게 자기의 주소를 밝히는 것이다.

> "그렇지, 내게는 아직 생명이 남아 있었지. 항거할 수 있는 생명이."
>
> 「불신시대」

그 여인의 이름이 박경리다.

4) 현실도피

無形한 생명도 담길 그릇이 있어야 하나보다. "항거할 수 있는 생명"이기 때문에 더 조롱과 멸시를 받는 현재를 극복하고자 해서 그 여인, 경리는 무척이나 발악을 한다. 발악은 비명이 되었지만, 육신의 비명이 아니라 생명의 비명이기 때문에 음성이 없다.

> 산다는 것이 아득한 벌판처럼 가슴에 밀려오는 것이었다. 언제까지 이런 생활이 계속 될 것인가.
>
> 「암흑시대」

이렇게 음성없는 절규가 '밤중' 속에 있었다. 무서운 밤중이었다. 그것을 경리는 이렇게 말하고 있다.

　　밤은 한없이 길었다. 판자 벽을 뚫고 만든 창문을 열어 본 것이
　　벌써 열 번이 넘는데 날은 새지 않았다.
　　　　　　　　　　　　　　　　　　　　　　　　「암흑시대」

아무리 훌륭한 食器, 곧 항거할 수 있는 생명이 있다고 해도 인간적인 조건에서 탈출할 수 없는 여인 경리는 역시 모든 인간이 공통으로 느끼는 육체와 정신의 불합리한 투쟁과정을 견디어 내려는 것이다. 아니 견디지 못하고 도망을 치는 것이다. 어린 아들의 뇌수술의 결과를 기다리지 못하고 — 사정은 생각하지 말고 — 깜깜한 밤중을 신음하며 초조히 밝히고 병원으로 달려왔을 때 이미 그의 아들은 있지 않았다.

　　'순영'이는 눈을 감아 버렸다. '순영'이는 달아난 어머니였다. 숨
　　지는 것이 무서워서 달아나 버린 어머니였다.
　　　　　　　　　　　　　　　　　　　　　　　　「암흑시대」

이렇게 명백하게 자신의 도피성을 경리는 진술하고 있다.
그의 도피성은 이상과 같은 현실적인 것에서 다시 이상적인 것에까지 올라간다.
　　"더 먼곳으로 여행하고 싶지 않아요?"
　　"하고 싶어요. 하고 싶고 말고요."
　　나도 모르게 강조한다. 참말로 떠나고 싶다.
　　"우리 그만 불란서 같은 곳에 가 버릴까?"
　　얼마나 찬란한 꿈인가. 꿈일 수밖에 없는 일이다. 무어라고 대답
　　할 수도 없다. 높은 포프라가 서 있는 길 언저리로 눈을 돌린다.
　　"아프리카의 밀림이나 어느 고도에 가고 싶어요."
　　　　　　　　　　　　　　　　　　　　　　　　『표류도』

끊임없이 닥쳐오는 불행스런 환경에 견디지 못하는 경리는 "괴로운 패배자"일 뿐, 그리고 그와 같은 패배를 이겨내는 방법은 오직 하나 도망이 있을 뿐이었다. 그래서 「벽지(僻地)」에서는 주인공 혜인으로 하여금 불란서행을 감행케 하는 것이고 『표류도』에서도 '상현'씨에게 서구행을 실현시키는 것이다. 그것도 비가 내리는 우중충한 날에.

아무리 봐도 약한 자의 소극적인 해결책 이외에 아무 것도 아니다.

5) 의지의 의미

인류가 인류의 참 가치를 갖고 세계를 정복해 온 동안 단 한 해도 인류를 위해 세계가 스스로 자기의 내심을 보여주고 인류의 편의를 제공했던 적이 있던가? 없었다. 결코 없었다. 인류는 투쟁 속에서만 발전했고 그 투쟁에 승리할수록 행복의 가능성을 높이어 왔던 것이다. 투쟁에 승리한다는 것이 세계 내지 자연의 제압을 의미하지는 않는다. 그와 반대로 승리란 항상 세계(곧 자연)에 적응하는데서 성취할 수 있었던 것이다. 인류는 被造的 존재인 것이며 被造 상황을 주재하는 절대자의 去就에 순응한다는 것이 절대자의 한 분신인지도 모르는 세계를 이기는 방도가 된다는 것도 숨길 수 없는 사실이다. 그러나 이와 같은 길을 걸어가는데는 틀림없이 난관이 기다리고 있어 왔다. 따라서 각 시대를 따라 특징적인 경우는 다를지언정 현실이 순조롭다던가 유연했던 적은 없었던 것이다. 인류가 근본적으로 정체에 머무를 수 없고 전진하여야만 한다는 필연적인 대전제를 가지고 있듯이 그에 준해서 현실이란 언제나 殺風景에 둘러싸여 있었다. 이런 것에 대항하고자 하여 혹자는 물질적인 것에서 극복을 구하려 하여 과학을 탐구하며, 어떤 이는 정신적인 분야의 심화를 통해 열쇠를 얻고자 한다. 인류의 개개의 개체는 모두 영육의 결합에서 각각 투쟁의 길을 택하고 있는 것이다. 그러면 문학이란 도대체 위의 양자 중 어느 길

에 속한 것일까? 물론 후자에 속할 것은 再言을 요치 않는다. 가장 실리
적인 사실에서 떠난, 그러면서도 실리와 밀접한 관계 속에서만 성숙할 수
있는 문학은 그래서 '진리'를 목표에 두고 이렇게 말한다.

> 인간의 삶의 참된 뜻은
> 연령(年齡)에 있지 않고 행위에 있다.
> 호흡에 있지 않고 사색에 있다.
> 숫자에 있지 않고 감정에 있다.

이것은 知ㆍ情ㆍ意에 대한 명석한 해설을 위한 좋은 서언(序言)이다.
누구나가 말하거니와 진리를 탐구하는 세 가지의 다른 길이 知ㆍ情ㆍ意
라고 한다. 그런데 이들 삼자의 관계를 두고 오늘날까지 많은 각축이 있
어 왔으나 해결은 커녕 점차 복잡한 논박이 형태를 달리하여 존속하고 있
다. 특히 Bergson은 「물질과 기억」(제1장)의 '감정적 감각'의 조건에서
"지각과 감정과의 구별은 단지 정도의 차가 아니라 종류의 別이다"라고
하여 이 양자를 본질적으로 판이한 것으로 보았다. 이러한 知ㆍ情의 상
극성은 그대로 현대의 양대 주류를 형성하는 실존철학과 과학철학과의 지
표에서 명백히 인식된다.

이에 대한 우리의 견해는 知ㆍ情이 각기 외표에 나타내는 색채가 다르
기는 하나, 하나의 접점에 뿌리하고 있다는 데 머문다. 또 문학인의 터전
은 바로 여기에 있는 것이다. 지각(사색)을 떠나서 감정이 없고 감정을 떠
난 지각이란 있을 수 없다. 그러면 의지란 무엇인가? 의지는 감정이 강력
한 고도화작용을 일으킬 어느 순간을 이루는 한 개의 삼각형과 같다고 볼
것이다. 하나이면서 셋이며 셋이면서 하나! 이 속에 의미 깊은 의지가 숨
쉬고 있다.

이상에서 좀 길게 설명이 된 것은 실상 景利文學의 특징이 그렇게 의
지에 이르는 과정과 같다고 보아진 데 연유한다. 경리는 살아 있는 증거
로서 외롭고 어둡고 믿을 수 없는 현실 속을 나이를 먹으며 호흡하여 계

산하면서 느끼고 생각하고 행동하는 문학을 생활하는 것이다. 단적으로 말하여 경리는 그의 예술관, 문학관을 진리에 두고 있다.

> 인생은 美에 앞서 진실이다. 인생을 위한 예술에 있어서도 美에
> 善行되는 것은 진실이 아니었을까? …… 그리고 인생에 대하여
> 끊임없이 도전하고 생기를 잃지 않는다는 것은 나의 내면에서 내
> 가 쉬지 않고 성장하고 있는 것을 말하여 준다.
>
> 『표류도』

이렇게 진리예찬가인 경리는 그 진리의 하나 하나의 모습들을 『표류도』에서 세 명의 남성을 등장시켜 처리하고자 한다. 첫째로 전남편 찬수에게서 현회(경리)는 知性을 아쉬워 한다.

> 그는 나의 반발심에 대하여 항상 충고를 했다. 진정한 뜻에서의
> 자존심이란 반발보다 묵살이라 했다. 나는 그런 말을 들으면서 나
> 의 열등의식을 잠재우고 기둥 같이 곧은 그에게 기대어 섰던 것이
> 다. 오늘 밤과 같은 이런 통곡에도 그는 무슨 답을 분명히 나한테
> 주었을 것이다.
>
> 『표류도』

둘째로 신문사 논설위원인 상현씨에게서는 감성을 찾고 그것 때문에 상현으로 향하는 애정이 깊어간다.

> "미안해요. 이런 짓 할려고 당신을 이곳에 데리고 온 것은 아니
> 었오"
> 그의 가슴에 얼굴을 묻고 가파로운 숨결이 늦추어지기를 기다
> 렸다. 뛰고 있는 그의 심장 위에서 얼굴이 들먹거렸다. 그는 제지
> 된 정열의 배설을 위한 듯 내 입술을 오래오래 빨았다.
> 그의 善性은 언제나 의지적인 것보다 감정적인 것이다. 그래서 그

는 善의 질량을 계산하고 選定 할 수 없는 사람이기도 하다. 그래서 그는 선과 선이 대립하는 속에서 영원히 방황할 수밖에 없는 사람이다. 그것은 가장 순수한 善의 상태다.

『표류도』

셋째로 이것은 결론이 되는 요소로 경리의 모든 지적인 방황이 歸一하는 곳이다. 출판업자 김환규 선생에게서 현회(경리)는 의지를 얻는다. 그리고 그 意志에 현회는 자신의 인생을 依持하는 것이다.

상현이는 감정의 대상이요, 찬수는 지성의 대상이요, 환규는 의지의 대상입니다. 의지는 마지막의 인간의 가능성입니다. 우리는 의지의 세계를 위하여 노력해야 할 것입니다. 애정이나 일이나 죽음까지도 극복해야 할 것입니다.

『표류도』

이러한 환규의 설교에 경리는 스스로 만족하면서 이곳에 定住할 준비를 하는 것이다. 의지는 확실히 인생이 기대일 만한 기둥은 된다. 그러나 경리는 아직도 문제를 남기고 있다.

6) 표류하는 인간상

현대문학이 일반적으로 가지는 분위기 가운데에는 여러 가지가 있겠으나 그 중에도 특별히 우리의 관심을 모으게 하는 것은 무엇보다도 지성적 분위기이겠다.

목구멍에 마지막 숨이 넘어가는 頻死의 어린애를 품에 안고 쳐다보는 밤하늘은 "悠久하고 아름다운 밤하늘"도 아니며 "보석처럼 반짝이는 별"들도 아니다. 이 경우 작가의 무서운 시련은 그 어린애를 껴안은 의식을 중심으로 "새로운 세계"를 창조하는 것이며 그 세계를 등장인물들의 "수많은 의식으로 가득 채우는" 것이다.

김붕구(金鵬九), 『불문학산고(佛文學散考)』, p.118

이렇게 현대작가란 마를로(Marlau)의 至言처럼 "훈장이나 설교자가 말하듯이 이야기하는 것이 아니고 인생이 말하는 대로 말할 따름"이며 唯獨한 자기체험을 귀납적으로 정리하려는 과정 속에 出沒한다. 그러므로 그들의 표현은 난삽하고 이쪽으로 보면 하얗게, 저쪽으로 보면 까맣게 어필하게 된다. 작품은 사상이며 철학적이지만 그렇다고 꼭 집어 어느 사상가나 철학자의 해설서로 이 시가, 또는 저 소설이 적합하다는 단정은 금물이 된다. 아무리 '眞'만이 견고한 덕목이라 군세게 지표로 설정해 놓았다해도 知·情·意의 어느 한 쪽에 확 치우칠 수 없는 경리의 문제도 이런 사실에 기인한다. 그의 지식 곧 지성적 분위기— 이것이 20세기 전반기의 세계문학이 한 풍조처럼 앓아온 고민이지만, 그 풍조 속에 자기의 체험은 극단으로 용해되어 있기 때문이다. 6·25를 분수령으로 해서 한국이 갑자기 세계의 혼탁한 탁류에 휩쓸리게 되었다는 것이 한 이유가 된다면 그것도 수긍할 점이다.

따라서 경리는 의지에 머물지 않는다. 의지의 화신으로 등장시킨 환규로 하여금 의지를 고정케 하지 않고 표류하게 하여 경리는 완전히 그의 오퍼레이터의 사수에 다시 쫓기는 것이다. 환규(의지)는 말한다.

"누구나 다 몇 만년을 살지 못합니다. 속된 말이지만 사람은 늙으나 젊으나 죽어갈 수밖에 없지요. 사람은 살아 있는 동안에도 각각 떨어져서 떠내려 가는 외로운 섬들입니다. 어렵게 생각지 마십시요. 사람의 인연이란 혈육이건 혹은 남이건 섬과 섬 사이의 거리의 원근에 지나지 못합니다. 내 것이란 있을 수 없습니다. 모두가 다 외롭게 떠내려 가야하는 섬입니다. 이제는 이런 말을 할 수 있는 시기라 생각합니다. 지난날의 현회씨는 누구보다도 객관적인 여성이었어요. 그렇게 값싸게 자기를 내던지는 여성은 아니었어요"

"자신을 그렇게 학대하지 마세요. 정신상 비위생적인 일입니다."

"인연을 무서워하는 것은 비겁한 짓입니다. 사람은 모두 하나의 표류도입니다. 복수는 단수의 두 개입니다. 두 개가 단수로 될 순 없어요 그러니까 언젠가는 반드시 이별할 수밖에 없지요 두 개를 하나로 만들려는 곳에 비극이 있고 인간들의 어리석은 고민이 있습니다. 죽은 아이도 하나였기에 혼자 가지 않았습니까. 인연은 대단한 게 아니예요 무서워 할 까닭이 없어요"

"그렇죠. 섬은 한 자리에 있는 섬이 아닙니다. 표류하니까요 움직이니까요 죽음의 직전까지 섬은 자기의 의지대로 움직여야 합니다……그러나 이대로 간다면 현회씨는 자신을 썩혀 버립니다. 움직여야 합니다. 자신의 의사대로……"

"산다는 것은 확실하고, 확실한 기간동안 자기를 낭비하지 않는다는 것은 물리적으로도 강한 에너지가 될 수 있거든요."

『표류도』

홀러간다는 거다. 끝간 데를 모르고 홀러가다가 어디선가 그대로 沈潛해 버리겠다는 거다. 거기에 의지가 있다는 역설이다. 그럴 밖에 도리 없는 경리의 모습이다. 그의 不條理한 의지는 「僻地」에서 다음과 같은 고백으로 나타난다.

> 나는 당신을 사랑한다고 말하고 싶습니다. 그러나 이미 주체성
> 을 상실한 곳에 자신의 의거할 길 없는 자아 속에서 당신을 사랑
> 한다는 신념을 얻는다는 것은 어려운 일이었습니다.
>
> 「벽지」

더구나 의지를 진취적인 것에 두는 것이 아니라 퇴영적인 것으로 끌어들이는데 힘을 쓰고 있어서 "사랑을 위한 어떠한 적은 능동적 행위도 혜인은 자신의 의지로서 굳이 제지하고 살았다." 고 우습게도 자랑을 삼고 있지 않은가?

경리는 막연한 진리의 추구를 위해 知·情 意의 어느 한 군데도 집
착할 수 없는 표류하는 인간이다. 이런 의미에서 경리가 「표류도」에서
현회로 하여금 환규와 더불어 안정과 위로를 향락하게 하지만 그것은 가
공의 현실화를 위한 한갓 허무한 노력이고 경리 자신은 어디까지나 표류
하는 인간이다. 이렇듯 자신을 충실하게 構想化하였다는 점에서 우리는
다시 머리말에서 인용한 지이드의 一句를 경리 앞에 선물한다.

여사모사하게 보이는 바로 그만큼의 가치를 정확하게 지닐
것—결코 제값 이상으로 빼어나 보이려고 하지 말 것.

7. 경리에의 기대—남은 말

서투른 작가론이 끝났다. 거북살스런 단어의 연결이리라 생각하면서도
이렇게 끝까지 써 온 데는 외람된 하나의 기대가 경리에게 있는 탓이다.
이 글은 전반적인 작가론이 아니라 다만 그의 인간상을 浮彫하자는 데
뜻이 있었으므로 여기에 언급되지 않은 많은 部面은 덮어둔 채, 하고 싶
은 말—인간상에 대한—의 한두 마디를 덧붙인다.

인간은 섬(島)이라고 생각할 수 있다. 그런데 우리는 가능한 한 多數의
인간이 인정할 수 있는 객관 속에 끼어들어 보자. 섬(島)은 흐를 수 없다.
표류하는 섬이란 존재하지 않는다. 흐르는 것은 해류이거나 孤島가 바다
를 바라보는 착각이다. 두 개의 섬이 하나로 될 수 없다고 했다. 거짓말!
우리는 복수가 단수로 되는 것을 논리로써 알고 있다. 현대문학을 목구멍
으로 읽으라는 것이 그것이며 Baudelaire가 말한 "신은 최고의 賣淫者"
라고 한 점이 그것이며, 地殼의 隆起가 많은 섬을 하나로 몽뚱그려 커다
란 대륙을 형성시키는 것이 그것이다. 이것이 허망하다면 一步 後退란
말도 可하다. 즉 두 개의 섬에 끊이지 않을 橋梁을 지을 수 있으니 말이
다. 외로운 섬, 景利島는 성정해야 할 것이다. 휩쓸려 버리는 곳에 휴지

처럼 남은 문학은 아까울 것도 없다. '나'를 찾고 '나'를 바로 다스리는 곳에서 문학은 생명을 탄생시킨다.

> 비가 구질구질 나리고 있었다. (「暗黑時代」의 첫 구절)
> 9·28 수복 전야에 眞英의 남편은 폭사했다. (「不信時代」의 첫
> 구절)
> 북풍이 유리창을 마구 때리고 있는 바깥 날씨는 영하 십칠팔도
> 를 오가고 있는 모양이다. (『표류도』의 첫 구절)

이런 음산한 사슬에서 스케치에 머물지 않고, 용감하게 뛰쳐나올 새로운 생명의 문학을 앞날과 함께 기대한다. 인간은 죽기 전까지는 언제나 변화할 수 있는 가능성의 세계에 살고 있는 때문이다.

(1960년, 숙대, 『청파문학』, 제 2집)

7. 페미니즘의 勝利(朴景利論 II)

1) 글머리에

작가의 인생관이나 세계관이 역사가의 관점과 일치될 필요는 없지만, 역사와 문학의 공간이 전혀 별개의 것일 수는 없다. 문학이란 역사 현실의 다양한 상황들이 이루어 가는 변수들, 그리고 그 역사 속을 살아가는 작가와 독자들의 언어가 이루어 내는 것이기 때문이다.

한 작가에 대한 우리의 관심은 그 인생 자체에 있는 것이 아니라, 그가 잉태해 낸 문학에 있다. 다만 작품이 한 인간으로부터 나오므로 그 생애나 의식세계를 고려할 뿐이다. 흔히 여성 작가들에게는 '여류'라는 한정적인 관형어가 따라다닌다. 그런데 박경리에 이르러서는 '여류'라는 관형어가 사라졌음을 느낀다. 여성임에는 틀림없지만 박경리는 '여류'라는 수식어 속에 포함된 한정된 의미망을 초극하고 있다.

박경리 문학 연구는 대개 세 단계로 구분된다. 첫 번째 단계는 전쟁 체험이 주관적으로 투영된 1950년대 작품들, 두 번째는 객관적 시점에서 전쟁과 사회 문제를 다룬 1960년대 소설들, 셋째 단계는 총 16권으로 이루어진 『토지』이다.

박경리는 『토지』의 작가로 알려져 있다. "한국 근대사를 배경으로 시작되는 『토지』는 우리 역사의 흐름 속에서 민족 집단의 운명이나 인간 개

개의 역사적 삶을 묘사"[1]함으로써 '소설로 쓴 근대사'[2], '전형적인 대하
소설 내지 연대기 소설'[3]로 평가받는다.

필자는 이미 1960년 초에 박경리의 50년대 작품을 다룬 바 있고, 이제
40년이 지난 지금, 박경리의 작품 세계를 조감해 보려는 의도로 이 글을
쓴다. 이 글은 박경리의 작품 세계가 그의 초기 및 중기 작품들에 이어
어떻게 『토지』의 세계 형성에까지 이어지는가를 조감하는 것이 될 것이
므로, 작품 하나 하나에 대한 세밀하고 지엽적인 논증이라기보다는, 작품
전체를 한두 마디로 비교 논평하여, 박경리가 이루어낸 문학세계 전반의
흐름을 이해하려는 통시적이고 개괄적인 작업이 될 것이다.

2) 기왕의 연구 업적

반세기의 창작 기간을 통하여 꾸준히 작품 활동을 해 온 박경리는 "소
박한 휴머니즘을 넘어 인간 내면의 심부를 탐사함으로써 인간의 고귀함을
확인하는 소설"[4]을 쓴 작가로 평가된다. 지금까지 박경리가 발표한 작품
은 단편 40여 편, 중·장편 30여 편, 그리고 총 5부 16권으로 된 대하소
설 『토지』에 이른다. 박경리 문학에 대한 연구는 몇몇 특정 작품에도 관
련되어 있으나, 대부분 『토지』에 치중되어 있다.

박경리는 1955년의 등단 무렵에 단편을 쓰다가 1960년대 이후에는 장
편을 발표하기 시작하였고, 그 이후에는 『토지』의 집필에 집중하였다.
1969년에 발표하기 시작하여 1993년에 완간하기까지 박경리는 『토지』에
만 전념한다.

박경리의 초기 작품에 대하여는 작가의 6·25 전쟁 체험이 투영된 자

---

1) 이재선, 『한국 현대 소설사』(민음사, 1991), p.359.
2) 김병익, 「토지의 세계와 갈등의 진상」, 『상황과 상상력』(민음사, 1982), p.174.
3) 염무웅, 「역사라는 운명극」, 『민중 시대의 문학』(창작과 비평사, 1979), p.121.
4) 김윤식, 정호웅 공저, 『한국 소설사』(예하, 1993), p.341.

서전적 소설이라는 것에 연구자들의 견해가 거의 일치하고, 필자도 그런 내용의 논문을 발표했었다.5) 김우종은 박경리의 초기 단편소설에 대해 "자기 자신을 더듬어 가는 자화상에 가까운, 자기 고백의 문학"6)이라고 말한 바 있다. 그러면서 그는 박경리 초기 단편들에 "인물을 표면에 내세운 박경리의 내면적 탐색 과정"이라는 의미를 부여했다. 김치수7)는 박경리의 소설들이 6 · 25 전쟁 동안에 흔히 볼 수 있는 여성의 경험을 표현했다는 점에서 구체적인 현실에 뿌리박은 것을 긍정적으로 평가하였고, 채진홍8)은 작가의 문학적 기저가 인간의 존엄과 소외라는 점, 그것이 인간사나 이해관계를 떠난 사랑과 생명으로 확인되어야 함을 분명히 한다 하였다.

또한 김치수와 정명환은 초기 소설에서 벗어나 시각의 확대와 인식의 심화를 이룬 장편 소설들에서 박경리 작품 세계의 특질을 밝히려 하였다. 김치수9)는 초기의 개인적 불행에서 출발한 작가 세계가 『김약국의 딸들』에서는 한 가정 문제로 확대되고, 『파시』에서는 사회의 불행으로 진전되었다가, 『시장과 전장』에서는 민족의 문제로 발전되었다고 평한다. 정명환10)은 『표류도』, 『김약국의 딸들』에서 가족의 구조를, 『시장과 전장』에서는 1950년대 정치 상황을 다루었다고 평하였고, 백낙청은11)은 『시장과 전장』에 대하여 문제 의식과 예술가로서의 역량이 부족함을 지적하고, 『시장과 전장』이라는 제목을 두고 박경리가 톨스토이의 대표작과 비교하게끔 만들었다고 주장한다. 이에 대해 박경리는 "소설 문학에 있어서 어떤 형태로든지 체험이 재료의 한 부분을 이루고 있다는 것을 부정할 만용이 평론가에게 없다"12)고 반박한 바 있다.

---

5) 이인복, 「박경리론」, 『청파문학 제2집』(숙대출판부, 1960).
6) 김우종, 「현역 작가 산고 - 박경리론」, 『현대문학』(1959, 9).
7) 김치수, 「불행한 여인상 - 초기의 단편」, 『박경리와 이청준』(민음사, 1982).
8) 채진홍, 「인간의 존엄과 생명의 확인 - 박경리론」, 『1950년대 소설가들』(나남, 1994).
9) 김치수, 「비극의 미학과 개인의 한」, 『박경리와 이청준』(민음사, 1982).
10) 정명환, 「폐쇄된 사회의 문학」, 『사상계』(1966).
11) 백낙청, 「피상적 기록에 그친 6 · 25 수난」, 『신동아』(1965, 4).

3) 작품의 전개과정

박경리는 1927년 경남 충무에서 태어난다. 아버지는 연상의 여인과 결혼하여 경리를 낳았으나, 조강지처를 버리고 유랑 생활을 자주 했고, 이곳저곳에 새 가정을 만들었다. 그녀는 아버지가 있어도 곁에 없는 父情 상실의 불행한 유년을 보낸다. 이러한 자신의 출생과 성장에 대해 작가 박경리는 다음과 같이 말하고 있다.

> 나의 출생은 불합리했다. 이 허무한 세상에 왜 내가 태어났으랴 하는 따위의 뜻은 아니다. 그것은 부모들의 관계에서 온 나의 견해였다. 아버지는 죽는 날까지 어머니에 대해 타인이라기보다 오히려 적의의 감정으로 일관했다. 어찌하여 사랑하지도 않고 그렇게 미워한 여인에게 나를 낳게 했는가 싶다. 어머니는 말하기를 산신에게 빌어 꿈에 흰 용을 보고 너를 낳았으니, 비록 여자일망정 너는 큰 사람이 될 것이라고, 나는 그 이야기를 시시하게 들었을 뿐만 아니라 산신에게, 증오하고 학대하던 남자의 자식을 낳게 해 주십사고 애원을 한 어머니를 경멸했었다. 그것은 사랑의 강요였기 때문이다. 어머니의 그러한 모습은 결코 남성 앞에 무릎을 꿇지 않으리라는 굳은 신념을 못박아 주고야 말았다. 나는 어머니에 대한 연민과 경멸, 아버지에 대한 증오, 그런 극단적인 감정 속에서…… 공상의 세계를 쌓았다.[13]

미래에 대한 꿈과 기쁨 이전에 절망과 경멸을 맛보며 성장한 그는, 이후 진주여고를 졸업하고 결혼했으나, 한국전쟁 중 부군이 납북되고 전쟁 직후에 아들을 잃은 후 고통 속에서 창작 활동에만 전념하게 된다. 이 때문에 불행한 개인 체험이 작품 전반에 반영된다. 그는 1955년에 단편 「계산」과 1956년 「흑흑백백」으로 『현대문학』의 추천을 받아 문단에 등단

---

12) 박경리, 「띄엄띄엄 읽고 갈겨 쓴 비평일까」, 『신동아』(1965, 5).
13) 박경리, 「반항 정신의 소산」, 『세계문예강좌4 - 창작실기론』(어문각, 1966), p.369.

한다. 그 이듬해 1957년에는 「불신시대」로 『현대문학』 신인상을 받고, 문단의 주목을 받기 시작한다. 그 이후로 『내 마음은 호수』, 『은하』, 『푸른 운하』를 신문 연재 소설로 발표하는 한편, 『김약국의 딸들』(1962), 『시장과 전장』(1964) 등의 장편을 발표하였다.

박경리는 『김약국의 딸들』부터 이전의 전쟁 미망인을 즐겨 등장시킨 자서전적 소설에서 벗어나 좀더 객관적인 서술을 보여준다. 그리고 『시장과 전장』으로 주목을 받으면서 1965년에 제 2회 여류문학상을 수상한다. 이어서 『가을에 온 여인』, 『녹지대』, 『타인들』, 『환상의 시기』 등을 연재하고, 1969년부터는 『현대문학』, 『문학사상』 등에 『토지』를 연재하기 시작한다. 이렇게 하여 대하소설 『토지』가 탄생된다. 『토지』 공간의 크고 넓음과 민족사 전개가 우리 소설사에서 중요하게 평가되는 가운데 박경리는 1972년에 『토지』 제 1부로 제 7회 월탄문학상을 수상하였다.

(1) 초기의 단편 소설

박경리의 초기 단편 소설들은 작가 개인의 자서전적인 면을 강하게 드러낸다. 평론가들이 그의 소설을 자화상으로 평하고 작품의 주인공과 작가를 동일시하기까지 한 이유가 거기에 있다. 작가 자신도 자신의 소설이 사소설이라고 평가됨을 다음과 같이 인정하고 답변한다.

> 자기를 떠난 작가가 일찍이 있었던가? 작가는 자기를 통하여 인간을 보지 않는가? …(중략)… 사실 작가는 자기의 사상, 자기의 비판 정신으로 작품을 창작한다. 남의 사상, 남의 비판 정신을 빌려 가지고는 진정한 창조가 있을 수 없다. 소설 속의 여하한 인물에도 작가는 자기의 입김을 불어넣게 마련이다.14)

---

14) 박경리, 「나의 문학 수업 - 꿈꾸는 자가 창조한다」, 『문학을 지망하는 젊은이들에게』(현대문학, 1995), p.185.

작가 자신도 긍정하듯이 박경리의 소설에는 작가의 모습이 노출되어 있다. 그러나 박경리는 비록 사소설에 가까운 형태이기는 하지만, 그 표현이 구체적인 현실에 뿌리를 내리고 있어서 한 인물로 표현되는데 성공하고 있다.

그녀의 초기 단편 「암흑시대」에서 여주인공은 문학을 공부하고 있는 여인으로, 열 살 여아와 여덟 살 아들, 그리고 노모를 부양하는 불우한 처지의 여성이다. 전쟁으로 남편을 잃고 가산도 잃고 극도의 가난과 굶주림 속에서 그는 문학에 투신한다. 그러므로 그의 초기 작품들에는 불신 속에서 유일한 희망으로 문학을 선택하고 거기에 자신을 맡기며 치유를 추구하는 박경리의 모습이 작중 인물들을 통해 잘 드러나 있다.

「계산」에 등장하는 여주인공은 박경리 소설 안에서 여주인공의 한 원형을 이룬다. 작품 속에서 여주인공은 친구를 전송한다. 이 친구는 여주인공의 파혼 의사를 번복시키기 위해 상경했다가 헛되이 돌아간다. 여주인공이 파혼하려고 하는 이유는 약혼자의 실언을 용서할 수 없다는 '결벽성' 때문이다. 작가는 이렇게 적는다.

> 경구가 연애를 거친 회인과의 약혼을 어느 좌석에서 후회 비슷하게 말한 사건은 회인을 둘러싼 사람들에게 너무나 유명한 일이다. 회인이는 한 마디 말도 없이 그 번거로운 얘기를 뿌리치기나 하듯이 고향을 떠나온 뒤 벌써 1년이 넘었다. 경구는 편지로 혹은 회인의 어머니를 움직여서 회인의 마음을 돌리려고 했으나 회인은 굳이 침묵을 깨뜨리려고 하지 않았다.……다만 잠정적으로 그와의 화해가 절대로 불가능하다는 것만 확실하다 생각했던 것이다.[15]

이러한 여주인공의 결벽성은 그 후 많은 작품에 되풀이하여 나타난다. 초기 단편 「剪刀」의 여주인공도 그런 의미에서 「계산」의 경우와 비슷하다.

---

15) 박경리, 「계산」, 『현대문학』(1955, 8), p.113.

버스를 탄 숙혜의 기분은 그리 좋지 못했다. 어찌해서 그네들의 대부를 내는 데 내 얼굴과 수완이 문제가 되는가? 그것을 생각하면 숙혜는 심한 모욕을 느끼지 않을 수가 없었다.……간혹 가다가 그들 주인 내외가 말하는 세정적인 말, 이를테면 혼자 사는 여자의 몸은 어렵고 무슨 살 맛이 나느냐 하는 따위의 말이 그의 비위에 거슬린 것은 벌써 오래 전의 일이었다.16)

「剪刀」의 여주인공은 과거사가 알려져서 사무직을 내동댕이치고 공장의 직공이 된다. 이에 따라 호칭도 '김 선생'에서 '김씨'로 강등된다. 그녀는 직장에서 다른 여공들과 합숙 생활을 하고 마침내는 주인에게 저항하다가 죽음을 당한다. 이것은 그녀의 결벽성을 보여주는 단편적인 예이다. 초기 박경리의 작품에 등장하는 여성 인물들의 불행은 사회구조적인 요인도 배제할 수는 없으나, 대부분 자신이 지닌 성격적 결함에서 비롯된다. 이것은 그녀의 고백에서도 충분히 감지할 수 있다.

그러나 그(남편이 죽은 후)로부터 3년 후 나는 피난 간 고향에서 K를 만났고 불행한 연애를 했다. 감정만은 처녀성을 지니고 있었던 나는 말하자면 처음 느껴보는 연애 감정이었던 것이다. 결혼 생활을 체험한 27세 여자의 소위 첫사랑이었다. 그러나 K의 어떤 배신적 언질로써 나는 깨끗이 결별하고 서울로 왔다. 나는 그를 지독하게 사랑했었다. 그러나 사소한 말 몇 마디를 용서할 수 없었던 나는 그만큼 연애의 신성을, 사랑의 순수를 신봉했던 모양이다.17)

이렇게 1950년대 박경리 단편소설의 특징은 작가가 갖는 개인적 불행의 연장선에서 작중 인물의 내면세계가 지극히 사적이고 고백적이라는 공통된 지적에 머무르고 있다. 그러다가 1959년에 가난하고 고독한 여인의

16) 박경리, 「剪刀」, 『박경리 문학전집19』(지식산업사, 1987), p.284.
17) 박경리, 「반항 정신의 소산」, 앞의 책, p.393.

심적 방황을 그린 장편 소설 『표류도』를 발표하여 제 3회 내성 문학상을
수상하게 되고, 이것이 계기가 되어 장편소설 집필에 주력하기 시작한다.

(2) 『표류도』

박경리가 문단의 주목을 받게 된 가장 직접적인 원인은 장편 『표류도』
로부터 시작된다. 『표류도』에는 가난한 삶 속에서 인간의 존엄성을 지키
려는 여성의 의지가 살아있고, 어려운 현실을 탈피하여 아름다운 사랑을
추구하려는 낭만이 스며 있다. 이런 면에서 '궁핍', '고독과 절망', '결벽
증과 존엄성', '상상과 꿈의 세계로서 사랑의 갈구'와 같은 박경리 소설의
초기 경향이 종합된다.[18]

당시의 전쟁 미망인이 겪어야 했던 가난과 대사회적 피해의식 같은 사
적인 경향에서 벗어나 문학의 중요한 테마인 '사랑'을 다루기 시작했다는
점에서 작품 세계의 확대 발전이 보인다.

『표류도』란 제목은 떠내려가는 삶, 한 인간이 살아가는 인생행로의 은
유이다. 이 작품 『표류도』는 자의식이 강한 여주인공인 전쟁 미망인이 이
루지 못할 대상인 유부남을 사랑하는 이야기이다. 이 여주인공은 자신의
폐쇄적 성격으로 인해 불행해진다. 여주인공의 폐쇄적인 성격은 자신이
눈물겹도록 사랑하는 한 남성을 사랑하고 또 사랑 받으면서도, 그 사랑을
결혼으로까지 성취시켜 나가지 못하고 심적으로 표류하게 만든다.

> 말이 없어도 즐겁고 그리고 슬프다. 가슴마다 벅찬 애정이 눈으
> 로 오간다. 헤어볼 수 없는 많은 사람들 중에서 우리 두 사람만이
> 무릎을 맞대이고 기차에 흔들리며 간다. 인연이 신비하다. 눈물겨
> 웁다. 이러한 눈물겨운 가슴과 가슴이 허공에 떠 있었던 과거, 또
> 허공에 떠 있어야 할 미래, 누구의 잘못이며 어느 누가 마련한 일

---

18) 정희모, 「1950년대 박경리 소설과 환멸주의」, 『새미 작가론 총서9 - 박경리』(새
미, 1998), p.42.

인가. 운명이라면 신의 의지가 있을 것이다. 그렇다면 내 마음은
신을 설득시킬 수 있을 것이다. 당연히 맺어졌어야 할 우리들이다.
집착인가? 집착이 아니다.19)

　신의 의지인 운명까지도 설득할 수 있으리라 생각하는 사랑에도 불구하
고 자신의 폐쇄적 성격으로 말미암아 여인은 제3의 인물을 선택한다. 의
외의 결말이다. 이처럼 납득되지 않는 선택은 여인에게 있어 현실 도피의
행위가 되지만, 한편 여인 자신으로 보아서는 자신의 폐쇄성을 극복하고
새로운 현실을 향해 도전하는 발전으로도 해석된다.

　　나는 강인한 채찍으로 내 마음을 후리쳤다. 현실에 적응시켜야
　한다. 내 생명이 있기 위하여 나를 변혁시켜야 한다. 겨울이 와서
　산야에 흰 눈이 덮이게 되면 털이 하얗게 변하고 여름이 와서 숲
　이 우거지면 나무 껍질처럼 털이 다갈색으로 변하여지는 토끼라는
　짐승의 생리를 닮아가야 한다. 끊임없이 자기를 변혁하고 현실에
　적응해 가며 생명을 지탱해 오지 않았던가.20)

　『표류도』의 여주인공은 이전 단편들에 나타난 자전적 인물들처럼 폐쇄
적인 면이 없는 것은 아니나, 그래도 조금은 적극적으로 현실에 대응하는
자세로 50년대 작중 인물들의 도피성을 극복해 내는 여지를 보여준다. 필
자는 1960년에 이런 글을 쓴 일이 있다.

　　人間은 섬(島)이라고 생각할 수 있다. 그런데 우리는 가능한 한
　多數의 人間이　認定할 수 있는　客觀 속에 끼어들어 보자. 섬은
　흐를 수 없다. 漂流하는 섬이란 존재하지 않는다. 흐르는 것은 海
　流이거나 孤島가 바다를 바라보는 錯覺이다. 두 개의 섬이 하나
　로 될 수 없다고 했다. 거짓말이다! 우리는 복수가 단수로 되는 것

---

19) 박경리,『포류도』,『신한국문학 전집』(어문각, 1979), p.278.
20) 박경리, 위의 책, p.411.

을 論理로 알고 있다.…… 이 말이 虛妄하다면 一步 後退한 말도
가능하다. 즉 두 개의 섬에 끊이지 않을 橋梁을 지을 수 있으니
말이다. 외로운 섬, 박경리라는 섬은 成長해야 할 것이다. 휩쓸려
버리는 곳에 휴지처럼 남은 文學은 아까울 것도 없다. '나'를 찾
고 '나'를 바로 다스리는 곳에서 文學은 生命을 탄생시킨다.

비가 구질구질 나리고 있다. (「暗黑時代」의 첫 句節)
九·二八 수복 前夜에 眞英의 남편은 폭사했다. (「不信時代」
의 첫 句節)
북풍이 유리창을 때리고 바깥 날씨는 영하 십칠팔도를 오가고
있는 모양이다. (『漂流島』의 첫 句節)
이런 음산한 사슬에서 스케취에 머물지 않고, 勇敢하게 뛰쳐 나
올 새로운 生命을 앞날과 함께 기대한다. 人間은 죽기 전까지는
언제나 變化할 수 있는 可能性의 世界에 살고 있기 때문이다.[21]

작가는 분명히 이러한 필자의 기대에 어긋나지 않았다. 『표류도』 이후
에 그는 개인에서 사회로, 사회에서 민중의 역사로, 순응에서 저항으로,
저항에서 발전으로, 절망에서 희망으로, 희망에서 개혁의 의지로, 죽기 전
까지는 언제나 발전적인 변화를 꾀하며 솟아오르는 가능성의 여성형을 창
출해 낸 때문이다.

(3)『김약국의 딸들』

『김약국의 딸들』에서 작가는 고통스럽게 살아야 하는 김약국의 다섯
딸을 등장시킨다. 김약국의 어머니는, 원래 혼담이 오갔으나 자신의 팔자
가 세다는 이유로 이루어지지 못했던 옛날의 혼담 상대자가 뒤늦게 다시
나타나자, 남편으로부터 의심을 받는다. 견디지 못한 그는 비상을 먹고 자
결한다. 여인의 자결은 여기서 자신의 결백을 보여주기 위한 선택이다. 그

---

21) 이인복, 「박경리론」, 『靑坡文學 제2집』(1960).

러므로 이들 집안에 이어지는 불행의 원인도 결국은 결벽성 때문이라 할 수 있다. 이 사건으로 어머니를 잃은 김성수는 온갖 구박을 받는 천덕꾸러기로 성장하지만 나중에 대를 이어 가업을 이끌게 된다. 그러나 투자한 어선이 조난 당하고 가세가 기울고, 다섯 딸의 운명으로 인하여 불행을 겪는 등 파란만장한 역경으로 이어진다.

『김약국의 딸들』은 이렇게 여성 억압의 가부장적 구조를 보이는데 그것은 김약국과 한실댁과의 관계로부터 시작된다. 한실댁은 딸 다섯과 아들을 낳았으나 하나 뿐인 아들이 죽게 되어 대를 잇지 못하는 아내가 된다. 그녀는 집안 일에 충실하고 딸 다섯의 양육에 헌신적이지만 결국 아들이 없는 이유로 김약국과 기생 소청과의 관계를 묵인한다. 이러한 것이 묵인될 수 있었던 것은 당시 유교 교육의 결과였고, 또한 여성 인권을 말하기 시작했던 과도기의 보수성 때문이었다.『김약국의 딸들』에 등장하는 용숙은 일찍 과부가 되어 아들 하나를 키우며 산다. 그러나 용숙은 다섯 딸 중 가장 세속적이고 부정적인 인물이다. 그녀는 개인 욕심을 채우고는 아버지가 위기에 처해도 철저하게 외면한다.

> 김약국은 맏딸을 싫어했다. 자랄 때부터 마치 눈에 가시처럼 미워했다. 좀처럼 딸들을 나무라는 일이 없는 김약국이었는데도, 용숙에게만은 외면을 하기 일쑤였다. 용란이 그렇게 말괄량이 짓을 하고 머슴아이처럼 버릇이 없건만 용숙이처럼 미워하지는 않았다.[22]

용빈은 지식 여성을 대표한다. 그녀가 겪는 불행은 그녀 자신의 성격적 결함이나 행동에 기인하는 것이 아니라 가세가 기울어짐에 의한 것이다. 따라서 용빈의 불행은 다른 자매들과는 달리 희망의 여지를 보인다. 용빈은 용숙처럼 재물에 집착함으로써 비극을 극복하려 하지 않고 교육의 힘과 지성에 의지하여 비극을 이기려는 의지를 보인다.

---

22) 박경리, 『김약국의 딸들』(지식산업사, 1980), p.62.

용빈은 자기가 언제부터 운명론자가 되었는가 싶었다. 그러나
그는 운명론자가 아닌 자기를 발견코자 한 것이 어느 노력에 지나
지 못했다고 깨닫는다. "똑바로 받아들이자! 기정이건 우연이건
나는 지금까지 능히 감당할 수 있는 훈련을 받았었다."23)

이 작품에서 부정적 성향으로 운명에 맞선 인물이 용숙이라면 긍정적인
자세로 운명 극복의 시도를 보인 인물은 용빈이다. 이 작품에서 가장 전
통적인 인물로 묘사된 인물은 용옥이다. 그녀는 남편의 부재를 침묵으로
수용하다가 시아버지인 서노인이 성유린하려고 한 사건을 계기로 남편을
찾아 집을 떠나게 되고, 침몰하는 배 안에서 죽는다. 용옥의 경우 가정의
몰락과 자신의 불행이 연관되어 있다는 점에서 용빈과 비슷하다고는 하겠
으나, 용빈은 교육을 받은 지식인인데 반하여 용옥은 교육을 받지 못한
여인으로 그려진다. 용란은 순수하다. 감정 표현에 악의가 없고 어떤 피해
가 닥쳐도 개의치 않는다.

김약국 집 딸들의 삶이 불행한 것은 거의 전부가 결혼 생활의 불행 때
문이다. 삼십여 년을 부부이지만 남남이나 다름없이 사는 김성수와 한실
댁, 과부로서 불륜을 저지른 용숙, 애인과 헤어지는 용빈, 육체 관계를 맺
은 애인을 두고 불구자이며 아편쟁이인 남자와 결혼했다가 다시 옛 애인
을 만남으로 인해 정신 착란이 된 용란, 용란을 잊지 못하는 남자와 결혼
하여 남편의 사랑을 받지 못하다가 시아버지의 부도덕한 행위 때문에 죽
음에 이르는 용옥 등, 작품의 주요 인물들은 모두 부부 관계로 인하여 불
행해진다. 그리고 이들의 불행한 사건들은 모두 상호 연관의 고리로 이어
지면서 김약국 집안의 경제적 몰락과 비극을 조립한다. 그러므로 마치 이
인물 구성들은 절망과 희망의 한 가운데에 존재하는 교량적 위치에서 그
다음에 이어질 『토지』를 준비하는 인물들의 밭아기간으로 생각된다. 도
피가 아니라 수용과 대결의 모습을 보여주는 과정으로 보이기 때문이다.

---

23) 박경리, 위의 책, p.230

(4) 『시장과 전장』

박경리의 소설 『시장과 전장』은 1964년 12월 1일 현암사에서 전작 장편으로 간행되었다. 『시장과 전장』은 여자 주인공이 끌고 가는 이야기와 남자 주인공이 주도해 가는 이야기가 병렬 구성을 이루고 있으며, 여주인공은 그 이전 소설들에서 집중적으로 추구해 온 비극적 여인상이 보다 확대 심화된 모습을 보인다. 여주인공은 전쟁의 위기를 맞으면서 '가장된 허위'를 벗고 자신이 정말로 사랑하는 가족을 위하여 스스로 변화해 가는 입체적 인물로 묘사된다.[24]

여기서 '시장'은 인물에 따라 다른 풍경으로 나타난다. 여주인공이 시장을 생명력 넘치는 환상적이고 낭만적인 공간으로 보았다면 남자는 생명이 소모되는 장소로 파악한다. 그러므로 여성이 '시장'을 전장의 음울한 기운을 초월한 생명의 장소로 인식하는데 비해, 남성은 소모성의 특성으로 전장과 시장을 동일시한다. 이러한 남녀 의식의 이질적 접근을 통하여 박경리는 인간 구원의 의미를 제시한다.

『시장과 전장』은 그 이전의 자전적 작품들, 즉 개인적 경험을 바탕으로 하여 부정적 현실을 주관적으로 그려온 작품들에 비해 객관적 상황을 보여준다. 이 작품은 발표 당시부터 부정적 평가와 긍정적 평가를 함께 받았는데, 부정적 평가로는 구체적 묘사보다 관념적 서술로 일관되었다는 점이 지적되었고, 그 당시에 나온 전쟁 소설이 대체로 냉전 이데올로기에 의해 경직된 이념을 드러내는데 비해 공산주의 이데올로기나 자본주의 이데올로기의 어느 면으로나 객관적 시각을 보여주려 했다는 점에서는 긍정적 평가를 받았다.

『시장과 전장』은 전쟁의 소모적 기능과 창조적 기능을 함께 보여준다. 즉 전쟁 전에는 아내나 딸로서만 살던 여인이 전쟁 체험을 통해 여성으로서의 정체성을 회복, 정립하고, 순수한 이념적 공산주의자인 남성을 통해

---

24) 이상진, 「여성의 존엄과 소외, 그리고 사랑」, 최유찬 편, 『박경리』(새미출판사, 1998), pp.133~134.

자유주의 이데올로기와 공산주의 이데올로기의 허상을 비판하기도 한다. 또 여인의 맹목적이고 헌신적 사랑을 통해, 전쟁이라는 공간 속에서 낭만 적 사랑의 실현을 시도하고 있다.

(5) 『토지』

박경리 문학은 『토지』에 이르러 그 동안의 한계를 극복하고 더 심층적 인 문학세계를 이룬다. 따라서 박경리 문학에 대한 연구는 『토지』를 통해 풍성히 논의되었고, 또 논의될 것으로 보인다. 농민전쟁과 갑오개혁, 을미 의병 등 근대사의 획들을 꿰뚫고 이어지는 역사 대하 소설 『토지』는 제 5부 16권으로 이루어져 있는 방대한 분량의 대하 소설이다. 제 1·2부와 3·4·5부가 구조적으로 대별되는데, 1·2부는 주로 최참판네의 흥망성 쇠를 다루고 3·4·5부는 역사적 흐름에 따른 우리 민족의 변천사를 다 룬다. 봉건 조선이 와해되면서 파생된 일제 식민화의 과정을 작가는 이렇 게 묘사한다. 1897년의 한가위 날이다.

> 까치들이 울타리 안 감나무에 와서 아침 인사를 하기도 전에, 무색 옷에 댕기꼬리를 늘인 아이들은 송편을 입에 물고 마을을 쏘 다니며 기뻐서 날뛴다.…… 고개가 무거운 벼이삭이 황금빛 물결 을 이루는 들판에서는, 마음놓은 새떼들이 모여들어 풍성한 향연 을 벌인다.[25]

이 묘사는 대하의 역사를 숨막히게 엮어갈 소설임을 아무도 예견할 수 없을 만큼 목가적이지만, 즉시 다음 같은 문장으로 고난의 삶을 예고한다.

> 사람들은 하고 많은 이별을 생각해보는 것이다. 흉년에 초근목 피를 감당 못하고 죽어간 늙은 부모를, 돌림병에 약 한 첩 써보지

---

25) 박경리, 『박경리 문학전집 4, 토지 - 제1부 1권』(지식산업사, 1988), p.11

못하고 죽인 자식을 거적에 말아서 묻은 동산을, 민란 때 관가에
끌려가서 원통하게 맞아죽은 남편을, 지금은 흙 속에서 잠이 들어
버린 그 숱한 이웃들을, 바람은 서러운 추억의 현을 가만가만 흔
들어 준다.26)

   그 이후 일제의 수탈과 민중의 애국 독립 투쟁이, 그리고 2차 대전, 해
방에 이르는 역사가 숨차게 이어진다. 하동 갑부 최참판 댁이 재산을 잃
었다가 다시 찾는 과정을 4대에 걸쳐 이야기하지만, 작가는 최참판 댁의
가족 이야기에 머물지 않고 우리 민족의 이야기, 우리 나라 역사의 이야
기를 끈질기게 지속적으로 작품 안에 수용하고 있다.

   『토지』에 나타난 박경리의 역사관은 질병과 한재, 화재와 같은
   일련의 자연적인 재난 및 전쟁과 침략의 인위적 재앙, 선악의 갈
   등, 탄생과 죽음의 주기적인 교대 등으로 점철된 비운의 역경, 그
   리고 그 가운데에서도 끈질기고 지속적인 연대적 관계의 생성 행
   위가 이루어지는 것으로서 상정되고 있는 것이다.27)

   등장 인물도 수백 명에 이른다. 작품의 배경 또한 평사리 뿐만 아니라
간도, 서울, 진주 등 매우 광범위하게 펼쳐져 있다. 특히 작품의 주무대인
경남 하동군 평사리는 전북 진안에서 발원한 섬진강이 3개도 12개군에
걸치는 남도 5백리를 내려와 하동 포구에서 남해로 흘러들기 전의 북동쪽
을 내려다보며 자리잡은 마을이다.
   최참판 댁의 비극은 머슴 '구천이'와 '별당 아씨'의 도피에서 비롯되는
데, 이 도피 사건의 주역인 '구천이'의 출생은 강간으로 인한 출생이라는
배경을 지니고 있다. 유교적 질서 사회에서 한 여자가 비극적인 사건으로
인하여 불운의 씨를 잉태함으로써 한 가족이 파탄으로 이어질 것을 예고

---

26) 박경리, 위의 책, pp.13~14.
27) 이재선, 「農耕的 想像力과 土地」, 『박경리 - 한국문학의 현대적 해석 8』(서강
    대출판부, 1996).

한다. 과부의 몸으로 강간을 당했을 때 자결을 하지 않고 결국 '구천이'라는 생명을 잉태하며, 그 혈연 관계로 인하여 며느리가 출분하는 일까지 당하게 되는 윤씨 부인을 중심으로 전개된다.

『토지』 제 1, 2부는 최참판네의 몰락 내력과 서희가 불꽃같은 집념으로 잃었던 땅과 집을 다시 찾는 과정이 이야기의 핵심을 이룬다. 최서희는 할머니 윤씨 부인의 대범한 기상과 고집을 물려받았는데, 서희의 이러한 성격은 아버지인 최치수가 살해당하고, 머슴 구천이와 어머니인 별당아씨가 도망가고, 할머니 윤씨 부인의 갑작스런 죽음과 조준구 등으로 가문이 몰락하게 되는 것으로 인해 더욱 강해지고 완고해진다.

『토지』의 중심 인물인 서희나 윤씨 부인은 역경을 겪지만 자신들의 집념과 의지로 불행을 극복하고 가문을 다시 일으키는 강인한 여성으로 부각된다. 이는 50년대의 단편들과 60년대의 장편들에서 폐쇄적인 여성의 모습을 그려오던 작가가 『토지』에서는 정절을 상실하고도 살아남은 윤씨 부인과 별당의 귀족신분을 떨쳐 버리고 출분하는 아씨와, 반상을 뛰어 넘어 길상과 결혼하는 최서희를 통해 작가가 결벽성과 폐쇄성을 극복하는 여성 인물을 창조했다는 점에서 놀라운 발전이라 할 수 있다.

『토지』는 작품 속에 등장하는 인물들 치고 한이 없는 사람은 한 명도 없다고 말할 수 있을 만큼 한으로 멍든 다양한 인물들을 등장시킨다. 종으로서 신분 상승을 꿈꾸는 귀녀의 한, 살인자의 아들이라는 손가락질을 받고 자란 김두수의 한은 제대로 풀 길을 찾지 못하고 그들의 삶을 나락으로 굴러 떨어지게 만든다. 그러나 조준구의 꼽추 아들 병수는 그 한을 '삭임'으로써 마치 진흙 속에 피어난 연꽃 같은 존재로 바뀌어 간다. 길상도 관음탱화에 몰두하면서 '삭임'의 경지로 들어간다. 이는 순응, 체념에 가까운 수동적 정서에서 생겨난다. 그러나 서희의 한은 '풀린' 것으로 여기기에는 적극적인 의지와 집념이 개입된다. 한은 풀려고 몸부림칠수록 맺히기 마련이며, 풀었다고 여기는 순간 크나큰 허무와 만나게[28] 되는 것

---

28) 천이두, 『한의 구조 연구』(문학과 지성사, 1993)

이다.

『토지』는 민족의 역사에 무수한 등장인물을 등장시키고 사람의 옷을 입혀 만든 사람들의 이야기이며 민족의 역사라는 골수에 인간의 운명으로 살을 입힌 이야기이다. 작가는 이 작품을 통해 자신의 의지와는 상관없이 벌어지는 비극으로 말미암아 상처받는 인간, 그리고 그 인간이 끝없는 절망과 한으로부터 자신의 내면을 지키고 추구해 가는 열정을 보여준다. 거대한 운명의 손길을 벗어날 수 없는 비극적 존재로서의 인간, 그 한과 슬픔을 기록하며 운명을 개척해 가는 여성의 이야기가 『토지』의 세계이다.

4) 박경리 소설 속의 여성 유형

1950년대 박경리 작품에 대한 기존 평가들을 개괄해보면, 1950년대 단편이 갖는 특성을 개인적 비극의 체험에 바탕을 둔 사소설로서의 자기 고백이라 보고 있으며, 작가의 분신에 가까운 주요 인물들의 성격을 결벽성에 가까운 자존 의지로 설명하고 있다. 그것은 가부장제 사회에서는 가장 이상적인 여성 이미지였었다. 이러한 여성은 남성의 사랑을 받을 수 있는 전형적 여성이며, 또한 이러한 견해로 볼 때에는 남성 의존적이어서 혼자서는 평화롭고 기쁘지 못하고 늘 슬퍼하거나 갈등하는 여성형이다.

그러나 이러한 인물은 남성으로 하여금 인간으로서의 양심을 되찾게 하며 인간관계에서 기만의 벽을 부수고 순수한 사랑을 깨닫게 하는 역할도 한다. 그러나 어떻든 그것은 남성 의존적 여성형이다.

박경리 소설이 보여주는 또 하나의 특징은 낭만적 애정형의 여성상이 많이 등장한다는 점이다. 이러한 인물 유형은 초기 단편들에서는 볼 수 없었던 여성 인물의 유형으로, 중기 이후의 모든 작품들에 등장한다. 『표류도』에서는 한 여인이 사랑으로 인하여 작부가 되고, 『김약국의 딸들』에서는 한 여인이 애정으로 인하여 광인이 된다. 『시장과 전장』에 이르면 사랑의 극치인 구원의 여성 인물이 창조되고, 『토지』에 이르러 구원형 여성의 정점이 제시된다.

박경리 소설이 보여주는 최후의 여성형은 현실을 극복하는 여성이라 할 수 있다. 현실 극복의 의지는 『김약국의 딸들』에서 발아되어 『시장과 전장』에서 발전하고 『토지』의 서희에게서 정점을 이룬다. 서희는 자의식이 강하고 운명의 사슬에 속박 당하지 않고 이겨내며 현실의 난관들을 극복, 개혁함으로써 자립하고 승리하는 의지적 여성으로 창조된다. 여성의 폐쇄성을 극복하고 세계와의 대결 의지를 선포한 것이다.

『표류도』와 『김약국의 딸들』과 그리고 『시장과 전장』을 거쳐 작가의 여성 인물이 변모되어 가는 모습을, 남성 의존형 여성에서 사랑 실현의 여성으로, 사랑 추구의 여성에서 운명 대결과 운명 개척의 여성으로 확대되어 가는 양상을 우리는 박경리에게서 분명히 읽을 수 있다고 할 때, 『토지』는 박경리 소설의 총체적 완결판이라 할 수 있다.

자의식이나 운명이나 외부 현실의 역경을 파기하고 튀어나오는 생명의 싹이 미래의 새 삶을 준비시킨다. 『토지』는 깨끗하고 성스러운 곳에만 깃드는 생명이 아니라 더럽고 구차한 늪지대 같은 갯벌을 뚫고 기어 나오는 생명의 분출을 보여준다. 인간 세계의 모든 갈등이나 이념의 우위에 선 생존 원리로서의 생명이 지각의 굳은 표피를 깨고 분출한다. 생명의 원천인 땅을 닮은 여인, 여성과 야성의 집합체인 땅의 모성을 보여주는 여인, 어떤 환경에도 굽히지 않고 뿌리 내리는 생명 원천의 여인이 『토지』 안에 잉태되어 있다.

『토지』는 작가의 사상과 노력을 집대성하고 있다. 『토지』에는 작가의 모든 것이 투영되어 있으며 근대사를 살아온 민중들의 삶을 관통하는 민중의 역사가 수용되어 있다. 그리고 그 역사 수용 속에서, 여성이 순수한 남성 의존형으로부터 낭만적 애정 추구형으로 다시 그것을 극복하고 생명의 원천을 추구하는, 大地와 土地가 지니는 모성적 생명 추구형으로 변화하고 있는 것이다.

5. 글을 맺으며

이상으로 필자는 박경리의 1950년대 초기 단편소설과 네 편의 장편 소설 『표류도』, 『김약국의 딸들』, 『시장과 전장』, 『토지』를 통해 박경리 문학의 흐름을 짚어 보았다. 작가를 닮은 주인공을 내세워 파편화된 개인을 강조하던 초기의 단편들로부터 시작하여, 『김약국의 딸들』에서는 가정의 이야기로, 『시장과 전장』에서는 민족의 비극으로 박경리의 시각이 확대되고 그 인식이 심화되어감을 발견할 수 있었다. 또한 가족, 사회, 민족의 문제가 총체적으로 형상화된 작품이 『토지』임을 고려할 때, 이전 소설들이 『토지』로 나아가는 준비 단계의 교량적 역할을 충분히 해내고 있음도 알 수 있었다. 페미니즘적 시각에서 여성 인물의 유형을 살펴볼 때, 초기의 남성 의존형에서 낭만적 애정 추구형으로, 다시 그것을 극복하고 대지적 생명추구의 구원형 이미지로 고양된 페미니즘 승리의 한 면모를 볼 수 있었다.

IV

小說과 救援意志

1. 테크닉의 모델케이스(全光鏞의 「黑山島」)

1) 假空의 現實

읽고 난 뒤에 물결치는 격정을 진정시키기 위해 조용히 눈을 감고 앉아 있어야 하는 作品이 있다. 문을 열고 길가로 나가서 지나가는 사람 하나를 붙들고 "제가 방금 이런 이야기를 읽었습니다."라고 말을 걸었을 때 그 사람은 "어머나! 우리 고향 순이네 얘기로군요."라고 대답할 그런 작품이 있다. 「黑山島」가 바로 그런 作品이다.

"이건 小說이니까"라는 觀念에서 벗어나 독자들을 울리고 웃길 수 있을만한 假空의 現實이 리얼하게 살아나 있다. 이것이 작가의 技巧요 手法이다.

「黑山島」를 읽고 났을 때의 두드러진 생각은 道德律이라는 것이 韓國女性에게 씌운 멍에가 얼마나 가혹한 것인가에 대한 同情이었다. 放棄했다면 눈물이 흘렀을지도 모를 일이었다. 최근에 와서 오래간만에 "참 잘썼다"고 중얼거렸다.

2) 줄거리

두 아버지를 다 바다 위에 장사지낸 용바우와 복술이는 서로 사랑하는 사이다.

452 | Ⅳ. 小說과 救援意志

婚姻을 약속했다.

술도 고기도 못 먹고 정히 지내야 할 龍王祭 前日에도 둘은 蜜月 아래 情談을 나눈다.

"새날이문 유왕님 고사에 나갈 놈이 가시나 하고 무슨 짓이라?"

복술이의 할아버지는 不吉을 꺼려 용바우를 꾸짖는다.

며칠 후 이른 새벽에 용바우의 배가 바다로 나간다.

어둠이 걷히고 동녘 하늘이 밝아오자 복술의 할아버지 박영감은 東天을 가로지른 활대구름을 보고 기절할 듯 놀란다.

두 아버지를 삼켜버렸던 날의 그 구름, 폭풍 직전의 하늘이다.

함께 떠난 배가 다 들어왔다. 그러나 용바우는 돌아오지 않는다.

두달이 넘었다. 죽은 거다. 장사를 지내자는 거다.

복술은 새벽부터 밤까지 까막재 위에서 용바우를 기다린다.

繼糧이 떨어졌다. 굶고 피로하여 온 몸이 부석부석 붓는다.

그때 곱슬머리가 복술 앞에 나타난다.

그는 돈이 많다. 쌀자루도 져다 주고 고무신도 사다주고 할아버지 담배도 사온다.

이들이 1년내내 잡아도 당해내지 못할 量의 魚族을 하루밤새에 쓸어 모는 큰 배도 가졌다. 굳이 복술의 平生 所願인 육지에 나가서 살자는 거다.

복술은 고민한다. 밤새 신음하다가 새벽 참에 까막재에 나선다. 곱슬머리가 데리러 온다. 뗌마를 대었다. 가까워왔다.

달아난다.

내일 아침엔 분명히 용바우가 살아올 것이라고 믿어본다.

3) 構成과 성격

플롯은 안이하고 平面的이다. 어찌 보면 박력이 없다.

테마는 극히 常識的이다. 역시 안이하고 규모가 적다.

운명적으로 가혹한 멍에를 짊어진 韓國 女性의 고민과 진로가 그려져 있다.

백날이고 천날이고, 죽었음에 틀림없는 지아비를 기다려 山頂에 望夫石이 된다는 것은 이미 傳來의 遺産이다. 멍에에 강박되어 있다.

섬사람들에겐 육지에의 갈망이 있다.

弱者의 "살기 위한 어쩔 수 없는" 强者 앞에서의 비굴이 있다.

이것은 이미 公式처럼 알려진 現實이다.

人物의 性格은 소박하다. 그리고 登場되는 인물이 모두 肯定的이다. 不定的인 인물은 하나도 없다. 性格은 거의가 다 비슷하다. 특수한 性格이 없다. 강하고 기발하고 선이 명확하거나 한 점이 없다. 그저 담담하다. 감정표현에 있어 직접적이지 않고 극히 間接的인 것이 韓國人의 성격이라면 그네들은 모두가 다 순수히 韓國的이다.

동키호테 형이나 햄릿 형이나 벨텔 형으로 유형을 찾는다는 건 무리다.

따라서 大同小異한 다수의 登場人物에 특징적 개성을 賦與해 준다는 것은 어려운 일이 아닐 수 없다.

4) 몇 개의 특이성

그러나 이와같이 모든 것이 다 安易한 채로 조금도 지루한 느낌이 없이 이끌어 나갈 수 있는 것은 무엇일까?

간과할 수 없는 長點과 매력과 기발한 재치 등이 어디에 있는 것일까?

첫째로, 생생히 살아 있는 리얼한 표현이다.

다음은 독자로 하여금 그들의 돌발적인 運命의 起伏에 조금도 불쾌하지 않고 당연한 歸路로 수긍하게끔 유도하는 伏線의 제시다.

셋째는, 映畵技法的인 테크닉이다.

넷째는, 매 사건에서의 취재방식이 극히 세밀하고, 또 科學者的인 研究態度를 따르고 있다.

다섯째는 작품을 대하는 작자의 重厚한 作品觀이다.

표현이 리얼하다. 참신하다. 현실을 直面했듯이 환히 윤곽이 떠오른다. 눈에 선하다.

나이야 먹건 말건 그대로 장난이요 반말이던 복술이가 어느덧 용바우 앞에서 옷고름을 비비고 물고 앞섶을 만지작 거린다는 거다. 狀態를 說明키 위한 묘사다.

> 지난 여름 물을 실어간 건착선의 곱슬머리가 찾아왔다.
> "복술이, 금년에도 물 좀 부탁해."
> "야!"
> "이거는 빨래고."
> 곱슬머리가 다녀간 후 보따리를 헤치니 빨래비누 세개와 담배 갑이 굴러 나왔다.
> 할아버지는 왜 받았는가고 나무랬다.
> 그러나 슬그머니 담배를 피워 물었다.

곱슬머리와 복술이의 사이를 묘사한 것이다. 설명은 없다. 또 이런 句節이 있다. 成服을 한다는 것은 亡靈에 대한 산 사람의 정성이겠지만 가족들에게는 그것이 혹 살았을지도 모르는 요행마저 도려가려는 것 같아서 석달이고 넉달이고 喪服을 파묻어 둔다는 것이다.

얼마나 눈물겨운 事象이냐?

얼마나 혀를 찰 묘사냐?

다음은 運命과 偶然의 사실을 必然的인 것으로 납득케하는 伏線提示의 技法이다.

이 作品에서 主人公의 운명을 기복하는 몇 개의 사건을 고른다면 그것은 용바우의 죽음과 복술이가 곱슬머리에게 求婚을 허락하는 것과, 다시 곱슬머리로부터 복술이가 탈피하는 것 등이다.

극히 돌발적인 사건이면서 불쾌하지 않다. 당연지사로 용서된다.

용왕제 전날밤이다.

> "그러니끼로 술도 고기도 못먹고 정히 한다니께."
> "그라문 간물에 몸을 씻을랑께."
> "내일 새벽 일찍 씻을랑께."
> 밤 깊도록 희롱한다. 허리를 껴안는다.
> "새날이문 유왕님 고사에 나갈 놈이 가시나 하고 무슨 짓이라."

불길을 염려하는 꾸중이다.

용바우가 떠나는 날 이른 새벽에 복술이는 뱃점심을 짓는다. '제삿날만 쓰는 쌀'이랜다. 귀한 쌀을 꺼내 정성을 보인다는 말일 수도 있겠지만 왜 하필이면 '제삿때 쓰는 쌀'이어야만 하는가? 귀한 쌀이란 '명절 때만 먹어보는 쌀'이래도 표현될 수 있는 것이 아닌가?

배가 떠난 후 東天이 뿌옇게 밝아오자 '활대구름'이 밀려온다. '두 아버지를 장사 지낸 구름'이다.

이쯤 되고 보면 중턱도 읽기 전에 용바우와 복술의 不幸은 다 읽은 듯이 알게 된다.

건착선의 곱슬머리에게 복술이가 許婚하는 것이나 또 만나기로 약속한 장소에 갔다가 도망 오는 行動 등 그 하나 하나를 위해서도 伏線은 그물처럼 펼쳐있다.

다음은 영화수법적인 테크닉이다.

視點이 東에서 西로 過去에서 未來로 자유로이 流動한다.

환상이 날개를 달고 떠돈다.

A點에서 B點으로 視線을 돌리는 수법은 시나리오적인 테크닉이다.

복술이 머리에는 언젠가 한 번 보았던 육지의 화려한 모습이 그 물처럼 연달아 떠 올랐다.

기차를 타고 자꾸자꾸 가구만 싶었다.

곱게 생겼다는 어머님의 얼굴도 그려 보았다. 그럴수록 복술이의 머리속은 엉크러졌다. 뜬 눈으로 밤을 새었다.

집을 나간 복술이는 끝내 까막바위로 나갔다.

해는 수평선에 가라 앉았다. 어두움이 밀물처럼 스며들었다.

뎀마가 까막바위에 와 닿았다. 그러나 복술이는 보이지 않았다. 곱슬머리는 복술이가 자기를 놀래게 하려고 숨었나 싶었다. 몇차례나 바위를 돌았다. 아무리 돌아도 복술의 모습은 찾을 길 없었다.

곱슬머리는 뎀마를 나룻터로 돌렸다.

그러나 마을 어느 구석에도 복술이의 그림자는 찾아볼 수 없었다. 건착선에서는 연달아 고동이 울려왔다. 뎀마가 갯가에서 사라진 후 얼마 안되어 건착선은 앞개를 떠났다.

까막바위에 선 복술이의 눈 앞에는 고래등 같은 용바우가 가로막고섰다. 할아버지의 꿀대를 파고 솟구치는 가래침 소리가 목덜미를 잡았다. 다음 용왕당과 나루터와 갯벌이 머리속에 비좁게 감돌았다.

- 그라문 씨집두 안가구 큰애기로 늙으라제 -

용바우의 황소같은 목소리가 어깨 쭉지를 붙잡았다.

뎀마의 물가르는 소리가 점점 까막바위로 가까워 왔다.

복술이는 갑자기 마을 쪽으로 쏜살같이 달아났다. 용바우가 내일 틀림없이 돌아오리라고 굳게 믿으면서....

이것은 소설을 읽는 것이 아니다. 영화의 스크린을 대면한 것이다. 화면이 바쁘게 展開된다.

넷째는, 硏究에 임한 科學者的 取材方式이다.

그 하나는 方言의 妙味이다. 둘째는 섬사람들의 풍습묘사이다. 또 뱃사람들에 대한 바다에의 信仰이 연구되어 있다. 그리고 여러가지 배 이름이 的確히 인용되어 있다.「강강 수월래」의 鄕土性이 짙게 드러나 있다.

이러한 모든 것은 그 하나 하나가 作者의 取材를 위한 苦心을 증명해 준다. 여러날의 現地踏査 없이는 상상도 할 수 없는 것들이다.

위에 제시한 모든 것들은 이것은 作品을 대하는 작자의 作品觀이 얼마나 무겁고 경건하고 엄숙한 것인가도 말해준다. 한 편의 作品을 生成키 위해 얼마나 오랜 세월과 노력과 정성과 연구가 필요되는 것인가를 이 作品은 단호하게 말해 준다.

平凡한 多作과 特出한 寡作은 어느것이 더 藝術的 價値를 지니는가에 대하여는 再言할 필요가 없는 일이다.

2. 세 가지 類型의 죽음(金垃總의 『춤추는 맨발』)

1) 무엇을 읽는 것인가

소설의 독자를 위하여 해설을 쓰자니까 문득 머리에 떠오르는 사람이 있다. 지금부터 40년 전에 내가 고등학교 국어교사로 근무하던 때 옆에 앉았던 화학선생이다. 그분은 나보다 세 살이 위였지만 늘 같은 학년의 담임을 맡았기 때문에 좌석을 나란히 하고 친구처럼 다정하게 지냈었다.

이분이 언젠가 나에게 한 가지 제의를 했었다. 그것은 한 달에 한 권씩 책 한 권을 지적하여 읽게 해 달라는 것이었고 책명과 더불어 놓쳐서는 안 될 그 책의 내용을 미리 말해 달라는 것이었다. 그래야만 시간을 낭비하지 않고 그 책의 상징적 의미를 의식할 수 있다는 것이었다.

내가 화학선생의 제의를 겸손히 받아들여 순종했던 것은 그것이 문학을 가르치는 교사로서 당연히 수행해야 할 의무라고 느껴졌기 때문이었다.

그 때의 독서 가이드가 그 선배님의 삶에 큰 보탬이 되었다고 그분은 누누히 말씀하였지만 나는 그 때 내 젊은 시절에 억지로 등을 밀리며 해내었던 그 일이 실은 나 자신의 학문과 인생을 성장시킨 준엄한 수련과정이었다고 생각되어, 지금은 그 화학선생님께 오히려 감사하는 심정이다.

우리는 부단히 책을 읽고 자신을 반성하고 삶을 개선해 가야할 것이다.

그런데 생명은 유한하고 세상엔 너무도 많은 책이 쏟아져 나온다. 그리하여 자칫 등한시 할 경우 우리는 독서로 인하여 시간을 낭비하고 생명을 낭비하고 심한 경우엔 인생 자체를 송두리째 파멸시키는 지경에까지 이른다. 우리는 지금 인쇄물의 홍수시대, 선택의 의지가 시험 당하는 어려운 시대에 살고 있다. 심리학자 오또 랑크가 "범람하는 악서(惡書)들이 현대사회의 독자들을 너무나도 심하게 괴롭히기 때문에 나는 당분간 붓을 꺾고 더 이상 글쓰기를 단념한다"고 말한 것은 이 시대의 필자와 이 시대의 독자들이 다같이 공감하는 警句라고 하겠다.

과연 우리는 무엇을 읽을 것인가? 양서를 찾아 읽어야 한다. 양서는 무엇인가? "생명을 넘어 생명으로 길이 전하고자 작가의 생명과 혈액을 향약으로 처리하여 기록한 것"이라고 밀튼은 양서를 정의하였다. 양서는 시대의식의 변모와 지역 감정의 차이와 인종이며 계급을 초월해서 모든 인간의 가슴을 감동으로 적셔 주고 그 감동을 통하여 자아와 이웃까지도 변모, 개선, 발전, 상승시키는 영혼개조의 사명을 수행한다. 그렇지 못하다고 의식할 때에 작가는 붓을 꺾어야 하고 독자는 그 책을 손에서 놓아야 한다. 그렇게 살아간다면 우리는 좋은 필자가 되고 또 좋은 독자가 될 것이다. 이것은 지혜로운 삶의 길이고 이 지혜를 터득하는 것은 양서를 읽음에서 얻어진다.

김병총의 전작소설 『춤추는 맨발』을 출판하겠다고 고려원이 내게 해설을 부탁하였을 때 나는 우선 그 사람이 어떤 사람인가하고 물어 보았다. 그를 아는 사람의 말이 "그는 초면에 만난 사람에게 구면처럼 간격없이 대하는 사람, 거만하지 아니하고 구수한 사람, 한 마디로 말해서 악의 없고 좋은 사람" 이라고 그를 평하여 말하였다. 나는 재물을 싫어하지는 않지만 재물이 있는 티를 내는 사람을 싫어한다. 나는 침묵과 은둔과 참선을 사랑하지만 사람을 대면한 자리에서 道師 티를 내는 사람은 싫어한다. 초면에 구면 같으며 구수하고 좋은 사람이라면 적어도 인간을 사랑하고 인간의 선의를 추구하며 인간의 구원을 역설하는 작품을 쓰지 않았겠는가?

우리들은 좋은 사람을 사귀고 그에게 귀를 기울임으로써 우리 삶의 가치를 확대시키고 긍정적인 차원으로 성장해 나가야 할 삶의 의무를 지니고 있다. 우리 모두는 서로 남이 아니다. 우리 모두는 각기 하나의 세포들이 되어 엉겨 붙어 있는 거대한 단일 생명체의 공동 관리인으로서 공동의 생명을 살아간다. 우리 모두가 흩어진 개체로서가 아니라 공동 운명의 공동 생명체로서 좋은 작가, 좋은 이웃, 좋은 독자가 되어야 한다는 것은 세상을 지혜롭고 행복하게 살아가야할 우리들 모두의 존재 이유이며 절대 과제가 아닐 수 없다. 내가 이 해설문을 쓰는 이유도 많은 사람들에게 좋은 이웃으로 살아야 한다는 나 자신의 존재 이유, 그것을 기회 있을 때마다 이웃에게 전하며 살아야 한다는 소명의식 때문이라 할 것이다.

2) 作家가 추구하는 主題

『불칼』이란 소설의 서두에서 작가는 그 작품의 인물들이 '세속에서 거부하는 특수인간들', 즉 '하층인'이라고 말했고 자기작품을 일컬어 '하층인의 이야기'라고 밝히었다. 그리고 『내일은 비』의 후기에서 작가는 이 소설이 '가혹한 남성문화', '퇴락한 여성문화' 그리고 '불안한 지식인의 몸짓'을 이야기한다고 말하였다. 참으로 간결하게 자신의 작품세계를 표현한 말이다. 이러한 표현을 선입관으로 해서만은 아니지만, 그의 신작소설 『춤추는 맨발』 역시 하층인과 불안한 지식인의 몸짓을 피맺힌 절규로 말해주는 작품이라는 것을 우리는 소설의 초두부터 이미 파악할 수 있다. 이것이 김병총 소설의 제재 혹 소재라 할 것이다. 그러나 이러한 제재로 작품화를 시도한 작가가 어디 김병총 뿐이겠는가? 제재를 만지는 작가의 태도에 따라 어떤 소설은 제재의 복사판이 되기도 하고 어떤 것은 드높은 인간정신을 창조하는 신비의 언어가 되기도 한다. 우리가 작품 속에서 찾아 얻어야 하는 것은 희귀한 제재의 복사판을 읽고 즐기는 재확인과 재미

뿐이어서는 안 되고, 오로지 사물에 묶여진 자아를 수천 가닥의 억압에서 벗기어 탈출시킴으로써, 새로운 인간정신의 자아를 구축하는 신비력을 그 작품에 내재한 신비의 언어 속에서 얻어냄에 있다고 보는 것이 더 타당한 문학관이라 하겠다. 그 신비의 언어가 제시하는 신비력을 우리는 한 작가가 추구하는 주제라고 말한다.

김병총 소설의 주제는 무엇인가? 선과 악, 정의와 불의의 갈등에서, 선과 정의가 표면적으로는 악과 불의에 희생되는 것처럼 보이지만 그 본질에 있어서는 어떻게 선과 정의가 악의와 불의를 이겨내는가 하는 숭엄한 인간구원의 의지가 김병총 소설의 주제라고 할 수 있다. 여기에서 악이란, 아무리 발버둥쳐도 벗어날 길 없는 암적인 조직사회다. 마치 검은 피부는 검은 살점을 도려내고 흰색음식만 먹어도 다시 검은 살을 돋아나게 하는 이치와도 같다. 그것은 빠져나올 길이 없는 운명의 세계다. 선은 이러한 운명적 조직사회에서 끊임 없이 벗어나고자 애쓰는 의지이다. 이러한 선악의 대결 속에서 그러나 인간은 드디어 구원되어야 한다는 애정 어린 절규를 김병총은 독자들에게 선물해 준다.

『불칼』의 결말은, '나'라는 작중 인물이 오랜 방황과 불행 끝에 새로운 삶의 의욕을 다짐하면서 귀향하는 장면으로 끝을 맺고 있다.

버스가 와서 멎고, 거기에 올라타고 차바퀴가 다리 위를 쿠렁쿠렁 소리 내며 건너는데, 그 소리가 마치 "진군의 북소리처럼 갑자기 내 심장을 힘차게 흔들었다."라는 크리셰를 작가는 부끄러워 하지도 않고 소설의 끝 귀절에 사용하고 있다. 달리 표현할 말이 궁색해서가 아니다. 그렇기를 희망하는 애정과 기도하는 염원이 그렇게 쓰게 한 것이라고 나는 믿는다. 『내일은 비』 역시 마찬가지다. 인간은 애정을 가지고 끝까지 고뇌를 극복해야 한다는 간곡한 당부와 더불어 오랜 가뭄을 인내하는 사람에게 내일은 드디어 비가 온다는 희소식을 전해주고자, 그는 소설을 쓴다. 그것이 김병총 소설의 주제다.

이러한 작가의 정신을 예비지식으로 하여 『춤추는 맨발』을 읽어 나가기로 하자.

지금부터 40년 전, 내가 고등학교 선생이던 때, 내 옆에 앉았던 화학선생에게 해주었던 것처럼, 나는 이 작품에서 작가가 제시하는 내용을 친절히 요약해주고자 한다. 그것이 독자들 앞에 내 임무를 수행하는 최상의 겸손이고 또 모두가 함께 이루어가는 공동 운명체 안의 착한 이웃이 되는 길임을 믿기 때문이다.

3) 세 사람의 죽음

이 소설 『춤추는 맨발』은 첫장에서 시작하여 끝장에 이르도록 중간에서 쉬거나 포기할 수 없을 정도로 독자들을 유도한다. 그것은 우선 이 소설이 쉬운 말로 쓰여졌기 때문이다. 그리고 난해한 철학을 도입하지 않고 누구나가 공감하는 생활철학을 말해주기 때문이다. 이 소설은 소매치기 사회의 풍속이 리얼하게 묘사되어 있어 해괴한 쌍소리와 저열한 욕설들이 무질서하게 등장하지만 이로 인해 이 소설의 품격이 저하되는 것이 아니고, 오히려 우리가 미처 알지 못했던 소매치기 사회의 버림받은 생명들에게 진심으로 애정 어린 손길을 내어 밀고 싶은 강렬한 충동을 느끼게 한다. 그리하여 이 책을 읽은 우리 독자 중의 누군가가 이 버림받은 생명들에게 삶의 동기와 개선의 이유가 되어 줄 수만 있다면, 아니 그러한 애정의 싹이 우리들 가슴에서 움을 틔울 수만 있다면 적어도 김병총의 『춤추는 맨발』은 그 뚜렷한 존재가치를 지니는 것이 된다. 차분한 자세로 그 내용을 알아보도록 하자.

현역 영화배우 뺨치게 미남인 소매치기 조풍세가 남의 사업장 구역에 들어가 버스 안에서 어설프게 작업을 하다가 소매치기 왕초인 임춘숙이란 여자에게 손목을 잡힌다. 임춘숙은 막다른 골목으로 풍세를 끌고들어가 다그친다.

"어디서 굴러먹다가 온 개뼈다귀냐?"

여자는 풍세의 발등을 본다.

"형편 없는 신출내기네!"

풍세는 어리둥절 한다.

"많이 밟혔단 말야. 신발 콧등이 빈대처럼 납작한 걸 보니 개업 며칠 안됐어. 맞지?"

춘숙은 유쾌해 죽겠다는 표정이다.

"애들을 감독하러 특별 순시차 나왔다가 너 같은 도둑 고양이를 덮치게 된 거야. 남의 노선에서 이삭 하나 건질 수 없다는 것 상식 아냐?"

"배가 고파서 어쩔 수가 없었어."

"니 왕촌 누구야? 누구네 식구니?"

"외톨이야."

"믿어주지. 난 임춘숙이야. 넌 참 이쁘게 생겼다. 내 밑에서 일 배워. 난 스물 여섯 살이야. 여자가 이름과 나이를 알으켜 주는 건 말이지⋯⋯?"

이렇게 해서 풍세는 춘숙의 하수인이 된다.

춘숙은 풍세의 소매치기 기술을 마술에 가까운 경지에 이르기 까지 길들이고 일을 부리지만 풍세가 정작 고달파하는 것은 소매 치기업만이 아니다.

밤에는 춘숙의 쾌락을 위해 여섯 차례나 봉사를 하는 나머지 정 신이 몽롱하고 삭신이 흐물흐물해진 상태인데도 날이 밝으면 또 소매치기를 나가야 하고, 다녀서 들어오면 또 그것을 강요 당한다 는 것이다. 다음 귀절을 보자.

"이 봐, 어떻게 되는거야?"

모든 시도가 허사였고 풍세는 절망적이 되어 고장난 기관처럼 맥이 없었다.

"이런 벼엉신."

춘숙은 난폭하게 풍세의 가슴을 밀어 내었다.

"다시 해볼게."

"관둬라!"

이불을 걷어찬 춘숙은 풍세의 벗은 하체를 일별 했다.

"가관이야! 가서 신문이나 가져와."

알몸으로 버티고 앉은 춘숙의 희멀건 몸뚱어리는 그의 흐린 시야 속으로 무자비한 욕정의 덩어리처럼 비쳐졌다.

배도 고팠지만 더욱 절실한 것은 언제나 잠이었다.

모 신문사의 사진부에 근무하는 민기자는 명랑한 사회건설을 위한 캠페인으로 '훌륭한 시민'을 찾아 시상하는 일을 미망인 탁진경 특집부장과 함께 해 나간다. 민기자의 소임은 매일 거리를 쏘다니며 착한 일을 하는 시민을 발굴해 내는 일인데 어느 날 민기자의 카메라에 거리의 담배꽁초를 줍다 홀낏 고개를 쳐들어 눈이 마주친 조풍세의 얼굴이 잡힌다. 실은 어느 여인의 가방을 털다가 형사의 눈길을 느끼고 얼핏 담배꽁초 줍는 시늉을 하며 고개를 들어 주위를 살핀 것이었다.

풍세의 사진을 본 젊은 미망인 탁부장이 풍세의 미모에 매료되어 두 사람 사이가 급진전으로 발전한다.

풍세는 탁진경의 방안을 휘둘러 보았다. 춘숙의 방과는 완전히 다르다.

그곳은 난장판인데 이곳은 평화와 안도감이 감돈다. 고향냄새가 배어 있다.

"누님이라고 불러도 용서 하시겠습니까?"

"좋은 제안."

"……."

"어떤 직업을 갖고싶어?"

"별다른 기술도 없는 놈이 이것저것 가릴 것 있어요?"

그녀는 전축을 틀었다. 슬프면서도 포근한 느낌의 블루스멜로디가 흘러 나왔다.

탁진경이 풍세에게 여자로 보이기 시작하자 풍세는 위스키를 마셨다.

"세련된 멋쟁이로 만들어 줄거야."

"나를요?"

"한국 제일의 스타로 말이지. 알겠어? 수많은 여자가 흠모하는
남자로 말이야."
　탁진경이 먼저 욕정으로 몸을 떨었다. 풍세는 조심스럽게 그녀
의 긴장하는 유방의 탄력을 받았다.

　이러한 관계를 유지하면서 탁진경 부장은 조풍세를 상류 사회 디자인계의
패션모델로, 남성 화장품계의 광고 모델로, 그러다가 일류 영화 배우로까지
진출시켜, 풍세의 매니저가 된다. 임춘숙의 소매치기 사회에서 제일 금기시
하는 것은 배신이다. 그 사회에서 벗어나려 할 때엔 열 손가락이 잘린다. 상
류사회에 진출한 풍세에게 있어서도 이 원칙은 마찬가지로 적용된다. 그 다
음의 금기행위는 뼁땅이다. 털어 낸 것 중에 일부를 떼어내고 왕초에게 덜
받쳐도 손가락이 잘린다. 어느 날 풍세는 고속버스 터미널에서 등록금이 털
려 울고 있는 여대생을 보고 동료 소매치기로부터 그 돈을 빼앗아 여대생에
게 돌려준다. 이로 인해 풍세는 세번째 여성과 사귀어 플라토닉 사랑에 빠지
지만 이로 인해 임춘숙으로부터 무서운 고초를 당한다.

　　춘숙은 파랗게 질려 순포녀석에게 명령한다.
　　"니가 알아서 손 좀 봐줘라."
　　"잘라 버릴까요?"
　　"손가락은 남겨둬. 계속 써먹게 될지도 모르니까."
　　춘숙은 쓱쓱 걸어 나갔다. 양쪽으로 물살이 갈라지듯 모두 비켜
섰다.
　　"이틀동안 굶겨."
　　왕초가 나간 뒤에 풍세는 끊임 없이 얻어 맞았다. 그가 거의 죽
어가면서 왜 이렇게 고생을 자초했는가를 생각해 보았다. 하승미
때문이었다. 그러나 그것은 가치가 있다고 생각했다.

　이틀 후에 풍세는 퉁퉁 부어 알아볼 수 없게 된 몰골을 하고 탁진경의
집을 찾아간다. 탁진경은 의사를 불러 풍세를 요양시키고 아파트를 구해

그의 거처를 준비해준다. 일약 대 스타로서의 바쁜 생활이 탁진경의 수완으로 풍세 앞에 펼쳐진다. 하승미에 대한 청신한 사랑과 탁진경의 따뜻한 보호에 힘입어 풍세는 한사코 소매치기 세계의 사슬에 벗어나고자 노력한다. 그러나 그것은 불가능하다. 춘숙과 그 일당의 미행이 항시 풍세를 뒤쫓고 걸핏하면 새파란 칼날로 손가락을 자른다고 협박한다. 춘숙은 날짜를 정해 놓고 정기적으로 풍세에게서 금품을 받아간다. 약속한 날짜에서 닷새가 지난 밤이었다. 느닷없이 춘숙과 장순포가 들이 닥쳤다.

　　　"일이 바빠서 날짜에 못 맞춘 거겠지?"
　　　춘숙은 약간 비양거림과 엄포를 담은듯한 말투였다.
　　　"어제사 지방에서 돌아와서 미처……"
　　　풍세는 서랍에서 봉투 하나를 꺼내 왔다.
　　　"칠백만원 입니다."
　　　"겨우?"
　　　"내달엔 열심히 뛰겠습니다."
　　　"우린 말야 일손을 뗀 거나 아닐까 해서 순포하고 의논을 했지."
　　　"뭘요?"
　　　"빌려 준 거 받아 갈려구."
　　　"예에?"
　　　"니 손가락."
　　　그러면서 춘숙은 풍세의 손가락을 쏘아보았다. 풍세는 얼른 손을 뒤로 감추었다. 순포는 나이프의 날을 철컥거렸다.
　　　"걱정 마세요 더욱 열심히……"
　　　"그 왜 있잖아, 훌륭한 시민 리셉션인가 지랄인가 하는 일터 말야. 계속 열심히 뛰라구. 서너 번만 더 시끄럽게 해 버리면, 그판건 무너질 꺼야."

이렇게 풍세는 춘숙의 손바닥 안에서 족쇄를 차고 맨발로 춤을 춘다.

춘숙에게서 금품과 육체를 강요 당하고 혐오와 좌절감에 빠지는 풍세는
탁부장과의 세련된 인간관계에서 위로와 긍지를 찾고 하승미와의 거룩한
만남에서 선한 의지를 싹틔우게 된다. 결혼을 약속한 하승미와 조풍세는
대관령 스키장에도 가고 호텔에서 묶기도 하지만 호텔 커피숍에 내려가
소매치기를 함으로써 정욕을 가라 앉히는 행위를 하면서까지, 풍세는 승
미의 순결을 지켜준다. 소매치기는 어떤 경우에는 흥분과 욕정과 공포와
스트레스를 가라앉히는 안정제의 구실을 한다.

　탁진경과 하승미에게 질투가 난 임춘숙은 더욱 더 풍세에게 금품털이를
강요한다. 풍세가 참석하는 리셉션에선 잇달아 소매치기 사건이 발생하고
탁부장 앞으로는 투서가 날라온다. 훌륭한 시민을 찾아 포상하여 명랑한
사회를 이룩하자는 미명하에 오히려 사회악을 조장하는 그따위 리셉션을
집어치우라는 공격의 투서이다. 한편 춘숙의 협박으로 인하여 더 열심히
소매치기를 해야하는 풍세는 어느날 리셉션의 현장에서 드디어 민기자의
필름에 범행의 현장이 찍힌다. 커튼 뒤에 숨어서 무비 카메라로 그것을
찍은 민기자는 남몰래 탁부장을 암실로 불러 조풍세가 범인임을 필름 영
상으로 보여준다.

　탁진경은 크게 실망한다.

　누나와 어머니와 연인의 복합 감정으로 풍세를 사랑한 탁진경은 여러가
지로 풍세의 고백을 듣고자 유도하지만 본인이 문제의 범인임을 끝까지
감추는데에서 소외감과 좌절감을 느낄 뿐만 아니라, 그 소매치기 행위가
치유해 줄 수 없는 정신병리학적 신경 증세임을 깨달은 탁부장은, 풍세의
이중적 생활에 종말이 와야 할 것을 깨닫고 드디어 일을 계획한다. 다음
귀절은 탁진경이 조풍세를 단념하는 심리적 변이과정을 설명해준다.

　　　하승미의 인상이 좋다고 느낄수록 탁진경의 마음이 아팠다. 언
　　젠가 파멸될 조풍세이건만, 그 점을 꿈에도 상상해 본 적 없을 하
　　승미의 높고 푸른 꿈이 애처로웠다. 풍세는 자기가 소매치기라는
　　것을 탁진경이 꿈에도 모를 것이라고 단정했다.

"누님과 결혼을……"

"계속해봐."

"승미를 잊기 위해서……"

"내가 무슨 핀치히터 신부인 줄 알어?"

"그런 뜻이 아니구요. 사랑보다는 의리…… 승미를 사랑하기보다 누님의 의리를 먼저 생각하게 됐죠. 그래서 고민하고 있었습니다."

탁진경은 흐린 빛살을 뚫으며 풍세의 눈속을 자세히 들여다 보았다. 끝끝내 그의 가장 크고 결정적인 비밀의 문을 열지 않으려는 풍세의 마음을 헤아려 보려는 듯이. 풍세는 결국 고백하지 않았다.

"그 애와 결혼이라두 할거니?"

"하구 싶어요. 누님이 도와주세요."

"니 맘은 잘 알고 있다. 사랑하는 여자를 두고서도 나한테 그런 말을 하는 건 오히려 죄가 아니겠니?"

"감사합니다. 누님."

풍세한테는 행복하고 감격적인 밤이었다. 어둠 속에서 반짝하는 궁리가 머리에 떠올랐다. 역시 자신의 걷잡을 수 없는 고통을 누나한테 고백하지 않은 게 백 번 잘했다는 느낌이었다. 탁진경은 이제 스스로 풍세의 곁으로부터 떠나려고 하고 있다. 그러면 그녀의 감시로부터도 피할 수 있게 되는 것이다.

승미한테는 본격적인 구혼으로 결혼을 서둘 생각이었다. 사랑하는 그녀와 결혼함으로써 괴로운 나날의 고통으로부터 피할 수 있는 방법이 생길 것 같았다.

무엇보다도 춘숙의 패거리로부터 영원히 도망치는 방법은 외국으로 튀는 일일 것이었다. 뜻하지 않았던 출세는 고이 조국에 반납하고 옛 명예만을 안은 채 승미와 더불어 이민을 가버려야 옳을 것이었다.

옷을 주섬거려 입으며 탁진경은 말했다.

"자, 난 이제 일어나야겠어. 우리 악수해."

풍세는 부스스 일어나 팬티를 찾아 입었다.

"왜요?"

돌변한 변신에 어리둥절하여 풍세는 침실에 불을 밝혔다.

"그냥 악수 하자니까."

"어? 누님이 지금 울고 계시잖아! 왜 그러세요?"

풍세는 그 이유를 알 까닭이 없었다. 돌아선 탁진경은 뚜벅뚜벅
걸어 밖으로 나갔다.

그녀는 다시 뒤를 돌아보지 않았다.

현관문을 여닫는 소리가 들렸다.

조풍세를 단념한 탁진경은 훌륭한 시민들의 잔치인 리셉션을 열고 그 날
이 풍세의 마지막날이 되도록 계획한다. 그리고 그 리셉션장에 틀림없이
소매치기 한 사람이 있으니 잡아달라고 제보하고 민완 형사 열 두 명을 귀
빈으로 가장시켜 초청한다. 그러나 풍세는 이 긴박한 사정을 모른다. 그는
아랑곳 없이 예처럼 평화롭게 웃으며 손님 사이로 돌아 다닌다. 그러다가
풍세가 날쌔게 박경감의 지갑을 챈다. 그러나 아무도 보지 못한다. 탁부장
만이 알았을 뿐이다. 갑자기 탁부장이 풍세 곁으로 다가가, 어떤 포악해 뵈
는 여자가 밖에서 풍세를 찾는다고 귀뜸해준다. 풍세가 겁에 질려 밖으로
나간다. 탁부장은 형사들에게 가서, 수상한 사람이 방금 저쪽으로 튀었다
고, 풍세가 나간 쪽을 가리킨다. 탁부장은 서서히 그쪽으로 다가가서 풍세
가 범인임을, 박경감의 지갑으로 확인시켜 줄 내심을 품고 있었을 것이다.
그러나 그때 불가항력적인 사건이 벌어진다. 호텔앞 광장을 건너다가 질주
해오던 차에 치어 풍세가 죽는다는 것이다. 다음 귀절을 보자.

비명이 합창처럼 울리었고 풍세는 골이 깨어진 처참한 주검으
로 길바닥에 널브러져 누워 있었다. 그 옆에 국민학교 저학년 어
린애가 부들부들 떨며 울고 있었다. 갑지가 탁부장이 말했다.

"이 애를 구하다가 조풍세 씨가 죽은 거예요"

탁부장은 풍세의 옷깃을 여며주는 시늉을 하면서 잽싸게 박
경감의 지갑을 감춘다. 아무도 모른다. 민기자만이 지켜 보았
을 뿐이다.

"형사 반장님, 흘리고 다니시면 어떻게 해요?"

탁부장은 시침 뚝 뗀 표정으로 지갑을 박경감에게 건네 주었다.

그 다음날 탁부장은 기사를 쓰고 민기자는 사진을 준비 하였다.

"훌륭한 시민의 의로운 죽음. 殺身成仁으로 산화하는 혼, 조풍
세의 마지막 길……"

그들은 가장 아름다운 사진으로 가장 슬프게 풍세의 죽음을 조상한다.

탁 부장과 민기자는 공모하여 익명의 독자가 보내는 허위 투서를 만들
어서 서울역 앞 우체통에 넣는다. 거기에는 이러한 글들의 내용이 쓰여져
있다.

자기는 흉악 소매치기범으로 신문사가 베푸는 리셉션에 나가 매번 소매
치기를 함으로써 그 아니꼬운 행사에 종지부를 찍을 계획이었으나, 조풍
세의 거룩한 죽음에 감동되어 악의 사회에서 손을 씻고 귀향하려 하니,
부디 귀 신문사가 훌륭한 시민을 찾아 포상하는 캠페인에 더 큰 실효를
거둬 아무쪼록 명랑한 사회 건설에 앞장서 달라는 것이었다.

한편 조풍세의 장지에서 탁진경은 하승미를 만난다. 흐느끼는 승미를
탁부장이 위로하려 하지만, 사실은 하승미의 사랑이 깊고 크다는 것을 깨
닫고 크게 감동한다. 하승미는 확고한 신념을 가지고 수녀가 될 것을 결
심한다.

탁진경은 신문사에 사표를 제출하고 하향선 열차에 몸을 싣는다. 몇 가
지 서울 생활의 장면들을 회상한다. 조풍세의 얼굴이 다가왔다가는 사라
지고 사라졌다가는 다시 다가온다.

풍세의 모습이 거리에서 춤추는 맨발의 사내로 보인다.

김병총은 이 소설의 마지막을 이렇게 끝맺고 있다.

사내는 맨발이다. 발뒤꿈치로 피를 흘려서 아스팔트 위로 뻘겅
게 점을 찍으며 도망치는 사내, 산업 사회가 만들어 낸 불쌍한 인
물, 낯선 사내 조풍세, 그는 곧 터져 없어질 비누방울이다. 잠깐
후면 안막에서 사라질 춤추는 맨발일 뿐이다.

이 소설에서는 풍세와 탁부장과 하승미가 모두 죽는다. 풍세는 물리적
으로 죽고 탁부장은 사회와 직장에서 사라지고 하승미는 인간 세상을 떠
나 수녀원에 들어 감으로써 죽음의 형식을 거친다. 그러나 이 세 사람은
모두 그 나름대로의 죽음이 지닌 의미와 가치로 인해서 진정 귀하게 살아
남아 수 많은 이웃을 구원하는 殺身成仁의 귀감이 된다.

4) 죽음의 의미들

이제 나는 이 소설이 독자들에게 주는 의미와 가치를 두 가지 측면에서
정리해 보고자 한다. 첫째는 등장인물들이 현실사회에 있어서 어떤 부류
의 사람들을 상징적으로 표상화했느냐 하는 것이고, 둘째는 풍세의 죽음
이 우리에게 던져주는 그 파국의 의미가 무엇이냐 하는 것이다.

첫번째의 의문을 풀기 위하여 나는 내 나름의 作名家가 되어 보겠다.
주인공 조풍세의 이름을 한자로 적는다면 어떻게 될까? 아마도 풍년 豊
자에 인간 世자가 아닐까? 그러나 같은 음을 가진 글자로부터 연상되는
風塵世波와의 복합 의미를 통해서만 豊饒 世代의 뜻은 분명하게 확립된
다. 작가는 조풍세의 짧은 일생을 통해 어떻게 '풍진세파'라는 슬픔의 이
미지가 '풍요세대'로 바뀔 수 있는가를 보여 주려고 하였다. 풍진세파를
다시 풀어서 적은 것이 『춤추는 맨발』이다. 그렇다면 작가가 아미 3년 전
에 발표한 중편소설 『풍요세대』는 반대 의미 관계라는 맥락 속에서 이
『춤추는 맨발』과 밀접하게 묶여 있는 것이다. '풍세' 라는 이름이 지니는
이러한 二重 意味는 그의 주위에서 그의 인생을 형성하는 세 명의 여성

들에 의하여 더욱 분명하게 증명된다.

그 첫번째 인물 임춘숙.

아마도 한자로 표기한다면 林春淑쯤으로 적을 수 있을 것이다. 봄 春자로부터 이끌어 낼 수 있는 건전치 않은 이미지를 그녀는 골고루 갖추고 있다. 春精에서 慾精, 活力에서 暴力으로 변신한 악마의 모습이다. 그녀는 풍세에게 自己投射型으로 군림한다. 무엇이든지 자신의 일방적 요구만을 내세우며 상대방으로 하여금 자신의 그러한 요구에 무조건 따를 것을 강요한다. 타협과 대화의 통로가 막혀 있기 때문에 이러한 인물은 결국 자신도 상대방도 파멸로 이끌어갈 위험성을 안고 있다. 그리하여 조풍세는 임춘숙에 의하여 현실적으로 파멸하고 만다.

두번째 인물 탁진경.

한자로는 卓眞卿으로 표기해 볼 수 있다. 여기서는 참 眞자가 나타내는 이상적인 이미지가 그녀의 부단한 자기희생을 통해 상대방에게 침식되어 가는 인물로 부각된다. 아무리 험난한 세상이라 할지라도 훈훈한 인정과 사랑을 맛보며 살아갈 희망을 갖게 되는 것은 하승미.

하승미의 이름은 河昇美라는 한자로 적을때 인물의 특성을 간결하게 압축할 수 있을 것 같다. 자신도 상대방도 아름다움(美)의 세계로 승화(昇)시킨다. 그러니까 임춘숙의 자기 투사적 일방통행성 기질과 탁진경의 자기희생적 기질을 아울러 지니고 있어서 나에게도 남에게도 항상 떳떳하고 이로운 결과만을 얻게 한다. 임춘숙의 횡포도 탁진경의 희생도 없다. 조풍세가 인간적으로 성숙하고 변화한 것이 있다면 그것은 오로지 하승미의 영향에 의한 것이라고 결론지을 수 있다. 그러나 하승미는 상대방에게 영향을 주는 존재만은 아니다. 풍세의 죽음을 완결시킨다. 그러면 풍세의 죽음은 우리 독자에게 그리고 이 세상에 살아 남은 사람들에게 어떤 의미를 지니는가? 미모의 젊은 배우 한 사람을 잃어버렸다는 것인가? 물론 세상 사람들은 훌륭한 시민이요 잘 생긴 미남 배우를 잃어 버렸다. 그러나 그 죽음의 보상으로 많은 시민들의 가슴 속에 영원히 변하지 않는 풍세의 성스러운 죽음이 살기 시작하였다. 바꾸어 말하면 살아서 소매치기로 학대 받았을 한 명의 조풍세를 의식 속에서 매장하는 대신, 수천 명 수만 명의 착한 시민 조풍세가 우리 시민들의 가슴 속에서 새로이 태어났다고 표현할 수도 있을 것이다. 이 소설을 영혼의 양식으로 삼으려는 사람에게 있어서 풍세의 죽음은 이 세상이 송두리째 하나의 의지로써 착하려 한다는 사실을 발견하게 하는 것이다. 그리하여 죄악의 세계에 살고 있는 사람들이 선한 사람으로 분류되는 사람들과 본질적으로 다르지 않다는 인식을 더욱 굳게 전달해 주는 것이다. 풍세의 죽음은 이러한 사회적 윤리적 차원의 의미만을 갖는 것은 아니다. 흔히 문학은 虛構요 거짓말이며 역사는 眞實이요 있는 그대로 라고 말한다. 그러나 풍세의 죽음을 미화하는 탁진경과 민기자의 조작이 역사학자의 사실 왜곡과 허위 해설에 관련된다는 점에서, 문학이 역사에 못지 않게, 아니 오히려 역사보다 더욱 진지하게 '있는 그대로'임을 고발하고 증명하는 것이다. 문학이 역사보다 거짓말을 더 싫어하기 때문에 허구의 모습으로 나타난다는 지극히 초보적인 문학이론을 풍세의 죽음은 새삼스럽게 상기 시킨다. 나는 앞으로도 계속 독자들을 위해 '풍세의 죽음', '탁진경의 죽음', '하승미의 죽음' 등을 찾아 나설 것이다. 그리고 그 죽음의 의미와 진실성을 독자와 함께 찾아내는 기쁨을 누릴 것이다. 김병총과 같이 아직은 미숙한 듯 거친 듯, 그러나 참된 것과 아름다움을 내보이기 위해서 염치도 부끄러움도 모르는 소박하고 구수한 작가가 존재하는 한, 돈을 벌기 위해서만이 아니라 선의를 발굴하고 인간 구원의 신념을 이웃의 가슴 속에 봄비처럼 축여 주고자 몸과 영혼으로 글을 쓰는 착한 작자가 존재하는 한, 하나의 공동 운명체로써 서로 부축하며 함께 살아가야 할 우리들 모두의 미래가 결코 외롭지만은 않을 것이다. 그래야만 할 것이다.

3. 깃발 없는 깃대의 투병기 (鄭然喜의 『애벌레』)

불치의 중병을 앓고 난 사람이 심혼을 기울여 투병기를 썼을 경우, 독자는 그것을 읽고 크게 감동 받는다. 투병기를 쓰는 사람에게 있어서도 그 목적은 집필의 과정에서 확인된 감동을 죽는 날까지 지속하며 자기의 全生涯에 自省·自助·自强의 靈藥을 삼자는데 있고, 투병기를 읽는 사람에게 있어서도 그 목적은 글쓴이의 경험세계에서 걸러 낸 간접 경험을 자신의 세계에 투사하여 깊은 감동에 共鳴하는 再生의 意慾을 다지는데 있다.

결국 투병기의 의의는, 고뇌의 늪에 빠져 살아가는 것이 삶의 현장이라 할지라도 매일매일 다시 태어나며 그 늪을 벗어나고자 최선을 기울여야 할 엄숙한 삶의 의미를 강조하고 확인하는 작업에 있는 것이다. 또 하나 간과할 수 없는 투병기의 의미는 투병하는 한 사람, 표면상의 인물을 재활 시키기 위해 그 이면에서 명멸해 버리는 많은 사람들이 치러 나가는 삶과 죽음의 가치를 찾아주는 데에도 있다.

소설가가 소설을 쓰는 것은 당연히 고뇌와 싸워 이긴 투병의 이야기여야 한다. 고뇌에 패배하여 절망하고 좌절하고 자폭하는 이야기일 수는 없다. 아니, 고뇌에 패배하여 절망하고 좌절하고 자폭하는 이야기로 始終하는 小說이 얼마든지 있을 수는 있을 것이다. 그러나 독자에게 있어 그러한 小說의 이야기가 그대로 認定되고 踏襲되기를 바라는 小說은 있을 수 없다. 문제를 해결하기 위해 더 큰 고뇌를 안겨주는 한이 있어도 그 고통은 고통을 향해가는 이야기가 아니라, 고통으로부터 벗어나는 이야기이기 위하여 존재해야 하는 것이다.

小說은 그것이 어떤 주제의 것이건 결국은 살아남은 사람에게 빛과 소금의 구실을 해주는 것이어야 한다. 그러나 살아남은 사람이 빛과 소금을 얻어 갖게하는 그 始發 地點에서는 항상 다른 몇몇의 사람들이 자신을 고뇌의 불길로 연소시키며 그 연소의 과정에서 발산하는 빛과 열과 동력이 한 사람을 구원하는 구원의 뿌리가 된다. 무의미하고 가치 없이 살다 간듯한 사람들의 죽음을 딛고 고뇌의 늪과 자학의 굴레에서 벗어나 바른 삶을 살게 되는 세상의 이야기, 죽은 이와 남는 이의 순환을 쓰는 것, 그것이 소설이다. 어느 미미한 죽음도 헛되지 않아 남은 사람에게 빛이 되어주며, 빛을 받아 살아남은 사람은 다시 어느 날, 사랑하는 다른 이를 위해 목숨을 건네 주어야 한다. 소설은 그런 투병의 이야기이다. 정연희의 中篇小說 「애벌레」를 이해하기 위한 해설을 쓰기에 앞서 내가 위와 같은 전제의 말을 내거는 이유를 우리는 정연희의 실제 고백에서 찾아볼 수 있다.

"내게는 남동생이 둘 있다. 딸 셋을 낳은 뒤에 얻은 아들이어서 부모님의 관심은 극진했다. 그러나 그들이 겪은 사춘기는 부모님의 극진한 사랑에도 불구하고 별로 큰 위로를 받지 못한 것 같다. 두 형제의 성격은 판이했고, 판이한 중에도 위쪽이 내성적인 편이어서 어른들의 기대가 많이 걸려 있었고 따라서 대우도 잘 받은 편이었다. 작은 아들이던 막내는 심한 열등감과 함께 외로움을 타기 시작했다. 그러나 아무도 그 외로움을 눈치채지 못했다. 세월이 조금씩 지나면서 나는 그 동생의 아픔을 때늦게나마 눈여겨 볼 수 있게 되었다. 그리고 마음 깊이 그 아픔을 함께 나누는 뜻에서 「바람타는 깃발」과 「애벌레」를 썼다.

결국 정연희의 小說 「애벌레」는 그 동생의 아픔에 동참, 동생을 위로하기 위하여 쓰여진 투병기라고 할 수 있다. 또 위에서 말한 정연희의 고

백을 미루어 본다면 우리는 「애벌레」를 이해하기 위한 작업조건으로써 「
바람타는 깃발」의 내용을 잠시 들여다 볼 필요를 느낀다.

제대로 사람 구실을 하며 사는 영악한 세 누이와 외양이 반듯하고 행동
이 모범적인 우등생 형의 그늘 밑에서, 영진은 늘 집안의 禍根이며 인간
쓰레기의 대우를 받고 산다. 영진은 집에서 돈을 훔치고 친구를 구타하고
집단폭행을 당하기도 하고 불량 소녀들과 어울린다. 몇 번 학교를 퇴학
당하기도 하고 다시 전학을 하지만, 미리부터 주먹을 쓰고 사는 선참 문
제 학생들의 횡포 때문에 여전히 마음 편치 못한 학교 생활을 감수해야
한다. 7년을 다녀서야 고3이 되었건만 약자가 부당하게 위협 받는 상황에
서는 항상 정의를 위해 대항하기 때문에 무참히 폭행을 당하고 항상 퇴학
의 위기를 전전한다. 문제 학생이 되는 이유는 학생 본인에게 그 책임이
있는 것이 아니라 보다 더 근원적인 요인이 주위에서 그를 그렇게 인정하
고 포기해 버리는 데 있다고 영진은 생각한다.

영진의 주위에서는 몇 명의 소녀들이 명멸 하지만, 그중에 가장 불량하
여 한 남자에게만 소속되지 않고 여러 남자와 어울리던 쁘띠가 실은 가슴
의 정조를 오직 한 사람 영진에게만 허용했었음을, 쁘띠가 자살한 후에야
알게 된다. 쁘띠의 죽음으로 인하여 영진은 자신이 자신의 껍질을 부수고
다시 태어나야 한다는 엄숙한 삶의 의무를 깨닫는다. 저명한 극작가요 대
학교수인 쁘띠의 아버지를 만나 깃발 없는 영진의 깃대에 깃발을 달자고
쁘띠는 간곡히 청했었다. 그 쁘띠가 자살해 누워 있는 병원으로 찾아가,
자신과 쁘띠의 인생에 빛을 밝히리라고 달려가는 길목에서 영진은 화재의
현장에 부딪친다. 아버지의 공사장, 아버지가 숙직하는 창고가 화염에 싸
여 있는 것을 발견한다.

아버지의 가난과 무기력에 반항하여 父子의 인연을 끊고 나와 끊임없
이 방황해 온 영진이, 쁘띠의 죽음으로 인해 자신과 아버지 사이에 이어
진 인연의 끈을 확인하게 된다. 아버지는 숙직비를 매일 모아 막내 아들
의 대학 입학금을 모았다는 것이고 그것을 꺼내기 위해 불길에 뛰어들었

다는 것이다. 죽음의 위기에서 아버지를 찾아 업은 영진은 드디어 삶의 고뇌 속에서 오로지 찾지 않으면 안 되었던 단 하나의 대상, 20여년을 두고 이어져 온 한 애정의 통일성, 아버지의 사랑을 깨닫는다. 그리고 자신의 고통이 실은 자신에 의해서 설정되었던 가설임을 인식한다. 누군가 손을 내밀어 주기만 기다리면서 자신은 전혀 찾지도 않고 찾으려고도 않은 채, 그저 자신의 고뇌를 확대하기에만 급급했던 상황에서 벗어날 것을 결의한다. 그의 삶에 깃대가 올려진 것이다. 아버지는 그의 삶에 있어 든든한 깃대였었다. 그리고 깃발이 없던 그의 깃대에 드디어 깃발이 매어진 것이다. 깃발 그리고 그것을 나부끼게 하는 바람, 그 싱싱한 바람이, 죽어서도 죽지 않는 쁘띠로부터 불어 오는 것이다.

이렇게 「바람타는 깃발」은 끝나고 「애벌레」가 시작된다.

영진은 학업을 마치고 군에 입대한다. 훈련을 마치고 군번을 받게 되는 전날, 아버지가 교통사고로 횡사한다. 어머니마저 슬픔에 겨워 운명하신다. 군대를 마치고 제대한 영진은 "가슴에서 우우 미어져 나오는 슬픔과 고독"에 눌려 허우적이며 목숨을 연명한다. 아버지의 사망으로 인해 받은 약간의 위자료가 큰 누이에게 맡겨지고 한푼씩 하루에 차비를 얻어 쓰는 영진은, 매일 "저 앞의 구멍가게에서 꾸어왔다"면서 내어주는 그 용돈을 받을 때마다 자신이 눈 코도 없이 꾸물대는 구더기가 되어 아버지 시체 위에 붙어 그 아버지를 파먹고 산다는 환각에 괴로워 한다. 영진은, 텔레비전 탈렌트 지망생이다. 천여 명의 응시자 중 21명이 합격되었는데 실기 훈련 과정에서 다시 6명을 탈락 시키고 15명만을 선발한다는 훈련 과정을 밟는다. 그는 빌딩의 꼭대기에서 아래를 내려다보며 길 위의 사람들, 진딧물 같은 까만 점들이 옴실거린다고 생각하고, 흙이 없는 도회의 빌딩 숲에서 비정을 느끼고, 굴껍질처럼 산허리에 둘러붙은 가난한 지붕들에 비관한다.

연출 담당자 앞에서 아양과 웃음 공세를 퍼붓는 동기생들에게 환멸을 느끼는 그는 허수아비처럼 전신이 꼿꼿해지고 나무때기처럼 몸이 굳어져

움직이지 못할 경우가 많다. 비굴해지기가 싫은 것이다. 바늘구멍만한 것
도 남김없이 질식하도록 막혀 버린 가슴으로 귀가하면, 형의 내외는 텔레
비전을 보느라 키득거리고, 찬밥에 먹다 남은 반찬그릇이 놓인 상만이 마
루 끝에 놓여 있을 뿐이다. 영진은 외롭다. 누워서 대사라도 좀 읽을까 하
면 그제야 비로소 한 마디 형의 음성이, "야! 자니? 잘테거든 불 끄고 자.
불 켜 놓은 채 자지마!" 한다는 것이다. 영진은 자신의 목숨이 장조림 조
리듯 졸아들고 있다고 느낀다.

이렇게 외로운 영진에게 한 年上의 여인이 나타난다. 눈이 통곡하는 여
인. 세상의 어떤 규범이든 막무가내로 펑펑 소리쳐 통곡하는 것처럼 보이
는, 차고 단정하고 우아한 年上의 여인, 불문학 소설을 몇 권 번역했고
대학교에서 강의를 한다는 그 여인과의 밀회가 횟수를 거듭함에 따라 영
진은 "사내란 여자를 찾아다니는 거지이고 여인은 사내를 기다리는 거지"
라고 사랑의 恨과 굶주림을 개탄하지만, 결국 끝내 그 굶주림의 늪에마저
제대로 빠져들지 못하는 자신을, 유충, 알에서 깨어나지도 않은 유충이라
고 생각하며 자학한다. 알에서 깨어나는 아픔과 재생의 의지는, 통곡을 소
리없이 길들여온 그 여인의 눈 앞에서 숙명처럼 무산된다. 또 그는 항상
구박받는 개처럼 얻어 맞으며 살아가는 현실의 상황에서 마음껏 살다가
기세 좋게 죽는 진정한 죽음의 자유도 보장되어 있지 않음을 슬퍼한다.
어떠한 경우에도 분쇄되지 않는 노여운 외로움과 불안을 정면으로 대항하
는 자세를 지니고, 그것이 감당키 어려워지면 자주 그 年上의 여인을 만
나지만, 그녀는 영진이 은신할 수 있는 유일한 그늘이 되어주지 못하고
오히려 절망의 덩어리를 느끼게 할 뿐이다. 남편과 아이들이 있는 여자.
학생 앞에서 강의를 하는 여자. 그래서 적절한 슬픔과 원한이 더 깊이 절
망의 늪에 고이면 또 영진은 그 여인의 환상에 속아 전화의 다이얼을 돌
리고 여인의 눈에는 반가움과 괴로움이 알알이 살아서 생동하며 全身으
로 다가오듯 해 보이지만 사실 그 동작은 40대 여인의 詩情과 꿈을 달래
보고 싶은 그 정도의 필요에 의한 동요 뿐임을 영진은 깨달아야 했다. 그

리고 애꿎게 뒷골목의 여인을 찾아가 거리 한 귀퉁이를 정복한 듯한 쾌감을 지녀보려 하지만 그 때 영진은 더욱 더 참혹하도록 슬퍼지는 것이다.

검은 베일에 감추인 그 죽음과 절망의 여신에게 향하는 몸짓을 하고 상처 입은 짐승의 절망적인 신음을 토하며 창녀의 살냄새를 풍기는 영진은 고뇌가 절정에 이르러 인간적인 극기의 한계가 다 해가는 어느 날, 드디어 최후의 선발자가 되어 텔레비전 신인탈렌트로 전속계약을 맺게 된다. 그리고 그 여자를 자기의 영토로 모종해 옮기고 46세에 27세의 남자와 결혼한 정직하고 용감한 에디뜨 삐아프처럼 결합하여, 열심히 일하고 매일 매일 열심히 그 여인을 사랑해 주리라 꿈을 꾸지만, 그 때 영진은 그 여인의 속셈을 알게 된다. 젊은 남자와의 밀회를 남편에게 미리 고백함으로써 뒷 수습이 어려워지기 전에 두 사람 사이에 매듭을 짓고자 하는 의도가 그녀에겐 있었다. 여인은 결국 "정숙한 냄새를 휘두르지도 않으면서 또 창부적인 요소가 있는가 하면 자기 자신을 쉽게 용서하지 못하는 강인한 면을 혈관 속에 아로새긴 여자"임을 영진은 깨닫기에 이른다. 그를 허덕이게 했고 부자유하게 했던 여인. 부려 놓으려해도 부려지지 않던 짐. 등에 업혔던 사생아. 눈도 귀도 입도 없는 슬픈 유충으로 사생아를 등에 업고 신음하는 환상을 겪어야했던 그는 어느날 문득, 그 여인의 남편이 자살하였다는 신문기사를 읽는다. 그리고 그 여자에 連累되었던 한가닥 연민의 끈이 그 남편의 자살과 함께 깨끗하게 끊어져 나감을 느낀다. 그리고 두껍게 얼어붙었던 結氷의 가슴에 다시 껍질을 부수고 태어나는 생명의 아픔이 온다.

거리에서 영진은 우연히 그 여자를 만난다. 대학에 떨어졌다는 딸을 데리고 바람을 쏘이러 나왔다는 그 여인에게 죽은 남편의 그늘이 덮여있다. 사람은 죽어도 아주 죽는 것이 아니다. 살아남은 사람들과의 사이에서 서로 치루어내야 할 일들을 얼마든지 남기고 죽는다.

'안녕히' 가벼운 인사를 던지고 돌아서며 이제까지 벗어버리지 못하고 괴로워했던 감상의 찌꺼기들을 벗어 던진다.

작가 정연희는 여기서 "그 여인은 잠시 영진의 절망을 장식해 주었고, 또 여인은 여인대로 영진을 자기의 장식벽걸이로 걸어 놓았던 것이므로, 이 세상 어느 구석에도 공범자는 없다"는 말을 한다.

여인과 헤어져 돌아선 영진의 눈에 비로소 높은 하늘이 올려다 보이며, 그 때 비로소 열심히 일하고 싶은 삶의 의욕이 솟아나 힘껏 걸음을 재촉한다는 귀결로써 끝을 맺고 있는 이 소설에서, 정연희가 우리에게 절규하는 것은 무엇일까?

나는 앞에서 정연희의 小說을 동생의 고독과 고뇌에 동참하기 위하여 쓰여진 투병기라고 말하였다. 그러면 그들이 겪어야 했던 불치의 병은 무엇인가? 그것은 그들만의 질환이 아니다. 인간이면 누구나 다 짊어지고 살아가는 "고독과 우수의 열병 같은 바람기, 사랑의 아픔" 그것이다. 태초에 하느님이 아담의 갈비뼈를 떼어 하와를 빚었다는 그때부터 어쩌면 인간은 男女가 줄다리기를 하는 목마른 限界狀況에서 벗어날 수 없는 運命을 人生의 한 本質로 하여 태어난 구슬픈 피조물인지도 모른다. 어떤 사람은 聖스런 外面에 湯한 내면을 숨기고 어떤 사람은 湯한 外面에 聖스런 내면을 숨기고 산다. 정연희는 적어도 湯한 내면을 聖衣로 감추고 사는 위선의 그림자를 떨쳐버리고, 자신의 내면을 정직하게 열어보이고 사는 自由人의 모습을 지닌 作家다. 함부로 말하거나 글에 옮길 수 없는 湯한 문귀가 주저없이 作品 속에서 튀어나오는 것을 나는 오히려 내가 흉내낼 수 없는 驚異의 영역으로 받아들인다.

人間은 궁극적으로 혼자인 것.

그러면서도 끈끈하게 이어지는 목마른 갈증.

男女가 서로 목메어 부르고 헤어지는 아픈 상황들, 벗어나고 싶어도 벗어나지지 않는 치사한 몸부림, 처절한 고뇌.

이 속에서 어떻게 인간이 혼자 의연할 수 있고 혼자임을 사랑하고 그에 따른 가장 본질적인 인간고독을 창조적 가치의 차원으로 승화시킬 수 있을 것인가?

男女는 서로 속박하고 속박 당하는 처절한 상황에서 벗어나 완전히 초극 해탈한 사랑의 자유인이 될 수는 없을까?

이러한 意志的 질문을, 외롭고 슬펐던 남동생을 바라보는 누이의 視點에서 써 보고자 試圖했던 하나의 默示的 해답, 그것이 이 小說의 意圖였다고 생각해 볼 수도 있을 것이다.

그리하여 이 小說의 존재이유는 人生의 主人公이 아닌 列外者의 고독하고 쓸쓸한 위치에 우리가 놓였을 때일지라도 그 안에서 좌절하지 말고 바로 그 列外의 자리에서부터 최선의 성실성을 뿌리내려야 한다는 것을, 그리고 동물계의 제왕인 사자는 새끼를 낳아 절벽에 떨어 뜨린 후 제 스스로 아득한 절벽을 기어올라온 후에야 비로소 새끼에게 젖을 먹인다는 가혹한 사랑의 倫理가 우리 人間의 社會에도 통용되는 眞理라는 것을, 새삼 確認하고 넘어가는 데 있을 것이다.

男女가 속속이 끼어 입은 위선의 의상, 사랑의 굴레, 거기에서 벗어나 無慾의 自由人이 되기 위하여, 사람은 끊임없이, 저 절벽을 기어오르는 사자 새끼의 고독과 갈등을 견뎌야 할 것이다.

4. 사랑과 이별과 죽음의 美學
(具慧瑛의 『칸나의 뜰』)

중학교에 다니던 무렵, 모기장 속에서 촛불을 켜놓고 春園의 『有情』을 읽다가 집을 태울뻔한 소동을 일으킨 이후 지금까지 20여년간, 오늘처럼 앉은 자리에서 장편 한 권을 다 읽기는 처음인 것 같다. 어제 오후 두시에 『칸나의 뜰』을 붙들었는데 눈물 자국으로 얼룩진 얼굴을 닦으려고 거울 앞에 섰다가 시계를 보니 새벽 4시였다.

어린아이처럼 밤을 새우면서도 나는 정말 시간가는 줄을 몰랐다.

이 소설은 젊음의 진통을 겪고 있는 조숙한 고교생들과 남녀 대학생, 그리고 마음이 늙지 않고 살아가는 나같은 어른들에게 哀歡과 감동의 파문을 일으킨다.

나는 문학 예술의 기능을 종교적 숭고성과 마찬가지의 높이로 올려놓고 보는 사람이다. 문학이 인간의 영혼을 순수하게 하고, 또 고통 가운데에서 괴로워 할지라도, 이 세상과 인생을 사랑하도록 독자를 이끌어가는 숭고성이 없다면 작가가 무엇 때문에 작품을 쓰고 독자는 무엇 때문에 글을 읽는가를 회의하는 사람이다. 그런데 이 『칸나의 뜰』은 표면적으로는 아무것도 우리에게 요구하거나 주장하는 것이 없으면서 우리로 하여금 착해질 것, 이웃을 사랑할 것, 인간과 하느님께 신의를 지킬 것을 호소한다.

독자들은 지금도 수년 전에 온 세상을 들끓게 했던 『러브스토리』라는 소설과 또 그 영화를 통하여 목메게 흐느끼며 눈물이 쏟아지던 감격을 잊지 않고 있을 것이다. 그리고 영화 『초원의 빛』의 마지막 장면을 기억하고 있을 것이다. 이 영화는 사랑하고 사랑을 받으며 착하게 살다가 죽으려는 평범하고 마음 착한 모든 여성들의 가슴에 가시지 않는 아픔의 못을 박아 놓았다. 천사처럼 하얀 모자와 옷으로 단장하고 옛 애인의 농장을 찾아간 여인, 그렇지만 그의 애인은 이미 자포자기의 심정으로 다른 여인과 결혼하여 살고 있었다. 젖가슴을 내놓은 채, 제대로 말도 못하며 열등감에 어쩔 줄 모르는 아내를 소개 하면서 그 애인과 여인은 가슴이 쪼개어 지는 통증을 겪는다. 그러나 그들은 웃으면서 작별인사를 나눈다. 이 처절한 시련의 이야기를, 나는 지금 왜 하는가?

그것은 이 『칸나의 뜰』이 『러브 스토리』나 『초원의 빛』보다도 더 서글픈, 그리고 더 아름다운 이야기이기 때문이기도 하다. 나는 지금 가족들이 곤히 잠들어 있는 새벽이 아니라면 실컷 울어 버리고 싶은 충동을 느낀다. 너무도 억울하고 가엾어서 말이다.

『칸나의 뜰』은 청순한 젊은 남녀가 그들의 사랑을 완성시키려는 한 걸음 앞에서 그 사랑이 허무하게도 산산조각이 나버리는 이야기이다. 역설적으로 말한다면 나는 이렇게 슬픈 이야기는 좋아하지 않는다고 말해야 하겠다. 주인공 기옥이를 奇蹟을 통하여서라도 다시 살려내어 마음껏 사랑하게 하고, 다시 학교를 다니게 하고, 그 재치있는 대화를 더 말하게 하였으면 하는 소망이 간절하다. 아니 그보다도, 배고프고 돈 없고 잠자리 불편한 샛방에서 살지언정 사랑으로 모든 어려움이 극복되는 그런 연애를 다시 허락해 주고 싶기 때문이라고 고백하여야 옳겠다. 사랑은 그 본질이 순수하고 맹목적인 것이다. 더구나 젊은 남녀의 순결과 정열이 짜놓은 사랑에는 도덕적으로 아무런 결함이 없는 것이다. 그런데 어찌하여 가문이나 재산으로 그들의 사랑을 끊어 놓는단 말인가? 착한 사람들이 착한 마음으로 사랑할 때에는 그들의 사랑은 축복을 받아야 한다. 다시 한번 말한다. 사랑하고 싶을 때 사랑하게 해 주어야 한다.

　　의학박사의 손자이고 대학교수의 아들인 洪逸杓는 大 선박회사의 회장 손녀인 미리사와 결혼 직전에 있는 상태이다. 그러나 일표는 대학교수로 있는 고모를 만나러 가는 버스 안에서 기옥이라는 처녀를 만난다. 그리고 그녀의 매력과 자력에 이끌리어 그만 사랑에 빠진다. 어찌보면 일표의 기옥에게 향하는 마음은 그가 이유 없이 바다를 좋아하는 것처럼 굳이 이유를 따질 필요가 없는, 인연과도 같은 것이었다. 기옥은 항상 엄마나 누나처럼 일표의 생각이나 행동을 앞지르고 있었다. 그리하여 일표는 늘 기옥에게 의지하여 위로 받으며 그녀와 함께 있으면 편안하였다.

"나한테 무척 친절 하시군"

"누구한테나 그래요"

"남자친구가 맞소?"

"그럴 거에요"

"데이트를 못하게 돼서 미안하군."

"괜찮아요. 시간은 얼마든지 있으니까요."

"곧 열 시가 될텐데?"

"그럼 어때요"

"계집애가 그럴 수 있소? 유우는 부모의 제재를 받지도 않소?"

"댁은 등록금을 남이 물어주죠? 나는 내 힘으로 살아가요. 카지노에서 돈을 따보기도 했고 잃기도 했어요. 고고 클럽에서 밤을 새어 보기도 했어요. 그럼 이젠 정말 안녕!"

　　그녀는 앞을 지나가던 택시를 세우더니 홀랑 타고 가버렸다. 이런 정도의 대화는 이 소설 전편의 어디에도 있는 것으로 주인공 기옥이의 발랄한 지성, 청순한 마음, 재치 있는 행동을 사랑하지 않고는 못견디게 만드는 것들이다. 그리하여 일표는 서서히 그리고 갑자기 기옥에 대한 연정으로 병들어 갔다. 기옥이가 사는 곳 언저리를 실성한 사람처럼 서성거리기도 하였다. 그러나 기옥은 일표가 자기가 다니는 같은 학교에서 여왕 노릇을 하는 미리사의 약혼자임을 알게 되자, 일표의 전화를 일체 받지 않는다. 그러자 일표가 대모 주동 教唆者 명단에 끼어 수배령을 받게 된다. 이때에 기옥은 일표를 받아 들이고 한 집안에서 오누이처럼 다정하게 지낸다. 이 예기치 않은 蜜月을 통해 그들은 서로가 상대방의 영원한 반 쪽으로 영원으로부터 그렇게 짝지어져 있었다는 신념을 갖게 된다. 그들은 명동 성당 앞 성모상 앞에서 둘 만의 약혼식을 갖는다. 그러나 미리사네의 압력으로 기옥은 직장에서 쫓겨나는 신세가 된다. 학교에서도 퇴학 당한다. 일표 역시 그의 집에서 쫓겨난다. 그러나 기옥은 말없이 일표의 뒷바라지를 맡는다. 몇 차례의 학생지도 과외수업을 하기도 하며 결국은 졸도하기에까지 이른다.

이 때에 일표에게 돌이킬 수 없는 실수가 발생한다. 그것은 여자의 보호를 받을 때 남자에게 생기는 열등의식인가? 아니면 일표가 원래부터 지니고 있었던 결함인가? 일표는 기옥을 오해하고 귀가하게 된다. 허탈에 빠진 일표는 미리사를 만난다. 그리고 거기에서 재산과 미모가 한 여인을 얼마나 추악하게 만들었는지를 경험한다. 그 경험은 동시에 기옥의 사랑이 얼마나 숭고하고 철저하며 그녀의 신념이 또 어떻게 강인하고 투철한 것인가를 깨닫게 한다. 일표는 걷잡을 수 없는 회한에 흐느끼며 하느님께 용서를 청한다. 그리고 기옥에게 용서를 빌러 찾아 나선다.

일표는 기옥이 사는 집에 도착하였다. 집에는 아무도 없다. 그 순간 일표는 고독의 참맛을 느낀다. 마침 육교가 있는 길 건너편에 기옥이 있음을 발견한다.

"기옥이, 내가 돌아왔소!"

기옥은 일표가 다시 돌아왔다는 사실이 너무도 당연하고 반가워서 육교를 건너는 것도 잊고 길을 건넌다.

그러나 그러나……

조금만 슬픈 일이 있어도 눈물을 줄줄 흘리는 내가 어떻게 이 다음 이야기를 옮겨 쓸 수 있으랴. 차라리 말을 바꾸기로 하자.

작가는 사랑의 완성이 신뢰를 바탕으로 하고 있음을 역설한다.

믿음에 금이 갈 때 사랑에도 금이 간다. 믿음과 사랑은 이름이 다른 하나의 실체이다. 따라서 쪼개진 사랑의 틈바구니에는 먼지가 끼기 전에 사랑의 눈물로 재빨리 그 틈바구니를 메워야 한다. 그런데 이 『칸나의 뜰』은 우리 독자들로 하여금 그러한 눈물을 예비시킨다. 행여 우리가 사랑의 파탄에 괴로워 할 때, 일표나 기옥을 생각하면 우리는 아마 재생의 실마리를 찾을 수 있을 것이다. 아니다. 우리가 어찌 비극을 대비하여 소설을 읽으랴. 행복한 사람일수록 불행을 이해할 수 있는 눈물을 지니고 있어야 한다고 다시 말하자.

그러나 우리는 안다. 소설 속의 비극이 우리 자신의 이야기가 아니라고 거부하지 않는 겸손된 마음 속에만, 진정한 행복이 찾아오는 것임을.

나는 이미 어른이 되어 다시 기옥이와 같은 사랑을 실제로 경험해 볼 수는 없지만, 나는 독자들에게 이 책을 권하면서 이렇게 두 마디만 말하겠다.

사랑하느냐? 그러면 사랑하여라.

사랑했느냐? 그러면 절대로 의심하거나 후회하지 말아라.

5. 和解를 위한 聖者의 祈禱
(아밀 아자르의 『自己 앞의 生』)

1) 批評家의 눈길이 머문 곳

이 글은 불란서 소설 『La Vie devant soi』에 대한 評說이다. 『자기 앞의 生』이란 이름으로 이미 독자들에게 번역 소개된 이 소설이 1975년에 콩크르 문학상을 받았다는 것은 모두가 아는 사실이다. 필자가 이 소설을 읽게 된 처음의 동기도 아마 불란서 최대의 문학 수상작품이라는 데에 그 원인이 있었을 것이다.

가볍게 읽고 지나가려 했던 애초의 의도를 바꾸어, 필자가 이 小說의 평설을 쓰기로 결심한 데에는 그럴만한 몇 가지 이유가 있다.

첫째, 이 作品이 필자의 마음을 움직여 作品評을 쓰지 않고는 견딜 수 없는 感動을 주었기 때문이다. 詩人은 詩的인 映像 앞에 감격하고 小說家는 작품의 성공이 豫見되는 주제 앞에 흥분한다. 이 감격과 흥분이 작자의 영혼을 자극하면, 作家는 執筆이 아니면 죽음이라고까지 말하는 무서운 創作意慾을 갖게 된다. 내 경우에 있어서 소설 『자기 앞의 生』은, 詩人의 가슴을 감격으로 충전시킨 詩的 映像이었으며, 作品이 成功하리라는 確信을 가지고 作家를 흥분시킨 創作意慾 같은 것이었다. 다시 말하면 批評의 素材로서 이 作品이 지닌 완벽하고도 多樣한 價値가 筆者의 批評欲求를 刺戟했다는 말이다.

이 評說은 곧, 이 소설이 왜, 어떻게 필자를 감격시켰느냐 하는 질문에 해답을 줄 것이다.

둘째, 필자는 이 소설을 읽으면서, 이 소설은 마치 소설의 本質이 무엇인가를 說明하는 소설의 典型으로 보인다고 생각하였기 때문이다. 이 評說은 곧, 이 作品이 왜, 어떻게, 소설의 典型이라는 確信에까지 필자를 이끌었느냐는 질문에의 해답이 될 것이다.

작자의 이름 아밀 아자르는 그의 필명이고, 그의 本名은 폴 알렉스 바블로비치라고 한다. 그는 1945년 2월 5일에 니이스에서 태어났다. 아버지는 보석상을 경영하였고 어머니는 유명한 작가 로멘 개리와 사촌간이다. 로멘 개리 역시, 전에 콩쿠르 문학상을 받았었다는 사실과 이 두 作家의 叔姪關係를 들어 불란서의 신문잡지는 한동안 이 소설의 작가가 누구냐는 문제로 많은 舌戰들을 벌이었다.

아자르의 부모는 1920년에 유고슬라비아에서 프랑스로 이주하였으며 1948년 2월 28일에 프랑스의 국적을 취득하였다. 따라서 이 소설 안에는 프랑스에 밀입국하여 인생의 말단에서 생존에 허덕이는, 國籍도 本籍도 없는 사람들의 이야기가 많이 등장한다. 필자가 愛情 어린 눈으로 바라보는 것은 바로 이 사람들이다.

2) 小說이란 무엇인가?

小說을 흔히 虛構의 세계라고 한다. 이 말은, 虛構가 아닌 事實의 세계가 있음을 전제로 하고, 그 事實의 세계에 대응하는 概念으로 끌어낸 말이다. 그러므로 허구의 세계이기는 하지만 事實보다도 더욱 事實다워야 虛構로서의 가치가 있다. 그 가치는 작가가 追求하는 세계, 즉 作家

의 가슴 속에서 불덩이처럼 끓어 오르는 理想의 世界가 없다면 存在할 수 없는 것이다. 작가의 理想世界야말로 作家가 事實의 세계를 보는 눈이요, 作家가 허구의 세계를 창조하는 원동력이요. 또 허구의 세계가 志向하는 목표이기도 하다. 말하자면 小說의 世界는 현존하는 사실의 세계와, 우리 인류가 추구하는 이상의 世界와의 중간에 존재한다.

따라서 小說의 허구는 반드시 현실로부터 抽象해낸 것들이다. 분량으로 보면 현실의 一部를 뽑아낸 것이다. 소설이 현실의 거울이라고는 하지만 작가의 경험과 지식과 想像의 한계 안에서 만들어진 거울이다. 그 거울은 필요한 부분만 확대해서 비춰주는 신비로운 힘을 가지고 있다. 이 신비로운 힘은 순전히 작가의 피땀으로 생기는 힘이다. 왜냐하면 저 밤하늘의 무수한 별들 속에서 꼭 자신의 운명과 함께 하는 하나의 별을 占星術이 想定하듯이, 恒河沙와 같은 無數한 現實의 紛雜 속에서 작가는 꼭 자기의 추구하는 바 理想에 알맞는 寶石 하나를 얻기 위하여 小說을 쓰기 때문이다. 그 보석은 아무데나 있는 것은 아니다. 荊山에 가야만 玉이 있고 高麗 땅에 와야만 金剛山을 보는 법이다. 그리하여 작가는 自己의 보석이 발견된 자리와 발견된 때의 상황을 중요시 한다. 그 보석이 소설의 主題요, 보석이 발견된 장소와 시간과 상황은 소설의 素材가 되고 또 내용을 꾸민다. 이렇게 精選된 소재들은 결국 작가가 가진 경험과 知識 속에서 간추려진 것들이다. 간추릴 때의 작업과정도 또한 작가의 피땀이다. 수틀 앞에 앉은 여인이 오색실을 한가닥 한가닥씩 간추리듯 小說家는 자기의 경험과 지식과 상황을 색채별로 용도별로 간추린다. 그리고 수틀 위에 한 땀씩 整列하여 繡를 놓듯이 作品의 내용을 꾸민다.

이 모든 作業을 힘들다고만 말할 필요는 없다. 작가는 태엽이 감기지 않으면 운행을 정지하는 괘종시계처럼 신경을 긴장시키고 부단히 움직임으로써 자기의 存在理由를 발견하는 사람들이기 때문이다.

3) 幕이 오르면

소설은 이야기이다. 인간에 의해서 만들어진 이야기이다. 그런데 이 이야기는 반드시 그 안에 사람에 관한 것을 쓴다. 가령 한 작품 속에 등장한 주인공이 사람이 아닌 동물이라 하더라도, 그것은 전적으로 하나의 人間型을 구현해 내기 위하여 사람의 本質 위에 동물의 옷을 입혀놓은 것에 不過하다. 따라서 小說 속에 등장하는 강아지나 새 한마리, 방안에 놓인 가구나 마당 한 귀퉁이의 나무 한 그루라도 作家의 면밀한 계획 하에 設定된 인격을 대표하는 수가 있다.

그러므로 作品 파악의 基礎作業으로는 등장하는 人物과 그 人物이 존재하는 환경을 파악하는 일이 급선무이다.

『자기 앞의 生』이 첫장에서 다루고 있는 人物은 로자부인, 하밀 할아버지, 롤라부인, 모하멧(모모)을 포함한 창녀의 아이들, 그리고 쑤퍼라는 이름을 가진 강아지이다.

로자부인은 창녀들의 아이들을 모아서 기르는 늙은 유태인이다. 근심이 많고 병들어 있으며 체중이 95kg이 되는 이 여인에게 가장 고통스러운 것은 엘리베이터도 없는 7층 아파트에 산다는 일이다. 이 아이들 중에 모모라는 아이가 있다.

모모는 세살 때부터 로자부인 아래서 자란다. 그 인연의 관계를 오직 '사랑'으로만 알던 모모는 어느날 자신의 양육비가 온다는 것을 알고, 그것을 생애 최초의 슬픔이라고 생각한다. 모모가 괴로울 때 찾아가는 사람은 하밀 할아버지다.

하밀 할아버지는 눈이 아름다워서 함께 있는 사람을 기쁘게 한다. 60년 전에 사랑했던 여인이 있었는데, 85세가 된 지금까지 그 여인을 잊지 않도록 좋은 기억력을 주신 하느님께 감사하느라고 늘 웃으며 산다. 이 할아버지는 모모의 영혼을 가장 고차원의 경지에까지 끌어올린 지도자이다.

모모는 어머니에 관한 것을 알고 싶어 아파트의 아무 곳에나 똥을 싸는 반항을 시작한다. 여기에 다른 아이들이 합세하므로 아파트는 하나의 변소가 되어버린다. 이 일 때문에 로자부인이 갑자기 더 늙고 병이 악화된다.

어느날 로자부인은 모모에게, 어머니를 찾는다는 일의 무용성과, 늙고 병들고 가난한 자기에게는 모모가 삶의 이유라는 것을 말한다. 모모는 똥 싸는 일을 중단하고 마음 붙일 대상을 갖고 싶어서 개 한마리를 훔쳐다가 정을 들인다.

로자부인과 모모를 가장 가까이에서 돕는 사람으로 롤라부인이 있다. 이 사람은 전에 권투선수였다가 여자로 변장하고 몸을 파는 사람인데 어느날 싸디스트 손님의 목을 졸라 죽인다. 로자부인이 그녀의 간청때문에, 그날 저녁 함께 극장엘 다녀온 후 텔레비전을 보았다고 위증을 하여 주어, 일을 무사하게 해결하여 준다.

이 이야기의 발단은 이 사람들의 이러한 환경을 묘사함으로써 시작된다. 물론 이야기가 전개되어감에 따라 더 많은 인물들과 事件들이 등장하지만, 그들은 앞에서 말한 인물과 사건들 사이에 얽혀있는 問題點들을 해결해 나가는데 관여하는 요소라고 볼 수 있다.

이와 같이 문제를 제시하는 발단과 그 해결을 모색해가는 갈등의 과정, 그리고 어떠한 모습으로건 問題性이 해결되는 위치로 사건을 유도하도록 작가가 계획하는 일을 "소설을 構成한다"(Plot)고 말한다.

발단은 항상 우리에게 하나의 특수상황을 제시하고 이것은 반드시 그 안에 상황의 不安定性을 內包한다.

이야기가 展開된다고 하는 것은, 이 상황의 不安定性이 하나의 安定을 향해 調和와 調整을 企圖하는 過程이다.

그리하여 종결에 이르러, 그 企圖의 성과로서 安定에 도달하고 이 이야기 속에 끼어들었던 모든 不安, 不協和의 要素들이 解決된다.

따라서 小說 속에 展開되는 一切의 行爲는 반드시 意圖的인 計劃에 의하여 설정된 것으로 보아야 한다. 특히 소설의 발단부분을 대할 때, 우리는 여러가지 각도에서 登場人物과 그들이 처해 있는 환경을 分析해 보아야 한다.

『자기 앞의 生』이 작품의 발단에서 유발하는 우리의 관심은 다음과 같이 집약된다.

매음이 삶의 수단이어도 무방한가?

가난과 질병은 극복될 수 있는가?

神을 외면한 人類에게 平和가 가능할 것인가?

派閥과 戰爭을 終熄시킬 수 있는 和解의 出路는 무엇인가?

사랑 없이도 사람은 살 수 있는가?

人物과 인물, 그리고 事件과 사건들이 서로 連鎖의 고리를 이어가며 이러한 질문들을 가지고 독자의 관심을 장악하였다는 점에서 이 소설의 발단은 成功 以上의 成功을 거두고 있다고 보아야 한다.

4) 풀려가는 실마리

그 다음에는 倍增하는 숱한 난관들이 나타나고 섞이면서 서서히 안정을 추구해가는 과정이 온다. 만약 하나의 주인공이 그의 승리 혹은 열망을 위해 쉽고 재빠르게 진행한다면 거기엔 실로 아무 이야기거리가 없게 된다. 이야기의 흥미는 일어난 사건이 극복되는가 아니면 극복되지 못하는가를 염려하는 초조와 긴장 속에서 유발된다.

이야기는 이렇게 발전한다.

모모는 사랑하던 강아지 쑤퍼를 500프랑에 팔아 그 돈을 하수구에 버린다. 이 행위를 광증발작의 징조라고 생각한 로자부인은 모모를 캍츠 의사에게 데리고가서 그 애가 밤에 자기를 살해할까봐 겁이 난다고 말한다. 하밀 할아버지가 모모의 영혼을 기름지게 양육한 土壤이었다면, 캍츠 의사는 모모의 육체와 정신을 건강하게 보호하여준 氣候의 구실을 담당했다고 말할 수 있다. 왜냐하면 만약 칼츠 의사가 모모의 행위를 정신병의 징후라고 진단하였더라면, 모모는 그것을 起點으로 하여 정말 발작을 일으켰을 가능성 속에서 살아가기 때문이다. 칼츠 의사가 모모를 정상으로 진단하였다는 사실은, 악마와 천사의 속성을 다 共有하고 있는 모모가 끝내는 어떠한 역경을 뚫고라도 정신과 육신이 건전한 사람으로 훌륭하게 성장하리라는 가능성을 예언해 주는 일이다.

로자부인은 자기의 침대밑에 히틀러의 사진을 간직하고 있으며 자기가 불행하다고 느껴질 때는 그것을 꺼내 본다. 이것은 더 큰 괴로움으로 작은 괴로움을 위로받고자 하는 치유의 방편이다. 그녀가 제일 무서워 하는 것은 게슈타포이기 때문이다. 그래서 부인은 극비의 지하실에 유태인 토굴을 만들어 놓고는 밤중에만 몰래 찾아가 보곤 하는데 어느날 밤에 모모에게 들키고 만다.

로자 부인은 마치 용서를 비는 사람처럼 행동한다.

　　"누구한테도 이야기해선 안된다."
　　"여긴 무엇하는 곳이예요? 왜 한밤중에만 여길 오곤 하나요?"
　　"여긴 내 제2의 처소란다. 아무에게도 말하지 않겠다고 맹세해
　　라."
　　"맹세하겠어요."
　　"유태인 움막이지. 무서울 때에만 숨는 곳이다."

이 말을 모모는 깊이 명심한다.

부인은 점점 더 약해진다. 비례하여 모모는 더욱 그녀에게 의지하였으며, 아침에 눈을 떠서 부인이 살아있다는 것을 확인하면 그 하루가 행복하게 시작되었다. 그러나 가난은 나날이 심해갔고 모모에게 오던 송금도 끊어졌다. 모모는 우산 위에 천을 둘러 입힌 인형 아르뜨류와 더불어 거리에서 익살을 부리며 푼돈을 벌었다. 어느날, 불법으로 손님을 모은다고 순경이 쫓아오는 바람에 도망치다가 인형을 떨어뜨려 풍비박산을 만든다.

그날 밤 옷이 망가진 인형을 품에 안고 침대에 들어가려는 모모에게 로자 부인은 고함을 치며 화를 낸다. 벌거벗은 인형은 裸身을 뜻하므로 부인이 격분하였다는 행위는 모모에게 性的 유혹에 대한 경고를 주는 것, 혹은 모모가 性을 알 것이라는 事實에 대한 일종의 질투로 볼 수 있다. 그리하여 모모는, 다음날 급히 서둘러 빠리의 중고품 상회에 가서 아르뜨류에게 다시 옷을 입힌다.

부인이 아무도 모르게 안주머니 여러 개를 달아준 외투를 입고 모모는 먹을 음식을 훔쳐야 했다. 어떤 때는 꽃을 훔쳐다 주기도 했고 쓰레기통에서 시든 꽃들을 줏어다가 꽃다발을 만들어 부인을 기쁘게 하고자 애쓰기도 했다. 부인은 매일 주사를 맞아야 했다. 모모는 주사 값과 의사의 왕진료를 당할 수가 없어서 주사를 놓을 줄 안다고 하는 친구에게 주사 놓는 일을 부탁한다. 이 친구는 자기 자신에게 주사해야 할 아편주사약을 실수로 부인에게 주사했으므로 부인은 한때 극도의 도취경에 사로잡힌다.

대머리가 된 부인에게 모모는 진짜 사람의 머리로 만든 가발을 사주고 싶다. 엘리베이터도 없는 7층 아파트가 아니라 단독 주택을 사주고 싶다. 테러리스트라도 되어서, 창녀의 아이들을 엄마들과 함께 니스의 호화로운 궁전에 보내고 싶다. 그러나 모모는 부인을 거지굴 속에 혼자 남겨둘 수가 없으므로 테러리스트에 가담할 수가 없다.

부인의 존재 이유는 모모를 염려하는 데 있다. 그러나 살아 있다고는 하여도 그녀의 삶이란 식물과 같은 상태에 머물러 있는 것에 불과하다. 몇시간이고 모모가 부인의 손을 잡고 앉아 있으면 그녀에게서 두려움이 사라진다. 그리고 이미 몇 백번도 더 나눈, "엉덩이로 벌어먹지 말라는 당부와 서약"을 또 교환한다.

모모는 85세가 된 하밀 할아버지를 로자 부인과 결혼시키고 싶다. 들것에 실어 할아버지를 7층으로 날라가서 결혼을 시키고 두 분을 시골로 모셔가고 싶다. 그러나 할아버지는 너무 늙었기 때문에 결혼을 못한다고 하고 "시력을 상실하여 써 줄 수는 없지만 외워다가 로자부인에게 전해 달라"고 빅톨 유고의 시를 암송해 준다.

모모는, 엘리베이터 하나 때문에 그들 둘 사이를 갈라놓는다는 일이 참 부당하다고 생각한다. 집에 돌아온 모모는 부인이 완전히 실성해 있는 걸 발견한다. 식물상태에서 잠시 깨어난 부인이 하고 있던 짓은 입술연지를 진하게 바르고 95kg이나 되는 거구를 흔들어 애교를 떨며 손님 끄는 시늉을 하는 것이었다.

로자부인의 아파트 아랫 채에 사는 사람들은 너무나 비현실적이어서 오히려 진실스러워 보이는 친절을 베푼다. 로자부인의 임종이 가까웠다는 것을 알기 때문이다. 또 남녀의 성기를 둘 다 가져서 돈을 잘 벌고 옛날에는 권투선수였기 때문에 힘이 장사인 롤라부인이 모모와 로자부인의 후견자이기 때문이다.

부인은 식물인간의 상태에 떨어지는 빈도수가 더 잦아진다. 그런 때 모모는 부인의 손을 잡고 정신이 들 때까지 기다린다. 하루는 무거운 짐 나르는 일을 직업으로 가진 아래층의 쥼형제가 로자부인을 안고 내려가 차에 태워 산보를 시켰다. 부인이 길러서 지금은 부유한 유태가정에 양자로 맡긴 모세가 다니러 왔길래, 부인과 이야기하고 있으라고 하고 하밀 할아버지를 찾아간다. 식물인간으로 사는 사람에겐 안락사를 허용하는 것이 오히려 자비롭지 않겠느냐고 묻지만, 85세이고 남의 도움으로 대소변을 보는 할아버지로부터도 철저한 반대의 말만 듣는다. 집으로 올라가는 층계에서 모모는 모세의 울음소리를 듣는다. 쥼형제들과 함께 옛날에 벌어먹던 장소를 산보한 일이 기적을 발생하여 로자부인에게 과거의 기억이 되살아난 것이다. 부인은 발가벗고 있었다. 가죽 장화를 신고 레이스 속치마를 목에 감고 꿈에 볼까 무서운 얼굴로 애교를 떨고 있었다. 모모는 "생후 처음으로 기도문을 외웠다." 부인이 정신을 바로 찾았을 때 그녀는 놀란다.

　　"내가 왜 이러고 있니?"
　　"꿈을 꾸셨어요"

"모세가 왜 울지?"

"유태인들은 괜히 잘 울지 않아요?"

"넌 많이 컸구나. 이젠 어린애가 아니다. 언젠가..."

"언젠가 뭐요?"

"언젠가 너는 열 네살이 되겠지. 그리고 열 다섯살이. 그러면 나 같은 건 필요없게 될 거다."

"그따위 소리하지 마세요. 나는 아줌마를 버리거나 하진 않아요. 그런 건 내 성미에 안 맞아요."

부인은 무언가를 말하려 한다. 그러나 그 때 다시 식물인간의 상태에 빠진다. 모모는 그녀가 정신이 들 때까지 부인의 손을 꼭 잡고 기다린다. "이때처럼 그녀를 사랑했던 적이 없었다. 그녀가 늙고 추하고 그리고 다시는 정상적인 인간이 될 수 없겠기 때문"이다. 모모는 난감하다. 돈도 없고, 나이는 너무 어려서 미성년자 보호법에서 빠져나갈 수가 없다. 열 살 치고는 성숙해서, 혼자 사는 창녀들이 귀여워해 주지만 "뚜장이의 생활은 로자부인이 싫어하는 것"이기 때문에 모모는 생각도 하지 않는다.

그러던 어느날, 하나의 '민족적인 재난', 다시 말해서 "모모를 갑자기 나이들게 한 사건"이 일어난다.

여기에서 우리는, "치유가 불가능한 사람을 왜 안락사 시킬 수 없느냐?"하는 윤리의 문제, 그리고 '민족적인 재난'이니 '갑자기 나이 들게 한 사건'이니까 어떠한 상황의 변동을 이 가엾은 사람들에게 가져올 것인가 하는 문제에 흥미와 긴장을 느낀다.

로자부인의 눈동자가 이상해지고 입이 헤벌어지고 침을 질질 흘리는 것을 본 모모는 놀라서 왈룸바씨를 부른다. 그는 카메룬에서 청소부로 온 흑인인데, 불에 달군 쇠덩어리를 삼키는 곡예의 소유자이다. 그리고 그는 죽어가는 사람에게서 악령을 쫓아내는 기술도 가지고 있다. 모모는 그것을 부탁한다. 비록 "부인이 유태인이긴 하지만 그의 상황이 너무나 끔직해서 그 여자안에는 종교가 비집고 들어갈 자리가 없으니까" 왈룸바씨 종족의 종교예식도 상관할 바가 없으며 부인을 살려만 주면 고맙겠다는 것이다. 왈룸바씨 일행은 모모와 모세까지 합세시키어 춤을 추고 노래를 부르는데 드디어 로자부인이 정신을 차린다. 대체로 죽어가는 사람들은 임종 전에 잠시 정신을 차린다고 한다. 죽기 전에 해결해야 할 일들을 정리하는 시간이다. 이러한 상태를 의학용어로는 '고통의 완화'라고 부른다. 모세와 모모는 깨어난 로자부인을 발가벗겨서 자벨수에 몸을 닦아준다. 정신이 나갔던 사이에 똥을 쌌기 때문이다. 이것은 사람이 죽음을 준비하는 최선의 종교적 의식으로 간주할 수 있다. 그리하여 부인은 모모에게 유언과도 같은 당부를 하는 것이다.

"이리와라, 모모야"
"어때요? 또 정신이 나갈 생각은 아니지요?"
"아니었으면 좋겠구나. 그렇지만 그런 일이 자주 일어나면 날 병원으로 보내겠지. 나는 병원에 가기 싫다. 내 나이 예순 일곱이지만……"
"예순 아홉이에요"
"그래 예순 여덟이지. 난 병원엘 가고 싶지 않다. 병원에선 죽을 권리도 주지 않고 끝까지 속을 썩이며 살아가게 만든단다. 난 30년 동안 내 엉덩이를 손님들에게 내보였지만, 이제와서 다시 엉덩이를 보일 생각은 없다. 약속해주겠니?"
"맹세하겠어요"

그런데 바로 그 때, 한 사나이가 로자부인을 방문하고 '민족적인 재난 때문에 모모가 단번에 몇 살을 더 먹어버린 일'이 생긴다.

방문객은 모모의 아버지였다. 11년 전, 모모가 세 살 때에, 그와 그의 아내는 모모를 로자부인에게 맡겼었다. 그는 모모와 돈 500프랑을 맡았다고 쓴 로자부인의 영수증을 갖고 있었다. 그래서 모모는 자기가 10세가 아니라 14세란 걸 알게된다. 매음중개자인 그는 자기 수하의 한 창녀를 사랑하여 모모를 낳았는데 질투 때문에 그 여자를 죽이고 정신병원에 11년 동안을 갇혀 있다가 이제 막 퇴원하여 나온 것이었다.

왈룸바씨 일당의 무당춤으로 정신이 말짱한 상태에 있던 로자부인은, 모세와 모모를 같은 날에 받았기 때문에 실수로 이름을 바꾸어 길렀노라며 모세가 그의 아들이라고 고집한다. 모모의 아버지는, 유태인의 콧날을 한 모세는 자기 아들이 아니라고 아랍인 아들을 내어 달라고 화를 내다가 심장이 마비되어 쓰러져 죽는다. 모모는 힘이 센 줌형제에게 부탁하여 아버지의 시체를 층계에 내다 버린다. 그리고 아버지 외투의 주머니 속에서 담배곽을 꺼내어 거기 하나 남은 담배를 피우며 그 행위가 두 사람 사이에 인연을 부여한다고 생각하다가 경찰에 발각될까봐 방으로 들어간다. 여기서 우리는 왜 그처럼 로자부인이 모모의 일거일동에서 정신병의 징후를 보게 될까봐 고심했었는가를 알게 된다.

> "모모야, 아까의 일로 속상했니?"
> "아니요. 열네살이 되어서 기쁜 걸요."
> "다행이다. 정신병자인 아버지는 필요없다. 그것은 유전병이니까."
> "그래요. 난 재수가 좋았어요"

다시 로자부인의 가사상태가 계속되었다. 그것은 이틀밤 사흘낮을 계속하였다. 모모도 이틀밤 사흘낮을 혼자서 그녀를 지켰다. 검둥이 친구가 찾아와서 '대형 물건 무료 운반'을 취급하는 곳의 전화번호를 알려 주고 갔다. 롤라부인은 '죽은 자도 깨운다는 팝송판'을 틀어 주었고, 왈룸바네 아저씨는 '죽음을 멀리 쫓아낸다는 탐탐 북'을 밤새도록 두들겼지만 소용이 없었다.

모모는 바람을 쏘이고 싶었다. 그래서 그는 한 번 만나서 따뜻한 위로를 받은 적이 있는 나딘느 여사를 만나러 간다. 그는 나딘느 부부 앞에서 하느님에게 전생애를 열어보이는 듯한 숭고하고도 아름다운 고백의 시간

을 갖는다. 이 고백을 통해 모모가 새로 얻어 갖게 되는 재생의 가능성과
이 가능성의 實現은, 作品 속에서 하나의 종교의식처럼 성스럽게 처리된
다. 모모는 자신을 죽이는 것에 방불한 부끄러운 과거의 고백을 희생의
대가로 하여, 아담과 이브를 그처럼 소망하던 양친으로 삼아, 에덴의 동산
에서 다시 태어난다는 의미를 지니기 때문이다.

집에 오니 건물 앞에 구급차가 서 있었다. 모모는 "나에게 남은 것이
이제 없구나"하고 절망하지만 다음 순간, 그 차가 다른 사람을 실러 왔다
는 걸 발견하고 무서운 용기와 의지를 갖게 된다. 부인이 살아 있었기 때
문이다. 부인은 눈물을 흘리며 모모를 기다리고 있었다. 모모는 뛰어들어
그녀를 껴안았다. 똥과 오줌을 싸서 구역질이 났지만 힘세게 그녀를 껴안
았다. 그녀의 아름다운 눈만을 바라보았다. 세어보니 부인의 머리카락이
오직 서른 두가닥 뿐이었다.

> "왜 나한테 거짓말을 하셨어요? 열네살을 왜 열살이라고 하셨어
> 요?"
> "네가 내 곁을 떠날까봐 겁이 났었다. 그래서 나이를 줄였던 거
> 다. 나는 네가 너무 빨리 나이를 먹는 게 싫었단다."

모모는 그녀를 껴안았다. 아내인 양 한 팔로 그녀의 어깨를 감싸주었다.
롤라부인이 쥽씨네 형제와 함께 와서 로자부인을 씻기고 옷을 갈아 입히
고 향수를 뿌려 주었다.

5) 에덴이 보이는 언덕

예수 그리스도가 십자가의 수난을 받기 며칠 전, 창녀 마리아 막달레나
는 향유로 예수의 발을 씻었다. 이것은 그리스도의 죽음에 인류가 바치는
최대의 사랑과 공경과 축복의 의미를 지닌다. 여기에서 창녀인 롤라부인

이 로자부인을 씻기고 그 몸에 향수를 발라 준다고 하는 것은, 마치 창녀
인 마리아 막달레나가 예수의 발을 향유로 씻는 예식을 통하여 그녀가 반
드시 聖化될 것이라는 未來가 약속되듯이, 창녀인 롤라부인이, 밥값도
못내는 창녀의 아이들을 기르는 일로 人間救濟에 참여하는 로자부인을
향수로 씻어 주는 행위를 통해, 언젠가는 틀림없이 롤라부인도 聖化될 것
이라는 未來에의 약속으로 해석된다. 로자부인이 '롤라는 성녀'라고 모모
에게 말하는 장면은 더욱 이러한 우리의 견해를 뒷받침해준다.

　앙드레 신부가 로자부인을 방문한다. 그 신부는 '돌아가신 후에까지 모
모에게 좋은 추억을 남겨주신 분'이다. 유태교의 율법사인 랍비도 방문한
다. 로자부인이 유태인이기 때문이다. 칼츠 의사도 다녀간다. 모모가 부인
의 안락사를 부탁하지만, 거절당한다. 의사는 부인을 자선병원으로 데리
고 가야한다고만 주장하고 엠브런스를 부르려고 한다. 마지막 순간이 온
것이다. 그러나 이때 모모는 기상천외의 천재성을 발휘하여 부인을 병원
행에서 구출한다.

　　"아줌마를 병원에 보낼 수는 없어요. 일가친척이 찾아온다고 했
　어요."
　　"친척이라고?"
　　"이스라엘에 있어요. 모든 준비는 다 됐어요. 아줌마는 비자를
　얻을 수 있을 거에요."
　　"그러면 왜 그 사람들이 전에는 아무 소식도 안 보냈었니?"
　　"오라는 편지는 여러번 받았지만, 아줌마가 나를 버릴 수 없어
　서 안 가셨어요. 우리는 서로 떨어져서는 못살아요. 이 세상에 단
　둘뿐이니까요."
　　"아랍인이 유태인을 이스라엘로 보낸 최초의 일이로구나. 떠나
　기 전에 부인이 의식을 되찾거든 내가 축하 한다고 전해다오."
　　"그러지요."
　　"모모야, 넌 이 세상에서 유태말을 할 줄 아는 유일한 아랍인
　일 게다."

여기에서 우리는 결합을 추구하는 사랑의 이율배반을 느낀다.

모모의 아버지가 나타나서 모모를 찾았을 때 로자부인이 유태소년인 모세를 그의 아들이라고 하여 모모 아버지의 분노를 돋구어 죽게한 것이라든지, 병원에 보내어 치료를 시키려는 캍츠 의사에게 모모가 거짓말을 하여 부인을 자기 곁에 붙잡아 매 놓는다는 사건 때문이다.

밤이 되었다. 정신이 오락가락 하는 부인의 눈 앞에 모모가 히틀러의 사진을 보여준다. 부인이 외마디 소리를 지르며 깨어난다. 그들은 그 밤 안으로 그 방을 떠나 이스라엘로 탈출해야 한다. 왜냐하면 3개월간 방값을 못받은 아파트의 관리인이 다음날이면 부인을 자선병원에 보내고 모모를 아동보호소로 보내려고 하기 때문이다.

"빨리 떠나야 해요."
"그것들이 오니?"
"아직은 안와요 그래도 어서 떠나야 해요 이스라엘로 갈꺼에
요 기억나시죠?"
그녀의 두뇌가 작동하기 시작했다.
"도와다오, 모모야."

왜 로자부인이 자기가 만든 유태인 소굴에 가서 죽고싶어 했는지, 전에는 모모가 이해하지 못했었다. 왜 그 곳에 일상의 필수품 등을 갖추어 놓고 때때로 내려가서 의자에 앉아 사방을 둘러보고 안도의 한숨을 쉬고 하는지, 전에는 모모가 이해하지 못했었다. 그러나 이제 모모는 모든 것을 '갑자기 나이를 네 살이나 먹듯' 알게 되었다.

95kg이나 되는 부인을 끌고 7층을 내려와 '이스라엘 지하실'에 들어온 모모는 있는 초를 다 켜서 방을 밝혀 준다. 부인을 눕히고, 아르뜨류를 가지러 7층에 다시 올라갔다 온다. 아르뜨류와는 하루도 떠나서 살지 못한다.

히틀러의 사진 생각이 나서 다시 7층엘 다녀온다. 로자부인에게 효력을 발생할 수 있는 것은 그것뿐이기 때문이다.

로자부인이 그렇게도 여자처럼 되고 싶어 하던 일을 상기하고, 또 다시 올라갈 생각을 하면 지긋지긋 하지만, 화장품을 가지러 세번째로 7층엘 다녀온다. 모모는 지쳐 있다. 부인이 눈을 뜨고 있길래 히틀러의 사진을 눈앞에 보였으나 아무 효과가 없다. "이런 몸으로 지하실까지 내려올 수 있었던 것은 기적"이라고 모모는 생각한다. 이제 이 소설은 여기서 대단원의 막을 기록하고 그 책장을 덮는다.

우리는 모모가 마지막으로 진술하는 로자부인과 자기 자신의 인연을 마무리하는 곳에서 잠시 눈시울이 뜨거워질 것이다. 배부르고, 춥지도 덥지도 않으며, 유행에 따라 고급의상을 차려 입고는, 너무 편안하여 의식이 나태해진 타성의 비극에서 벗어나, 배고프고 헐벗고 외로운 모모가, 더럽고 추하고 밉고 세상의 온갖 나쁜 것은 다 모아서 혼자 갖고 있는 듯한 로자부인에게 바치는 뜨거운 인정과 사랑의 훈향에 한자락 눈물을 흘리게 될 것이다.

히틀러의 사진을 이용해 본다. 효과가 없다. 절망의 상태다.

하밀 할아버지를 찾아간다. "사람은 사랑할 사람이 없으면 살 수 없다"는 것을 할아버지에게 주장하고 또 동조를 받는다.

지하실에 돌아와 다 달은 초를 갈아켜고, 부인 얼굴을 다시 화장해 주고 입술에 키스를 해 본다. 회복이 안된다.

여기서 모모는 비로소 깨닫는다. '로자부인이 채소처럼 살고는 있지만, 그녀를 안락사 시킬 용기는 나에게 없다.'는 것을.

롤라부인 방으로 가 본다. 수척해진 모모를 보고 부인이 음식을 권하지만 모모는 아무 것도 먹지 않는다. 롤라가 300프랑을 준다. 그것으로 모모는 몽땅 초와 향수를 산다. 향수 한 병을 부인의 몸에 다 부었다. 냄새가 심했기 때문이다. 일곱 개의 초를 번갈아 켰다. 그것이 유태인들의 예식이기 때문이다. 그러다가 향수도 촛불도 다 쓰고만 어느날 모모는 로자부인 곁에 나란히 누워 잠이 든다.

사람들이 심한 냄새 때문에 문을 부수고 들어온 것은 모모가 죽은 로자 부인의 시체 옆에서 3주일을 지낸 후였다. 사람들이 엠브런스로 모모를 병원에 싣고 갔다. 모모의 외투 주머니 속에 나딘느여사 집의 전화번호가 있었기 때문에 나딘느여사가 연락을 받고 달려왔다. 모모는 그녀의 별장 에서 편안하게 정양을 받을 수 있게 된다. 그녀의 남편 라몽 의사는 유태 인 움막에 찾아가 모모의 반려, 아르뜨류를 찾아다 준다. 모모에게 있어 이 인형이 가지고 있는 감상적인 가치가 아주 귀한 것이라고 생각하였기 때문이다.

에덴이 보이는 언덕에 서서, 모모는 마지막으로 이렇게 절규한다.

"사람은 사랑할 사람이 없이는 살 수 없다"고.

6) 和解를 위한 聖者의 祈禱

(1) 그리스도는 항상 再臨하십니다.

小說에 등장하는 인물의 性格은 합리적이어야 하고 우리의 信念을 지 배할 수 있어야 한다. 다시 말하면 소설의 인물들은 우리 독자들의 모습 을 닮고 있어야 한다. 말하자면 우리들이 現實을 살고 있는 人間인 것과 마찬가지로 그들도 역시 現實에 照明되는 즉 수긍이 가는 인간이어야 하 겠다는 말이다.

그런데 이 인물의 성격이나 行爲는 주제와 무관계한 입장에서는 말할 수 없다. 왜냐하면 우리는 인물들의 행위와 성격 속에서 작가가 말하고자 하는 의도, 즉 주제를 추상해 낼 수 있기 때문이다. 주제는 人間의 行爲 혹은 성향 속에 존재하는 가치를 객관화 시키는 힘에 비유될 수 있다. 그 래서 가령 하나의 소설이 비록, 매력있는 문제와 成功的인 구성과 生에 대한 깊은 관조 등으로 잠시 독자의 관심을 끌었다 할지라도 만일 그 안 에 흐르고 있는 주제의식이 만족스럽지 못하다면 作品에 기울인 흥미는 곧 霧散되어 버리고 말 것이다.

앞에서 필자는 이 소설의 발단부분을 說明할 때 그것이 우리에게 제시해 주는 문제점, 다시 말하면 주제의식을 다양하게 분석하였었다. 이제 필자는 그 주제의식이 어떻게 소설의 종결부분에 이르러 통일성 있는 진전을 따라 해답을 주며, 그것이 이 세상에 흔히 있는 일이건 희귀한 일이건 간에 어떻게 우리에게 깊은 수긍을 주도록 묘사되어 있는가를 살펴 보고자 한다.

이제 필자는 이 소설의 주요 인물들이 自己 나름의 人生을 영위하면서 어떻게 이미 제시된 문제들에 해답하고 있는가를 생각해 보고자 한다. 이 작업은 곧, 작가가 의도하고 있는 주제파악의 방법이 될 것이고, 이 소설이 어찌하여 小說의 전형이라고 불리울 만큼의 成功을 거두어 독자를 감격하게 하느냐 하는 질문을 해명해 줄 것이다.

앞에서 말한 바와 같이, 로자부인과 모모를 中心으로 한 인물들이 우리들에게 가난과 질병, 고독과 매음, 파벌주의와 전쟁, 그리고 神의 상실 등에 관하여 깊은 사색을 요구한다. 이들은 인류 최대의 적이고 現代의 온 인류가 고민하여 해결책을 찾아야 할 課題들이다. 이들은 우리의 영혼과 육신을 좀먹는 최대의 赤信號이고 인류의 미래를 어두운 그늘로 덮어 씌우는 요소들이다. 이것들은 하나같이 중요해서 어떤 것이 더하고 덜하다고 등급 지울 수도 없고, 그 중에 어느 한 가지만 택한다고 해도 작가와 독자가 인류의 장래를 앞에 놓고 근심하기에 넉넉하다. 그런데 이 작가는 로자부인이라는 한 인물만으로도 이 모든 인류의 고민을 다 내포시키고 무리없는 터치로 이들 복합 주제를 이끌어 갔다. 그리고 로자부인을 통하여 해결책을 강구해 보려고 애쓰고 있다. 로자부인 주위의 많은 인물들은 로자 부인의 손에 의해 자유자재로 동원되면서 작가가 추구하는 이념실현에 기여한다. 그리하며 독자로 하여금 작가의 가슴 속에 불덩어리처럼 끓어오르는 理想의 세계를 인식하게 한다.

여기서 필자는 묘한 상상의 세계에 빠진다.

지금으로부터 2000년 前 말구유간에서 탄생하시고 十字架에 못박히시어 인류를 구원했던 예수가, 이제는 草原을 상실한 빌딩 꼭대기 가난한 집에 창녀의 자식들 안에 탄생하시어 그 안에서 인생의 가장 밑바닥에 있는 사람들을 위로하며 구원하고 싶어하는 것이 아니겠느냐는 상징적 의미를 이 소설은 내포하고 있다는 發想이다.

로자부인과 롤라부인과의 관계만 하여도 그렇다. 그리스도를 향유로 씻었던 마리아 막달레나의 관계 위에, 로자부인을 향수로 씻었던 롤라부인의 映像을 投射해 볼 수 있다.

따라서 至高의 神이 로자부인을 통해 인류의 病을 헤쳐보이고 앞으로의 탈출구를 찾게 하기 위하여 가령 20世紀에 새 그리스도가 再臨한다면 그것은 낭만의 말구유가 아니라 죽어가는 창녀의 집일 것이라는 상황 설정 속에서 이 作品을 보자는 것이 필자의 意圖이다.

(2) 훔치는 사람에게 미리 빵을 주겠습니다.

우선 우리의 관심을 이끄는 첫번째 질문은, 매음이 삶의 수단으로 道具化되어도 무방하겠느냐는 것이다. 로자부인은 강조한다. "너희들 엄마에 대하여는 모르는 편이 훨씬 좋다. 그 여자들은 못된 망나니들이란다.", "네가 뚜쟁이 노릇을 하는 것을 보느니 나는 차라리 죽어버리겠다.", "아무리 돈을 많이 주겠다고 꼬셔도 절대로 유혹에 넘어가선 안된다. 내가 죽어버리고 네게 남은 건 네 몸둥아리 뿐이라 해도 그런 짓을 해서는 절대로 안된다." 그래서 모모는 아무리 창녀들이 추파를 던져도 뚜쟁이 노릇을 할 생각은 전혀 하지 않는다.

그러나 모모는 반문한다. "내 나이 열 살에 내가 해서 먹고 살 수 있는 일이 무엇일까?" 모모와 모모를 중심으로 한 아이들은, 자기 탓으로 가난해야한 것이 아니고 타고난 운명에 의하여 가난한 것이다. 그애들이 살아가는 모습은 '더럽고 추하고 떳떳치 못해서', 아무리 목숨이 붙어있는 사람은 살아야 할 의무가 있다고는 해도 그애들은 도무지 그 삶의 의무를 실천해 갈 수 없다. 사회가 그들에게서 먹고 입고 잘 수 있는 권리를 박탈하였기 때문이다. 그래서 모모는 송금도 아니 오는 창녀의 아이들과 무거운 짐짝같이 엎드려 신음하고 있는 로자부인을 먹이기 위하여 "안 주머니를 여러 개 단 외투를 입고, 식품점의 음식물들을 훔치는 것이다" 또한 상점에서 계란 한 알 훔치는 것을 들켰을 때, 주인 아주머니는 모모를 나무라기는 커녕 계란 하나를 더 집어주며 "너 참 귀엽게 생겼구나" 하면서 모모의 머리를 쓰다듬어 주기까지 한다. 먹어야 한다는 것은 살아가야 할 의무를 이행하는 기본 권리이기 때문에, 음식물 몇 조각을 도난당해도 그것의 영향을 입지 않을만한 사람의 것을 나누어 먹는다는 것은 죄악이 아닐 뿐더러, 오히려 넉넉히 가진 사람이 生存을 위협받고 있는 로자부인이나 모모를 돕지 아니하고 백안시한다면 죄악을 범하는 쪽은 훔치는 사람 편이 아니라, 훔쳐서 먹지 않으면 굶어서 죽을 사람들을 무시해 버리는 부유층이 된다는 것이 作家의 주장인 것이다.

이 作品 속에는 여러군데, 빅톨 유고의 『가난한 사람들』 이야기가 나오는데, 작가는 하밀 할아버지를 통해 "이 세상에서 가장 훌륭한 소설은 『가난한 사람들』"이라 말하고, 또 모모의 입을 통하여 "나도 죽기 전에 꼭 『가난한 사람들』 이야기를 쓰겠어요" 라고 말했는데, 여기에서는 배고파서 죽어가는 어린 조카들을 위해 빵 한조각을 훔친 일로 인하여 종신형을 치르도록 쟝발쟝을 강요한 당시 불란서 사회와 그 당시의 사람들을 고발하고 있는 것이다. 따라서 作家는 이 작품을 통하여 인도나 아프리카에서 지금 餓死하고 있는 수많은 목숨들에 대한 책임을, '살기 위하여 먹는 것' 이상을 낭비하면서 가난한 이웃을 백안시하는 사람들을 고발하고 있다. 가령 로자부인은 그 자신이 가난하고 병들어 구호병원에 실려가야 할 신세에 있으면서 창녀들의 아이들을 모아 기른다. 로자부인은 극도의 빈곤 속에서도 자기가 맡아 기르던 애들을 빈민구제소에 보내지 않는다. "아이와 그 아이의 미소를 분리해서 생각할 수 없기 때문이다." 그래서 부인은, 마지막 애 하나까지도 다 가정이 좋은 집을 찾아 양자로 보내고 모모만 남겨 둔다. 모모는 어린 아이로서가 아니라 자유의지를 가지고 있는 완전한 人格體로서 대우받기 때문이다. 그러나 모모까지도 결국은, 로자부인의 죽음을 통해 새로운 재생을 보장받게 된다는 사실은, "없는 사람이 빵을 훔치러 오기 전에 많이 가진 사람이 솔선하여 빵을 가져다 주어야 한다."는 教書를 雄辯한다고 보아야 한다.

(3) 안락사시킬 용기가 없습니다.

다음으로 우리의 관심을 모으는 것은 인류가 질병의 중압에서 벗어날 수 있겠느냐는 의문이다.

"그녀가 자기 자신을 보고 구역질을 느끼지 않는 것만도 큰 다행인" 더럽고 냄새나는 병을 로자부인은 앓고 있다. 그리고 영혼의 상처이건 육신의 상처이건 오늘날 우리들이 앓고 있는 고통으로부터 인류가 벗어난다고 하는 것은 불가능한 일처럼 보인다. 醫術이 발달하면 질병의 종류 또한 세분화될 것이다. 그런데 질병의 아픔을 경감하거나 잊으려고 하는 연습을 로자부인은 그녀의 의지로써 실험하였다. 그것은 종교인의 신앙 혹은 무종교인의 투지력 같은 것이다. 가령 로자부인이 고통중에 있을 때, 아이러니컬하게도 히틀러의 사진을 보고 자신을 위로하는 태도는 그 좋은 실례이다. 히틀러로 인하여 유태인 수용소에서 당했던 고통과 공포가 치명적이었기 때문에, 그 이후 어떠한 난관에 처한다 할지라도, 그 이전에 치렀던 더 무서운 고통을 상기시킴으로써 현실을 극복하고자 하는 의도인 것이다. 이것은 또한 히틀러 일당의 부도덕과 잔인성을 해학적으로 묘사한 더 없는 성공이다.

질병의 고민에서 간과해서는 안 될 것에 안락사의 문제가 있다.

모모는 칼츠 의사에게 주장한다. "로자 아주머니는 내가 정말로 사랑한 단 한 사람이예요. 난 의학자들을 기쁘게 해 주려고 아줌마를 채소처럼 살게 해서 세계기록을 깨뜨리게 하진 않겠어요. 만일 선생님이 무정한 늙은 유태인이 아니고 진정한 마음씨를 가진 진짜 유태인이었다면 좋은 일

한번 했겠지요. 즉 아주머니를 지긋지긋한 생으로부터 구해주는 안락사를 시켜주었겠지요." 그러나 정작 부인이 자기의 눈 앞에서 죽어갈 때에 모모 자신이 고백하는 말은 이러하다. "이런 상태로 살도록 두고 싶지는 않지만 나에겐 그녀를 안락사시킬 용기가 없다." 이것은 오늘날 참으로 많이 그 도덕성이 可否를 놓고 논란이 거듭되고 있는 인류의 고민에 던지는 하나의 해답이라고 볼 수 있다. 하밀 할아버지의 충고처럼 "自然이 목숨을 거두어 갈 때까지, 사람은 人工에 의하여 사람의 목숨을 제거할 수 없다."

또 하나 인류가 고민하는 질병에, 아편중독이 있다. 로자부인은 주사 놓는 사람의 실수로 한 번 아편주사를 맞아본다. 그래서 환각제의 매혹인 도취경에 사로잡힌다. 얼마나 많은 사람들이 환각제로 인하여 병들어 가고 있는가? 여기에서 우리는 모모의 고백을 가지고 이 문제에 주는 해답을 삼아보자. "마약은 질색이다. 마약을 맞는 사람들은 모두 마약의 단골 손님이 된다. 마약은 한 번 시작하면 그 이전의 인생은 끝장이 난다. 난 한 번도 그 주사를 맞은 적이 없다. 미약을 얻어내는 가장 손쉬운 방법은 한 번도 그 주사를 맞은 적이 없다고 말하는 것이다. 그러면 녀석들은 곧 공짜로 한 대 놔 주는데, 그건 아무도 자기 혼자만 불행하고 싶지 않아서 그러는 것이다. 내게 첫 주사를 주고 싶어하던 녀석들이 숱하게 있었지만 내가 뭐 남들 때문에 살고 있는 것이 아니니까 거절해 버렸다."

이것은 全知者的 입장에 선 작가가 14세 소년의 입을 빌리어 力說하는 엄중한 敎書이며 神託이다.

(4) 神의 領域 속에서 살고 싶습니다.

아편환자가 아편을 원하는 이유는 그들이 행복해지고 싶어서이다. 행복이란 사람이 무엇엔가 결핍되어 있을 때만 상대적으로 생각하게 되는 것이다. 사람이 정신적인 결핍감을 느낄 때 그는 고독하다. 고독은 人間이 무엇인가 다른 對象과 함께 있고 싶어 반려를 찾는, 引性이라는 性向의 同義槪念이다.

人間이 神을 상실한 이래, 神이 常住하던 자리에 代置된 것은 무엇으로도 補償될 수 없는 絶對孤獨이었다. 그리고 이 不治의 고독은 連鎖的으로 生存을 거부하리 만큼의 허무를 낳았다. 허무는 絶對自由라는 美名 아래 인류의 윤리와 도덕을 극도로 타락시켰다. 절대자유며 절대고독이라는 우범지역에서 피곤해진 인간은 이제 고독의 자리에 神을 대치하고 싶어졌다. 하밀 할아버지는 말한다. "60년 전에 사랑했던 여인을 생각하며 살 수 있도록 좋은 기억력을 주신 하느님께 감사하여라. 내가 85세의 나이에 이르도록 살게 해 주신 하느님을 찬양하여라." 그리고 '來世라는 것에 별로 신경을 쓰지 않는 척'은 하지만 그러나 그녀의 영혼 깊숙이 자리잡고 있는 로자부인의 신앙을 주의 깊게 살펴보아야 한다. 그녀는 어머니가 외워주던 유태교 기도문을 늘 암송했다. 유태 아이인 모세에게는 유태교 기도문을 가르치고 割禮까지 해주었으며, 아랍 애인 모모에게는 마호멧 교리와 코란을 공부하도록 하밀 할아버지에게 부탁했으며, 흑인 아이한테는 흑인 문화의 풍습을 배우도록 흑인들이 사는 마을에 매일 다녀오게 했다. 이것은 사람에게마다 각기 제 나름의 세계에서 제 나름으로 설정한 하느님이 계시며 사람들은 이러한 하느님을 의지하여 살아야만 가장 밝고 평화로운 미래가 약속되리라는 思想을 反映한다. 다양한 사회의 공존과 多樣한 하느님의 공존을 주장하는 셈이다. 그러나 그 다양은 로자부인으로 표상화되어 나타난 하나의 理想으로 화목한 사회, 하나의 신앙 위에 存在하는 하나의 하느님으로 象徵되는 그런 多樣性이다.

神을 중심으로 하여 생각하는 항목에서 빼놓을 수 없는 것은 인간의 遺傳性에 대한 작자의 見解이다. 우리가 存在한다는 것은 우리의 부모가 存在한다는 증거이다. 우리의 부모가 存在한다는 것은 그들의 근원이 存在한다는 증거이다. 이 근원이란 것이 바로 神이다. 우리가 神의 자손이라고 믿는 소박한 眞理 하나만으로 우리는 우리의 구원을 확신해도 좋다는 근거를 갖는다. 일시적인 과오에 의하여 범죄를 저질렀다 할지라도, 우리가 분명한 系統에 소속되는 한 有機體의 細胞일 때에, 그 全 生命體

의 生命力으로 인하여, 부패된 나 개인의 세포가 구원 받으리라고 하는 信念이 있다. 그런데 수많은 창녀들 중에서 그 가계의 一面이 提報되어 있는 사람은 모모의 어머니 뿐이다. 모모의 어머니가 죽고 아버지가 정신 병원에 갇힌 후에도 계속 어머니의 삼촌이 매월 300프랑씩을 로자부인에게 보내주었다는 사실은 모모가 기필코 구원되리라는 암시가 된다. 모모의 아버지가 찾아와서 "유태인 아들은 원치 않습니다. 훌륭한 회교도 신자인 아랍의 아들을 돌려주십시오" 라고 요구하는 것도, 神과 조상의 계통을 따라 태어난 모모는 地上에서이건 미래에 있어서이건 반드시 구원 받을 것이라는 작가의 묵시적 예언이고, 또 한편, 창녀의 자식으로 창녀 밑에서 자라난 모모가 어떻게 그처럼 凡常을 초월하는 슬기와 隣人愛를 가지고 成長할 수 있었겠느냐고 하는 質問에 解答하는 것이다.

(5) 肢體들을 모아 하나가 되렵니다.

인류에게 있어서 분파의 기원은 멀고도 긴 역사를 가진다. 人間이 神을 거역하고 神에게서 自身을 분리해 낸 것이 분파주의의 최초의 발단이다. 神으로부터의 이탈은 잠시 분방한 자유를 안겨주는 듯 했으나 人間은 곧 뿌리 뽑힌 나무등걸처럼 시들기 시작했다. 一見하여 독립적이고 主體的인듯이 보이는 이탈의 쾌감은 마치 나무를 보되 숲을 보지 못하는 것과 너무도 흡사한 모습을 보인다. 그리하여 白人種과 黑人種間의 갈등은 끊임없는 분쟁의 溫床이 되어왔다. 理念의 차이, 利害의 차이로 인하여, 크고 작은 社會的 집단들은 어떻게 서로의 결점을 공격하면서 自己와 自派의 이익 추구에 급급하였는가? 가까이로는 우리 韓國歷史 속에 명멸했던 四色黨派 싸움에서, 그리고 現在 南北韓의 공산주의 對 민주주의의 血戰이 그러하였고, 멀리로는 舊敎와 新敎사이의 宗敎戰爭으로부터 유태인과 아랍인 사이의 不睦이 그것을 말하여 준다. 작가가 이 소설에서 유태인인 로자부인이 아랍계 소년 모모를 양육하도록 상황설정을 하고 있는 것은 실로 인류역사를 피로 적신 각종 분파싸움을 배격하겠다는 목메인 절규라고 보아야 한다. "나는 유태인이다. 세상 사람들은 인간에게 할 수 있는 모든 못된 짓들을 내게 했다.", "내가 아는 사람이 하나 있었다. 그 사람은 유태인도 아니면서 자동차 사고로 두 다리 두 팔이 다 잘려 나갔다.", "유태인들이 백인여자들을 마취시켜서 창녀굴에 팔아 먹었다는 뜬 소문을 만들어 유태인을 원망하게 만들었다." 이러한 귀절들은 유태인으로 태어났다는 사실만으로 그들이 치루어야 했던 人間 以下의 탄압을 절실하게 표현하고 있다.

그리하여 이 소설은, 유태인과 독일인과 아랍인이, 흑인과 백인이, 가톨릭과 유태교와 회교가 어떻게 같으며 같아야만 하는지를 가르친다. "앙드레 신부와 유태인의 율법사가 종교적인 선전이나 설교가 전혀 없이 로자부인의 병실에 앉아 있는 것"이라든가 "유태인 모세를 모하멧으로, 아랍인인 모하멧을 모세로 길렀다"고 말하는 로자부인의 위트가 그것을 證明해 준다. 심지어 이 소설은 神과 人間의 관계조차도 神이 一方的으로 人間의 敬慕를 받는 絶對君主的 존재로서가 아니라 人間에게 多情하고 격의없는 벗으로 변모되어야 한다고 力說한다. "하밀 할아버지! 유태인 여자하고는 결혼을 못한다구요? 아주머니는 유태인이 아니예요. 온몸이 아픈 한 여자일 뿐예요. 할아버지도 이젠 너무나 늙었기 때문에, 할아버지가 알라神을 생각할 것이 아니라 알라신이 이제는 할아버지를 생각할 차례예요. 할아버지는 전에 메카까지 알라신을 보러 갔었지만 이제는 알라신이 여기에 할아버지를 보러 올 차례예요. 두 분이 결혼을 하면 서로 괴로움을 나누어 갖게 되죠. 그래서 결혼을 하는 거래요." 요컨대 이 말은, 흑인과 백인이, 유태인과 아랍인이, 남자와 여자가, 양단된 우리 조국의 南쪽과 北쪽이, 모두 갈라져 있는 肢體들이 하나로 뭉치고, 또 인류는 하느님과 화해해야만 한다고 주장하고 있다.

바로 이 點이 이 소설이 추구해 마지않는 理想의 세계이다.

그것은 멀고도 험한 길이다.

그러나 그것은 또한 인류가 志向하고 구현해야 할 至高至善의 使命으로 남아 있는 과제이기도 하다.

(6) 사랑이 없으면 살 수 없습니다.

태초로부터 現在에 이르기까지, 時代와 지역을 막론하고, 소박하게든 심각하게든 사람들이 관심을 기울였던 절대적인 세 요소는 "태어나고 사랑하고 죽는다"는 일이었다. 좋은 환경 속에 태어나서 유감없이 서로 사랑하다가 아름답게 죽고 싶은 것이 인간의 소망이다. 그러나 환경의 여하를 막론하고 태어났다는 점에 있어서 목숨은 平等하여야 하며, 이 평등을 구체적으로 보장해 주는 것이 '사랑의 神秘'이다. 그런데 이 隣人愛와 人情이라고 불리우는 사랑의 결핍 때문에 오늘, 지구의 몇몇 곳에서는 무더기의 목숨들이 질병과 학살과 혹은 饑餓 때문에 죽어가고 있다. 사람들은 과연 불쌍한 사람들을 도와주는가? 아니다. 이것이 모모가 던지는 質問이고 답변이다. 밥값도 못받는 창녀의 아이들을 모아서 피부색과 종파와 양육비에 상관없이 사랑으로 기르는 로자부인은 차라리 戰爭과 기아가 끊이지 않는 人間社會를 鳥瞰하라고 독자에게 요구한다. 죽어가는 로자부인을 하밀 할아버지, 칼츠 의사, 쥽형제, 롤라부인 등이 얼마나 깊이 동정하고 도와 주는가를 갖가지 예를 들어 눈물겹게 묘사한, 사랑과 인정의 이 서사시는, 우리의 현실 속에 이러한 인간애가 과연 존재했었느냐고 反問하는 항의로 보아야 한다. "롤라부인이 우리를 많이 도와준다. 만일 이 세상 사람들이 그 여자와 같다면 세상은 아주 달라졌을테고, 또 불행한 일이 줄어들 것이다", "사랑이 없이는 살 수 없다"고 하는 모모의 절규는 인류가 모색해야 할 不安한 현대의 탈출구가 오로지 '사랑의 신비'로서만 가능하다고 하는 피맺힌 호소인 것이다.

가령 "그 개가 아니었더라면 내가 어떻게 되었을지 상상할 수가 없을 만큼" 모모가 사랑했던 강아지 쑤퍼를, 자가용까지 가지고 있는 부자집 부인에게 500프랑에 팔고 그 돈을 하수구에 버리는 모모의 행위는, 우울하고 더러운 로자부인의 방에서 살게 하는 것보다는 "나 자신에게도 주고 싶었을 새 삶을" 生命의 分身인 그의 강아지에게 주기로 결단한 사랑의 실천으로 보아야 한다. 로자부인에게 바친 모모의 사랑 역시, 실은 희생적인 사랑에서 발단하여 초인간적인 사랑으로 승화하고 있다. "꼬락서니만 보아도 덩달아 죽고 싶은 욕망이 생기는 늙은이", "내 사랑, 내 가엾은 사랑이라고 말해 줄 사람이 아무도 없는 여자", "이 세상에서 가장 못생겼고, 늙었고, 돈도 없고, 병도 난 온갖 나쁜 것만 다 가진 여자"인 로자부인을 "사람이 아주 못생긴 사람과 오래 살게 되면, 그 사람이 못생겼기에 사랑하게 되고, 그 사람을 돌보아 주는 사람이 없기 때문에 사랑하게 된다"는 이치로 사랑하는 것이다. 또 "아름답다는 것은 우리가 사물을 어떻게 바라보느냐에 따라 다르니까, 나는 로자부인을 아름답다고 생각하려 한다"는 意志에 입각한 사랑이기 때문에, 죽은 여인의 얼굴에 화장을 해 주고 그 시체에 향수를 뿌리며 그 방에 일곱 개의 촛불을 계속 갈아 켜는 초인간적인 사랑을 死身에게까지 바치는 것이다.

마지막으로 필자는 이 작품 속에서 抽象되는 죽음의 意味를 생각해 보고자 한다. 로자부인은 유태인 움막에서만 죽고 싶어하고, 모모 역시 그 속에서만 죽을 수 있도록 로자부인을 협조한다. 만약 來世에 對하여 전혀 부인이 고려하지 않는다면 죽음의 장소를 군이 고집할 이유가 무엇이며 "내가 죽거든 시체를 시골에 버려라. 맑은 공기가 내 천식에 좋을 것이다"란 무슨 의도에서 하는 말인가? 또 모모의 어머니가 이미 죽었다는 사실을 알고 있는 부인은 모모에게 "네 엄마는 네가 하는 짓을 다 보고 있으니까 언제고 엄마를 찾으려면 전과가 없이 정직하고 착한 생활을 하고 살아야 한다"고 말한다. 이것은 무엇을 암시하는가? 그것은 죽음 이후의 來世에 대한 희망을 상징적으로 나타내고 있다. 여기에서 '엄마'라고 命名한 것이 인류의 神이라는 사실을 재언할 여지가 없다. 그리하여 로자부인은 "무서울 때면 찾아가 마음의 위로를 받는 유태인 움막"으로 가서야 드디어 눈을 감고 죽음을 맞이한다. 그리고 그녀의 죽음을 계기로 하여 3주간이나 그녀의 시체 옆에 누워 餓死狀態에 있었던 모모는 엠브런스에 실려 병원에 가고, 거기서 다시 모모의 주머니 속에 들어있던 나딘느 여사의 전화번호로 인연이 되어, 田園에 있는 그녀의 별장에 가서 第 2의 새삶을 시작하게 된다. 이 모모의 재생에서 필자는 로자부인이 죽음을 통하여 얻은 부활의 意味를 읽을 수 있다. 나딘느 여사의 별장에서 모모는 말한다. "사람은 누군가 사랑할 사람이 없으면 살 수 없다. 나는 로자 아줌마를 사랑했고 지금도 그녀가 보고싶다. 라몽 의사는 아르뜌르를 찾아다 주었다. 다른 사람은 좋아해 주지 않지만, 감상적인 가치가 있어서 나는 나의 인형 아르뜌르를 사랑하기 때문이다. 그리고 사랑해야 한다." 이렇게 모모의 정신 세계 속에는 로자부인이 재생 또는 부활하여 동거하는 것이다.

또 그녀에게 있어 유태인 움막은 천국 바로 그것이었다. 유태교이고 가톨릭이고 회교이고 神을 믿는다는 점에서 종교는 동일하며 또 모든 宗派도 人種도 다 같이 和解하여 一體가 되어야 한다고 생각하는 로자 부인에게 있어 유태인 움막은 바로 가톨릭의 聖堂이 될 수도 있다. 앙드레 신부가 로자부인을 임종 전에 방문하지만 "아무 설교도 전교도 아니하고 조용히 앉아 있다가" 돌아갔고, 그 얼마 후에 신부는 "심장마비로 돌아가셨다"는 짤막한 삽화는 무엇을 말해 주는가? 그것을 필자는, 오늘의 가톨릭이 聖堂에서의 강론으로만 인류를 구원하려 할 것이 아니라, 창녀의 아이들만 모여 사는 곳에 창녀의 의상을 걸치고 찾아들어가야 하며, 병들고 배고프고 춥고 고독한 인간 생명들을 찾아 추하고 더러운 집집마다를 찾아나서야 한다는 啓示요 敎書요 神託으로 받아들이고 싶은 바이며, 바로 여기에 이 作品을 評說하는 意義를 두고 싶은 것이다.

질병과 고독과 가난에서 매음과 아편과 안락사가 인간의 도덕관을 저해하는 現世紀, 온 인류의 고민은 모든 人種과 宗派와 理念이 사랑의 神秘를 通해 굳게 一致하고나서, 하느님과 굳은 악수를 나눌 때에 비로소 그 구원이 가능할 것이다.

사랑은 인간이 인간에게 請하는 和解이며, 그 和解와 平和 속에서 인간이 神에게 드리는 기도이다.

小說과 宗教

1. 安國善의 儒敎的 基督敎 思想

개화기의 기독교 사상은 거의 전적으로 개신교측의 노력에 의해 개화의
식과 함께 일반대중에게 전파되어 나아갔다. 천주교가 그토록 혹독한 탄
압을 견디면서 교세를 확장하여 나아갔으면서도 신앙의 자유가 보장되었
을 때에 한국사회의 문화적 선도자로 활약하지 못한 데에는 그럴 만한 몇
가지 이유가 있었다.

첫째는 누차에 걸친 탄압정책에 의해 신자들의 대부분이 산간벽촌으로 신
분을 숨기기까지 하면서 신앙을 지키는 隱居生活로 들어갔다는 사실이다.
교통의 왕래가 불편한 林間에서 숯을 굽거나 옹기를 생산하면서 생계를 유
지하는 동안 대부분의 신자들은 문화적으로 낙후를 면치 못하게 되었고 점
점 더 靈性生活의 중요성만을 강조하는 결과를 초래하게 되었다.

둘째는 천주교 전래 당시의 사회적 지도층인 양반계층이 탄압과정 중에
더러는 이탈하고 더러는 영락하여 사회활동을 적극적으로 추진할 인적 자
원이 부족한 형편에 있었다.

셋째로 가장 중요 한 이유로서 천주교 신앙의 전교활동이 기독교 사상
의 근거를 이루는 성경에 토대를 두고 있는 것이 아니라 교리문답서 같은
고정된 敎義에 토대를 두고 있었기 때문에 자유로운 사고를 억제하는 면
이 강했다는 점이다. 이와 같은 사정은 제 2차 바티칸 공의회가 열리는

1960년까지 지속되었다고 볼 수 있다.

넷째로, 개신교측의 선교활동 중 루터의 종교개혁의 정당성을 강조하는 나머지 천주교를 은연중 비방하게 되어 그러지 않아도 隱居勢力이던 천주교가 氣를 펼 수 없게 한 요소도 있었다. 우리는 그 증거를 兪吉濬의 『西遊見聞』에서 찾아볼 수 있다.

> 耶蘇敎와 天主學이 異宗이라 ㅎ나 其實은 耶蘇敎가 天主學이요 天主學이 耶蘇敎라 其間에 些少한 分別이 有한 者는 敎皇을 抗拒ㅎ는 黨은 耶蘇敎라 稱ㅎ고 服從ㅎ는 黨은 天主學이라 名홈이로ᄃ ㅣ 泰西人은 服從黨의 宗敎를 指ㅎ야 舊敎라 ㅎ고 抗拒黨의 敎宗은 新敎라 呼ㅎ느니 其中에도 分明ㅎ 名目이 不一ㅎ야 各其所好를 好ㅎ나 新舊敎 二黨의 主義를 見ㅎ건ᄃ ㅣ 其尊奉者의 言이 曰ᄃ ㅣ 彼의 宗敎가 天下人을 敎化ㅎ는 根本이라 ㅎ나 我의 聞見으로는 決斷코 不然ㅎ야 天下人에게 貽害ㅎ는 事端이 反多ㅎ니 其由를 證ㅎ건ᄃ ㅣ 天主學이라 謂ㅎ는 者는 其立敎한 本意가 愛人ㅎ는 道를 專主홈이라 云ㅎ나 其敎를 爲ㅎ야 人을 殺ㅎ는 事는 當然ㅎ 職分으로 視ㅎ고 又罪咎가 有ㅎ야도 敎正에게 洗滌ㅎ는 禮를 行ㅎ야 上帝의 寬恕를 獲ㅎ 則 其罪가 盡祛혼다 ㅎ야 惡行의 作犯이 自多홀디오. 且 其敎正은 肉을 食호ᄃ ㅣ 妻를 不娶ㅎ는 事는 我邦의 僧徒와 同ㅎ니 亦一?異한 意思며 其敎를 服ㅎ는 者는 敎皇을 上天又치 信依ㅎ야 畏懼ㅎ기를 自己의 政府에 過ㅎ고 愛慕ㅎ기를 自己의 父母에 加ㅎ며 又其敎를 崇尙ㅎ는 國은 他邦의 土地와 人民을 其宗敎의 形勢로 侵奪ㅎ는 陰計를 行ㅎ느니 此는 佛蘭西가 我邦과 安南에 行ㅎ야 我邦은 吾道의 正大홈으로 其計가 不售ㅎ고 安南은 今日 佛蘭西의 羈絆을 被홈이오 又 中國人民이 天主學을 服從ㅎ는 者는 佛蘭西의 保護를 甘受ㅎ야 些少의 羞愧ㅎ는 色이 無ㅎ니 可히 愼懼홀 者가 此라. 耶蘇國에 至ㅎ야는 如彼ㅎ 禍害는 無ㅎ다 云ㅎ더라.[1]

1) 兪吉濬,『西遊見聞』, 1985, pp345~346.

천주교에 대한 이러한 견해는 兪吉濬 개인에 국한된 것이 아니고 그 당시 지식층에 상당한 설득력을 가지고 널리 펴졌던 것이 아닌가 추측된다. 그리하여 개신교는 적어도 개화기의 전기간에 걸쳐 거의 기독교를 대표하는 형편에 이르게 되었다.

그러면 그 무렵 소설 속에는 기독교 사상이 어떻게 반영되어 있는가를 살펴보기로 하자. 개화기 新小說에 속하는 작품들이 선보이기 시작한 것이 1906년[2]을 앞지를 수 없는 것이라면, 개신교 선교사들이 내한한 1885년부터 기산한다 하더라도 기독교 사상이 소설문학 장르에 나타나기 위하여는 20여 년의 세월을 또 필요로 하였음을 알게 된다. 물론 그보다 훨씬 이른 시기부터 天主歌辭가 천주교 신자들에게 愛頌되고 있었으며, 개신교의 찬송가는 1893년 언더우드가 발행한 讚揚歌 이래 여러 종류의 기독교 찬송가가 불려지고 있었다.[3] 이처럼 詩歌는 거의 즉각적으로 새로운 종교사상을 반영하는 데 반하여 산문문학의 경우는 그 蘊蓄期間이 훨씬 길다고 하는 사실을 새삼 주목하게 한다. 그러므로 신소설 부류에 속하는 산문문학 장르 속에 기독교사상이 노출되기 위해서는 1906년을 넘겨야만 하였다.

1907년 1월과 2월에 걸쳐 발간된 『太極學報』 제 6호와 제 7호에 白岳春史라는 필명에 의해 「多情多恨」이란 초기형태의 단편이 발표되었는데 거기에 기독교에의 귀의를 종용하는 취지의 신앙고백이 담겨 있다. 동년 8월 제 13호에도 백악춘사는 또다시 「月下의 自白」이라는 단편 속에서 기독교적

---

2) 新小說이 우리 나라에 처음 나타난 것은 1906년 7월 22일자부터 『萬歲報』에 연재된 李人稙의 「血의 淚」이다. 그러나 그보다 20일 전인 동년 7월 3일자부터 李人稙은 表題 없는 단편소설을 수회에 걸쳐 발표한 바 있다. 그리하여 명실공히 우리나라 新小說의 嚆矢는 菊初 李人稙의 영예로 되어 있다.

3) 1931년 아펜셀러가 편집책임자로 된 『찬송가』 서문에 의하면, 福音歌가 한국에서 처음으로 생기기는 1893년경에 언더우드 박사가 발행한 讚揚歌와 1896년에 美監理派의 讚美歌와 1897년에 北長老派에서 발행한 讚頌詩 등이라고 기술하였다. 金普均, 「基督敎 讚頌歌가 韓國音樂文化에 미친 影響」, 『東西文化』, 啓明大 東西文化研究所, p.94 참조.

신앙관을 나타낸다.4) 다음은 「月下의 自白」의 일절이다.

아아! 宇宙를 主宰호시고 無始無終에 계신 하나님이시여!! 이
불상호 罪人을 …… (중략). 아아! 全知全能호시고 萬有의 主人
되시는 하나님이시여! 이 半島江山에 이놈과 갓혼 凶惡이 잇스오
면 耕神의 靈火로 一網撲滅호옵시고 이 世上에셔 正義로호여금
恒常 悖理를 勝케 호옵소셔.

아아! 이 半島國中에 住所를 닐코 도라갈 곳이 업셔 流離叫號
호는 幾萬의 可憐호 種族이 山野에 遍滿호여습나이다. 아아 하
나님이시여 져 불상호 種族에게 鴻大호 恩惠를 나리우시샤 飢호
者에게 飮食을 주시고 추어호는 者에게 居處와 衣服을 주옵시며
悲哀호는 者에게 깃븜을 주옵지고 우는 者에게 慰勞를 주시며 渴
호 者에게 耕靈의 水를 주시고 惡호 者에게 聖神의 火를 나리우
소셔.

이 世上에 一切의 罪惡을 驅逐호시고 地球上에 영원히 極樂
의 天國을 建設호시옵소셔! 이놈을 어셔 罪惡의 手中에셔 滅호
시와 永遠한 地獄火에 投호야 주시옵소셔.

아마도 이것은 우리 나라 산문문학에 나타난 최초의 기도문일 듯하다. 그
러나 이 작품은 아직 단편소설로서의 체재를 완비하였다고 보기 어려운 일
종의 隨想文이므로 비교적 체재를 갖춘 신소설로서 기독교 사상을 반영한
작품으로는 1907년 4월부터 皇城新聞에 24회에 걸쳐 발표된 『夢潮』에 그
영예를 돌려야 할 것이다.5) 이 작품의 저자는 槃阿라는 필명이 전할 뿐 아

---

4) 白岳春史는 『太極學報』에 다음 4편의 단편을 발표하였다.
　「多情多恨」 제 6 · 7호, 1907년 1 · 2월.
　「春夢」 제 8호, 1907년 3월.
　「月下의 自由」 제 13호, 1907년 8월.
　「魔窟」 제 16호, 1907년 12월.
　『太極學報』는 일본 동경에서 發刊된 太極學會의 기관지였다. 白岳春史는 아마
　도 『太極學報』의 편집인 겸 발행인이었던 張膺震의 필명으로 추측된다.
　朱鍾演, 『韓國近代史短篇小說硏究』, 螢雪出版社, pp.41~42 참조.

직까지 實名을 밝히지 못하고 있는 실정이다. 그 梗槪는 다음과 같다.

> 사형수 韓大興의 유서를 전하러 朴主事가 한대홍씨 댁을 찾아
> 왔다. 원래 韓은 일본 유학을 한 개화주의자인데 사회 개혁을 하
> 다가 투옥되어 죽은 것이다. 韓의 부인은 어려서 계모 슬하에서
> 슬프게 성장하여 韓과 결혼하여 아들딸 둘을 낳아 단란하게 살다
> 가 이같은 변을 만난 처지였다. 朴은 韓의 집안을 돕는다.
> 추석날 韓의 부인 정씨가 아들을 데리고 성묘를 다녀온 뒤, 울
> 적한 부인에게 정동교회의 여전도사가 찾아와서 성경책을 주고 간
> 다. 그 뒤로는 점차 전도사의 유창한 설교에 마음이 끌린다.

대개 이상과 같은 스토리의 전개 중에, 전도사의 설교가 미숙함에도 불
구하고 끝내는 정씨를 감동시켜 기독교적인 구원이 성취된다. 전도사의
설교는 한 사람의 부인을 상대로 한 대화식 설득이 아니고 일방적인 교리
해설로 일관한다.

> 하나님은 지극히 착ᄒ시고 못ᄒ실 일이 없는 권능을 가지신 대
> 쥬ᄌ]〔大主宰〕신고로, 엇더ᄒ 사롬이던지 회ᄀ]〔悔改〕ᄒ고 하나
> 님을 밋는 마암으로 나아가면 물에 빠져 잇던 스롬 건지는 것갓치
> 얼른 손을 주시면서 어서 빨리 올라오나라 ᄒ시고 이 세상의 마귀
> 시험 속으로부터 구ᄒ야 주시는 하나님이시오.[6]

이와 같은 복음해설식 설교에 주인공 정씨가 쉽게 기독교에 경도한다는
것은 그 당시, 개화의 물결과 함께 어떻게 맹렬한 위세로 기독교가 파급
되고 있었는지를 보여주는 좋은 예증이라고 하겠다.

『夢潮』에 뒤이어 기독교 사상을 드러낸 신소설은 1908년 2월에 발행

---

5) 『夢潮』를, 한국 문학사에 기독교사상이 반영된 최초의 작품으로 소개한 것은 李在
   銑의 『韓國開化期小說研究』, 一潮閣, 1972에서 비롯한다.
6) 皇城新聞 2578호, 「隆熙元年 9월 10일」, 『夢潮』 20회, 李在銑의 前揭書에서
   재인용.

된 安國善의 『禽獸會議錄』이다. 주지하는 바와 같이 『禽獸會議錄』은 안국선이 이상하는 바람직한 인간상을 우화의 형식으로 풍자하여 그린 소설인데 단행본으로 발간되었다. 기독교 사상이 보이는 귀절을 적기하면 다음과 같다.

> 젼인의 말삼을 듣던지 력ᄉ를 보던지녯적 사롬은 량심이 잇셔 텬리를 순죵ᄒ야 하나님긔 갓가왓거늘 지금 셰상은 인문이 결단나셔 도덕도 업셔지고, 의리도 업셔지고 렴치도 업셔지고 졀긔도 업셔져셔……(셔언(序言)>
> 예수씨의 말삼을 드르니 하느님이 아직도 사롬을 ᄉ랑ᄒ신다ᄒ니 사롬들이 악ᄒ 일을 만히 이 세상에 잇는 여러 형제ᄌ미는 깁히깁히 생각ᄒ시오.,폐회>

이상의 귀절들을 통하여 우리는 안국선의 기독교 사상이 다분히 전통적 유교의 윤리관에 의해 윤색되어 있음을 발견한다.[7] 이 『禽獸會議錄』은 분명히 안국선이 기독교 신앙을 가진 개화선각자였음을 입증한다. 그러나 그의 신앙은 기독교사상의 본질과는 상당한 거리가 있다.

첫째, 그는 하느님을 논어에 나타난 우주질서의 원리 같은 것으로 이해하면서 그것을 창조주의 개념에 결부시키고 있다. 오랜 전통을 가지고 전해 내려온 기존사상의 눈으로 새로운 기독교 사상을 굴절시키고 있는 셈이다. 그렇지만 이러한 인식방법은 오히려 자연스러운 것이라 하겠다.

둘째, 예수를 하느님의 아들이요 하느님 자신의 肉化라고 하는 중요한

---

7) 지금까지 安國善에 관한 연구 및 보고는 다음 몇 가지를 손꼽을 수 있다.
安懷南,「先考遺事」,『博文』, 1940년 4월호
尹明九,「安國善研究」,『現代文學研究』제8집, 서울대 국문과, 1973.
尹明九,「禽獸會議錄과 共進會」,『牛山』창간호, 崇志實業專門學校, 1975.
權寧珉,「安國善의 生涯와 作品世界」,『冠岳語文硏究』제 2집, 서울大 인문대 국문과, 1977.
尹在根,「安國善의 신소설에 나타난 矛盾의 共存」,『新文學과 시대의식』, 새문사, 1981.

기독교의 교리가 충분하게 이해된 것 같지 않다. 폐회 부분에서 '예수씨'라는 표현이 그것을 드러내는 단적인 증거이다. 예수를 神格視하는 사람들은 예수를 '예수님'이라고 하지 '예수씨'라고는 하지 않을 것이기 때문이다. 그 무렵 천주교 신자들은 '예수'를 부를 때 항상 '吾 主예수'라는 관용표현을 가지고 있었음을 상기할 필요가 있다.

그러나 안국선이 지니고 있었던 기독교 사상이 성서의 표면적인 移植이어서 생경한 인상을 주고는 있지만 회개하면 구원을 받을 수 있을 것이라는 구원관만은 확실했던 것으로 생각된다. 이것은 개화기의 소설 속에 투영된 기독교 사상이 비록 불완전한 것이긴 하였지만, 신앙의 측면에서는 건실한 토대를 구축했음을 보여주는 좋은 예라고 하겠다.

2. 李光洙의 佛教的 基督教思想

　개화 이래 우리 나라 근대문학이 근 1백 년 역사로 흐르는 동안 春園 李光洙만큼 칭송과 비난을 동시에 받으며 文學史上에 무수한 논쟁거리 를 제공한 작가는 아직 존재하지 않는다. 작품 분량에 있어서나 문학사에 끼친 공로에 있어서도 춘원의 업적을 능가하는 작가 역시 출현하지 않은 형편이다. 이러한 고봉준령의 大家 춘원은 기독교를 어떻게 보았으며 기 독교 사상을 그의 소설 속에 어떻게 반영시켰는가를 보고자 한다. 이 문 제를 풀기 위하여 우리는 춘원이 어떻게 기독교에 친숙하게 되었는가부터 살펴보기로 한다.

　1892년, 평안북도에서 定州의 僻村에서 태어난 이광수는 11세에 孤兒 가 되어 친척집에 돌아다니며 기식하다가 12세 때 길에서 우연히 만난 東學의 大接主의 보호를 받게 되고 드디어는 동학에 入道한다. 그러므 로 춘원이 처음으로 접한 종교는 '人乃天'을 基本教義로 하는 천도교였 다. 그 후 동학탄압으로 몸을 피해 다니다가 천도교 유학생으로 선발되어 일본으로 유학하게 된다. 일본으로 건너간 춘원이 건너가자마자 맞부딪치 게 된 것이 다름 아닌 기독교이었다. 그가 입학한 明治學院 중학부가 바 로 미션스쿨이었기 때문이다. 다음은『그의 自敍傳』에서 그가 어떻게 기 독교와 친숙하게 되었는가를 이야기하는 귀절이다.

나는 야마사끼(山崎)하고 가장 친한 동무였다 우리들은 하학 후
면 다른 애들 축에 섞이지 아니하고 운동장 한편 모퉁이에 모여
앉아서 성격 이야기를 하였다. 그의 형이 톨스토이 책을 가지고
있어서 그는 톨스토이와 성경에 관한 이야기를 많이 하였다. 그리
고 H라는 우리 성경 선생의 강의가 예수의 참뜻이 아니란 말을
야마사끼가 힘있게 했는데 나는 그때에 굳세게 감동되었다. H선
생의 태도는 반그리스도적이라고까지 극언하였다.

이와 같이 춘원에게 있어서 기독교는 새로운 문물을 학구적으로 받아들
이는 소년기에 하나의 학문으로, 그것도 對比 考察의 性格을 띠고 접근
해 온 것이었다. 그가 1905년부터 1910년까지 6년간이나 일본에서 수학
을 하면서도 기독교 세례를 받지 않았다는 사실은 결과적으로 기독교 사
상이 그의 내면세계를 완전히 지배하지 못했음을 뜻한다. 그 이유는 기독
교의 이념이나 사상체계, 다시 말하면 기독교가 지닌 종교적인 특성이 춘
원을 사로잡을 만큼 강렬한 것이 아니었기 때문이라기 보다는 춘원의 정
신자세가 외곬으로 흐르지 못하는 성품에 기인하는 것이었다고 생각된다.
춘원은 일본 유학시절에 그야말로 잡탕사상 —예컨대 기독교 성서, 톨스
토이의 종교관과 인생관, 바이런의 인생관과 예술관, 고리끼의 사회관, 그
리고 일본인 木下尙江의 사회주의 및 우리 나라 개화기 선각자인 丹齊
申采浩, 島山 安昌浩 등의 우리애국애족사상— 의 용광로가 되어 귀국
한다. 전통적인 사회가 붕괴하고 새로운 사회질서가 형성되어 가는 역사
적 변환기에 있어서 한 명의 천재는 스스로 해 나아가야 할 많은 일거리
앞에서 팔방미인이 될 수밖에 없다. 춘원은 바로 그러한 천재의 행적을
운명적으로 감수하였다. 1910년 명치학원을 졸업하자마자 처음으로 시작
한 일은 고향인 정주 五山學敎에서 교편잡는 것이었다. 이 학교 역시 南
岡 李昇薰이 설립한 학교이여서 기독교적인 색채가 짙었는데, 교사로서
의 춘원이 기독교 사상 한 가지만을 강조하여 전수하기에는 그의 초인적
정열이 너무도 큰 것이었다. 그리하여 그가 그 후 작가로서 입신하여 저

술활동을 하는 동안 기독교는 항상 비교종교학 또는 비교사상론적 견지에
서 수용된다. 이러한 태도는 결과적으로 우리 후대인에게 기독교를 여유
를 가지고 바라보며 생각하게 하였다는 점에서 대단히 유익한 것이 되었
다. 그것은 마치 새로운 사상과 문물을 수용하는 민족적인 태도가 춘원
한 사람에게서 상징적으로 실현된 것을 보는 듯한 감회에 빠지게 한다.1)

따라서 춘원은 기독교와 평생토록 함께 살면서도 언제나 기독교 속에
빠져들지 않고 경외로운 대상으로 기독교를 관찰하면서 예찬하는 구도자
의 자세를 잃지 않았다. 이러한 태도는 기독교 사상에 대해서 우리 민족
이 지녀야 할 조심성을 그대로 대표하는 것이 아닐 수 없다. 이제 그 구
체적인 모습을 그의 소설 작품을 통해서 살펴보기로 한다.

1917년에 매일신보에 연재되어 一世를 風靡한 우리나라 최초의 장편
소설 『無情』은 여러 가지 관점에서 문학사상의 독특한 위치를 점유하고
있다. 그런데 우리의 관심은 그 중에서 특별히 『無情』이, 우리 나라에 이
식된 기독교를 다각도로 점검하고 있다는데 집중된다. 그런데 그 점검은
기독교 사상의 본질을 대상으로 삼는 것이 아니라 1910년대 한국의 基督
敎人像을 비판적으로 해부하는 것이었다. 이것은 우리에게 매우 중요한
두 가지 사실을 증명한다. 즉, 첫째는 춘원이 기독교 사상의 진수에 대하
여는 적극적인 신뢰와 경의를 지니고 있다는 반증이 되는 것이요, 둘째는
당시의 한국 기독교 교회는 춘원이 기독교 사상을 어느 정도로 바르게 파

---

1) 春園의 人生履歷 속에서 애국애족의 충정과 반민족적 배신 행위를 아울러 보게 되는
쓰라림도 마찬가지 관점에서 해석할 수 있다. 그 비극도 바로 춘원의 천재성과 시대상
황이 복합하여 빚은 결과였다고 할 수 있겠는데, 그것은 춘원이 뚜렷한 역사의식을 가
졌다 하더라고 벗어나기 어려운 生來的 陷穽이었을 듯 하다. 춘원과 동일한 시대를
살아온 우리 민족은 한편에서는 극렬한 항일독립운동으로 민족의 주체적 정신을 현양
하였고, 다른 한편에서는 일제에 아부하여 영혼을 팔고 있었다. 그러나 춘원은 한 몸
으로 그 두 가지 일을 모두 해야 하였다. 민족이 생존하지 못하고 모두 潰滅해 버린
다면 독립과 자존은 의미가 없다는 논리에 의해서 항일과 친일을 동시에 수행하였다.
실로 어처구니 없는 모순이지만 실상 그 모순을 인생으로 연출해야 했던 춘원의 심경
을 춘원의 처지에서 생각해 볼 필요가 있다. 어쩌면 그것은 춘원만이 해낼 수 있었던
희생양의 길이었을지도 모른다.

악하고 있느냐가 문제되는 것이기는 하지만, 기독교 사상의 본질과는 거리가 있음을 못마땅하게 생각하고 있었다는 사실이다. 『無情』의 귀절들을 읽으면서 그 사실을 확인해 보기로 한다.

경성학교 영어교사 이형식은 오후 두시 사년급 영어시간을 마치고 내리쬐는 유월 볕에 땀을 흘리면서 안동 김장로의 집으로 간다.

『無情』의 첫머리에 주인공이 이형식과 김장로를 출현시켜 당시 우리 나라의 기독교인 사회를 그려나가겠다는 뜻을 밝힌다. 그것이 당시 사회의 극히 작은 일면이기는 하지만 그 나름의 대표성을 지닌다고 생각할 경우에, 기독교인의 등장은 중요한 의의를 갖는 것이라 하지 않을 수 없다.

예수 믿는 지는 오래나 워낙 교회에 뜻이 없으며 교회내의 신용조차 그리 크지 못하다. 아무 지식도 없고 아무 덕행도 없는 아이들이 목사와 장로의 집에 자주 다니며 알른알른하는 덕에 집사도되고, 사찰도 되어 교회내에서 젠체하는 꼴을 볼 때마다 형식은 구역이 나게 생각하였다.

이 귀절이 밝히는 바와 같이 주인공 이형식도 물론 기독교인이다. 이처럼 주요등장인물을 모두 기독교인으로 설정하면서도 당시의 교회에 대해서는 냉혹한 비판을 가한다. 김장로의 인품을 묘사하는 장면에 이르러서는 그 정도가 더욱 풍자적으로 심화되어 나타난다.

비록 두 벌 옷도 가지지 말라는 예수의 사도연마는 그도 개명하면 땅도 사고 은행 저금도 하고, 주권과 큰집도 사고 수십 인 하인도 부리는 것이다. 김장로는 서울 예수교회 중에도 양반이요 재산가로 두세째 꼽히는 사람이다. ……(중략)……김장로는 이제 사십 오륙 세되는 깨끗한 중노인이다. 일찍 국장도 지내고 감사도 지낸 양반으로서 십여년 전부터 예수교회에 들어가 작년에 장로가 되었다.

여기에 이르러 춘원이 이해하고 있는 기독교 사상의 한계성이 드러난
다. 즉 김장로는 개명한 기독교인이요 양반으로서 전위적인 지도층임을
밝힌 것은 그러한 인물이 당시 사회의 중요한 전형적인 인물임을 나타낸
것으로 해석하여 일단 수긍이 간다. 그러나 김장로가 땅 사고 저금하고
큰 집을 지니고 하인을 부리는 행위를 은근히 비난한다. 사실 서구의 자
본주의는 기독교 사상을 배경으로 하여 성숙된 것이었다. 대부분의 개신
교파는 성실한 노력의 대가로 재산을 증식하는 것을 죄악으로 보지 않을
뿐 아니라 오히려 권면하고 있다. 기독교는 하느님으로부터 받은 재능은
최대한으로 활용하라고 가르친다. 이것은 마음의 가난 및 청빈을 강조하
는 가르침과 결코 모순되지 않는 중요한 기독교 교의의 하나이다.[2] 그러
나 춘원은 富 자체를 거의 맹목적으로 죄악시함으로써 톨스토이즘을 표
면적으로 받아들인 결함을 드러내고 있다. 다음 귀절을 읽어보기로 하자.

　　양반의 가문에 기생 정실이 망녕이어니와 김장로가 예수를 믿
　　은 후로 첩 둠을 후회하나 자녀까지 낳고 십여 년 동거하던 자를
　　버림도 도리어 그르다 하여 매우 양심에 괴롭게 지내다가, 행인지
　　불행인지 정실이 별세하므로 재취하라는 일가와 붕우의 권유함도
　　물리치고 당연히 이 부인을 정실로 삼았음이다.

이 귀절로 김장로가 어떻게 구시대적인 타성으로부터 부드럽게 개화의
선도자로 자리바꿈을 하는가를 묘사해 주고 있다. 변혁의 시대에 과도적
인 양상이 용납되는 경위를 은근히 통박하려는 춘원의 저의를 간파할 수
있다. 이렇듯 춘원은 『無情』을 통해서 기독교에 관한 두 가지 효과를 노
리고 있다. 하나는 기독교적 박애사상을 민족주의에 결합시키는 일이요,
다른 하나는 주인공 이형식을 통하여 당시의 교회와 교회지도자층의 痛
弊를 고발함으로서 한국 기독교의 건전한 발전을 도모하자는 것이었다.

---

2) 마태오복음 25장 14절~30절, 루가복음 19장 11절~27절. 金貨의 비유 참조.

우리는 그 증거를 춘원의 다른 글을 통하여 확인 할 수 있다.

> 내가 「無情」을 쓸 때에 意圖한 것은 그 時代의 朝鮮의 新靑年
> 의 理想과 苦悶을 그리고 아울러 朝鮮靑年의 進路에 대한 暗示
> 를 주자는 것이었다. 이를테면 一種의 民族主義, 自由主義의 이
> 데올로기를 가지고 쓴 것이다. 그 自由主義란, 속에는 淸敎徒的
> 純潔에 對한 憧憬을 나 自身이 가지고 있기 때문에 그 純潔도
> 多分으로 高調되었고 또 民族主義라 하지만 基督敎的 博愛思想
> 도 들어갔다고 믿는다.[3]

이렇게 술회한 춘원의 글은 그가 지녔던 『無情』의 집필동기가 그의 계몽
문학관에 근거하여 청교도적 박애사상을 보급하려는 데에 있었음을 확인케
한다. 한편 당시 기독교계에 대한 비판은 한국 기독교의 올바른 육성을 위
한 識者層의 苦言을 대표하는 것이었다. 『無情』을 발표하던 같은 시기에
춘원은 「耶蘇敎의 朝鮮에 준 恩惠」와 「今日 朝鮮 耶蘇敎會의 缺點」이란
두 개의 논설을 연이어 발표한다.[4] 이들 논설의 요지는 70년 가까운 세월

---

3) 李光洙, 「多難한 半生의 途程」, 『朝光』 1936년 5월호 참조.
4) 「耶蘇敎의 朝鮮에 준 恩惠」는 1917년 7월 『靑春』 9호에 발표되었고, 「今日朝
鮮 耶蘇敎會의 缺點」은 1917년 11월 『靑春』 11월호에 발표되었다. 전자의 요지
는 ① 기독교가 암흑의 조선에 신문명의 서광을 준 은인이다. ② 기독교는 조선에
새로운 도덕을 진흥시켰다. ③기독교는 교육의 보급으로 교회마다 학교를 세우고
무식한 교인에게 한글을 가르치고 문학적 흥미를 가지도록 독서력을 길러 주었다.
④ 기독교는 남존여비의 전통사상을 타파하여 여성의 지위를 향상시켰다. ⑤ 기독
교는 조혼의 폐를 矯正하여 건전한 부부와 가정을 확립하게 하였다. ⑥ 기독교는
성서와 찬송가의 보급으로 한글을 널리 보급하여 한글 文字生活의 터전을 닦았다.
⑦ 기독교는 조선인에게 새로운 사상에 대한 눈을 뜨게 하였다. ⑧ 기독교는 개성
을 발견하게 하여 개인의식을 자각시켰다 등등의 것이 있으며, 후자의 요지는 한국
의 기독교가 계급적이고 敎會至上主義이며 무식하고 미신적이어서 ① 교역자와
평신도 간에 평등한 분위기가 없으며 교인과 비교인을 차별하고 ② 각종 교육기관
을 세우면서 세속적 지식과 활동을 지나치게 천대하고 ③ 종교지상을 내세워 國家
社會的인 차원의 일을 등한히 하고 ④ 교역자 양성이 소극적이고 ⑤ 전래의 미신
을 역이용하여 天堂地獄說, 死後復活說, 祈禱萬能說 같은 것으로 農民을 救濟
하려 했다는 것이다.

이 흐른 현재의 처지로서도 그 대부분이 그대로 정당하게 받아들여질 만큼 춘원의 견해는 정곡을 찌른 것이었으며 한국의 교계는 그 병폐가 다소 시정이 되기는 했으나 여전히 그것을 안고 있는 실정이다.

이와 같은 일련의 사정은 춘원이 기독교사상에 대한 깊은 애착을 나타내 주는 것이며 그것을 한국의 실정에 맞게 어떻게 토착화시킬 것인가를 냉엄하게 탐색하였음을 알려준다. 춘원이 끝내는 불교신자의 **外樣**까지를 보이지만, 그러나 『無情』이후의 연이은 소설 속에서 보여준 것은 결국 한국적으로 성장해 가는 기독교사상의 모습이었다고 할 수 있다.

『無情』을 발표한 7년 후인 1924년에 춘원은 『再生』을 동아일보에 연재한다. 그 제목이 시사하는 바와 같이, 이 작품은 기독교적 '거듭남', '다시 태어남'의 문제를 다루고 있다. 간단히 『再生』의 내용을 요약해 보겠다.

> 여주인공 김순영은 W대학의 인기를 한몸에 모으고 있는 미인이요 재원으로서 P부인의 사랑을 독차지한다. P부인은 남편과 사별한 후 먼 타국에서 오로지 교회와 교육을 위해 헌신하는 독실한 교인이다. 순영은 P부인의 뒤를 계승할 마음으로 열심히 공부하며 도미 유학을 준비한다. 그러나 그녀의 타고난 허영심은 갑부 백윤희의 유혹을 견뎌내지 못해 드디어는 그의 첩이 되고 몹쓸 병을 얻어 비참하게 된다. 결국 순영은 **外金剛**의 九龍淵에 몸을 던진다. 한편 남 주인공이요 순영의 애인인 신봉구는 순영의 버림을 받고 자기도 부자가 되어 순영에게 복수할 마음을 다진다. 그렇지만 살인의 누명을 쓰고 잡혀가 사형선고를 받는다. 삶의 의욕을 상실한 신봉구가 공소도 포기하고 좌절하여 죽음을 기다린다. 그러다가 활연히 깨닫고 세상 사람들을 위해 여생을 바칠 각오를 새롭게 다짐한다.

여기서 등장하는 두 사람의 주인공에게는 각기 그들 앞에 두 개의 길이 제시되어 있다. 하나는 빛의 길이요, 또 하나는 어둠의 길이다. 빛의 길은 **聖化**의 길이며 **救援**의 길이고, 어둠의 길은 타락과 멸망의 길이다. 이러한 명암의 갈림길에서 순영도 봉구도 일단 한결같이 어둠의 길을 택한다. 순영이 부자 백씨의 유혹에 빠져 인생을 망치고 봉구가 감옥에서 죽을 날을 기다리는 것은 모두 어둠의 길을 선택했음을 보여준다. 그러나 순영은 자결을 통해 과거의 잘못을 청산함으로서 새로운 차원의 재생을 맛보게 되며, 봉구는 세상에 나아가 해야 할 일이 있다는 정열과 의욕을 얻음으로써 새로운 차원의 재생으로 들어선다.

　지나치게 많이 설정된 偶然과 통속적 구조가 이 작품의 문학적 가치를 반감시킴에도 불구하고 그렇게 통속적이기 때문에 사실에 있어서는 일반에게 쉽게 그리고 정공법으로 기독교의 '재생' 개념을 분명하게 설교할 수 있었다는 점에서 이 소설 『再生』은 우리의 주목을 끄는 작품이다. 여기에서 세부적인 결함을 지적하자면 한이 없겠으나 『再生』의 주제와 관련되는 봉구의 大悟覺醒이 과연 현실적으로 타당한 근거를 갖느냐 하는 점만은 점검되어야 할 것이다. 다음은 봉구의 옥중 상념들이다.

　　　나는 이로부터 혼자다. 하늘 아래, 땅 위에 나는 혼자다. 영원히
　　　혼자다. 이제부터 조선의 강산이 내 사랑이다. 내 임이다.

　보라, 예수께서는 어찌하셨는가? 십자가에 달려서도 자기를 십자가에 다는 자를 사랑하고 그들의 복을 빌지 아니하였나? 이것이 진실로 사랑이다. 아니 나는 일찍부터 순영을 사랑하여 본 일이 없었다. 아무도 일찍이 사랑하여 본 일이 없었다. 나는 오직 순영이를 욕심냈던 것이다.

　　　오직 천하 사람의 기쁨을 위하여 웃고, 천하 사람의 슬픔을 위
　　　하여 울고, 오직 천하 사람의 행복을 위해서만 나의 몸과 마음을
　　　쓰고 나의 목숨을 바치는 그러한 생각이 나게 하여 주옵소서.

　이러한 봉구의 각성과 결심과 기도를 냉엄하게 분석해 보면 거기에는 엄청난 허구가 도사리고 있다. 첫번째 독백은 순영을 잃었으니 애국이나

하자는 것으로 해석될 수 있으며 두번째와 세번째는 아무도 진실로 사랑해 보지 않았으니 결국 누구에게도 사랑을 제대로 베풀 수 없을 것이 아니냐는 疑懼를 갖게 한다. 사랑의 행위란 구체적인 인물, 그것도 나와 직접적으로 관계를 맺고 있는 가족, 친구, 이웃사람과의 관계로부터 성숙되는 것이다. 그런데 봉구는 덮어놓고 조선의 강산이 내사랑이요 임이라고 너무 쉽게 선언한다. 이것이 춘원의 한 결점이기는 하지만 기독교적인 재생과 사랑이 강조된 것만은 숨길 수 없는 사실이다.

춘원의 이러한 기독교적인 사랑은 그 후의 작품 『흙』(1932), 『愛慾의 彼岸』(1936), 『그의 自敍傳』(1936), 『사랑』(1939) 등에 지속적으로 확산하는 중심 테마가 된다. 그런데 이들 30년대 이후의 작품에서는 '사랑'을 묘사하는 과정에서 기독교적 관점에만 머물러 있지 않고 점차로 동양적 관점과의 조화를 모색하고 있다. 『흙』의 주인공 허숭은 아내 정선을 아끼고 귀히 여기지만 '서로 대하기를 손님같이 하라'는 유가풍의 부부도를 표방하면서 性이 강조되는 서양식 부부생활을 싫어하는 인물로 묘사되고 있다. 이것은 춘원이 자유연애를 주장하며 조선왕조 이래 전래된 구시대의 사상은 모두 잘못된 것인 양 통박하던 그의 초기 논문의 「民族改造論」의 논조를 상기한다면 명백한 중도노선으로의 후퇴를 뜻한다. 『愛慾의 彼岸』에서는 여주인공 김혜련이 그리스도의 사랑을 지나치게 관념적으로 추구하다가 주위의 사람들로부터 차례로 실망하고 배신을 받으며 드디어는 자살로 모든 문제를 해결한다. 그런데 그 혜련의 죽음에 의해 그의 아버지가 과거의 잘못을 뉘우치고 새사람이 된다는 대단원은 불교식 내지는 상식적인 차원의 인과론으로 처리한 인상을 준다. 『사랑』에 이르러서는 노골적으로 기독교와 불교를 동일선상에 놓고 그 종합화를 시도한다. 『사랑』의 주인공 안빈은 신구약성경, 불경, 四書 등의 책을 갖추어 놓고 있다. 더 나아가 그 안빈의 입을 통하여 기회 있을 때마다 역설하는 것은 기독교의 진리를 불교식으로 해석하는 것이다. 다음 일절을 읽어 보자.

우리네 벌레와 같은 중생이 하는 조그만 일 〔業〕은 하나도 스러짐이 없이 내 예금구좌에 기입이 되는 것이다. 이 저축들이 모이고 모여서 내일의 나, 내생의 나, 천겁 만겁 후의 나를 결정하는 것이다. 이야말로 하느님의 크신 은혜이다. 만일 이 세상에 거름준 벼가 거름 안 준 벼보다 못 되는 일도 있다고 하면 우리네가 살아가기가 얼마나 힘들 것일까, 밥을 먹어도 배고픈 수도 있고 불을 땔수록 방이 더 추워가는 일도 생긴다면 우리는 어떻게 살아갈까? 원인이 있으면 반드시 결과가 온다는 것이 어떻게나 고마우신 섭리자의 은혜인가?

이렇게 춘원은 기독교의 '하느님'을 불교의 용어로 과감하게 설명한다. 이러한 태도는 춘원이 이 소설을 발표하던 당대의 우리나라 대부분의 개신교 신자들에게는 몹시 못마땅한 것으로 비쳤을 것이다. 그러나 춘원은 그런 것을 의식하면서도 태연스러웠다. 이러한 자세 속에서 우리는 춘원이 의도하고 있었을 두 가지 사항을 찾아낼 수 있다. 첫째는 진실로 기독교가 이 세상의 보편타당한 진리라면 그것이 불교용어이건 유교용어이건 그 나라의 전통사상의 맥락 위에서 자연스럽게 해석되는 것은 당연하다는 춘원의 신념이며 둘째는 춘원이 교회를 멀리하는 것은 기독교사상을 싫어해서가 아니라, 그것이 너무 좋은 것이지만 기독교를 믿는 신자들의 행동과 교회의 실태가 비기독교적이며 또한 비리투성이기 때문에 어쩔 수 없이 취하는 춘원의 소극적인 항거이다. 이것은 춘원과 같이 선각자적 안목과 위치를 지키려고 애쓰는 작가가 아니라면 기대하기 어려운 모습인지 모른다. 오늘날의 교회가 이미 가능한 한 최대의 개방체제를 갖추고 어떠한 종교나 이단과도 대립하지 않으며 대화의 창을 열고 있음에 비추어 춘원의 그 자유로운 기독교관은 당시의 우리나라 대중들에게 기독교의 진수를 가장 바람직한 방법으로 이해시킨 전위적인 행동의 바탕이 되었다고 할 수 있다. 그러한 의미에서 다음과 같은 춘원의 평가는 재음미할 가치가 있다.

　　그는 孔子가 말한 ‘朝聞道夕死可矣’의 道나 성경에서 말하는
‘태초에 도가 있으니 도는 곧 하느님이니라’의 도나 불교에서
‘佛……欲令衆生入 佛知見道 故出現於世’의 道나 결국 같은 하
나의 진리를 지향하고 있는 것이라고 믿었다. 그가 모든 작품을
통해 추구하고 있는 것이 있는 것이 그것이었다. 그는 하느님이라
든가 여호와라든가 佛이라든가 하는 명칭이 문제가 아니었다. 그
가 찾는 神은 인간의 관념으로 만들어진 神, 하늘에 앉아서 사람
들의 예배를 받는 그러한 神이 아니라 우리의 삶과 사랑 속에서
살아 움직이시는 神이다. 그는 하나의 종교 속에 갇혀 있는 神이
아니라 오히려 뭇 종교 속에서 해방되어 뭇사람의 사랑 속에 나타
나시는 神을 찾았다고 하는 것이 옳을지 모른다. 그러한 神을 명
확히 보여준 사람이 예수요 석가여래였다는 것이 그의 所信이었
다.[5]

　　이러한 평가는 다음과 같은 결론을 이끌어 낸다. 그리스도론적 무신론사
상[6]이 기독교 내부에서조차 생기고 있는 오늘의 시점에서 어쨌거나 춘원은
가장 한국인다운 발상에 의해, 그로서는 온 힘을 다해 기독교사상의 대중보
급에 공헌한 작가였음을 우리는 인정하지 않을 수가 없다는 것이다.

---

5) 田大雄, 「春園의 作品과 宗敎的 意識」, 『東西文化』 창간호, 啓明大, 1967,
　　pp.32~33.
6) 徐南同, 「그리스도論的 無信論」, 『基督敎思想』, 1965년 11월호 참조.

3. 金東仁의 反省意識

인간이 생물계의 영장으로서 이 세상에 군림하는 것은 인간만이 지닌 반성의식(reflexive consciousness)[1])에 말미암는다. 반성의식은 단순한 사고력을 넘어서서 思考行爲를 다시 한번 객관화하여, 그 생각한다는 사실을 돌이켜 생각할 수 있는 힘이다. 이 무서운 능력이 인류문화를 오늘의 모습으로 이끌어 왔다. 그러므로 반성의식은 당연히 앞선 시대의 모든 존재와 현상을 냉엄하게 분석 점검한다. 그 과정에서 선인들의 업적이 찬양을 받기도 하고 질책의 대상이 되기도 한다. 역사의 진행과정에서 불가피한 절차일 수도 있는 실수나 미비점이 중대한 오류로 지적되고 그것은 준열한 비판과 함께 시정된다. 인류의 역사는 이러한 찬양과 是正의 반복적인 축적이다. 그런데 가끔 반성의식이 남달리 날카로운 인물이 태어나서 앞선 인물들의 업적을 전면적으로 부정하고 무위화하려는 극히 傲慢한 是正意慾을 보이기도 한다. 그것은 분명 엉뚱한 불꽃처럼 보이기는 하지만, 새로운 활력이 아닐 수 없다.

우리 문학사에서 이러한 반성의식의 화신으로 등장한 인물이 金東仁이

---

1) '反省意識'이란 말은 프랑스 신학자 샤르댕(Teihard de Chardin, 1881~1955)의 「精神圈의 形成」(The formation of the Noosphere 1947)이란 저서에서 인간을 특징짓는 개념으로 설정한 용어이다. 본고에서는 동인의 특성을 부각시키기 위한 매체 내지는 기점으로 반성의식을 주목하는 것이다.

다. 그는 자기보다 앞선 시대의 문학에 대해 전면적인 否定을 선언하면서 문단에 나왔다. 그의 否定은 우선 李光洙의 啓蒙主義文學을 공격대상으로 삼았다.

> 여러분은 이 「弱한 者의 슬픔이」가 아직까지 世界上에 있는 모든 투의 이야기(作品), 리얼리즘, 로멘티시즘, 씸볼리즘들의 이야기와는 描寫法과 作法이 다른 점에 있는 것을 알리이다. 여러분이 이 점을 바로만 發見하여 주시면 作者는 滿足의 웃음을 웃겠읍니다.

이렇게 『創造』창간호의 편집여언에서 東仁이 자신의 습작에 불과한 「弱한 者의 슬픔」을 자찬하고 있는 까닭은 그 작품의 예술적 가치에 대한 자신감보다는 이광수의 소설기법이나 소설관, 즉 戀情事를 재미있게 얘기하면서 계몽적인 설교나 하는 것이 소설이 아니라고 하는 前時代文學에 대한 반성의식을 표출하고 싶었기 때문이다. 이처럼 반성의식은 동인의 문학에 일관하여 흐르는 기본인자이다. 우리는 이제 동인의 이 반성의식이 그의 소설작품 속에서 어떠한 否定과 항거의 양상으로 나타나면서 결과적으로 기독교사상을 용해시키고 있는가를 살펴보기로 하겠다.

흔히 동인의 성품은 오만과 독선이란 용어로 설명한다. 물론 그것은 숨길 수 없는 사실이다. 그렇다면 생각해 보자. 이 세상 사람 누구에겐들 오만과 독선이 없는가? 그것은 기독교적인 설명방법에 따른다면 인간의 기본성품이다. 하느님의 피조물로 에덴 동산에서 살고 있던 인류의 원조 아담과 하와가 스스로 하느님의 권능과 지혜를 누리고 싶어 善惡果를 따먹었을 때 이미 인간은 오만과 독선의 화신이었던 것이다. 인간이 스스로 하느님의 되겠다는 그 엄청난 오만과 독선은 어쩌면 하느님이 인간을 만들 때부터 인간에게 심어놓은 하느님의 씨앗인지도 모른다. 그렇다면 더욱 철저하게 그 오만과 독선으로 하느님에게 항거함으로써 하느님에게 접근하도록 노력해야 할 것이 아닌가? 그것이 곧 하느님에 대한 순명의 한 방편일 수도 있다. 이러한 논리는 실상 하나의 역설일 수밖에 없지만 동

인의 문학적 전개를 이해하기 위하여서는 잠정적으로 인정해야 할 논리일
듯도하다. 동인의 생애와 문학이 그러했기 때문이다.

동인은 기독교의 가정에서 출생하여 기독교적인 분위기에서 성장하였
다.[2] 그러나 그의 작품을 보면 극심한 無神性을 보이기도 하고 藝術至
上主義 또는 寫實主義를 보이기도 하면서 자유분방한 사상적 錯綜을
노출하였다. 대부분의 文學史家가 일치를 보고 있는 견해는 동인이 다양
한 문예사조와 소설기법의 소유자라고 규정하는 것이다. 동인에게 부여하
고 있는 작품의 경향은 적어도 심리주의, 탐미주의, 자연주의, 인도주의
및 민족주의적 경향 등 다섯 가지에 이른다.[3] 그러나 한 작가가 아무리
多重人格的 성향이 농후하다고 하더라도 그 작가의 창작정신 속에 일관
하여 흐르는 맥락은 틀림없이 존재할 것이다. 우리는 그것을 반성의식을

---

2) 東仁의 가정환경을 이해하기 위하여 그의 수필 일절을 인용한다. 그가 아버지가
   어떤 분이었는가를 엿볼 수 있다.
   "韓國이 없어지고 日本帝國의 한 지방으로 化한 것은 余가 열한 살난 해였다. 소
   위 不逞鮮人의 고향인 平壤, 不逞鮮人의 所産所인 '예수교', 이것이 余의 생장
   한 환경이었다. 어렸을 때의 기억으로 아버님이 하느님께 기도드릴 때는 반드시
   '이 아이들도 하느님께 진실하고 나라에 충성된 어제 같다.' 기울어 가는 국가, 망
   해 들어가는 大韓國 때문에 애타하시던 아버님・余와 同年輩의 소년들이 아직
   나라라든가, 한국과 일본 관계라든가, 중국의 혁명이라든가 이런 방면에 전연 관심
   치 않을 때에 주위의 분위기는 어린 余에게 그런 方面에 余의 관심을 갖게 하였
   다. "(「三・一에서 八・一五」,1946)
3) 그 다섯 계열에 소속되는 작품은 다음과 같다.
   ㄱ. 心理主義的 傾向:「마음이 옅은 자여」,「발가락이 닮았다」,「狂畵師」,「狂
      炎 쏘나타」
   ㄴ. 耽美主義的 傾向:「배따라기」,「狂畵師」,「狂炎 쏘나타」
   ㄷ. 自然主義的 傾向:「감자」,「明文」,「博士의 연구」,「발가락이 닮았다」,「金姸實
      傳」,「大首陽」
   ㄹ. 人道主義的 傾向:「발가락이 닮았다」,「K博士의 연구」
   ㅁ. 民族主義的 傾向:「붉은 산」,『雲峴宮의 봄』,「笞刑」
      白鐵:『新文學思潮史』4 新丘文化社, 1970, p. 128.
      趙演鉉:『現代韓國作家論』文明社, 1970, p. 226.
         『韓國現代文學史槪觀』, 正音社, 1974, p. 146.
      尹弘老:『韓國近代小說研究』, 一潮閣, 1980, p. 107.

기반으로 하는 기독교사상과의 항거와 순응으로 해석하고자 한다. 동인이 기독교의 범주를 벗어나지 않았다는 사실은 다음과 같이 정리된 최근의 연구결과가 소상하게 밝히고 있다. 그 요약을 옮겨 적는다.[4]

(1) 동인의 부친 金大潤은 평양 진석동교회 장로였다.

(2) 동인의 이복형 東元은 평양 山井峴교회의 장로였다.

(3) 모친 옥씨 또한 교인이었다.

(4) 동인은 유아세례를 받았다.

(5) 동인은 기독교계 학교인 崇德小學校를 졸업하고 이듬해에 역시 미션系 외국인이 경영하는 평양 崇實中學校에서 수학하다가 일본으로 건너가서도 기독교 계통인 明治學院을 다녔다.

(6) 동인은 성경을 탐독하여 성경에 박식하였는데, 이러한 동인의 기독교에 대한 관심은 종교적 신앙심에서라기보다는 문학적인 관심에 더 비중을 두고 출발된 듯 싶다.

(7) 미션계인 평양 崇義女學校를 졸업한 金瓊愛여사와 재혼(1930年), 현재 김여사는 왕십리 감리교회 집사이다.

(8) 그의 주변에서 가까이 지낸 문우들로서는 선교사의 아들이며 신자인 朱耀翰, 목사인 늘봄 田榮澤, 신자였던 方仁根 등이 있었다.

---

4) 李龍男, 「東仁文學에 나타난 基督敎意識」(『冠岳語文硏究』제 6집, 서울대 국어국문학과, 1981) pp. 44~45 참조.
여기에서 문제가 되는 것은 尹弘老(『韓國文學의 解釋學的 硏究』, 一志社, 1976, p.230)가 지적한 바와 같이 동인의 부친 金大潤이 長老라고 하는 점이다. 1900년 10월 2일생인 동인이 유아세례를 받았다면 그 아버지는 당연히 장로급 신자이었겠는데 만일 그것이 사실이라면 1885년 개신교 선교사가 내한한지 15년밖에 지나지 않은 한국의 초대교회의 장로이다. 여기에서 우리는 그의 부친 김대윤이 어떤 심경상의 변화에 의하였건 새로운 신앙을 적극적으로 받아들이고 소화한 열정적 기질의 소유자였음을 발견한다. 동인에게 있어서는 그 기질이 일단 기독교에 대한 항거로 나타났다고 보겠는데 부자간에 존재하는 이 극단적인 경향은 동질적인 것으로 해석할 수밖에 없을 것이다.(주2 참조)

이와같은 생활배경 속에서 동인은 날카로운 반성의식으로 다양한 경향의 소설을 발표한다. 일체 기존의 것을 거부하는 자세로 모든 것에 도전한다. 우리는 그 도전을 기독교 및 그 기독교의 주인인 하느님께 대한 항거로 해석하고자 한다.5) 이러한 항거 내지 부정의 태도는 동인의 생활에서도 발견된다. 따라서 동인은 문학과 생활이 일체가 된 작가였다고 할 수 있다. 그의 생애에 있어서나 작품에 있어서나 단일한 관점으로 이해될 수 있는 통로가 있다면 그것은 기독교사상과의 상관관계를 통하여서만 찾아질 것으로 여겨진다. 동인의 작품세계는 양분된 두 시기로 구분하여 이해하는 것이 좋다.6) 전반기(제1기)는 1919년 『創造』지에 「弱한 者의 슬픔」을 발표한 때로부터 「붉은 산」을 발표한 1932년 2월까지이다. 그리고 후반기(제2기)는 1932년 4월, 야담 「野史二題」를 발표한 때로부터 임종시까지의 기간이다. 전반기는 순수문학에 정열을 쏟던 시기요 그야말로 소설가 金東仁의 동인다움을 만천하에 드날리던 시기이며, 이 기간에 창작 발표된 작품만이 문학사적으로 논의의 대상이 될 뿐이다. 후반기는 失意의 通俗作家로 전락하여 야담과 역사소설을 집필하며 그 원고료로 문자 그대로 호구지책을 마련하던 시기이다. 이 두 시기를 기독교사상과의 관계로 본다면 전반기는 기독교사상에 대한 도전의 시기가 되고 후반기는 默從順應의 시기가 된다. 더구나 후반기에는 문학사적으로 논의할 만한 작품이 없다 보니 동인의 작품과 기독교사상과의 관계는 자연히 전반기에 발표된 작품에 한정될 수밖에 없다.

---

5) 이러한 관점에서 동인을 해석한 처음 논문은 李炯基의 「金東仁論」(『藝術論文集』제6집, 대한민국 예술원, 1967, pp. 25~47)일 것이다. 그러나 이형기의 논조는 예술지상주의적인 동인의 문학적 기질에 초점이 맞추어져 있었지 기독교사상과의 상관관계에서 논의되었던 것은 아니었다.

6) 동인의 작품활동과 사생활을 양분하여 논의한 최초의 연구는 蔡壎의 「金東仁論」(『국어국문학』25호, 1962) 및 『1920年代 韓國作家研究』(一志社, 1975, p.20 이하 참조)에서 비롯한다. 이 구분에 따르면 인생의 새 출발인 1930년을 분기점으로 잡고 있으며 본고는 야담소설을 써서 순수문학활동으로부터 통속작가로의 전향을 분기점으로 잡은 것이 다르지만 양분의 기본발상은 전적으로 蔡壎교수의 先攻에 의지한 것이다.

　그러면 이제 동인의 작품을 가능한 한, 발표순에 따라 기독교 그리고 그 하느님과 어떻게 다투고 버티고 거부하며 드디어는 받아들이는가 하는 對決相을 살펴보기로 하겠다.

　「弱한 者의 슬픔」은 그 제목이 시사하는 바와 같이 약자의 비애를 소재로 한 작품이다. 물론 소설 속의 주인공은 귀족의 집에 가정교사로 들어가 있는 강 엘리자벳트라는 시골 처녀이다. 표면적으로 보면 이 연약한 처녀가 표상하는 것은 사회적인 차원의 지배, 피지배관계를 나타내는 班常이나 貧富에 국한한다. 따라서 이 소설은 사실주의(또는 자연주의)계열의 작품이라고 할 수 있다. 그러나 엘리자벳트가 표상하는 것은 항거할 수 없이 나약하기만 한 인간조건이다. 헤어날 길 없는 외부의 압력에 의해 형편없이 무너져 버리는 인간상을 특정시대의 한 여인의 사건으로 그린 것이다. 작품 속의 다음 귀절은 작가의 그러한 의도를 여실하게 반영한다.

　　　"자기의 설움은 약한 자의 슬픔에 다름 없었다. 약한 자기는 누리에게 지고 사회에게 지고 '삶'에게 져서 劣敗者의 지위에 이르지 않았느냐?(중략) 모든 일이 다 그렇다. 20세기 사람이 다 그렇다!" 그는 힘있게 중얼거렸다. "어떻든……응 그렇다! 문제는 이십세기 사람이라고 치고 첫줄을 '약한 자의 슬픔'으로 시작하여 마지막 줄을 ' 현대사람 다의 약함'으로 끝내자."(「弱한 者의 슬픔」 11부)

　동인의 첫 번째 작품이라 不備한 점이 한두 가지가 아니지만 인간조건의 탐색이란 점에서는 이미 그의 문학세계가 어떻게 전개될 것인가를 예견케 하는 바가 있다. 동인이 많은 작품에서 죽음의 문제를 집요하게 붙들고 늘어지는 것도 이와 같은 인간조건의 탐색이란 맥락에서 그 의미가 밝혀지는 것이라 생각된다.

　우선 주인공 강 엘리자벳트는 외견상 크리스찬이다.

엘리자벳트와 남작의 첫 관계가 있은 후 다섯 번 일요일이 찾아
왔다. 오후 小兒主日學校 교사인 엘리자벳트는 소아 교사와 예배
를 필한 후에 아이들 틈을 꿰면서 예배당을 나섰다.(「弱한 者의
슬픔」 4부)

그러나 엘리자벳트가 크리스찬으로서 지니고 있어야 할 의식은 단 한
군데도 묘사되지 않고 있다. 이것은 동인이 전혀 의도한 바가 아니지만
인간은 누구나 하느님의 자식이어야 한다는 동인의 무의식이 표출된 것이
라고 볼 수 있다. 그러면 약한 인간이 그 조건을 벗어나기 위하여 어떻게
행동하여야 하는가? 이 「약한 자의 슬픔」에서는 그것이 본격적으로 시도
되지 못하고 있다. 왜냐하면 저항의 대상이 다름 아닌 하느님이기 때문이
다. 소설의 결말은 주인공이 강한 자가 되기 위하여 사랑 안에 살아야 한
다고 역설한다. 기독교의 견지에서 보면 하느님이 곧 사랑이므로 이 소설
은 간단하게 하느님으로의 歸依로 종결을 지은 것처럼 보인다. 그러나 그
결말은 독자에게 아무런 설득력을 주지 못한다. 동인이 스스로 고백한, 다
음 귀절을 보면 그 이유가 무엇인지 자명하게 드러난다. 하느님에게 도전
장을 써야겠는데 그것이 용이하지가 않았던 것이다.

表題와 같이 약자의 비애를 취급한 것으로 약한 성격의 주인인
엘리자벳트라는 여성의 평생을 그린 것이었다. 세상의 온갖 죄악
은 약함에서 생기나니 사람의 성격이 강하기만 하면 세상에서는
저절로 온갖 죄악이 없어진다. '强'은 즉 '사랑'이다. 이것이 대개
의 主旨이다. 그리고 필자는 결과로서 여주인공의 자살을 집어넣
으려 한 것이었다. 묘사는 一元描寫였다. 그러나 그 作品의 결말
은 뜻밖으로 필자는 그 주인공을 죽이지 못하였다. 제 2작 「마음
이 옅은 자」에서도 결말로서 주인공 K를 죽이려 하였던 것이 마
침내 죽이지 못하였다.(중략)
이 작자의 意思를 무시하고 자유행동을 한 두 가지 결말은 필
자로서 생각케 하였다. 나의 작품이다. 나의 자유로운 意思 아래

써 내려가던 소설이다. 그것이 어찌하여 나의 意思에 반하여 주인
공이 자살하지 않았나? 나를 지배할 자는 나의 意思 밖에는 없다.
나의 意思조차 변경시킨 그 강한 意思는 어디서 나온 것인가? 나
는 나의 意思 밖에 다른 意思에게는 절대로 지배를 안 받을 만한
준비도 있고 意思도 있다. 그 주인공들은 왜 자살하지 못하였나?
　　나는 여기서 나의 二元的 性格을 의식하였다. 주인공을 자살케
하려던 것도 내 意思다. 그러나 또한 자살시키지 못한 것도 내 意
思다. 두 意思의 갈등, 즉 二元的 性格, 이를 의식하였다. 악마적
暴虐과 같은 사랑의 갈등이었다. 미에 대한 광폭적 동경이다. 憧
憬上 나타난 불철저, 모순, 당착은 모든 상반되는 이 두 가지의
성격상 동경의 불합리에서 생겨난 것이었다. (「韓國近代小說考」)

동인은 이와 같이 스스로 날카로운 반성의식의 소유자임을 천명한다. 약
자에 머물러야 하는 인간이 강자가 되려면 하느님이 되는 길밖에 다른 방
도가 있을 수 없다. 인간이 하느님이 된다는 것은 기존의 하느님을 부정함
으로서 가능해진다. 그러나 기독교의 풍토 속에서 생장한 동인이 그렇게 쉽
게 하느님을 정면으로 도전할 수가 없어 머뭇거린다. 이렇게 머뭇거리는 태
도를 보인 작품이 이들 초기소설 「弱한 者의 슬픔」(1919)과 「마음이 옅은
者여」(1919)이다. 그러나 드디어 「배따라기」(1921)에 오면 보다 용감하
게 하느님과 대결하는 자세를 갖춘다. 「배따라기」의 서두에 스토리의 전
개와는 아무 상관없는 작가 자신의 다음과 같은 심경묘사를 살펴보자.

　　유토피아를 생각할 때는 언제든 그 '위대한 인격의 소유자'며
'사람의 위대함'을 끝까지 즐긴 진나라 秦始皇을 생각지 않을 수
없다.……'큰 사람'이었었다 하면서 나는 머리를 들었다.

역사가들이 무어라고 평하건 인간으로서 생각해 낼 수 있는 모든 가능성
으로 시도했다는 점에서 진시황을 위대한 인격의 소유자이며 인간의 위대성
을 나타낸 큰 사람이라고 단정하고 찬양한다. 그것도 작중인물을 통해서 우

회적으로 밝히는 것이 아니라 작자가 직접 나서서 주장한다. 결국 시황의 위대함은 인간조건을 뛰어넘으려 하였다는 점, 특히 영생을 얻고자 하였다는 데 있다. 바꾸어 말하면 피조물의 위치에서 벗어나서 하느님과 동렬에 서겠다는 의지 때문에 '큰 사람'이란 칭호를 주고 있다. 하느님에 대해서 이것보다 더 큰 도전은 있을 수 없다. 여기에서 동인은 머뭇거리던 표정을 바꾸어 하느님을 직시하고자 한다. 그렇지만 동인을 지배하고 있던 기독교적인 의식은 동인을 편안하게 놓아두지 않았을 것이다. 반성의식이 반복적으로 진행되니까 항상 상극적인 대립감정 사이에서 시계추처럼 왔다갔다하는 것이 동인의 의식세계가 될 수밖에 없다는 것이다. 동인은 하느님께 항거하여 오만한 자세로 하느님을 쳐다보며 외쳤을 것이다.

　　　자 어떻소 진시황 정도면 당신의 피조물 가운데서는 제법 인물
　　　이 아니오?

　그러나 신을 향해 이렇게 부르짖을 때 동인의 시선은 눈부셔 괴로웠음에 틀림없다. 그는 그러한 저항을 고집해 본 연후에 최초로 성경을 소재로 한 단편 「이 盞을」을 『開闢』(1923.1)에 발표하기 때문이다. 여기에서 동인은 예수를 하느님의 아들로서 '아버지의 뜻'에 전적으로 순응하게 하는 것이 아니라 보다 인간적인 면모로 투정하게 된다. 필경 동인은 예수의 이미지 속에 하느님의 속성보다는 인간적인 속성을 강조함으로서 모든 인간들이 하느님에게 항거하는 것이, 인간들의 기본 속성임을 나타내고 싶었던 것이 아닌지 모르겠다. 이 무렵 동인은 기생과의 방탕한 생활을 경험한 뒤였고 자기 특유의 문체를 확립하기 위해 애쓰던 시절이었다. 「이 盞을」의 일절을 읽어보자.

　　　하느님이시여! 여호아여! 바랍니다. 참으로 바랍니다. 할 수만 있
　　　거든 이 잔을, 이 참혹한 잔을 제게서 떠나게 하여 주십시오. 제가
　　　이 잔을 마시지 않으면 안 된다고는 너무 혹독한 일이외다. 아멘.7)

하느님과의 대결이 두렵다고 느끼면서도 하느님께 매달려 간청하는 예수의 모습을 보다 인간 쪽으로 끌어내림으로서 인간의 나약함 속에 여전히 하느님에 대한 불평을 계획하고 있다. 동인이 이처럼 하느님을 향해 다양한 반응을 보이지만 실상 궁극의 바닥에는 오직 하나의 해석이 가능할 뿐이다. 즉, 그것은 하느님에 대한 깊은 신뢰이다. 그러나 작품의 표면에는 여전히 방자한 동인의 모습이 노출된다. 「어즈러움」(1923. 5『開闢』)에 나타난 동인의, 신에게 대한 항거—정신적 광포—를 읽어보자.

> 어떤 날 밤, 나는 생각하였습니다. 나는 약자다. 그리고 불행한 자이다. 무서운 권위를 잡아보고 싶다. 이 세상은 커녕 과거 현재 미래를 통하여 이 우주의 통할권을 잡아보고 싶다. 사람의 생사여탈권을 바람이 최소한 부분이요, 일기와 별의 운동에까지 미치는 큰 권세를 잡아보고 싶다. 이 우에 통쾌한 일은 다시 없으리라. 그것이면 나도 만족하겠다고!
> 그러나 그것으로 과연 만족할까! 나는 다시 생각해 보았습니다. 체험이 없으니 즉답할 수 없으나, 희랍신화에서 쥬으스가 만족치 못한 것과 구약성서에서 여호아가 때때로 노여워할 것을 보면, 역시 '만족'에서는 거리가 먼 듯 싶습니다.

神이 되겠다고 갈망하면서도, 또 신이 되어보았자 만족이 없을 것이라는 이율배반적인 반성의식의 갈등을 보여주고 있다. 겉보기에는 의식의 분열과도 같은 이 광포한 의식의 방황은 동인의 끊임없이 인간조건의 진상을 밝혀 달라고 신의 옷자락에 매어달리는 행동의 표현이다. 몸으로 부딪쳐 보고야 하느님의 진면목을 인정하겠다는 항거의 한 양식이하고 하겠다. 동인은 이러한 궁극의 물음을 1925년에 발표한 두 편의 단편을 통하여 두

---

7) 이에 관련한 성서귀절은 마태오복음 26:39, 마르코복음 14:36, 루가복음 22:42, 요한복음 18:11 등인데 여기에서 그리스도의 하느님에 대한 절대적 순명이 가장 강렬하게 표시되어 있다. '……그러나 제뜻대로 마시고 아버지의 뜻대로 하소서'(마르코복음 14:36)

가지 방법으로 묻는다. 그 하나는 「감자」(1925. 1『朝鮮文壇』)이고 다른 하
나는 「明文」(1925.1 『開闢』)이다. 「감자」에서는 지극히 조심스런 방법으로
인간 존엄성의 문제를 묻고 있다. 하층민의 생활과 의식을 사실적으로 묘사
하여 도대체 인간이 어째서 하느님의 사랑하는 자식이며 또 하느님에게 가
까이 다가가는 선한 존재이어야 하는지 도무지 알 수 없다는 의문을 던지
는 것이다. 「감자」를 읽으면서 아무도 그것을 기독교사상과 관련지으려 하
지 않는 것은 당연한 것이었다. 그렇지만 우리는 동인의 꿈틀거리는 반성의
식을 「감자」에서라는 인간조건의 궁극적 실상을 찾으려 하지 않았다고는
말할 수 없다. 이렇게 간접적인 질문을 시도한 동인은 「明文」에서는 그야
말로 공개적으로 하느님의 옷자락을 흔들어 제친다.

> 전 주사는 대단한 예수교인이었읍니다. 양반이요 부자요 완고한
> 자기 아버지의 집안에서 열 일여덟까지 공자와 맹자의 도를 배우
> 다가 우연히 어느 날 예배당이라는 데 가서 **講道**하는 것을 듣고
> 문득 여태껏 자기에의 삶의 이상이라는 것을 모르고 장래라는 것
> 을 무시한 데 놀라 그날부터 대단한 예수교인이 되었읍니다. 그는
> 예수를 믿으면서 맨 처음 일로 제 아내를 예수교인이 되게 하였읍
> 니다. 동시에 단지 '여편네'이던 그의 아내는 '당신'이요 '마누라'
> 요 '그대'의 아내로 등급이 올랐읍니다. 그는 머리를 깎아 버렸읍
> 니다.

첫머리의 '대단한'이라는 冠形語가 이미 대단치 않다는 반어적인 의미를
내포하면서 주인공의 개종행위가 극적 변화였음을 은근히 비꼬고 있다.

> 천당? 四時 꽃이 피어? 참 식물원에는 겨울에도 꽃이 피더라.

이것은 전 주사 어머니의 말이고,

> 우리 자식놈의 예수와 내 인복대감과 씨름을 붙여 놓아라.

이렇게 야유하는 것은 전 주사의 아버지다. 그러나 전 주사는 아버지의 집에서 쫓겨나는 비운 속에서도 열심히 살면서 아버지와 어머니의 改心을 위하여 기도한다. 드디어 아버지가 죽고 어머니는 노망이 들어 자꾸만 귀찮은 존재가 된다. 전 주사는 어머니를 하루 빨리 하느님께 보내드려야 한다고 생각하여 尊親族故殺犯이 된다. 재판에서 사형언도를 받아 죽는 전 주사의 영혼은 천당을 찾아가 하느님 앞에서 또 한 번 재판을 받는다. 천당에서 환영을 받을 것으로 기대했던 전 주사는 지옥으로 데려가라는 판결에 아연실색하여 하느님에게 대든다.

> "네? 당신이 하느님이외까? 그럼 당신은 잘 아실 테외다. 저는 지옥에 갈 죄는 없습니다. 저는 제 행한 모든 일이 다 잘한 일로 압니다."
> "내 말을 들어라. 첫째로 너는 애비의 죽은 뒤에 애비의 일흠으로 기부를 하였다 하나 이 천당에서는 소위 명예니 무엇이니는 부인한다. 다만 거짓 애비 일흠을 팔아 세상을 속인 것뿐을 사실로 본다."(중략)
> "그렇습니다. 당신께서는 사람의 마음을 꿰어 들여다보시고, 마음의 죄악까지 다스리시는……."
> "아니다. 아니야. 이말 저말 할 것 없이 네 생애 가운데 그 중 유쾌하던 일이 제오·제육·제구의 계명을 범한 것이니깐 다른 것은 미루어 알 수가 있다. 야! 이 사람을 지옥으로 데려가라."

「明文」 전편에 흐르고 있는 것은 전 주사의 성실한 듯하지만 비뚤어진 기독교관에 대한 풍자이다. 여기에서 동인이 말하고자 했던 것은 무엇인가? 첫째로는 기독교의 본질, 기독교 敎義의 진수가 무엇인가를 동인이 하느님에게 묻는 것이며 둘째로는 대부분의 세상 사람들이 기독교 신앙을 올바로 지키고 있는가를 동인이 세상 사람들에게 묻는 것이다.[8] 이 두 가

---

8) 1925년을 전후하여 한국의 기독교(개신교)계는 여러 가지 면에서 전환과 위기에 직면하고 있었다. 이러한 시대적 배경하에서 동인은 기독교를 다루고 있다. 다음

지 물음을 야유와 풍자로 나타냈기 때문에 결과적으로 동인은 작중인물 전 주사처럼 神에게 대드는 셈이 되었다. 흔히 「明文」을 기독교에 대한 동 인의 단순한 반항으로 보지만 사실에 있어서는 경건할이만큼 진지하게 하 느님에게 접근하면서 기독교의 진면목을 탐구하는 작품이라고 보아야 하겠 다.9) 이런 정도로 고민하고 연구한 동인은 이미 外表하지는 않으나 기독교 의 참된 가르침이 무엇인가를 체득하고 있었을 것이다. 그렇다고 그의 실제 생활이 방탕에서 벗어 날 수 없었다는 것도 역시 어쩔 수 없는 아이러니이 다. 1926년에서 1929년까지 동인은 주목할 만한 작품을 내놓지 못하는데 그동안 그는 水理事業의 실패, 파산, 아내의 出奔 등 온갖 쓰디쓴 경험 을 다 겪고 1930년에 再起를 결심하고 재혼과 함께 「信仰으로」(1930. 12 · 17~19)를 조선일보에 연재 발표한다. 「信仰으로」는 주인공 은희 가 열두 살의 어린 소녀 때로부터 결혼하여 어린 아들이 세 살이 되는 스 물 세 살 무렵까지의 기독교신앙의 변천과정을 다루고 있다. 어릴 때의 신앙은 거의 맹목적이고 순수하다. 사랑하는 어린 동생의 죽음 앞에서도 그저 구하면 주신다는 하느님에게 매달리기만 하는 청순한 자세를 유지한 다. 그러나 성장하면서 하느님은 반드시 인간의 편에 서서 인간의 요구를 들어주기만 하는 분이 아니라는 것을 깨닫기 시작한다. 여학교 친구의 죽 음은 침묵하는 하느님, 인간의 기도에 귀를 막고 있는 하느님에 대한 인

글은 1925년 『開闢』3월호(pp. 48~49)에 실린 교계소식 촌평의 일부이다. '처음 부터……이 基督教를 믿고 指導한 朝鮮人 중의 大多數가 市街地의 商人, 農 村의 地主, 病院의 醫師, 學校의 設立者 등 — 달리 말하면, 大槪로 中產級 以上의 生活環境을 가진 사람들인바 이 敎會의 全思想 全氣分이 얼마나 物質 化하고 野俗化하고 儀式化하였을 것은 不信不想할 바이다.' (필자가 현행 철자 로 고침) 이상의 일절을 보면 당시 지식인들에 의해 개신교가 얼마나 냉혹한 비난 의 대상이었는가를 알 수가 있다. 동인의 「明文」은 이러한 문제와 자기 내면의 문 제를 복합시켜 소설화한 것에 지나지 않는다.
9) 이 작품에 대한 올바른 해석은 李龍男(1981)에게서 발견된다. (李龍男, 「東仁文 學에 나타난 基督教意識」, 『冠岳語文研究』6집, p.48) '다시 말해서 기독교 자체 를 풍자하거나 조롱하였다기보다는 당시에 잘못 인식되어 오해되고 있는 기독교를 그 수용자세로부터 경고함으로서 진정한 의미의 기독교신앙을 작품의 주제성으로 다루려는 작가적 의도라고 보아 무리가 없을 줄 안다.'

식을 굳힌다. 그러다가 하느님의 신앙에 대한 외양상의 변화까지도 일어
나는 것은 교회의 윗사람들이 그녀의 교회활동을 칭찬하고 촉망할 때부터
이다. 동인은 이러한 은희의 갈등을 다음과 같이 서술한다.

> 그러나 이때는 은희는 예수에게 대한 신앙은 온전히 잃었을 뿐
> 아니라 의식적으로도 자기가 예수교의 신앙에 혼들림이 생긴 것을
> 깨닫기 시작한 때였다. 예수교를 반대하는 사람들 앞에서는 그는
> 목에 핏줄을 세워 가지고 예수를 변호하였다. 반대하는 사람의 반
> 대 이유를 깨뜨려 버리기 위해 그는 미약하나마 자기 머리에 들어
> 앉은 과학지식의 전부를 다 썼다. 그러나 예수교를 칭찬하는 노파
> 들 앞에서는 또한 노골적으로 예수의 결점을 들추어내기를 결코
> 주저치 않았다. 그리고 어려서부터 예수교의 품안에서 생장한 은
> 희는 과학적 解剖眼과 批判力이 생기기만 하면, 그 결점을 드러
> 내기에는 가장 적당한 사람에 다름없었다.

이 구절에서 우리는 은희라는 주인공을 성급하게 작자인 東仁에 결부
시키는 일은 피해야 하는 것이지만 은희의 생장 배경이 동인의 그것과 너
무나 일치하기 때문에, 여기에서는 특별한 조심 없이도 주인공이 곧 작가
라는 공식을 부담없이 적용시킬 수가 있다.

이렇듯 회의에 빠진 은희는 학교에서 성모 마리아 역을 맡아 연극을 한
것을 계기로 다시 한번 신앙에의 정열이 불붙는다.

> 그 해 크리스마스에 그 학교에서는 종교극을 하였다. 은희는 성
> 모 마리아로 분장하였다.……사랑하는 아들의 비참한 최후에 마리
> 아는 목을 놓아서 통곡하였다. 관중도 눈물을 머금었다. 그것은 성
> 극이 아니요 인정극이랄 수가 있는 장면이었다. 이 장면을 할 때
> 의 은희는 스스로 감격되어(연극이 아니요) 정말로 목을 놓아서
> 울었다. 이날을 기화로 은희의 마음은 뒤집어놓은 듯이 변하였다.

기독교의 분위기에서 자란 은희가 아들의 죽음 앞에 비통해 하는 마리

아역을 할 때에 그리스도의 죽음에 대해 깊은 이해에 도달하리란 것은 추측하고도 남음이 있다. 기독교 교육을 받은 사람들이 放蕩과 迷夢 속에 살다가도 문득문득 돌아오는 歸集本能 같은 것이 있는데 은희의 신앙도 그러한 것이었다. 물론 이것은 동인의 생애를 반영하기도 한다.

　　은희는 스무 살에 결혼하여 지극히 세속적인 일상생활에 탐닉하게 된다. 신혼의 즐거움은 또다시 교회와의 거리를 넓혀 놓는다. 처녀시절에 정열적인 신앙심에 기생하고 있었던 약건 변태적인 애정—수염 없이 그려진 다빈치의 예수 존영을 이성인 듯 흠모하였던 것—이 죄의식으로 살아나면서 은희는 교회에 나가기를 기피하게 된다. 그러나 자기의 사랑하는 아들 必立이 은희의 어린 시절 그녀의 동생처럼 급성폐렴에 이르러 죽게 되었을 때 은희는 미친 목사를 찾는다. 임종 직전에 어린 아들은 세례를 받고 숨을 거둔다. 그날밤 죽은 아들 앞에서 은희 부부는 다음과 같은 대화를 나눈다.

　　천당 지옥이 없으면 모르거니와 천당 지옥이 있고 우리 필립이가 천당으로 갔다 하면 얼마나 우리를 기다리겠어요?
　　그럽시다. 꼭 다닙시다. 그 애가 기다리는 건 둘째 두고라도 우리가 그 애를 천당에 두고 어떻게 다른 곳으로 가겠소?

　이와 같이 하여 은희는 교회로 되돌아와 절대신앙의 자세를 확립한다. 죄없는 어린 아들의 죽음은 그 아들이 천당에 있으리라는 확신을 갖게 하고 그 확신은 하느님의 품을 찾는 직접적인 동기를 만든다. 이렇게 보면 은희의 신앙은 죽음을 묵도할 때마다 점점 높은 차원으로 진입해 나아간 것이다. 그러면 동인의 경우는 어떤가? 그의 생활은 얼마나 무질서와 방종에 흘렀었는가? 실로 이 작품 「信仰으로」는 동인이 인생의 재출발을 다짐하는 시점에서 자신의 신앙을 점검하고 결의를 새롭게 한다는 자기 목소리의 재현이라고 할 수 있다. 다시 말하여 끝없는 슬픔을 거쳐 은희가 도달한 신앙은 동인이 찾고 싶은 신앙 바로 그것이었다. 은희의 기독교 신앙이 사후영혼이 찾아가게 될 천당 지옥의 문제에서 벗어나지 못하고 있는 점은, 당시 일반인들의 기독교 이해의 한계를 말해 주는 것이기는 하지만 그것도 어쩌면 동인 자신이 생각하고 있는 기독교 이해의 한계점일는지도 모른다. 그러나 우리가 주목하는 바는 동인이 아무리 狂暴한 야성으로 기독교와 하느님에게 항거한다고 할지라도 또다시 부단히 회개하고 돌아올 든든한 근거지를 동인은 확보하고 있다는 심정을 버리지 않았다는 점이다. 따라서 동인의 반성의식은 「信仰으로」를 발표함으로서 일단 평형을 유지한다. 평형을 이룬 반성의식이란 무엇인가? 그것은 자유분방한 기질의 동인에게 있어서는 죽음을 의미하는 것이나 다를 바가 없었다. 무한한 방황과 미로의 한가운데서 겨우 얻은 삶의 지표와 원래의 보금자리였던 신앙에의 복귀가, 이땅에 새로운 소설 문학을 건설하겠다는 의욕의 인물인 동인 자신에게는 죽음을 의미한다는 아이러니 앞에서, 동인은 또다시 예기치 않은 혼란을 맛본다. 생활인과 예술인으로서의 갈등, 여기에서 동인이 마지막으로 짐짓 시도해 본 항거의 작품들이 다름 아닌 「狂畵師」, 「狂炎 쏘나타」, 「발가락이 닮았다」 그리고 「붉은 산」 등이다. 그러나 이들 작품들도 비록 논조가 간접적이기는 하지만 인간으로서는 더이상 버틸 수 없는 절대자에로의 귀의를 나타내 보이고 있다.

「狂畵師」에서 화공은 왜 눈동자를 못 그렸는가? 그것은 눈먼 처녀가 처녀로서의 순결을 잃은 뒤의 그 눈은 이미 화공이 그리려던 눈이 아니었기 때문이다. 화공이 그리려던 천상의 이미지는 세속적인 남녀관계를 용납하지 않는 것이었다. 여기에서 동인은 처녀의 무구한 눈동자를 성역의 존재로 놓아두고 있다.

「狂炎 쏘나타」에서는 唯美主義가 무조건 미화되는 것이 아니었다. 음악 비평가 K氏의 물음에 대해 사회교화자는 단연코 광인 작곡가 백성수가 단죄되어야 한다고 주장한다. 이 작품 전편에 흐르고 있는 강한 기성윤리의 부정은 과거 동인이 저지른 방탕에 대한 간헐적인 변명 내지 합리화일 수가 있다. 그렇지만 동인의 자의식 내부에서 서로 싸우는 상극적인 반성의식은 백성수를 놓고 일방적인 변호나 일방적인 논죄를 피하고 있다. 이것은 동인의 가슴속에 이제 꽤 깊이 자리잡은 기독교의 하느님 때문이다.

「발가락이 닮았다」에서 보여주고 있는 의사의 애절한 인정은 두 말할 것 없는 하느님의 마음이다. 인간을 궁극적으로 모두 구원하겠다고 끈질기게 침묵하는 하느님의 마음이다.

「붉은 산」은 人種之末의 惡人이 그래도 최후에 지니고 죽는 것이 조국애라는 것을 그리고 있다. 이 애국심은 동인에게 있어서 그대로 기독교의 敬神과 직결된다. 왜냐하면 동인의 성장과정에서 애국과 敬神은 항상 함께 교육되었고 같은 범주 속에서 논의되는 표리의 개념이었기 때문이다. 그의 아버지는 늘 나라 사랑과 하느님 사랑을 겸하여 기도하였다. (주 28참조)

이 「붉은 산」의 발표를 끝으로 동인의 순수문학 활동은 막을 내린다. 제2기인 통속작가시대에 오면 작품 속에서 동인의 특성인 반성의식을 찾아볼 수가 없다. 그렇다고 생활 속에서 동인이 기독교인의 모습을 보인 것은 물론 아니었다. 불면증을 극복하기 위한 약을 과다 복용하고 또 뒤에는 아편까지 하게 되어 생활 속의 유미주의를 실현하기도 하면서 점점 폐인으로 되어갔다. 그러나 天皇下敬罪로 옥고를 치름으로써 동인이 몸에 밴 애국애족을 증거한 것을 보면 평범한 통속작가의 기간인 제2기에도 의식의 근저에는 동시에 기독교정신이 고이 간직되어 있었던 것으로 보인다. 그의 죽음은 그것을 상징적으로 암시하고 있다. 뇌막염으로 쓰러진 이래 반신불수로 기동도 못하는 상태에서 1951년 1·4후퇴를 맞았다. 눈보라치는 혹한에 기동도 못하는 동인을 두고 가족들은 선뜻 피난을 나설 수가 없었을 것이다. 이 때에 누워 있는 동인은 자기를 버리고 가족이 떠나기를 얼마나 간절하게 설득하였을까? 그 설득은 자기를 남겨두고 가족들이 온전히 살아남는 것이 곧 자기를 사랑하는 길임을 이해시켰을 때 가능했던 것이다.

동인은 이렇듯 겉보기에는 기독교사상에 대결하면서 僞惡의 방법으로 기독교에 대한 進一步의 이해에 도움을 준 작가로 우리 문학사에 남게 되었다.

4. 田榮澤의 人格主義

1) 늘봄의 文學史的 位置

1930년대는 일제 식민지 치하에서 그런대로 한국어를 통한 문예활동이 비교적 자유로운 시기였다. 외견상 문화정책을 표방하고 있었기 때문에 일제가 忌諱하는 노골적인 反日을 내세우지만 않는다면 일반문예물은 오히려 권장하는 듯한 인상을 주던 시대였다. 한편 이 시기의 기독교는 역시 신앙의 자유라는 文治政策의 허울 덕분에 표면적으로는 탄압을 받지 않고 있었다. 이러한 환경 하에서 소설 작품 속에 기독교 사상이 어떻게 수용되어 있는가를 탐색해 보려고 한다. 물론 1930년대라는 것은 절대적인 기간이 아니며 그 기간을 중심으로 활약한 작가의 작품을 검토하자는 관점에서 편의상 설정한 연대이다.

金東仁에 이어 田榮澤을 살펴보면 그가 기독교에 대해 지니고 있는 기본태도가 무엇이며 그 기본태도에 따라 작품 속에 기독교가 어떻게 수용되어 있는가를 비교·검토하고자 한다.

한 나라의 문학사를 서술함에 있어 어떤 작가와도 함께 묶여서 논의되지 않은 유일성을 지닐 수 있는 작가가 있다면 우선 그러한 특수한 위치 하나로 그는 주목받는 작가의 자리를 굳힐 수 있다. 그런데 기독교 문학을 논하는 자리에서 그러한 작가를 손꼽으라면 우리는 누구보다도 먼저 늘봄 전영택을 회상하여야 한다. 그는 1919년 25세 때에 『創造』 창간호에 「惠善의 死」라는 단편을 발표한 이래 작고하기 4년 전인 1964년 70세 노령에 이르러서도 「生日 파티」, 「말 없는 사람」 등을 발표하기까지 46년간 꾸준히 작품활동을 하였다. 그러나 그 동안에 발표한 작품은 겨우 55편. 그러니깐 1년에 1편 남짓의 지극히 寡作하는 소설가였다.

늘봄의 작품을 연대별로 살펴보면 다음과 같다.

제1기

1919년 : 「惠善의 死」, 「天痴・天才?」, 「運命」

1920년 : 「生命의 봄」

1921년 : 「독약을 마시는 여인」, 「K와 그 어머니의 죽음」

1922년 : 「피」

1924년 : 「흰 닭」, 「사진」

1925년 : 「화수분」, 「바람 부는 저녁」, 「白蓮과 紅蓮」

1926년 : 「순복의 소식」

1927년 : 「어머니는 잠드셨다」, 「누이」

1929년 : 「후회」, 「오무니」

제2기

1930년 : 「청춘곡」

1935년 : 「곰」

1937년 : 「버려진 장미꽃」

1938년 : 「보리고개」, 「복성이 어머니」, 「聖劇 殉敎者」, 「여자도 사람인가?」

1939년 : 「대출발」, 「첫미움」, 「남매」

1940년 : 「피를 본 사나이」

제3기

1948년 : 「소」, 「크리스마스 새벽」

1949년 : 「하늘을 바라보는 여인」

1950년 : 「새봄의 노래」

1952년 : 「강아지」

1955년 : 「김탄실과 그 아들」, 「새벽종」

1956년 : 「집」, 「아버지와 아들」

1958년 : 「돌팔이와 그 아내」

1959년 : 「해바라기」, 「한 마리 양」, 「금붕어」

1960년 : 「눈 내리는 오후」, 「차돌멩이」, 「방황」(암흑과 광명), 「크리
　　　　　스마스 전야의 풍경」, 「우정」

1961년 : 「거꾸로 멘 성경」, 「모든 것을 바치고」

1962년 : 「나의 자서전 서장」

1964년 : 「말없는 사람」, 「生日 파티」, 「노 교수」(유고작)

　평생을 소설가로 살아오면서 길지 않은 단편 55편 정도로 총결산이 되
는 작가라면, 능력면에서 그렇게 뛰어났다고는 말 할 수 없다. 그럼에도
불구하고 우리가 우리의 기독교 문학사에서 유일성을 자랑하는 작가로 전
영택을 손꼽는 이유는 무엇인가? 그것은 그가 소설가이기에 앞서 종교인
곧 목사이었기 때문이다. 그는 소설을 쓰기 전에 이미 신학부 학생으로서
장차 목사를 직업으로 택할 것을 결심하고 있었다. 그렇다면 문학은 하나
의 餘技였는가? 물론 그렇지는 않다. 전영택은 말년(60세)에 한국문인협
회의 초대 이사장으로 활약할 만큼 소설가로서의 품위와 긍지도 대단하였
다. 그런데 만일 늘봄에게 소설가와 목사 두 가지 중에서 한 가지만 선택
하라고 했다면 그는 단연코 목사를 택할 만큼 그의 직업에 대한 신념은
분명한 것이었다. 따라서 전영택을 이해하려면 먼저 그의 종교를 알지 않
으면 안 된다. 다시 말하여 전영택의 문학을 이해하려면 기독교를 모르고

서는 언급할 수 없다. 지금까지 목사 소설가가 늘봄 이외에 그리 흔하지 않다는 사실에 비추어 그의 유일성은 당분간 더 위력을 발휘할 것으로 보인다. 늘봄은 스스로도 자기가 소설가이기 이전에 목사였음을 다음과 같이 밝히고 있다.

> 내가 쓴 작품들을, 평론가들이 초기의 것을 자연주의에 속한다고 했고, 그 후에 오늘날까지의 작을 인도주의적인 경향을 가진 것이라고 한다. 아무래도 좋다. 나는 그때 그때 쓰고 싶은 것을 썼을 뿐이다. '나'라는 인간과 내 신앙태도가 작품을 그대로 반영되었을 것은 당연한 일이다. 솔직하게 말하면, 세상의 가장 불행하고 인생고에 시달리는 이들의 마음과 생활이 내 심경에 느껴지는 것을 그려 보았을 뿐이다. 나는 때를 따라 창작의 충동을 느꼈을 때 썼을 뿐이요, 더구나 작품을 상품화하려는 심산에서 붓을 든 일은 없었기 때문에, 게다가 내 본직이 목사인 까닭에 주로 기독교 문서 사업에 많은 시간을 보내고 보니, 이제 말년에 이르러서, 내 문학으로 거둘 것이 너무도 적어진 것은 하는 수 없는 일이다.[1]

이처럼 꾸밈없이 작가적 소회를 말할 수 있다는 것은 아마도 그가 기독교 목사이기 때문이라고만 말 할 수는 없을 것이다. 그러나 목사라고 하는 점을 벗어나서는 결코 그러한 담박한 표현이 불가능한 것도 사실이다. 이러한 점에서 전영택의 기독교 문학사적 위치는 유일하고도 독특한 것이다. 그러면 그의 작품세계는 어떠한가?

2) 늘봄 文學의 特性―人格主義

앞에서도 늘봄 자신이 언급한 바와 같이 그는 자기 작품이 무슨 주의니 무슨 사조니 하는 유형적 분류에 속하는지에 대해서는 처음부터 무관심하

---

1) 『田榮澤創作選集』, 序文. 語文閣, 1965. 윗점은 필자가 붙임.

였다. 자신의 신앙태도를 그때 그때 쓰고 싶은 대로 쓴 것뿐이다. 평론가들의 분류에 따르면 초기의 자연주의 경향에서 후기의 인도주의 경향으로 바뀌었다고 말한다. 그런데 도대체 늘봄에게 있어서 그의 작품을 문예사조상의 어떤 틀에 꿰어맞춘다는 것은 처음부터 필요 없는 작업이라고 생각된다. 그는 인간을 처음부터 하느님과의 관계에 의해서만 생각하는 철저한 기독교인이기 때문이다. 그러므로 그의 작품은 무슨 사조나 주의에 의해서 부분적으로 해명될 수 있을는지 몰라도 그것으로 그 전모가 밝혀질 성질의 것은 아니다. 문예학적 용어를 떠나서 굳이 명칭을 붙여 본다면 차라리 人格主義라고 표현하여 휴머니즘이나 인도주의가 지니고 있는 단순한 인간연민의 성격으로부터 초월하는 특성이 강조되면 좋을 듯하다.[2]

인격은 스스로 완전을 지향하는 것이며 완전의 경지에 이르러서야 자족한다. 그것은 휴머니즘에서 느끼는 바와 같은 피동적 수혜성을 거부하며 능동적이고 자발적이다. 물론 보다 깊은 신학적 차원에서 말한다면 하느님이 인간으로 하여금 그러한 능력을 발휘하도록 이미 은총에 의해 천부적인 힘을 받았기 때문이지만, 그것은 神을 고려하지 않을 경우 인간이 스스로 絶對至尊임을 선언하는 강력한 자발적 삶의 존재양식이다. 이 인격을 늘봄은 그의 소설에서 기독교의 교리 속에 용해시키면서 풀어나간다. 그렇지만 그의 그러한 인간관을 소설로 변형시킴에 있어서 그는 결코 성급해 하지는 않는다. 어떻게 보면 전혀 기교도 없고, 어조도 높이지 않으면서 진실로 담백하게 인격의 인간을 그리느라 애쓴다. 실제로도 그는 訥辯이었다고 하지만 소설 역시 눌변을 면치 못하고 있다. 아니 정확하게

---

2) 人格主義'라는 용어는 아직 아무도 쓰지 않았으므로 명확한 개념규정이 선행되어야 할 것이다. 그러나 여기서는 단지 인간이 하느님의 자식으로서 본성적으로 하느님을 향하여 살아가게 되어 있기 때문에 인간이면 누구나 사랑받고 보호받고 존중되어야 하며, 또 그것을 스스로 주장할 수 있음을 강조하는 인간관을 바탕으로 한 사상이라고 잠정적으로 정의해 둔다. 이러한 용어를 사용함으로서 田榮澤의 文學이 종래의 해석보다 더 명료하여지지 않을까 하는 희망이 있다. 이 '인격주의'란 용어는 전영택의 說敎隨筆集의 제목 '인격주의'에 기원한다.

표현하면 눌변을 고수하고 있다. 관점을 달리해서 본다면 이러한 무기교
의 눌변은 분명 늘봄 문학의 단점일 수밖에 없다. 그러나 우리는 그의 눌
변이 오히려 기교를 넘어서서 진실에 도달하였다고 생각하고자 한다. 왜
냐하면 현란한 문체로 글을 채색하고 교묘한 화술로 내용을 실상 이상으
로 미화하는 것은 욕된 것이라고 하는, 이른바 양반의식이 그로 하여금
재주 피우고 않고, 있는 그대로 쓰게 하였다고 보이기 때문이다. 그는 '巧
言令色鮮矣仁'이라는 유가적 修身에도 익숙한 선비이었으며 또한 신앙
인이었다. 철저한 신앙인수록 겸허하게 자신의 능력을 있는 것보다는 적
게 내보인다. 감춘 것이 드러난 것보다 항상 많아야 한다. 그래서 언어는
눌변이고 작품에는 기교를 배제한다.

　우선 논의의 편의를 위하여 그의 작품을 세 시기로 나누어 보는 것이
좋겠다. 우리는 1930년대를 중간기로 잡고 그 이전을 초기(제1기), 그 이
후를 말기(제3기)로 구분코자 한다. 그것은 대체로 10년간으로 구분되며
또 作風에 있어서 도 그 10년간씩을 주기로 하여 단계적 발전이 일어나
고 있음이 발견되기 때문이다. (이러한 구분의 타당성은 후론에 의해 입
증될 것임)

　　제1기(초기) 1919년~1927년. 「惠善의 死」~「오무니」
　　제2기(중기) 1930년~1940년. 「청춘곡」~「피를 본 사나이」
　　제3기(말기) 1948년 ~1964년. 「소」~「노교수」

　우리가 늘봄의 작품활동을 놓고 어느 시기에 초점을 맞출 것이냐 하는
문제를 논의하기는 대단히 어렵다. 그의 활동 기간이 우리 현대문학사의
초·중기를 망라하고 있기 때문이다. 『創造』동인으로 출발하여 반세기
넘게 건재한 작가는 전영택 한 분이 있을 뿐이다. 그러나 1920년대에는
김동인의 放逸한 독주로 인해 전영택은 隱者의 장중함을 보인다. 1924
년 「흰 닭」, 「사진」, 1925년의 「화수분」를 頂點으로 하여 우리 문학사

에서 잊혀질 듯이 보이기도 하였다. 그러한 상태로, 다시 말하면 문단의
전면에서 一級作家로서의 대우를 받지 못하면서 1930년대로 넘어온다.
1930년대라고 하여 그의 문학에 커다란 변혁이 오는 것은 아니다. 오히려
미국 유학 및 목사로서의 활동이 본격화되기 때문에 작품활동이 위축되는
듯한 인상을 주는 시기이다. 그러나 이렇듯 작가로서의 행적에 퇴보를 보
이는 듯한 이 기간이야말로 기독교에 근거한 창작의욕을 불태우는 시기였
다. 1938년에 단편이 아닌 유일한 희곡「聖劇 殉教者」가 집필된다. 이
것이야말로 그의 작가로서의 진면목을 보인 중요한 증거로서, 늘봄이 단
편소설을 쓴 것은「聖劇 殉教者」를 쓴 동일한 창작의욕이었음을 보이는
것이라 하겠다. 우리가 늘봄을 1930년대에 다루는 所以然이 바로 여기에
있다. 그리고 1941년부터 1947년까지 7년간 작품활동상의 공백이 보인
다. 이 시기는 우리가 아는 바와 같이 일제 말기와 해방후 혼란기에 해당
한다. 일제 말기는 한국어 말살정책으로 어차피 발표할 기회가 없었던 시
대이고 해방 이후 대한민국 수립까지의 불안한 시대에는 작품을 쓸 만큼
의 정신적인 여유가 없었을 것이다. 그리고 1948년「소」를 발표하면서
남북분단의 아픔을 종교적 차원으로 묘사한다. 이때부터 그는 더욱 원숙
한 목사작가로서의 길을 그야말로 소처럼 걸어갔다. 이제 이러한 우리의
주장이 얼마나 근거가 있는 것인지 실제의 작품을 검토해 보기로 하자.

3) 늘봄 短篇의 形式—액자적 구성

늘봄의 작품을 접하기 전에 그의 신앙과 목회활동이 어떻게 결부되어
있는가를 다시 한번 점검할 필요가 있다. 그는 단편소설을 통속적 의미의
문학작품으로만 생각한 것이 아니었다. 작가이기 이전에 목사임을 강하게
의식했었기 때문에 하나의 작품이 가능하다면 설교의 한 방편이 되리라는
것을 생각지 않을 수 없었을 것이다. 그 증거가 그의 소설의 구성상의 특

성이라고 할 수 있다. 많은 예외가 있지만 늘봄의 소설은 소위 액자소설의 형태를 기본 골격으로 갖추고 있다. 도입부와 내부소설부 그리고 짧은 종결부로 나뉘는 것이 늘봄 소설의 기본골격이다. 도입부는 작가 자신이 '나'라는 일인칭으로 등장하고 내부의 본소설이 전개된다. 그리고 말미에 가서 해설적 결구로 마무리짓는다. 이것은 설교시에 목사가 직접 경험한 사실을 박진감 있게 청중에게 호소하는 화법과 완전히 일치하는 르뽀르따쥬(Reportage)방식이다.

1920년대의 寫實主義가 소설을 허구가 아닌 현실 사건임을 강조하기 위하여 취한 방법에 이 액자적 특성이 요구되었다고 보겠는데 그것이 늘봄의 설교방식과 일치됨으로 늘봄은 이것을 아무런 저항 없이 자기의 작품기법으로 수용한 것이라고 생각된다.[3]

초기작품의 대표적인 「화수분」을 예로 들어보자.

> 첫 겨울 추운 밤은 고요히 깊어간다. (중략) 나는 누워서 손만 내놓아 신문을 들고 소설을 보고, 아내는 이불을 들쓰고 어린애 저고리를 짓고 있다.
> "누가 우나?"일하던 아내가 말하였다.……(중략)
> "저게 누가 울지 않소?"
> "아범이구려."
> 나는 벌떡 일어나서 귀를 기울였다.
> 과연 아범이 우는 소리다.

이것이 「화수분」의 도입부이다. '나'의 집 행랑에 들어 있는 아범이 주인공으로 등장하기 전에 '나'의 존재가 먼저 부각된다. 내부소설의 증인이 되기 위해서이다. 이 내부소설은 2, 3, 4, 5의 네 段落으로 전개되고 6, 7은 작자가 다시 전면에 나와 내부소설의 결말을 짓는다. 종결부의 처음 귀절을 옮겨 보자.

---

3) 李在銑, 『韓國短篇小說研究』, 一潮閣, 1975, p. 96 이하 참조
　金利治, 「田榮澤의 初期小說研究」, 慶南大 碩士學位論文 1983, pp.6~16.

김장을 다 마친 어떤 날, 추위가 풀려서 따뜻한 날 오후에, 동대
문 밖에 출가해 사는 동생 S가 오래간만에 놀러왔다. S에게서 비
로소 화수분의 소식을 듣고 우리는 놀랐다. 그들은 본래 S의 시댁
에서 천거해 보낸 것이다. 그 소식은 대강 이렇다.

이렇게 결말까지도 '나'는 냉철하게 사건의 전달자로 처신하여 이야기
의 현실성을 강조한다. 마치 신앙을 증거하는 사람의 보고와도 흡사하다.
이러한 액자소설의 모습은 「天痴·天才?」,「흰 닭」 등에서도 발견된다.
이번에는 중기소설의 하나인 「여자도 사람인가?」를 예로 들어보자. 7단락
을 나누어 놓은 첫 번째 단락 첫머리는 다음과 같은 도입부로 시작된다.

이것은 간도 명동서 살던 어떤 부인의 이야기다. 그는 지금부터
한 십여 년 전 일을 회고하여 이야기한다.

작가 자신이 '나'로 등장하지 못할 때에는 이처럼 제3의 증인을 설정하
고 그 증인이 '나'로서 話者가 되고 주인공의 관찰자가 되어 소설의 진행
과 함께 사건을 추적한다. 제5, 제6단락의 첫머리도 '나'가 시간의 간격을
두고 등장하다가 말미에서 주인공과 함께 등장하여 스토리를 종결시킨다.

최 선생은 코를 땅에 대고 명희 앞에 절을 한다.
"여자가 참 사람입니다," 절을 하고 일어나서 최 선생은 명희를
보고 나서 나를 보고 이 말을 다시금 되풀이한다. 명희와 나는 웃
지 않을 수 없었다.

이러한 수법은 「첫 미움」에서도 보이는데, 초기작품들에 비하여 몇 줄
로 짧아지고 종결부는 내부소설에 맞물려 있는 형태를 보인다. 초기소설
에서 볼 수 있는 바와 같이 '도입-내부소설-해설'의 엄격한 삼부구성을 탈
피했다고 볼 수 있으나 역시 그러한 기본구성의 변형을 여전히 고수하고
있다.

말기작품도 늘봄 자신의 실제경험을 르뽀 형식으로 서술한다는 기본형
태는 변함이 없다. 「김탄실과 그 아들」을 예로 들어 보자. 번호를 붙여
이야기의 단락을 짓는 방식이 그대로 쓰인다. 첫 번째 단락 중간에 관찰
자로서 Y가 다음과 같이 소개된다.

> 쓸쓸하던 청년관에는 새 간판이 또 하나 붙고 사무실이 새로 생
> 겨서 약간 활기를 띠었는데, 그것은 일본에 재류하는 교포를 지도
> 하고 교화를 할 목적으로 뜻있는 이들의 노력으로 한글 주간신문
> 이 하나 생겨서 그 사무소를 이 회관에 정하고 간판을 붙이게 되
> 었고, 그 신문 주간으로 예전에 본국에서 소설도 쓰고 신문도 해
> 본 문사요 종교가를 겸한 새 인물이 최근에 초청을 받아 본국에서
> 와서 회간의 새 식구가 되자, 이 회관 사람들은 물론이요, 재류 동
> 포들과 특히 신자들과 청년들이 적지 않은 관심과 기대를 가지게
> 되었다. 삼십여 년 만에 처음 온 Y라는 이 신문 주간도 많은 흥미
> 를 가지고 하루하루를 지내게 되었다.

Y의 등장을 이렇듯 장황하게 설명하고 있는데 실은 이 Y가 늘봄 자신
이라는 것이 그의 경력과의 대조에서 밝혀진다. 늘봄은 1915년(21세)에
일본으로 건너가 靑山學院 고등부 문과를 거쳐 그 대학 문학부에 입학했
고, 1918년(24세)에는 그 문학부를 졸업하고 다시 신학부에 입학하였다.
그 후 3.1운동 때에 귀국했다가 1921년(27세)에 신학부에 복교하고 1923
년(29세)에 졸업, 목사가 되었다. 그는 1935년(41세)에 기독교신문사 주
간으로『새사람』지 발간에 힘썼으며 1952년(58세), 30년 만에 渡日하여
동경 한국복음신문의 주간으로 일했으니, 위의 Y는 늘봄 자신을 묘사한
것임이 너무도 역력했다. 작가 자신을 객관화시켜 제 3자인 것처럼 묘사
한 것만 다를 뿐 실재인물의 경험을 토대로 하여 그의 관점을 통해 사건
을 전개시킨다는 점에 있어서는 초기소설의 액자성을 조금도 바꾸지 않고
있는 셈이다. '김탄실'이라는 인물도 金東仁에 의해 「김연실전」으로 작
품화된 金明淳이라는 1920년대 여류작가임을 추측하기 어렵지 않다. Y

는 이 소설의 종결부에서 이야기의 움직일 수 없는 증인이 된다. 그 결말
은 다음과 같다.

> 전화를 끝내자 세 사람은 말없이 서로 바라보고 섰다가 누가 그
> 랬는지 "어서 가 보십쇼"하는 말이 들리고 C총무는 모자와 손가
> 방을 들고 먼저 나가고 Y선생은 손님과 같이 뒤따라 나가서 택시
> 를 타고 어디로인지 달려갔다.

「외로움」도 늘봄 자신의, 황해도 봉산교회 때의 경험을 토대로 한 것이
면서 도입부에서는 딸의 관점에서 이야기를 끌어오고 말미에서 다시 그
딸의 마지막 해설을 끌어들이고 있다.

「외로움」의 첫머리는 '허두말씀'이라는 소제목으로 다음과 같이 시작
된다.

> 내 아버지가 가신 지가 벌써 X년이 되어간다. 나는 아버지의 뒤
> 를 이어 문학을 공부하고 또 아버지의 귀염을 따로 이어받은 막내
> 딸로서 남다른 의무감을 가지고 그의 영전에 바치기로 한 이 글을
> 쓰는 것이다.

끝머리의 종결부는 사실상 필요없는 말이건만 다음과 같은 한 줄을 덧
붙이고 있다.

> 빈약한 아버지의 이야기는 이것으로 끝을 맺는다.

늘봄의 모든 소설이 이렇게 철저한 액자형태를 지킨 것은 아니다. 그러나
이러한 작품을 통하여 소설은 제 3자의 증언 형식으로 보고되어야 한다는
그의 움직일 수 없는 소설 형식론을 우리는 확인 할 수 있다. 그가 설교의
양식과 소설의 양식을 본질적으로 동일시하지 않았다면 이런 형태의 소설은
쓰지 않았을 것이다. 이러한 점에서 늘봄은 단편소설의 구성형식조차도 기

독교의 설교 구성형식에 일치시키고자 했던 소설가라 할 수 있다.

4) 늘봄의 初期短篇

이제는 늘봄 소설의 내면세계로 들어가 보자. 우리의 검토는 당연히 초기작품으로부터 순차적으로 진행된다. 그의 초기작품은 무엇보다도 기독교사상이나 기독교적 용어를 정면으로 제시하지 않는 것을 특징으로 한다. 늘봄의 초기작품만을 가지고 논할 때 그는 명백한 기독교 작가라고 하기는 어려울 정도이다. 그러나 그 바탕에는 인격주의에 근거하는 생명존중의 기독교적 박애사상이 도도히 흐르고 있다.

첫째로 대부분의 초기작품에서 문제삼고 있는 것은 인간의 기본조건의 하나인 '죽음'이었다. 「惠善의 死」는 그 제목에서 이미 죽음을 내세운다. 이것은 늘봄이 앞으로 어떤 주제를 자기의 창작의욕으로 승화시킬 것인가를 제시한 작가선언의 성격을 지니고 있다. 흔히 평자들은 「惠善의 死」에서 혜선이 一夫從事라는 전통적 윤리의식과, 이혼과 독자적 생활로 상징되는, 새로운 세계와의 갈림길에서 나약하게도 자살해 버렸다고 하여 문제의식이 약한 작품이라고 지적한다. 그러나 「惠善의 死」는 인간의 존재조건이 어디에 있는가를 지극히 겸허하게 탐색한 첫번째의 시도였다는 점에 더 큰 의의가 있다. 두 개의 상반되는 윤리적 갈등, 사회적 모순에 의해서도 인간은 그처럼 죽음을 택할 수밖에 없는 연약한 존재라는 것을 암묵적으로 보이는 작품이 이 「惠善의 死」이다. 물론 늘봄의 첫 번째 작품이라 기교면에서 여러 가지로 미숙함을 꼬집을 수 있다. 그렇지만 윤리적 사회적 상황내의 인간존재를 생각하면서 늘봄은 보다 높은 단계의 신과 인간의 관계로 그의 창작의욕을 심화시키고 있었다. 그러면서 꾸준히 죽음의 문제에 집착한다. 「天痴・天才?」, 「독약을 마시는 여인」, 「K와 그 어머니의 죽음」, 「흰 닭」, 「화수분」, 「순복의 소식」에서 주인공은 모두 죽는다. 그 중에서도 「天痴·天才?」와 「화수분」은 추운 겨울 눈 속에서 凍死하는 이야기이다. 「運命」과 「生命의 봄」은 이별로 되어 있으나 역시 죽는 것과 마찬가지 상황에서의 이별이다. 이러한 죽음은 아직 기독교적 부활의 이미지로 格을 높이지는 못한다. 그러나 죽음이 완전한 공허 또는 완전한 종결이 아니라 또 다른 세계로 연결된다고 하는 점을 분명하게 그려 놓고 있다. 혜선이 미소를 지으며 물 속으로 뛰어들 때 그 속에는 산호와 진주로 단장된 수중낙원이 있음을 암시한다.

다음은 「惠善의 死」의 끝 장면이다.

> 惠善은 물 위에 사람의 그림자를 보았다. 그거슨 分明히 어머니다. 깔끔한 素服을 입고 벙긋벙긋 웃으면서 多情하고 仁慈한 목소리로 "이애! 이애! 큰아가, 이리 오너라." 불르고 손을 내민다. 惠善은 무슨 든든한 거슬 디딘 것도 같고 몸이 평안해지드니 우흐로 쑥- 떠올라간다. 말도 없이 어머니 손을 잡았다. 가렷던 달이 나와서 다시 惠善의 얼골을 빗췬다.

현실적으로 보면 허무로 돌아간 듯한 인간의 죽음 뒤에는 다시 死者들이 만나는 세계가 있음을 보여준다. 실상 그것은 극히 평범한 민속신앙의 일면이다. 그런데 바로 이 점이 늘봄의 작가의식을 감지하게 되는 부분이다. 즉, 늘봄은 급격하게 단도직입으로 기독교사상에 몰입하지 않는다. 우리민족이 지니고 있는 재래신앙의 바탕 위해서 서서히 기독교적 세계관으로 유도한다. 아마도 이것은 늘봄 자신의 기독교관을 반영하는 것일지도 모른다. 그래서 「天痴·天才?」의 말미에도 주인공 칠성이는 별의 세계에 옮겨간 것으로 그렸고 「화수분」에서는 젊은 내외의 주검 사이에 살아 있는 어린아이를 클로즈업시킴으로서 생명의 영속성을 암시하고 있다.

> 가련한 칠성이 지금, 자기 하는 일을 방해하는 어머니도 없고 자기를 놀려먹는 동무도 없는 곳으로 조 구름 위로 별 위로 올라가서 마음대로 하고 싶은 것하고 편안히 있을까 하나이다.

이렇게 「天痴·天才?」의 주인공 칠성이는 별나라에 환생한다.

어쩌면 輪廻說을 듣는 듯도 하다. 이 환생 속에서 우리는 늘봄의 주장을 듣는다. 그것은 온 세상이 다 버리는 바보 천치일지라도 누구로부터도 구속받지 않고 자기의 생명을 영광스럽게 드러낼 자유가 있다는 외침이다. 또 「화수분」의 결말을 보자.

> 이튿날 아침에 나무 장수가 지나다가, 그 고개에 젊은 남녀의
> 껴안은 시체와 그 가운데 아직 막 자다 깬 어린애가 등에 따뜻
> 한 햇볕을 받고 앉아서, 시체를 툭툭 치고 있는 것을 발견하여 어
> 린것만 소에 싣고 갔다.

이 어린 것이 얼어죽은 자기 부모의 분신임을 말할 것도 없다.[4] 여기에서 생명은 어떤 형식으로든 영속하는 것이며, 또한 생명은 구원되어야 한다는 외침을 듣게 된다. 그것은 아직 철저한 기독교의 구원관으로 정비되어 있지는 않다. 그렇지만 조만간 이들이 기독교의 세계관으로 변모할 것이 예상된다.

두 번째로 늘봄의 초기작품에서 문제되는 것은 주인공들의 비천한 신분과 경제적인 궁핍이다. 이러한 사회적인 여건은 늘봄 자신의 생애와도 일치한다는 점에서 르뽀 형식의 진실성이 더욱 가중된다는 느낌을 갖게 한다. 늘봄 스스로의 삶을 어떻게 고백하고 있는지 들어 보자.

> 내가 지내온 일을 생각해 보면, 아주 어린 시절과 최초의 일을
> 내놓고는 언제나 가난에 쪼들리고, 걱정, 불안, 困苦의 연속이었
> 다. 거기다가 나는 꾀가 없고, 세상 일에 약지 못해서 번번이 실패
> 를 거듭하고, 따라서 가끔 후회를 잘 했기 때문에 내 인생은 실패
> 의 인생인 것이다. 억지로 나 자신을 이름지어 말해 본다면, 마음
> 이 약한 사람이요, 애정의 사람이라고 할 수밖에 없다. 그리고 몇
> 편 못 되는 내 작품을 생각해 보면 위에 말한 '나'라는 인간 자체

---

4) 拙著, 『韓國文學에 나타난 죽음意識의 史的研究』, p.238 참조.

가 반영되어 있다는 것은 피치 못한 사실이다.5)

　스스로의 가난을 감내하면서 늘봄이 그 가난을 어떻게 받아들였겠느냐
하는 것을 추측하는 데 우리는 별 어려움을 느끼지 않는다. 그가 독실한
목사이기 때문이다. 기독교는 모든 현실적 여건을 감사하라고 가르친다.
그러면서 그 고통을 극복하되 언제나 하느님에 대한 찬미의 관점에서 이
루어져야 한다고 말한다. 그러므로 늘봄은 그의 아호처럼 늘 봄날처럼 온
화하고 기쁜 마음으로 가난을 즐기며 극복해 나아갔을 것이다. 그리고 가
난한 사람들에게 눈을 돌려 그들과 함께 그 가난을 감내한다는 취지에서
작중인물들을 그려 나아갔을 것이다. 작중인물 속에 자신의 모습을 투영
시키면서 그들에게 애정어린 눈길을 보내는 어진 신학생의 자태를 상상해
보라. 늘봄은 기독교의 교리를 소설창작을 통해 하나하나 확인하고 있었
음에 틀림없다. 가난한 자, 약한 자, 병든 자, 요컨대 사회적으로 소외 받
는 자들에게 관심을 기울이는 것이 예수가 행했던 기본적인 삶의 태도였
다. 늘봄 역시 그러했다. 그렇지만 그런 것이 인간보편의 본성이기 때문에
특별히 그것을 초기작품에서 기독교의 音調로 강조하는 것은 삼가고 있
었다. 조심스럽고 소중한 늘봄의 접근방법이었다. 혹자는 늘봄이 외로운
사람, 소외당한 사람에게 관심이 쏠린 것을 신경향류의 영향으로 보려 한
다.6) 물론 1920년대에 신경향파는 가난하고 무식한 대중에 깊은 관심을
두었다. 그러나 경향파의 관심과 늘봄의 관심은 격에 있어 차이가 있다.
늘봄은 그들 가난한 사람, 무식한 사람들이 부유한 사람이나 지식이 있는
사람들과 원천적으로 동격이어서 인간의 존엄을 주장하는 것이지, 그들간
의 계급적 갈등이나 투쟁 같은 것을 의식한 것은 아니었다. 「흰 닭」에서
살생을 혐오하는 다음 귀절을 보면 전통불교의 냄새를 풍기면서 '흰 닭'
이 하나의 인격으로 격상되는 것을 느끼게까지 한다.

---

5) 田榮澤, 「눈물과 애정의 편력, 나의 인생과 나의 문학」, 『現代文學』, 1965, 126호.
6) 宋河春, 「田榮澤文學의 特質」, 『國文學論文選』, 民衆書館, pp.237~238.

살생한 사람이 가는 끔찍한 이야기, 그 중에도 달걀을 늘 구워
먹는 아이가 섶나무 불이 깔린 방에 갇혀서 안타까와 하다가 발이
데어 죽는다는 이야기를 생각하였다. 그날 저녁 자려고 하는데 뒷
마루 테이블 위에 서서 닭이 꾹꾹하는 소리가 들렸다. 그 후에도
이따금 내 머리에는 '공주 닭', '흰 닭', 이런 생각이 지나갔다.

닭에서조차 인격을 찾는 늘봄의 심성은 태어난 지 석달 만에 죽은 자식
을 기념하여 「독약을 마시는 여인」을 집필한다. 어린 넋에 대한 지극한
예우를 보면서 우리는 늘봄이 어떤 형태의 영혼이거나 정당하게 대우해야
한다는 기독교적 인간관의 소유자이었음을 깨닫는다. 「독약을 마시는 여
인」의 마지막 귀절을 보자.

공중에 소리 있어 가라대 "해는 저 갈길을 가나니라. 만물은 마
침내 될 대로 되느니라. 사람은 흙이니라. 사람은 물이니라. 그러
나 봄이 오면 물로 된 인생도 다시 일어나리라. 모든 참말은 다 거
짓말이니라. 그러나 참말이 참말이 될 때도 있느니라."

만물유전을 설파하는 듯한 이 구절에서 생명의 부활이 예언되고 있다.
모든 전통사상을 기독교적 세계관으로 변용시키는 늘봄의 의식구조를 우
리는 여기에서도 발견한다.

5) 늘봄의 中期短篇

이상으로 우리는 늘봄의 초기작품이 죽음의 한계와 궁핍한 생활환경에
서 허덕이는 인간조건의 탐색작업이었음을 살펴보았다. 거기에서 늘봄은
아직 기독교사상을 표면에 내세우지는 않는다. 전통적 세계관, 생사관을
토대로 그것이 어떻게 기독교사상과 接脈될 것인가가 검토되고 있었다.
그러나 1927년에 목사안수를 받은 이후 더구나 미국유학을 하고 나서도

황해도 봉산 시골로 내려가 힘든 목회활동을 하면서 늘봄의 창작의욕은 선교적인 차원으로 변모한다. 그러나 목회활동 때문에 創作成果는 상대적으로 감소한다. 따라서 이 시기에 이룩한 문학적 소득은 성극집 『殉敎者』를 중심으로 하고 「여자도 사람인가?」, 「첫 미움」, 「남매」 등 몇 편에 불과하다. 늘봄이 문학과 종교를 어떻게 조화시키려고 하는가를 『殉敎者』의 서문을 통해 살펴보기로 하자.

> 교회에서 극을 하는 것이 불가하다는 말이 많이 있고, 나도 어떤 의미에서는 그렇게 생각하나 그것은 극의 내용과 장소 문제뿐인 것으로 또 그동안 극을 함부로 해서 폐단이 생겼기 때문이지 실상은 잘하면 민중에 설교 이상으로 감화를 주는 것이 사실이다.

설교를 제1의 사명으로 놓고 그에 도움이 되는 방법이면 소설문학이건 연극이건 당연히 활용되어야 한다는 신념을 밝히고 있다. 이와 같은 종교적인 신념이 그의 작품을 기독교 색채가 짙은 것으로 만들었다. 그 첫 번째 작품으로 우리는 「여자도 사람인가?」를 주목해야 하겠다. 이 소설에서 늘봄은 여성에 대한 사회적인 통념이 偏僻되어 있다는 사실을 고발한다. 남존여비의 제도적 편견에서가 아니라 본질적으로 여성 열등론을 주장하는 최 선생이라는 주인공이 여자를 통해 '참사람'을 발견한다는 이 이야기는 세상 사람들로 하여금 여자에 대한 새로운 눈을 뜨게 하는 것이다. 인간의 평등과 존엄성 곧, '인격'이 어조를 높이지 않고 강조된다. 인간은 인간임으로 해서 하느님의 사랑을 받으며 하느님의 영광을 드러내야 한다. 그가 남자냐 여자냐, 또 황색인종이냐 백색인종이냐는 문제되지 않는다. 그가 일자무식이건 석학이건 그것도 문제가 아니 된다. 어떤 특정한 부류의 인간도 다른 부류와 차별될 수 없다는 자명한 진리는 모든 인간이 하느님 앞에 '참사람'이어야 함을 이 소설은 우리에게 일깨운다. 「첫 미움」에는 거의 노골적으로 大我的 사랑의 실천만이 인간이 세상을 살아가는 존재이유라고 천명한다. 다음 몇 귀절을 인용해 본다.

네가 응해 주면 우선 그 사람 하나 살리는 거요, 또 혼인해 가지고 그를 위해서 기도하고 우리가 잘 인도하면 그 속 사람까지 살리고 좀 좋으냐? 한 사람을 구하는 것이 얼마나 귀하고 큰일이냐?

사람이 얼마 살지도 못하는 걸, 자 우리는 이제는 결국 흙으로 돌아갈 육을 위하여 육정으로 인하여 애쓰고 살지 말고 무한한 가치가 있고 무한히 살 수 있는 생명을 위하여 의와 진리를 위하여 사는 것이 어때!

저는 처음으로 이성을 미워한 쓰라린 경험을 얻고 다시 한 사람을 사랑하지 아니하고 많은 사람을 사랑할 결심을 굳게 하였읍니다. 이 결심을 지키도록 하나님께도 기도합니다마는 선생님께서도 저를 많이 도와주시고 많이 지도해 주셔요.

救援意志, 영생을 위한 인생, 사회적 박애의 실천 등이 스스럼없이 주장되는 이런 대화에서 1930년대 대부분의 일반 독자들은 예수쟁이의 상투적인 발언이라 하여 거부반응을 보였음직하다. 그러나 여기서 주장되는 것은 박애의 강조나 그 실천의 촉구가 아니라 인간이 인간을 판단할 수 없으며 서로 사랑할 자유밖에 없음을 재확인하는 점이다. 우리는 모두 神 앞에 평등한 피조물이라는 자각을 사랑할 자유로부터 얻게 된다는 논리가 「첫 미움」의 주제라고 보아야 한다.

늘봄은 이렇게 神 앞에 평등한 인간존재를 문학으로 설교해 나아간다. 이때까지 소설에서는 일반문예물에서 기독교적 인생관이 이렇게 노골적으로 표현된 적은 없었다. 늘봄도 1920년대 소설에서는 극히 단편적인 어구를 사용하여 기독교 색채를 구름 속에 가려진 달빛처럼 슬쩍슬쩍 비치는데 그쳤었다. '하느님께서 내려다보신다'(「바람 부는 저녁」), '노장은 잃었던 자식을 찾았다고 퍽 기뻐하였다.(「白蓮과 紅蓮」) 같은 귀절에서 약간의 기독교풍의 표현을 느끼기는 하지만 지나쳐 버리면 그만일 정도의 미약한 것이었다. 그런데 1930년대에 와서 늘봄은 기독교에서 쓰는 용어와 사상을 정면으로 들고 나선다. 그런 의미에서 우리 文學史가 참다운 기독교 문학작품을 만난 것은 늘봄의 1930년대 작품에서부터라고 말해야 할 것이다. 「남매」의 다음 귀절을 읽어보자.

> 오빠, 저이가 수녀랍니다. 그런데 여기 매일 와서 종일 있으면서 환자의 시중을 해 주고 위로를 해 준답니다. 저 환자는 일본 여잔데 저 수녀는 일본말두 잘하여 친말처럼 일본말로 위롤 하구 있답니다. 그리고 내게두 고맙게 한답니다. 내가 죽을 적에 내 눈을 감겨 주고, 내 몸을 씻겨 주고 하기로 약속을 했답니다.

이 대화에서 늘봄이 말하고자 하는 의도는 너무도 명백하다. 모든 크리스찬이 어떻게 사랑을 실천해야 하는지 그 궁극의 경지를 제시한다. 모든 인간은 「남매」에 나오는 천사 수녀처럼 죽음의 길에 동행해 주어야 한다. 마더 데레사의 임종간호의 이야기가 「남매」에 이미 이렇게 묘사되어 있다는 사실을 우리는 지금껏 간과하여 왔다. 그것은 늘봄이 미처 알아듣지 못하는 대중에게 기독교의 이념을 대담하게 설파했기 때문인지도 모른다. 그러면 1920년대에 그토록 조심스러웠던 늘봄이 1930년대의 소설에서 또 그처럼 담대해진 이유는 무엇인가? 그가 목사로서의 투철한 사명의식을 깨달았기 때문이라고 말해야 할 것이다. 40대 중반에 들어선 늘봄은 知天命의 경지에서 결연히 그리스도의 일꾼임을 붓끝에 힘주어 쓰게 된 것이라고 보아야 한다. 늘봄의 중기작품은 이와 같이 기독교적인 인생관에 투철한 인간을 모델로 설정하는데 부심하였다.

6) 늘봄의 末期短篇

말기작품으로 넘어오면 어떻게 되는가? 일제말과 해방 직후의 침묵 끝에 늘봄은 다시 붓을 들어 말한다. 그러나 이제는 이상적 크리스찬이라는 모델을 그리는 안이한 태도에서 벗어나 민족이 처한 구체적 시대상황에서 우리가 당장에 해나가야 할 문제에 시선을 옮긴다. 그 첫 번째 작품이 1948년에 발표한 「소」이다.

> 기막히고 억울한 일정시대. 그 지긋지긋한 전쟁도 끝나고 해방의 기쁨이 삼천리 전역에 넘치게 되었다. 팔월 십오일이 지나고 몇 날 뒤에 그 소식을 들은 창수는 동네 사람들을 지도하여 자치로 질서를 유지해 가고 모든 일을 정부가 생겨서 지휘하는 대로 하기로 하고, 그 동안 경솔히 하는 일이 없이 자중해서 지내라고 동네 사람의 다짐을 받았다.

「소」의 주인공 홍창수는 인텔리이면서도 마치 30년대 농촌운동을 하는 사람처럼 38선 접경 이남 땅에 묻혀 그곳 사람들과 고락을 같이 한다. 그러는 동안 해방이 된다. 38선을 경계로 하여 이북 사람은 이남에서 넘어간 소를 잡아먹고 이남 사람은 이북에서 넘어온 소를 잡아먹자고 하는 사건이 생긴다. 보이지 않는 경계선을 두고 동족간에 적대감정이 고조되는 이 비극적 인심을 보고 홍창수는 깊은 고뇌에 빠진다.

> 소경 제 닭 잡아먹기로 제 동포의 것을 잡아먹고 마음이 편할라? 창수는 이렇게 중얼거리고 그날 하루는 매우 괴롭게 지냈다. 혼자서 뒷산에 올라가서 오여울 동네를 내려다보고, 개 건너 소위 이북 땅을 바라보고 하루 종일 먹지도 않고 울고 있다가, 밤에 별이 총총해서야 내려왔다.

더구나 주인공 홍창수는 자기의 생각과 인생관을 이해하지 못하는 아내로 하여 二重의 고통을 겪는다. 혼자만 잘 산다고 하는 것이 무슨 의미가 있는가? 그러나 아내는 홍창수의 생각을 전혀 이해하려 들지 않는다. 세속적 영달과 부귀만이 인생의 보람이라고 믿고 있는 아내에게 아무런 대책도 못 세우는 홍창수는 드디어 아내가 소를 몰고 出奔해 버린 뒤 가난한 동네 사람에게 소 한 마리 값을 건네 주고 그 동네를 떠나 버린다.

이 소설이 특별히 흥미로운 것은 늘봄의 초기소설 「화수분」처럼 전혀 기독교의 냄새를 풍기지 않았다는 점이다. 그러나 이 「소」는 그 어떤 소설보다도 기독교적인 인생관을 철저하게 주장한 단편이다. 해방 이전까지의 소설이 주로 인간조건에 대한 탐구요, 인간존재의 평등성을 주장한 것이라면 이 「소」를 기점으로 해서 늘봄은 인간관계에 초점을 맞춘다. 이 세상을 올바르게 산다는 것은 모든 사람이 평등하게 잘 사는 낙원을 건설하는 데 있는 것이요, 그것은 공동체 의식을 토대로 하여 마음과 마음이 일체감을 가지고 서로 협동하고 화해하여야 한다는 것을 펼쳐 보인다. 홍창수는 그것을 실현시키고자 애쓰지만 그의 아내는 정반대의 속물성을 노출시키면서 남편을 괴롭힌다. 또 분단된 조국은 동족끼리이건만 이웃 마을의 소를 아무 거리낌 없이 잡아먹는 풍토가 되어 버렸다. 이런 마을, 이런 사람들과 홍창수는 더이상 함께 살 수가 없다. 늘봄이 여기서 좀더 적극적인 결말을 만들려면 홍창수가 그의 아내나 동네 사람에 의해 희생됨으로써 하나의 贖罪羊으로 마무리지을 수도 있었을 것이다.

그러나 늘봄은 그를 조용히 마을에서 사라지게 하였다. 아직은 희생조차 바쳐질 시기가 아님을 말하는 것인지도 모르겠다. 이 홍창수의 후신은 늘봄의 그 다음 작품 속에 부활하여 끈질기게 인간사이의 화해와 위로, 용서와 일치를 목터지게 외친다. 늘봄 자신의 목회경험을 소재로 한 「외로움」에서 주인공 아버지는 「소」의 홍창수가 목사로 변신한 것이다. 다음은 「외로움」의 한 귀절을 읽어보자.

결국 저들과 나하구는 거리가 멀구나. 나는 이 땅에 왔지마는 나 혼자 사는 것이구나. 저들과 나 사이엔 보이지 않는 장벽이 막힌 것이로구나. 그리고 보니 그 동안 그가 교인 집과 학생 집을 찾아보느라고 읍내와 근방 촌을 한 번 돌았는데 어느 집엘 가나 쩔쩔매면서 방을 치면서도 얼른 들어오란 말을 못하고 혹 들어오라고 하더라도 식사 때에 자기네는 밥을 맛나게 먹다가도 인사로나마 좀 먹으란 말을 아니한 것도 그들은 나를 자기네 마을 사람으로 대접하는 것은 아니로구나.

이렇듯 목사와 신자들 사이에 거리감이 있는 한, 그 속에서 하느님의 말씀이 살아서 일하실 수 없다. 그래서 주인공 아버지는 온 정력을 다 쏟아 그들 마을 사람과 한 식구가 되고자 노력한다. 그 결과,

> 저들은 어느새 그를 부르기를 목사님이나 선생님이라고 하지 않고 형님이나 혹 아저씨라고 부르게 되었다.

이것이 크리스찬 인간관계의 도착점이다. 모두가 한 가족이요 한 형제라는 마음가짐이 아니면 사랑은 힘을 쓸 수가 없기 때문이다. 주인공 아버지는 마을 사람과의 일체감 속에서 아주 행복하게 목회활동을 벌인다. 그러다가 사정이 변하여 또 다른 고통이 닥쳐왔을 때에 그 '아버지'는 그것을 긍정적으로 받아들이면서 하느님의 말씀에 귀기울인다.

> 옳다. 내가 봉산 동선리 친구들과 같이 살면서 같이 고생을 겪을 걸 피하고 와서 그 고생을 내 몸으로 맡아 당하게 되는 거다. 내가 질 것을 져야 하는 거다. 약속한 것은 이행하여야 하는 거다. 한 겨울에 안 추우면 봄에라두 춥고야 마는 것처럼 동선리에서 당할 괴롬을 이제라두 당하구야 마는 거다. 하나님이 하시는 일은 용서 없고 변통이 없는 거다. 당할 대로 당하자.

목사를 주인공으로 내세웠기 때문에 겸허하고 성실한 신앙태도를 여유 있게 묘사할 수도 있었겠지만 결국 그것은 늘봄 자신의 종교적 신념 이외의 다름이 아닐 것이다. 늘봄의 작품은 1950년대 후반에 접어들면서 더욱 원숙해진다. 「돌팔이와 그 아내」에서는 아내의 죽음을 맞이하는 마지막 순간 그리고 돌팔이의 마음속에 하느님이 찾아드는 것을 성공적으로 그리고 있으며, 「해바라기」에서는 외로운 두 늙은이 곰보 할머니와 오 영감이 어떻게 서로 의지하며 사랑하는 사이가 되는가를 戱劇的 효과를 곁들여

그려 나가고 있다. 거기에서 인간이 궁극적으로는 화해와 일치를 통해 현세에서 이미 천국을 건설하여야 함을 은근하게 역설한다. 「금붕어」의 맹교감이나, 「차돌멩이」의 최 영감도 이 세상에서 이미 천국을 살고 있는 사람들이다. 천국이 하나의 환상이 아니라 바로 우리가 살아 있다고 확신하는 '지금, 여기'에 실현되었을 때, 그 때가 곧 우리 속에 하느님이 현존하신다는 사실을 늘봄은 이들 작품에서 말하고 있다. 그런데 그와 같은 하느님의 현존은 모두 외견상으로는 보잘 것 없는 인물들에게서 나타난다고 하는 점에 우리는 각별한 주의를 기울여야 한다. 예수 그리스도가 가장 비천한 방법으로 이 세상에 오셨고 또 가장 비천한 사람 또는 탕자들과 함께 계셨다는 복음의 진수를 늘봄은 그의 소설 속에 성공적으로 표현한 셈이다. 불량하기 그지없는 돌팔이, 순박하고 성실한 맹 교감, 방공호에 사는 최 영감, 그들은 한결같이 인간관계가 화해와 일치뿐임을 증거한다. 모두 늘봄이 애정을 쏟는 사람들이다. 겉보기에는 하잘 것 없지만 그 영혼은 결국에 가서는 얼마나 아름답게 드러나는가?

그러나 늘봄은 이렇게 아름다운 영혼만을 그리지는 않았다. 위로할 줄 모르고, 용서를 이해하지 못하는 사람들, 화해와 일치의 신앙생활과는 거리가 있는 사람을 그의 만년에는 용감하게 질타한다. 그것은 1960년 이후의 작품에서 발견되는데 그 첫 번째 작품이 「크리스마스 전야의 풍경」이고, 두 번째 것이 「生日 파티」이다. 앞의 것에서는 잘 사는 사람을 문제 삼고 뒤의 것에서는 바리사이적인 신앙인, 특히 지도층의 종교인을 문제 삼는다. 그토록 온유하기만 했던 늘봄이 만년에 이르러 분노와 격정을 보이는 것이다. 從心所欲不踰矩의 경지인 칠순의 노목사가 언성을 높여 꾸짖는 것을 보면서 우리는 비로소 그의 신앙생활이, 그리고 그의 문학적 편견이 얼마나 고결하고 신념에 찬 것이었나를 새삼 감동으로 깨닫게 된다. 사람이 일관된 신앙으로 자기 생애를 살지 못한다면 늙을수록 언성이 낮아지고 목이 움츠러드는 법이다. 그런데 늘봄은 그 반대였다. 우리 문학사에서 이처럼 당당한 목사 소설가를 처음으로 가지게 되었다는 것은 우리 기독교문학의 장래를 위해서 뿐만 아니라, 민족의 미래를 위해 더 없는 淨福이라 하겠다.

이상에서 언급한 바를 간단히 간추려 보자.

첫째, 늘봄의 문학적인 이념은 인격주의로 표방되는 기독교적인 세계관과 인간관을 바탕으로 하고 있다.

둘째, 늘봄의 단편소설은 도입부·내부소설부·해설부의 3부 구성으로 된 액자소설을 기본골격으로 하는데 이것은 설교가 갖는 보고식 진술방식과 구조적으로 일치한다.

세째, 늘봄의 창작활동은 대체로 3기로 나뉘며 그 3기를 거치면서 기독교사상이 소설 속에 점진적으로 구체화되고 본격화한다.

초기 : 인간조건의 탐색. 죽음과 사회적 소외 → 전통신앙의 분위기.

중기 : 인간 존재양식의 규명. 인격의 존엄성. 인간의 평등 → 대아의 실현. 기독교적인 인격의 강조.

말기 : 인간관계의 정상화. 화해와 일치. (①비천한 사람을 긍정적으로 묘사하고 ②바리사이적 크리스찬을 타매함) → 본격적인 인간구원의 의지.

5. 沈熏의 傍外的 批判意識

1) 沈熏의 文學史的 位置

1930년대 우리나라 문단에 혜성처럼 나타났다가 섬광을 뿜고 사라진 소설가로서 우리는 沈熏을 기억한다. 심훈의 문학활동은 1924년에 동아일보에 「美人의 恨」이란 번안소설의 후반부를 집필하면서부터 시작된다. 그러나 그의 문필에의 집념은 보다 이른 학생시절부터 이미 싹튼 바 있었다. 己未獨立萬歲事件 때에 학생으로 가담하였다가 옥고를 치르고 나서 중국에 유학하는 동안에 고국에 있는 부인에게 보낸 일련의 시와 수필은 그의 문학에의 정열을 짐작케 하고도 남음이 있거니와 그의 관심은 단순히 문학에만 머물러 있지는 않았다. 1923년 崔承一 등과 더불어 '劇文會'를 조직하기도 하였고 소녀합창단 '따리아 회'에도 출입하였고, 조선프롤레타리아 예술동맹에 가입하기도 하였으며 「長恨夢」이란 영화에 남주인공 李守一역을 담당하기도 하는 등, 예술전반에 걸쳐 활약한 열혈청년이었다. 이와 같이 다방면에 걸친 예술에의 열정이 1932년 충남 당진군 송악면 부곡리로 낙향하면서 브나로드 운동을 문학으로 꽃피게 하려는 열의로 굳어 갔다. 그리하여 1933년에『永遠의 微笑』를, 1934년에는『織女星』을 조선중앙일보에 연재하였으며 1935년에는『常綠樹』를 발표하였다.

심훈의 문학적 특성은 지금까지 이른바 민족주의에 근거하는 농민문학으로 규정되어 왔다. 그리고 그것은 그의 최후의 장편 『常綠樹』로 대표되었다. 이 『常綠樹』는 1935년 동아일보 창간 15주년 기념 장편소설 현상모집에 응모하여 당선된 작품으로 비록 처음에는 신문에 연재되었으나 처음부터 전작으로 완결된 소설이다. 그런데 지금까지 많은 문학가들이 이 『常綠樹』에 대하여 농촌계몽운동을 진작시키기 위한 소설로서 당시 일제사회를 측면으로 고발하고 있다는 관점에서 주목하여 왔었다. 그리고 이 작품의 주인공 박동혁의 모델이 된 사람으로 작가 심훈의 長姪 沈載英씨 및 農友會의 모델이 된 富谷里의 '共同耕作會' 등 사실과 허구와의 상관관계에 관심을 기울여 왔다. 따라서 문학작품과 실제사건과의 실증적 대비 속에서 작가 또는 당시 한국 지성인들이 민족의 진로를 어떤 차원에서 설계하고 있었는가 하는 정치사회사적 검토가 『常綠樹』연구의 중심을 이루고 있었다. 여기서 우리는 지금까지 간과해 왔던 중요한 한 가지 사실을 발견한다. 그것은 농촌계몽을 추진시키는 정신적 사상적 근거가 무엇인가 하는 본질적인 물음에 대해서는 눈을 돌리지 않았다는 사실이다. 흔히 심훈의 인생편력을 통해서 그가 지닌 열정적 애국애족 사상이 『常綠樹』를 낳게 한 원동력이라고 추정한다. 그는 19세의 어린 나이로 만세 사건에 가담하고 옥고를 치렀으며 중국으로 망명하여 2년의 유랑생활을 하였다. 그것이 民族至上의 애국심을 불타게 하였고 이러한 경험이 『常綠樹』의 정신적 배경이라는 것이다. 이러한 추론이 결코 틀린 것은 아니다. 그러나 우리는 거기에 만족할 수는 없다. 심훈과 기독교, 『常綠樹』와 기독교가 바르게 해명되지 않는 한, 이 문제는 피상적인 추론, 즉 민족주의=『常綠樹』는 안이한 등식에 머무를 수밖에 없다. 우리가 심훈의 『常綠樹』를 주목하는 이유는 바로 여기에 있다.

2) 沈熏의 生涯

먼저 심훈이 어떻게 기독교와 인연을 가고 있는가를 살펴보기로 하자.
그는 경기도 시흥군 신북면 흑석리(현 서울 동작구 흑석동)에서 면장을
하는 沈相延의 3남으로 태어났다. 그가 만세사건으로 퇴학당한 경성 第
一高普의 학적부에 의하면 부친 상정은 면장이요, 호주인 조부는 당시의
명망가이며 신분란에는 '양반'이라고 적혀 있었다.

> 靑松 심씨 世譜에 의하면, 심훈 제 19대조 沈溫을 심훈의 中興
> 之祖로 받들고 있음을 알 수 있다. 沈溫은 이씨조선 초기에 영의
> 정을 지냈고, 세종대왕의 國舅로서, 文宗과 世祖를 낳은 昭憲王
> 后의 부친이다.
> 18대조 沈澮, 15대 沈連源 등 大匡輔國 崇祿大夫 영의정을
> 많이 냈으며 明宗의 국구로서 仁順王后의 부친인 沈鋼은 14대조
> 이다.
> 내려와서 심훈이 고조 沈能愈가 贈吏曹參判이요, 증조가 敦寧
> 府事였다. 이와 같이 양반의 혈통을 이은 가문이라 조부 鼎澤이
> 나 부친 相延은 조상숭배의 사상이 철저하게 근대사상의 浸潤과
> 더불어 몰락해 가는 양반 특유의 반항으로 子孫에게 兩班意識 계
> 발에 힘썼음을 推斷키 어렵지 않다.
> 혼인에 있어서도 班常과 四色을 가리었기 때문에, 沈熏 外家
> 나 姑母의 媤家가 모두 海平 尹씨였고, 그가 열 일곱에 결혼할
> 때도, 王族으로서 候爵 을 받은 李海昇의 妹를 娶함도 敍上의
> 설명이 된다.[1]

조선조 양반가의 전통적 가풍과 분위기는 두 말할 것도 없이 儒敎的
덕목을 성실하게 지키는 것이었다. 그러나 이미 나라가 망하고 畿近에 자
리를 잡고 있는 양반들은 이미 경제적 기반이 되는 田莊도 없으면서 의

---

1) 柳炳奭, 「沈熏의 生涯硏究」, 『국어교육』 14, 1968, p20.

식만 가부장적 유가덕목에 충실하려고 애쓰는 위엄 잃은 선비의 모습이었다. 따라서 시대를 내다보는 역사의식을 갖춘 선비라면 스스로는 구시대의 윤리에 철저하면서도 다음 세대에 대해서는 적극적인 개화를 촉구하면서 의식상의 갈등을 묵연히 참으면 앞으로의 시대에 희망을 거는 隱忍者가 되는 것이었다. 심훈의 부친과 조부도 그런 류의 몰락한 양반이었던 것으로 보인다. 그 증거는 심훈의 3형제가 모두 당대의 출중한 모던 신사들이었기 때문이다. 다음 尹石重의 증언을 들어보자.

> 沈熏은 한강 기슭 노량진 '검은돌'(지금의 흑석동) 태생이다. 본명은 大燮으로 맏형인 友燮(春園의 『再生』에 나오는 대팻밥모자의 신우선 모델)은 雅號가 天風이었는데 둘째형인 明燮(목사)은 고지식하기로 유명하여서 地風이라 별명지었고, 그러고 보니 풍을 떨기 잘하는 大燮은 海風이라 부를 수밖에 없어서 이들 三風은 서울 장안의 명물 삼형제였다.[2]

1920년대와 1930년대에 걸쳐 서울의 한국 지식인 사회에 명물로 통할 만큼 그들 3형제가 주목을 끌었다는 것은 그 집안의 양반가풍과 새로운 시대의식이 어떻게 조화를 모색했는가를 설명해 준다.

다시 尹石重의 증언을 들어보자.

> 검은돌 沈友燮·沈明燮·沈大燮의 三天才 三兄弟의 兒名은 '준이' '또준이', '삼준이'였다. 沈熏은 文壇에 진출한 뒤에 지은 이름이지마는 어려서는 '삼보'라고 불렀다. 맏형은 漢文에 능하여 神童으로 통했고, 珠算에 귀신이던 둘째형은 주판알로도 따질 수 없는 인생의 신비를 목사가 되어 하느님 곁에서 풀다가 6·25때 북쪽으로 끌려갔고, 어려서부터 수학에는 젬병이요 지리와 역사에 뛰어났던 '삼보' 沈熏은 3·1 운동의 애국청년으로 風雲兒가 되어 망명과 방랑 속에서 피눈물로 시와 소설을 엮어냈던 것이다.[3]

---

2) 尹石重,「故鄕에서의 客死, 沈熏」,『思想界』, 문예특별증간호, 1963, p. 271.

3형제 중에서도 심훈의 중형 明燮이 기독교 목사가 되었다는 사실에는 그 집안의 진취적 분위기를 읽고도 남음이 있다. 이것은 그 집안의 전통 속에서도 항상 새로움을 추구하는 적극적 사고의 장본인들이었음을 말해 준다. 그러므로 심훈이 일찍이 기독교사상과 그 종교적 분위기에 접하며 살았을 것은 의심의 여지가 없다. 또 한 가지 심훈과 기독교와의 인연은 그가 중국 망명중에 유학한 杭州의 之江大學에서였다. 이 대학은 그 이름 之江(Christian의 중국식 음역)이 나타내듯이 기독교계 학교였다. 거기에서의 修學이 특별히 심훈에게 학문적 결실을 맺게 한 것 같지는 않으나 그 대학의 분위기는 항상 미션스쿨의 그것이었음은 상상하기 어렵지 않다. 심훈 자신의 세례를 받았다거나 교회의 신자노릇을 하였다는 아무런 기록도 증언도 없고 보면, 그의 자유분방한 예술적 기질이 청교도적 修戒生活을 강요하는 기독교 신자들의 생활태도를 받아들일 수 없었을 것이다. 그러나 기독교가 말하고자 하는 사상이 무엇인가는 너무도 잘 알고 있었을 것이다. 이제 그러한 심훈의 기독교관이 그의 작품에 어떻게 반영되고 있는가를 그의 작품을 통해 살펴보기로 하자.

3) 傍外的 批判意識

심훈은 『常綠樹』를 집필하기 이전에 그 예비편이라 할 수 있는 몇 개의 작품 『東邦의 愛人』, 『永遠의 微笑』, 『織女星』 등을 발표하였다. 『東邦의 愛人』은 1930년 조선일보에 연재하다가 불온하다는 이유로 일경에 의해 연재가 정지되었고, 그 후 『不死鳥』로 개제하여 연재했으나 역시 같은 이유로 정지되었다. 그 후 1949년 단행본으로 간행되었는데 그것은 중형 明燮이 완결시켜 일종의 連作이 되었다. 이러한 작품들에서 새로운 시대의식을 가진 주인공을 기독교인으로 설정하는 것은 심훈이 인물을 그리는데 적용

---

3) 앞의 책, p 273.

하는 기본원칙이 아니었나 하는 추측을 하게 한다. 그러나 기독교인을 묘사함에 있어 심훈은 상반되는 두 가지 전형을 만들어 놓고 있다. 그 하나는 희생과 봉사를 실천하는 성실한 젊은 주인공이며 또 하나는 주인공의 부모 등 가까운 주위의 인물로 장로니 집사니 하는 교회 직책을 지니고 있으면서도 결코 사회적으로 모범을 보인다고는 볼 수 없는 전근대적이고 몰염치한 사람들이다. 이와 같은 소설기법상의 일관성은 분명 심훈이 지니고 있는 기독교관을 반영하는 것이 아닐 수 없다.

먼저 심훈은 하느님의 존재, 그리고 인간과 하느님의 관계에 대한 견해에 있어서 매우 소박한 대로 기독교적인 것을 지니고 있었음이 확인된다.

> 하나님이 깊은 밤에 피아노를 두드리시네.
> 鍵盤 위에 춤추는 하얀 손은 보이지 않아도
> 섬돌에, 양철 지붕에 그 소리만 동당 도드랑
> 이 밤엔 하나님도 적적하셔서 잠 한숨도 못 이루시네.

「봄비」라는 제목의 동시 비슷한 글이다. 작자의 심경을 하느님에게 기탁하여 擬人化시킨 여기에서의 하느님은 반드시 기독교적인 것이라고는 할 수 없지만 서북방언의 고착화인 듯한 '하나님'이란 표현이 그 서북지방 기독교인의 영향을 크게 받고 있음을 암시해 준다고도 생각할 수 있다.

> 우리는 흙 한줌 보태기에도 오히려 작은 알몸뿐이다.
> 강아지에게 던져도 씹지 않을 고기덩이밖에 남은 것이 없다.
> 사랑도 虛無도 마음속에 떠도는 한 조각의 구름장인걸.

「朝鮮의 姉妹여」라는 시에 밝히고 있는 심훈의 인간관이다. 흙으로 돌아가는 인간이면서 그 흙 한줌조차 특별한 값이 없음을 강조한다. 이것은 死後의 허무를 말하기 위해서가 아니라 살아 있는 동안 우리의 인간 값이 희생과 봉사에 있음을 강조하기 위해서 쓰이는 修辭的 전체로서의 기능이 더 큰 것처럼 보인다.

　　　　마지막으로 붉은 정성을 다하여 산 祭物로 우리의 몸을 너에게
　　　　바칠 뿐이다.

　「나에게 무엇을 주랴!」라는 이 詩에서 삶의 가치가 이타적 희생에 있음을 명백하게 보여준다. 이것은 인간이 종교적 心性을 심화시킬 때 가지게 되는 궁극의 결론인데 그것이 심훈의 경우 결국은 기독교사상과 접합하고 만다. 그는 그의 가정 배경과 분위기로 보아 그가 하고자 하기만 했다면 儒家의 가르침인 사서삼경 등 漢學에 몰두할 수 있었다. 그러나 새로운 시대 기운에 민감했고 분방했던 그의 예술적인 기질이 유학적인 풍토에 근접할 수 없게 했었을 것이다. 오히려 혁명을 앞세우는 프롤레타리아 운동에 매력을 느끼면서 기독교가 말하는 세계관을 막연하게 동경하는 것이었다. 그 증거를 『常綠樹』의 남녀 주인공 채영신과 박동혁의 대화 장면이다.

　　　　"참요, 이것도 하나님의 뜻인가봐요."
　　　　"참 영신씨는 크리스찬이시지요?
　　　　"전 어려서부터 믿어 왔어요. 왜 동혁씨는 요새 유행하는 맑스
　　　　주의자세요?"
　　　　"글쎄요. 그건 차차 두구 보시면 알겠지요. 아무튼 신념을 굳게
　　　　하기 위해서나 봉사의 정신을 갖기 위해서는 신앙생활을 하는 것
　　　　도 좋겠지요. 그렇지만 자본주의에 아첨을 하는 그따위 타락한 종
　　　　교는 믿고 싶지 않아요."

　이 대화는 박동혁의 기독교관을 간명하게 요약하고 있는데 바로 이것을 우리는 심훈 자신의 기독교관이라 보고자 한다. 심훈의 행적으로 보아 우리가 『常綠樹』의 주인공 박동혁과 심훈을 동일시해도 아무런 장애를 느끼지 않기 때문이다. 여기에서 동혁은 기독교의 필요성을 신념과 봉사의 두 가지 요소에 두고 있다. 기독교사상이 표방하는 사회적 기능은 높이 인정한다는 태도이다. 그러나 기독교인의 작태에는 동조할 수 없다는 결

의를 나타낸다. 어떤 종교이건 그 종교를 평가하는 방법에는 크게 두 가지가 있을 수 있다. 하나는 宗敎敎義요, 다른 하나는 그 종교를 신봉하는 사람들의 사람됨이다. 전자는 이론이라고 한다면 후자는 실천에 해당된다. 그러나 양자는 둘로 분리될 수 없는 조화를 이루어야 한다. 이들 양자는 종교가 항상 불완전한 인간에 의해 운용되는 한, 언제나 종교인의 사람됨은 그 종교가 이상으로 하는 인간형에 멀리 미치지 못하는 사례가 비일비재하다. 그러므로 종교인을 보고 종교를 택하고자 한다면 이 세상에 존재하는 어떤 종교를 믿는다 하더라도 결국은 실망과 좌절을 면치 못할 것이다. 따라서 동혁은 특정 종교를 믿는 신앙인의 굴레를 쓰면서 불완전한 인간의 모습을 노정하게 되는 것에 불만을 품는 자유인으로 행동한다. 그렇다고 종교의 필요성 자체나 종교의 이념을 부정하지는 않는다. 이것은 그대로 심훈의 인생과 일치한다. 특히 위의 대화에서는 동혁이 막스주의에 동정적임을 암시하고 있다. 실제로 심훈은 전술한 바와 같이 조선 프롤레타리아 예술동맹(일명 KAPF)에 가입한 바 있다. 그러나 심훈의 한계는 프롤레탈리아의 개혁의지이지 그들이 표방하는 환상적 이상사회는 아니었던 것으로 보인다. 그래서 다행스럽게도 심훈은 공산주의자가 되지는 않았다. 『常綠樹』의 주인공 동혁도 마찬가지로 프롤레탈리아의 개혁의지만을 취할 뿐 끝까지 기독교 가까이에서 기독교적인 사생관을 고수하는 傍外的 擬似 크리스찬에 머물고 있다. 이제 작중인물 동혁의 사생관과 심훈의 사생관을 다음의 글을 통해 간략하게 대비해 보자.

> 그러나 여러분, 조금도 설워하지 마십시오. 이 채 선생은 결단코 죽지 않았읍니다. 살과 뼈는 썩을지언정 저 가엾은 아이들과 가난한 동족을 위해서 흘린 피는 벌써 여러분의 혈관 속에 섞였읍니다. 지금 이 사람의 가슴속에서도 그 뜨거운 피가 끓고 있읍니다.

『常綠樹』의 여주인공 채영신의 장례식에 참석한 박동혁이 청석골 농민들에게 위로와 조사를 겸해 하는 연설의 한 구절이다. 인간 생명의 영속성이 육신에 있지 않고 정신의 계승에 있음을 말한다. 탈속한 사생관이다. 이 탈속한 사생관은 심훈의 발표 유고 「웅의 무덤에서」 4)를 보면 내세의 영혼공간을 인정하는 다음과 같은 구절과 맥락을 같이 하고 있다는 것을 알게 된다.

> 웅아! 나는 지금 네 무덤 앞에 섰다.
> 그러나 조금도 슬프지는 않다.
> 눈물도 흘러지지를 않는다.
> 그것은 내가 귀여워하던 너를
> 만날 날이 자꾸만 가까워 오는 까닭이다.
> 사랑하는 아버지와 의좋은 언니도
> 너를 만나려고 길 떠나신 지 오래되기 때문이다.
> 너의 어머님은 벌써 네 곁에 계시지 않으냐?

月明師의 祭亡妹歌를 연상시키는 내세관이다. 비록 詩語는 거칠고 시적 운치도 보잘것이 없지만 이 시가 제시하는 내세는 영혼의 안주처로서 순수정신이 현세처럼 대화를 나누는 어떤 공간개념을 인정하고 있다. 이것은 기독교가 말하는 영원한 극락의 나라와 그렇게 먼 것이 아니다. 이렇게 본다면 심훈은 본성적으로는 종교인의 심성을 아주 강하게 지니고 있는 작가였다고 하겠다. 그것이 시대조류에 따라 기독교를 선택하지 않을 수 없었으나 당시 기독교인에 대한 혐오감과 심훈의 인간적 기질이 기독교에 빠져들게 하지 않았던 것이라고 생각된다.

그러나 좀더 엄격하게 논의한다면 심훈의 종교관 내지 기독교관은(오늘날의 일부 지성인에게도 적용이 되겠지만) 본질적으로 잘못된 것이 있었다. 종교를 종교인의 사람됨을 통하여 평가하려고 한다는 점이 그 첫째다. 종교가 지향하는 목표는 인간구원이며 모든 인간은 현실적으로 모두 부족

---

4) '웅'은 沈薰의 조카이며 이 작품은 1932년 3월 6일로 그 발표 일자가 표시되어 있다.

한 사람, 神 앞에 죄인이라는 자각으로부터 희생과 봉사도 의미를 갖는 것이라는 생각을 심훈은 하지 못하고 있다. 기독교가 기독교인들만을 위해 존재하는 것이 아니라 모든 인류를 위해 존재한다는 인식을 아마 심훈이 하지 못했던 것이 아닌가 여겨진다. 그의 기독교관의 두 번째 오류는 너무 종교를 현실적 목표 곧 사회개혁, 의식개혁의 수단으로만 생각하였다는 점이다. 기독교인에게 있어서 기독교는 삶의 수단이 아니라 바로 삶 자체이어야 하며 따라서 현실의 비참한 고뇌는 객관적으로 보면 아무 변화 없이 상존하더라고 영적으로 승화한 신앙의 삶은 그 고통의 현실은 낙土化한다는 초원의 경지를 그는 전혀 생각하고자 하지 않았다. 이 불충분한 기독교관은 그가 기도를 어떻게 생각하느냐 하는 데에서 잘 드러난다.

> 어머니!
> 우리가 천번 만번 기도를 올리기로서니 굳게 닫힌 옥문이 저절로 열려질 리는 없겠지요, 우리가 아무리 목을 놓고 울며 부르짖어도 크나큰 소원이 하루아침에 이루어질 리도 없겠지요 그러나 마음을 합하는 것처럼 큰 힘은 없읍니다. 한데 뭉쳐 행동을 같이 하는 것처럼 무서운 것은 없읍니다. 우리들은 언제나 그 큰 힘을 믿고 있읍니다.5)

여기에서 심훈은 기도가 무슨 약처방과 같이 즉각적으로 현실적 효과가 나지 않음을 한탄하면서 인간의 단결력을 호소하고 있다. 이것은 기도에 대한 중대한 오해이다. 기도는 무엇인가? 여러 가지로 정의할 수도 있고 설명할 수도 있다. 그런데 그 어떤 방법을 취하건 기도가 현실적이고 직접적인 처방이 아니라는 것만은 명백하다. 흔히 '기도는 하느님과의 대화' 라고 하지만 차라리 하느님 앞에 고요히 머무는 것일 때 더 좋은 것이라고

---

5) 이 글은 沈熏의 초기 명문의 하나인 獄中書簡 「감옥에서 어머님께 올린 글월」의 일부이다. 이 글월은 1919년 8월 29일에 쓴 것으로 발표되었는데 그는 동년 7월에 執行猶豫로 석방되었으니까 이 글은 그가 감옥을 나온 후에 다시 加筆한 것으로 보아야 한다.

말한다.6) 하느님과의 대화는 우리가 인간들과 나누는 대화와는 근본적으로 다르다. 하느님과 대화할 때에는 내심의 빛이라든가 마음의 通交가 낳은 영성적 친숙, 거기에 수반되는 감사, 찬미, 겸손, 통회, 결의 같은 것이 열매 맺는다. 결국 우리들의 마음을 하느님께 드리는 것이지 이 세상의 어떤 문제가 해결되는 것과 직접적인 관련을 지어서는 아니 된다. 만일에 기도를 현실적 생활문제의 효험과 관계짓는다면 그것은 기독교를 저급한 祈福信仰으로 타락시키는 행위일 것이다. 그런데 심훈은 기복을 종교에서 구하고 싶지도 않으면서 기도로 현실개선이 불가능함을 불평하고 있다. 이것이 심훈이 지닌 기독교관의 한계성이다. 기독교를 근원에 있어 사랑하고 이해하는 것이 아니라 사회개조의 수단으로만 활용하려는 성급한 태도가 빚어낸 결과인지 모른다. 그래서 심훈은 『常綠樹』의 여주인공 채영신을 여자신학교 학생의 신분으로 만들고 그녀를 기독교청년회연합회 농촌사업부의 특파원 자격으로 청석골에서 일하게 하면서도 기독교인의 참다운 신앙의 어떤 것이지를 확실하게 그려내지는 못했던 것이다. 그 때문에 청석골의 채영신과 한곡리의 박동혁이 서로 정신적 기반을 달리하면서도 계몽사업의 성과는 거의 비슷하게 성취되는 것으로 만들 수가 있었다. 아니 오히려 기독교사상을 등에 업은 채영신이 죽음을 통해서 역설적으로 청석골에 새로운 삶의 의지를 불어넣었고 한곡리는 특별한 정신적 기반을 내세우지 않았음에도 불구하고 농민회관 건립을 중심으로 한 한곡리의 의식개조 사업이 결과적으로 성공의 기틀을 다진 것으로 그려내고 있다. 그러므로 『常綠樹』가 만일 성공한 작품이라면 기독교사상을 적당한 선에서 십분 활용하였다는 데 있는 것이며 만일 『常綠樹』가 불완전한 작품이었다면 그 사상의 대사회적 기능, 곧 희생과 봉사를 유발하는 근원이 무엇인가를 좀더 깊이 있게 탐색하고 그런 문제를 간접적으로나마 조명해 주는 또다른 등장인물이나 사건을 설정해 놓지 못했다는 점일 것이다.

그러나 어찌 되었건 『상록수』는 1930년대의 우리 문학계에 새로운 농

---

6) 奧村一郎, 박병해역 『기도』, 성바오로 出版社, 1977년, 참조.

민문학의 이정표를 세운 것이며 기독교인의 생활상이 피상적이긴 하지만 긍정적으로 묘사된 대표적인 소설의 하나가 되었다. 채영신의 신앙생활의 면모를 보이는 몇 귀절을 인용해 본다.

첫째, 기도생활에 대한 채영신의 생각은 다음 귀절에 잘 나타나 있다.

주여, 당신의 뜻대로 이것에 모여든 귀엽고 사랑스러운 어린 양들이 오늘은 그 삼분의 일이나 목자를 잃게 되었읍니다. 다시 어둠 속에서 헤매일 수밖에 없이 되었읍니다. 주여, 그 가엾은 무리가 낙심하지 말게 하여 주시고 하나도 버리지 마시고 다시금 새로운 광명을 받을 기회를 내려주시옵소서. 하루바삐 내려주시옵소서.

둘째, 봉사생활에 대한 채영신의 생각은 다음 구절에 나타나 있다.

그러나 그 반면으로 건강은 아주 회복이 되어서 먼동이 틀 때에 일어나 기도회에 참례를 하고 낮에는 학원을 지을 기부금을 모집하러 몇 십리 밖까지 다니거나 그렇지 않으면 부인친목계의 계원들과 같이 발은 벗고 들어서서 원수밭을 매고 풀을 뽑고 하다가 저녁을 먹고 나면 그 자리에 쓰러지고 싶은 것을 간신히 참고 예배장으로 가야 한다.

셋째, 계몽생활에 대한 채영신의 생각은 다음 귀절에 나타나 있다.

그(원재 어머니)는 영신의 감화를 받아 교회의 권사 노릇까지 하게 되었고, 영신이가 와서 발기한 부인친목계의 서기 겸 회계까지 보게 되었다.

"정근씨가 지금 같은 개인주의를 버리고 어느 기회에든지 농촌이 아니면 어촌이나 산촌으로 돌아가서, 동족이나 같은 계급을 위한 일을 해 주세요! 우리 같은 청년남녀가 아니면 뉘 손으로 그네들을 구원해 냅니까?"

이상의 귀절들은 채영신의 生活을 통해 크리스찬의 참모습을 외형상으로 그려낸 부분들이다. 그럼에도 불구하고 박동혁은 기독교인을 통해 기독교 자체를 평가하는 편견을 보임으로써 심훈이 당시 교계에 얼마나 크게 실망하고 있었는가를 간접적으로 나타내고 있다. 다음 귀절을 보자.

> 동혁은 인류와 종교의 역사관계를 모르는 것도 아니요, 편협한 유물론자처럼 덮어놓고 종교를 아편과 같이 생각하지는 않으면서도 근대에 예수교회가 부패한 것과 교역자나 교인들이 더 떨어질 나위 없이 타락한 그 실례를 들어 맹렬히 공격하는 것이었다.

> "권세에 아첨을 하다 못해 무릎을 꿇고, 물질과 타협을 하다 못해 돈 있는 놈의 走狗가 되는 그런 놈들 앞에 내 머리를 숙이란 말씀요? 그따위 교회엘 다니다간 정말 지옥엘 가게요?"

이 신랄한 비판을 어쩌면 심훈의 기독교에 대한 애정의 표시일 수도 있다. 이렇게 경고를 받은 기독교계가 그로부터 오십 년이 지난 지금 얼마나 변모했는가를 심훈은 지금도 우리에게 묻고 있다.

이상으로 우리는 심훈의 『常綠樹』를 중심으로 그가 우리에게 보여준 기독교관의 일단을 살펴보았다. 우리는 서슴없이 심훈을 방외적 비판의식을 가지고, 기독교를 통한 사회개혁을 모색했던 擬似 크리스찬으로 규정하고, 다소 편견과 부족한 점이 있으나 비교적 애정어린 눈으로 기독교사상이 우리민족을 구원할 사상적인 지주라고 믿고 있음을 검토하였다. 그 불완전한 기독교관 속에서도 교계를 비판하는 날카로운 음성이 5십년이 지난 오늘날까지 유효하다는 사실을 깨달으며 우리는 다시 한 번 기독교계의 정신적인 황폐를 가슴 아파하지 않을 수 없다. 이러한 점 때문에 오늘날에도 여전히 우리나라에서 기독교에 대한 오해가 존재하고 있음을 우리는 결코 부인할 수 없는 것이다.

6. 金東里의 神靈主義

1) 東里의 文學史的 位置

우리 나라의 現代文學史上에서 金東里만큼 지속적으로 주목되는 작품을 발표해 온 작가는 그리 혼치 않다. 1935년에 「花郎의 後裔」라는 단편이 중앙일보 신춘문예에 당선된 것을 기점으로 하여 시작된 동리의 작품활동은 1978년에 「巫女圖」의 확대개작 『乙火』를 발표하기까지 근반세기에 걸쳐 질량이 중후한 일품들을 우리 문학계에 공급하여 왔다. 본고에서 동리에게 관심을 두는 이유는 그가 1930년대 등단하여 근년에 이르기까지 30년대 문제로 삼고 있던 주제를 끈질기게 붙들고 추적할 뿐 아니라 그가 직접 간접으로 기독교사상과 상관성이 깊은 작품들을 발표해왔기 때문이다.

우선 동리의 생애가 기독교와 어떤 인연을 맺고 있는가를 살펴보자.

1920년(8세) 慶州 第一教會附屬學校 入學
1926년(14세) 大邱 啓聖中學校 入學
1928년(16세) 서울 徽新高等普通學校 第3學年 轉入
1929년(17세) 위의 學校 4년 中退 歸鄕

위의 연보는 오늘의 학제에 비교한다면 동리의 초중고등학교의 수학경력을 나타내는 것이거니와 흥미롭게도 그 모든 학교가 이른바 기독교 미션계 학교로 일관되어 있다는 사실이다. 이 점으로 미루어 본다면 동리는 어려서부터 싫건 좋건 기독교사상에 접하여 성장해 왔다고 말할 수 있다. 물론 경주 태생의 동리는 전통적 유가풍의 가정에서 자랐으며 특히 그의 장형 凡父 金基鳳이 당대에 덕망이 있던 한학자이었음을 감안한다면 그가 반드시 기독교 일변도로 기울 수 없었음은 쉽게 간취되는 점이기도 하다. 더구나 1937년(25세)을 전후로 하여서는 多率寺에 들어가 佛門의 분위기에 젖어 있기도 하였다. 따라서 동리의 종교적인 경륜이 유교, 불교, 기독교에 걸쳐 만만치 않는 깊이로 무장되었음은 상상하기 어렵지 않다. 어떻게 본다면 그가 작가 활동을 시작한 1935년대에는 이미 비종교학적인 차원으로 그의 각개 종교에 대한 식견이 성숙되어 있었다고 추정해도 좋을 것이다. 30년대에 발표된 동리의 대부분의 작품들이 모두 종교 문제와 관계를 갖고 있는 것은 그의 이상과 같은 인생경력과 결코 무관한 것이 아니라 하겠다.

그러나 그러한 종교적인 배경이 반드시 그대로 작품에 반영되어야 한다는 필연성을 나타난 것이 아니다. 동리의 경우, 이러한 공식은 매우 적절하게 들어맞는다. 왜냐하면, 동리가 추구하는 문제는 항상 '인생의 궁극' 아니면 '인생을 넘어서 존재하는 것' 같은 究竟의 문제들이었기 때문이다. 이제 작품을 구체적으로 분석 검토하면 자명하게 밝혀질 것이지만 우선 동리 자신이 스스로 그의 작품세계를 어디에 두고 있는지를 元晙한 다음 구절을 유의해 보자.

近代 人間主義는 삶의 基準(尺度)을 神보다 人間에 두는 점에 있어, 그 방법을 信仰보다 實證으로 삼는 점에 있어, 그 目的을 彼岸(天國)보다 現世(地上)로 택하는 점에 있어, 각각 基督教와 對蹠的인 위치에서 출발하여 發展하고 終結하였다. 近代文明은 고스란히 '神'과 '人間'이 겯고 튼 攻防戰의 産物이라고 해도 지

나친 말이 아닐 것이다. '神의 死亡'과 함께 攻防戰이 終焉을 告했을 때, 人間은 어느덧 한발작도 前進할 수 없는 絶壁에 서게 된 자기 자신을 발견하게 되었다. 오늘의 '虛無의 季節', '不安과 混沌의 風土'는 여기서 빚어진 것이다.

그러나 人生은 '不安과 混沌의 風土'속에 安住할 수 없으며 '虛無'로서 족히 그 目的을 삼을 수는 없다. 우리는 새로운 生命의 創造와 내일의 前進을 위하여 모든 것을 근본적으로 再檢討할 필요가 있다. '人間'은 그 자신의 成長과 發展과 榮光을 위하여 '近代'의 경우와 같이 반드시 '神'을 그 敵으로 돌려야만 하는 것일까? '神과 人間'이 面目을 달리하고 손을 잡게 되는 날은 오지 않을까? 오늘의 '虛無의 季節'은 '神'과 '人間'이 다 함께 한 번씩 '거듭날' 날을 마련하기 위하여 있는 과도기가 아닐까?[1]

이와 같이 인간허무의 극복을 문학적으로 시도하고자 할 때 동리는 필연적으로 종교적인 작가가 될 수밖에 없었다. 그는 스스로 자신의 작품세계가 ㉠사랑과 운명, ㉡민족과 사회, ㉢신과 인간의 문제 등, 세 가지 영역에 걸쳐 있다고 말한 바 있는데[2] 이 세 가지도 결국 인간이 백 년도 살지 못하는 시간제약내의 존재로부터 어떻게 죽음을 넘어서서 연장된 인생, 영원에 통하는 인생을 누릴 수 있을 것인가 하는 문제와 결부된다는 점에서 그가 말하는 바 신인간주의 같은 것으로 그의 문학적인 주제가 수렴된다는 것을 알 수 있다. 그러나 결과에 있어서 그의 新人間主義는 인간조건을 넘어서는 쪽에 더 많이 눈을 돌림으로써 오히려 '초인간적인 무엇'에 더 집착하게 하였고 그리하여 그것은 한국인에게 가장 전통을 지닌 巫敎(샤머니즘)에 매력을 느끼게 되어 神靈主義라고 표현하는 것이 더 좋을 문학세계를 전개하기에 이르렀다.

---

1) 이 글은 1958년 발간된 『사반의 十字架』의 後記이다. 이와 비슷한 논조는 隨筆形式의 다른 글에서도 누차 밝혀진 것인데, 요컨대 東里는 근대 人間主義의 修正案으로서 '新人間主義'를 부르짖으며 그것을 그의 문학적 명제로 삼고자 한다.
2) 『文學思想』 창간호, 1972년 10월, p264 참조

2) 東里의 作品世界—神靈主義

그러면 동리의 주요작품을 연대순으로 정리해 보자.

제 1기

1935년(23세) : 「花郞의 後裔」

1936년(24세) : 「山火」, 「巫女圖」, 「바위」, 「술」, 「山祭」

1937년(25세) : 「어머니」, 「牽居」, 「팥죽」, 「허덜풀레」, 「剩餘說」, 「生日」, 「黃土記」, 「찔레꽃」

1940년(28세) : 「洞口앞길」, 「昏衢」「玩味說」, 「少年」, 「會計」, 「다음 港口」

1946년(34세) : 「輪廻說」

1947년(35세) : 「달」, 「穴居部隊」, 「紙鳶記」, 「이맛살」

1949년(37세) : 「解放」, 「兄弟」, 「凡情」

1950년(38세) : 「歸還壯丁」, 「한내 마을 傳說」, 「南路行」

1952년(40세) : 「避難記」, 「傷兵」, 「살벌한 黃昏」

제 2기

1953년(41세) : 「마리아의 懷胎」

1955년(43세) : 『사반의 十字架』, 「與南撤收」, 「密茶苑時代」, 「龍」, 「靑磁」, 「잔달래」, 「木工 요셉」, 「旅愁」, 「願往生歌」, 「水路夫人」

1957년(45세) : 『春秋』

1959년(47세) : 「江遊記」, 「당고개 무당」, 「姉妹」, 「어떤 告白」, 「故友」, 「阿尸良記」, 「鶴亭記」, 「自由의 旗手」

1960년 (48세) : 「이곳에 던져지다」

제3기

1961년(49세) : 「等身佛」, 「天使」
1963년(51세) : 『海風』
1964년(52세) : 「心臟 비 맞다」
1965년(53세) : 「城門거리」
1966년(54세) : 「松湫에서」, 「白雪歌」, 「父情」, 「까치소리」
1968년(56세) : 「極樂鳥」
1972년(60세) : 「阿道」, 「三國記」
1978년(66세) : 『乙火』

이상의 작품연보를 보면서 우리는 春園 李光洙 이래 질과 양의 양면에서 우리나라 현대문학의 또 하나 거대한 준봉 앞에 서 있다는 느낌을 새롭게 가지게 된다. 근 10편의 장편 그리고 60여의 단편이 1935년이래 공백기간도 없이 연속으로 발표되었다. 여기에는 문학평론, 논설, 수필 그리고 詩가 제외되어 있으므로 이런 것들을 포함한다면 그 양은 상당한 것이라 하겠다. 그러나 보다 중요한 것은 이들 작품들이 지닌 사상적 깊이, 주제 등을 중심으로 하는 문학사적 의의이다. 중국의 고대사회를 배경으로 한 2500년 전의 세계에 눈을 돌리는가 하면(『春秋』), 2천 년 전 중동지역 이스라엘 민족의 독립항쟁에 관심을 기울이고 (『사반의 十字架』), 유교, 불교, 기독교 및 무교에 이르기까지 동리가 뻗치는 思念의 세계는 인류가 지금까지 쌓아놓은 모든 정신적 업적을 빠짐없이 섭렵한다. 그런가 하면 번잡한 일상의 市井事에 대해서도 날카로운 촉수를 문득 뻗친다 (「密茶苑時代」). 요컨대 소재에 있어서나 주제에 있어서나 문자 그대로 동서고금을 망라한 방대한 작품세계를 마련하여 놓고 있다. 따라서 그의 작품을 시대별로 구별지어 논의하기가 대단히 힘들다.

그러나 이해의 편의를 도모하기 위하여 굳이 나누어서 생각하기로 한다면 다음과 같이 3등분해 보는 것이 좋을 것 같다.

제1기 1935년~1952년 : 「花郞의 後裔」~「살벌한 黃昏」
제2기 1953년~1960년 : 「마리아의 懷胎」~「이곳에 던져지다」
제3기 1961년~1978년 : 「等身佛」~『乙火』

이 구분은 발표된 작품의 종교적 배경과 그 작품의 有名度를 참작하여 나눈 것이다. 제 1기의 첫 번째 작품 「花郞의 後裔」는 동리의 데뷔작이다. 양반의 후손이라는 자존심 때문에 과부에게 재취장가 가는 것조차 완강하게 거절하면서도 며칠씩 밥을 굶는 황 진사라는 위인을 애정어린 시선으로 풍자한 단편이다. 몰락한 양반이 거접할 데 없는 유랑인의 신세가 되어 가지고서도 집요하게 핏줄을 생각한다는 것이 가엾고 처절하게 묘사되어 있다. 나라 잃은 민족이 현실에 눈을 돌리는 것이 아니라 먼 과거의 榮華만을 意識 속에 생생하게 확대시키면서 실존적 조건을 초월하려 한다는 이 이야기에서 東里가 이 세상보다는 더 값진 다른 세상에 대해 관심을 두고 있다는 선언을 하는 셈이다. 물론 그 다른 세상을 이 세상에서 어떻게 찾아가느냐 하는 문제는 그의 다음 작품들이 계속해서 같은 음조로 말해 주고 있다.

거기에 샤머니즘이 깊고 진한 비중을 차지한다. 그러면서 해방을 맞고 6·25를 치르는 동안 세속사의 문제들도 동리의 소설소재로 등장하지만 그것은 그가 그야말로 목숨을 걸고 추구하는 삶의 본질문제와는 다소 거리가 있는 듯하다. 그러나 그것이 인간탐구라는 점만은 변함이 없다. 이렇게 유교, 무교, 전설 등 우리문화의 전통적 문제들을 다루면서 40세의 나이에 이른다. 이 기간을 「輪廻說」을 분기점으로 하여 해방 이전과 이후로 양분하여 생각할 수도 있으나 그 기간을 통해서 왕성한 창작의욕을 보이고 그 성과 역시 좋았던 때이므로 여기서는 함께 묶어둔다.

제2기는 1953년 「마리아의 懷胎」를 발표한 때로부터 1960년 「이곳에 던져지다」가 발표된 약 10년 간이다. 이시기에 동리는 기독교사상을 한국적 정신풍토 속에서 어떻게 수용할 것인가를 집중적으로 다룬다. 이미

1936년 「巫女圖」에서 기독교 문제가 거론되기는 했으나 일단 그 정도에서 멈추고 있던 東里는 『사반의 十字架』를 통하여 자신이 지니고 있는 기독교관을 밝히고 있다. 사실 이 시기가 6·25를 치른 직후 서양문물을 본격적으로 대면한 때에 해당되기 때문에 기독교문화에 대한 한국적 해명이 우리 소설문학사에서도 등장함직한 기간이었다. 이러한 여건에서 그 소임을 동리가 떠맡은 것이었다. 또한 이 기간은 그의 불혹의 40대에 해당하기도 한다.

제 3기는 1961년 「等身佛」을 발표한 때로부터 1978년 『乙火』를 발표한 때까지로 잡아 보았다. 실제에 있어서는 1978년 이후도 제 3기의 연속이라고 보아야 할 것이다. 「等身佛」이 지니는 문학사적 의의는 우선 불교사상의 한국적 재해석이라는 면이 지적되어야 할 것이다. 그 해석이 구체적으로 무엇을 뜻하느냐 하는 것은 본고에서 설명할 여유가 없어 다루지 못하지만 동리가 찾고자 하는 영원한 세계와 직결되어 있다는 점만은 분명하다. 이 「等身佛」로써 동리는 50대 원숙한 작가의 든든한 지반을 굳힌다. 완벽한 묘사와 다채롭고 아름다운 문체는 우리나라 단편소설 기교면에서 찬란한 금자탑을 이룬 것이라 할 수 있다. 특히 한문으로 된 萬寂禪師 燒身成佛記와 그 한글 번역문은 당대의 어느 작가가 흉내인들 낼 수 있을 것인가? 그러나 그 이후 그의 작품활동은 그 이전에 비해서 서서히 量的으로 줄어든다. 그 대신 「까치소리」, 「極樂鳥」 등 동리만이 다룰 수 있고 또 다루어 왔다고 볼 수 있는 '영원한 생명본질'의 이야기가 발표된다. 50대 작가로서의 질량감을 흡족하게 발산하는 작품들이라 하겠다. 그런 반면 1970년 후반을 넘어서면서 그 전부터도 발표 때마다 조금씩 수정하는 수가 있기는 했지만 「巫女圖」의 단편을 『乙火』라는 이름으로 확대개작함으로써 우리 문학사에 개작을 둘러싼 논의거리까지 마련해 주었다.

이상의 개괄적인 검토에서도 드러나는 바와 같이 동리의 문학은 그 자신이 스스로 즐겨 쓴 순수문학3)의 테두리 안에서 착실하게 성장하여 왔

다. 동리에게 있어서 문학은 하나의 종교와 같은 것이었다고 말해서 조금
도 지나친 표현이라 할 수 없다. 동리의 다음 고백을 들어보자.

> 나는 어쩌면 문학에다 너무 많은 것을 걸어 왔던 것 같다. 젊은
> 날엔 누구나 흔히 그런 것처럼 문학은 나의 종교다, 신이다, 생명
> 이다, 영혼이다 하는 따위, 격월한 말로 자기의 도저한 문학정신을
> 과시하는 건 줄 믿었고 언제 어디서나 이 길에 최선을 다하는 것
> 이라고 거침없이 장담해 왔던 것이다. 나는 지금도 물론 구도정신
> 그 자체가 무의미하다는 것은 아니다. 그러나 삼십 삼년이 지난
> 오늘에 와서 내 자신을 다시 한번 살펴볼 때 나는 결코 구도자도
> 수도자도 아닌 일개 평범한 문인에 지나지 않는다는 엄연한 사실
> 을 흐리멍텅하게 넘길 수도 없는 것이다. 문학을 통하여 자연과
> 人生의 究竟이 해결되고, 生命이 救濟되는 것이라고 잔뜩 돋구
> 었던 목청은 이제 여기 몇 줄의 글이 되어 남았으나 앞산과 뒷수
> 풀은 갈수록 완고한 벙어리처럼 턱앞에 다가설 뿐이다.4)

55세의 중견작가가 된 동리의 이 조심스럽고 겸허한 발언에서 우리는
동리의 순수문학이 어떻게 고귀한 것이며 그의 문학이 어떻게 철저하게
종교가 되는가를 확인하게 된다. 그러면 동리의 종교가 가르치는 教義는
무엇인가? 현세의 삶을 지배하고 있는 초월의 힘 내지는 초월의 존재를
想定하지 않을 때, 인생의 究竟이 해결될 수도 없고, 생명이 구제될 수도
없다. 따라서 동리는 신의 영역을 인정한다. 그러나 그가 내세우는 신의
영역은 기독교에서 말하는 메시아의 개념도 아니요, 불교에서 말하는 涅
槃의 경지도 아니다. 흔히 종래의 평자들은 '巫教的 神秘'라는 표현을
즐겨 써왔거니와 앞에서도 밝힌 바와 같이 그것을 '神靈'이라 부르고 동

---

3) 문학이 문학 이외의 다른 목적을 가지지도 않고 사회적인 기능에도 무관심할 수
   있을 때에 참다운 문학의 길을 걸을 수 있다는 관점에서 純粹文學이란 용어가 사
   용된 것이라 여겨진다. 따라서 傾向文學이나 參與文學 같은 것은 결단코 순수문
   학이 될 수 없을 것이다.
4) 『金東里代表作選集』序文, 三省出版社, 1967.

리의 그러한 작가의식을 '神靈主義'라 부르고자 한다. 자연과의 일치나 영원에의 도전으로서 接神通靈의 수단을 동리는 즐겨 다루고 있기 때문이다. 범상한 세속사에서조차 신령의 경지는 빠짐없이 설정되어 있다. 이제 기독교와 관련된 작품 몇 개를 중심으로 동리의 기독교 사상을 탐색해 보기로 하자.

3) 作品의 實際

김동리의 문학을 기독교의 관점에서 조명하려고 할 때 문제되는 작품은 대체로 「巫女圖」, 「木工 요셉」, 「마리아의 懷胎」, 『사반의 十字架』, 『乙火』라고 하겠다. 이 중에서도 가장 중요한 작품은 『사반의 十字架』와 『乙火』의 두 가치이다. 『사반의 十字架』는 예수 당대의 이스라엘을 무대로 한 역사소설이었기 때문에 기독교에 대한 동리의 견해가 종합적으로 함축되어 있다. 「木工 요셉」, 「마리아의 懷胎」는 예수를 중심으로 한 가정을 예수의 생전과 생후의 두 가지 시점에서 바라본 것이기는 하나, 예수라는 인물을 보다 본격적으로 다룬 『사반의 十字架』에 포용될 수 있는 작품으로 취급할 수도 있다. 그런데 『乙火』는 「巫女圖」의 확대개작이므로 결국 우리의 관심은 『乙火』와 『사반의 十字架』에 압축된다.

(1) 「巫女圖」와 『乙火』

『乙火』가 발표되었을 때 많은 사람들은 동리의 문학적인 성취에 대해 깊은 경의를 표하였다. 하나의 주제를 놓고 평생토록 고심하며 개작을 거듭한다는 것은 적어도 문학분야에 종사하는 사람들로서는 그렇게 흔한 일이 아니었기 때문이었다. 동리는 무녀도를 발표한 1936년으로부터 자그만치 40년이 지난 뒤에 그것의 개작시판을 세상에 선보였던 것이다. 그때 동리의 변명은 다음과 같았다.

「巫女圖」는 나의 가장 초기의 작품이지만 그 뒤에도 나는 巫敎에 관련된, 혹은 거기서 주인공을 택한 작품을 4, 5篇 썼다. 그러나 그 어느 것도 흡족하지가 않았다. 특히 「巫女圖」는 지금까지 나의 단편에서도 代表作의 하나로 되어 왔고, 또 외국어로 번역된 일도 여러 차례 거듭되어 왔지만 그럴 때마다 나는 심히 불안하고 悚懼스러움을 금할 수 없었던 것이 사실이다. 왜냐하면 巫敎란 다소 특이한 素材이다. 성격을 달리하는 神과 神의 衝突이란, 자못 深刻하고 차원 높은 이 주제가 2百字紙 백장(약 5천 단어)정도로는 도저히 形象化될 수 없었기 때문이다.5)

　　요컨대 하고 싶은 이야기를 충분히 하지 못했다는 이유가 개작의 동기라는 것이었다. 그러면 「巫女圖」에서 개진한 주제가 『乙火』에서 변개되었는가? 물론 그렇지는 않다. 다만 주제의 무게에 비하여 스토리가 간략하게 압축되어 있어서 혹 사려 깊지 않은 독자는 작품의 이해가 불충분할지 모른다는 우려 때문에 보다 자세하게 풀어놓음으로써 주제에 대한 오해에서 벗어나 보자는 것이었다. 사실 일부 평자들에 의해 「巫女圖」가 잘못 이해되는 경우가 없지 않았다. 그래서 작가나 비평가가 모두 서둘러 해명을 했어야 하였다. 다음은 그 증거의 일례이다.

　　「巫女圖」를 놓고도 잘못 分析하면 예수교에 대한 土着的 전통으로서의 샤머니즘의 敗北라고 速斷하기 쉽다. 이 점에 대해서 동리는 '新世代의 精神'에서 그것이 아니라는 것을 분명히 밝히고 있다.6)

이와 같이 「巫女圖」에 대한 해석은 다분히 샤머니즘의 우세론 쪽에 기울고 있었고 저자 자신도 은근히 그렇게 해석되기를 바라는 입장이었다.

---

5) 『乙火』後記, 1978.
6) 金炳旭의 評論, 「永遠回歸의 文學, 金東里論」의 一節, 金炳旭 外 編譯 『文學과 神話』, 대람출판사, 1981, p.336.

그러나 사실에 있어서는 「巫女圖」가 흔히 말하듯이 샤머니즘과 기독교의 대립이 아니라 그 공존이요 더 나아가 공존을 넘어선 새로운 신의 모색에 더 가까운 것이었다. 따라서 섣불리 '毛火의 悠久한 勝利'[7]라고 지나치게 샤머니즘 쪽에 동정론을 펴는 것도 正體를 짚었다고는 보기 어려운 점이 있다. 필자의 진작에 「巫女圖」에 대하여 다음과 같은 해석을 시도했었다.

> 이것은 한 폭의 그림.—毛火라는 巫女가 춤을 춘다. 십만리 서역의 예수귀신이 붙었다고 아들 昱伊를 칼로 찍어서 병들어 죽게 한 이 무녀는 반 발광상태에 있고, 스스로 마지막 굿이라고 하면서 그 굿을 통해 벙어리인 딸 琅伊의 입을 열게 하겠다고 한다. 몰려온 구경꾼들은 굿의 영검을 믿는 사람들이 아니라, 예수귀신이 진짠가 신령님이 진짠가를 두고보자고 벼르는 사람들이다. 때는 밤이고 소복을 한 무녀는 검은 강물 속으로 겁없이 자꾸 들어간다. 오직 살아남은 반벙어리 琅伊는 그녀의 존재 자체가 나타내는 관념이 毛火의 것인지 昱伊의 것인지 분간 못하는 凄切하게 슬픈 모습으로 제 어미의 목숨이 끝난 검은 江물 너머 無知의 他鄕을 유랑한다. 어쩌면 琅伊는 毛火의 精神世界에 살면서 體內에는 昱伊의 變身을 키웠는지 모른다. 이 그림,—巫女圖는 1930年代를 前後한 한국의 精神狀況을 환타직하게 그려놓은 縮小版이다. 毛火 이전의 한국은 病者를 위해 醫員이 필요한 것이 아니라 무당의 푸닥거리가 要請됐던 시대다. 그러나 예수귀신이 붙은 아들과의 熾烈한 칼부림 끝에 드디어 아들을 죽게까지 했다손처도 毛火 자신의 懷疑가 지배적으로 되어가던 過渡期다. 그리고 반벙어리인 琅伊가 슬프고도 차디찬 모습으로 걸어가는 검은 강물 이쪽의 세계는 인간 이전의 상태에서 인간의 본질을 깨우친 民衆이 합리적 길을 모색해 보고자 하는 데라고 볼 수 있다.
> 毛火는 곰할머니 적부터의 유서깊은 전통이다. 5천 년간이나 이 민족의 정신세계를 움직여 왔던 샤머니즘이다. 大院君의 鎖國

---

7) 앞의 책, p.337.

이며 고집이기도 하다. 尨伊는 毛火의 용어를 빌리면 서방귀신이요, 현대적 용어를 빌리면 西歐의 外來思潮다. 2천년간 西歐의 정신세계를 지배해온 크리스찬이즘이다. 大院君의 칼날 아래서 신앙을 증거하며 죽어간 무수한 殉敎者들의 영혼이다. 소설의 배경이 되는 잠성촌의 基督이기도 하다. 예수와도 같이 尨伊는 그에게 칼을 휘두른자를 위해 기도를 하며 죽었다. 琅伊는 우리 민족의 심볼이다. 두 개 思潮의 갈등 속에서 방황하는 이민족의 모습이다. 오빠와 어미를 동시에 잃어버린 벙어리 琅伊가 굿의 효험인지 드디어 말을 하게 되었다고 했는데 이 일은 모화의 마지막 굿이 가져온 영검이 아니다. 그것은 毛火와 伊를 합하여 빚어진 복합체로서의 琅伊가 自意識과 懷疑에 싸여서 未明의 세계를 걸어가며 스스로 이룩해낸 생존의 방법이다.8)

위에 인용한 논조를 요약하면 毛火와 尨伊로 표상되는 정신세계가 琅伊에 의하여 변증법적 止揚을 보여준다는 것이다. 그러므로 샤머니즘의 승리도 아니며 기독교의 승리도 아닌 새로운 신령세계를 가정하는 시점에서 「巫女圖」가 멈추어 있다는 것으로 설명할 수 있다. 동리도 앞서 인용한 『乙火』의 후기에서 필자와 비슷한 말을 하고 있다.

내가 巫敎를 나의 文學世界로 끌어들이게 된 까닭을 단적으로 설명한다면 다음의 두 가지다.
첫째는 巫敎가 韓民族의 原始宗敎인 만큼 한민족 고유의 神觀, 來世觀(저승), 現世觀(이승) 등이 그 속에 포함되어 있으리라고 보았다. 그 당시는 일본 總督政治가 우리를 다스리고 있을 때인 만큼, 나는 한국의 고유한 얼을 문학작품에서나마 담아 영구히 간직해 나가리라 생각했던 것이다.
둘째는 내가 『文學思想』誌 5월호(1978년)에서 이미 언급한 바와 같으므로 이를 인용코자 한다. 19세기말로 모든 旣成宗敎, 따라서 기성적인 神은 文化創造의 精神的 源泉으로서는 이미 쇠잔

---

8) 掘稿, 「現代小說과 象徵」, 『月刊文學』, 1972년 9월호.

해진 것이라고 판단하는 동시, 새로운 精神源泉은 새로운 성격의
神을 찾는 데서만 가능하다고 보고, 새로운 성격의 神을 찾는 방
법으로서 샤머니즘을 택했던 것이다.

　내가 「巫女圖」에서 샤머니즘과 기독교의 충돌을 시도했던 것
은, 막연히 생각할 수 있는 東西文化의 충돌이라든가 新舊精神
의 대립이라든가 하는 따위가 아니고 나대로는 좀더 미래적인 세
계를 전제하는 새로운 神의 탄생을 문학적 표현으로나마 시도코
자 했던 것이다. 그러나 「巫女圖」뿐 아니고 휴머니즘을 다룬 다른
어느 작품에서도 나의 이러한 抱負를 전달하기에는 너무나 미약
하고 부족했던 것이다. 도대체 그러한 주제를 단편 형식으로 시도
한다는 그 자체가 문학에 있어 形象化가 무엇이란 것을 망각한
태도였다고 할까?9)

　만일 동리가 『乙火』를 쓰지 않을 수 없는 이유가 위에 언급한 두 가지
에 국한한다면 정당한 안목을 지닌 독자나 비평가에게 있어서는 오히려 「巫
女圖」가 더 詩的 상상력을 자극하는 훌륭한 작품으로 평가되어야 할 것이
다. 왜냐하면 동리 자신이 구구하게 辭說을 덧붙이지 않아도 이미 「巫女圖」
를 통해서 필자는 그러한 주제적 의미구조를 파악하고 있었으니 말이다. 이
러한 점으로 볼 때 『乙火』는 「巫女圖」의 구차스런 개작이라는 평을 들음직
도 하다. 그러나 보다 많은 대중에게 친절해야 한다는 관점에서 「巫女圖」
가 『乙火』로 바뀐 것은 그 나름의 존재의의를 부여할 수밖에 없다. 말하자
면 「巫女圖」가 詩라면 『乙火』는 散文이라고 할까? 그런 만큼 『乙火』
는 한편으로는 산만하고 또 한편으로는 자상하다. 샤머니즘의 잡다한 요
소와 양상들이 거의 망라되어 있어서 동리의 의도한바 巫女의 民俗誌的
자료의 기능까지도 감당할 수 있다는 점에서 『乙火』는 능히 그 산만성을
보충하고 있으면 샤머니즘에 대한 깊은 이해로 유도한다는 점에서 그 자
상함을 드러내고 있다. 주요 등장인물은 毛火-昱伊-琅伊가 乙火-영술-月

---

9) 『乙火』 後記, 「1978년 5월 樹南閣에서」라는 날짜가 표시되어 있음.

嬉(달희)로 바뀌었는데「巫女道」의 琅伊가 지닌 함축성 내지 상징의 기능이 月姬에 와서는 조금 흐려진 듯한 인상을 준다. 그러나 여전히 月姬의 진로 속에 우리 민족의 종교적 지향이 암시되어 있는 것만은 분명하다. 그러면 그것은 무엇인가? 동리도 그것을 명쾌하게 언명하기를 유보한다. 물론 그 유보는 샤머니즘도 기독교도 모두 포용하려는 저의를 나타내는 것이다. 따라서 동리에게 있어서 기독교는 합리주의적이고 서구적 선진성을 지닌 종교이기도 하지만 끝내 한국의 전통적 샤머니즘과 동류의 것이라는 판단이 감추어져 있다. 어떠한 종교이건 그것은 샤머니즘을 통해서거나 기독교를 통해서거나 궁극에 있어서 같을 것이 아니야 하는 생각을 『乙火』는 끊임없이 反시키는 것으로 보인다. 『乙火』에 나오는 다음 귀절을 보자.

구경꾼들의 중얼거리는 소리나 무당이 늘어놓는 사연을 듣고 있자니까 영술은 기묘한 생각이 들었다. 그것은 사람의 죽음에 대한 새로운 의문이었다. 지금까지의 그는 사람이 죽으면 그냥 소멸로 돌아가는 거라고 막연히 믿어 왔던 것이다. 그 가운데서 예수를 믿는 자만이 그 혼의 구원을 받아 하늘나라로 갈 수 있고, 그 이외의 생명들은 육신과 함께 사라지고 마는 것이라고 생각해 왔다. 나쁜 죄를 지으면 지옥으로 간다는 것까지도 사실 그는 꼭 믿지 않았다. 그는 거룩하신 하느님께서 당신을 믿고 원하는 자만을 당신의 나라로 구제해 주는 것은 당연하지만, 그렇지 않은 자라도 벌을 주어서 지옥으로 보낸다는 것은 웬지 믿어지지 않았던 것이다. 따라서 하늘나라로 구원되는 자와 아주 소멸되는 두 가지가 있을 뿐이라고 막연히 믿고 있었던 것이다. 그러나 지금 여기 모여든 군중들의 생각은 전혀 다른 것이다.

그들은 사람이 죽으면 그 혼이 저승으로 곧장 건너갈 수도 있고 그렇지 못한 경우도 있다고 믿는다. 그들은 하늘나라로 간다거나 극락세계로 간다는 것을 잘 모르기 때문에 그런 것을 통틀어 저승으로 간다고 생각하는 것이다. 곧장 저승으로 건너가면 그것이 제대로 되는 일이요, 그렇지 못한 것은 잘못된 것이라고 믿는다. 그런데 그 잘못된 경우라도, 아주 소멸되는 것이 아니고, 그 혼이 그 냥 남아서 이승과 저승 사이 그 중간에 맴돌며 기다가는 자기의 유가족, 혹은 남에게 범접해 온다고 믿는다. 이렇게 죽은 사람의 혼이 산 사람에게 범접하는 것을 가리켜 '귀신이 붙는다' 혹은 '귀 신이 들린다'고 말한다. 이렇게 귀신이 붙으면 그 사람은 병을 앓 게 되고 그 병은 약으로 고쳐지지 않는다. 여기서 무당이 굿을 해 서 죽은 사람의 혼을 산 사람에게서 쫓아낸다. 오다가다 우연히 잠깐 걸린 귀신은 객귀 혹은 잡귀라 하여 간단한 푸닥거리로만 몰 아내면 그만이지만, 살았을 때의 연고로써 붙는 귀신은 푸닥거리 로만 다스려지지 않고 오구로 그 혼백(귀신)을 저승으로 보내주어 야 한다.……

영술은 여기 모인 사람들의 이러한 굳은 신념이 어쩌면 지금까 지 자기가 미신이라 하여 일고의 가치도 없다고 믿어왔던 것보다 도 일리가 있을지 모른다는 생각이 들었다.

……나는 느거 야수락 하는 사람을 암만 좋게 봐 줘도 우리 겉 은 신자(神子·무당을 가리킴) 밖에 아이다. 그렇다면 어째서 먼 타국에서 온 옛날 신자만 제일이고 살아 있는 우리나라 신자는 외 면해야 되노 말이다.……

앞의 것은 영술이 굿 구경을 하면서 느낀 생각이고 뒤의 것은 을화가 아들 영술에게 자기를 이해시키려고 애쓰면서 늘어놓은 사설이다. 이 간 단한 두 가지 생각, 즉 영술의 생각은 그대로 동리가 말하고자 하는 내세 관이요 을화의 말은 역시 동리의 예수관(기독교관)을 소박하게 표현한 것 이라고 보면 틀림없을 것이다. 기독교의 견지에서 보면 어처구니없는 망 발이지만 이것은 어쩌면 한국인에게 이해되는 기독교관의 진면목인지도 모른다. 기독교가 한국에서 샤머니즘화하는 경향을 이와 같은 한국인의 의식(그 뿌리깊은 샤머니즘의 전통)을 이해함으로서 바르게 파악할 수 있 을 듯도 하다. 결국 동리의 『乙火』는 이러한 제문제를 소상하게 알려 주 는 생생한 문학적인 증거물이 되었다.

⑵ 『사반의 十字架』

그러면 이제 기독교의 고향을 우리나라와 관련 없이 다룬 「사반의 十字架」에 대해서 살펴보기로 하자. 이 작품의 출현은 1950년대 우리 문학계에 실로 커다란 파문을 일으켰다. 소재와 배경이 한국의 역사와 사회를 벗어난 것인 데다가 그것이 서구 문명의 핵심을 이루는 기독교사상의 원점지대 곧 예수 시대의 이스라엘을 무대로 하여 펼쳐지는 것이기 때문이었다. 이 작품이 『현대문학』에 연재되기 시작한 1955년은 同族相殘의 서글픈 전쟁 6·25를 휴전으로 끝맺은 지 두 해 밖에 되지 않는 때였다. 그 당시 우리민족 대부분의 뇌리에는 악몽 같은 피난시절이 채 사라지지 않고 있었다. 대부분의 작가들은 전쟁의 상처를 어떻게 소화하여 작품화할 것인지에 대해서도 마음의 자세를 가다듬지 못하고 있을 때였다. 이런 상황에서 동리는 2천 년 전의 이스라엘에 눈을 돌릴 만큼 그의 문학적인 집념은 크고 높은 것이었다. 연재가 끝나고 전편이 上梓된 1958년에 이 작품으로 예술원상을 받은 것은 응분의 대우로 생각해도 좋을 것이다. 그러면 이 작품이 어떤 동기에서 구상되고 창작되었는가? 먼저 작자 동리의 말을 들어보자.

> 내가 이 작품에 着想하게 된 것은 20여 년 전의 일이다. 그때 우리는 日帝의 질곡 속에 있었고 우리의 모든 고유한 것, 전통적인 것이 다 그들의 쇠망치에 의하여 무너져 내리고 있었지만 그 가운데서도 특히 우리의 숨통을 막은 것은 우리의 말과 글자를 뺏으려 들었던 일이다. 성경에서도 '말은 곧 하느님'이라 했지만 개인에 있어서나 민족에 있어서나 말은 곧 생명이요, 영혼인 것이다. 그들이 우리에게서 말과 글자를 뺏으려는 것은 그대로 이 민족의 영혼을 뺏으려는 거와 다를 것이 없었다.……나는 어려서부터 예배당엘 다녔고, 또 중학도 미션 계통이었기 때문에, 그 당시의 우리의 불행한 처지를 예수 당시의 유대나라(로마에 대한)의 그것과 흡사하다고 일찍부터 생각하고 있었다. 따라서 나는 그 당시의 나

의 정신적 체험을 예수 당시의 유대나라로 무대를 바꾸어서 생각
해 보리란 생각이 어느덧 나에게 깃들어 있었던 것이다.……
　……내가 나의 암담했던 民族意識과 보다 光明的인 人間意識
을 사반에게 결부시키게 된 데에는 8·15의 혜택이 컸다. 이와 동
시에 나는 예수의 天上的인 광명과 승리에다 나의 민족적인 희망
과 구원을 굳이 결부시키지 않아도 좋게 되었던 것이다.10)

　이러한 창작동기에 의해 '사반'이라는 독립운동가의 생애가 예수의 공
생활을 배경으로 하고 펼쳐진다. 2천 년 전 이스라엘 지역의 풍속, 습관,
언어 등 제반 문화현상에 대해 기울인 동리의 학구적 노고는 賞讚에 값
하는 것이었다. 대부분의 독자들이 성서를 읽으면서 무심하게 넘겼던, 그
리고 혹은 모르는 채로 넘겼던 상당히 많은 사항에 대하여 구체적으로 인
식시킨 공로는 한국의 독자들에게 서양문화의 근원을 보다 본질적으로 이
해시켰다는 점에서도 높이 평가되어야 할 것이다. 그런데 문제는 '사반'
을 주인공으로 삼고 예수를 배경으로 돌림으로써 예수에 대한 견해가 과
감하게 노출되는 것을 피하였다는 점이다. 동리는 이 사실을 다음과 같이
고백한다.

　　이 작품에 있어 예수의 神적인 면과 인간적이 면의 內的葛藤에
　대해서는 소극적으로밖에 터치되어 있지 않다. 이것은 주로 사반
　을 중심으로 構成上의 바란스를 유지하려는 나의 보다 예술적인
　老慮에 基因한 것이다. 따라서 나는 그에 대한 모든 公的 記錄을
　飜覆시키거나 수정하려는 편보다 대외적으로는 표시되지 않은 그
　의 內面 生活 쪽에 예술적 표현의 중점을 두기로 하고 公的 活動
　에 대해서는 원칙적으로 公的 記錄에 의거하기로 하였다.11)

　이 말에 따르면 예수의 이미지는 복음성서에 기록된 것 이하도 이상도

---

10) 『사반의 十字架』, 後記一節, 日新社, 1958.
11) 위와 같음.

아니라는 것이다. 그러나 사실에 있어서 예수의 모습은 복음을 읽을 때보다 훨씬 東里式으로 윤색된 또 다른 예수를 발견하게 된다. 한마디로 말하면 그것은 기독교에서 가르치고 정립해 온 예수상과도 거리가 있는 것이었다. 그 거리는 예술작품 속에 재형상화할 때에는 필연적인 것이지만 그것이 기독교 교의를 충분하게 반영하지 못한 것이 아니라 잘못된 관점에서 반영한 것이라고 할 때에는 종교적으로 매우 큰 문제를 지니는 것이 된다. 그런데 『사반의 十字架』에 나타난 예수의 이미지가 바로 그러한 문제점을 안고 있다 섣불리 건드리기 어려운 대상이기 때문에 그 원형을 훼손하지 않으려고 조심했음에도 불구하고 작가 특유의 예수상도 만들어내지 못하고 그나마 잘못이 발생한 이유는 무엇인가? 그 근본원인은 앞의 『乙火』를 논할 때에도 언급한 바와 같이 동리가 기독교를 그 본질에 있어 샤머니즘과 크게 다르다고 생각지 않은 저의에 기인했다고 보인다. 물론 동리가 스스로 밝힌 바는 없으니 예수가 동서고금을 통하여 가장 고상한 司祭라고 생각하는 것은 틀림이 없는 듯하다. 그러나 이 사제의 개념이 巫覡의 개념과 혼동이 되는 것은 또한 동리의 어쩔 수 없는 고질인 듯싶다. 물론 예수를 가장 고상한 사제로 생각하기 때문에 이 『사반의 十字架』에 나온 예수의 이미지가 어떤 때에는 부처님 같기도 하고 어떤 때에 공자님 같다는 착각을 일으키는 것이다. 그래서 어떤 종교가는 동리의 종교의식을 철저하게 동양적이라고 평하면서 예수의 설교가 마치 불교의 唯心的 설법 같다는 지적을 한 바가 있다.[12] 그러면 동리가 스스로 예수에 대하여 언급한 다음 말을 유의해 보자.

> 예수의 이적에 대해서는 여러 사람들이 여러 가지 말들을 한다. 나는 처음부터 천박한 합리주의에 대해서는 비판적이었다 그것은 처음부터 나의 철학적 입장이었지만, 그 뒤 내가 읽은 현대 심령 과학의 수많은 과학적 증언들은 나의 이러한 신념을 더욱 굳혀 주

---

12) 安炳茂, 「宗敎家가 본 韓國作家의 宗敎意識」, 『文學思想』, 1972년 12월호, pp.353~360.

었다. 그러나 나는 성경에 기록한 모든 내용을 글자 그대로 받아
들일 수는 없었다. 그렇다고 현대의 변증법적 신학자들을 긍정한
다는 것도 아니다. 나도 新에 대해서나 十字架에 대해서 나름대
로의 해석을 가지고 있지만 이 작품에서 그 문제를 본격적으로 다
루려 했던 것은 아니다.[13]

　이러한 동리의 고백을 미루어볼 때 동리가 성경을 긍정적으로 이해하려
는 의도는 충분히 간취할 수 있다. 그렇다고 유대인들이 생각해 온 대로
메시아를 생각하고 또 그들이 생각하는 것과 같은 종교의식을 수용하는
태도가 아닌 것만은 분명하다. 그러면 동리가 그 나름의 神이나 십자가에
대한 견해를 다른 작품에서 다시 본격적으로 언급하지 않는 한, 현재로서
는 이미 발표한 작품을 통해서 그의 기도교관을 정리할 수밖에 없다. 그
러나 그가 지금까지 발표한 대부분의 작품들이 나타내는 종교적 분위기는
한마디로 汎神論的 自然歸一이 아닌가 싶다. 영원한 자연과의 합일을
촉진시키는 매체로서 그리고 그 자연의 분신으로서 神靈은 인간에게 感
知되고 또 인간과 함께 일하면서 인간을 인도하는 것으로 그리고 있다.
그리하여 우리는 그러한 동리 주제의식을 '神靈主義'라고 불렀거니와 이

---

13) 改作『사반의 十字架』後記, 弘盛社, 1982.
　東里의 改作習癖은『사반의 十字架』에도 나타났다. 이『사반의 十字架』는 1955년
에서 1956년에 걸쳐『現代文學』에 처음 작품이 발표되었고, 다시 1958년에 단행본
으로 간행된 후 1981년에 弘盛社의 권유로 再上梓할 때 부분적인 수정이 가해졌다.
이 改作은 전체적으로 보면 글 다듬기 곧 推敲나 潤文의 성격을 벗어나는 것은 아
니었다. 작중인물들의 성격을 돋보이게 하려고 사투리 표현을 사용했다든가 글의 脈
絡을 보다 논리적이고 자연스럽게 하려고 단어를 바꾸어 넣은 점 등이 개작이 주는
인상이다. 그러나 初刊에 비하여 改刊이 지니는 두 가지 중요한 차이점이 있다. 첫
째는 '하느님'이라는 용어다. 초간에서는 모든 경우에 예외 없이 '하느님'으로 적고
있었으나 개간에는 그것이 '하나님'으로 고쳐졌다. 국어학적 관점에서는 '하느님'이
정당한 것일 터인데 그것이 '하나님'으로 바뀌어진 사실에서 東里가 그동안 개신교
의 영향을 더 많이 받았다는 심증을 갖게 한다. 둘째는 小說 末尾에 예수의 부활을
강하게 그러나 아직은 미온적인 태도로 접근하고 있는 점이다. 東里가 末年에 이르
러 기독교에 대해서 종래와는 다른 좀더 깊은 이해와 접근을 보여주는 것 같으니 그
것이 무엇인지 언급할 증거가 분명하지는 않다.

신령주의는 그의 대부분의 작품에서 인간적 제약과 고뇌를 극소화시키거
나 해소시킨다. 「늪」에서는 숲 속이 주인공 '석'이에게 귀의해야 할 낙원
이었으면 「당고개 무당」에서는 도깨비굴 같은 土幕이 바로 상실한 '에덴
동산' 같은 것으로 나타나고 있다 「바위」에서는 이미 감각을 상실한 문둥
병과 술이 어머니가 복바위와 일체가 됨으로써 인간적 한계를 뛰어넘는
다. 번거롭지만 「바위」의 마지막 구절을 인용해 보자.

> 이미 감각도 없는 두 손으로 바위를 더듬었다. 그리하여 바위를
> 안은 그녀는 만족한 듯이 자기의 송장같이 검은 얼굴을 비비었다.
> 바위 위로는 싸늘한 눈물 한 줄기가 흘러내렸다.
> 이튿날 마을 사람들이 이 바위 곁에 모이었다. 그들은 모두 침
> 을 뱉으면 말했다.
> "더러운 게 하필 예서 죽었노."
> "문둥이가 복바위를 안고 죽었네."
> "아까운 바위를……."

여기에서 바위에 얼룩진 여인의 눈물과 그 얼굴에 번질번질 말라있는
눈물자국은 이미 온통 바위의 일부가 되어 영겁으로 회귀한 것이다. 동리
의 영원에로의 집념은 심지어 오랜 역사와 전통이 깃들기는 했으나 그저
하나의 그릇일 뿐인 靑磁와의 합일까지도 추구하게 된다. 다음은 「靑磁」
의 일절이다.

> ……나의 눈에도 그이 청자병은 훌륭하고 아름다운 것임에 틀
> 림없었다. 그 무한을 연상케 하는 푸른빛 속에 은은히 묻혀 있는
> 흰빛의 학 떼와 역시 무궁 같은 것은 느끼게 하는 어깨의 곡선은
> 다른 어느 것에서보다도 가슴이 부푸는 듯한 강렬한 풍족감으로써
> 사람을 취하게 하는 것이었다.
> (중략)
> 석운은 그가 일찍이 청자병과 주사박이 백자를 묻었노라고 하

던 그 움푹한 흙구덩이 위에 두 눈이 허옇게 뒤집힌 채 자빠져 누
워 있는 것이 아닌가?
　석운 그는 대답이 없고 곁에 서 있는 감나무에서 붉게 물들은
감잎이 가만히 땅 위에 깔릴 뿐이었다.

동리가 죽음을 다룰 때에는 이처럼 예외없이 그 죽음을 超克하는 세계
로의 飛翔을 암시하고 있다. 그것이 때로는 자연이고 때로는 초막이며 또
때로는 청자 그릇이기도 하다.
　우리는 지금 동리의 『사반의 十字架』를 논의하다가 잠시 그의 초기단
편들의 주제들에 대해 언급하였다. 그것은 『사반의 十字架』가 어떤 스토
리를 가지고 있건 동리의 의식에는 인간적 한계를 넘어서는 보다 궁극적
인 것에 대한 집요한 탐구심이 있음을 거듭 강조하기 위하여서였다. 사실
예수와 함께 십자가에 처형된 左盜 '사반'이 어떠한 인물이었으며 그가
어떻게 이스라엘의 독립을 위하여 로마 군대를 게릴라 전법으로 괴롭히다
가 예수와 함께 죽게 되었느냐 하는 스토리는 우리의 관심 밖의 문제이
다. 오히려 사반의 정신적 지도자였고 그의 배후에서 그의 스승으로 군림
하는 하닷 團師의 점성술이 예수의 가르침과 어떻게 조화되느냐가 더 우
리의 주목을 끄는 문제점이라 할 수 있다. 이 소설 『사반의 十字架』에서
사반의 행적과 예수의 행적은 잠시 서로 스쳐 지나가기는 하지만 정면으
로 교차하여 사건을 만들지는 않는다. 동리의 말을 빌리면 초월의 세계와
현세중심의 독립적으로 다른 차원의 문제이기 때문이라고 하나 사실에 있
어서는 그것을 섞어 놓았을 때의 그 혼란을 수습 할 기독교관이 동리에게
는 뚜렷하지 않았던 때문이 아닌가 여겨진다. 왜냐하면 앞에서도 누차 언
급한 바와 같이 동리의 종교관은 유태인들이 전통적으로 생각해 오고 있
는 메시아 사상과는 상당히 먼 거리에 있음이 보이는 때문이다.
　이스라엘 민족의 종교의식—그것은 곧 기독교가 가르치는 神觀이기도
하지만 — 그것은 절대로 실용적이고 공리적인 요소를 배제한다. 그런 점
에서 사반과 예수의 행적을 평행으로 並置시킨 것은 우선 옳은 처사였다.

그러나 그 다음 사반과 동시대의 이스라엘 사람들이 사반이 예수를 생각하 듯이 그렇게 냉엄하게 객관적으로 보면서 관망하는 태도를 취하지는 않았 다. 이스라엘 전체가 예수 때문에 그야말로 한바탕 완전히 뒤집히는 일대 격변을 겪었던 것이다. 그것은 마치 우리나라 역사상 기미년 독립만세사건 에 匹敵하는 것이라고 보면 좋을 것이었다. 그런데 예수의 행적에 대해 그 러한 熱氣를 배제했다는 것은 우선 예수에 대한 동리의 이해가 불충분했 거나 너무 조심스러웠다는 평을 들어 마땅한 것이 되었다. 물론 사반을 중 심으로 했기 때문에 어쩔 수 없었다고 말할 수 있다. 그러나 다루지 않는 다고 해서 그 물끓듯하는 열기를 나타내지 말라는 법은 없는 것이 아닌가 여겨진다. 그리고 사반의 인간주의가 예수의 천상주의와 끝까지 평행을 이 루기 때문에 똑같은 십자가에서 죽음을 만나면서도 사반의 예수에 대한 항 거가 오늘날 현실참여문제와 종교적인 초월성 문제에 대한 새삼스런 질문 을 던져주고 있다고 말한다. 그런데 이러한 해설적 평가는 기독교에 대한 본질적인 오해를 동반하는 것이다. 기독교는 인간이 어떠한 조건, 어떠한 상황에 처하든지, 그리고 고통이 가중되고 위험이 더욱 급박한 지경에 놓 일지라도 인간의 왜소성과 피조성을 절감하고 무조건 하느님 손 안에 자신 을 내어 맡기면서 하느님을 찬양해야 하는 것이라고 가르친다.

이스라엘 민족에게는 이러한 神觀이 전통적으로 수립되어 있었다. 그 런데 사반이 아무리 현실중심의 인간주의라고 하지만 그가 이스라엘 민족 인 한 그러한 전통에 전혀 무식할 수는 없는 법이다. 그런데 점성술에는 혹하는 사반이 이스라엘 傳統神觀에는 전혀 무지한 것으로 되어 있다. 알고 있으면서도 수긍하지 않는다는 방향정립의 과정이 전혀 빠져 있다. 이것은 동리가 지닌 기독교 의식의 한계가 아닌가 여겨진다. 기독교에서 는 하느님이 인간역사에 개입해 들어오는 하느님의 인간화를 기본교의로 삼는다. 예수가 바로 그런 임무를 담당한 하느님 성부의 使者요 그의 分 身으로서 그의 아들 성자가 되어 인간으로 강생한다. 그런데 다른 종교는 인간이 영원을 향해 역사를 벗어나려고 몸부림친다.

이렇게 볼 때 기독교는 모든 책임이 하느님에게 있고 주체가 어디까지나 하느님 편에 있음에 반하여 다른 종교는 어디까지나 인간이 영원의 주인, 엄위의 자연에 향하는 일방적인 짝사랑이라고 할 수 있다. 그러니까 기독교 이외의 다른 종교는 궁극의 책임이 인간에게 돌아온다. 기독교 교의가 내세우는 이 기초개념에 대해 동리는 『사반의 十字架』에서 끝내 침묵하고 있다. 그가 지금껏 추구한 영원에의 집념이 한결같이 인간으로부터 출발했기 때문에, 그리고 사반의 인간주의를 강조하려니까 그가 초기 작품부터 시도한 神靈主義가 그대로 편했기 때문에 그 방향전환이 어려웠던 것이 아닌가 추리해 본다. 바로 이 점이 동리가 보는 기독교관의 한 계점인 듯 느껴진다. 이러한 기독교관은 우리나라의 많은 지식인들 그리고 기독교 신자들까지도 가지고 있는 것이다. 우리나라를 위시한 동양의 전통적 神觀이 그러했기 때문이다. 그 점을 우리나라 당대의 大家인 東里에게서 발견한다는 것은 그런대로 우리 문학사의 한 시대적인 특징으로 기억되어야 할 것이다. 만일에 그가 하느님이 주체가 되어 인간 역사를 개입하는 문제를 다룬 새로운 작품을 발표한다면 우리가 지금까지 논의한 평가는 앞으로 얼마든지 수정될 수 있을 것이다.

■ 참고문헌

구인환·구창환,『한국근대소설연구』, 삼영사, 1977.

권영민,『개화기시조에 대한 검토』, 학술원논문집, 15집.

김기동,『한국고전소설연구』, 교학사, 1981.

김기림,『시론』, 1947.

김동욱·김태준 공저,『한국문학사』, 학술원, 1984.

김동인,『춘원연구』, 신구문화사, 1956.

김병익 외 삼인공저,『현대한국문학의 이론』, 민음사, 1972.

김상선,『신세대작가론』, 일신사, 1964.

김석하,『한국문학의 낙원사상 연구』, 일신사, 1973.

김승우,「노천명 수필의 전통성」, 수필문학, 1978. 5.

김열규·신동욱 편집,『김소월 연구』, 새문사, 1982.

--------,「이광수문학론의 전개」,『한국근대문학연구』, 서강대학교, 1969.

--------,『한국민속과 문학연구』, 일조각, 1971.

--------,『한국의 신화』, 일조각, 1976.

김영환,「죽음에 대한 司牧」,『신학전망』제31호, 대건신학대학, 1975.

김용직,『한국현대시사』, 학연사, 1986.

--------,『한국문학의 비평적 성찰』, 민음사, 1974.

김윤식,「예술의 방법론과 기인의 기질문제」, 문학사상, 1975. 5.

--------,『한국근대문예비평사연구』, 한얼문고, 1973.

김윤식·김현『한국문학사』, 민음사, 1973.

김재홍,『한국현대시인연구』, 일지사, 1986.

김치수,「불행한 여인상-초기의 단편」,『박경리와 이청준』, 민음사, 1982.

김 현,「이광수 문학의 전반적 검토」,『이광수』, 문학과 지성사, 1977.

김현·김주연 편,『문학이란 무엇인가』, 문학과 지성사, 1976.

박두진,『한국현대시론』, 일조각, 1979.

박이문,『문학 속의 철학』, 일조각, 1975.

--------, 『시와 과학』, 일조각, 1975.

박종홍, 『한국사상사』, 서문당, 1972.

백낙청, 「피상적 기록에 그친 6·25 수난」, 『신동아』, 1965, 4.

백 철, 『문학개론』, 신구문화사, 1959.

송 욱, 『시학 평전』, 일조각, 1963.

--------, 『님의 침묵 전편 해설』, 과학사, 1974.

오세영, 「침묵하는 님의 역설」, 『국어국문학』65·66호, 1974.

이병기, 『국문학전사』, 신구문화사, 1957.

이상택, 『한국문학사』, 예술원, 1984.

이인복, 『죽음의식을 통해 본 소월과 만해』, 숙대출판부, 1979.

--------, 『한국문학에 나타난 죽음의식의 사적 연구』, 열화당, 1979.

--------, 『현대소설과 상징의 기능』, 민음사, 1976.

　　　『우리 시인의 방황과 모색』, 국학자료원, 2002.

　　　『우리 작가들의 번뇌와 해탈』, 국학자료원, 2002.

이재선, 『한국단편소설연구』, 일조각, 1975.

정명환, 「이광수의 개몽사상」, 『성곡론총』, 1970.

정한모, 『한국 현대시의 현장』, 박영사, 1983.

--------, 『현대시론』, 보성문화사, 1985, 국학자료원, 1993.

조동일, 「김소월, 이상화, 한용운의 님」, 『문학과 지성』, 1976. 여름호.

조두영, 「자살심리」, 『정신의학보』제8권 제10호, 서울대학교.

조연현, 『한국현대문학사』, 인간사, 1961.

채 훈, 『1920년대 한국작가연구』, 일지사, 1976.

최재서, 『문학원론』, 춘조사, 1957.

Becker Ernest 『The Denial of Death』, New York, The Free Press, 1973.

Brooks & Warren 「Understanding Poetry」, 3rd Edition, New York, Holt, Rinehart & Winston, Inc. 1960.

————, 『Understanding Fiction』, 2nd Edition, New York, Appeleton-Century-Crofts, Inc. 1960.

Cardinal Gibbons, 『The Faith of our Fathers』, 張勉 譯, 1964.

Choron Jacques 『Death and Western Thought』, New York, The Macmillan Company, 1963.

Edwin S. Shneidman, 『Death : Current Perpectires』, 1976. I,

Kübler-Ross, Elisabeth 『On Death and Dying』, New York, Macmillan Publishing co. 1969.

Gallin, Gernaard 『A Chinese Village in Change』, Berkeley, Uuiversity of California, 1966.

Hoffman Frederich 「Mortality and Modern Literture」, 『The Meaning of Death』, New York, McGraw-Hill Book Company, Inc. 1965.

Holck Frederich H. Editor 『Death and Eastern Thought』, New York, Abingdon Press, 1974.

Keleman Stanley 『Living your Dying』, Toronto, A Random House, 1975.

Kripalani Krishna 『Rabindranath Tagore』, A Biograhy, London Oxford University Press, 1962.

Lee, Jung Yong 『Death and Beyond in the Esatern Perspective』, New York, Gorden and Breach Science Publishers, 1974.

뒤르껭, 임희섭 역, 『자살론』, 삼성출판사, 1977.

릴리 펑거스, 이인복 옮김, 『죽는 이와 남는 이를 위하여』, 고향서원, 1979.

스타알 부인, 양병택 역, 『자살에 관한 성찰』, 범조사, 1979.

칼. A. 메닝거, 이용호 옮김, 『자살론』, 백조출판사, 1986.

우리 작가들의 煩惱와 解脫

인쇄일 초판 1쇄　2002년　5월 22일
　　　　　　2쇄　2015년　5월 15일
발행일 초판 1쇄　2002년　5월 31일
　　　　　　2쇄　2015년　5월 30일

지은이 이 인 복
발행인 정 찬 용
발행처 **국학자료원**
등록일 1987.12.21, 제17-270호

서울시 강동구 성내동 447-11 2층
Tel : 442-4623~4 Fax : 442-4625
www.kookhak.co.kr
E-mail : kookhak2001@hanmail.net
ISBN 978-89-8206-775-4 *93800
가 격　30,000 원